20 23
QUINTA EDIÇÃO

LUCIANO BENETTI TIMM
COORDENADOR

DIREITO E ECONOMIA NO BRASIL

AUTORES

ALEXANDRE BUENO CATEB · **ANTÔNIO JOSÉ** MARISTRELLO PORTO
ARI FRANCISCO DE ARAUJO JR. · **BRUNO** MEYERHOF SALAMA
CLAUDIO DJISSEY SHIKIDA · **CRISTIANO** CARVALHO
EDUARDO GOULART PIMENTA · **FABIANO** TEODORO DE REZENDE LARA
FERNANDO B. MENEGUIN · **FLÁVIA** SANTINONI VERA
IVO GICO JR. · **JAIRO** SADDI · **JEAN CARLOS** DIAS
JOÃO FRANCISCO MENEGOL GUARISSE · **LUCIANA** LUK-TAI YEUNG
LUCIANO BENETTI TIMM · **LUCIANO** PÓVOA · **MARCOS** NÓBREGA
NADIA DE ARAUJO · **NUNO** GAROUPA · **PAULO** FURQUIM DE AZEVEDO
PERY FRANCISCO ASSIS SHIKIDA · **RAFAEL** BICCA MACHADO
RODRIGO DUFLOTH · **RONALD** O. HILBRECHT
THIAGO BOTTINO DO AMARAL · **TOM** GINSBURG

ESTUDOS SOBRE A ANÁLISE ECONÔMICA DO DIREITO

EDITORA FOCO

Dados Internacionais de Catalogação na Publicação (CIP) de acordo com ISBD

D598

Direito e economia no Brasil: estudos sobre a análise econômica do direito / coordenado por Luciano Benetti Timm. - 5. ed. - Indaiatuba, SP : Editora Foco, 2023.

480 p. ; 17cm x 24cm.

Inclui índice e bibliografia.

ISBN: 978-65-5515-775-8

1. Direito. 2. Economia. 3. Direito econômico. I. Timm, Luciano Benetti. II. Título.

2023-887
CDD 341.378   CDU 34:33

Elaborado por Odilio Hilario Moreira Junior - CRB-8/9949

Índices para Catálogo Sistemático:

1. Direito econômico 341.378

2. Direito econômico 34:33

QUINTA
EDIÇÃO

LUCIANO
BENETTI
TIMM

COORDENADOR

DIREITO E ECONOMIA NO BRASIL

AUTORES

ALEXANDRE BUENO CATEB · **ANTÔNIO JOSÉ** MARISTRELLO PORTO
ARI FRANCISCO DE ARAUJO JR. · **BRUNO** MEYERHOF SALAMA
CLAUDIO DJISSEY SHIKIDA · **CRISTIANO** CARVALHO
EDUARDO GOULART PIMENTA · **FABIANO** TEODORO DE REZENDE LARA
FERNANDO B. MENEGUIN · **FLÁVIA** SANTINONI VERA
IVO GICO JR. · **JAIRO** SADDI · **JEAN CARLOS** DIAS
JOÃO FRANCISCO MENEGOL GUARISSE · **LUCIANA** LUK-TAI YEUNG
LUCIANO BENETTI TIMM · **LUCIANO** PÓVOA · **MARCOS** NÓBREGA
NADIA DE ARAUJO · **NUNO** GAROUPA · **PAULO** FURQUIM DE AZEVEDO
PERY FRANCISCO ASSIS SHIKIDA · **RAFAEL** BICCA MACHADO
RODRIGO DUFLOTH · **RONALD** O. HILBRECHT
THIAGO BOTTINO DO AMARAL · **TOM** GINSBURG

ESTUDOS SOBRE A ANÁLISE ECONÔMICA DO DIREITO

2023 © Editora Foco

Coordenador: Luciano Benetti Timm

Autores: Alexandre Bueno Cateb, Antônio José Maristrello Porto, Ari Francisco de Araujo Jr., Bruno Meyerhof Salama, Claudio Djissey Shikida, Cristiano Carvalho, Eduardo Goulart Pimenta, Fabiano Teodoro de Rezende Lara, Fernando B. Meneguin, Flávia Santinoni Vera, Ivo Gico Jr., Jairo Saddi, Jean Carlos Dias, João Francisco Menegol Guarisse, Luciana Luk-Tai Yeung, Luciano Benetti Timm, Luciano Póvoa, Marcos Nóbrega, Nadia de Araujo, Nuno Garoupa, Paulo Furquim de Azevedo, Pery Francisco Assis Shikida, Rafael Bicca Machado, Rodrigo Dufloth, Ronald O. Hilbrecht, Thiago Bottino do Amaral e Tom Ginsburg

Diretor Acadêmico: Leonardo Pereira

Editor: Roberta Densa

Assistente Editorial: Paula Morishita

Revisora Sênior: Georgia Renata Dias

Capa Criação: Leonardo Hermano

Diagramação: Ladislau Lima

Impressão miolo e capa: FORMA CERTA

Impresso no Brasil (04.2023) – Data de Fechamento (04.2023)

2023

Todos os direitos reservados à

Editora Foco Jurídico Ltda.

Rua Antonio Brunetti, 593 – Jd. Morada do Sol

CEP 13348-533 – Indaiatuba – SP

E-mail: contato@editorafoco.com.br

www.editorafoco.com.br

AGRADECIMENTOS

À Professora Rachel Sztajn, cuja franqueza, o espírito crítico e científico supreendem a todos que com ela travaram um debate acadêmico, abrindo as portas da Universidade de São Paulo para o que existe de melhor na teoria jurídica norte-americana.

Aos amigos da Associação Brasileira de Direito e Economia, fundada em 2007 e hoje a mais sólida e ramificada instituição acadêmica da América Latina dedicada ao debate nas conexões entre Direito e a Economia.

Aos alunos de graduação e de pós-graduação que se dedicaram aos debates, textos e aulas que prepararam o caminho para esta obra. Afinal, perceberam a vantagem de investir em uma área nova e promissora.

Luciano Benetti Timm

PREFÁCIO:
"DIREITO E ECONOMIA NO BRASIL:
ESTUDOS SOBRE A ANÁLISE ECONÔMICA DO DIREITO" –
LUCIANO BENETTI TIMM (COORDENADOR)

A realidade – econômica, jurídica, social, política, tecnológica – apresenta, nos dias de hoje, a inegável marca da complexidade, que traz consigo novos desafios ao Estado. Nesse contexto de complexidade, impõe-se a necessidade de evolução e desenvolvimento de novas ferramentas de análise da sociedade, que consigam alcançar a dimensão e a intensidade dos problemas que se apresentam e cuja solução se propõe.

No campo jurídico, o fenômeno é também facilmente identificável. Diante da contínua e cada vez mais célere complexificação das relações sociais, exsurge a necessidade de que o Direito se atente para novas formas e métodos de normatização e de tomada de decisão. É sob esse mote que mais recentemente se tem direcionado os olhos à Análise Econômica do Direito (*Law and Economics*), como um novo sistema de instrumentais analíticos que fornecem ao jurista destacados recortes metodológicos, análises pragmáticas e abordagens consequenciais para a construção de soluções a problemas juridicamente relevantes.

Nesse sentido, propõe-se, por exemplo, a investigação do impacto que as normas em vigor causam às condutas dos agentes econômicos, buscando quantificar e qualificar os incentivos e os desincentivos que os institutos jurídicos geram aos *players*. A ferramenta, porém, não se limita a essa vertente descritiva, pelo que também propõe, sob uma ótica normativa e a partir de conclusões empíricas, o *design* ideal dos institutos jurídicos, de modo a alcançar resultados mais eficientes, aptos a maximizar o bem-estar social.

Trata-se, portanto, de um ramo empiricamente informado, que desenvolve premissas e alcança conclusões balizadas em indicadores numéricos extraídos da realidade social mediante rigoroso método científico, que apresenta evidências de que determinados institutos jurídicos produzem incentivos completamente distintos dos esperados, ajudando os formuladores de políticas públicas a melhorar o respectivo *design* estrutural. Considera-se, dessa forma, que os *players* agem racional e estrategicamente, pautando suas condutas de acordo com as possíveis consequências de suas escolhas (pragmatismo e consequencialismo).

Supõe-se, assim, que o pensamento humano é racional e causal, de modo que os seres humanos, para definirem as próprias condutas, previamente intuem como os demais agentes reagirão aos seus atos; bem como que os *players* não apenas reagem, mas também se adaptam ao longo do tempo ao comportamento dos demais agentes e aos (des)incentivos recebidos, mediante uma interação dinâmica cujas balizas continuamente se modificam. Nesse sentido, a Análise Econômica do Direito preconiza que os institutos jurídicos devem estar direcionados à maximização do bem-estar social, conceito que diz respeito à satisfação das necessidades de todos os agentes sociais, mediante distribuição adequada, eficiente e racional das utilidades dos recursos escassos disponíveis ao homem.

A correta compreensão desse complexo instrumental não pode se dar, porém, sem a sedimentação de seus conceitos básicos, tanto no que concerne à Economia, quanto no que diz respeito à sua inter-relação com o Direito. Em tempo, ao se debruçar sobre os pressupostos teóricos da Análise Econômica do Direito e ao confrontá-los com a realidade jurídico-institucional, o livro lança luzes para infirmar dúvidas que pairam sobre o tema, clarificando as bases sobre as quais se assentam o seu estudo.

O ponto alto do trabalho é sua originalidade, eis que se trata de uma sistematização pioneira sobre o tema, especialmente pelo seu viés multidisciplinar, que se constrói não apenas entre o Direito e a Economia, mas também em seus diversos ramos. Nesse sentido é que, ao longo de seus diversos capítulos, os autores apresentam temas desde os mais introdutórios, até aspectos atinentes à microeconomia, à macroeconomia, à teoria dos jogos, ao direito contratual, à responsabilidade civil, ao direito de propriedade, ao direito empresarial, societário, concorrencial, penal, administrativo, processual civil, do trabalho, dentre outras valiosas referências.

Durante a leitura da obra, percebe-se facilmente como os autores, coordenados magistralmente por Luciano Benetti Timm, aliam os conhecimentos teóricos da academia com a visão pragmática de sua aplicação. A madurez intelectual e a densidade acadêmica do livro são marcas que certamente impressionarão o leitor. Honra-me sobremaneira apresentar a presente obra, que desde logo já marca sua contribuição para o Direito brasileiro.

Brasília, 16 de abril de 2019.

Luiz Fux

Ministro e Vice-Presidente do Supremo Tribunal Federal

APRESENTAÇÃO

Essa apresentação, antes de ser uma verdadeira introdução dos temas tratados neste livro ou nota

histórica, tem caráter prioritariamente metodológico. Seu objetivo é o de justificar a organização sistemática do livro, indicando ao leitor como melhor aproveitar o conteúdo abordado. Ademais, incluímos ressalvas e explicações de certas escolhas a respeito da organização e dos temas incluídos.

Em primeiro lugar, vale indicar que esse livro propõe-se a ser um guia introdutório da análise econômica do direito. Por este motivo, ele pode ser lido por aqueles que não tem qualquer iniciação à Economia. De outra parte, dado o conhecimento dos autores e abordagem por eles levada a efeito garantem que não apenas o leitor não iniciado pode se beneficiar da leitura do livro. Aqueles que já possuem conhecimentos sobre a matéria, acredita-se, também encontrará valiosas ferramentas para adquirir uma compreensão mais profunda do tema. Da mesma forma, o operador do Direito igualmente poderá encontrar nas páginas desta obra o argumento sólido para apresentação de seu caso ou de fundamento da decisão.

Se o *Law and Economics* não veio para fazer tábua rasa do conhecimento e da prática jurídica, a verdade é que esta ferramenta analítica fornece ao jurista um relevante recorte metodológico que muito contribui para análise e solução de problemas jurídicos, desvelendo a natureza do comportamento humano, os interesses em jogo, as consequências das decisões e a pragmática do Direito em ação (*law in action*).

A fim de facilitar a leitura dos textos, foi assegurada a autonomia e independência de cada capítulo. Ou seja, os capítulos estão dispostos de modo que a leitura de um não pressupõe a leitura dos outros. As exceções são os capítulos 1, 2, 3 e 4, que introduzem a análise econômica do Direito, microeconomia, a macroeconomia e a teoria dos jogos, respectivamente, e podem facilitar a compreensão de todos os textos subsequentes. O custo dessa disposição, por certo, é uma certa sobreposição dos assuntos analisados, o que, por certo, não prejudica a leitura do livro. Ainda assim, vale dizer que há uma progressão lógica dos capítulos, de forma que indicamos a leitura do livro na ordem aqui apresentada.

No capítulo 1, o Professor Ivo Gicco faz uma introdução metodológica do que trata o Direito e a Economia sob a ótica da dogmática jurídica e da análise econômica do Direito. Por isso, deve ser a leitura inaugural para aqueles iniciantes no *Law and Economics*.

O capítulo **2**, escrito pelos professores Claudio Shikida e Ari Francisco de Araujo Jr., introduz conceitos básicos sobre microeconomia, incluindo a teoria do consumidor e da demanda, a teoria da empresa competitiva e da oferta, as interações entre oferta e demanda e as chamadas "falhas de mercado". Ou seja, são apresentados instrumentos para o entendimento das estruturas que determinam o funcionamento de mercados, com um tratamento sistemático de conceitos, gráficos e tabelas.

Já o capítulo **3**, desenvolvido pelos mesmos professores, é uma introdução à macroeconomia, incluindo discussões sobre produtividade, taxa de juros, taxa de câmbio e política fiscal, monetária e cambial. Ou seja, visa a explicar como a economia como um todo funciona, de forma que discussões posteriores sobre desenvolvimento e efeitos econômicos de longo prazo possam ser melhor compreendidos.

O capítulo **4**, escrito pelo professor Ronald Hillbrecht, apresenta uma explicação simples e clara da teoria dos jogos, ramo das ciências sociais dedicado a compreender o comportamento estratégico de agentes racionais. Por estratégico compreende-se o comportamento cujo resultado depende do comportamento de outra pessoa, havendo, portanto, interdependência entre as decisões das partes. É fácil compreender a importância da teoria dos jogos para operadores do direito, em especial porque ela permite que juristas avaliem as consequências de determinados arranjos legais.

O capítulo **5** foi redigido pelos professores Nuno Garoupa e Tom Ginsburg e inclui uma discussão sobre os principais avanços da análise econômica do direito comparado. Os autores avaliam, ali, a recente literatura tanto no nível *micro,* relacionado às diferentes áreas do direito, quando no nível *macro*, referente às grandes famílias jurídicas do direito comparado.

O capítulo **6**, escrito por Luciano Timm e João Guarisse, apresenta uma abordagem econômica para a compreensão de arranjos contratuais. O capítulo está dividido em duas partes, a primeira buscando explicar, com instrumentos de teoria dos jogos e de microeconomia, o *contrato enquanto fato social* de criação de riqueza; e a segunda, que visa a justificar a existência das principais *normas de direito contratual.*

O capítulo **7**, desenvolvido por Antônio José Maristrello Porto, busca entender normas de responsabilidade civil segundo uma perspectiva juseconômica. Nesse sentido, o autor argumenta que uma regra de responsabilização deve fornecer incentivos adequados para que os agentes adotem níveis ótimos de precaução em suas atividades. Adentra-se então em discussões sobre as regras que atingem de modo eficiente esse objetivo.

O capítulo **8** tem por tema a análise econômica do direito de propriedade e foi escrito pela professora Flávia Vera. Aqui, explica-se como o direito de propriedade pode servir ao crescimento econômico de uma sociedade. São abordados também questões sobre a função social da propriedade, remédios judiciais para a violação do direito de propriedade e o meio ambiente.

O capítulo 9, escrito por Alexandre Cateb e Eduardo Pimenta, introduz questões de direito societário através de um prisma econômico. Os autores discutem tópicos absolutamente relevantes para o direito societário atual, como a limitação de responsabilidade e as regras especiais referentes à sociedade limitada e à sociedade anônima.

O capítulo 10, escrito pelo professor Rodrigo Dufloth, trabalha-se com a análise econômica do direito societário, com ênfase nas discussões sobre governança, responsabilidade dos sócios, conflito de interesse e risco moral.

O capítulo 11, assinado por Cristiano Carvalho, discute a análise econômica do direito tributário. São abordados temas indispensáveis para a compreensão desse ramo jurídico, incluindo, em especial, o ponto ótimo de arrecadação e a curva de Laffer, o peso morto dos tributos e o sentido último da existência de tributos. Ainda que sucinto, esse texto discute com esmero os principais tópicos do direito tributário, de forma que todos os leitores, tanto especialistas quanto novatos, irão certamente se beneficiar de uma leitura atenta.

Em seguida, temos o capítulo 12, escrito por Paulo Furquim de Azevedo, tratando sobre a análise econômica do direito da concorrência. Tradicionalmente vista como uma área limítrofe entre o direito e a economia, o direito concorrencial é especialmente apto a ser avaliado pelas lentes do *law and economics*. Nesse trabalho, o autor clarifica a atuação preventiva e repressiva do Conselho Administrativo de Defesa Econômica, além das origens e fundamentos desse ramo jurídico.

No capítulo 13, temos uma análise da economia do crime no Brasil feita pelos professores Pery Shikida e Thiago do Amaral. Aqui, os autores identificam fundamentos jurídicos e, principalmente, econômicos para a existência do direito penal – quais os objetivos desse ramo jurídico e qual o significado do "crime" e da "pena" segundo preceitos econômicos. Vale também indicar a inclusão de dados empíricos que não apenas confirmam as ideias apresentadas mas ajudam a trazer novos questionamentos para futuro aprofundamento da matéria.

Já no capítulo 14, a professora Luciana Luk-Tai Yeung utiliza a metodologia econômica para analisar o direito do trabalho no Brasil. O texto inclui uma avaliação criteriosa da CLT e dos tribunais de direito do trabalho, embasado em pesquisas empíricas e numa detalhada revisão da literatura existente sobre o tema.

O capítulo 15, por sua vez, é assinado por Jairo Saddi e discute a análise econômica da lei 11.101/2005, a lei de falências. Nesse capítulo, é feita uma detalhada avaliação das regras contidas na referida lei, com a utilização, inclusive, de ferramentas da teoria do jogo. Assim, discute-se a recuperação judicial, a recuperação extrajudicial e a falência de acordo com os ditames da eficiência econômica.

Ainda, temos o capítulo 16, sobre a análise econômica da propriedade intelectual, escrito pelo professor Fabiano Teodoro de Rezende Lara. Focando-se prioritariamente no direito brasileiro, o autor identifica o principal objetivo do direito da propriedade intelectual como o estímulo à inovação e ao desenvolvimento de novas ideias. Passa ele, então, à avaliação de regras específicas de acordo com o sucesso em atingir esse objetivo.

O capítulo 17, escrito pelo professor Bruno Salama, apresenta aspectos econômicos relacionados à arbitragem. Duas questões são suscitadas: em primeiro lugar, por que agentes econômicos decidem escolher submeter suas disputas à arbitragem e, em segundo lugar, como o fortalecimento da arbitragem, que se apresenta como competição ao sistema estatal de resolução de conflitos, está relacionado ao desenvolvimento institucional do Brasil.

Já o capítulo 18, escrito pelos advogados Rafael Machado e Jean Dias, trata da análise econômica do processo, um dos temas que mais necessitam o ferramental analítico da análise econômica, dado o elevado de dogmatismo a teoria processual brasileira, a qual ainda guarda muito da tradição abstrata e apriorística do século passado.

No capítulo 19, responsabilidade do professor Marcos Nóbrega, inclui discussão sobre os aspectos econômicos da licitação. O texto inicia com uma visão do sistema de compras governamentais no Brasil, seguido por discussões sobre "falhas de mercado", como moral *hazard*, *hold up* e seleção adversa, que podem impedir resultados eficientes.

Nádia de Araújo, no capítulo 20, trata do tema do Direito Internacional Privado com ênfase na análise econômica e nos princípios nos contratos internacionais. Caminha no sentido de demonstrar que os princípios tem grande aplicação dos contratos internacionais. Conclui que o princípio de eficiência econômica, tão caro aos economistas na formulação de suas hipóteses, tem lugar cativo também no direito internacional privado, quando se analisam as razões pelas quais é desejável deixar às partes a liberdade de escolher a lei aplicável aos seus contratos internacionais.

Por fim, no capítulo 21, Fernando B. Meneguin e Luciano Póvoa, com o tema "Análise econômica do direito regulatório", estudam a interface salutar entre a Análise Econômica do Direito e a regulação econômica, discutindo algumas aplicações da AED no processo regulatório.

Do Editor da Obra

SUMÁRIO

1
INTRODUÇÃO AO DIREITO E ECONOMIA[1]

Ivo Gico Jr.

Doutor em Direito pela USP. Doutorando em Economia pela UnB. Mestre com honra máxima (*James Kent Scholar*) pela *Columbia Law School*, New York. Graduado em Direito pela UnB. Membro fundador e Diretor Acadêmico da Associação Brasileira de Direito e Economia – ABDE e Editor-chefe da *Economic Analysis of Law Review* – EALR. Advogado. e-mail: gico@ucb.br

1. INTRODUÇÃO

O direito é, de uma perspectiva mais objetiva, a arte de regular o comportamento humano. A economia, por sua vez, é a ciência que estuda como o ser humano toma decisões e se comporta em um mundo de recursos escassos e suas consequências. A Análise Econômica do Direito (AED), portanto, é o campo do conhecimento humano que tem por objetivo empregar os variados ferramentais teóricos e empíricos econômicos e das ciências afins para expandir a compreensão e o alcance do direito e aperfeiçoar o desenvolvimento, a aplicação e a avaliação de normas jurídicas, principalmente com relação às suas consequências.

De um ponto de vista histórico-epistemológico, principalmente após a Segunda Guerra Mundial e a ocorrência do Holocausto, a reação dos juristas romano-germânicos ao juspositivismo do século XIX foi um retorno ao direito enquanto valor, próximo ao jusnaturalismo, mas fixado em princípios constitucionais, tendo seus praticantes não apenas abandonado a ideia de ciência jurídica, mas efetivamente se afastado das demais ciências naturais e sociais na medida em que elas teriam falhado em fornecer uma Teoria do Valor que pudesse racionalizar decisões jurídicas. A solução implicitamente adotada estaria na filosofia. Não por outro motivo os paradigmas dominantes na metodologia jurídica atual emprestam largamente da filosofia em detrimento de todas as outras formas de conhecimento humano. Apenas a título

---

1. Esse texto é uma adaptação de um artigo anteriormente publicado na *Economic Analysis of Law Review* – EALR, Vol. 1, n°1, 2010.

de exemplo, basta lembrar que os programas de pós-graduação em direito muitas vezes exigem que seus discentes cursem cadeiras de filosofia do direito, mas cadeiras interdisciplinares raramente são ao menos oferecidas.

A consequência desse afastamento é que, mesmo após a grande evolução que as ciências naturais e sociais gozaram durante o século XX, os juristas ainda não possuem qualquer instrumental analítico robusto para descrever a realidade sobre a qual exercem juízos de valor ou para prever as prováveis consequências de decisões jurídico-políticas que são seu objeto de análise tradicional. Em síntese, o direito não possui uma teoria sobre o comportamento humano. É exatamente nesse sentido que a Análise Econômica do Direito – AED é mais útil ao direito, na medida em que oferece um instrumental teórico maduro que auxilia a compreensão dos fatos sociais e, principalmente, como os agentes sociais responderão a potenciais alterações em suas estruturas de incentivos. Assim como a ciência supera o senso comum, essa compreensão superior à intuição permite um exercício informado de diagnóstico e prognose que, por sua vez, é fundamental para qualquer exercício valorativo que leve em consideração as consequências individuais e coletivas de determinada decisão ou política pública.

Por outro lado, posturas e culturas de cada disciplina divergem marcadamente em vários aspectos, sendo o diálogo entre juristas e economistas muitas vezes truncado, para não se dizer antagônico. A proposta do presente livro é oferecer ao leitor uma primeira aproximação à AED e suas várias áreas de aplicação, enquanto o presente capítulo visa a contextualizá-la do ponto de vista epistemológico, no intuito de facilitar o diálogo pela exposição dos pontos em que a aproximação pode ser útil e apontando para os pontos que devem ser tratados com especial cautela, já que os praticantes de AED – tanto economistas quanto juristas – não necessariamente possuem o treinamento adequado em ambas as áreas.

2. O DIREITO NA ANÁLISE ECONÔMICA DO DIREITO: ONDE SE ENQUADRA A AED?

Nas ciências naturais e sociais, o conhecimento evolui geralmente circunscrito a um paradigma específico, vigente em um dado momento histórico, dentro do qual os pesquisadores contemporâneos normalmente não questionam os pressupostos sobre os quais trabalham: são os chamados períodos de "ciência normal". O trabalho de pesquisa é, via de regra, melhorar e expandir o conhecimento existente dentro desse arcabouço teórico aceito explícita ou implicitamente pela comunidade científica contemporânea. Quando as dificuldades de explicar novos fenômenos ou de responder a antigas questões de forma satisfatória se avolumam substancialmente, essa superestrutura metodológica se rompe e há, gradualmente ou não, uma mudança de paradigma.[2]

---

2. Kuhn, Thomas S. *A estrutura das revoluções científicas*. Trad. Beatriz Vianna Boeira e Nelson Boeira. São Paulo: Perspectiva, 2007, p. 57 e ss.

A utilização de paradigmas, apesar de ser uma noção relativamente gris, é útil na compreensão de como a abordagem dos operadores do direito tem variado no tempo e no espaço e, assim, o contexto histórico dentro do qual se insere a AED para que se possa compreender adequadamente sua epistemologia e metodologia.

2.1. Jusnaturalismo

De acordo com a tradição ocidental, foram os gregos os primeiros a associar ao direito uma natureza dúplice, parte decorrente da opinião dos homens e dela dependente, e parte decorrente da própria natureza e, portanto, universal e independente da opinião dos homens,[3] sendo que o direito natural se sobreporia ao direito dos homens, constituindo uma ordem limítrofe permanente e imutável.[4] De certo modo, esse difícil balanço entre uma noção metafísica de justiça (dita natural) e as leis dos homens (*demokratía*) permeou e permeia o debate jurídico até hoje.

O paradigma jusnaturalista como uma forma de limitação ao poder do governante desaparece em certo ponto da história com a queda do Império Romano e ressurge, de forma semi-independente e dispersa, na Idade Média.[5] Durante esse período, na contínua disputa entre poder secular e religioso, o fundamento do direito natural ora se assentava na razão ou na natureza (logo, independentemente da igreja), ora em deus.[6] É importante salientar que dentro do paradigma jusnaturalista não existe diferença entre análise positiva (o que é) e normativa (o que deve ser) do direito, pois se uma lei contradiz o direito natural, não decorre da razão (natureza) ou de deus (intelecto divino) e, portanto, não é justa, logo, não é direito. Nesse sentido, a discussão jurídica será sempre e necessariamente uma discussão idiossincrática de valores morais e éticos do observador, intérprete ou aplicador, salvo se o interlocutor acreditar em uma moral universalista, o que é cada vez mais raro em uma sociedade que se deseja e reconhece pluralista e multivalorativa.

2.2. Juspositivismo

A percepção jusnaturalista começa a perder espaço ainda no século XVIII, com Kant, que propugna a total separação entre direito (objeto de preocupação do ju-

---

3. Vide, por exemplo, Aristóteles. *Ética a Nicômaco*. Livro V, cap. 7. Trad. Pietro Nassetti. São Paulo: Martin Claret, 2007, Coleção A Obra-Prima de Cada Autor, vol. 53, p. 117.

4. Essa posição é relativamente clara no Segundo Livro de: *As leis*, de Platão que, após ter presenciado seu mestre, Sócrates, ser condenado à morte pelos democratas atenienses, passou a desconfiar do poder ilimitado da democracia (vontade do povo). Assim, o direito natural – o Governo pelo Direito – desempenharia o salutar papel de limitação à vontade popular que, irrestrita, seria perigosa, i.e., o governo (mesmo democrático) deveria estar submetido ao direito (natural). Cfr. Platão. *As leis – Incluindo Epinomis*. Prefácio de Dalmo de Abreu Dalari. Trad. Edson Bini. São Paulo: Edipro, 1999.

5. Para um resumo desse período, vide: Tamanaha, Brian Z. *On the rule of law*. Cambridge: Cambridge University Press, 2004, Cap. 2.

6. Tomás de Aquino é um dos maiores expoentes dessa corrente medieval ao mesclar o pensamento de Aristóteles ao da igreja católica e fundamentar o direito natural na razão divina. Cfr. Aquino, Tomás de. *Suma teológica*. Trad. Carlos-Josaphat Pinto de Oliveira et alii. São Paulo: Loyola, 2001. t. I.

rista) e moral (objeto de preocupação do filósofo). Em Kant, a ciência do direito se diferencia das demais ciências pelo objeto, que é o estudo das leis exteriores gerais garantidas por uma sanção estatal. O jurista deve afastar-se de questões morais (o que é justiça) e da realidade fática e preocupar-se com as normas escritas, pois apenas elas revelariam a vontade geral.[7]

É nesse contexto histórico que surge, no século XIX, o juspositivismo, como uma decorrência do aparecimento e sucesso das ciências naturais em explicar o mundo, a partir do positivismo, mas com o qual não se confunde. O objetivo do positivismo de Comte era aplicar diretamente à sociedade (e, portanto, ao homem) os métodos bem-sucedidos das ciências naturais, pois eles seriam os únicos capazes de fornecer respostas verdadeiras aos problemas humanos e sociais. Daí a propositura de uma física social, posteriormente, sociologia. A ideia era repudiar o metafísico ou teológico e centrar-se no que era lógico e empiricamente verificável.

No âmbito jurídico, as ideias de Kant e o positivismo tiveram seu primeiro reflexo relevante na Escola Histórica alemã, normalmente associada ao objetivismo histórico de Savigny,[8] cujo objetivo era demonstrar que a história não é fruto da razão, como diziam os iluministas, mas sim que o homem é um ser individual e variável de acordo com sua história. Se isso é verdade, então, não existe e não pode existir um único direito, igual para todos os povos, tempos e lugares. Não há direito universal. O direito é sempre o produto de um processo histórico que, como todos os fenômenos sociais, varia no tempo e no espaço.

Após o ataque da Escola Histórica, ocupa o lugar do jusnaturalismo como paradigma dominante, o juspositivismo, cuja proposta é estudar o direito de um ponto de vista científico, tal como efetivamente é, e não como deveria ser,[9] consolidando a distinção entre análise positiva (o que é) e normativa (o que deve ser) do direito. A principal característica do positivismo jurídico é a negação da existência de um direito natural e a separação clara do que venha a ser direito, moral e política. Nessa linha, reconhece-se explicitamente que o direito é um fato social, existente independentemente de ser justo, correto, completo ou de ter qualquer outro atributo metafísico, o que não quer dizer que tais fatores não sejam relevantes para a filosofia do direito, apenas que o direito *existe* independentemente deles.

Seguindo a tradição kantiana e na tentativa de manter o seu *status* de conhecimento autônomo e relevante perante as ciências naturais e as ciências sociais emergentes,

---

7. Cf. Kant, Immanuel. *A metafísica dos costumes*. 2. ed. Trad. Edson Bini. São Paulo: Edipro, 2008, Clássicos Edipro. Note-se que Kant era filósofo de formação e não jurista.

8. "[S]eria melhor que existisse algo totalmente objetivo, algo de todo independente e distante de toda convicção individual: a lei. (...) A lei deveria, pois, ser completamente objetiva, conforme sua finalidade original, isto é, tão perfeita que quem a aplique não tenha nada a agregar-lhe de si mesmo". Savigny, Friedrich Karl Von. *Metodologia jurídica*. São Paulo: Rideel, 2005 [1814], Série Biblioteca Clássica, p. 7.

9. Cfr. Bobbio, Norberto. *O positivismo jurídico. Lições de filosofia do direito*. Nello Morra (comp.). Trad. Márcio Pugliesi et alii. São Paulo: Ícone, 2006, p. 15-44. Ressalte-se que o juspositivismo constitui simultaneamente (a) um método para o estudo, (b) uma teoria e (c) uma ideologia do direito, sendo essas dimensões relativamente autônomas.

os juspositivistas entenderam ser necessário desenvolver independência metodológica e estabelecer objeto próprio, a norma. A estratégia adotada foi a incorporação de uma perspectiva formalista segundo a qual o direito seria: (a) o resultado de uma ação volitiva humana; (b) seu conteúdo independeria da moral ou de outros campos do conhecimento; e, por isso, (c) seria um sistema lógico fechado e coerente de regras da qual a decisão jurídica correta sempre poderia ser inferida lógica e autonomamente do direito posto. Nascia o ordenamento jurídico.[10]

Apenas para contextualizar, Durkheim realizou o mesmo esforço para transformar a sociologia em uma ciência objetiva e autônoma inventando o conceito de sociedade como ente coletivo, diverso da agregação de seus indivíduos e da mente humana, em uma tentativa de distinguir o método e o objeto sociológico do econômico e do psicológico.[11]

Por outro lado, o direito perde o seu caráter sacro e passa a ser compreendido e trabalhado como o resultado de uma opção humana e não como uma ordem imutável e universal. Como consequência, percebe-se que as estruturas sociais podem ser alteradas pelo direito, agora concebido como um instrumento de mudança social consubstanciado na lei. O direito, portanto, não necessariamente é racional, mas pode e deve sê-lo. Daí, por exemplo, a crítica juspositiva ao direito consuetudinário casuístico e assistemático, que não reflete um instrumento de mudança, mas o costume prévio dos povos. No mesmo sentido, as grandes codificações seriam o mecanismo mais adequado de se organizar o direito.

Inicialmente focado na atividade legislativa e na coercibilidade do direito,[12] já na metade do século XX, sob a influência de Kelsen, o interesse juspositivista se desloca para as instituições aplicadoras do direito (e.g., Judiciário), seu caráter normativo e a sistematicidade do ordenamento jurídico. O direito, então, não constituiria uma ciência social causal (preditiva) como a sociologia ou a economia, mas pura e simplesmente normativa (autorizativa, prescritiva).[13] Note-se que a sistematicidade do ordenamento jurídico não implica afirmar que o direito positivo gera sempre uma única resposta correta. Reconhece-se, tão somente, que nos casos em que mais de

---

10. Cfr. Bobbio, Norberto. *Teoria do ordenamento jurídico*. 4. ed. Trad. Maria Celeste Cordeiro Leite dos Santos. Brasília: Ed. UnB, 1994 [1960].

11. "Se, com efeito, talvez possamos contestar que todos os fenômenos sociais, sem exceção, se impõem ao indivíduo do exterior, a dúvida não se afigura possível no que diz respeito às crenças e práticas religiosas, às regras da moral, aos inúmeros preceitos do direito, isto é, no que se refere às manifestações mais características da vida coletiva. Todas elas são expressamente obrigatórias. Ora a obrigação é a prova de que essas formas de agir e de pensar não são obra do indivíduo, mas emanam de uma potência moral que o ultrapassa, quer o imaginemos misticamente sob a forma de um deus, quer dela façamos uma concepção mais temporal e mais científica. A mesma lei encontra-se, portanto, em ambos os domínios." Durkheim, Émile. *As regras do método sociológico*. 10. ed. São Paulo: Companhia Editora Nacional, 1982 [1895], p. 197.

12. O início do juspositivismo, no século XIX, pode ser associado ao trabalho de John Austin, que trabalhou e popularizou as ideias de Jeramy Bentham, seu amigo pessoal, em sua obra: Austin, John. *The province of jurisprudence determined*. Amherst: Prometheus Books, 2000 [1832], Great Minds Series.

13. Kelsen, Hans. *Teoria pura do direito*. 6. ed. Trad. João Baptista Machado. São Paulo: Martins Fontes, 1998, p. 95 e ss.

uma interpretação é viável, não seria possível criar um critério científico (ou jurídico enquanto ciência) que permitisse a escolha da alternativa "mais" correta, pois tal escolha seria sempre valorativa e, portanto, subjetiva.[14]

O juspositivismo contribuiu para a teoria jurídica ao estabelecer de forma clara a distinção entre análise positiva e normativa do direito, bem como com a identificação do direito como um mecanismo de mudança social, que deveria obedecer a critérios de racionalidade. Por outro lado, a maneira como a proposta de alcançar independência metodológica foi implementada e evoluiu, não apenas excluiu das faculdades de direito qualquer forma de análise normativa (o que deve ser), como resultou na adoção de uma postura xenófoba e hermética, contrária ao próprio positivismo filosófico, cujo resultado foi praticamente eliminar o diálogo entre o direito e as ciências.

Em última instância, os juristas (teóricos e práticos) ficaram e permanecem sem qualquer instrumental analítico adequado para avaliar as consequências de suas decisões ou interpretações, atendo-se a uma retórica formalista sem maiores preocupações empíricas falsificáveis ou pragmáticas. Por essa razão, em sua prática cotidiana, voltaram-se ao exercício de análise e classificação de normas e regras em abstrato, cujo principal instrumento (hermenêutica) em larga medida não passa de um jogo de palavras sob o qual escolhas reais são ignoradas ou simplesmente escamoteadas. Obviamente esse resultado enfraqueceu e degenerou a proposta de finalidade racional do direito.

É importante reconhecer que a teoria e a práxis jurídica atuais continuam a trabalhar, ao menos em parte, dentro desse paradigma. Salvo raríssimas exceções, a educação jurídica no Brasil permanece sendo prioritariamente baseada em apresentação de princípios gerais para, em seguida, analisar-se as regras e peculiaridades de cada ramo do direito. Nos cursos de direito, as disciplinas de outras áreas (e.g., economia, sociologia, ciência política, psicologia), quando ministradas, o são de forma desconexa das disciplinas jurídicas, não influenciando seu conteúdo de forma relevante. A principal consequência é a carência de um instrumental analítico mais robusto (teoria) como o disponível nas demais ciências sociais com as quais o direito não dialoga de fato, o que me parece ser um legado largamente atribuível à degeneração da proposta juspositivista enquanto método e levado ao extremo pelas ideias e escolas sucessoras.

2.3. O mundo jurídico pós-positivismo

O juspositivismo gerou respostas diversas nos variados países. Na França surge a Escola da Livre Investigação Científica em reação à Escola Exegética. Enquanto esta acreditava que o direito se limitava à interpretação do direito codificado, aquela

---

14. "[D]e um ponto de vista orientado para o Direito positivo, não há qualquer critério com base no qual uma das possibilidades inscritas na moldura do Direito a aplicar possa ser preferida à outra." Kelsen, op. cit., p. 391. Veja também, em geral, Hart, Herbert L. A. *Conceito de direito*. Trad. Armindo Ribeiro Mendes. 2. ed. Lisboa: Fundação Calouste Gulbenkian, 1994.

entendia que havia um maior espaço de atuação do intérprete, cuja ação deveria ser cientificamente fundamentada, mas que acabava por se confundir com a própria lei. Na Escandinávia, surge o Realismo Jurídico focado na análise dos conceitos jurídicos fundamentais; enquanto nos EUA, o jusrealismo combate o formalismo langdelliano (doutrinalismo)[15] para demonstrar que: (a) o direito é indeterminado, no sentido de não fornecer uma única resposta; (b) as decisões judiciais não são mera aplicação mecânica da lei e que o resultado é influenciado pela identidade, ideologia e política daqueles que o administram (juízes); e, portanto, (c) o jurista deveria empregar uma abordagem mais pragmática perante o direito, fundada no conhecimento de outras ciências para promover de forma balanceada os interesses sociais (instrumentalismo jurídico).

No realismo jurídico norte-americano, a reação ao juspositivismo resultou em um clamor pela interdisciplinaridade com as demais ciências para aproximar direito da realidade social, afastando-se de seu formalismo estéril. Esse movimento acabou por gerar várias escolas de pensamento jurídico interdisciplinares, não necessariamente convergentes, que tentavam enxergar o mundo de forma mais realista e pragmática pela ciência, como a Análise Econômica do Direito[16] e os Estudos Críticos do Direito (*Critical Legal Studies*),[17] entre outros movimentos.

Já nos países de tradição europeia-continental, inclusive no Brasil, uma das reações tardias ao juspositivismo foi o neoconstitucionalismo,[18] que se propõe a denunciar a incapacidade de o raciocínio lógico-formal lidar com questões valorativamente controvertidas, para as quais não há uma única resposta e retoma a posição segundo a qual não seria possível uma referência a direito sem uma conotação valorativa. A ocorrência da Segunda Grande Guerra e do Holocausto, supostamente não "impedidos" pelo direito, incitou seus propositores a sustentarem que o direito não poderia ser desprovido de conteúdo moral e que, portanto, esse só faz sentido quando combinado com valores éticos que o limitem e guiem.

---

15. Apesar de a doutrina norte-americana distinguir entre o juspositivismo e o doutrinalismo de Langdell, as semelhanças são evidentes entre uma e outra escola, separadas apenas pelo sistema jurídico. Para uma interessante revisão da história da AED no contexto consuetudinário, vide: Mercuro, Nicholas; Medema, Steven G. *Economics and the Law – from posner to post-modernism and beyond*. Princeton: Princeton University Press, 2006, Cap. 1, em especial, p. 14-19.

16. Para as origens históricas da AED, veja: Parisi, Francesco; Rowley, Charles K. *The origins of law and economics – essays by the founding fathers*. Massachusetts: The Locke Institute, 2005.

17. Cfr. Godoy, Arnaldo Sampaio de Moraes. *Introdução ao movimento do* critical legal studies. Porto Alegre: Safe, 2005.

18. No Brasil é comum denominar essa corrente como pós-positivista. No entanto, seu foco é a reaproximação entre direito e moral por meio da constitucionalização principiológica do direito, e não o reconhecimento da impossibilidade de se alcançar o conhecimento perfeito e que, portanto, o conhecimento científico deve ser considerado apenas como verdade não refutada (falsificacionismo), posição característica do pós-positivismo. Assim, o neoconstitucionalismo não dialoga com o positivismo filosófico, mas sim com o juspositivismo, razão pela qual usamos termos diversos em nome da clareza. Sobre o pós-positivismo, cf. Popper, Karl. *A lógica da pesquisa científica*. 8. ed. São Paulo: Cultrix/Pensamento, 2000; e Blaug, Mark. *The methodology of economics – or how economists explain*. 2. ed. Cambridge: Cambridge University Press, 1992, Cambridge Surveys of Economic Literature, p. 3-50.

Para justificar sua posição, geralmente, os neoconstitucionalistas fazem referência à linha de defesa de nazistas que, durante o Julgamento de Nuremberg, alegaram não ter cometido qualquer crime, uma vez que teriam atuado rigorosamente em consonância com o ordenamento jurídico alemão. Todavia, muitos deles ignoram ou preferem ignorar que a doutrina nazista era nitidamente contrária ao princípio basilar juspositivista da legalidade, segundo o qual o juiz deveria decidir apenas segundo a lei, tendo o Estado nazista relativizado a lei em nome do "são sentimento popular" (*gesundes Volsempfindem*) para promover sua perigosa agenda por meio do próprio Poder Judiciário.[19]

Não por outra razão, enquanto os jusrealistas buscaram aproximar o direito da realidade social pelas ciências, os neoconstitucionalistas buscam reaproximar o direito da filosofia, em uma tentativa de síntese e superação do jusnaturalismo e do juspositivismo, por meio da relativização do direito escrito que, no caso concreto, pode e deve ser flexibilizado se não for razoável (e, porque não dizer, justo). Todavia, a distinção mais marcante entre o neoconstitucionalismo e o jusnaturalismo é que naquele as valorações morais e éticas realizadas em paralelo com a suposta interpretação da lei são operacionalizadas por princípios jurídicos,[20] incorporados expressa ou implicitamente às Constituições nacionais e não por um direito natural metafísico, característico do jusnaturalismo. O fundamento da valoração seria, portanto, o resultado de um comando do próprio ordenamento jurídico (norma-princípio) e não de um padrão metajurídico.

Agora o problema do direito não seria mais apenas de subsunção da norma aos fatos, o que representaria uma função preponderantemente técnica para os órgãos aplicadores, mas de compatibilidade e ponderação entre normas-regra e normas-princípio[21] no estabelecimento de um balanço de interesses contrapostos. Curiosamente, no paradigma neoconstitucionalista, o consenso limita-se ao reconhecimento de que deve haver espaço para escolhas além da regra legal, inexistindo acordo entre correntes e pensadores com relação à metodologia que deve ser aplicada na tomada de decisões.[22]

A título de exemplo, a Tópica Jurídica foi uma das primeiras tentativas de superar as limitações juspositivistas alegando criar um mínimo de racionalidade para

---

19. Cfr. Bobbio, *O positivismo... cit.*, p. 236; Stolleis, Michael. *The law under the swastika: studies on legal history in Nazi Germany*. Trad. Thomas Dunlap. Chicago: University of Chicago Press, 1998; e Müller, Ingo. *Hitler's justice: the courts of the third reich. With an introduction of Detlev Vagts*. Trad. Deborah Lucas Schneider. Cambridge: Harvard University Press, 1991.

20. Vide a respeito: Barroso, Luís Roberto. *A nova interpretação constitucional – ponderação, direitos fundamentais e relações privadas*. Rio de Janeiro: Renovar, 2003, p. 72 e ss.

21. Utiliza-se a expressão norma-regra e norma-princípio apenas para ressaltar que, no neoconstitucionalismo, ambos constituem comandos normativos e, portanto, possuem aplicabilidade. Dentro desse paradigma, princípios não são mais apenas valores que informam a interpretação das regras, eles podem e devem ser aplicados diretamente. Obviamente, a essa altura deve estar claro que o conteúdo de um princípio depende fundamentalmente dos olhos do observador.

22. Nesse sentido, vide: Larenz, Karl. *Metodologia jurídica*. Lisboa: Fundação Calouste Gulbenkian, 1989.

as decisões valorativas por meio da leitura retórica do direito. Por isso é chamada de Teoria da Razão Prática, segundo a qual se aplicaria a "lógica do razoável" para controlar os exercícios valorativos por meio do emprego discursivo dos *topoi* de Aristóteles. Os *topoi* seriam "pontos de vista utilizáveis e aceitáveis em toda parte, que se empregam a favor ou contra o que é conforme a opinião aceita e que podem conduzir à verdade",[23] sem qualquer pretensão de sistematicidade, visto que a lógica seria derivável do e aplicável ao caso concreto.[24]

Obviamente, a argumentação tópica é falha na medida em que apenas identifica *topoi* aceitáveis para uma determinada audiência sem fornecer qualquer instrumental analítico que possibilite a comparação entre eles, nem sua hierarquização valorativa, ou seja, não constitui nem oferece uma teoria de valores,[25] que é justamente o problema que teria se proposto a resolver. Além disso, ao relativizar toda e qualquer forma de conhecimento como um *topos* (argumento possível), eleva ao mesmo nível conhecimento científico e senso comum, desde que suas proposições sejam razoáveis. Para minar ainda mais a sua utilidade enquanto método de análise, não apenas em Wiehweg, mas também na práxis jurídica atual, não fica clara a relação entre a tópica e o direito escrito, que muitas vezes se torna apenas mais um *topos* e, portanto, pode ser desconsiderado em nome de um critério idiossincrático de justiça, normalmente não explicitado.

Na busca por critérios operacionalizáveis de justiça e de como tomar uma decisão jurídica racional, tornou-se comum na comunidade jurídica moderna a busca de apoio teórico em filósofos que vêm tentado criar critérios ideais de se chegar a proposições normativas racionais e justas, como a postura "minimax" por detrás do véu da ignorância de John Rawls,[26] a situação de discurso ideal de Jürgen Habermas,[27] os mandados de otimização de Robert Alexy[28] ou o juiz hercúleo de Dworkin[29] e sua

---

23. Wiehweg, Theodor. *Tópica e jurisprudência*. Trad. Tercio Sampaio Ferraz Junior. Brasília: Departamento de Imprensa Nacional, 1979, p. 26 e 27.
24. "[S]e uma ciência do direito pressupõe posicionamentos, tais posicionamentos não serão considerados irracionais, quando puderem ser justificados de forma razoável." Perelman, Chaïm. *Lógica jurídica: a nova retórica*. Trad. Vergínia K. Pupi. São Paulo: Martins Fontes, 2000, p. 480. No mesmo sentido: Wiehweg, op. cit., p. 36.
25. Engish, Karl. *Introdução ao pensamento jurídico*. Trad. J. Baptista Machado. Lisboa: Fundação Calouste Gulbenkian, 1996, p. 384.
26. Cf. Rawls, John. *Uma teoria da justiça*. 3. ed. São Paulo: Martins Fontes, 2008 [1971], em que segue a tradição de justiça circunstancial de David Hume e o espírito Kantiano para, em uma interessante aplicação do conceito de maximização do mínimo ("minimax") da Teoria dos Jogos, propor um modelo de desigualdade social ótima, contribuindo não apenas para o direito com sua Teoria da Justiça, mas também para a Economia do Bem-Estar Social com a decorrente função de utilidade social em formato de L.
27. Cfr. Habermas, Jürgen. *Verdades e justificações: ensaios filosóficos*. Trad. Milton Camargo Mota. São Paulo: Loyola, 2004.
28. Cfr. Alexy, Robert. Teoria da argumentação jurídica: a teoria do discurso racional como teoria da justificação jurídica. 2. ed. São Paulo: Landy, 2005.
29. Cfr. Dworkin, Ronald. *Uma questão de princípio*. Trad. Luís Carlos Borges. São Paulo: Martins Fontes, 2001; e *Levando os direitos a sério*. Trad. Nelson Boeira. São Paulo: Martins Fontes, 2002.

decisão "correta".[30] Não obstante, a prática hoje demonstra apenas que a vontade consubstanciada na lei positivada foi completamente relativizada, sem que emergisse um critério minimamente universal que a substituísse na criação, interpretação e aplicação do direito.[31]

Apesar da clara preocupação com valores, o neoconstitucionalismo não se preocupa suficientemente com as reais consequências de determinada lei ou decisão judicial. Não que ignorem a realidade social em suas considerações,[32] tão somente digo que seu foco tem sido elaborar justificativas teóricas e abstratas para a flexibilização da lei e sua compatibilização com princípios de conteúdo indeterminado, segundo algum critério de justiça, que se esforçam para criar e legitimar como racionais e não voluntaristas. O desenvolvimento de instrumentos analíticos capazes de auxiliar o intérprete a identificar, prever e mensurar tais consequências no mundo real é que foi epistemologicamente relegado a segundo plano ou para outros ramos do conhecimento humano com os quais o direito tradicionalmente não dialoga. O problema, por óbvio, é que a mera intuição do intérprete e aplicador do direito perante o caso concreto, principalmente os mais complexos, não é suficiente.

Ainda que tenha havido algum sucesso em reaproximar o direito da moral e da ética, para que tenhamos uma compreensão plena do fenômeno jurídico[33] e para que os supostos critérios de justiça sejam operacionalizáveis, é necessário que antes sejamos capazes de responder à simples pergunta: a norma X é capaz de alcançar o resultado social desejado Y dentro de nosso arcabouço institucional? Enfim, precisamos não apenas de justificativas teóricas para a aferição da adequação abstrata entre meios e fins, mas também de teorias superiores à mera intuição que nos auxiliem em juízos de diagnóstico e prognose. Precisamos de teorias que permitam, em algum grau, a avaliação mais acurada das prováveis consequências de uma decisão ou política pú-

---

30. Note-se que dentro desse paradigma o direito se afastou das ciências naturais e sociais, erroneamente associadas ao juspositivismo (que *também* as renega por não serem objeto próprio do direito) e se aproximou mais da filosofia, em busca de uma resposta sobre o que é justo e o que é direito. Não por outra razão, Rawls, Habermas, Alexy e Dworkin têm formação filosófica. Apenas Habermas tem outra formação complementar (sociologia) e apenas Rawls não tem formação jurídica.

31. A sociológica Teoria dos Sistemas, às vezes considerada como uma alternativa, de tão abstrata e complexa, é de pouca utilidade em uma discussão de cunho prático como esta. Além disso, a teoria se restringe a uma abordagem meramente descritiva, sem qualquer pretensão preditiva, o que seria impossível na visão de seu propositor, *in verbis*: "*The disadvantage of systems theory [...] lies in its high intrinsic complexity and the related abstractedness of its concepts. [...] Therefore, we do not intend to present a theory that is supposed to guide practice. Instead, we describe the legal system as a system that observes itself and describes itself [...] without any attempt to represent the outside world in the system.*" Luhmann, Niklas. *Law as a social system*. Trad. Klaus A. Ziegert. New York: Oxford University Press, 2008 [2004], Oxford Social Legal Studies, nota 30, p. 64 e 65.

32. A título de exemplo, vide o texto de Barroso em que afirma que a racionalidade e legitimidade de uma interpretação dependem da consideração de suas consequências práticas no mundo real, todavia sem oferecer nem elaborar uma metodologia acerca de como identificar ou prever tais consequências. Barroso, Luís Roberto. Neoconstitucionalismo e constitucionalização do direito (o triunfo tardio do direito constitucional no Brasil). *Revista da Emerj* 9-33/56-58, Rio de Janeiro, 2006.

33. Afinal de contas, o direito é fato, valor e norma e, portanto, qualquer análise isolada de apenas uma dessas facetas será incompleta. Cf. Reale, Miguel. *Teoria tridimensional do direito*. 5. ed. São Paulo: Saraiva, 1994.

blica dentro do contexto legal, político, social, econômico e institucional em que será implementada. Em suma, precisamos de uma teoria sobre o comportamento humano.

É nesse contexto que começa a ser discutida e considerada no Brasil a Análise Econômica do Direito, cujo propósito é precisamente introduzir uma metodologia que contribua significativamente para a compreensão de fenômenos sociais e que auxilie na tomada racional de decisões jurídicas. Assim, o objetivo do presente livro é servir de um primeiro guia aos juristas e economistas brasileiros acerca de como essa abordagem pode ser útil nas mais diversas áreas de atuação.

E é exatamente nesse aspecto que a Análise Econômica do Direito oferece sua maior contribuição do ponto de vista epistemológico jurídico. Se a avaliação da adequação de determinada norma está intimamente ligada às suas reais consequências sobre a sociedade (consequencialismo), a juseconomia se apresenta como uma interessante alternativa para este tipo de investigação. Primeiro, porque oferece um arcabouço teórico abrangente, claramente superior à intuição e ao senso comum, capaz de iluminar questões em todas as searas jurídicas, inclusive em áreas normalmente não associadas como suscetíveis a este tipo de análise. Segundo, porque é um método de análise robusto o suficiente para o levantamento e teste de hipóteses sobre o impacto de uma determinada norma (estrutura de incentivos) sobre o comportamento humano, o que lhe atribui um caráter empírico ausente no paradigma jurídico atual. E terceiro, porque é flexível o suficiente para adaptar-se a situações fáticas específicas (adaptabilidade) e incorporar contribuições de outras searas (inter e transdisciplinaridade), o que contribui para uma compreensão mais holística do mundo e para o desenvolvimento de soluções mais eficazes para problemas sociais em um mundo complexo e não ergódigo.

Além de auxiliar em juízos de diagnóstico e prognose, a AED pode contribuir para a explicação da própria razão de existência de uma determinada norma jurídica, o que é normalmente o âmbito de investigação da Teoria da Escolha Pública (*Public Choice*), mas esta agenda de pesquisa já é bem mais complexa que a primeira e ainda está em desenvolvimento. E mesmo para as discussões normativas (i.e., o que o direito deve ser) a AED pode contribuir substancialmente ao indicar pontos de consenso e dissenso, mas aqui, como nos demais paradigmas, a controvérsia é muito mais intensa e a sua utilidade pode ser mais limitada.

Neste livro, teremos a oportunidade de (re)ver – sob a perspectiva da AED – os mais diversos ramos do direito pelas mãos de alguns dos primeiros pesquisadores a se dedicarem à nobre e perigosa tarefa de explorar o novo, os verdadeiros pioneiros da AED no Brasil. Após uma necessária revisão da teoria microeconômica (Capt. 2), macroeconômica (Capt. 3) e teoria dos jogos (Capt. 4), aplicaremos esse ferramental para (re)descobrirmos lógica subjacente ao direito contratual (Capt. 5), à responsabilidade civil extra-contratual (Capt. 6), à propriedade (Capt. 7), ao direito societário (Capt. 8), à arbitragem (Capt. 9), à tributação (Capt. 10), ao direito da concorrência (Capt. 11), ao direito penal (Capt. 12), ao direito trabalhista (Capt.

13), ao direito administrativo e, por fim, a uma visão geral dessas mesmas áreas no direito comparado (Capt. 14).

A essa altura, para convencer o leitor a investir nos capítulos iniciais antes de avançar aos capítulos aplicados, é conveniente explorarmos um pouco o que significa realizar uma análise econômica para então discutirmos o que seria uma análise juseconômica.

3. A ECONOMIA NA ANÁLISE ECONÔMICA DO DIREITO: A METODOLOGIA DA AED

3.1. Epistemologia da economia: o que é economia?

Quando falamos em economia nossa pré-compreensão nos leva automaticamente a pensar em dinheiro, mercados, emprego, inflação, juros etc. Assim, por exemplo, são consideradas questões econômicas perguntas do tipo: qual o efeito da taxa de juros sobre o nível de emprego? Por que empresas nacionais pregam a criação de barreiras tarifárias para seus produtos? Essas barreiras são boas para os consumidores? Quanto custa construir uma ponte ligando o Brasil à Argentina sobre o Rio Uruguai? Por que nossa taxa de juros é uma das maiores do mundo?

Por outro lado, não são tradicionalmente consideradas econômicas perguntas do tipo: por que estupradores costumam atacar entre 5h e 8h30min da manhã ou à noite? Por que os quintais de locais comerciais são geralmente sujos, enquanto as fachadas normalmente são limpas? Por que está cada vez mais difícil convencer os Tribunais Superiores de que uma dada questão foi efetivamente prequestionada? Por que em Brasília os motoristas param para que um pedestre atravesse na faixa, mas em outros locais do Brasil isso não ocorre? Por que os advogados passaram a juntar cópia integral dos autos para instruir um agravo de instrumento quando a lei pede apenas algumas peças específicas? Por que o governo costuma liberar medidas tributárias ou fiscais impopulares durante recessos e feriados, como o Natal? Por que o número de divórcios aumentou substancialmente nas últimas décadas? Por que existem várias línguas?

Para a surpresa de alguns, essas perguntas são tão econômicas quanto as primeiras e muitas delas têm sido objeto de estudos por economistas ou cientistas sociais empregando o método econômico. Se pararmos para pensar, de uma forma ou de outra, cada uma das perguntas do parágrafo anterior impõe decisões aos agentes. Se envolvem escolhas, então, são condutas passíveis de análise pelo método econômico, pois o objeto da moderna ciência econômica abrange toda forma de comportamento humano que requer a tomada de decisão.

O principal motivo dessa amplitude é que, antes de qualquer coisa, a economia é caracterizada por um método de investigação e não por um objeto específico em si. Para nossos propósitos,[34] a definição que melhor traduz essa ideia é a de Lionel Robbins,[35] segundo a qual a economia é "a ciência que estuda o comportamento humano como uma relação entre fins e meios escassos que possuem usos alternativos". Assim, a abordagem econômica serve para compreender toda e qualquer decisão individual ou coletiva que verse sobre recursos escassos, seja ela tomada no âmbito do mercado ou não.[36] Toda atividade humana relevante, nessa concepção, é passível de análise econômica.

A abordagem econômica a que me refiro é, antes de tudo, um método de pesquisa sobre o comportamento humano, um conjunto de instrumentos analíticos. Esse ponto é de tamanha importância, que tomarei emprestadas as palavras – hoje clássicas – de John Maynard Keynes, para afirmar que: "[a] Teoria Econômica não fornece um conjunto de conclusões assentadas imediatamente aplicáveis à política. Ela é um método ao invés de uma doutrina, um aparato da mente, uma técnica de raciocínio, que auxilia seu possuidor a chegar a conclusões corretas".[37]

Nesse sentido, a ciência econômica, antes associada apenas àquela parte da atividade humana que chamamos normalmente de economia, hoje investiga um amplo espectro de atividades humanas, muitas das quais também são estudadas por outras ciências sociais como a ciência política, a sociologia, a antropologia, a psicologia e, como não poderia deixar de ser, o direito. É essa interação entre direito e economia que se convencionou chamar de Análise Econômica do Direito.

3.2. O que é a Análise Econômica do Direito?

A Análise Econômica do Direito nada mais é que a aplicação do instrumental analítico e empírico da economia, em especial da microeconomia e da economia do

---

34. Há outras perspectivas econômicas normalmente denominadas genericamente de heterodoxas, entre as quais o institucionalismo, a economia pós-keynesiana, feminista, marxiana e austríaca. Essas correntes, mesmo quando estudam o direito, normalmente não se autodenominam Análise Econômica do Direito. Os programas de pesquisa mais recentes, influenciados pelas demais ciências (e.g. neuroeconomia, economia evolucionária, economia comportamental, economia experimental), são hoje largamente integrados ao paradigma ortodoxo e, portanto, na AED, que engloba essas novas áreas em subáreas específicas, como a AED comportamental (psicologia). Sobre heterodoxia em geral, cf. Lawson, Tony. The nature of heterodox economics. *Cambridge Journal of Economics*, 30(4)/483-505, 2006.
35. Economia é "the science which studies human behaviour as a relationship between ends and scarce means which have alternative uses". Robbins, Lionel. An essay on the nature and significance of economic science. 2. ed. rev. and ext. London: Macmillan, 1945, p. 16. Disponível em: [www.mises.org/books/robbinsessay2.pdf]. Acesso em: 16.11.2008).
36. Para interessantes exemplos de como a economia pode iluminar aspectos ocultos de ações humanas fora do contexto mercadológico, vide, por exemplo: Becker, Gary. *The economic approach to human behavior*. Chicago: University of Chicago Press, 1990 [1976].
37. "The Theory of Economics does not furnish a body of settled conclusions immediately applicable to policy. It is a method rather than a doctrine, an apparatus of the mind, a technique of thinking, which helps its possessor to draw correct conclusions." Introdução de John Maynard Keynes em Henderson, Hubert D. Supply and demand. With introduction by J. M. Keynes. New York: Harcourt, Brace, 1922, p. 5. Disponível em: [www.gutenberg.org/dirs/1/0/6/1/10612/10612.txt]. Ideia semelhante está presente em: Robinson, Joan. The economics of imperfect competition. London: Macmillan, 1933, p. 1.

bem-estar social, para se tentar compreender, explicar e prever as implicações fáticas do ordenamento jurídico, bem como da lógica (racionalidade) do próprio ordenamento jurídico. Em outras palavras, a AED é a utilização da abordagem econômica para tentar compreender o direito no mundo e o mundo no direito. Note-se que a utilização do método econômico para analisar o direito não quer dizer que são os economistas que praticam a AED. Pelo contrário, na maioria dos casos, os pesquisadores que a praticam são juristas ou possuem dupla formação. De qualquer forma, são juseconomistas.

Como se percebe d presente livro, a AED tem por característica a aplicação da metodologia econômica a todas as áreas do direito, de contratos a constitucional, de regulação a processo civil, de direito ambiental a família e é justamente essa amplitude de aplicação que qualifica uma abordagem AED da simples aplicação de conhecimentos econômicos em áreas tradicionalmente associadas à economia.

É relativamente óbvio que quando um juiz precisa estimar os lucros cessantes e os danos emergentes da destruição de um carro de um taxista por um motorista bêbado, ele precisará recorrer à teoria econômica para realizar tais cálculos. Aqui o economista será chamado a se pronunciar na qualidade de perito, como seria um médico em um caso de erro médico, um contador em um caso de compensação irregular de tributos ou um engenheiro em um caso de responsabilidade por vício de construção. Também é óbvio que não é possível discutir ou operar o direito concorrencial e regulatório sem um conhecimento razoável do ferramental econômico. Assim, por exemplo, a discussão do que constitui uma infração à ordem econômica é uma discussão eminentemente econômica;[38] da mesma forma, a decisão acerca da implementação ou não de um esquema de subsídio cruzado ou da adequação de um dado esquema de controle de preços para um setor regulado é eminentemente econômica. Todavia, a AED vai além dessas inter-relações mais diretas entre direito e economia.

Quando usamos o termo Análise Econômica do Direito, portanto, estamos nos referindo à aplicação do ferramental econômico justamente às circunstâncias a que normalmente não se associam questões econômicas. Por exemplo, a juseconomia pode ajudar a reduzir a ocorrência de estupros, pode ajudar a reduzir o número de apelações protelatórias, pode ajudar a compreender porque algumas leis pegam e outras não, porque muitas vezes uma legislação é adotada e porque noutras vezes o Congresso adota uma legislação que será sabidamente vetada pelo Presidente, mas o faz da mesma forma, ou ainda porque é tão difícil alugar um imóvel no Brasil. A juseconomia pode, inclusive, auxiliar na concreção dos direitos fundamentais, que requerem decisões sobre recursos escassos.

---

38. Para um claro exemplo da essencialidade da teoria econômica para a discussão de questões concorrenciais, vide: Gico Jr., Ivo T. *Cartel – Teoria unificada da colusão*. São Paulo: Lex, 2006.

De forma geral, os juseconomistas estão preocupados em tentar responder duas perguntas básicas: (a) quais as consequências de um dado arcabouço jurídico, isto é, de uma dada regra; e (b) que regra jurídica deveria ser adotada? A maioria de nós concordaria que a resposta à primeira indagação independe da resposta à segunda, mas que o inverso não é verdadeiro, isto é, para sabermos como seria a regra ideal, precisamos saber quais as consequências dela decorrentes. A primeira parte da investigação refere-se à AED positiva (o que é) enquanto a segunda à AED normativa (o que deve ser). Como essa distinção traz importantes implicações do ponto de vista epistemológico/metodológico e algumas vezes é fonte de incompreensão, vamos investir um pouco de tempo aqui antes de avançarmos na metodologia da AED.

3.2.1. AED positiva e normativa

Como toda e qualquer ciência, a AED reconhece como válido e útil do ponto de vista epistemológico e pragmático a distinção entre *o que é* (positivo) e *o que deve ser* (normativo). A primeira proposição está relacionada a um critério de verdade e a segunda a um critério de valor.

A ideia aqui é que há uma diferença entre o mundo dos fatos que pode ser investigada e averiguada por métodos científicos, cujos resultados são passíveis de falsificação – o que chamamos de análise positiva – e o mundo dos valores, que não é passível de investigação empírica, não é passível de prova ou de falsificação e, portanto, não é científico, que chamaremos de análise normativa. Nesse sentido, quando um juiz investiga se *A* matou *B*, ele está realizando uma análise positiva (investiga um fato). Por outro lado, quando o legislador se pergunta se naquelas circunstâncias aquela conduta deveria ou não ser punida, ele está realizando uma análise normativa (investiga um valor), ainda que fatos sejam relevantes para a decisão.

Essa postura está muito ligada à proposição que ficou famosa como a Guilhotina de Hume, em seu Tratado sobre a Natureza Humana, segundo a qual não é possível deduzir-se o dever-ser do ser, isto é, que proposições puramente factuais só podem levar a ou implicar outras proposições puramente factuais e jamais em julgamentos de valor. Em outras palavras, fatos não levam a proposições éticas e vice-versa. Essa posição implica assumir que há uma distinção clara entre o mundo dos fatos e o dos valores que poderia ser resumida assim:[39]

Positivo	Normativo
É	Deve ser
Fatos	Valores
Objetivo	Subjetivo
Descritivo	Prescritivo
Ciência	Arte
Verdadeiro/Falso	Bom/Ruim

---

39. Blaug, op. cit., p. 113.

Obviamente, quando estendida essa distinção ao direito, problemas culturais começam a surgir. Tenho observado que muitas vezes juristas estão tão acostumados a pensar em termos normativos e a discutir questões em termos valorativos, que seus argumentos em debates públicos ou privados sobre questões relativamente simples flutuam com extrema facilidade entre um campo e outro, a ponto de – muitas vezes – se tomar um argumento normativo como positivo e vice-versa. Nesse sentido, a aceitação e a compreensão plena da distinção entre análise positiva e normativa representam um pequeno desafio.[40]

Por outro lado, é importante ressaltar que a distinção entre ser e dever-ser não é tão pacífica quanto a Guilhotina de Hume nos faz crer. O contexto cultural, a ideologia, a visão política e a história do pesquisador podem influenciar de várias formas o objeto de estudo e a metodologia aplicada, o que pode alterar os resultados da própria pesquisa. Além disso, enquanto é relativamente simples perceber a diferença entre proposições de ser v. dever-ser, o exercício cognitivo de aceitar certa proposição como ser pressupõe um consenso social prévio[41] sobre os critérios que "devem" ser aceitos como capazes de estabelecer o que é.[42]

Independentemente da questão clássica acerca da possibilidade de a ciência ser ou não neutra, que não deve ser esquecida, parece-me relativamente simples perceber que, quando comparado com o grau de miscigenação entre fato e valor que ocorre no direito, a aplicação da Guilhotina de Hume, ainda que em termos pragmáticos, se não epistemológicos, representa um grande ganho em clareza de comunicação e estabelecimento de pontos de vista (mesmo se divergentes). É muito útil poder reduzir eventuais discordâncias a pontos normativos ou positivos e, por isso, ainda que por argumentos puramente pragmáticos, a distinção parece-me útil e importante para a ciência e, portanto, para a AED.

Nesse sentido, quando um praticante da AED está utilizando seu instrumental para realizar uma análise positiva (e.g., um exercício de prognose, uma aferição de eficiência), dizemos que ele está praticando ciência econômica aplicada ao direito. Aqui, o juseconomista *qua* juseconomista não é capaz de oferecer quaisquer sugestões de políticas públicas ou de como certa decisão deve ser tomada. O máximo que ele pode fazer é identificar as possíveis alternativas normativas (se textuais, aplicando-se técnicas hermenêuticas) e investigar as prováveis consequências de cada uma

---

40. Para um interessante trabalho sobre o choque cultural entre a posição jurídica e econômica por causa do positivismo, bem como sobre as dificuldades de tal distinção, vide: Katz, Avery Wiener. Positivism and the separation of law and economics. *Michigan Law Review* 94-7/2229-2269, jun. 1996.

41. Note-se que aqui não estamos dizendo que o consenso será votado pela comunidade, dado que temos plena ciência do Paradoxo de Arrow, mas sim que os critérios de verdade positiva serão relativamente claros e socialmente aceitos dentro de um mesmo paradigma e, portanto, podem mudar. Sobre o Paradoxo, vide: Arrow, Kenneth J. A difficulty in the concept of social welfare. *The Journal of Political Economy* 58-4/328-346, aug. 1950. Disponível em: [http://gatton.uky.edu/Faculty/hoytw/751/articles/arrow.pdf]. Acesso em: 26.11.2008.

42. Blaug, op. cit., p. 114.

(aplicando-se a AED), bem como comparar a eficiência de cada solução possível, auxiliando em uma análise de custo-benefício.

Já quando o praticante de AED está utilizando o seu instrumental para realizar uma análise normativa (e.g., afirmar que uma política pública X deve ser adotada em detrimento de política Y, ou que um caso A deve ser resolvido de forma W), ele está apto a fazê-lo enquanto juseconomista *se, e somente se*, o critério normativo com base no qual as referidas alternativas devem ser ponderadas estiver previamente estipulado (e.g., por uma escolha política prévia consubstanciada em uma lei). Por exemplo, se o objetivo é reduzir a quantidade de sequestros relâmpagos, a AED normativa pode nos auxiliar a identificar qual a melhor política de punição, qual a melhor estrutura processual para este tipo de delito etc. Nessa linha, qualquer objetivo pode servir de guia para a AED normativa, desde uma maior preocupação com distribuição de riqueza até a forma mais eficiente de se incentivar a conciliação entre casais em crise.

Agora, se o que se busca é aconselhamento não apenas em relação ao meio de se alcançar certa política pública, mas também qual objetivo buscar, então, a análise juseconômica não necessariamente trará ganhos substanciais em relação à análise oferecida por outras áreas do conhecimento ou ciências, devendo ser considerada em conjunto com as demais, dentro de suas limitações.

Note-se que nem todo praticante de AED se sente confortável com a realização de análises normativas, acreditando às vezes não ser esta a seara adequada dos juseconomistas. Já no extremo oposto, há aqueles como Richard Posner que chegaram a propor, na década de 70, que, na ausência de qualquer teoria do valor operacionalizável e consensual, haveria justificativas éticas para se adotar a maximização da riqueza social como critério normativo, pois ela funcionaria como uma forma de aproximação da busca pela eficiência.[43] Não obstante, após um longo e intenso debate dentro[44] e fora[45] da tradição juseconomista, Posner reconheceu que essa posição é insustentável e que não há base moral para limitar o objetivo imediato do direito à maximização da riqueza.[46]

Em resumo, a AED positiva nos auxiliará a compreender o que é a norma jurídica, qual a sua racionalidade e as diferentes consequências prováveis decorrentes da adoção dessa ou daquela regra, ou seja, a abordagem é eminentemente descritiva/explicativa com resultados preditivos. Já a AED normativa nos auxiliará a escolher

---

43. Para a proposta original, cf. Posner, Richard A. Utilitarianism, economics, and legal theory. *Journal of Legal Studies* 8/103-140, 1979; ou ainda, *The economics of justice*. Cambridge: Harvard University Press, 1983 [1981].

44. A título de exemplo, cf. Calabresi, Guido. An exchange about law and economics: a letter to Ronald Dworkin, *Hofstra Law Review* 8/553-562, 1980; Kronman, Anthony T., Wealth maximization as normative principle. *Journal of Legal Studies* 2/227-243, 1980.

45. A título de exemplo, cf. Coleman, J. Efficiency, utility and wealth maximization, *Hofstra Law Review* 8/509-551, 1980; Dworkin, Is wealth a value? *Journal of Legal Studies* 9/191-226, 1980; Dworkin, Why efficiency?, *Hofstra Law Review* 8/563-569, 1980; Dworkin, *Uma questão...* cit., Cap. IV; Rizzo, M. The mirage of efficiency, *Hofstra Law Review* 8/641-658, 1980.

46. Cf. Posner, Richard A. *The problems of jurisprudence*. Cambridge: Harvard University Press, 1990, p. 382 e ss.

entre as alternativas possíveis a mais eficiente, isto é, escolher o melhor arranjo institucional dado um valor (vetor normativo) previamente definido.

3.3. Metodologia da AED

Tradicionalmente, os integrantes da academia jurídica iniciam suas análises partindo do pressuposto de que o direito é composto por normas e seu objeto prioritário de pesquisa é identificar o conteúdo e o alcance dessas normas. A normatividade das regras jurídicas é pressuposta e o instrumental de pesquisa predominantemente utilizado é a hermenêutica. Assim, um jurista tradicional preocupado com a conservação do patrimônio histórico-cultural poderia discutir se "cultura" integra o conjunto de significados associados à expressão "meio ambiente" e, se a resposta for positiva, se prédios históricos gozam da mesma proteção e limitações impostas pelas leis ambientais para áreas verdes, por exemplo.

Por outro lado, os juseconomistas têm como principal característica considerar o direito enquanto um conjunto de regras que estabelece custos e benefícios para os agentes que pautam seus comportamentos em função de tais incentivos. Assim, a abordagem juseconômica investiga as causas e as consequências das regras jurídicas e de suas organizações na tentativa de prever como cidadãos e agentes públicos se comportarão diante de uma dada regra e como alterarão seu comportamento caso esta regra seja alterada. Nesse sentido, a normatividade do direito não apenas não é pressuposta como muitas vezes é negada, isto é, admite-se que regras jurídicas enquanto incentivos – em algum caso concreto – podem ser simplesmente ignoradas pelos agentes envolvidos.

No exemplo anterior, um juseconomista se perguntaria (a) como os agentes efetivamente têm se comportado diante da regra atual (diagnóstico), que não incide sobre o patrimônio histórico-cultural e (b) como uma mudança da regra jurídica alteraria essa estrutura de incentivos – seja por modificação legislativa, seja por modificação de entendimento dos Tribunais –, na tentativa de prever como eles passariam a se comportar (prognose). Muito provavelmente, apenas após ser capaz de responder minimamente a estas duas perguntas um juseconomista se aventuraria em questões normativas. Essa é a distinção fundamental entre a abordagem juseconômica e as abordagens tradicionais do direito.

Obviamente, para ser capaz de compreender como se comporta o agente e tentar prever suas reações a mudanças em sua estrutura de incentivos é necessário que tenhamos à nossa disposição uma teoria sobre o comportamento humano, que inexiste no direito. Os juseconomistas emprestam essa teoria da economia, cujo objeto é precisamente investigar como age o ser humano médio diante de escolhas, razão pela qual faz sentido esmiuçarmos um pouco as características dessa teoria.

O método econômico se baseia em alguns postulados. Primeiro, os recursos da sociedade são escassos. Se os recursos não fossem escassos, não haveria problema econômico, pois todos poderiam satisfazer suas necessidades – sejam elas quais forem. Curiosamente, a mesma ideia, com outra roupagem, motiva o direito: se os recursos não fossem escassos, não haveria conflito, sem conflitos, não haveria necessidade do direito, pois todos cooperariam *ex moto proprio*. A *escassez* dos bens impõe à sociedade que escolha entre alternativas possíveis e excludentes (senão não seria uma escolha, não é mesmo?).

Toda escolha pressupõe um custo, um *trade off*, que é exatamente a segunda alocação factível mais interessante para o recurso, mas que foi preterida. A esse custo chamamos de *custo de oportunidade*. Assim, por exemplo, se decidimos comprar caças para fortalecer nossa Aeronáutica, abdicamos de outra alocação que estes recursos poderiam ter (e.g., construir escolas). Se você opta por ler este capítulo, deixa de realizar outras atividades como estar com seus filhos, passear com sua namorada ou assistir televisão. A utilidade que cada um gozaria com uma dessas atividades é o seu custo de oportunidade, i.e., o preço implícito ou explícito que se paga pelo bem. Note que dizer que algo tem um custo não implica afirmar que tem valor pecuniário. Agora você sabe que há muita sabedoria no dito popular "tudo na vida tem um preço", basta olhar para o lado.

Como escolhas devem ser realizadas, os agentes econômicos agem normalmente como se ponderassem os custos e os benefícios de cada alternativa, adotando a conduta que, dadas as suas condições e circunstâncias, traz-lhes mais bem-estar. Dizemos, então, que a conduta dos agentes econômicos é *racional maximizadora*. Mais sobre isso adiante.

A grande implicação desse postulado para a juseconomia é que se os agentes econômicos ponderam custos e benefícios na hora de decidir, então, uma alteração em sua estrutura de incentivos poderá levá-los a adotar outra conduta, a realizar outra escolha. Em resumo, *pessoas respondem a incentivos*.

Oras, essa também é uma ideia central no direito. Todo o direito é construído sobre a premissa implícita de que as pessoas responderão a incentivos. Criminosos cometerão mais ou menos crimes se as penas forem mais ou menos brandas, se as chances de condenação forem maiores ou menores, se houver mais ou menos oportunidades em outras atividades mais atrativas. As pessoas tomarão mais ou menos cuidado se forem ou não responsabilizadas pelos danos que causarem a terceiros. Juízes serão mais ou menos cautelosos em seus julgamentos se tiverem de motivar mais ou menos suas decisões. Agentes públicos trabalharão mais ou se corromperão menos se seus atos forem públicos. Fornecedores farão contratos mais ou menos adequados se as cláusulas abusivas forem ou não anuladas pelo Judiciário. Os exemplos são incontáveis.

Por outro lado, se as pessoas não respondessem a incentivos, o direito seria de pouca ou nenhuma utilidade. Todos continuariam a se comportar da mesma forma e a criação de regras seria uma perda de tempo. Contudo, a experiência nos mostra que isso normalmente não acontece.

Adotando-se a premissa que as pessoas respondem a incentivos, o próximo passo para sermos capazes de compreender o comportamento dos agentes é identificarmos se sua ação será tomada em um contexto hierárquico ou mercadológico. No primeiro caso, a interação entre os agentes é regida por regras de comando. É o caso de uma relação de emprego, uma relação familiar ou uma hierarquia militar. No segundo caso, a conduta dos agentes é o resultado da livre interação entre eles, de uma barganha. Aos contextos sociais onde a interação entre os agentes é livre para realizar trocas por meio de barganhas chamamos de *mercado*.

Mais uma vez, é importante esclarecer que dizer que uma determinada troca se dá no mercado ou que determinada alocação é o resultado da dinâmica de mercado não requer como condição necessária, nem suficiente, que estejamos tratando de valores pecuniários. Nesse sentido podemos pensar em mercados de ideias, de políticos ou mesmo de sexo.

Essa distinção é importante, pois – não raro – ao se falar em mercado de alguma coisa, os ouvintes associam automaticamente à ideia de dinheiro e de desvalorização do bem barganhado. Esse preconceito não corresponde à realidade. Na juseconomia, a referência a mercado significa pura e simplesmente o contexto social no qual os agentes poderão tomar suas decisões livremente, barganhando com os demais para obter o que desejam por meio da cooperação. Em contraposição, temos as hierarquias onde os agentes têm suas condutas limitadas e conduzidas por regras de comando, que pressupõe algum grau de imposição. Cada estrutura possui benefícios e limitações característicos e a racionalidade de se adotar um ou outro mecanismo é uma questão importante.[47]

Quando a interação social se dá no âmbito do mercado, o comportamento racional maximizador levará os agentes a realizar trocas até que os custos associados a cada troca se igualem aos benefícios auferidos, momento a partir do qual não mais ocorrerão trocas. Nesse ponto, diremos que o mercado se encontra em *equilíbrio*. Equilíbrio é um conceito técnico utilizado para explicar qual será o resultado provável de uma alteração na estrutura de incentivos dos agentes. Modificada a regra em um contexto onde a barganha é possível (mercado), os agentes realizarão trocas enquanto lhes for benéfico até que o equilíbrio seja alcançado. Esse resultado poderá ser diverso se estivermos tratando de um contexto hierárquico no qual a livre barganha não ocorre. O padrão de comportamento da coletividade se depreende da ideia de equilíbrio das interações dos agentes individuais.

Como o equilíbrio decorre da livre interação dos agentes até que todas as possibilidades de trocas benéficas se esgotem, diz-se que um mercado em equilíbrio tem uma propriedade socialmente valiosa: o seu resultado eliminou todos os desperdícios, ou seja, é eficiente. Eficiência aqui também é um termo técnico utilizado no sentido

---

47. Cfr. Williamson, Oliver E. Markets and hierarchies: analysis and antitrust implications. New York: Free, 1983 [1975].

Pareto-eficiente, que significa simplesmente que não existe nenhuma outra alocação de recursos tal que eu consiga melhorar a situação de alguém sem piorar a situação de outrem. Equilíbrios constituem, portanto, ótimos de Pareto. Note-se que uma alocação Pareto-eficiente não necessariamente será justa segundo algum critério normativo, todavia, uma situação Pareto-ineficiente certamente será injusta, pois alguém poderia melhorar sua situação sem prejudicar ninguém, mas não consegue. Enfim, estes são alguns dos pressupostos básicos característicos da AED e que serão mais bem explorados nos capítulos seguintes.[48]

Se pessoas respondem a incentivos, então, do ponto de vista de uma ética consequencialista, as regras de nossa sociedade devem levar em consideração a estrutura de incentivos dos agentes afetados e a possibilidade de que eles mudem de conduta caso essas regras sejam alteradas. Em especial, deve-se levar em consideração que essa mudança de conduta pode gerar efeitos indesejáveis ou não previstos. Uma das funções da juseconomia é auxiliar na identificação desses possíveis efeitos.

Apesar de ser relativamente simples de entender os pressupostos que norteiam o método econômico e a AED, é interessante aprofundarmos um pouco mais em algumas questões metodológicas específicas.

3.3.1. Individualismo metodológico

Para explicar o comportamento dos agentes e, assim, ser capaz de realizar juízos de prognose, a juseconomia adota como unidade básica de análise a escolha individual de cada agente ou de pequenos grupos envolvidos no problema. Essa postura é o que se convencionou chamar de *individualismo metodológico*.[49] Segundo essa metodologia para se explicar e compreender comportamentos coletivos, primeiro deve-se compreender os comportamentos individuais dos agentes que compõem a coletividade estudada (seja ela o Judiciário, a sociedade ou o Estado) e que, em última análise, serão responsáveis pelo resultado macro que desejamos compreender. Note-se que a análise do comportamento individual deve considerar a dinâmica da interação entre agentes e não apenas a conduta isolada de um agente.[50]

---

48. Para facilitar, as ideias apresentadas acima podem ser resumidas na seguinte frase mnemônica: "pessoas maximizam e mercados equilibram".

49. A primeira referência a individualismo metodológico (*methodische Individualismus*) é feita por Joseph Schumpeter em 1908, em seu trabalho *Das Wesen und der Hauptinhalt der theoretischen Nationalökonomie*, mas o termo é utilizado em referência às ideias de seu influente professor, Max Weber, a quem se atribui a sua proposição para as ciências sociais enquanto método. Cf. *Stanford Encyclopedia of Philosophy*. Verbete "Methodological Individualism". Disponível em: [http://plato.stanford.edu/entries/methodological-individualism]. Acesso em: 15.07.2009.

50. Cfr. Weber, Max. *Economia e sociedade: fundamentos da sociologia compreensiva*. Trad. Regis Barbosa e Karen Elsabe Barbosa. Brasília: Ed. UnB, 1991. vol. 1, Cap. 1. Obviamente essa postura conflita diretamente com algumas posturas coletivistas comuns à doutrina jurídica tradicional, como a referência não qualificada a Estado como um ente autônomo, sem mencionar os agentes que o compõem, a referência a interesse público, sem mencionar qual o mecanismo agregador de preferências teria sido utilizado para revelar tal interesse. Essas noções, muitas vezes, são utilizadas como verdadeiros *Deus ex machina* para mascarar as preferências pessoais do interlocutor.

Dessa forma, se desejamos entender porque o Judiciário funciona como funciona, temos que ser capazes de explicar e compreender a estrutura de incentivos de cada magistrado, a dinâmica entre juízes e desembargadores e destes com os ministros e assim sucessivamente. Se desejamos compreender como funciona o Congresso, devemos ser capazes de explicar a estrutura de incentivo de deputados, senadores, assessores e consultores. Compreender a estrutura de incentivos desses agentes é investigar como eles realmente agem e não supor que agirão no interesse público pura e simplesmente com base na fé.[51] Do mesmo modo, se desejamos saber como consumidores e fornecedores se comportarão diante de uma mudança legislativa, precisamos entender a estrutura de incentivos de cada grupo.

Vale lembrar que o individualismo metodológico é apenas um instrumento analítico, sem implicações éticas no sentido de representar uma postura segundo a qual os interesses individuais *devem* ser maximizados ou que os agentes *devem* se comportar dessa ou daquela forma.[52] A AED é uma teoria sobre comportamentos não um parâmetro de avaliação de condutas. É um grande equívoco pensar que um *método* individualista de análise deva envolver necessariamente de alguma forma um sistema individualista de *valores*. Equívoco este mais comum do que se poderia imaginar, mas contra o qual você agora está vacinado.

Além disso, não se deve confundir o preceito de individualismo metodológico com individualismo político. Mesmo que um regime comunista surgisse no mundo, ele também deveria ser sociologicamente entendido com base em princípios do individualismo metodológico, isto é, compreendê-lo e explicá-lo requereria a compreensão da estrutura de incentivos de seus componentes. Não obstante, a confusão do individualismo metodológico com o individualismo político (i.e., o liberalismo no sabor *laissez-faire*) é muito comum tanto entre economistas e juseconomistas, quanto entre os críticos do método.

Adotar o individualismo metodológico não significa que a AED pressupõe necessariamente que os indivíduos não são altruístas no sentido de não levarem em consideração em suas decisões o bem-estar de outros. Apesar de na maioria das análises esse pressuposto simplificador ser adotado, nada impede que ele seja emendado de acordo, sem qualquer perda de validade da análise. Na análise econômica da família, por exemplo, geralmente se pressupõe que os pais são altruístas em relação aos filhos.[53] Da mesma forma, o individualismo metodológico não implica necessariamente os indivíduos tomarem suas decisões isoladamente de seus pares. A ideia de que indivíduos tomam decisões dentro de seu contexto social levando em consideração a potencial reação dos demais agentes (decisões interdependentes), por exemplo, é muitas vezes explicitada em modelos que utilizam Teoria dos Jogos.

---

51. Estamos diante de clássicos problemas de agente-principal.
52. Kerkmeester, Heico. Methodology: general. Verbete 0400, p. 385. In: Bouckaert, Boudewijn; De Geest, Gerrit (eds.). *Encyclopedia of Law & Economics*. Disponível em: [http://users.ugent.be/~gdegeest/0400book.pdf]. Acesso em: 16.11.2008.
53. Vide Becker, nota 37 supra.

Enfim, a abordagem juseconômica não requer que se suponha que os indivíduos são egoístas, gananciosos ou motivados apenas por ganhos materiais,[54] tão somente assume-se que os agentes são racionais maximizadores de sua utilidade, seja lá o que isso significa para *eles*. Nessa linha, por exemplo, são plenamente passíveis de análise econômica situações em que o comportamento humano tenha como motivação central elementos imateriais ou psicológicos, como prestígio (e.g., academia), poder (e.g., política) ou mesmo altruísmo (e.g., família). Ainda assim, é o indivíduo quem age e a partir dele iniciamos nossa busca pela compreensão do coletivo.

3.3.2. Modelagem e reducionismo

Outro ponto relevante é a questão do uso de modelos para explicar o comportamento humano. A ciência busca compreender e explicar o mundo. Os modelos científicos são o instrumento pelo qual o cientista reduz a complexa realidade para estudá-la. Um modelo científico é como um mapa. Ele pode ser mais ou menos realista, a depender das necessidades de seu usuário. Obviamente, quanto mais realista for um mapa, maior e mais difícil de lidar ele será. Assim, um mapa perfeito da cidade de São Paulo terá o mesmo tamanho da própria cidade, o que o tornará praticamente inútil. No mesmo sentido, quanto mais próximo da realidade for o modelo científico, mais complexo ele se tornará, até o ponto em que deixa de ser um modelo e se torna a própria realidade, quando então se torna inútil enquanto mecanismo de facilitação de compreensão. É por isso que se diz que para compreender o mundo é necessário reduzi-lo.

Os juseconomistas reconhecem a imensa complexidade do mundo real e a grande dificuldade – ou impossibilidade – de se lidar com todas as variáveis simultaneamente. Por isso, assim como os economistas, os praticantes de AED elaboram modelos teóricos dos problemas que desejam investigar, nos quais apenas as variáveis tidas como relevantes são consideradas. Esse procedimento é realizado na tentativa de, simplificando o problema, obter-se perspectivas que de outra forma permaneceriam ocultas do pesquisador. Nesse desiderato, pressupostos simplificadores são adotados para que seja possível se focar apenas no coração do problema. A dificuldade da arte de modelar está justamente em escolher quais variáveis considerar e quais desprezar. A teoria econômica auxilia nessa escolha de forma a tornar o problema compreensível e tratável, sem tornar o modelo irrelevante.[55]

É importante lembrar aqui que, conquanto a AED seja estruturada sobre alguns pressupostos básicos, nada impede que estes sejam livremente emendados caso o pesquisador perceba que o problema com o qual se depara assim requer. Na abordagem neoinstitucionalista, por exemplo, os custos de transação e as instituições passam a

---

54. Por outro lado, em determinados contextos, adotar tais pressupostos pode simplificar a análise substancialmente e, portanto, ser útil, da mesma forma que ignorar o atrito em certos contextos na física pode ser útil.
55. Polinsky, A. Mitchell. *An introduction to law and economics*. 2. ed. New York: Aspen Law & Business, 1989, p. 4.

ser fundamentais nos modelos empregados. Já na AED comportamental, a teoria da racionalidade é complementada para incluir uma série de desvios comportamentais identificados em estudos neuroeconômicos (limitações cognitivas), como o "efeito propriedade", o viés passado, a desconsideração sistemática de pequenas probabilidades etc. Ainda, na AED sociológica, incorpora-se a possibilidade de normas sociais (informais) afetarem a estrutura de incentivos dos agentes tanto quanto as regras formais, como o direito. Desde que o aplicador tenha consciência da utilidade e das limitações dos pressupostos, o emprego de modelagem na compreensão, explicação e descrição do comportamento humano promete ser de grande utilidade.

3.3.3. Teoria da escolha racional e AED comportamental

Racionalidade, para a juseconomia, é um conceito técnico que pode ser expresso de três formas diversas e complementares. De início, dizer que o agente econômico é racional significa supor que cada pessoa possui gostos específicos, que chamamos de *preferências*. Não se faz julgamentos de valor em relação a estas preferências (*de gustibus non est disputandum*), nem se tenta entender porque cada pessoa gosta de uma coisa ou outra. A teoria econômica é uma teoria sobre os meios empregados pelas pessoas para alcançarem seus fins (comportamentos) e não sobre os fins que elas buscam (motivação). A existência das preferências é um dado da realidade e para a teoria normalmente não são relevantes.

Além disso, as preferências são consideradas completas, transitivas e estáveis. Ter preferências completas significa que não importam as escolhas disponíveis às pessoas, elas serão capazes de decidir, ou seja, entre a opção *A* e a opção *B*, o agente sempre será capaz de optar por *A*, por *B* ou ser indiferente a qualquer uma delas. No limite, isso significa que o agente deve ser capaz de decidir inclusive entre opções em momentos diversos (e.g., comprar um carro novo hoje ou poupar para comprar uma casa daqui a cinco anos) e entre resultados certos e incertos (e.g., comprar títulos do governo com renda fixa ou investir dinheiro na bolsa). Transitividade é uma questão de coerência e significa que se o agente prefere *A* a *B* e *B* a *C*, então, ele deve preferir *A* a *C*, do contrário, jamais seria capaz de realizar uma escolha, ficaria trocando de opção eternamente. Por fim, as preferências são consideradas estáveis para que a teoria não se torne uma tautologia. A estabilidade das preferências impõe que se as pessoas mudaram de comportamento, então, é porque alguma coisa ao seu redor mudou e não suas preferências. Se as preferências não fossem estáveis, todo comportamento observado seria explicável recorrendo-se à mudança de preferências e a teoria perderia seu poder explicativo. Explicaria qualquer coisa e, por isso, não explicaria nada.

Outra forma de expressar a mesma ideia é dizer que cada indivíduo atribui uma *utilidade* a cada escolha possível e é capaz de ordenar essas escolhas de acordo com as utilidades que lhe proveem. Toda vez que tiver de escolher entre duas opções, o indivíduo escolherá aquela que mais lhe traz utilidade, isto é, os agentes são racionais maximizadores de utilidade. Note-se que utilidade aqui é um termo técnico que significa qualquer satisfação que o indivíduo extraia de uma dada escolha, não se restringindo a questões materiais, muito menos monetárias. Um indivíduo pode extrair utilidade tanto do consumo de uma pizza, quanto de ver um quadro de Portinari, de realizar trabalho voluntário ou de tocar em uma banda amadora. Lembre-se, *de gustibus non est disputandum*.

Além disso, vale a pena ressaltar que a economia não considera ser possível comparar utilidades entre dois indivíduos. Se há uma disputa por uma maçã entre o sujeito A e o sujeito B, não é possível se afirmar *ex ante* que a maçã é mais útil para A do que para B e vice-versa. A única forma de se aferir isso seria atribuir a maçã a um dos agentes e deixá-los negociar livremente (*ex post*). Se quem recebeu a maçã, por exemplo, A, aceitar trocá-la por outra coisa oferecida por B (e.g., uma cadeira, uma pera, dinheiro), então, é porque B valorizava mais a maçã do que A. Do contrário, ou A valorizava a maçã mais que B e por isso recusa-se a trocá-la, ou valoriza o mesmo tanto que B, ou ainda, B não é capaz de oferecer algo de interesse de A para motivá-lo a realizar a troca espontaneamente (não consegue expressar suas preferências pelo *sistema de preços*, dada sua restrição orçamentária). Nesse sentido, utilidade será sempre uma medida ordinal subjetiva e não cardinal objetiva.

A terceira forma de expressar essa ideia é que as pessoas decidam na margem, isto é, as pessoas incorrerão nos custos de desenvolver certa atividade (perda de utilidade) enquanto a unidade adicional da atividade desenvolvida trouxer mais benefício (ganho de utilidade) do que custou desenvolvê-la, é o que chamamos de *análise marginal*. De forma mais clara, uma pessoa será racional quando continuar desenvolvendo uma atividade enquanto ela ganhar com isso.

É importante salientar que a hipótese é que os indivíduos se comportam como se fossem racionais e não que eles efetivamente são racionais. A teoria econômica não pressupõe que internamente cada agente esteja conscientemente realizando contas o tempo todo e ponderando custos e benefícios de cada ato de suas vidas, apenas que na média eles se comportam como se estivessem.

Para uma parcela substancial de problemas, esses pressupostos não apenas são adequados, mas extremamente úteis. A racionalidade no dia a dia da vida está em todos os lugares. No entanto, em uma série de situações, principalmente naquelas envolvendo risco e incerteza, às vezes os agentes não se comportam da forma esperada. Os primeiros a investigar esses desvios comportamentais foram Daniel Kahneman e Amos Tversky com sua *Prospect Theory*[56] e sua importância é considerada tamanha que Kahneman foi agraciado com o Nobel em 2002 pelos seus estudos (Tversky já era falecido). A má notícia é que estes pesquisadores e seus seguidores demonstraram que o comportamento humano diverge do modelo econômico tradicional em

---

56. Kahneman, Daniel; Tversky, Amos. Prospect theory: an analysis of decisions under risk. *Econometrica* 47-2/263-292, mar. 1979.

várias circunstâncias. A boa notícia é que essa divergência é sistemática, isto é, ela não é aleatória. Como essa divergência possui um padrão, o comportamento humano continua sendo previsível, basta que adaptemos os modelos para incorporar limitações cognitivas.

Não está claro para a ciência ainda quão relevantes esses desvios comportamentais são para a compreensão da realidade social e em que contexto. Por exemplo, após a crise do *subprime*, alguns economistas têm alegado que o efeito manada (comportamento supostamente irracional)[57] é extremamente relevante, todavia, não está claro para mim se isso é inteiramente verdade. Será que não estamos sofrendo os efeitos de um viés de disponibilidade, uma das formas de limitação cognitiva?

De qualquer forma, a investigação das circunstâncias em que o indivíduo diverge do comportamento racional é uma das áreas mais interessantes da fronteira do conhecimento econômico, uma mistura de economia, psicologia e neurologia chamada de neuroeconomia. Quando incluímos o direito nessa grande salada de saberes temos a Análise Econômica do Direito comportamental, cuja bibliografia vem incorporando os *insights* providos por essas descobertas e vem crescendo dia a dia. Certamente esta é uma das áreas que mais promete contribuir para o desenvolvimento do direito,[58] principalmente em contextos nos quais o elemento volitivo é relevante, desde contratos até defesa do consumidor.

3.3.4. *Eficiência e justiça*

Finalmente, como não poderia deixar de ser, falarei um pouco sobre a suposta dicotomia entre eficiência e justiça. Mesmo quando realizando uma análise normativa, a AED é incapaz de dizer o que é justo, o que é certo ou errado. Essas categorias encontram-se no mundo dos valores e são, portanto, questões subjetivas. Por outro lado, os juseconomistas defendem que, não importa que política pública uma dada comunidade deseje implementar, ela deve ser eficiente. Uma vez escolhida uma política pública, seja ela qual for, não existe justificativa moral ou ética para que sua implementação seja realizada de forma a gerar desperdícios. Em um mundo onde os recursos são escassos e as necessidades humanas potencialmente ilimitadas, não existe nada mais injusto do que o desperdício.

---

57. Digo que o efeito "manada" é supostamente irracional porque pode ser explicado racionalmente utilizando-se o instrumental da economia dos custos de transação e assimetria de informação. Suponha que dado o custo e o benefício esperados de se obter mais informação sobre uma ação o agente opte racionalmente por permanecer ignorante (ignorância racional). Nesse cenário, seguir a tendência de mercado pode ser uma estratégia para se beneficiar das informações alheias. Se agentes suficientes adotarem essa estratégia, os preços podem cair e disparar um círculo vicioso que acaba forçando um movimento de baixa artificial. Assim, o comportamento seria individualmente racional, ainda que coletivamente o resultado não faça muito sentido.

58. Apenas a título de exemplo, cf. Thaler, Richard; Sunstein, Cass. *Nudge: o empurrão para a escolha certa*. São Paulo: Campus/Elsevier, 2009.

Nesse sentido, a AED pode contribuir para (a) a identificação do que é injusto – toda regra que gera desperdício (é ineficiente) é injusta, e (b) é impossível qualquer exercício de ponderação se quem o estiver realizando não souber o que está efetivamente em cada lado da balança, isto é, sem a compreensão das consequências reais dessa ou daquela regra. A juseconomia nos auxilia a descobrir o que realmente obteremos com uma dada política pública (prognose) e o que estamos abrindo mão para alcançar aquele resultado (custo de oportunidade). Apenas detentores desse conhecimento seremos capazes de realizar uma análise de custo-benefício e tomarmos a decisão socialmente desejável.

Assim, por exemplo, se foi feita uma escolha pública pela universalização do acesso à telefonia fixa, não há razão para que o mecanismo de implementação da universalização gere desperdícios, pois isto implicaria que outras necessidades permanecerão desatendidas quando poderiam ser satisfeitas com os recursos disponíveis ou ainda que mais pessoas poderiam ter acesso ao telefone fixo, mas não têm porque os recursos estão sendo desperdiçados. É difícil acreditar que qualquer um seja capaz de defender a manutenção de regras ineficientes.

Como dito, se os recursos são escassos e as necessidades potencialmente ilimitadas, todo desperdício implica necessidades humanas não atendidas, logo, toda definição de justiça deveria ter como condição necessária, ainda que não suficiente, a eliminação de desperdícios (i.e., eficiência). Não sabemos o que é justo, mas sabemos que a ineficiência é sempre injusta, por isso, não consigo vislumbrar qualquer conflito entre eficiência e justiça, muito pelo contrário, uma é condição de existência da outra.

Por outro lado, em sociedades em que a distribuição de renda não é tão díspare como na nossa, há quem defenda que, na ausência de critérios éticos dominantes sobre o que é justo ou injusto, a eficiência seja utilizada como uma aproximação (*proxy*) da justiça,[59] desconsiderando-se eventuais impactos redistributivos, dado que eventuais ganhos e perdas tendem a ser mais bem distribuídos em sociedades mais igualitárias do ponto de vista da renda. Obviamente, em uma sociedade como a brasileira, essa postura não apenas seria inadequada como irresponsável. Quiçá chegará o dia em que a distribuição da renda não será mais um fator relevante em nosso país, mas esse dia não é hoje.

De qualquer forma, mesmo políticas públicas redistributivas devem ser eficientes e responsáveis. Não podemos criar um fetiche com a redistribuição como tem acontecido com inúmeros juízes, promotores, legisladores e agentes públicos Brasil afora. O simples fato de uma medida redistribuir riqueza não é suficiente para caracterizá-la como moralmente boa ou ruim em si, muito menos como socialmente desejável. É necessário identificar e ponderar suas consequências para o agente afetado e para os demais grupos afetados. Lembrem-se, pessoas respondem a incentivos e mudarão

---

59. Por exemplo: Kaplow, Louis; Shavell, Steven. *Fairness* versus *welfare*. Cambridge: Harvard University Press, 2002.

seu comportamento se as regras mudarem. Nesse contexto, a AED pode contribuir para o julgamento informado.

A essa altura deve estar claro ao leitor que um juseconomista se vê como um praticante da "ciência da escolha humana" e é precisamente nessa qualidade que a abordagem econômica é de maior utilidade para o direito ao auxiliar a compreensão (diagnóstico) e a previsão (prognose) das consequências sociais de cada escolha. A abordagem econômica é um método que pode nos fornecer o arcabouço teórico (conjunto de ferramentas) robusto o suficiente para nos auxiliar a compreender como o ser humano reagirá a cada alteração de sua estrutura de incentivos e, em última instância, como o direito pode elaborar tal estrutura para alcançar maior bem-estar social.

4. NOTAS DE CONCLUSÃO

Uma das grandes vantagens de se adotar a metodologia juseconômica para a compreensão de fatos sociais e do direito é que ela é, em princípio, passível de comprovação empírica e, portanto, de falsificação. Nesse sentido, é razoável considerarmos as afirmações decorrentes de teorias econômicas empiricamente sólidas como sendo amplamente superiores aos ditos fatos intuídos com base meramente no senso comum. Enquanto proposições valorativas não podem ser provadas ou invalidadas e, portanto, não são passíveis de falsificação (apesar do que sustentam os Tópicos e sua razão prática), as consequências previstas por modelos econômicos podem ser testadas e rejeitadas ou melhoradas, caso não sejam adequadas aos fatos.

A possibilidade de refutação empírica torna o método juseconômico flexível e adaptável, no sentido de evoluir gradativamente à medida que teorias são falsificadas ou novos fenômenos não são explicáveis pelos modelos anteriores. Além disso, a teoria também é flexível na medida em que um pesquisador pode criar um modelo econômico inicialmente simples para então ir, gradualmente, relaxando seus pressupostos e/ou incluindo novos aspectos (i.e., outras variáveis) de forma a se aproximar mais do caso concreto até que a complexidade adicional (marginal) não mais compense o ganho marginal de precisão e se tenha em mãos uma aproximação da realidade útil o suficiente para seu propósito imediato.

A formalização de premissas e precisão de conceitos (linguagem mais rigorosa) no método juseconômico também é uma grande vantagem quando aplicadas ao direito. Dado que no mundo jurídico a palavra e seu significado têm poder e dada a influência da retórica tópica na metodologia jurídica moderna e sua capacidade de tudo relativizar em argumentação retórica, é extremamente comum entre juristas o abuso de conceitos e definições, que diariamente são distorcidos – na academia e nos tribunais – aos limites do irreconhecimento. A aproximação com a linguagem matemática levou naturalmente a que os termos em economia fossem estabelecidos de forma rigorosa e, portanto, flutuassem muito menos ao redor do significante do que no direito, diminuindo custos de informação, reduzindo ruídos no diálogo e possibilitando a construção de conhecimento sem intermináveis discussões filológicas. Assim, a aplicação do método juseconômico pode nos auxiliar a gastar mais tempo discutindo ideias e consequências de nossas escolhas do que significados de palavras.

Na mesma linha, no método juseconômico as premissas do modelo, mesmo as implícitas, são mais transparentes do que no raciocínio jurídico tradicional, o que permite uma avaliação crítica muito mais fácil no primeiro caso do que no segundo. Em outras palavras, o método juseconômico – quando bem aplicado – requer a explicitação clara dos pressupostos sobre os quais o raciocínio é desenvolvido. Simplificações são feitas, presunções são realizadas, hipóteses são levantadas, todavia todas são geralmente explicitadas ou de fácil identificação. A incorporação desse hábito de transparência tornaria várias discussões mais proveitosas no direito.

Outra vantagem do método juseconômico é a sua flexibilidade para incorporar não apenas novo conhecimento econômico, mas também desenvolvimentos em outras áreas do conhecimento humano, como por exemplo, a ciência política, a sociologia, psicologia e a neurologia para explicar melhor certos fenômenos. A grande questão, é claro, será quando e como os modelos econômicos, que são simplificações da realidade, são bons o suficiente para guiar uma tomada de decisão. Essa compreensão, no entanto, dependerá não apenas do caso concreto e do modelo, mas também de um bom preparo do aplicador.

Convém alertar aqui para os perigos da aplicação do método econômico para toda e qualquer questão. Há searas mais claramente afeitas a este tipo de método e outras menos, bem como a possibilidade de consequências indesejáveis do imperialismo da economia. Todavia, esse alerta será mais produtivo após uma avaliação cuidadosa e livre de preconceitos da Análise Econômica do Direito e sua proposta.

Do exposto é possível se concluir que existe um amplo espaço dentro da metodologia jurídica atual para técnicas que auxiliem o jurista a melhor identificar, prever e explicar as consequências sociais de escolhas políticas imbuídas em legislações (*ex ante*) e decisões judiciais (*ex post*). Em minha opinião, a AED é a proposta mais promissora para cumprir este papel, desde que se compreenda adequadamente sua metodologia e limitações. O grande problema é que seu emprego correto pressupõe um preparo que juristas e economistas brasileiros não recebem nos bancos das faculdades. Nem os primeiros são expostos às técnicas necessárias, nem os segundos são incentivados a explorar esse amplo ramo de atuação para a economia aplicada que pode ser a AED.

A verdade é que ambos os grupos ainda são resistentes ao diálogo. Do ponto de vista jurídico, tenho a profunda crença de que os dias de hermetismo e xenofobia no direito estão chegando ao fim. Já passou da hora de os juristas descerem de suas torres de marfim, de suas faculdades distantes, e começarem a estudar a realidade. Do lado dos economistas, está na hora de olharem um pouco menos para suas fórmulas matemáticas esteticamente estonteantes e um pouco mais para a realidade brasileira.

Estudam-se demais modelos estrangeiros e pouca coisa é feita para nossa realidade local. A solução para questões brasileiras requer conhecimento local e criatividade. Estaremos melhores se trabalharmos juntos.

Nesse contexto, é conveniente e oportuno refletirmos sobre os limites e a utilidade desse diálogo para que bons frutos não sejam perdidos com debates e discussões inócuas decorrentes de desentendimentos e desinformação ou que o fascínio natural com o novo não nos leve a abusos que mais prejudicam do que auxiliam na compreensão melhor do mundo e na construção de um mundo melhor. O presente livro é uma primeira frase de um amplo e longo debate.

5. BIBLIOGRAFIA

ALEXY, Robert. *Teoria da argumentação jurídica: a teoria do discurso racional como teoria da justificação jurídica*. 2. ed. São Paulo: Landy, 2005.

AQUINO, Tomás de. *Suma teológica*. Trad. Carlos-Josaphat Pinto de Oliveira et alii. São Paulo: Loyola, 2001. t. I.

ARISTÓTELES. *Ética a Nicômaco*. Livro V, cap. 7. Trad. Pietro Nassetti. São Paulo: Martin Claret, 2007. Coleção a Obra-Prima de Cada Autor. vol. 53.

ARROW, Kenneth J. A difficulty in the concept of social welfare. *The Journal of Political Economy* 58-4/328-346, aug. 1950.

AUSTIN, John. *The province of jurisprudence determined*. Amherst: Prometheus Books, 2000 [1832]. Great Minds Series.

BARROSO, Luís Roberto. *A nova interpretação constitucional – ponderação, direitos fundamentais e relações privadas*. Rio de Janeiro: Renovar, 2003.

_____. Neoconstitucionalismo e constitucionalização do direito (o triunfo tardio do direito constitucional no Brasil). *Revista da Emerj* 9-33/56, Rio de Janeiro, 2006.

BECKER, Gary. *The economic approach to human behavior*. Chicago: University of Chicago Press, 1990 [1976].

BLAUG, Mark. *The methodology of economics – or how economists explain*. 2. ed. Cambridge: Cambridge University Press, 1992. Cambridge Surveys of Economic Literature.

BOBBIO, Norberto. *O positivismo jurídico. Lições de filosofia do direito*. Nello Morra (comp.). Trad. Márcio Pugliesi et alii. São Paulo: Ícone, 2006.

_____. *Teoria do ordenamento jurídico*. 4. ed. Trad. Maria Celeste Cordeiro Leite dos Santos. Brasília: Ed. UnB, 1994 [1960].

CALABRESI, Guido. An exchange about law and economics: a letter to Ronald Dworkin. *Hofstra Law Review* 8/553-562, 1980.

COLEMAN, J. Efficiency, utility and wealth maximization, *Hofstra Law Review* 8/509-551, 1980.

COMTE, Isidore Auguste Marie François Xavier. *Discurso sobre o espírito positivo*. Trad. Antônio Geraldo da Silva. São Paulo: Escala, [s.d.].

DURKHEIM, Émile. *As regras do método sociológico*. 10. ed. São Paulo: Companhia Editora Nacional, 1982 [1895].

DWORKIN, Ronald. Is wealth a value? *Journal of Legal Studies* 9/191-226, 1980.

_____. *Levando os direitos a sério*. Trad. Nelson Boeira. São Paulo: Martins Fontes, 2002.

_____. *Uma questão de princípio*. Trad. Luís Carlos Borges. São Paulo: Martins Fontes, 2001.

_____. Why efficiency? *Hofstra Law Review* 8/563-569, 1980.

ENGISH, Karl. *Introdução ao pensamento jurídico*. Trad. J. Baptista Machado. Lisboa: Fundação Calouste Gulbenkian, 1996.

GICO JR., Ivo T. *Cartel – Teoria unificada da colusão*. São Paulo: Lex, 2006.

GODOY, Arnaldo Sampaio de Moraes. *Introdução ao movimento do* critical legal studies. Porto Alegre: Safe, 2005.

HABERMAS, Jürgen. *Verdades e justificações: ensaios filosóficos*. Trad. Milton Camargo Mota. São Paulo: Loyola, 2004.

HART, Herbert L. A. *Conceito de direito*. Trad. Armindo Ribeiro Mendes. 2. ed. Lisboa: Fundação Calouste Gulbenkian, 1994.

HENDERSON, Hubert D. *Supply and demand. With introduction by J. M. Keynes*. New York: Harcourt, Brace, 1922.

KAHNEMAN, Daniel; TVERSKY, Amos. Prospect theory: an analysis of decisions under risk. *Econometrica* 47-2/263-292, mar. 1979.

KANT, Immanuel. *A metafísica dos costumes*. 2. ed. Trad. Edson Bini. São Paulo: Edipro, 2008. Clássicos Edipro.

KAPLOW, Louis; SHAVELL, Steven. *Fairness* versus *welfare*. Cambridge: Harvard University Press, 2002.

KATZ, Avery Wiener. Positivism and the separation of law and economics. *Michigan Law Review* 94-7/2229-2269, jun. 1996.

KELSEN, Hans. *Teoria pura do direito*. 6. ed. Trad. João Baptista Machado. São Paulo: Martins Fontes, 1998.

KERKMEESTER, Heico. Methodology: general. Verbete 0400, p. 385. In: Bouckaert, Boudewijn; De Geest, Gerrit (eds.). *Encyclopedia of Law & Economics*. Disponível em: [http://users.ugent.be/~g-degeest/0400book.pdf]. Acesso em: 30.04.2009.

KRONMAN, Anthony T. Wealth maximization as normative principle. *Journal of Legal Studies* 2/227-243, 1980.

KUHN, Thomas S. *A estrutura das revoluções científicas*. Trad. Beatriz Vianna Boeira e Nelson Boeira. São Paulo: Perspectiva, 2007.

LARENZ, Karl. *Metodologia jurídica*. Lisboa: Fundação Calouste Gulbenkian, 1989.

LAWSON, Tony. The nature of heterodox economics. *Cambridge Journal of Economics* 30(4)/483-505, 2006.

LUHMANN, Niklas. *Law as a social system*. Trad. Klaus A. Ziegert. New York: Oxford University Press, 2008 [2004]. Oxford Social Legal Studies.

MERCURO, Nicholas; MEDEMA, Steven G. *Economics and the law – from posner to post-modernism and beyond*. Princeton: Princeton University Press, 2006.

MÜLLER, Ingo. *Hitler's justice: the courts of the third reich. With an introduction of Detlev Vagts*. Trad. Deborah Lucas Schneider. Cambridge: Harvard University Press, 1991.

PARISI, Francesco; ROWLEY, Charles K. *The origins of law and economics – essays by the founding fathers*. Massachusetts: The Locke Institute, 2005.

PERELMAN, Chaïm. *Lógica jurídica: a nova retórica*. Trad. Vergínia K. Pupi. São Paulo: Martins Fontes, 2000.

PLATÃO. *As leis – Incluindo Epinomis*. Prefácio de Dalmo de Abreu Dalari. Trad. Edson Bini. São Paulo: Edipro, 1999.

POLINSKY, A. Mitchell. *An introduction to law and economics*. 2. ed. New York: Aspen Law & Business, 1989.

POPPER, Karl. *A lógica da pesquisa científica*. 8. ed. São Paulo: Cultrix/Pensamento, 2000.

POSNER, Richard A. *The economics of justice*. Cambridge: Harvard University Press, 1983 [1981].

_____. *The problems of jurisprudence*. Cambridge: Harvard University Press, 1990.

_____. Utilitarianism, economics, and legal theory. *Journal of Legal Studies* 8/103-140, 1979.

RAWLS, John. *Uma teoria da justiça*. 3. ed. São Paulo: Martins Fontes, 2008 [1971].

REALE, Miguel. *Teoria tridimensional do direito*. 5. ed. São Paulo: Saraiva, 1994.

RIZZO, M. The mirage of efficiency. *Hofstra Law Review* 8/641-658, 1980.

ROBBINS, Lionel. *An essay on the nature and significance of economic science*. 2. ed. rev. and ext. London: Macmillan, 1945.

ROBINSON, Joan. *The economics of imperfect competition*. London: Macmillan, 1933.

SAVIGNY, Friedrich Karl Von. *Metodologia jurídica*. São Paulo: Rideel, 2005 [1814]. Série Biblioteca Clássica.

STANFORD ENCYCLOPEDIA OF PHILOSOPHY. Verbete "Methodological Individualism". Disponível em: [http://plato.stanford.edu/entries/methodological-individualism]. Acesso em: 15.07.2009.

STOLLEIS, Michael. *The law under the swastika: studies on legal history in Nazi Germany*. Trad. Thomas Dunlap. Chicago: University of Chicago Press, 1998.

TAMANAHA, Brian Z. *On the rule of law*. Cambridge: Cambridge University Press, 2004.

THALER, Richard; SUNSTEIN, Cass. *Nudge: o empurrão para a escolha certa*. São Paulo: Campus/Elsevier, 2009.

WEBER, Max. *Economia e sociedade: fundamentos da sociologia compreensiva*. Trad. Regis Barbosa e Karen Elsabe Barbosa. Brasília: Ed. UnB, 1991. vol. 1.

WIEHWEG, Theodor. *Tópica e jurisprudência*. Trad. Tercio Sampaio Ferraz Junior. Brasília: Departamento de Imprensa Nacional, 1979.

WILLIAMSON, Oliver E. Markets and hierarchies: analysis and antitrust implications. New York: Free, 1983 [1975].

2
MICROECONOMIA

Ari Francisco de Araujo Jr.

Mestre em Economia pela UFMG. Graduado em Economia pela USP. Professor dos cursos de Economia e Administração de Empresas do Ibmec Minas. Pesquisador do Centro de Economia Aplicada da mesma instituição. Diretor da Revista Associação Mineira de Direito e Economia –AMDE. Economista.

Claudio Djissey Shikida

Doutor em Economia pela PPFE-UFRGS. Mestre em Economia pela IPE-USP. Professor de Economia do Ibmec Minas Gerais. Pesquisador do Centro de Economia Aplicada e coordenador do Núcleo de Estudos de Política Monetária – NEPOM. Diretor científico da Associação Mineira de Direito e Economia – AMDE. Economista.

1. INTRODUÇÃO

Ao se iniciar o estudo de Economia uma condição necessária, mas não suficiente (é necessário um pouco de esforço!), é a absorção de alguns conceitos/hipóteses iniciais e, uma importante hipótese é a que os indivíduos seriam racionais. Esta hipótese apenas afirma que os indivíduos possuem um entendimento amplo dos fenômenos econômicos e usam toda a informação disponível para tomar suas decisões. Em outras palavras, diante de várias possíveis opções de ação, indivíduos ponderam o custo e o benefício de cada uma, optando pela que lhes fornece o maior benefício líquido. Mas não significa que indivíduos não "erram" ao tomar suas decisões. Problemas de assimetria de informações, por exemplo, podem levar a equívocos.

Os custos e benefícios de uma ação são o que chamamos de incentivos e, portanto, é fácil perceber que a racionalidade é uma forma de se reagir aos incentivos: diante de distintas opções, escolhe-se a que representa o maior benefício líquido. Este é o tema principal deste capítulo.

2. TEORIA DO CONSUMIDOR E DEMANDA

Um advogado com vários processos precisa alocar seu tempo da "melhor forma possível", afim de, digamos, levantar uma quantidade do vil metal suficiente para pagar suas contas e, quem sabe, viajar no final de semana. Se fosse feita uma rápida pesquisa entre os advogados, descobriríamos que a expressão "da melhor forma possível" corresponde ao famoso "tempo é dinheiro". A ordem dos processos na mesa do advogado seguirá suas expectativas quanto ao uso eficiente de seu tempo. Obviamente, um iniciante na profissão poderá cometer erros, mas, espera-se, estes erros diminuirão ao longo do tempo.

A "melhor forma possível", como se vê, tem a ver com o conceito econômico de *eficiência*. Esta, por sua vez, é ligada ao conceito de *custo de oportunidade* que, finalmente, diz respeito às escolhas que temos, entre oportunidades que nos surgem em diversos momentos da vida. No exemplo acima, o advogado ordenará os processos de forma a aproveitar da melhor forma possível seu tempo para obter a maior remuneração possível com seu trabalho.

Todos nós enfrentamos dilemas (também chamados de *tradeoffs*) semelhantes: o que fazer hoje? Trabalhar ou descansar? Vamos à festa de família ou ao futebol? Cada escolha tem um custo. Se trabalho uma hora a mais hoje, deixo de descansar uma hora. Se escolho, como o faço? A resposta, na Teoria Econômica, é que você o faz de maneira a obter o maior ganho possível, dentro de suas limitações e restrições que lhe são impostas pelo meio.

A Teoria da Decisão (ou da Escolha) considera os dilemas enfrentados por pessoas quando demandam ou quando ofertam algum bem ou serviço. Note que estes "bens ou serviços" podem ser tangíveis como charutos ou uísque, mas também podem dizer respeito a bens intangíveis como amor e lealdade.

Nesta seção, analisamos o processo de escolha do ponto de vista dos que, em situações propícias a trocas (voluntárias), demandam alguma coisa. Trata-se da *Teoria do Consumidor*. De forma sintética, nesta teoria, indivíduos buscam maximizar sua satisfação (utilidade) sempre respeitando a capacidade de compra (sua restrição orçamentária) em uma situação na qual desejam adquirir bens e, portanto, demandam-nos (ou seja: são consumidores dos bens).

Você pode se perguntar sobre como um indivíduo compara uma "satisfação" com a quantidade de renda que possui para gastar. A resposta a esta pergunta revela o que, na verdade, é a grande vantagem da análise econômica aplicada a problemas de decisão. Trata-se do fato de que podemos pensar na utilidade como algo que possui um valor em si. Embora se fale de "graus de utilidade", o que está implícito é que você pode transformar esta utilidade em algo mensurável, por exemplo, em R$ (reais).

Assim, posso dizer que "abrir mão de dois charutos para obter mais uma garrafa de uísque" possui um valor em termos de satisfação (ou eu não abriria mão dos charutos em prol do uísque). Se minha valoração destes bens é compatível com o preço *relativo*, vigente no mercado no momento de minha decisão, entre charutos e garrafa de uísque então pode-se dizer que comprarei charutos e uísque. Para entender este resultado do ponto de vista econômico, vale a pena separar o problema da decisão em duas partes: o que se deseja (preferências) e o que se pode comprar (restrição orçamentária).

2.1. Restrição Orçamentária do Indivíduo

A restrição orçamentária é definida pelas combinações-limite de bens que podem ser potencialmente adquiridas pelo indivíduo, dados seus preços e a sua renda. Por exemplo, suponha que um consumidor tem à sua disposição uma renda mensal de $10 unidades monetárias a ser dispendida com quantidades de dois bens: charutos e garrafas de uísque. Suponha também que os preços dos bens sejam, respectivamente, $0,50 (unidade) e $1,00 (garrafa). Se o indivíduo se interessar em utilizar toda a renda apenas adquirindo charutos, poderia comprar 20 unidades (esta seria sua renda real em termos de uísques). No outro extremo, 10 garrafas de uísque seria a quantidade máxima que o mesmo poderia consumir caso deixasse de lado os charutos, ou seja, sua renda real em termos de charutos

Estas combinações extremas e outras intermediárias (Tabela 1) são úteis para se construir a Restrição Orçamentária Individual definida acima e apresentada na Figura 1, tendo garrafas de uísque no eixo vertical e charutos no horizontal.

Tabela 1

Cestas Factíveis dados Preço e Renda ($10)

charutos	garrafas uísque	despesa total
20	0	10
16	2	10
12	4	10
10	5	10
6	7	10
2	9	10
0	10	10

Figura 1

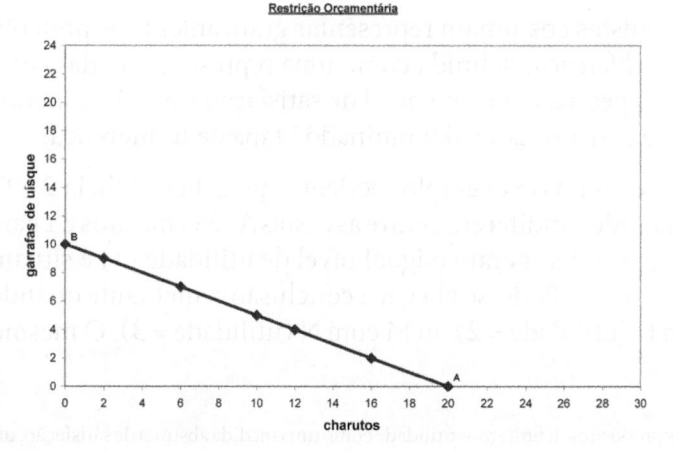

Restrição Orçamentária

Note que a inclinação da Restrição Orçamentária (calculada pela razão – com sinal negativo – entre a variação da distância vertical e horizontal de dois pontos quaisquer) mede o preço relativo dos bens analisados (taxa à qual o mercado está disposto a trocar um bem pelo outro), ou seja, trata-se do *custo de oportunidade* que relaciona os mercados de charutos e uísques. Usando os pontos A e B da Figura 1, como exemplo, podemos concluir que uma garrafa de uísque custa dois charutos ou que o preço relativo da garrafa de uísque medida em charutos é de -0,5.

2.2. Preferências do Indivíduo

Nosso advogado do início desta seção poderia ser agraciado com uísques e charutos por conta de uma vitória no tribunal. Se o aumento na quantidade de uísque gera-lhe maior satisfação, então, para ele, uísque é um "bem". Se tal aumento gera-lhe, pelo contrário, mal-estar, então o uísque é um "mal". Finalmente, se o mesmo aumento não lhe traz maior ou menor satisfação, então o uísque seria um "neutro". Obviamente, tudo isto vale para os charutos ou quaisquer outros bens ou serviços (tangíveis ou intangíveis).

Prosseguindo, suponha que uísques e charutos são dois bens para nosso advogado. Assim, se tiver mais de ambos, ótimo, caso contrário, estará em pior situação. Por exemplo, ele pode nos dizer que prefere uma *cesta* de charutos e uísque com cinco charutos e vinte garrafas (cesta R na tabela 2 abaixo) à uma outra com nove charutos e seis garrafas de uísque (cesta D, na mesma tabela). Em outras palavras, a utilidade da cesta R – utilidade [R] – é maior que a utilidade [D][1].

Agora, podemos nos perguntar o que acontece se, partindo da cesta D, diminuirmos a quantidade de uísques, compensando-o com mais charutos, resultando na cesta A (vinte e quatro charutos e uma garrafa de uísque). Ao ganho com um dos bens da cesta corresponde a uma perda com o outro, de forma que, neste caso, ele ficaria indiferente entre A e D. Neste caso, dizemos que utilidade [A] = utilidade [D].

Os economistas costumam representar graficamente as preferências por meio das *curvas de indiferença*, definida como uma representação das cestas de bens que proporcionam à pessoa o mesmo nível de satisfação e o ordenamento completo das preferências do consumidor é denominado Mapa de Indiferença.

Seguindo com nosso exemplo, podemos perceber (Tabela 2 e Figura 2) que o indivíduo analisado é indiferente entre as cestas A (24 charutos e 1 garrafa de uísque) e B (18, 2) já que ambas geram o igual nível de utilidade (1) e situam-se na mesma Curva de Indiferença. Pode-se chegar a conclusão semelhante quando comparamos a cesta G com H (utilidade = 2) ou M com N (utilidade = 3). O mesmo não vale com

---

1. Para nossos propósitos definiremos utilidade como uma medida abstrata de satisfação, utilizada para ordenar preferências.

relação a A e G, por exemplo. Nesse caso as cestas situam-se em curvas de indiferença distintas, portanto níveis de satisfação diferenciados são obtidos pelo indivíduo se pudesse consumir A e G. Podemos afirmar que G é preferida a A porque utilidade [G] > utilidade [A]. Desta forma, podemos considerar que curvas de indiferença mais distantes da origem são sempre preferidas[2].

Tabela 2

Ordenação de Preferências: Exemplo

cestas	charutos	garrafas uísque	nível de utilidade
A	24	1	1
B	18	2	1
C	12	4	1
D	9	6	1
E	5	10	1
F	1	16	1
G	26	3	2
H	20	4	2
I	14	6	2
J	11	8	2
K	7	12	2
L	3	18	2
M	28	5	3
N	22	6	3
O	16	8	3
P	13	10	3
Q	9	14	3
R	5	20	3

Como no caso da restrição orçamentária, a inclinação da curva de indiferença possui uma intuição econômica interessante e a ela é dado o nome de Taxa Marginal de Substituição (TMS). A inclinação equivale a taxa à qual o indivíduo está disposto a trocar um bem pelo outro ou, em outras palavras, a medida da compensação (em bens) que o indivíduo "exigiria" para aceitar a redução (em uma unidade) de um dos bens de modo a manter o nível de satisfação e permanecer na mesma curva de indiferença (o que implica que o sinal da TMS é negativo ou que as curvas de indiferença se inclinam para baixo[3]). O cálculo da TMS pode ser feito de forma análoga ao do preço relativo (depende das quantidades consumidas de cada bem). Note que a TMS, portanto, nada mais é do que o *custo de oportunidade* entre charutos e uísques dado pelas preferências do consumidor[4].

---

2. Se charutos e uísques fossem dois "males, gerariam "desutilidade" para o advogado de nosso exemplo e, assim, as curvas de indiferença mais próximas da origem é que seriam as preferidas.
3. Curvas de indiferença que representam preferências bem comportadas respeitam as seguintes propriedades (além daquelas já expostas): não se cruzam e são estritamente convexas em relação aos eixos. Para mais detalhes, consulte qualquer livro-texto básico de Microeconomia.
4. Consegue perceber que as curvas de indiferença não podem se cruzar?

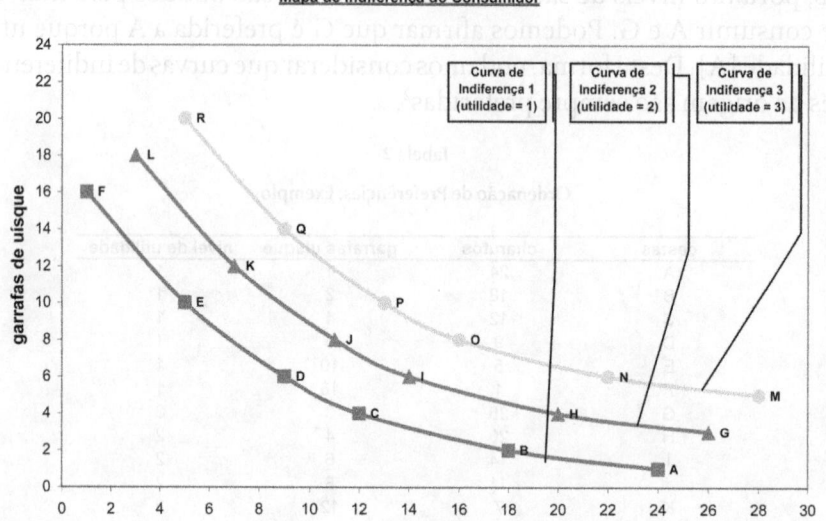

Figura 2

Mapa de Indiferença do Consumidor

Repare no ponto B da Figura 2. Neste ponto, o indivíduo teria dezoito charutos e duas garrafas de uísque. Se quisermos induzi-lo a abrir mão de uma garrafa de uísque, de forma a mantê-lo com a mesma satisfação inicial, deveríamos lhe dar seis charutos. Portanto, podemos dizer que a TMS de é de seis charutos por uma garrafa de uísque.

2.3. Escolha Ótima

O passo seguinte nesta análise é entender a escolha ótima do consumidor. Podemos, agora de forma mais apropriada, afirmar que o problema do consumidor é maximizar utilidade ou situar-se na curva de indiferença mais alta possível, dados os preços vigentes e sua renda monetária.

A solução gráfica para este problema é bastante simples: como as unidades de medida das Figuras 1 e 2 são as mesmas (quantidades de cada bem) podemos colocá-las em uma representação conjunta, tal qual na Figura 3 e o ponto ótimo para o consumidor é obtido pela tangência da curva de indiferença mais à esquerda possível e a restrição orçamentária, no exemplo da Figura 3, no ponto C. Portanto a cesta que maximiza a satisfação do consumidor e que respeita sua restrição é composta de doze charutos e quatro garrafas de uísque (boa escolha, não acha?!).

Outra forma de se expressar esta mesma solução é utilizando as inclinações da restrição e da curva de indiferença. Isto porque no ponto C temos a condição de tangência entre as funções o que implica que a inclinação da restrição orçamentária (que é a representação matemática do preço relativo entre os dois bens) é igual a inclinação da curva de indiferença (que é a taxa marginal de substituição que, como já vimos, é o preço relativo inerente às preferências do próprio indivíduo). É desse modo que o indivíduo faz suas escolhas.

Isso significa que nesse ponto a taxa pela qual o mercado está disposto a trocar um bem pelo outro é exatamente igual à taxa pela qual o consumidor está disposto a trocar um bem pelo outro, ou seja, o indivíduo está avaliando os bens da mesma forma que o mercado. Se o mercado e as preferências são, por assim dizer, compatíveis, e se não houver alteração de preços ou renda, esta escolha será a melhor possível para o indivíduo. A isto se dá o nome de *equilíbrio do consumidor*. Além disso, qualquer outro ponto (cesta) gera menor satisfação (situa-se em curva de indiferença mais à direita) ou não é factível devido à restrição orçamentária (situa-se em uma curva de indiferença que não pode ser atingida).

Figura 3

Escolha Ótima

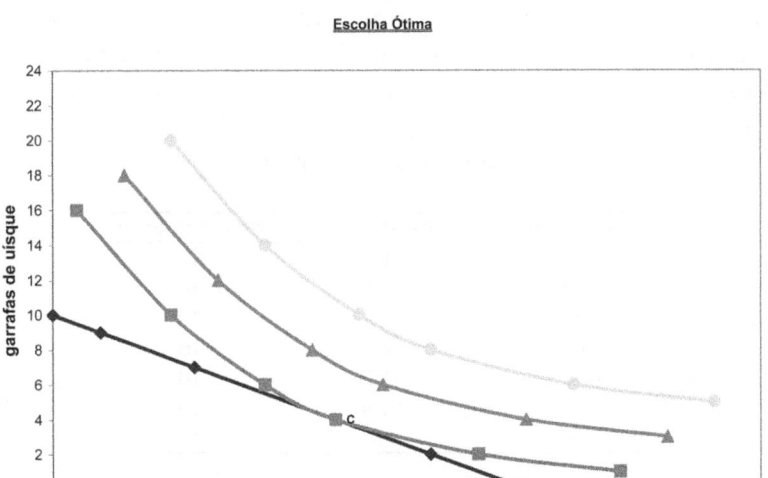

charutos

O equilíbrio do consumidor ocorre sob determinados valores de preços e renda. Mas observar apenas uma escolha do indivíduo não nos dá muitas informações sobre seu padrão de consumo. Podemos estar interessados, por exemplo, em saber como o nosso advogado reage caso o governo diminua as tarifas[5] sobre uísques importados. Sabemos que uma queda nas tarifas diminuirá o preço do uísque importado e, portanto, gostaríamos de saber se o advogado aproveitará esta oportunidade para comprar mais uísques. Pergunta similar poderia ser feita sobre seu consumo de charutos e, claro, pode-se investigar o que aconteceria com o consumo de charuto e uísque caso o advogado tivesse um aumento em sua renda monetária.

2.4. Alterações na Renda

Vamos supor que nosso advogado tenha recebido uma promoção em seu emprego (que quer dizer mais trabalho) e sua renda aumentou em 60%, de $10 para $16 unidades monetárias, embora os preços dos dois bens não tenham sofrido alterações. Quais as implicações disto em nossa análise?

---

5. Na linguagem econômica, "tarifa" é simplesmente o imposto que o governo impõe sobre um produto importado.

Sabemos que a ordenação de preferências não muda: ele continua a gostar de uísque e charutos como antes. Entretanto, agora, ele tem mais recursos, o que significa que tem uma restrição orçamentária mais frouxa. Podemos construí-la, conforme se observa na Tabela 3 (supondo fracionamento do uísque (por exemplo, doses) e de charutos). Como é de se esperar, em quaisquer dos pontos usados no exemplo, o consumidor pode agora consumir cestas com maiores quantidades de charutos e de garrafas de uísque. Isso significa que sua Restrição Orçamentária foi deslocada para cima (direita) como na Figura 4.

E quanto à nova cesta ótima? Na Figura 4, a tangência da curva de indiferença mais alta e a restrição orçamentária ocorre no ponto (cesta) O. Portanto, 16 charutos e 8 garrafas de uísque geram o máximo de satisfação ao consumidor à nova renda. Vale lembrar que a escolha ótima anterior era de doze charutos e quatro garrafas de uísque.

Tabela 3
Cestas Factíveis dados Preço e Renda ($16)

charutos	garrafas uísque	despesa total
32	0	16
25.6	3.2	16
19.2	6.4	16
16	8	16
9.6	11.2	16
3.2	14.4	16
0	16	16

Figura 4

Alteração na Renda - Escolha Ótima

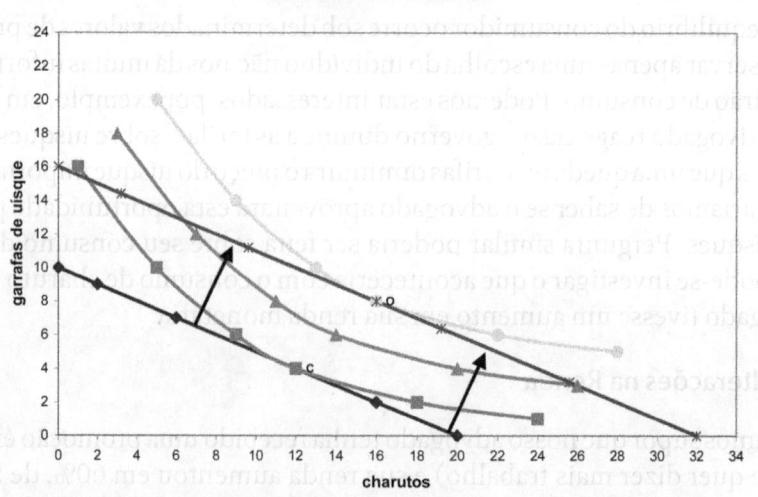

Bens que têm aumentada (diminuída) a quantidade demandada quando a renda cresce (diminui) são chamados de *bens normais* (charutos e uísque, no exemplo). Já aqueles que apresentam redução (aumento) na quantidade demandada com aumento (redução) de renda são denominados *bens inferiores*.

2.5. Alterações de Preço

Vamos voltar para a restrição orçamentária original (portanto renda é de $10 novamente) e supor agora que o preço do uísque caiu de $1,00 para $0,563 unidades monetárias (cobrado agora com três casas decimais como bom "combustível" que é) enquanto o preço do charuto não mudou. Isso significa que o preço relativo sofreu alteração.

Novamente as preferências não mudaram, mas o poder de compra da renda monetária variou, tanto em termos de uísques quanto de charutos. A nova restrição orçamentária pode ser definida novamente como nas Tabelas 1 e 3. Podemos notar pela Tabela 4 e Figura 5 que, no caso de alteração no preço em um dos bens, a restrição orçamentária do indivíduo sofre rotação. No exemplo, como o preço do charuto não mudou, a restrição gira a partir do intercepto horizontal para a direita (cima). Em outros casos, a rotação pode acontecer para baixo, além de ser a partir do intercepto vertical (para cima ou para baixo).

Tabela 4
Cestas Factíveis dados Preço (maior para uísque) e Renda

charutos	garrafas uísque	despesa total
20	0	10
18	1.8	10
15	4.4	10
11	8	10
7	11.5	10
3	15.1	10
0	17.8	10

Figura 5

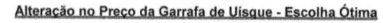

Alteração no Preço da Garrafa de Uísque - Escolha Ótima

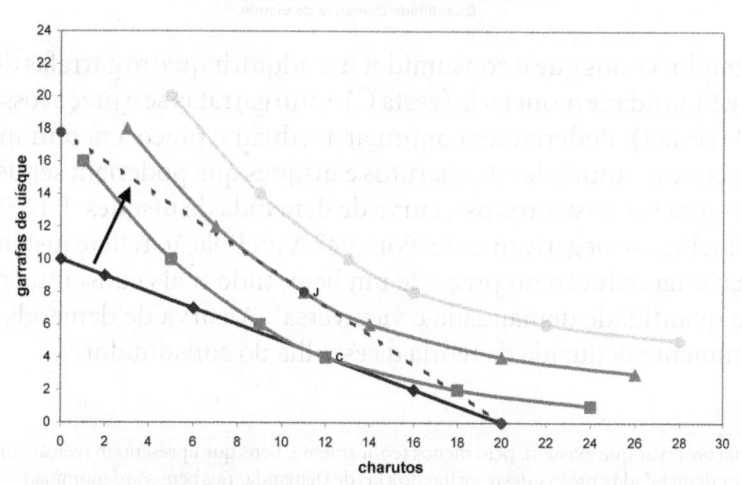

Quanto à escolha ótima, podemos notar que a TMS se iguala ao preço relativo no ponto J, onze charutos e oito garrafas de uísque. Portanto, podemos dizer, como acontece comumente, que uma redução (aumento) no preço de um bem produz um aumento (redução) na quantidade demandada do mesmo. Bens com estas características são chamados de bens comuns ou ordinários e esta sua característica de relacionar preços e quantidades demandas de forma inversa é exatamente a conhecida Lei da Demanda[6].

2.6. Construindo a Curva de Demanda do Consumidor

A Curva de Demanda mostra como o preço de um bem afeta a quantidade demandada do mesmo, ou seja, é um resumo das escolhas ótimas que seriam realizadas pelo indivíduo dada sua restrição orçamentária e suas preferências. A seção anterior nos forneceu todas as condições para construir a curva de demanda individual. Basta observar as quantidades escolhidas de determinado bem quando o preço do mesmo varia.

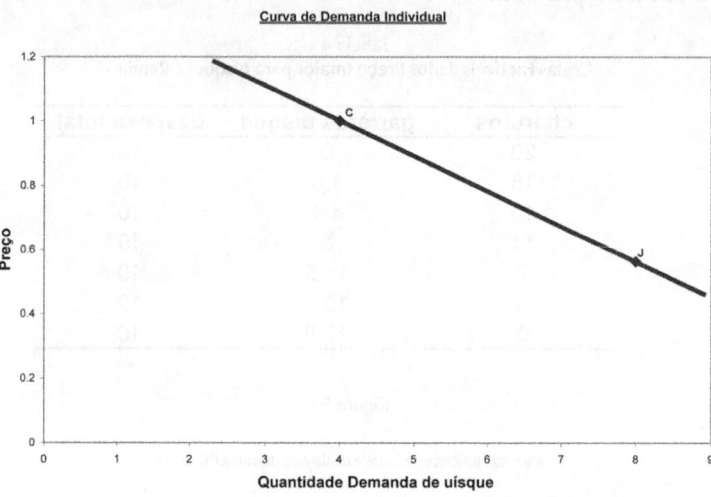

Figura 6

Curva de Demanda Individual

No exemplo, vimos que o consumidor iria adquirir quatro garrafas de uísque se o preço fosse $1 unidade monetária (cesta C) e oito garrafas se o preço fosse reduzido para $0,563 (cesta J). Poderíamos continuar a reduzir o preço, encontrando combinações de preço e quantidades de charutos e uísques que poderiam ser usadas para, no caso da Figura 6, construirmos a curva de demanda de uísques. É fácil notar que esta função inclina-se negativamente. Por quê? A inclinação reflete justamente a Lei da Demanda: uma redução no preço de um bem, tudo mais constante, produz um aumento na quantidade demandada e vice-versa[7]. A curva de demanda, portanto, pode ser facilmente deduzida da teoria da escolha do consumidor.

---

6. Vale a pena observar que existem, pelo menos teoricamente, bens que apresentam relação direta entre a sua quantidade demandada e preços, desrespeitando a Lei de Demanda. Tais bens são denominados Bens de Giffen.
7. Também poderíamos construir uma outra curva relacionando o preço do uísque (charuto) com a quantidade de charutos (uísque). Veremos isto a seguir.

Observe que o que acabamos de fazer foi encontrar as *funções de demanda* do consumidor para charuto e uísque, respectivamente. Cada uma destas funções, em princípio, depende da renda do consumidor bem como dos preços de ambos os bens.

Quando se varia o preço do uísque – mantendo a renda nominal e o preço do charuto constantes – e se encontra a correspondente quantidade demandada, num gráfico, o que se faz é apenas observar um aspecto da função de demanda de uísque, qual seja, a *curva de demanda de uísque*.

Quando variamos a renda – mantendo os preços constantes – encontramos o que se denomina *curva de Engel*. Esta curva relaciona a quantidade demandada com a renda nominal do consumidor. Uma última curva, também derivada da função de demanda, muito útil em estudos mercadológicos, é a *curva de demanda cruzada*. A ideia é estudar o impacto isolado do preço de um bem sobre a quantidade demandada do outro bem, mantendo tudo o mais constante. Em nosso caso, podemos analisar, por exemplo, a relação entre o preço do charuto e a quantidade demandada de uísque, ou vice-versa. Por que esta é uma curva importante? Não é incomum encontrarmos tabacarias que vendem charutos e uísques. Isto ocorre porque os donos destes estabelecimentos têm uma noção de que charutos e uísques são, em alguma medida, complementares entre si nas preferências de seus clientes. Também é fácil ver que uísques de diferentes marcas, mas de qualidade similar, apresentam a característica de demanda cruzada, mas no sentido oposto: o aumento (queda) no preço de um uísque gera um aumento (queda) na demanda do outro uísque.

3. TEORIA DA EMPRESA COMPETITIVA E OFERTA

Nesta seção analisamos o outro lado do mercado: a oferta. Vamos supor que a oferta, no mercado de um bem, seja composta por firmas competitivas. Mostraremos que, como no caso da demanda individual, a oferta de uma empresa pode ser fundamentada à luz dos fundamentos microeconômicos.

A hipótese adotada é que cada comprador e cada vendedor exercem influência desprezível ou nula sobre o preço de um bem homogêneo transacionado no mercado. Trata-se de uma estrutura de mercado bem simples pois: (a) não existe poder de mercado (como no caso de monopólio e de oligopólio), (b) não há diferenciação de produtos[8], (c) tanto demandantes quanto ofertantes são tomadores de preço e (d) existe livre acesso a mercados deste tipo, ou seja, não existem barreiras para entrada/saída nem de empresas, nem de consumidores, o que diminui o poder de mercado de ambos.

---

8. As firmas poderiam tentar diferenciar seus produtos, mas se os consumidores desprezam esta diferenciação, diz-se que o produto é, na prática, homogêneo. Um exemplo simples é o de dois vendedores de cachorro-quente na porta da universidade. Digamos que apenas um deles ofereça um cachorro quente com um "molho especial", mas os consumidores continuem escolhendo o cachorro quente apenas pelo preço. Neste caso, o vendedor logo perceberá que não vale a pena aumentar seu custo com a adição do molho.

3.1. Algumas Definições Importantes

Como na maioria das atividades econômicas, o objetivo das empresas analisadas nesta seção é o de maximizar o lucro. Vamos pensar em nosso advogado que consumia charutos e uísque. De onde vem o uísque que ele compra? Suponha que haja, no Reino Unido (provavelmente na Escócia), um pequeno fabricante de uísques cujas informações relevantes podem ser encontradas na Tabela 5.

O lucro (coluna 7 da Tabela 5) pode ser calculado pela diferença entre receita total (preço vezes quantidade vendida) e custo total. Supondo que o preço da garrafa seja $7 unidades monetárias, por exemplo, a venda de três garrafas geraria uma receita de $21 unidades monetárias (coluna 3 da Tabela 5). Caso sejam vendidas 10 garrafas, a receita subirá para $70 unidades monetárias. Portanto a receita total é função positiva das quantidades vendidas, dado o preço.

A receita média (quarta coluna da Tabela 5) pode ser definida como a razão entre a receita total e a quantidade vendida, ou seja, nos diz que a receita recebida pelo uísque é de $7 unidades monetárias[9]. A receita marginal (quinta coluna da Tabela 5) mede a variação da receita que se obtém com a venda de uma unidade adicional do bem. Por exemplo, nosso produtor de uísque teria um aumento de $7 unidades monetárias na receita total caso conseguisse aumentar as vendas de nove para dez garrafas[10].

Tabela 5

Maximização de Lucro: Exemplo

quantidade (garrafas)	preço ($)	receia total ($)	receita média ($)	receita marginal ($)	custo total ($)	lucro ($)	custo marginal ($)
0	7	0	7	7	1	-1	2
1	7	7	7	7	3	4	4
2	7	14	7	7	7	7	5
3	7	21	7	7	12	9	6
4	7	28	7	7	18	10	7
5	7	35	7	7	25	10	8
6	7	42	7	7	33	9	9
7	7	49	7	7	42	7	10
8	7	56	7	7	52	4	11
9	7	63	7	7	63	0	12
10	7	70					

Do outro lado temos os custos. O custo total (coluna 6 da Tabela 5) pode ser decomposto em custo fixo e custo variável. O custo fixo é aquele que a empresa incorrerá mesmo se não produzir qualquer quantidade do bem[11]. No caso do exemplo,

---

9. Para qualquer empresa, a receita média é igual ao preço.
10. No caso das empresas perfeitamente competitivas (como em nosso exemplo da Tabela 5), a receita marginal é igual ao preço.
11. Você pode se perguntar sobre que tipo de custo é este. Afinal, como é possível incorrer em custos se nada é produzido? Pense, por exemplo, no caso de uma fábrica. Mesmo que ela esteja parada, você, ainda assim, pagará ao vigia pelo seu serviço. Logo, o custo é fixo *em relação* ao produto que a empresa fabrica. Independentemente da quantidade produzida, você terá de pagar o vigia. Existe um outro tipo de custo que se denomina *custo quase fixo*. Um exemplo deste tipo de custo é a luz da fábrica. Embora não varie diretamente com a produção, há uma certa relação com a mesma, já que ao final do expediente, ela é desligada. Não é

$1 unidade monetária é o custo fixo da empresa de uísque. Como podemos notar, o custo total aumenta com a quantidade produzida, o que implica que existe uma parcela do custo total que aumenta com a quantidade produzida, que é o chamado custo variável. Por fim, e não menos importante, há o custo marginal, cuja definição é análoga à da receita marginal: no caso, a variação no custo total dado um aumento na produção em uma unidade adicional.

3.2. Objetivo da Empresa: Maximização de Lucro

Depois destas definições, vamos ao que mais nos interessa: a maximização de lucros. Um modo simples de saber qual é o máximo lucro que nosso produtor de uísque pode obter é observar as informações da Tabela 5. O máximo de lucro, neste exemplo, são $10 unidades monetárias caso o empresário venda quatro ou cinco garrafas de uísque. Caso venda apenas três garrafas terá um lucro menor, $9 unidades monetárias. Se vender mais, por exemplo, oito garrafas, auferirá um lucro de $4 unidades monetárias.

Apesar desse resultado, a caracterização do ponto ótimo é mais adequada quando utilizamos receita e custo marginais. É bastante intuitivo supor que só vale a pena (racionalmente) produzir e vender uma unidade adicional do bem se o benefício que é capturado desta unidade é, pelo menos, igual ao custo de produção da mesma. Em outras palavras, a última unidade produzida por uma empresa que tem intenção de maximizar seu lucro deve ser aquela que iguale o valor da receita marginal ao do custo marginal. Como no caso de empresas tomadoras de preço a receita marginal se iguala ao preço, podemos dizer que o ótimo ocorre quando preço é igual ao custo marginal.

Figura 7

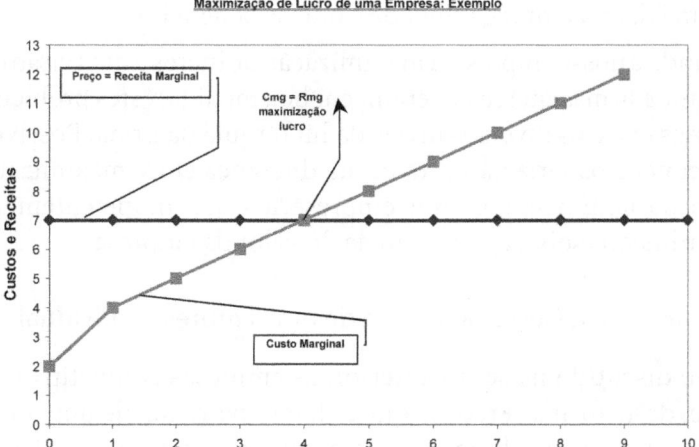

Maximização de Lucro de uma Empresa: Exemplo

---

como a quantidade de trabalhadores empregados, que possui uma relação muito mais forte com a produção, mas também não é totalmente independente da mesma, como é o caso do vigia.

No exemplo do produtor de uísque, o benefício de se produzir a quarta garrafa de uísque é de $7 unidades monetárias (preço por garrafa) e o custo para produzi-la também é de $7 unidades (Figura 7). Isso significa que se o empresário tomar a decisão racional de vender quatro garrafas de uísque, obterá o lucro máximo.

Em qualquer configuração de custos e receitas marginais, isso não acontece. Se a receita marginal for maior que o custo marginal significa que vale a pena produzir unidades mais até que a igualdade aconteça já que é possível aumentar o lucro da empresa. Quando o custo marginal for maior que a receita marginal significa que a produção deve ser reduzida sob pena do lucro ser menor que o máximo possível.

Antes de passarmos ao próximo item, pense um pouco: por que estamos estudando a "maximização de lucros"? Uma empresa no mundo real pode ser – e de fato o é – bem mais complexa do que neste exemplo. Uma grande empresa tem muitos problemas relacionados aos diferentes interesses que caracterizam os acionistas, os gerentes, os supervisores etc. Muitas vezes o objetivo de um gerente pode ser maximizar sua chance de continuar no emprego, mesmo que isto implique em produzir menos do que o que seria possível se ele maximizasse o lucro.

Como podemos, então, acreditar na análise acima? Bem, não podemos...totalmente. Mas pense no seguinte: imagine que a empresa seja um passo na maximização da utilidade de seus acionistas, gerentes etc. Enquanto o acionista deseja seus dividendos, o gerente sabe que sua carreira é um ativo valioso que depende de seu desempenho na empresa. Se você pensar um pouco, verá que existe um objetivo comum entre os funcionários da empresa: a maximização do valor da mesma. Se você é um gerente, sabe que a motivação dos funcionários funciona sem um objetivo comum e o objetivo do máximo valor da empresa é compatível com o desejo individuais dos mesmos, já que estas aumentam a probabilidade de que recebam salários maiores no futuro, sem falar na empregabilidade e outros benefícios.

Voltando à nossa empresa, a maximização de lucros é uma visão que se aproxima muito mais de firmas que resolveram, em boa medida, estes problemas de conflitos de interesses entre os diversos níveis da hierarquia da firma. Possivelmente o dono de uma pequena padaria não verá muita diferença entre maximizar seu lucro ou o valor da padaria. E nem o grande empresário que, competentemente, convenceu seus subordinados sobre a importância do valor da empresa.

3.3. Construindo a Curva de Oferta de uma Empresa Individual

Como discutido na seção anterior, as empresas competitivas são tomadoras de preço e, desta forma, a receita que auferem na venda de uma unidade adicional (receita marginal) equivale ao preço (tomado) do bem. Isso nos leva a concluir que as empresas podem aumentar sua produção – incorrendo em um custo marginal maior – se o preço do bem sofrer um aumento (receita marginal). Acabamos de, implicitamente, enunciar a Lei da Oferta: um aumento no preço do bem, tudo o mais constante, gera maior interesse dos empresários em ofertar o produto, ou seja, aumentar a quantidade ofertada. Colecionando essas combinações preço-quantidade ofertada teremos como construir a Curva de Oferta da Empresa.

Podemos representar isso graficamente (Figura 8). A curva de custo marginal tem como característica ser positivamente inclinada, o que reflete o fato do produto marginal ser decrescente. Fica claro que quantidades maiores poderão ser ofertadas apenas com aumento de preço. Isto porque o objetivo do empresário (maximização de lucro) exige a igualdade receita marginal (preço) = custo marginal. Portanto, a curva de custo marginal funciona, na prática, como a Curva de Oferta de uma Empresa Individual[12].

Figura 8

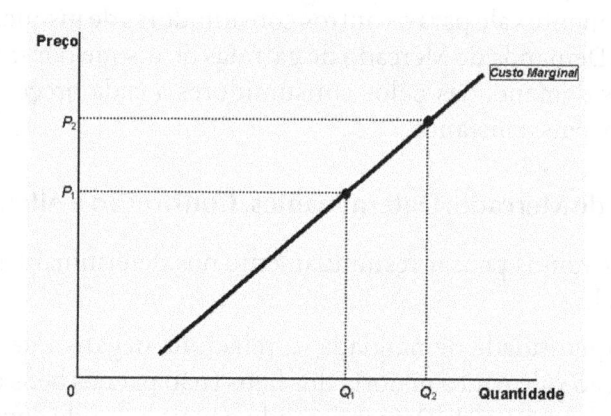

A Curva de Oferta de uma Empresa pode, portanto, ser facilmente deduzida a partir da teoria de Concorrência Perfeita (via maximização de lucro). A inclinação positiva da Curva de Oferta (custo marginal) reflete justamente a Lei da Oferta. Deixaremos a construção da Oferta de Mercado para a próxima seção.

4. MODELO DE OFERTA E DEMANDA: ENTENDENDO O MERCADO

Estamos agora em condições de entender como se dá a interação entre ofertantes e demandantes em um dado mercado. Isto porque exploramos nas seções anteriores as formas como empresários e consumidores tomam suas decisões. Para tanto, vamos estender a análise individual que foi feita para uma abordagem mais agregada – o mercado. Para nossos fins, mercado é composto de um grupo de compradores e

---

12. Na prática, a curva de oferta de curto prazo inicia-se no ponto que a curva de custo marginal se cruza com a curva de custo variável médio. Isto porque se o preço estiver abaixo desse ponto, valerá a pena parar as atividades para economizar os custos variáveis. Já a curva de oferta de longo prazo inicia-se no cruzamento da curva de custo marginal com a curva de custo total médio. Se o preço estiver abaixo desse ponto existe vantagem em sair do mercado.

vendedores com o potencial para a existência de trocas voluntárias que geralmente chamamos de "comércio".

Antes de compreender como ocorre a interação entre oferta e demanda é preciso estender a análise feita nas seções 1 e 2 e construir a oferta e a demanda de mercado. Em seguida, analisamos a determinação do preço e da quantidade de equilíbrio de um mercado. Além disso, poderemos pensar nas possíveis mudanças que o equilíbrio de mercado pode passar dada alguma alteração na economia. Vale a pena lembrar que continuamos com a hipótese de mercados competitivos, ou seja, os agentes são tomadores de preço.

4.1. Demanda de Mercado

Vamos supor que tudo o que deduzimos para nosso advogado consumidor de uísques anteriormente vale para os outros consumidores de uísque. Portanto, podemos construir a Demanda de Mercado de garrafas de uísque por meio do somatório das quantidades demandadas pelos consumidores a cada preço em determinado mercado, tudo o mais constante.

4.2. Demanda de Mercado: Determinantes, Construção e Alterações

Para iniciar vamos pensar resumidamente nos determinantes da demanda de mercado[13]. São eles:

- Preço: a quantidade demandada se relaciona negativamente com o preço. Essa relação vale para a maioria dos bens (não para os bens de Giffen) e a conhecemos como Lei da Demanda: tudo o mais mantido constante, quando o preço de um bem aumenta, a quantidade demandada do bem cai, e vice-versa.

- Renda: tudo o mais mantido constante[14], denominamos um bem de normal quando um aumento na renda dos consumidores provoca um aumento na quantidade demandada do bem. De modo contrário, quando um aumento na renda reduz a quantidade demandada por certo bem denominamos o mesmo de bem inferior.

- Preço dos bens substitutos: se o bem que está sendo analisado possui um substituto significa que o aumento no preço do substituto produzirá um aumento na quantidade demandada do bem, tudo o mais mantido constante (e vice-versa).

- Preço dos bens complementares: se o bem que está sendo analisado possui um complementar significa que o aumento no preço do complementar produzirá uma redução na quantidade demandada do bem, tudo o mais mantido constante (e vice-versa).

- Gostos/Preferências: depende da situação, às vezes provocam aumento ou redução na quantidade demandada de um bem, tudo o mais mantido constante.

---

13. É propício supor que esses são também determinantes da demanda do indivíduo (com exceção do último).
14. "Tudo o mais mantido constante" significa *ceteris paribus* na linguagem econômica.

- Expectativas: depende da situação, às vezes aumentam ou reduzem a quantidade demandada de um bem, tudo o mais mantido constante.

- Arcabouço legal: para alguns bens, a demanda pode ser reprimida pelo poder da lei. Por exemplo, a ameaça de prisão para aqueles que demandem armas ilegais pode diminuir a demanda por estas armas (e, eventualmente, estimular o mercado de armas legais).

- Número de Consumidores: quanto maior o tamanho do mercado obviamente maior a quantidade demandada do bem, tudo o mais constante (e vice-versa). A influência de fatores demográficos é capturada neste determinante. Como foi dito anteriormente, a demanda de mercado é a soma das quantidades demandadas pelos consumidores em conjunto a cada preço, tudo o mais mantido constante.

Vamos voltar ao nosso exemplo e analisar o mercado de garrafas de uísque pelo lado da demanda. A Tabela 6 apresenta as quantidades demandadas por todos os consumidores de uísque a cada preço. Podemos notar que a Lei da Demanda é confirmada nas informações contidas na mesma, ou seja, quanto maior o preço menor a quantidade demandada.

Tabela 6
Demanda de Mercado por Garrafas de Uísque

Preço (por Garrafa)	Quantidade Demandada (Garrafas por Mês)
$1,00	7.500
2,00	6.500
3,00	5.000
4,00	4.000
5,00	3.500

Figura 9
Curva de Demanda de Mercado por Garrafas de Uísque

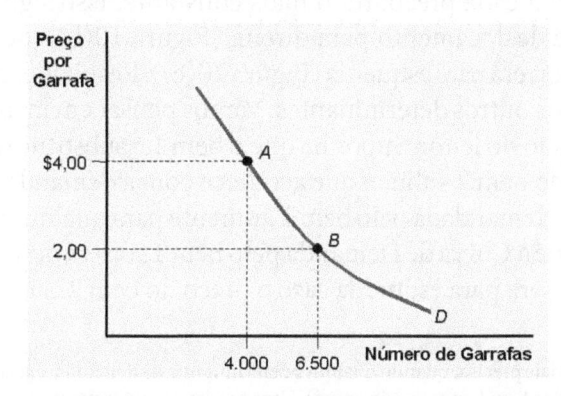

As informações da Tabela 6 podem ser diretamente usadas para a construção da Curva de Demanda de Mercado (D). Isso é mostrado na Figura 9. A referida curva apresenta-se negativamente inclinada, pois reflete justamente a Lei da Demanda.

Podemos analisar agora o que acontece com a Demanda caso qualquer dos fatores apresentados acima sofram alteração. Caso o preço do bem suba, tudo mais constante, a quantidade demandada do mesmo cai (e vice-versa). Graficamente isso significa que está acontecendo um movimento ao longo da Curva de Demanda para cima e esquerda. Essa situação é mostrada na Figura 10(a).

Figura 10
Curva de Demanda de Mercado por Garrafas de Uísque: Alterações

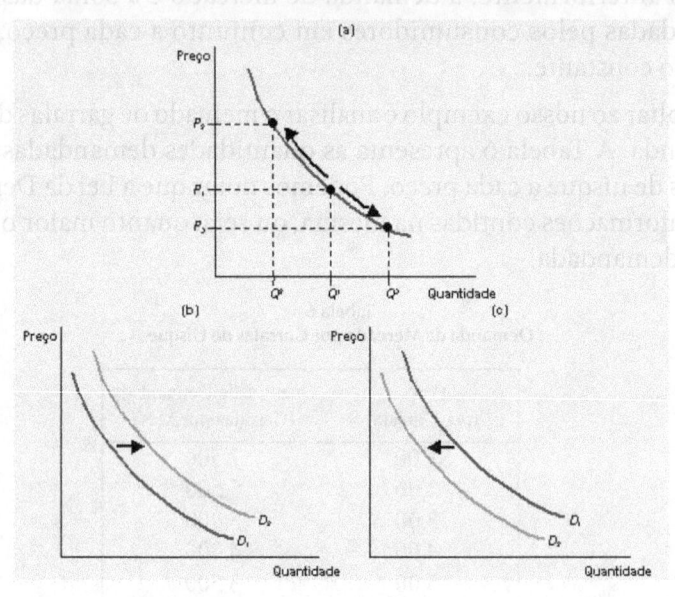

E se a renda dos consumidores aumentar? Precisamos saber se o bem que está sendo estudado é normal ou inferior. Se for normal, a quantidade demandada do bem terá um aumento a cada preço, tudo mais constante. Isso significa que a Curva de Demanda sofrerá deslocamento para direita (Figura 10(b)). Se o bem for inferior o deslocamento ocorrerá para esquerda (Figura 10(c)). Resultados semelhantes ocorrem com alterações dos outros determinantes. Vamos pensar em mais um e deixaremos os outros para reflexão do leitor. Suponha que o bem 1 é substituto de outro bem 2 qualquer. Se o preço do bem 2 subir, o que acontece com a demanda do bem 1? Espera-se que a quantidade demandada pelo bem 1 aumente para qualquer nível de preço deste. O que significa que a Curva de Demanda pelo bem 1 sofrerá deslocamento para direita (o deslocamento será para esquerda caso o preço do bem 2 caia)[15].

---

15. De uma forma mais precisa, quando qualquer determinante da demanda, exceto o preço, muda, a curva de demanda se desloca (tudo o mais constante). Uma mudança que aumente a quantidade demandada a cada preço desloca a Curva de Demanda para direita. Qualquer alteração que diminua a quantidade demandada a cada preço desloca a Curva de Demanda para a esquerda.

4.3. Oferta de Mercado

Agora, vejamos o ponto de vista dos vendedores. Teremos agora que tomar as decisões ótimas das empresas competitivas individuais em conjunto e construir a Oferta de Mercado. Vamos supor que tudo o que deduzimos para a empresa na seção 2 está valendo para as outras[16]. Portanto, podemos construir a Oferta de Mercado fazendo o somatório das quantidades ofertadas pelas empresas a cada preço em determinado mercado, tudo o mais constante.

4.4. Oferta de Mercado: Determinantes, Construção e Alterações

Para iniciar vamos pensar resumidamente nos determinantes da oferta de mercado. São eles:

- Preço: a quantidade ofertada se relaciona positivamente com o preço. Essa relação é conhecida como Lei da Oferta: tudo o mais mantido constante, quando o preço de um bem aumenta, a quantidade oferecida do bem aumenta, e vice-versa.

- Preço dos insumos (matéria-prima): quando o preço dos insumos aumenta, a produção torna-se menos lucrativa e empresa passa a ter menor disposição a ofertar o bem (reduzindo quantidade oferecida a cada preço, tudo mais constante), e vice-versa.

- Tecnologia: É difícil pensar em retrocesso tecnológico. Supondo, portanto, que progresso tecnológico seja fenômeno que reduz custos de produção dos bens, teríamos um aumento na disposição a ofertar mais do bem a qualquer nível de preços, tudo mais constante.

- Expectativas: depende da situação, às vezes aumentam ou reduzem a quantidade ofertada de um bem, tudo o mais mantido constante.

- Arcabouço legal: leis muito burocráticas podem afetar a oferta de uma firma. Por exemplo, no caso do Brasil, a abertura de uma empresa é um dos processos mais burocráticos da América Latina o que impede que potenciais empresários entrem no mercado[17].

- Número de empresas: como foi dito anteriormente, a oferta de mercado é a soma das quantidades oferecidas pelas empresas em conjunto a cada preço, tudo o mais mantido constante.

---

16. Uma forma de racionalizar esta agregação é pensar em várias empresas bastante similares em termos tecnológicos, ou seja, empresas com estruturas de custos semelhantes.
17. Alguns chamariam este efeito da lei de "aumento dos custos de transação". *Custos de transação* são custos de se efetuar uma transação. Trata-se de um conceito que afeta tanto compradores como vendedores e normalmente é bastante dependente do arcabouço legal de um país. Esta categoria de custo é diferente das que já foram apresentadas pois, como já dito, o custo de transação é anterior à própria troca, podendo, mesmo, impedi-la, caso seja muito elevado!

Vamos voltar ao nosso exemplo e analisar o mercado de garrafas de uísque pelo lado da oferta. A Tabela 7 apresenta as quantidades ofertadas por todas as empresas produtoras de uísque a cada preço. Podemos notar que a Lei da Oferta é confirmada nas informações contidas na mesma, ou seja, quanto maior o preço maior a quantidade oferecida.

Tabela 7
Oferta de Mercado por Garrafas de Uísque

Preço (por Garrafa)	Quantidade Demandada (Garrafas por Mês)
$1,00	2.500
2,00	4.500
3,00	5.000
4,00	6.000
5,00	6.500

As informações da Tabela 7 podem ser diretamente usadas para a construção da Curva de Oferta de Mercado (S). Isso é mostrado na Figura 11. A referida curva apresenta-se positivamente inclinada, refletindo justamente a citada Lei da Oferta.

Podemos pensar agora o que acontece com a Oferta caso qualquer dos fatores apresentados acima sofram alteração. Caso preço do bem suba tudo mais constante, vale a Lei da Oferta, a quantidade ofertada do mesmo aumenta (e vice-versa). Graficamente isso significa que está acontecendo um movimento ao longo da Curva de Oferta para cima e direita. Essa situação é mostrada na Figura 12(a).

Figura 11
Curva de Oferta de Mercado por Garrafas de Uísque

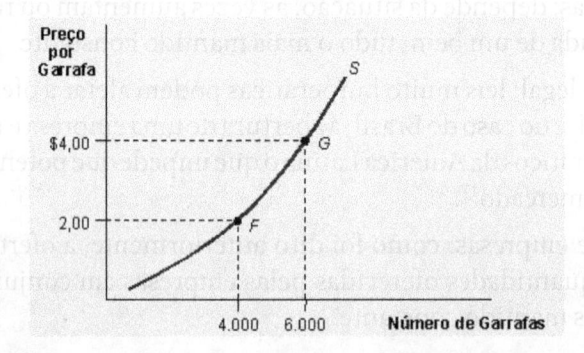

Figura 12
Curva de Oferta de Mercado por Garrafas de Uísque: Alterações

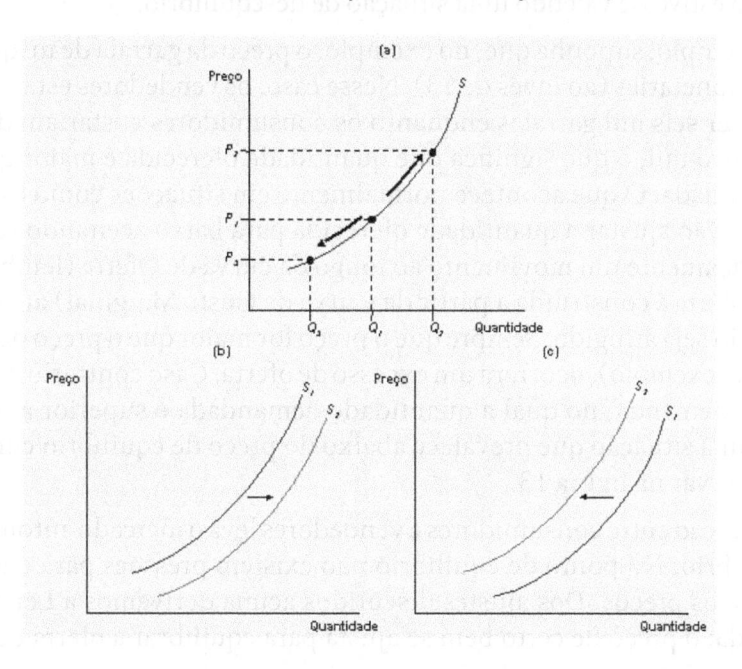

E se ocorrer uma queda no preço dos insumos? A lucratividade por unidade produzida aumenta, o que é um incentivo para que, tudo o mais constante, seja ofertada uma quantidade superior do bem a qualquer nível de preço. Isso significa que a Curva de Oferta desloca-se para direita (Figura 12(b)). Se o preço do insumo subir o deslocamento ocorrerá para esquerda (Figura 12(c)). Resultados semelhantes ocorrem com alterações dos outros determinantes. Deixaremos os outros para reflexão do leitor. Agora que já analisamos a demanda e a oferta, estamos aptos para estudar a interação entre consumidores e vendedores em dado mercado. Isso é feito na próxima seção.

4.5. Equilíbrio de Mercado

O Equilíbrio de Mercado é definido como a situação na qual as forças de mercado são compatíveis, ou seja, a oferta iguala a demanda. Nessa situação, a quantidade que os consumidores estão dispostos a consumir é exatamente igual à quantidade que os empresários estão dispostos a ofertar. Tal quantidade é dita de equilíbrio. Nesta mesma situação podemos definir o preço de equilíbrio (preço que sinaliza a equivalência entre oferta e demanda). Podemos observar pela Tabela 8 e Figura 13 (ponto E) que, ao preço de $3 unidades monetárias ocorre o equilíbrio em nosso mercado de uísque. A quantidade de equilíbrio, nesse caso, é de cinco mil garrafas.

Uma situação como a descrita no exemplo é naturalmente obtida já que surge das ações dos compradores e vendedores, sob liberdade de escolha, ou seja, sem intervenção externa sobre suas ações. Para pensar nisso, basta imaginar o que aconteceria caso estivesse valendo uma situação de desequilíbrio.

Por exemplo, suponha que, no exemplo, o preço da garrafa de uísque fosse $4 unidades monetárias (ao invés de $3). Nesse caso, os vendedores estariam dispostos a oferecer seis mil garrafas enquanto os consumidores gostariam de comprar apenas quatro mil, o que significa que quantidade oferecida é maior que quantidade demandada. O que acontece normalmente em situações como essa é que os vendedores vão ajustar a quantidade oferecida para baixo aceitando reduções de preço, graficamente um movimento ao longo da curva de Oferta (lembre-se que a Curva de Oferta é construída a partir da Curva de Custo Marginal) até que o nível de equilíbrio seja atingido. Sempre que o preço for maior que o preço de equilíbrio (como neste exemplo), ocorrerá um excesso de oferta. Caso contrário, teremos um excesso de demanda, no qual a quantidade demandada é superior à quantidade ofertada, uma situação que prevalece abaixo do preço de equilíbrio como o leitor poderá observar na figura 13.

A interação entre consumidores e vendedores leva o mercado automaticamente ao equilíbrio. No ponto de equilíbrio não existem pressões para cima ou para baixo sobre os preços. Dos ajustes discutidos acima derivamos a Lei da Oferta e da Demanda: o preço de certo bem se ajusta para equilibrar a oferta e a demanda do mesmo.

Observe que este equilíbrio **não significa** que todos os participantes do mercado estejam satisfeitos. O que aconteceu em nosso exemplo? A tabela 8 nos mostra que, para quantidades de garrafas de uísque acima de cinco mil, não teremos qualquer chance de equilíbrio pois o custo mínimo aceitável pelos vendedores é muito maior do que o desejo máximo de pagar pelo bem. A eficiência de mercado significa exatamente isto: transações como estas seriam impossíveis e a interação entre consumidores e vendedores é tal que elas não serão realizadas. Em outras palavras, alguns vendedores e alguns compradores não participam do mercado por serem ineficientes, do ponto de vista econômico.

Tabela 8

Oferta e Demanda no Mercado de Uísque: Equilíbrio

Preço (por Garrafa)	Quantidade Demandada (Garrafas por Mês)	Quantidade Ofertada (Garrafas por Mês)
$1,00	7.500	2.500
2,00	6.500	4.500
3,00	5.000	5.000
4,00	4.000	6.000
5,00	3.500	6.500

Figura 13
Equilíbrio no Mercado de Uísque

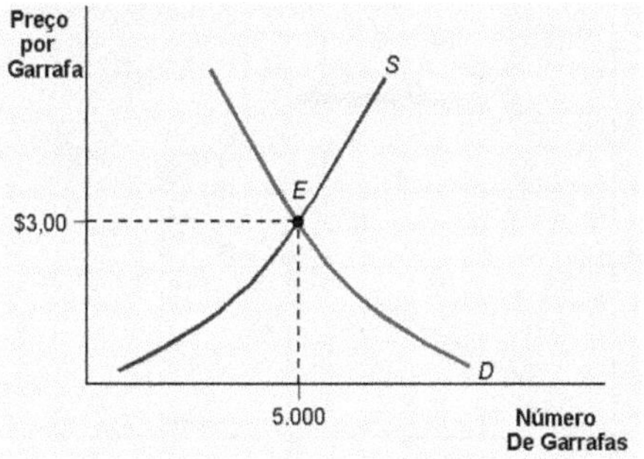

Este resultado, contudo, é o que motiva várias estratégias empresariais ou políticas públicas. O combate à pobreza, por exemplo, pode significar um deslocamento para a direita da curva de demanda e uma inovação geralmente diminui custos, deslocando a curva de oferta para a direita. Em ambos os casos temos a inclusão de pessoas no mercado, usufruindo dos benefícios das trocas voluntárias.

4.6. Alterações do Equilíbrio

O equilíbrio de mercado analisado na seção anterior não é imutável. Qualquer mudança nos determinantes da oferta ou demanda (exceto o preço[18]) provocará alteração do preço e da quantidade de equilíbrio do mercado.

Suponha que os consumidores tiveram aumento de renda. Como vimos, este fato gera um aumento na quantidade demandada a qualquer nível de preço (um deslocamento para direita da Curva de Demanda) e uma pressão altista dos preços das garrafas de uísque (Figura 14). Por sua vez, com este aumento na renda dos consumidores, os empresários apenas estariam dispostos a oferecer uma quantidade maior de uísque caso tivéssemos um aumento no preço (movimento para cima ao longo da Curva de Oferta). É isso que ocorre! No novo equilíbrio, temos um aumento na quantidade e no preço.

O exemplo de queda na renda pode ser interpretado por meio da Figura 15. Fica como exercício para o leitor estudar os efeitos de alterações nos outros determinantes da demanda.

___

18. Lembre-se que o preço de equilíbrio só é alterado a partir de deslocamentos de uma das duas curvas ou de ambas.

Figura 14
Deslocamento da Demanda para a Direita

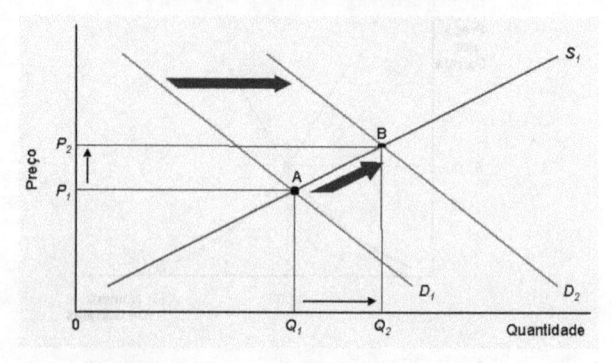

Figura 15
Deslocamento da Demanda para a Esquerda

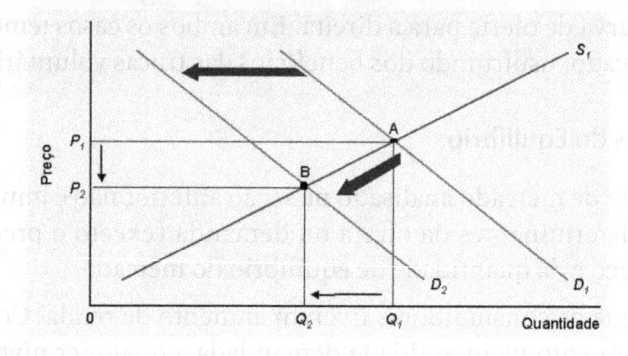

No caso de um avanço tecnológico no setor que produz uísque (por exemplo, uma queda no tempo necessário para o descanso do uísque), ocorreria redução dos custos de produção e, portanto, aumento na quantidade ofertada por parte dos produtores a qualquer nível de preço. Graficamente (Figura 16), isto significa um deslocamento para direita da Curva de Oferta, gerando uma pressão baixista dos preços. De outro lado, os consumidores apenas estariam dispostos a demandar uma quantidade maior do bem caso tivéssemos uma queda no preço (movimento para baixo ao longo da Curva de Demanda). No novo equilíbrio, temos um aumento na quantidade e uma queda no preço. O exemplo de aumento nos custos pode ser interpretado por intermédio na Figura 17. Novamente, fica para o leitor o exercício de verificar o que ocorre com o equilíbrio a partir de outras alterações nos determinantes da oferta.

Figura 16
Deslocamento da Oferta para a Direita

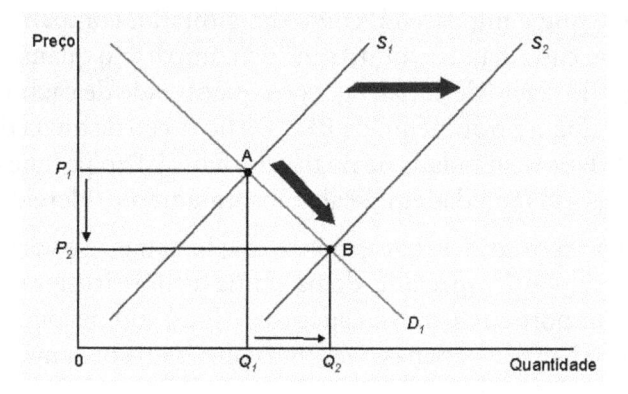

Figura 17
Deslocamento da Oferta para a Esquerda

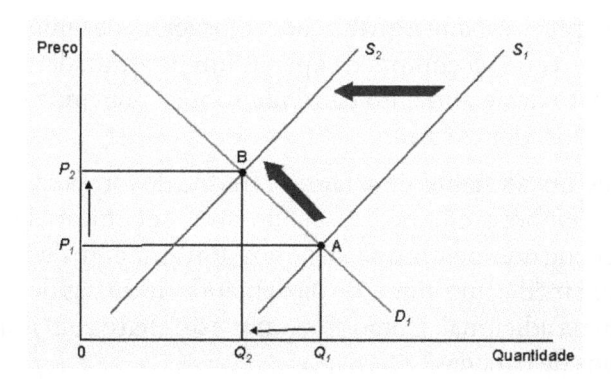

Quadro2
Resumo dos Efeitos de Alterações na Demanda e Oferta

Mudança na Demanda ou na Oferta	Mudança no Preço	Mudança na Quantidade
Aumento na demanda	aumento	aumento
Redução na demanda	redução	redução
Aumento na oferta	redução	aumento
Redução na oferta	aumento	redução

Resumimos os efeitos de alterações na demanda e na oferta, em termos genéricos, sobre preço e quantidade de equilíbrio no Quadro 2.

4.7. Elasticidade

O leitor sabe que é impossível, como diz o ditado, comparar "alhos com bugalhos". Em nosso caso, não faz muito sentido comparar o quanto um aumento de R$ 1,00 no preço do cacho de banana gera na quantidade de cachos de bananas demandados com o quanto o aumento de R$ 1,00 no preço da dúzia de ovos causa em termos da quantidade demandada de dúzias de ovos. E isto porque dúzias de ovos e cachos de bananas são medidas em escalas absolutamente diferentes.

E por que você gostaria de comparar ovos e bananas? Se você for dono de um pequeno estabelecimento especializado na venda de hortifrutigranjeiros, esta comparação é muito importante para seu sucesso. Afinal, em negócios como este, não se vende apenas bananas ou apenas ovos, mas uma gama bem maior de produtos.

Dado um aumento da renda de seus consumidores, é claro que você poderia reajustar os preços e ganhar um pouco mais. Aliás, vimos anteriormente que o aumento de renda dos consumidores, isoladamente analisado, gera um novo equilíbrio de mercado no qual o preço é maior e quantidade transacionada também. Mas o aumento de renda não se converte na compra de apenas um produto, daí a necessidade de se comparar o impacto deste aumento da renda sobre a demanda de vários produtos como bananas e ovos, por exemplo.

Sabemos que um aumento de salário se traduz de forma muito diferente entre os consumidores, embora, em média, seja possível encontrar alguma relação mais ou menos estável que nos mostre que, digamos, um aumento de R$ 1,00, *tudo o mais constante*, gera, em média, um aumento na demanda de dúzias de ovos, aproximadamente de uma dúzia adicional. Como comparar este efeito com uma medida similar relativa aos cachos de bananas?

O conceito importante aqui é a chamada *elasticidade*. Voltando ao exemplo, sabemos que a demanda de ovos depende do preço dos ovos e da renda dos consumidores de ovos, dentre outros fatores. Os cachos de bananas também são influenciados pela renda de seus consumidores e, claro, pelo seu preço. A elasticidade nos permite comparar impactos de alterações de preços (ou de renda) sobre as respectivas demandas, sem problemas com as unidades de medida.

Isto ocorre porque a elasticidade mede o quanto impactos relativos de uma variável afetam outra variável. Se a demanda de ovos depende de seu preço e da renda dos consumidores, podemos nos perguntar qual o percentual de variação da demanda de ovos gerado por uma variação percentual no preço dos ovos, tudo o mais constante[19]. Esta seria a *elasticidade-preço* da demanda de ovos. No caso da renda, perguntamo-nos sobre a variação percentual na quantidade demandada de ovos gerada por uma variação percentual na renda dos consumidores. Esta seria a *elasticidade-renda* da demanda de ovos.

---

19. "Tudo o mais constante" significa que realmente isolamos o impacto da variação no preço sobre a quantidade demandada.

Em termos gerais, a elasticidade com respeito a uma variável, X1, em relação a outra, X2, é definida como a variação percentual de X1 resultante de uma variação percentual de X2. Assim uma medida da elasticidade seria (considerando variações discretas):

$$E = \frac{\Delta X1}{\Delta X2} \frac{X2}{X1}$$

Vamos definir abaixo a elasticidade-preço da demanda e da oferta.

demanda[20]

Elasticidade-preço da demanda: reflete o quanto a quantidade demandada de certo bem varia (ΔD) quando seu preço muda em uma unidade. Esta elasticidade é sempre menor ou igual a zero e assume valores absolutos baixos (menores do que um) para bens necessários e altos para bens supérfluos (maiores do que um).

$$E = \frac{\Delta D}{\Delta P} \frac{P}{D}$$

oferta

Elasticidade-preço da oferta: reflete o quanto a quantidade oferecida de certo bem varia quando seu preço muda em uma unidade.

$$E = \frac{\Delta S}{\Delta P} \frac{P}{S}$$

Voltemos ao nosso tradicional exemplo com uísques. Utilizando os dados da Tabela 6, podemos calcular, por exemplo, a elasticidade-preço da demanda quando o preço da garrafa de uísque sobe de \$2 para \$3 unidades monetárias. Temos que, neste caso, $\Delta P = 1$, $\Delta D = -1.500$, para $P = 2$ e $D = 6.500$. Substituindo as informações na expressão correspondente à elasticidade-preço da demanda, temos:

$$E = \frac{-1.500}{1} \frac{2}{6.500} = -0,46$$

Assim, podemos dizer que o aumento de 50% no preço da garrafa de uísque gerou uma queda na quantidade demandada de apenas 23% neste exemplo. Sinteticamente

---

20. Elasticidade-renda da demanda: reflete o quanto a quantidade demandada de certo bem varia quando o montante de renda é alterada. É negativa para bens inferiores. Para bens normais é positiva e menor que um e para bens superiores é positiva e maior que um. Sua fórmula é: $E = \frac{\Delta D}{\Delta R} \frac{R}{D}$.

a elasticidade significa que a queda na demanda foi 46% da variação no preço ou que a variação no preço foi 2,16 vezes maior que a variação na quantidade demandada.

O Quadro 3 – a seguir – resume os possíveis casos de elasticidades-preço para curvas de oferta e demanda.

Quadro 3
Resumo das Variedades das Curvas de Oferta e Demanda
Segundo Elasticidade-Preço

Terminologia	Valor Absoluto	Descrição
perfeitamente (ou completamente) inelástica	zero	quantidade demandada/ofertada não varia quando o preço varia (curva de demanda ou de oferta paralela ao eixo dos preços)
inelástica	maior que zero e menor que um	quantidade demandada/ofertada varia percentualmente menos que a variação percentual ao preço
elasticidade unitária	um	quantidade demandada/ofertada varia exatamente na mesma percentagem que a variação percentual do preço (ponto da curva de demanda convexa à origem com inclinação de 45° e curva de oferta como uma reta de 45° em relação à origem)
elástica	maior que um e menor que infinito	quantidade demandada/ofertada varia em percentagens maiores que a variação percentual do preço
perfeitamente (ou infinitamente) elástica	infinito	consumidores (produtores) estão preparados para comprar (vender) tudo que puderem a um certo preço e nada quando este preço varia (curva de demanda e oferta paralela ao eixo das quantidades)

Fonte: Adaptado de Serôa da Motta (1998).[21]

4.8. Estudo de Caso: Efeitos do Salário Mínimo sobre Mercado de Trabalho

A legislação trabalhista determina o salário mínimo que demandantes de mão-de-obra podem pagar (é o caso do Brasil). Será que tal legislação pode ser nociva para os trabalhadores?

O mercado de trabalho, assim como outros mercados, também está sujeito às forças de oferta e demanda. Neste caso:

- trabalhadores determinam a oferta de mão de obra.

- empresas determinam a demanda.

Na ausência de intervenção governamental o salário (preço) varia para equilibrar a oferta e a demanda de mão de obra como mostra a Figura 18.

---

21. SERÔA DA MOTTA, R. *Manual para Valoração de Recursos Ambientais*. Ministério do Meio Ambiente, dos Recursos Hídricos e da Amazônia Legal/Probio, 1997.

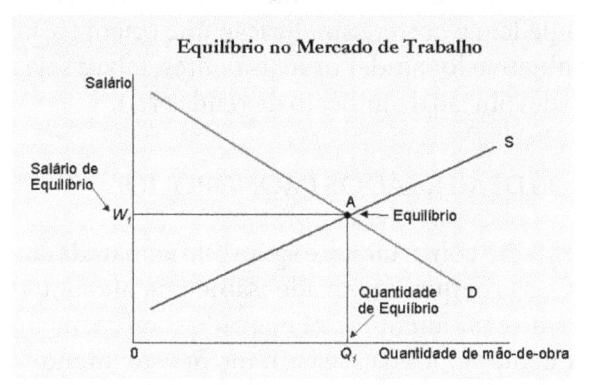

Figura 18

Agora, e se governo estabelecer um salário mínimo superior ao salário que equilibra o mercado de trabalho analisado? Como pode ser visto na Figura 19, quando o preço fica fixado acima do preço de equilíbrio temos quantidade oferecida maior que a quantidade demandada. Ou seja, excesso de oferta de trabalho ou o que chamamos simplesmente de desemprego.

A legislação de salário mínimo, neste caso, aumenta a renda dos trabalhadores empregados – e por isto nem todos os trabalhadores reclamam quando uma política como esta é adotada – mas reduz a renda daqueles que não conseguem emprego. Alguns, inclusive, perdem seus empregos, o que mostra que não é apenas uma questão de diminuição na criação de novas vagas, mas também uma mudança com efetiva queda de renda para uma parte dos trabalhadores.

Neste exemplo, temos uma política governamental de preço mínimo, no caso, o salário. Observe que se o governo fixasse o patamar mínimo abaixo do salário de equilíbrio, não haveria desemprego porque, na prática, negociações entre trabalhadores e empresários levaria o salário ao seu nível de equilíbrio de mercado.

Figura 19
Desemprego

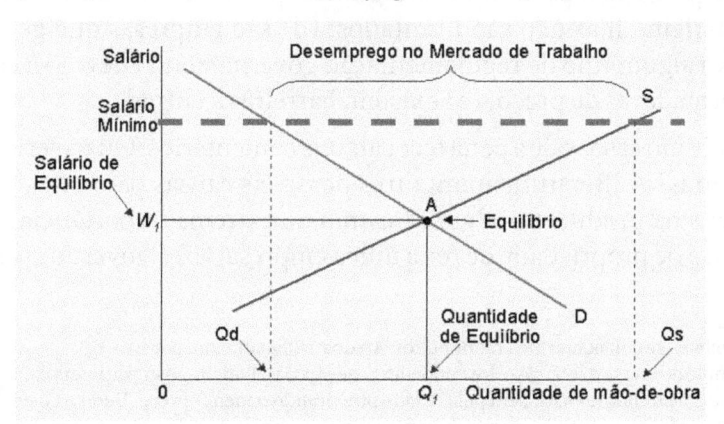

Portanto, economistas são normalmente contrários a preços mínimos e máximos. Isso porque eles impedem a correta sinalização que orienta a alocação de recursos da sociedade. Se o objetivo for ajudar os mais pobres, talvez seja melhor subsidiar o salário dos pobres (devolução de imposto de renda etc.).

5. OUTROS TIPOS DE MERCADOS (MONOPÓLIO)

Toda a argumentação construída até agora está amparada em algumas hipóteses importantes, dentre elas a de que os mercados são altamente competitivos. Entretanto, este é um caso extremo e raramente se vê mercados perfeitamente competitivos. Da mesma forma, raramente vemos o caso extremo oposto: monopólios[22]. Nesta seção vamos estudar as características de um mercado no qual existem vários consumidores, mas apenas um ofertante do produto, a firma monopolista.

5.1. Monopólio

Uma empresa é denominada monopolista em um mercado quando não existem substitutos próximos ao seu produto no mercado. É importante destacar que, neste caso, o conceito de "mercado" é essencial. Por exemplo, uma empresa pode ser um monopolista local, mas não em nível regional. No que se segue, consideraremos que o mercado é limitado de forma tal que não existam substitutos próximos para o produto[23].

Além disso, apresenta algumas características: (a) como a empresa praticamente não tem concorrentes ela pode influenciar nos preços do mercado de seu produto, ou seja, tem poder de mercado; (b) o tamanho do poder de mercado de uma empresa é a capacidade de determinar preços. Quanto maior esta capacidade maior é o poder de mercado; (c) são formadoras de preços (lembre-se que as empresas de competição perfeita são tomadoras de preço). Apesar disso, elas não podem cobrar qualquer preço. Na verdade, a capacidade de determinar preço dependerá de características da demanda para o seu produto. Isso significa que lucros são maiores que em concorrência perfeita, mas não são ilimitados; (d) são empresas que geralmente são submetidas a algum tipo de regulamentação governamental devido à característica de serem formadoras de preço; (e) existem barreiras à entrada.

Neste último caso, vale a pena tecer alguns comentários. Quais seriam as origens destas barreiras? A literatura aponta três possíveis causas para estas barreiras: (a) recurso chave na produção – algum insumo de extrema importância na produção de certo bem é de propriedade de uma única empresa; (b) o governo concede direito

---

22. Exceto, talvez, se considerarmos monopólios criados artificialmente por lei.
23. Um exemplo do que se diz é o caso dos vendedores de pipocas. Podem existir vários na cidade, mas é razoável supor que consumidores não saem pela cidade procurando o menor preço. Dado o custo de oportunidade do tempo, pode ser melhor se submeter ao pipoqueiro "monopolista" mais próximo. Em investigações de política antitruste é essencial que se defina claramente os limites do mercado.

a uma empresa – produzir com exclusividade por motivo que pode ter relação com aspectos legais ou influência política; (c) custos de produção tornam um único produtor mais eficiente, ou seja, existe monopólio natural já que uma única empresa pode oferecer o bem ao mercado inteiro por um custo menor do que se existissem mais empresas. Isso pode ser notado na Figura 21. Isto porque o custo total médio é decrescente (economia de escala).

Figura 21
Monopólio: Economia de Escala

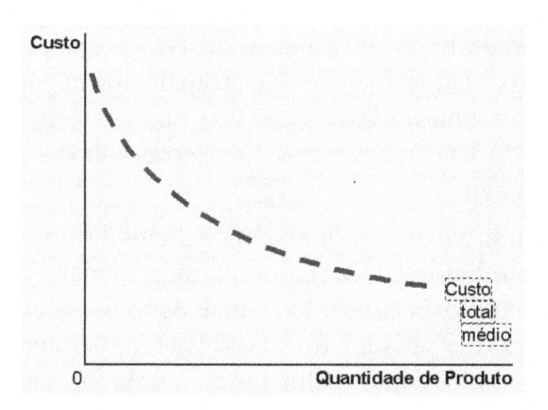

Vale observar que, em geral, uma empresa tem dificuldade em manter posição de monopolista sem a posse de um recurso chave ou sem a proteção do governo, pois os lucros elevados sempre atraem concorrentes potenciais[24]. Outro fato importante: como os preços de monopólio são maiores que seriam se produto fosse vendido por empresa sob estrutura de concorrência perfeita há perda de bem-estar para a sociedade. Apesar disso, a perda de bem-estar poderia ser maior já que o bem poderia não ser oferecido.

6. EXTERNALIDADES, BENS PÚBLICOS E O TEOREMA DE COASE

6.1. Externalidades e suas possíveis soluções

Quando uma ação individual gera, não apenas custos (benefícios) individuais, mas também custos (benefícios) para terceiros, dizemos que existem *externalidades* negativas (positivas). Mais ainda, em ambos os casos, a alocação de recursos não se mostrou *eficiente*, já que custos e benefícios não foram devidamente internalizados pelos perpetradores dos atos analisados.

Para entender isso, considere uma transação de mercado simples. Digamos que desejo comprar um ovo de páscoa em sua loja. Só vale a pena, para mim, comprar o ovo se o valor que atribuo ao mesmo for maior do que seu preço. De sua parte, você

---

24. Talvez a única exceção seja a do monopólio natural.

só produzirá ovos para a venda se o preço que você espera receber para cada unidade vendida for maior do que o custo unitário de produção de ovos. Em uma situação como esta, haverá a transação e, consequentemente, geração de riqueza para ambos. Por que? Porque paguei menos do que pagaria e você recebeu mais do que esperava.

Por exemplo, se valorizo o ovo em R$ 40,00 e você aceita, no mínimo, R$ 20,00. Se o preço for R$ 30,00, terei deixado de gastar R$ 10,00 e você terá recebido R$ 10,00 adicionais. No total, estamos R$ 20,00 melhores. O mercado funcionou e trouxe satisfação para ambos. Contudo, suponha que, no processo de produzir o ovo, o produtor tenha despejado o lixo no jardim do estabelecimento comercial vizinho. Teremos gerado R$ 20,00 de riqueza? Não necessariamente. Seu vizinho pode estimar que o lixo em seu jardim lhe atrapalha os negócios. Se ele achar que este lixo vale R$ 30,00 (uma perda de R$ 30,00), nossa transação inicial, na verdade, gerou uma perda de R$ 10,00 para todos. Em outras palavras, o *custo social* do lixo não foi pago por ninguém.

Existem também situações nas quais os benefícios de uma ação individual transbordam o escopo do indivíduo, atingindo um número maior de pessoas (*benefícios sociais*). Pense no exemplo da educação formal. Anos de escola geralmente mudam algumas características das pessoas, que passam a ter mais acesso a diversos produtos culturais, por exemplo. Um trabalhador com uma formação sólida não apenas aumenta a produtividade na empresa como também gera possibilidades interessantes de interação social que, como se diz, "não está no salário", mas certamente ajuda na produtividade de todos os envolvidos no processo produtivo. Embora cada um arque com o custo de sua própria educação, os benefícios não lhe são exclusivos.

Contudo, a educação pode também aumentar os custos sociais, pois pessoas mais educadas também podem ser sinônimo de criminosos mais sofisticados ou mesmo terroristas mais bem aparelhados, como no infame caso do atentado às torres gêmeas de *New York*, em 2001.

Voltando ao exemplo dos ovos de páscoa, note que há um subproduto do processo de produção, o lixo, colocado em frente à calçada do vizinho. Isto não seria um problema se o vizinho se mudasse para outro local (alternativamente, o fabricante é que poderia se mudar[25]). Uma solução consistiria, por exemplo, no aluguel de parte do jardim do vizinho pelo fabricante que, aí sim, acondicionaria seu lixo.

De outra forma, o vizinho também poderia pagar ao fabricante de ovos para que este não jogasse o lixo em seu jardim (por exemplo, pagando-lhe o aluguel de uma caçamba). Ele estaria disposto a pagar até R$ 20,00 por isto, já que este é o valor do bem-estar gerado na ausência de externalidades.

Assim, não é interessante evitar a negociação entre eles. Mais ainda, impedir a negociação significa que a externalidade negativa perdurará. Caso não haja tal impe-

---

25. Uma fábrica caseira de ovos de Páscoa pode ser rapidamente transferida para outro local. Já uma fábrica maior demoraria algum tempo para ser transferida.

dimento, o custo de negociação para ambos é praticamente inexistente. Em outras palavras, os *custos de transação* são iguais a zero.

Claro que a situação seria diferente se houvesse uma quantidade maior de pessoas envolvidas nesta história. Pense no que significaria a ocorrência de uma negociação similar entre uma fábrica e a população de uma cidade, em torno da poluição gerada pela primeira. Neste caso, os *custos de transação* não são desprezíveis e a negociação é muito mais difícil.

Digamos que se forme uma assembleia de representantes da cidade para negociar com a fábrica. Um custo de transação que surge está na própria decisão: que regra de decisão será adotada para legitimar a proposta da assembleia? Caso se adote a regra da unanimidade, o custo será altíssimo. Com a regra de supermaioria (por exemplo, com a exigência de 2/3 dos votos), os custos de transação diminuem (mas ainda superiores aos obtidos por meio da regra de maioria simples). Há várias configurações de regras de decisões coletivas, mas o ponto é: se a assembleia quiser agilizar seus trabalhos, deverá escolher uma regra de tomada de decisões que minimize seu custo de decisão que é um importante custo de transação.

Eventualmente, esta assembleia pode ser uma comissão de moradores, mas pode também ser uma comissão de representantes eleitos da cidade: os vereadores. O governo, portanto, poderia resolver o problema da externalidade. Suponha que a assembleia seja sinônimo de governo. Tendo resolvido um problema interno de custos de transação – especificamente, os custos de negociação políticos – há ainda o problema original da poluição na cidade. Como resolvê-lo? Uma proposta interessante poderia ser a de escolher uma das partes e fazê-la internalizar a externalidade negativa. Pode-se fazer isto por meio de um imposto sobre a fábrica. Teoricamente, o imposto teria o efeito de desestímulo à produção trazendo a poluição para um nível socialmente ótimo. Esta solução é chamada de *imposto de Pigou*, dado que foi proposta originalmente pelo economista Arthur Pigou.

Temos duas soluções possíveis que podemos pensar como casos extremos: a negociação (quando os custos de transação são negligíveis) e o imposto de Pigou (quando os custos de transação são elevados). Na verdade, a primeira solução é conhecida como *Teorema de Coase*, tendo sido proposta pelo economista Ronald Coase. Há uma diferença entre os postulados originais de Pigou e Coase, pois o primeiro pensa na externalidade como gerada por uma das partes, enquanto Coase mostrou que, na verdade, a externalidade surge devido a interação dos dois agentes. A população da cidade sem fábrica não tem empregos. Uma fábrica não se localizaria em uma cidade deserta. O que se vê são fábricas em cidades gerando empregos, produtos e, claro, poluição.

O Teorema de Coase funciona bem quando os direitos de propriedade são bem definidos, transferíveis e os custos de transação são desprezíveis. A última condição foi claramente exposta nos exemplos anteriores e as duas primeiras estão implícitas nos mesmos. A vida humana em sociedade nos apresenta diversos exemplos de *barganhas coasianas*. Por exemplo, em 2006, nos EUA, a solução coasiana foi aplicada de forma perspicaz pelo grupo ativista antiaborto conhecido como *pro-life* (pró-vida) contra as clínicas de aborto. Basicamente, o grupo comprou imóveis nos quais haviam as clínicas e, em seguida, proibiram tais práticas em seus recém-adquiridos prédios[26].

Na solução de Coase, externalidades são resolvidas pelo contrato legal entre as partes. Mas também existem casos em que os contratos geram externalidades. Um exemplo famoso é o da partilha da colheita, um tipo de contrato em que o usuário da terra paga ao dono da mesma uma percentagem fixa de sua colheita, ao invés de um aluguel. Como a externalidade é gerada neste caso?

Coloque-se no lugar do lavrador e suponha um contrato que estipule a entrega de metade de sua colheita. Isso significa que só vale a pena investir se seu ganho cobrir pelo menos duas vezes o seu custo[27]. Em outras palavras, este contrato cria uma externalidade de 50%.

Finalmente, vale a pena chamar a atenção para um detalhe: existe um tipo de externalidade que não representa problema em termos de alocação de recursos, a chamada *externalidade pecuniária*. Basicamente, isto ocorre quando uma ação gera externalidades positivas e negativas que se anulam. Um exemplo é o do mercado de trabalho. A cada ano são formados novos bacharéis em Direito o que, isoladamente, significa um aumento da oferta de bacharéis no mercado de trabalho de profissionais do Direito. Pela lei de oferta e demanda, temos mais pessoas desejando trabalhar a cada nível de salário, o que gera uma pressão para baixo do salário de equilíbrio neste mercado. Deveríamos solicitar à OAB o fim dos cursos de Direito baseado no argumento das externalidades[28]? Segundo o que acabamos de ver, não.

6.2. Bens Públicos

É difícil ver alguém que assista apenas canais de televisão aberta hoje em dia. A transmissão de programas pela televisão é um bom exemplo da evolução tecnológica e também um excelente ponto de partida para se entender os conceitos de bem público, privado, de uso comum ou de monopólios naturais.

Em primeiro lugar, tenha em mente que um programa de televisão é um bem público até o advento da transmissão via cabo. O caráter "público" do bem, portanto, não tem relação alguma com o governo ou estatais. Na verdade, um bem pode ser mais ou menos público conforme dois atributos que lhe são inerentes: excludência e rivalidade.

---

26. Para detalhes, ver ERTELT, Steven. Pro-life advocates now buying abortion centers to close them down. http://www.lifenews.com/2006/07/17/state-1757/, 17/07/2006. Último acesso: 07/02/2011.

27. Este exemplo é devido a Friedman, em FRIEDMAN, David D. *Price Theory: an intermediate text.* 2ª ed. South-Western Publishing, 1990. Uma discussão em nível de graduação encontra-se em MCCLOSKEY, D. *The Applied Price Theory.* 2ª ed. MacMillan Publishing, 1985.

28. Tal proposta certamente angariaria a antipatia de significativa parte dos profissionais e estudantes de Direito em relação aos autores deste capítulo.

A excludência diz respeito à possibilidade de se excluir do usufruto do bem ou serviço aqueles que não pagam por ele. Nosso advogado que fumava charutos e bebia uísque pode ser lembrado aqui. Charutos somente são consumidos por aqueles que os compram[29]. Percebe-se que se não for possível excluir os não pagadores do consumo de charutos, dificilmente veremos produção de charutos no setor privado. No outro extremo, temos a luz do sol cujo consumo é praticamente de qualquer um, sem pagamento algum. O mesmo ocorre com as luzes de uma biblioteca pública. Já as luzes de um teatro só são consumidas pelos que pagaram o valor do ingresso. Neste caso, existe excludência.

A outra característica de um bem é a rivalidade. Esta característica nos diz que o consumo de uma unidade de um bem por mim significa que esta mesma unidade do bem não pode ser consumida por você. Se nosso advogado fuma um charuto pelo qual pagou, este mesmo charuto não pode ser vendido a outra pessoa. O mesmo vale para a garrafa de uísque. Em termos do que foi visto em nosso estudo sobre a oferta, a rivalidade significa que, uma vez produzido o bem (ou serviço), o custo marginal do consumo adicional é igual a zero.

Rivalidade e excludência são, portanto, características que variam conforme a tecnologia e o arranjo institucional: uma reserva florestal é diferente de uma floresta selvagem (a excludência é bem menor na floresta selvagem). Um lago com peixes que serve a uma população pequena é diferente do mesmo lago sob uma população maior (a excludência é baixa, mas a rivalidade aumenta). Um elevador vazio é diferente de um elevador cheio (a rivalidade aumenta).

Assim, temos os principais tipos de bens:

- Bens privados: são excludentes e rivais. Exemplos: charuto, uísque e um show de rock pago na praça da cidade lotado.

- Bens públicos: não são nem excludentes, nem rivais. Exemplos: defesa nacional, um show de rock gratuito na praça da cidade vazio.

- Bens de uso comum: meio ambiente, um show de rock gratuito na praça da cidade, lotado.

- Monopólios naturais: TV a cabo, um show de rock pago na praça da cidade, vazio.

Voltemos ao que falávamos sobre a televisão. Até o advento da TV a cabo, a programação era ofertada pelos canais de maneira aparentemente gratuita, para quantas pessoas coubessem no cômodo onde se localizava a televisão. Como canais privados podiam cobrir seus custos? Na verdade, esta oferta nunca foi gratuita e o que se assistia não era um bem público, mas um pacote com um bem (o programa)

---

29. O advogado pode até presentear seu amigo economista com um charuto, mas isto não muda o exemplo pois o consumo do charuto pelo economista foi pago pelo advogado.

e um mal (os comerciais) públicos. Para financiar a transmissão de um programa pelo qual não se pode cobrar individualmente, esta é uma solução inteligente. Com o advento da tecnologia da transmissão a cabo, a programação se transformou em um bem excludente, mas não rival, já que mais de uma pessoa pode assistir o mesmo programa com o mesmo televisor[30].

Há dois pontos interessantes na discussão sobre externalidades e bens públicos para a Análise Econômica do Direito: o problema do carona e a tragédia dos bens de uso comum. Vejamos cada um deles.

6.3. Problema do Carona

Considere um escritório de advocacia que esteja empregando vários de seus funcionários em um caso específico. Em outras palavras, há uma equipe de advogados assessorando um cliente. Uma reunião exigirá uma boa preparação de material para orientar o cliente sobre a estratégia a ser adotada. O objetivo final é, claro, vencer no tribunal. Mas será que a equipe de advogados trabalhará arduamente?

Se cada advogado possui um impacto muito pequeno sobre o resultado final, sua perspectiva é a de esforçar pouco, deixando para os outros colegas a tarefa de fazer um bom trabalho. Eis o problema do carona (*free-rider*). Pior ainda, se todos os membros da equipe pensam da mesma forma, a perspectiva de vitória desaparecerá rapidamente. O problema ocorre porque a ação coletiva da equipe resulta das ações individuais de seus membros e, neste caso, os incentivos não são favoráveis a um maior engajamento individual.

Claro que, sabendo disto, os sócios do escritório buscarão criar incentivos que corrijam o problema, preferencialmente antes que o mesmo aconteça. Eventualmente, grupos pequenos sofrem menos com este problema, dada a maior capacidade de monitoramente que seus membros têm entre si. Outro incentivo interessante seria ligar o desempenho individual com o do grupo, criando um ambiente mais propício à colaboração (e também de monitoramento conjunto).

Embora originalmente utilizado para explicar problemas de bens públicos[31], o problema do carona ocorre com em diversas situações da vida social, como demonstrado neste exemplo.

---

30. Aqueles que presenciaram o surgimento da TV a cabo no Brasil ainda se lembram da pequena quantidade de comerciais existentes. Com o crescimento do e a diversificação da programação, contudo, os comerciais passaram a fazer parte da estratégia de financiamento do setor.

31. Um exemplo típico é a antiga piada da festa da colheita de uma aldeia, cujo principal produto, o vinho, deveria ser obtido por uma garrafa de cada morador, que entornaria o conteúdo em um imenso barril na praça central da aldeia. Um dos moradores, espertamente, vira uma garrafa de água, imaginando que a mesma não faria diferença no conteúdo total do barril. Obviamente, no início da festa, ao se abrir a torneira, verifica-se que só há água no barril. Nesta piada, o bem público é o vinho comunitário e o problema do carona é bastante evidente.

6.4. Tragédia dos Comuns

Comunidades pesqueiras e bancos centrais sem autonomia têm algo em comum: todos estão sujeitos à chamada tragédia dos comuns.

Na prática econômica verifica-se que as políticas fiscal e monetária têm eficiência distinta no que diz respeito ao combate à inflação ou à geração do crescimento econômico. De forma resumida, sabe-se que a inflação é mais fortemente por mudanças na política monetária enquanto o crescimento econômico responde mais fortemente à política fiscal[32].

Entretanto, o fato de a teoria econômica preconizar o uso mais eficiente destas políticas, nem sempre é isso o que ocorre na prática. Por exemplo, a história econômica brasileira nos ensina que não é simples separar a política monetária da política fiscal. Quando um governo gasta mais do que arrecada e não consegue se endividar emitindo títulos (ou privatizar), terminará recorrendo à emissão monetária. Em um caso como este, a política monetária é dita *passiva*, já que não possui autonomia para seu melhor uso: o combate à inflação. Aliás, neste caso ocorre exatamente o oposto.

Comunidades pesqueiras também enfrentam problema de natureza idêntica ao da política econômica descrita acima[33]. Em Leal (1996) descreve-se o caos existente em uma comunidade como esta, na Bahia do início do século XX por conta das disputas em torno de um estuário: quem poderia pescar e em que área?

Ambos os problemas se relacionam pela ausência de definição (ou por má definição) de direitos de propriedade. No primeiro caso, a política monetária não está sob a responsabilidade do banqueiro central, *de facto*. Na prática, ele é obrigado a financiar a irresponsabilidade da autoridade fiscal. Uma simples redefinição nesta alocação do direito de emitir moeda já seria bastante útil. Às vezes, isto se traduz na forma de algum tipo de independência da autoridade monetária. No caso das comunidades pesqueiras, a solução encontrada veio dos próprios pescadores, que dividiram entre si as áreas de pesca.

Em ambos os exemplos, o resultado é o uso excessivo dos recursos. A oferta de moeda é emitida em excesso e a quantidade de peixes no lago poderá beirar à extinção.

7. REFERÊNCIAS BIBLIOGRÁFICAS

ERTELT, Steven. Pro-life advocates now buying abortion centers to close them down. http://www.lifenews.com/2006/07/17/state-1757/, 17/07/2006. Último acesso: 07/02/2011.

FRIEDMAN, David D. *Price Theory: an intermediate text*. 2ª ed. South-Western Publishing, 1990.

---

32. Ver SACHS, Jeffrey D. & LARRAIN, Felipe B. *Macroeconomia*. Pearson Education, 2000, capítulo 19 para um resumo sobre esta discussão.
33. Ver LEAL, Donald. *Community-run fisheries: avoiding the 'tragedy of the commons'*. 1996, http://www.perc.org/articles/article652.php. Último acesso: 07/02/2011.

LEAL, Donald. *Community-run fisheries: avoiding the 'tragedy of the commons'*. 1996, http://www.perc.org/articles/article652.php. Último acesso: 07/02/2011.

MCCLOSKEY, D. *The Applied Price Theory*. 2ª ed. MacMillan Publishing, 1985.

SACHS, Jeffrey D. & LARRAIN, Felipe B. *Macroeconomia*. Pearson Education, 2000.

SERÔA DA MOTTA, R. *Manual para Valoração de Recursos Ambientais*. Ministério do Meio Ambiente, dos Recursos Hídricos e da Amazônia Legal/Probio, 1997.

3
MACROECONOMIA

Ari Francisco de Araujo Jr.

Mestre em Economia pela UFMG. Graduado em Economia pela USP. Professor dos cursos de Economia e Administração de Empresas do Ibmec Minas. Pesquisador do Centro de Economia Aplicada da mesma instituição. Diretor da Revista Associação Mineira de Direito e Economia –AMDE. Economista.

Claudio Djissey Shikida

Doutor em Economia pela PPFE-UFRGS. Mestre em Economia pela IPE-USP. Professor de Economia do Ibmec Minas Gerais. Pesquisador do Centro de Economia Aplicada e coordenador do Núcleo de Estudos de Política Monetária – NEPOM. Diretor científico da Associação Mineira de Direito e Economia – AMDE. Economista.

1. INTRODUÇÃO

O objetivo principal deste capítulo é apresentar de forma introdutória o funcionamento da economia do ponto de vista macroeconômico no curto e no longo prazos. Paralelamente, outros objetivos são perseguidos:

– entendimento da determinação do produto, das taxas de juros, da taxa de câmbio e da produtividade.

– efeitos das políticas fiscal, monetária e cambial.

– tópicos adicionais.

2. ESTATÍSTICAS MACROECONÔMICAS (PIB, DESEMPREGO, INFLAÇÃO)

O objetivo desta seção é apresentar uma breve introdução a algumas variáveis econômicas que serão amplamente utilizadas até o fim deste capítulo.

2.1. PIB – Produto Interno Bruto

Definições

Uma medida importante e que terá merecido espaço ao longo deste capítulo é o Produto Interno Bruto. Trata-se de uma variável que capta o nível de atividade econômica de uma região. Existem basicamente três formas de entender (ou definir) o PIB de uma economia. Vamos a elas.

A definição provavelmente mais conhecida é a que o PIB corresponde ao valor de mercado dos bens e serviços finais produzidos em uma economia em determinado período de tempo. Desta definição, um dos termos de maior importância é "finais". De modo a evitar a dupla contagem dos insumos (bens intermediários), é somado apenas o valor de mercado dos bens finais. Entenda valor de mercado como preço multiplicado pela quantidade produzida.

Vamos a um exemplo. Suponha que uma economia (país) tenha apenas duas empresas: uma siderúrgica e uma fábrica de navios. A Tabela 1 traz o balancete das empresas.

Tabela 1: Balancete/Exemplo Numérico

Empresa 1: siderúrgica	
1. receitas de vendas	$ 200
2. despesas (salários)	$ 160
Lucro	$ 40
Empresa 2: fábrica de navios	
1. receitas de vendas	$ 420
2. despesas	$ 340
salários	$ 140
compras de aço	$ 200
Lucro	$ 80

Qual é o valor do PIB deste país? Basta responder outra pergunta: qual é o bem final desta economia? É claro que a resposta é navio já que o aço é bem intermediário na produção de navio. Basta pegarmos o valor de mercado dos navios (receita de vendas) produzidos. Portanto, o PIB é de $ 420 unidades monetárias. Lembre-se que não devemos somar o valor de mercado do aço ao valor dos navios pois estaríamos contabilizando duas vezes o aço, já que este é bem intermediário utilizado na produção do bem final (não deve ser incluído no PIB).

Outra definição alternativa seria que o PIB é a soma do valor agregado (adicionado) na economia em determinado período. Aqui necessitamos da definição de valor agregado: valor que cada empresa adiciona durante o processo produtivo que equivale ao valor da produção menos o valor dos bens intermediários utilizados (salários não entram no cálculo). Voltando ao exemplo da Tabela 1 temos que o valor adicionado da primeira empresa é de $200 unidades monetárias já que não utilizou nenhum insumo. A segunda empresa auferiu uma receita de $420 unidades monetárias, mas gastou $220 de aço na produção dos navios, portanto, adicionando nesta etapa do processo $200 unidades monetárias. Somando os valores agregados das duas empresas do país temos que o PIB sob tal definição é de $420 unidades monetárias (resumido na Tabela 2).

Tabela 2: Valor Adicionado/Exemplo Numérico

Valor adicionado siderúrgica:	$ 200
Valor adicionado fábrica de navios:	$ 220
Total: $ 420 = PIB	

Finalmente podemos considerar, também, o PIB como a soma das rendas geradas na economia em determinado período. As duas formas (definições) para se calcular o PIB apresentadas acima são ditas sob a ótica da produção. Esta terceira definição está de acordo com a ótica da renda. Para nosso propósito consideraremos como renda:

- aquela arrecadada pelo governo na forma de imposto sobre rendas: impostos indiretos.

- paga aos trabalhadores: renda do trabalho (salários).

- renda do capitalista (lucro).

Tabela 3: Rendas/Exemplo Numérico

Empresa 1:	$ 160 (renda do trabalho).
	$ 40 (lucro).
Empresa 2:	$ 140 (renda do trabalho).
	$ 80 (lucro).
Total: $ 420 = PIB	

Como no nosso exemplo da Tabela 1 não há impostos, temos que somar salários e lucros de modo a contabilizar o PIB do país. A siderúrgica paga $160 em salários enquanto a fábrica de navios $140 enquanto a siderúrgica obteve lucro no valor de $40 e o setor de navios $80 unidades monetárias. Somando tudo temos um PIB de $420 unidades monetárias (ver Tabela 3). Vale ressaltar que o valor de $420 unidades monetárias não é uma coincidência: as três formas de se calcular/definir o PIB são equivalentes, e, portanto, geram valores iguais.

PIB Nominal X PIB Real

Já dissemos que o PIB é calculado como a soma das quantidades de bens finais produzidos vezes seus preços correntes. Mais precisamente, este é o chamado PIB Nominal. Este pode aumentar ao longo do tempo por duas razões:

- Produção dos bens aumenta ao longo do tempo (quantidades).

- Preço em $ da maioria dos bens também aumenta ao longo do tempo.

Portanto, se o objetivo é medir o crescimento físico (real) da produção faz-se necessário eliminar o efeito do aumento dos preços. Para tanto define-se o PIB Real

– soma das quantidades de bens finais multiplicados por preços constantes (escolhidos de um ano-base).

Suponha que, entre 1920 e 1922, determinado país só produza caixas de charutos e que valham as informações da Tabela 4. Podemos calcular o PIB Nominal dos anos apenas multiplicando quantidades produzidas pelos preços correntes (do ano de produção). Os PIB´s correntes são, para os anos analisados, $100, $144 e $169 unidades monetárias. Está correto afirmar que houve um crescimento no nível de atividade de 44% entre 1920 e 1921? Claro que não! Isto porque podemos perceber pela Tabela 4 que tanto preço quanto quantidades sofreram acréscimo no período. Então qual foi o crescimento real? Para responder precisamos calcular o PIB Real de cada ano e aí sim calcular a variação percentual entre 1920 e 1922, por exemplo.

Tabela 4: PIB Nominal/Exemplo Numérico

Ano	Quantidade (caixas)	Preço-caixa ($)	PIB Nominal ($)
1920	10	10	100
1921	12	12	144
1922	13	13	169

E o PIB Real, como calcular? O primeiro passo é escolher arbitrariamente um ano-base e usar os preços deste ano para o cálculo dos PIB. Vamos usar o ano de 1921 como ano-base. Portanto serão calculados o PIB Real de 1920, 1921 e 1922 a preços de 1921. Os resultados são apresentados na Tabela 5.

Tabela 5: PIB Real (ano-base = 1921)/Exemplo Numérico

PIB Real 1920 = 10 x 12 = $120
PIB Real 1921 = 12 x 12 = $144
PIB Real 1922 = 13 x 12 = $156

Variação Percentual do PIB Real (1920/1921) = $\frac{144-120}{120}100$

Variação Percentual do PIB Real (1920/1921) = $\frac{1}{5}100 = 20\%$

Os PIB's constantes (a preços de 1921) são, para os anos analisados, $120, $144 (no ano-base o PIB Real é igual ao nominal) e $156 unidades monetárias. O que implica que, na verdade, o país cresceu em termos reais 20% entre 1920 e 1921.

Ciclo Econômico e Crescimento

Em boa parte do restante deste capítulo estaremos interessados em explicar as flutuações de curto prazo no produto de um país ou os chamados ciclos econômicos.

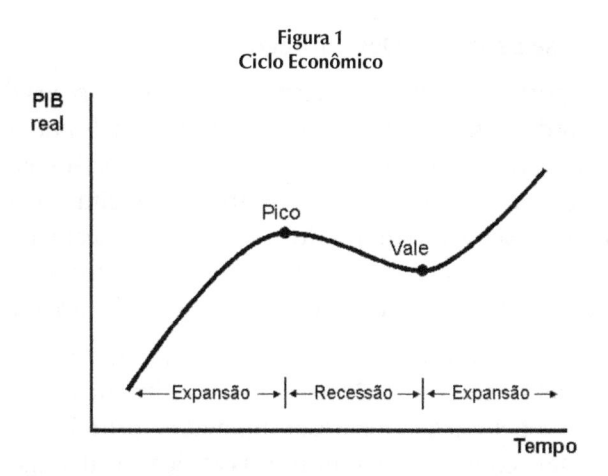

Figura 1
Ciclo Econômico

Um ciclo econômico possui uma fase de expansão seguido por uma de recessão e novamente expansão. Taxas de crescimento positivas significam expansão e negativas (na prática, pelo menos dois trimestres) recessão como apresentado na Figura 1. Já na última seção do capítulo estaremos preocupados com o crescimento do produto no longo prazo (ou natural/potencial).

2.2. Desemprego

Definições

Discussões sobre emprego e desemprego estão muito relacionadas com o produto (PIB). Isto porque quando a economia encontra-se em fase de expansão, o produto está crescendo. Para tanto é necessário que mais pessoas sejam contratadas, o que implica em maior emprego (menor desemprego).

A taxa de desemprego pode ser calculada como a razão entre o número de desempregados e a força de trabalho ou população economicamente ativa (empregados + desempregados). Ou seja:

$$\text{taxa de desemprego} = \frac{\text{desempregados}}{\text{força de trabalho}}$$

Pesquisas domiciliares são realizadas (um exemplo, para o Brasil, é a Pesquisa Mensal de Emprego – PME, do IBGE) que questiona, entre outras coisas, se indivíduo tem ou não emprego no momento da entrevista. É considerado desempregado aquele que não tiver emprego, mas esteve procurando trabalho nas últimas semanas. Aqueles que não procuram emprego como aposentados, donas de casa, estudantes, são considerados como estando fora da força de trabalho.

Importância de se Estudar o Desemprego

Um aspecto importante relativo ao desemprego é que ele nos diz algo sobre se a economia está operando acima ou abaixo de seu nível normal (potencial/de longo prazo). Existem evidências neste sentido já que na maioria dos países há uma relação entre crescimento do PIB e a variação da taxa de desemprego, a chamada Lei de Okun. Tal lei mostra que o elevado crescimento do produto associa-se tipicamente à diminuição da taxa de desemprego e vice-versa. Pode-se concluir que, desta forma, se a taxa de desemprego for muito alta será necessário um período de crescimento acelerado para reduzi-la.

Outro aspecto que sugere a importância do estudo do desemprego tem relação com as consequências sociais do fenômeno. Entre as implicações podemos citar os efeitos diretos sobre o bem-estar dos desempregados, principalmente para alguns grupos específicos, tais como: jovens, minorias étnicas, trabalhadores sem qualificação (sujeitos a uma vulnerabilidade maior).

2.3. Inflação

Definições

Confusões acontecem quando se usa a palavra inflação. Inflação diz respeito à elevação generalizada nos preços da economia ou no nível geral de preços. A taxa de inflação é a taxa a qual o nível de preços aumenta (variação percentual entre dois níveis de preço). A inflação é usualmente medida pelos índices de preços: deflator do PIB e IPC's.

Deflator do PIB é um índice do nível de preços de todos os bens e serviços finais incluídos do PIB definido como:

$$\text{Deflator do PIB} = \frac{\text{PIB nominal}}{\text{PIB real}} \times 100$$

Como no ano-base o PIB Nominal é equivalente ao PIB Real, o Deflator do PIB é igual a 100. Utilizando os dados das Tabelas 4 e 5 (ano-base = 1921) temos que os deflatores para os anos de 1920 a 1922 são, respectivamente, 83, 100 e 108. Isso significa que a taxa de inflação medida pelo deflator do PIB entre 1920 e 1921 foi de 20,5% (taxa de variação percentual).

IPC ou índice de preços ao consumidor trata-se de um índice do custo, em dado período, de uma cesta de produtos comprados por uma família média em um determinado período-base (normalmente em um mês).

Os IPC's são baseados numa cesta de bens construída através de pesquisa de orçamento familiar (POF) de um consumidor urbano típico.

Suponha que o $IPC_{1995} = 1$ (ano-base) e $IPC_{2000} = 1,63$. Qual a taxa de inflação nesse intervalo de tempo? Neste caso os preços aumentaram 63% (taxa de inflação) de 1995 para 2000.

Importância de se Estudar a Inflação

Se inflação fosse pura não teríamos grandes problemas, ou seja, preços relativos não mudariam (todos os preços subindo proporcionalmente, inclusive salários). O problema é que na prática a inflação não é pura (nem todos os preços sobem na mesma proporção). É por isso que nos preocupamos com a inflação. A inflação acaba por afetar a distribuição de renda (por exemplo, aposentados que não têm seu rendimento aumentado na proporção da inflação) além de criar incertezas e distorções (exemplo, faixas de imposto de renda sem alteração por muito tempo enquanto salário grosso modo acompanha inflação).

Outro item de interesse para os economistas é a famosa relação negativa entre inflação e desemprego, a chamada Curva de Phillips. Tal relação implica que, no curto prazo, o governo possui um menu de combinações de inflação-produto que pode ser utilizada. Pode, por exemplo, por meio de uma política monetária mais apertada, atingir inflação baixa se tiver disposição para enfrentar uma recessão, e vice-versa.

3. TEORIA DA DETERMINAÇÃO DA RENDA OU PRODUTO E POLÍTICA FISCAL

O objetivo desta seção é examinar as interações entre demanda, produção e renda, ou seja, entender a seguinte sequência:

$$\Delta \text{ demanda} \rightarrow \Delta \text{ produção} \rightarrow \Delta \text{ na renda} \rightarrow \Delta \text{ na demanda}$$

Além disso discutiremos a influência da política fiscal (e tributária) sobre o produto (PIB).

3.1. Componentes do PIB

A decomposição do PIB a seguir é apresentada sob a ótica do dispêndio, ou seja, o modo como o produto de uma economia é "gasto". Estaremos supondo, por enquanto, que os países não fazem comércio com outros, ou seja, não faz sentido aqui discutir exportações, importações (e claro, balança comercial) e que investimento em estoques é nulo. Voltaremos a isso nas próximas seções.

Componentes

Consumo (C): bens e serviços adquiridos pelos consumidores. Maior componente do PIB da grande maioria dos países. No Brasil, equivale a cerca de 60% do PIB. Ex: alimentos, carro novo, consulta médica, passagem aérea etc.

O principal determinante do consumo é a renda disponível (Y_D) que é a renda que sobra para o indivíduo depois que receberam transferências do governo e pagaram impostos[1]. Supõe-se que o consumo seja função crescente da renda disponível, isto é, quando a renda disponível aumenta o consumo também cresce e vice-versa.

$$\uparrow Y_D \rightarrow \uparrow C \text{ ou } \downarrow Y_D \rightarrow \downarrow C$$

então $C = f \ (\overset{+}{Y_D})$

$f(Y_D) \rightarrow$ função consumo (equação comportamental).

$(+) \rightarrow$ relação positiva entre Y_D e C.

Vamos supor que a relação entre consumo e renda disponível seja linear:

$$C = a + bY_D$$

a, b – parâmetros.

b – propensão marginal a consumir (PMgC): mostra o efeito de um aumento de $1 unidade monetária na renda disponível sobre o consumo.

Ex: b = 0,8.
$\uparrow Y_D = \$1 \rightarrow \uparrow C = \$0,8.$

Considera-se que b seja sempre positivo, ou seja, aumento de renda disponível sempre gera algum aumento no consumo e que seja, também, menor que 1 pois pessoas tendem a consumir uma parte do acréscimo na renda (b) disponível e poupar o restante $(1 - b)$.

Portanto: $0 < b < 1$.

a – consumo autônomo ou o valor consumido independente do nível de renda $(Y_D = 0 ? C = a)$. Como? Gastando mais do que ganham, o que equivale dizer que estão reduzindo ativos acumulados anteriormente ou pedindo emprestado.

---

1. Renda disponível:
   $Y_D = Y - T$
   Y – renda agregada.
   T – impostos menos transferências recebidas pelos consumidores.

Tudo isso pode ser representado graficamente como na Figura 2. Podemos notar que a PmgC é a inclinação da reta e o consumo autônomo o intercepto.

Figura 2
Consumo e Renda Disponível

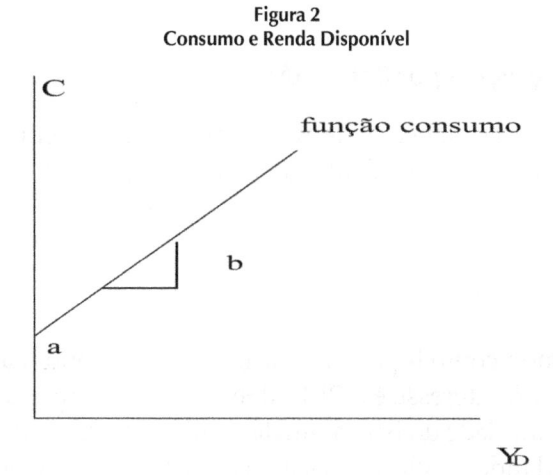

Investimento Fixo (I) é a soma de dois itens:

→ investimento não residencial: aquisição por parte das empresas de máquinas e equipamentos (turbinas/computadores), além de instalações para o funcionamento do processo produtivo.

→ investimento residencial: aquisição, pelas pessoas, de casa ou apartamentos novos.

No Brasil, o Investimento Fixo equivale a cerca de 20% do PIB.

Algumas variáveis do modelo que estamos construindo são endógenas, ou seja, dependem de outras variáveis do modelo (por exemplo, o consumo). Outras serão consideradas como exógenas: não são explicadas pelo modelo. O Investimento Fixo (I) será tratado como exógeno[2]: $I = \bar{I}$.

Gastos do governo (G): bens e serviços adquiridos comprados pelas três esferas de governo (federal, estadual e municipal). No Brasil, o Investimento Fixo equivale a cerca de 20% do PIB. Ex: avião, material de escritório, salários de funcionários.

Não são incluídas nos Gastos do Governo as transferências governamentais. Isto porque não existe transação sendo efetuada, apenas transferência. Ex: previdência social (aposentadorias), pagamento de juros da dívida pública.

---

2. Apesar de sabermos que o Investimento depende da taxa de juros, expectativas etc.

Gastos do governo (G) e tributos (T) – na verdade, impostos menos transfe-rências – são as variáveis que descrevem a política fiscal do governo. Ambas serão consideradas exógenas.

3.2. A Demanda Agregada por Bens (DA)

A demanda agregada por bens é efetivada por indivíduos, empresários e governo. Portanto, é definida pela seguinte identidade (equação que se sustenta por definição):

$$DA \equiv C + I + G$$

Estaremos usando como hipóteses que os bens da economia são homogêneos, ou que o bem de nosso interesse é o PIB. Além disso, as empresas estão dispostas a ofertar qualquer quantidade do bem a um determinado preço (P) o que implica que não estaremos abordando a inflação nesta seção (isto será feito posteriormente).

3.3. Produto de Equilíbrio e Alterações no Equilíbrio

Vimos que:

$$DA \equiv C + I + G; \ C = a + bY_D; \ I = \bar{I}$$

Portanto:

$$DA \equiv a + b(Y - T) + \bar{I} + G$$

Em equilíbrio temos que a oferta de bens (renda/produto – Y) é igual a demanda por bens.

oferta de bens (Y) ≡ demanda por bens (DA)

$$Y \equiv DA$$

Equação de equilíbrio:

$$Y \equiv a + b(Y - T) + \bar{I} + G$$

A produção/renda Y tem que ser igual a demanda DA e esta, por sua vez, de-pende de Y. Y foi usada tanto para renda quanto para produção já que o PIB pode ser calculado sob a ótica da renda ou da produção, como visto na seção anterior.

Resolvendo o modelo:

$Y \equiv a + bY - bT + \bar{I} + G$

Passando bY para o lado direito:

$(1 - b)\, Y = a + \bar{I} + G - bT$

Dividindo por $(1 - b)$:

$Y = \dfrac{1}{1-b}(a + \bar{I} + G - bT)$ $\quad \rightarrow$ Produto de Equilíbrio.

Descrevendo os termos:

$\rightarrow a + \bar{I} + G - bT$

Gastos Autônomos (GA): componente da demanda por bens que não depende do nível de produto.

$\rightarrow \dfrac{1}{1-b}$: como $0 < b < 1 \rightarrow \dfrac{1}{1-b} > 1$

Multiplicador de gastos autônomos (MGA).

Ex: se $b = 0,8 \rightarrow MGA = 1/0,2 = 5$

Portanto, se, por exemplo, o consumo autônomo (a) aumentar na economia em 1 bilhão de unidades monetárias, a renda/produto de equilíbrio sofrerá em consequência um acréscimo de 5 bilhões de unidades monetárias.

$\Delta Y = MGA \times \Delta a$

$\Delta Y = 5 \times 1 \rightarrow \Delta Y = \$5$ bi.

Qual a intuição do multiplicador? A resposta é apresentada no esquema abaixo:

$\rightarrow a \rightarrow \uparrow C \rightarrow \uparrow DA \rightarrow \uparrow Y \rightarrow \uparrow C \rightarrow \uparrow DA$ (assim por diante) e que gera, no novo equilíbrio, efeito análogo ao do exemplo.

A apresentação gráfica é bastante simples. Na Figura 3 temos uma reta de 45 graus que será bastante útil. Isto porque uma característica importante desta construção é que em qualquer ponto dela, o valor no eixo x é igual ao valor projetado no eixo y e a inclinação é igual a 1. Além disso, a DA (eixo y) é representada como função da renda/produto (eixo x). Como tanto G e I são dados em determinado ponto no tempo e como o consumo é função crescente da renda (disponível), podemos dizer que a demanda agregada também depende positivamente da renda. A inclinação da DA é dada pela PMgC (b) que, como visto, é menor que 1. Portanto, a DA deve ser desenhada com menor inclinação que a reta de 45 graus.

Figura 3
Produção e Demanda como Funções da Renda

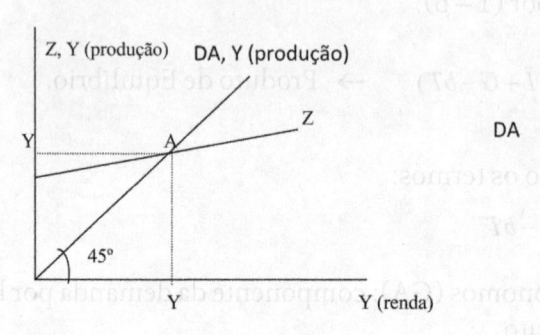

E o equilíbrio? O equilíbrio gráfico pode ser obtido no cruzamento da reta de 45 graus e a DA. Isto porque como esse ponto A passa pela reta de 45 graus, o valor projetado no eixo x é igual ao do eixo y, ou seja, Y = DA ou produção = demanda agregada. E o que acontece em pontos diferentes de A? Em pontos a esquerda de A, temos que demanda agregada é maior que oferta agregada. Em pontos a direita de A temos oferta agregada maior que demanda agregada.

Cruzamento da reta de 45° com a função demanda agregada (ponto A) – Equilíbrio

esquerda de A   →   DA > Y.

direita de A   →   Y > DA.

Figura 4
Deslocamento da Demanda: Exemplo

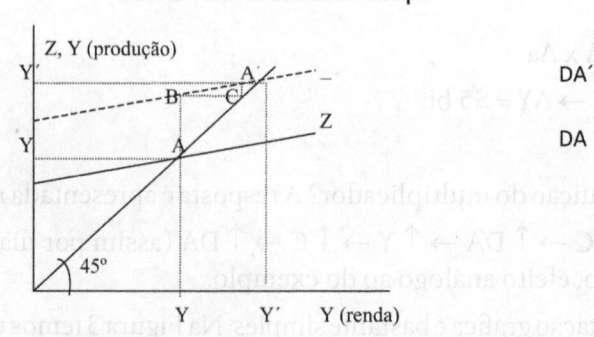

Vimos, no exemplo (com PMgC = 0,8), que um aumento do consumo autônomo em $1 bilhão gera um acréscimo na renda do país de $5 bilhões de unidades monetárias. Graficamente (como mostra a Figura 4) temos um deslocamento da reta que representa a DA para cima o que provoca um aumento do produto de equilíbrio (no ponto A´). O aumento no produto é mais que proporcional ao aumento do consumo autônomo. Isto é devido ao multiplicador dos gastos autônomos e a intuição do mesmo apresentada acima.

3.4. Política Fiscal

Derivamos a equação abaixo e vimos que ela representa o produto de equilíbrio.

$$Y = \frac{1}{1-b}(a + \bar{I} + G - bT) \quad \rightarrow \quad \text{Produto de Equilíbrio.}$$

A partir dela podemos discutir as possíveis influências do governo, no curto prazo sobre a renda/produto da economia. Para tanto, precisamos pensar, por exemplo, sobre o efeito de um aumento dos gastos do governo sobre o produto de equilíbrio da economia. A resposta é análoga a obtida quando pensamos no efeito do aumento do consumo autônomo sobre a renda de equilíbrio. Isto porque, quando o governo aumenta seus gastos, por exemplo, ele provoca um aumento na demanda e, via efeito multiplicador, um aumento mais que proporcional no produto de equilíbrio.

Quantitativamente, este efeito pode ser mensurado pelo multiplicador dos gastos do governo (MG) que, na prática, é igual ao multiplicador dos gastos autônomos já que estamos supondo que os gastos do governo são exógenos. Nesse caso:

$$MG = \frac{1}{1-b} > 1$$

Isto significa que, caso o governo aumente seus gastos em $5 bilhões de unidades monetárias o produto de equilíbrio será aumentado (em um novo equilíbrio de curto prazo) em cinco vezes o multiplicador dos gastos do governo. Caso a PMgC seja igual a 0,8 que implica em um multiplicador de 5, o produto de equilíbrio aumentaria em $25 bilhões de unidades monetárias dado um aumento de $5 bilhões nos gastos do governo.

$\Delta Y = MG \times \Delta G$

$\Delta Y = 5 \times 5 ? \Delta Y = \$25$ bi.

E se o governo aumentar os impostos? Temos que lembrar que, como o consumo cai com o aumento dos impostos (queda na renda disponível), a demanda agregada cairia e, por efeito multiplicador, a renda de equilíbrio cairia também mais que proporcionalmente ao aumento inicial nos impostos. Da mesma forma, podemos medir quantitativamente tal impacto por meio do multiplicador dos impostos que é definido como:

$$MT = -\frac{b}{1-b}$$

Usando o exemplo da PMgC = 0,8, teríamos um MT = − 4. Isso significa que se o governo aumentar os impostos em \$1 bilhão, o produto sofreria uma queda de \$4 bilhões (mais que proporcional ao aumento nos impostos).

$$\Delta Y = MT \times \Delta T \qquad\qquad \Delta Y = -4 \times 1 \rightarrow \Delta Y = \$\text{-}4\ bi.$$

Portanto, uma política fiscal expansionista (aumento de G ou queda de T) provoca um aumento do PIB de equilíbrio no curto prazo. Política fiscal contracionista gera queda do produto de equilíbrio no curto prazo.

4. TEORIA DA DETERMINAÇÃO DA TAXA DE JUROS E POLÍTICA MONETÁRIA

O modelo da seção anterior não incluía as taxas de juros. O objetivo desta seção é exatamente pensar como se dá a determinação das taxas de juros nos mercados financeiros.

– Como em todo modelo, vamos às nossas simplificações: (a) existe um tipo de ativo financeiro que rende juros e, (b) existe apenas uma taxa de juros.

É claro que na prática, como existem vários tipos de papéis transacionados nos mercados financeiros, não é completamente realista supor uma única taxa de juros (preço). Mas como nosso objetivo é apenas pensar como a taxa de juros é determinada, podemos supor implicitamente que estamos analisando a taxa de juros básica da economia.

4.1. Demanda por Moeda

Vamos supor também que, em nossa economia, existem apenas dois tipos de ativos financeiros:

a. Moeda que pode ser empregada em transações, mas não lhe renderá juro algum (na verdade rende juros reais negativos). Existem dois tipos de moeda: (a) dinheiro (papel moeda) e (b) depósitos à vista.

b. Títulos de dívida que não podem ser utilizados para transações, mas pagam uma taxa de juros nominal positiva, i.

Nesse tipo de situação, um indivíduo divide sua riqueza de que forma? Como escolherá a quantidade que será alocada para cada ativo disponível? Tal decisão dependerá de duas variáveis:

volume de transações.

O montante de moeda para viabilizar transações varia positivamente de acordo com o volume de transações nas quais o indivíduo se envolvesse. Portanto, quanto maior o volume de transações que uma pessoa faz (maior renda), mais moeda será necessária.

taxa de juros dos títulos de dívida.

Quanto mais alta a taxa de juros, mais você estará disposto a enfrentar os custos e transtornos associados à transação de títulos de dívida. Isso significa que quanto maior a taxa de juros, maior os incentivos para se demandar títulos e, portanto, menor a necessidade de moeda por parte dos indivíduos.

Formalmente:

M^d – demanda das famílias por moeda.

$$M^d = f(\overset{(+)}{\text{renda nominal}}, \overset{(-)}{\text{taxa de juros nominal}})$$

(+) capta o efeito positivo da renda (volume de transações) sobre a demanda por moeda.

(-) capta o fato da taxa de juros exercer efeito negativo sobre a demanda por moeda.

Figura 5

Relação entre Demanda por Moeda e Taxa de Juros

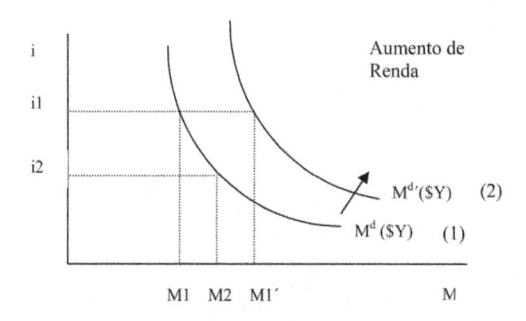

Tudo isso é apresentado na Figura 5 onde temos no eixo x, a quantidade de moeda e, no eixo y, a taxa de juros. Como pode ser visto, em qualquer uma das curvas de demanda por moeda, um aumento na taxa de juros provoca uma queda na quantidade demandada por moeda. Por outro lado, um aumento na renda gera um aumento na quantidade demandada de moeda para qualquer nível de taxa de juros, o que significa um deslocamento da curva de demanda por moeda para direita. A queda na renda desloca a demanda por moeda para a esquerda.

4.2. Determinação da Taxa de Juros

A demanda de moeda sozinha não determina a taxa de juros. Como em todo mercado, a determinação do preço se dá pelo encontro da oferta com a demanda. Assim, vejamos como se determina a oferta de moeda. Vamos supor que toda moeda é oferecida pelo Banco Central. Apesar disso, vale lembrar que o fato de termos dois ativos na composição do que chamamos de moeda (dinheiro e depósito à vista) implica que a moeda colocada em circulação pelo Banco Central na economia é multiplicada via sistema bancário devido ao mecanismo de reservas fracionárias. Discutiremos esse mecanismo ainda neste capítulo na seção sobre os instrumentos de política monetária.

Mesmo assim, é razoável supor que, num gráfico que relacione taxa de juros e quantidade de moeda, a curva de oferta de moeda seja vertical, o que significa que, em dado período e para qualquer taxa de juros, a quantidade de moeda disponível (oferta) é dada. Isto não significa que o banqueiro central não possa mudar essa quantidade para cima ou para baixo. Como dito, os instrumentos de política monetária serão discutidos posteriormente.

Equilíbrio dos Mercados Financeiros

Podemos obter o equilíbrio nos mercados financeiros[3] encontrando, como usual, a situação de equilíbrio, ou seja, o ponto onde oferta de moeda (M^S) iguala demanda por moeda (M^d): $M^S = M^d$.

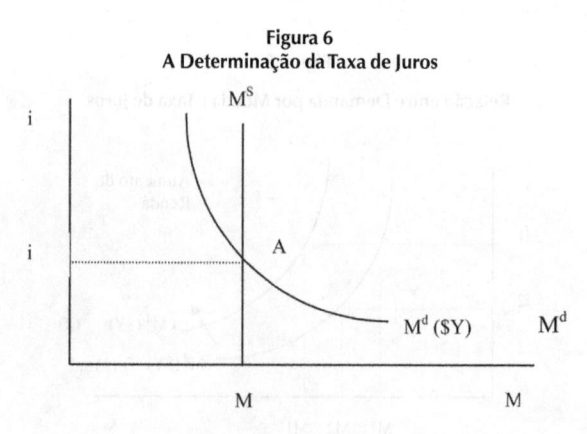

Figura 6
A Determinação da Taxa de Juros

---

3. Vale lembrar que, pela Lei de Walras, como temos dois mercados e se um deles estiver em equilíbrio o outro também estará. A relação entre demanda por títulos e demanda por moeda garante esse resultado no modelo.

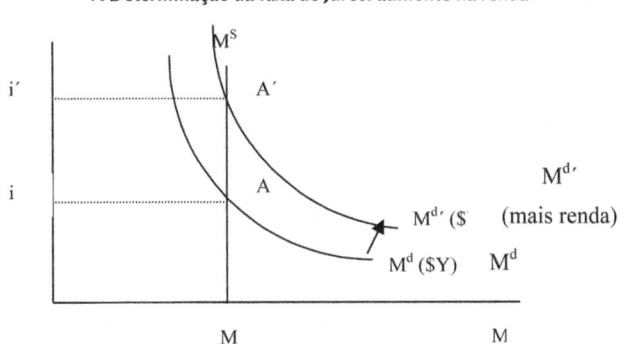

Figura 7

A Determinação da Taxa de Juros: aumento na renda

Tal situação indica que a taxa de juros deve ser tal que as pessoas fiquem dispostas a possuir uma quantidade de moeda igual a oferta existente. O equilíbrio gráfico pode ser encontrado no cruzamento entre as curvas de oferta e demanda por moeda. O equilíbrio pode ser visto no ponto A da Figura 6. Portanto, a interação entre oferta e demanda nos mercados financeiros (moeda e títulos) determina a taxa de juros da economia. Vimos que um aumento de renda na economia provoca um deslocamento na demanda por moeda já que as pessoas farão mais transações. Dada a quantidade de moeda disponível na economia, isso provocará um aumento na taxa de juros como mostra a Figura 7. Esse aumento na taxa de juros é reflexo do que ocorre também no mercado de títulos: o aumento na demanda por moeda reduz a demanda por títulos, o que faz com que o ofertante de títulos só consiga vendê-los caso ofereça uma recompensa maior à perda de liquidez, maior taxa de juros. De outro lado, uma queda da renda nominal provoca, tudo o mais constante, uma redução na taxa de juros dos títulos.

4.3. Política Monetária

Dizemos que uma política monetária é expansionista quando o Banco Central utiliza seus instrumentos (próxima seção) para aumentar a oferta de moeda (M^s). Política monetária contracionista seria, então, uma redução na oferta de moeda (M^s). Uma política monetária expansionista (deslocamento da curva de oferta de moeda para a direita) provoca, como mostra a Figura 8, uma redução na taxa de juros na economia. Isto porque, num primeiro momento, a expansão monetária provoca um excesso de moeda (como pessoas não tiveram aumento de renda, nada acontece com a demanda por moeda). Essa moeda excedente tem como destino o mercado de títulos (que rende juros) o que gera um excesso de demanda por títulos. Neste caso, os ofertantes apenas terão disposição para ofertar mais títulos a uma taxa de juros mais baixa. De modo inverso, uma redução na quantidade de moeda em circulação na economia provoca um aumento na taxa de juros.

Figura 8
Taxa de Juros e Política Monetária Expansionista

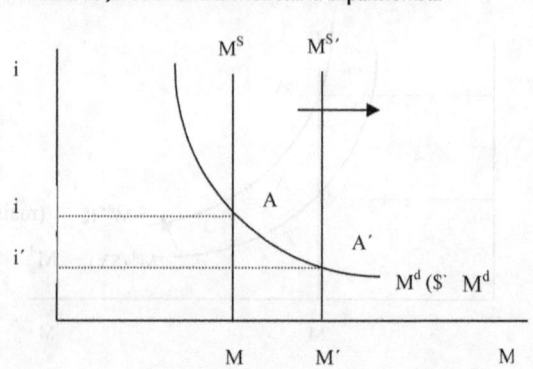

Portanto, uma política monetária expansionista reduz taxa de juros enquanto uma política monetária contracionista aumenta a taxa de juros da economia.

4.4. Instrumentos de Política Monetária

Sabemos que alterações na quantidade de moeda provocam mudanças na taxa de juros. Ficou faltando discutir como o Banco Central pode fazer isso, ou seja, quais os instrumentos que o banqueiro central possui na sua caixa de ferramentas para controlar a oferta de moeda da economia. São eles: operações de mercado aberto, taxa de reserva compulsória e taxa de redesconto.

O principal instrumento de política monetária são as operações de mercado aberto (*open market*), isto é, compra e venda de títulos. O processo é bastante simples. Se o Banco Central decide reduzir a taxa de juros o objetivo é, então, aumentar a quantidade de moeda em circulação (política monetária expansionista). Para tanto, ele pode comprar títulos no mercado de título com moeda. A venda de títulos pelo Banco Central produz uma retirada de moeda do mercado (política contracionista) e, portanto, um aumento na taxa de juros.

Os outros dois instrumentos são intervenções menos utilizadas. Isto porque provocam certa desorganização no sistema bancário quando usados com muita frequência. Um deles seria alterar, dependendo do caso, a taxa de reserva compulsória. Esta taxa é definida como a razão entre reservas bancárias e depósitos à vista num sistema de reservas fracionárias. Num sistema como esse, quando um banco comercial recebe um depósito é obrigado a guardar (reservar) de forma obrigatória apenas uma parte do depósito inicial. O restante, se for do interesse do banco (claro que é!), pode ser emprestado no mercado financeiro que é normalmente depositado em outro banco o que dá origem a novos depósitos e mais reservas. Ou seja, o sistema bancário cria novos depósitos, e, portanto, moeda. A quantidade de moeda que o sistema bancário tem o potencial para "criar" depende da taxa de reserva compulsória já que, se a taxa for alta, por exemplo, significa que os bancos devem reservar uma quantidade maior dos depósitos realizados e, consequentemente, emprestar menos.

A quantidade de moeda que pode ser criada é calculada pelo multiplicador monetário, o inverso da razão de reserva. Suponha por exemplo que a taxa de reserva compulsória seja de 10% o que implica que 10% dos depósitos devem ser reservados (no Banco Central) e 90 % podem ser emprestados. Nesse caso, o multiplicador de moeda é 10 (=1/0,1) o que significa que cada unidade monetária é multiplicada por dez no sistema bancário. Podemos concluir que, se o Banco Central deseja reduzir a taxa de juros, deverá reduzir a taxa de reserva compulsória aumentando a capacidade dos bancos comerciais de "criar" moeda (política monetária expansionista). Um aumento na taxa de reserva compulsória seria usado, então, para uma política monetária contracionista.

Finalmente, um terceiro instrumento de política monetária é a taxa de redesconto. É a taxa de juros que Banco Central cobra dos empréstimos concedidos aos bancos comerciais. Quando o Banco Central aumenta a taxa de redesconto acaba por reduzir a rentabilidade que os bancos comerciais teriam se utilizassem mais essa fonte de recursos para empréstimos ao público (além dos depósitos dos clientes). Portanto, cai oferta de moeda (política monetária contracionista) e sobe taxa de juros. Uma política monetária expansionista pode ser obtida através de uma redução na taxa de redesconto.

5. SETOR EXTERNO, DETERMINAÇÃO DA TAXA DE CÂMBIO E POLÍTICA CAMBIAL

Até agora, as discussões realizadas em torno de questões macroeconômicas foram feitas supondo economia fechada. Vamos relaxar tal hipótese com vistas a pensar o setor externo, notadamente a determinação da taxa de câmbio e os efeitos da política cambial.

5.1. Taxa de Câmbio

Definição: preço da moeda estrangeira. A taxa nominal de câmbio é utilizada principalmente para se calcular o preço de bens nacionais em moeda estrangeira e o preço de bens estrangeiros em moeda nacional. Ou seja, através da conversão pela taxa de câmbio sabemos quanto custam os bens em uma mesma moeda. Isto é importante porque os países comercializam produtos entre si e cada país possui sua moeda local. Através da moeda local são atribuídos os valores de cada bem produzidos internamente. Portanto, um produto é produzido em moeda local e convertido pela taxa de câmbio para ser vendido fora das fronteiras do país.

Normalmente os meios de comunicação divulgam o preço do Dólar como taxa de câmbio, pois o Dólar é a moeda internacionalmente mais forte e mais aceita (a análise feita aqui é válida para outras moedas). Se a taxa de câmbio é 3, significa que uma unidade da moeda estrangeira vale 3 unidades da moeda local já que este número reflete o preço da moeda estrangeira. Então, se a taxa de câmbio (com relação ao

Dólar) do Brasil é 3, significa que um Dólar vale três Reais. Para sabermos quantos Dólares são necessários para comprar um bem produzido em Real e vice-versa, basta fazer uma regra de três simples.

Exemplo:

Um *software* americano custa lá nos Estados Unidos 20 Dólares. Quanto ele custa no Brasil, ou seja, em Reais? Taxa de câmbio do Brasil é 3.

1 Dólar ----------- 3 Reais

20 Dólares ------ X Reais

X = 3 x 20 = 60 Reais

Um *software* que custa nos Estados Unidos 20 Dólares "chega" ao Brasil por 60 Reais.

Uma garrafa de cachaça brasileira custa 30 Reais aqui no Brasil. Quanto ela custa nos Estados Unidos, ou seja, em Dólares? Taxa de câmbio do Brasil é 3.

1 Dólar --------- 3 Reais

X Dólares ----- 30 Reais

3X = 30

X = 30/3 = 10

Então, uma garrafa de cachaça brasileira que custa 30 Reais no Brasil, nos Estados Unidos custará 10 Dólares se a taxa de câmbio é 3.

Desvalorização e Valorização Cambial

Um aumento na taxa de câmbio é dito desvalorização da moeda local ou apenas desvalorização cambial. Uma redução na taxa de câmbio é dito valorização da moeda local ou apenas valorização cambial[4].

Vamos refazer os exemplos acima supondo uma alteração na taxa de câmbio.

---

4. Formalmente, a utilização dos termos valorização/desvalorização são adequados sob sistema de câmbio fixo enquanto os termos apreciação/depreciação sob sistema de câmbio flutuante.

• aumento da taxa de câmbio para 4.

Um *software* americano custa lá nos Estados Unidos 20 Dólares. Quanto ele custa no Brasil, ou seja, em Reais? Taxa de câmbio do Brasil é 4.

1 Dólar ----------- 4 Reais

20 Dólares -------- X Reais

X = 4 x 20 = 80 Reais

Um *software* que custa nos Estados Unidos 20 Dólares "chega" ao Brasil por 80 Reais. Notem que ele aumenta o preço no Brasil se ocorre uma desvalorização cambial (aumento na taxa de câmbio), mesmo se o preço nos Estados Unidos continua o mesmo.

Uma garrafa de cachaça brasileira custa 30 Reais aqui no Brasil. Quanto ela custa nos Estados Unidos, ou seja, em Dólares? Taxa de câmbio do Brasil é 4.

1 Dólar --------- 4 Reais

X Dólares ------ 30 Reais

4X = 30

X = 30/4

X = 7,5 Dólares

Ou seja, com uma desvalorização cambial, um produto brasileiro custa menos dólares americanos (antes a resposta do problema era 10 Dólares).

• Redução da taxa de câmbio para 2.

Um *software* americano custa lá nos Estados Unidos 20 Dólares. Quanto ele custa no Brasil, ou seja, em Reais? Taxa de câmbio do Brasil é 2.

1 Dólar ----------- 2 Reais

20 Dólares -------- X Reais

X = 2 x 20 = 40 Reais

Um *software* que custa nos Estados Unidos 20 Dólares "chega" ao Brasil por 40 Reais. Notem que ele reduz o preço no Brasil se ocorre uma valorização cambial (redução na taxa de câmbio), mesmo se o preço nos Estados Unidos continua o mesmo.

Uma garrafa de cachaça brasileira custa 30 Reais aqui no Brasil. Quanto ela custa nos Estados Unidos, ou seja, em Dólares? Taxa de câmbio do Brasil é 2.

1 Dólar --------- 2 Reais

X Dólares ------ 30 Reais

2X = 30

X = 15 Dólares

Ou seja, com uma valorização cambial, um produto brasileiro custa mais Dólares americanos (antes a resposta do problema era 10 Dólares).

5.2. Determinação da Taxa de Câmbio e Regimes Cambiais

O preço de qualquer bem é determinado pelas forças de oferta e demanda. Neste caso o bem é o Dólar (por exemplo). Então faremos a demanda por Dólares cruzar a oferta de Dólares e teremos a determinação do preço do Dólar que é, por definição, a taxa de câmbio. Isso é apresentado na Figura 9.

Figura 9
Mercado de dólares (ou mercado cambial)

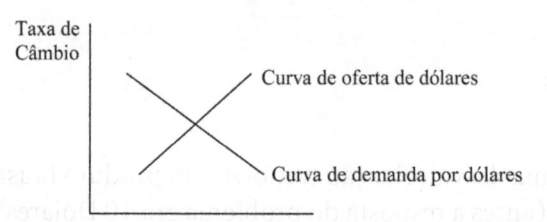

O Banco Central tem condições de administrar a entrada e saída de Dólares do país, assim, ele detém o monopólio da política cambial, ou seja, alterar a oferta de Dólares no mercado de forma a alterar o preço (taxa de câmbio). É claro que isso depende do regime cambial utilizado no país.

Regime de Câmbio Fixo

O Banco Central se compromete a comprar e vender Dólares a um preço fixo, ou seja, ele altera a curva de oferta de modo que o preço do Dólar (taxa de câmbio) alcance o nível fixado anteriormente. Para isto o Banco Central precisa possuir muitos Dólares em caixa para aumentar a oferta quando necessário de forma a manter o câmbio fixo.

Regime de Câmbio Flutuante ou Flexível

O Banco Central não intervém no mercado cambial alterando a oferta, ou seja, o preço do Dólar (taxa de câmbio) é determinado pelas forças de oferta e demanda do mercado de Dólares.

5.3. Taxa de Câmbio Nominal e Taxa de Câmbio Real

A taxa de câmbio definida como o preço da moeda estrangeira representa a taxa nominal. A taxa real de câmbio é dada por:

$$e = E\ (P^* / P)$$

em que:

E = é a taxa nominal de câmbio; P^* = preço estrangeiro; P = preço interno (local).

A taxa real de câmbio representa o preço relativo (externo/interno) medido na mesma moeda (local). O preço relativo afeta tanto as exportações quanto importações. Na realidade exportações e importações são sensíveis à taxa real de câmbio. Se o preço relativo aumenta (desvalorização real) as exportações tendem a aumentar e importações a reduzir. Se o preço relativo reduz (valorização real) as exportações tendem a reduzir e importações a aumentar. Mas por que, grosso modo, podemos afirmar que um aumento (redução) na taxa nominal de câmbio aumenta (reduz) as exportações e reduz (aumenta) importações? Não deveríamos olhar apenas para a taxa real de câmbio?

Normalmente uma variação na taxa nominal de câmbio não é seguida por uma variação nos preços internos na mesma proporção (estes variam menos devido alterações no câmbio), por isso podemos, de certa forma, afirmar que as exportações e importações reagem a taxa nominal de câmbio. Assim, uma desvalorização nominal normalmente gera uma desvalorização real e uma valorização nominal leva a uma valorização real.

5.4. Relação entre Taxa de Câmbio e PIB

Vimos que o PIB pode ser calculado pela ótica da despesa (total de gastos) e que representa a identidade da renda nacional. Dessa forma, numa economia aberta:

$$PIB \equiv C + I + G + X - M$$

em que:

C = consumo privado das famílias; I = investimento; G = gastos do governo; X = exportações; M = importações.

Também vimos que uma desvalorização cambial tende a aumentar as exportações e reduzir as importações de um país. Analogamente, uma valorização cambial tende a reduzir as exportações e aumentar as importações de um país. Portando, podemos afirmar que uma desvalorização cambial aumenta a parcela (X − M) da identidade acima, estimulando o produto interno de um país (PIB). Já uma valorização cambial reduz a parcela (X − M) da identidade acima, tendendo a reduzir o produto interno de um país (PIB).

6. O PROBLEMA DA INFLAÇÃO

Na seção sobre a determinação do produto de equilíbrio simplificamos o lado da oferta. Supomos que as empresas ofereciam qualquer quantidade para determinado nível de preços, portanto, omitindo qualquer discussão sobre inflação. O objetivo desta seção é pensar este fenômeno. Para tanto usaremos os conceitos de demanda e oferta agregada para descrever as causas tradicionais da inflação. Além disso, apresentaremos os índices de preços.

6.1. Inflação

Definição: aumento contínuo e generalizado de preços. Isto significa que só pode ser considerado inflação o aumento de vários preços e não de preços de um produto específico. Por esta razão, altas esporádicas de preço devido, por exemplo, a flutuações sazonais não podem ser confundidas com inflação. Além disso, este aumento deve ser contínuo em um determinado intervalo de tempo.

O aumento de preços gera uma perda do poder aquisitivo da moeda, pois cada indivíduo consegue comprar uma quantidade menor de bens e serviços com cada unidade monetária que está em seu poder.

6.2. Causas da Inflação

Inflação de Demanda

A inflação de demanda diz respeito ao excesso de demanda agregada (total de gastos) com relação à produção disponível de bens e serviços (oferta agregada). Vimos que PIB = C + I + G + (X − M). O PIB é a oferta total de produtos da economia (oferta agregada) e o lado direito da identidade representa o total de gastos com produtos internos (demanda agregada).

A inflação de demanda pode ser entendida como "dinheiro demais à procura de poucos bens". Graficamente isso é o mesmo que um deslocamento para direita da curva de demanda agregada por bens o que provoca um aumento no nível geral de preços, ou seja, inflação. Tudo isso é apresentado na Figura 10.

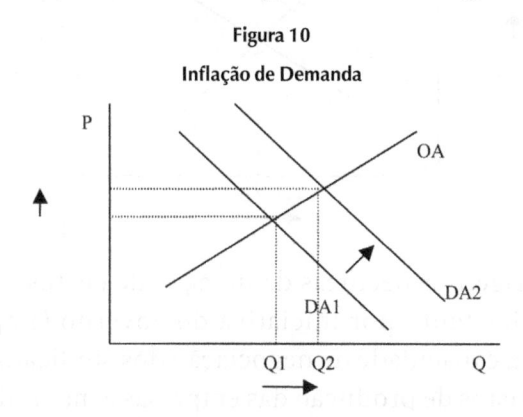

Figura 10

Inflação de Demanda

A inflação de demanda pode surgir a partir de um aumento de moeda na economia em um volume superior ao aumento da produção de bens e serviços. Outra forma é o aumento dos itens que compõe a demanda – C; I; G ou (X – M) – não acompanhado de aumentos na produção de bens e serviços.

Sendo assim, o combate mais apropriado à inflação de demanda é toda política que reduza a quantidade de gastos. Os mecanismos mais utilizados são:

- redução da quantidade de moeda na economia, seja com a redução de emissão monetária pela autoridade monetária ou via instrumentos de política monetária, aumentando a taxa de juros e, consequentemente, reduzindo os gastos com consumo e investimento.

- aumento da carga tributária.

- redução de gastos do governo.

- controle direto de crédito.

- redução das exportações líquidas (ou saldo da balança comercial), ou seja, da parcela (X – M).

O governo poderia também estimular o aumento da produção de bens e serviços para neutralizar o excesso de demanda. Mas a demanda agregada é muito sensível a políticas econômicas, por isso é mais fácil o governo induzir uma redução de gastos. O mecanismo mais ágil é aumentar a taxa de juros (via instrumentos de política monetária) reduzindo gastos a um nível inferior.

Inflação de Custos

Neste tipo de inflação, a demanda permanece a mesma, os custos de certos fatores de produção é que se elevam (redução de oferta agregada). Graficamente isso significa um deslocamento da oferta agregada para cima como mostrado na Figura 11.

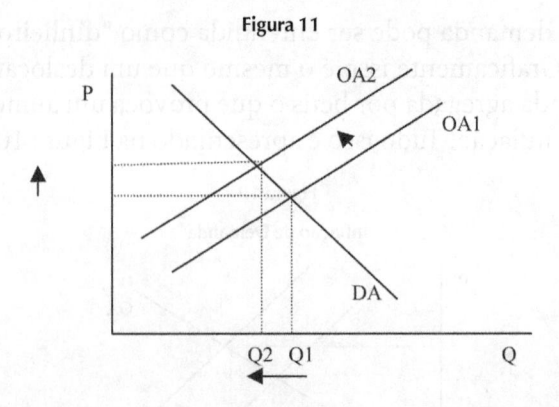

Figura 11

Várias são as origens específicas da inflação de custos. Aumentos salariais – aumento de salários tanto por iniciativa do governo (imposição de salário mínimo) ou devido a capacidade de negociação dos sindicatos de trabalhadores – poderá elevar os custos de produção das empresas e, mantida a demanda constante, pressionará os preços para cima. Elevação de preços de matérias primas importantes também são fontes de inflação de custos pois são repassados para o produto final via atuação de oligopólios na economia. As quedas na produção ou choques de oferta também geram inflação de custo. Este item é associado a redução significativa de produção provocada principalmente por falta de matéria primas, quebra de safra agrícola e greves trabalhistas. Essa redução na oferta destes bens, mantida a demanda constante, levará a uma inevitável elevação de preços. Finalmente, o aumento nos preços de produtos importados via aumento na taxa nominal de câmbio e aumento no preço dos produtos no mercado internacional geram inflação de custo.

O combate da inflação de custos é mais complicado, pois a curva de oferta agregada não é tão sensível à política econômica. Políticas associadas ao aumento de produtividade como investir em qualificação do trabalhador, só geram efeitos no longo prazo, por isto não apresentam eficácia no curto prazo. A inflação de custos, diferente da de demanda, é acompanhada pela redução na produção e consequentemente no nível de emprego. Caso o governo esteja interessado em aumentar a produção poderá executar políticas de aumento de gastos, mas esta política terá o efeito de aumentar ainda mais os preços. Mas se o governo estiver preocupado em reduzir a inflação o mecanismo disponível pouco utilizado nos dias de hoje é o controle direto de preços e salários.

Resumindo, as políticas de combate a inflação de custos:

- Política de controle sobre lucros.

- Políticas de controle direto de preços (congelamentos).

- Política salarial rígida.

6.3. Como uma Variação na Taxa de Câmbio afeta a Inflação?

Uma desvalorização cambial (aumento na taxa de câmbio) aumenta a inflação. Por quê? A influência imediata é o aumento da inflação de custos. Uma desvalorização cambial automaticamente deixa os produtos importados mais caros dentro do país. Assim, se há muitos produtos importados circulando internamente, uma desvalorização cambial terá grande efeito nos preços internos, aumentando a inflação.

A influência indireta do câmbio nominal na inflação é o aumento da inflação de demanda a médio e longo prazo. Vimos que um aumento na taxa de câmbio (desvalorização cambial) tende a aumentar as exportações e reduzir as importações, portanto, aumentar $(X - M)$ que representa uma parcela dos gastos. Um aumento em $(X - M)$, caso as empresas não consigam automaticamente aumentar a produção, acarreta um aumento de preços de forma a neutralizar o aumento de demanda.

7. SETOR PÚBLICO

O objetivo desta seção é avançar na discussão sobre a participação do governo na economia. Já vimos como a política fiscal afeta o produto de equilíbrio no curto prazo. Apresentaremos algumas definições, as funções econômicas normalmente indicadas como do governo, além de abordar os modelos de ciclos políticos e a Curva de Lafer.

7.1. Algumas Definições Úteis

As fontes de receitas públicas principais são relacionadas com os impostos mais precisamente sob 3 categorias: sobre a renda, sobre gastos e sobre propriedade. Os impostos também são classificados como:

- diretos: taxados diretamente sobre indivíduos e empresas (imposto de renda).

- indiretos: taxados sobre mercadorias e serviços (imposto sobre vendas/gastos).

O governo possui ainda outra fonte de receita pública: lucros de empresas e instituições públicas que vendem bens e serviços. Para alguns países como a Venezuela – onde o setor de petróleo é do Estado – esse tipo de receita é muito importante.

Os gastos públicos são normalmente divididos em 4 categorias:

- consumo do governo.

- investimento do governo.

- transferências ao setor privado.

- juros sobre a dívida pública.

Às vezes faz-se uma separação entre despesas correntes e despesas de capital. Formalmente:

despesas correntes = consumo do governo + juros sobre a dívida pública + transferências ao setor privado

despesas de capital = investimento do governo

Outras Definições

Carga tributária – total de receita arrecadada através de todas as modalidades de tributos (exemplo: impostos, taxas, contribuições etc; normalmente como proporção do PIB).

Déficit público – diferença entre investimento público e a poupança do governo em conta corrente (receita líquida – consumo do governo).

Necessidade de financiamento do setor público conceito nominal – demanda de recursos pelo setor público.

Necessidade de financiamento do setor público conceito operacional – demanda de recursos pelo setor público deduzida das correções monetárias e cambial pagas sobre a dívida.

Déficit primário – receitas financeiras menos pagamentos não financeiros.

7.2. Setor Público e Atividade Econômica

O crescimento da participação do setor público na atividade econômica aconteceu principalmente a partir dos acontecimentos pós-*Crack* da Bolsa de Nova York em 1929, e a posterior Grande Depressão dos anos 30. Influenciados pelos ideários do Keynesianismo e pelos elevados níveis de desemprego observados nos países capitalistas nos anos de 1930, o Estado "viu-se" obrigado a aumentar sua participação nas atividades econômicas. Além das funções tradicionais de justiça e segurança passou também a desempenhar a função de ofertante de bens públicos (eletricidade, saneamento etc.).

Os motivos tradicionais dados para a oferta de bens pelo estado são, principalmente no período inicial da industrialização brasileira, por exemplo, a não disponibilidade, por parte da iniciativa privada, de capitais suficientes e como forma de proteger e encorajar o crescimento de diversos setores econômicos. Na verdade, algumas outras funções são normalmente apresentadas em manuais de finanças públicas para a participação do setor público na atividade econômica como apresentado na seção seguinte[5].

---

5. Uma observação deve ser feita. O fato de que existam falhas de mercado não necessariamente significa que o Estado pode corrigi-las. Como se sabe, pode haver ineficiências derivadas da ação do Estado na economia (as chamadas falhas de governo) que podem gerar um crescimento do governo para níveis prejudiciais para o funcionamento eficiente dos mercados acima do nível ótimo. Explicações para o crescimento do tamanho do Estado são discutidas mais profundamente na última subseção da seção 6. Da mesma forma, não se deve esquecer que muitas falhas de mercado são fruto de falhas de governo. Por exemplo, excessivas restrições

7.3. Funções do Setor Público[6]

A necessidade de atuação econômica do setor público prende-se à observação de que o sistema de preços (economia de mercado) não consegue cumprir adequadamente algumas de suas tarefas ou funções. Portanto, segundo a literatura tradicional de finanças públicas, o estado teria para si as seguintes funções: alocativa, distributiva e estabilizadora.

A Função Alocativa está associada à oferta de bens e serviços não oferecidos adequadamente pelo sistema de mercado, os chamados bens públicos. Um bem deste tipo é caracterizado por: (i) não excludência e (ii) não rivalidade. A primeira característica diz respeito ao fato de que o bem é tal que não se pode excluir um consumidor de seu consumo. Um exemplo deste bem é o relógio da torre de uma Igreja. Pela própria construção da Igreja, não é possível adotar um esquema de cobrança para que apenas os pagantes tenham acesso à informação que o relógio fornece: a medida das horas. Note que isto depende de duas importantes características: (i) o arranjo legal e (ii) o estado da tecnologia que afeta a produção deste bem. No exemplo do relógio, se você pensar que o bem não é o "relógio" em si, mas sim o serviço que ele proporciona, "a informação sobre as horas", o que é razoável, então não será difícil perceber que, ao contrário da era medieval, o relógio de pulso criou a leitura "excludente" das horas. Por que? Porque apenas o dono do relógio pode ter acesso a esta informação. Ele pode – se questionado por um estranho sobre as horas – ignorar a pergunta e seguir em frente. Você pode achar isto uma grosseria, mas é um direito dele dado que o relógio de pulso é, essencialmente, um bem privado.

Mas falamos apenas da "não excludência". E o que significa a "não rivalidade"? Significa que unidades adicionais do bem público podem ser ofertadas a custo marginal nulo. Ficou confuso? Então volte ao exemplo do relógio da Igreja. Se a Igreja fica numa praça e esta ficar lotada, mesmo assim todos poderão observar as horas se a torre for suficientemente alta (ou se você não estiver cercado de pessoas muito altas). Isto quer dizer que a informação "saber as horas" é fornecida tanto a você quanto ao centésimo sujeito da praça a custo nulo. O *congestionamento* da praça não impediu você, nem o centésimo cara, de observarem as horas. Observe que o mesmo relógio da Igreja poderia estar numa torre menor e/ou você poderia ter uma praça cheia de pessoas, em média, mais altas que você. Neste caso, o congestionamento pode tornar o consumo da informação sobre as horas mais rival.

A principal característica dos bens públicos é a impossibilidade de excluir determinados indivíduos de seu consumo, uma vez definido o volume de produção. Portanto são bens que não atendem o princípio da exclusão (que diz que o consumo

ao desenvolvimento de um mercado privado de crédito geralmente diminuem o papel do setor privado na economia, mas não por uma falha inerente ao setor privado, e sim por conta da má legislação ofertada pelo governo. Na prática, nem sempre é fácil distinguir entre uma e outra falha, o que gera muita confusão em análises mais superficiais.

6. Esta seção se baseia em VASCONCELOS, M.A.S., GARCIA, M.E. *Fundamentos de Economia*. Saraiva, 2001.

do indivíduo A de um determinado bem implica que ele tenha pago o preço do bem, o indivíduo B, que não pagou por esse bem, será excluído do consumo do mesmo). Além disso, são bens que não apresentam, até o congestionamento, o caráter de rivalidade. Isto é, o consumo por um indivíduo não diminui a quantidade a ser consumida pelos demais indivíduos.

A Função Distributiva surge através da tributação, ou seja, o governo atuando como um agente redistribuidor de renda retirando recursos dos segmentos mais ricos da sociedade e os transferindo para os segmentos menos favorecidos. Os defensores desta função afirmam que a distribuição de renda das famílias depende da produtividade do trabalhador, mas sofre a influência das diferentes dotações iniciais de patrimônio que perpetuariam desigualdades. Os instrumentos tradicionais seriam a implementação de uma estrutura tarifária progressiva, de subsídio cruzado (imposto sobre bens) e políticas de distribuição setorial ou regional de renda.

Finalmente a Função Estabilizadora está relacionada com a intervenção do Estado na economia para alterar o comportamento dos níveis de preços e emprego. Isto porque, na maioria das vezes, o pleno emprego e a estabilidade de preços não ocorrem de maneira automática. Os instrumentos que o governo dispõe para tanto são: política fiscal, política monetária, política cambial, política comercial e política de rendas.

Alguns diriam que existiria uma quarta função do setor público: a função de crescimento econômico ou políticas que permitam aumentos na formação de capital (físico/humano). O assunto será discutido na próxima seção.

7.4. Comportamento de Política Econômica Governamental[7]

Modelos sobre o comportamento de política econômica governamental ou dos chamados ciclos econômicos politicamente induzidos são cada vez mais importantes. Existe uma importante literatura econômica que se refere a modelos envolvendo o efeito da reeleição sobre o comportamento do governante. Destacam-se os modelos de Nordhaus (1975), de Rogoff (1995), Alesina e Tabellini (1990) e de Persson e Svensson (1989).

Nordhaus (1975) apresenta um modelo simples de escolha intertemporal onde estas são feitas dentro de uma estrutura política. Analisa o problema da escolha entre inflação e desemprego e das escolhas dos eleitores, tentando aferir o efeito da possibilidade de reeleição nas políticas governamentais. O ciclo econômico de origem política baseia-se na ideia de um padrão previsível de política. Sendo o governante racional e conhecedor da tendência do eleitor a se lembrar de fatos mais recentes, no último ano de mandato tenderá a aumentar a oferta de moeda para conseguir incremento na produção do país, e assim, diminuir o desemprego. Portanto, às vésperas da eleição a taxa de desemprego ficará abaixo do ponto considerado ótimo.

---

7. Seção baseada em ARAUJO Jr., A.F., SHIKIDA, C.D., Silva, M.C. 2003. *Federalismo Fiscal, Ciclos Políticos e Reeleição: uma breve análise do caso mineiro.* Perspectiva Econômica, v.38, n.122, 2003.

Em decorrência deste fato o eleitor reage positivamente nas urnas já que desconhece o *tradeoff* entre inflação e desemprego. Imediatamente depois da eleição o vencedor elevará o desemprego a algum nível mais alto para combater a inflação (ver Figura 12).

Figura 12
Ciclos Politicamente Induzidos

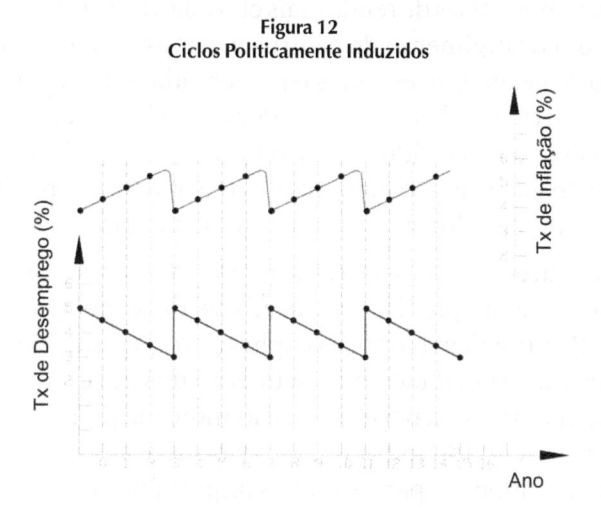

Fonte: Elaboração Própria, Nordhaus (1975).

Já o modelo de Rogoff (1995), mostra que para permanecer no cargo o governante não se utiliza de política monetária como proposto por Nordhaus (1975), e sim de política fiscal (através de corte de tributos, aumento de transferências, preferência por gastos que tenham visibilidade imediata). Da mesma forma, esta medida levaria a uma resposta positiva nas urnas, mas atuaria de forma negativa nas contas públicas. Este modelo considera que a reeleição agravaria a situação de déficit fiscal.

Os modelos de Alesina e Tabellini (1990) e de Persson e Svensson (1989) foram construídos na mesma época, independentemente e por motivações diferentes. Ambos consideram que na presença de discordância entre o policymaker presente e futuro, a dívida pública será utilizada por cada policymaker para influenciar as escolhas de seus sucessores: o partido titular ao perceber que será sucedido pela oposição tenderá a elevar o nível da dívida pública, deixando pouca liberdade e comprometendo a estratégia/plataforma do governo sucessor. A dívida pública deixada tende a ser menor quando o partido atual sabe que será reeleito.

7.5. Por que os Governos Crescem?[8]

Explicações para o crescimento do governo são abundantes na literatura. De forma resumida, pode-se agrupar as diversas causas para o crescimento do governo em três grandes categorias: econômicas, políticas e ideológicas.

---

8. Seção baseada em SHIKIDA, C.D., HILLBRECHT, R.O, ARAUJO Jr., A.F. Public Vices, Private Serfdom? Comments on the optimal size of the Brazilian State. *Revista Brasileira de Economia de Empresas*, v.5, 2005.

No primeiro caso, explica-se que a demanda por serviços do governo aumentaria porque o setor privado não seria hábil em prover os níveis desejados de bens públicos. A análise convencional é a de que no último quarto do século XIX, ocorreu uma mudança estrutural nos países de renda mais elevada, decorrente da industrialização e urbanização. Com o surgimento de centros urbanos, as crescentes demandas por justiça, educação, saneamento, estradas pavimentadas e água potável acabaram por forçar uma maior atividade dos governos. Por outro lado, serviços do governo são geralmente intensivos em mão de obra, em relação ao setor privado. Como os ganhos de produtividade do governo são menores do que os do setor privado, aumentos de salário real na economia induzem um aumento do tamanho relativo do governo.

Em suma, a explicação econômica está baseada na intervenção ótima do governo, que resolve eficientemente problemas alocativos, de forma que permite um maior crescimento do PIB. O problema com esta explicação é que estudos empíricos apontam que ela explica menos da metade do crescimento dos governos de países de renda elevada. Adicionalmente, evidências empíricas indicam que aumentos adicionais do tamanho do governo têm tido impacto negativo sobre as taxas de crescimento. No Brasil, a explicação econômica parece menos importante ainda, se se considerar que várias das atividades típicas de governo (educação, saúde, infraestrutura, previdência, justiça, segurança) são de qualidade no mínimo duvidosa. Se o tamanho do governo cresce no Brasil, não é pela provisão de bens que, supostamente, não poderiam ser ofertados eficientemente pelo setor privado.

O segundo grupo refere-se às causas políticas. As mencionadas mudanças estruturais levaram a uma mudança na percepção de custos e benefícios das atividades de governo. Por um lado, a ascensão da democracia como regime político preferido aumentou as demandas por redistribuição de renda. Considerando políticas redistributivas como a principal atividade de governos democráticos, é bem sabido que, como o eleitor mediano é quem decide uma eleição, ele votará por mais políticas redistributivas se sua renda for menor do que a renda média da sociedade. Ou seja, ele votará por maior atividade de governo. Por outro lado, a urbanização e industrialização tornaram a ação de grupos de interesse mais efetivos, por uma questão de ação coletiva: grupos de interesse relativamente pequenos, geograficamente localizados, perceberam que seria possível, via ação política, extrair renda do resto da sociedade. Este é o conhecido fenômeno *rent-seeking*, onde determinados grupos, sejam eles do setor privado ou burocracias públicas, conseguem proteção contra competição e aumentam sua renda influenciando os legisladores, que aprovam leis e regulamentações que lhes favoreçam, ou mesmo induzindo certos tipos de gastos pelo Executivo. Ocorre que ambas as formas de disputa distributiva têm o mesmo efeito: enfraquecem os incentivos econômicos para atividades produtivas, reduzindo as possibilidades de crescimento econômico.

No final das contas, não é claro quem sai ganhando neste perverso jogo redistributivista, se é o eleitor que vota por maior governo ou são os políticos e grupos de interesse que tomam e influenciam decisões de governo. O que se sabe é que esta disputa acaba por empobrecer a sociedade. O governo do Brasil não é diferente dos outros, neste sentido. A distribuição de vantagens e privilégios aos grupos que se apossaram do governo é sua marca registrada. Se, por um lado, o estatismo e protecionismo brasileiro produziram, ao longo das décadas, uma tremenda concentração de renda, a redemocratização recente deu vazão a demandas das classes menos privilegiadas, por meio da implementação da rede de proteção social nas duas últimas gestões do governo federal. O problema é que, sem modificar substancialmente o *modus operandi* do governo, no sentido de limitar a concessão de privilégios, o tamanho do governo aumentou significativamente nestas gestões.

O terceiro grupo diz respeito às causas ideológicas. Da segunda metade do século XIX em diante, ideologias coletivistas ganharam apoio popular e de intelectuais, reduzindo a influência do ideário liberal clássico e do conservadorismo na política. Em particular, várias formas de socialismo se tornaram influentes. Enquanto que intelectuais conferiam respeitabilidade a estas ideologias, foi pela adesão do cidadão comum que estas ideias tiveram impacto nas atividades de governo, por meio de apoio a maior regulamentação de mercados, estatização e nacionalização de empresas e puro e simples confisco de propriedade. Partidos políticos de ideologia coletivista conseguiram então um espaço crescente nas assembleias legislativas de vários países.

Receita de Impostos Ótima

Será que existe uma alíquota de impostos ótima (no sentido de maximizar receita sem gerar perdas em termos de produto)? Pode ser medida? Uma aproximação possível tem relação com a chamada Curva de Lafer dos impostos.

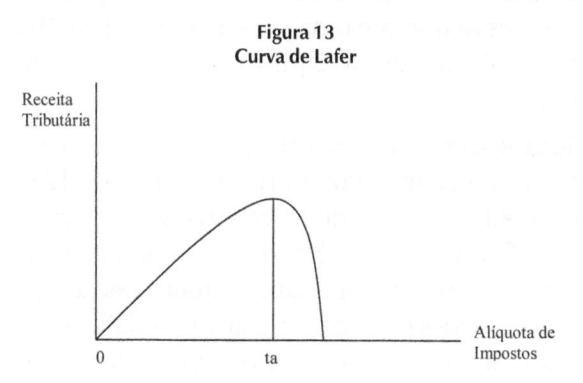

Figura 13
Curva de Lafer

Esse fato ocorre porque quando o governo aumenta a alíquota de impostos a receita aumenta sem produzir efeitos negativos sobre o produto. A partir de certo nível, aumentos na alíquota produzem redução no produto e na receita (queda no esforço do trabalho, incentivos para sonegar ilegalmente, dedicar atividades cuja tributação é menor).

Como mostra a Figura 13, começando com alíquota (t) zero, os aumentos de t geram necessariamente aumento na receita, mas depois de certo ponto, os aumentos subsequentes não produzem mais receita por causa dos efeitos negativos. Na Figura, ta é a alíquota que maximiza a receita tributária total.

8. CRESCIMENTO ECONÔMICO

Quando se observa a realidade mundial são nítidas as profundas disparidades nos padrões de vida (medido pelo PIB per capita) entre países. Por que isso acontece? Quais as causas? O objetivo desta seção final do capítulo é apresentar os principais determinantes da riqueza e da alteração da riqueza das nações.

8.1. Fatos Estilizados

A grande desigualdade de renda per capita entre os países do mundo é um fato muito conhecido. É sabido que o padrão de vida dos países da Europa Ocidental, Oceania, EUA, Canadá é bastante alto. Outro grupo de países apresenta padrão de vida intermediário tal como alguns situados na Europa Oriental, América Latina, Norte da África. A situação é bem pior principalmente os países da África Subsaariana e Sul da Ásia.

Países como Luxemburgo e Noruega possuem renda per capita acima dos 90 mil dólares anuais (dados de 2008 do Banco Mundial). Os cidadãos de Luxemburgo chegam a usufruir, em média, mais de 109 mil dólares anuais. Enquanto isso, países como Burundi e Republico do Congo apresentam renda per capita de menos de 200 dólares anuais.

Alguém pode argumentar que a renda per capita não é uma boa medida do padrão de vida de um país, não captura todas as dimensões do desenvolvimento humano. Por outro lado, não é difícil acreditar que o cidadão luxemburguês tenha uma qualidade de vida mais de 700 vezes maior que uma pessoa que vive em Burundi. Portanto, os economistas costumam afirmar que a renda média é uma boa *proxy* da qualidade de vida (representa bem).

Outro fato estilizado sobre crescimento econômico são os milagres e os desastres de crescimento. Países como Guiné Equatorial, Coréia do Sul e Botswana cresceram mais de 10% a.a., em média, no período entre 1970 e 2008 (crescimento a essa taxa significa duplicar a renda média a cada 7 anos). Podem ser chamados de milagres de crescimento. Do outro lado, alguns países apresentam taxa de crescimento negativa o que equivale dizer que gerações passadas tiveram qualidade de vida mais elevada que as gerações atuais. São exemplos de desastres de crescimento a República do Congo e a Libéria. O que explica os fatos estilizados? Esse é o objetivo do restante da seção.

8.2. Como Explicar os Fatos Estilizados?

Deixamos, na subseção anterior, perguntas em aberto. Por que será que alguns países são ricos e outros pobres? E, por que alguns crescem a taxas tão altas enquanto outros apresentam crescimento negativo? A resposta para as perguntas tem íntima relação com a produtividade e seus determinantes.

Mas por que a produtividade é tão importante? Para entender melhor vamos a uma definição: produtividade pode ser medida pela quantidade de bens e serviços que um trabalhador pode produzir a cada hora de trabalho. Na prática, por exemplo, consideremos o PIB dividido pelo número de trabalhadores[9]. É razoável supor que a qualidade de vida de um país está intimamente (positivamente) relacionada à produtividade de seus trabalhadores (e dos outros fatores de produção). Exemplificando, o trabalhador americano é muitas vezes mais produtivo que o trabalhador da Somália o que implica em um padrão de vida muito diferente entre os mesmos. Além disso, países que crescem a taxas maiores apresentam, sem dúvida, crescimento acentuado na produtividade. Portanto, quanto maior a produtividade de um país maior seu nível de vida e elevado crescimento na produtividade implica em crescimento econômico também alto.

É importante, portanto, saber o que determina a produtividade. São cinco seus principais determinantes:

- capital físico

Estoque de equipamentos e estruturas usadas na produção de bens e serviços. Insumos necessários à produção (fatores de produção): trabalho, terra, capital.

É interessante notar que o capital físico é um insumo no processo produtivo que no passado foi produto no processo produtivo. Aqui, como capital é investido e investimento depende de poupança, temos que uma importante fonte de acréscimos na produtividade e, em consequência do crescimento, é a taxa de poupança (inclusive externa).

- capital humano

Conhecimento e habilidades acumulados pelos trabalhadores via ensino, treinamento e experiência.

Apesar de habilidade, experiência, educação serem menos concretos (tangíveis) que equipamentos, existem muitas semelhanças com o capital físico. Isto porque ambos aumentam a capacidade da nação para a produção de bens e serviços. Além disso, o capital humano também é um insumo produzido: exige para a sua produção professores, bibliotecas, tempo de estudo etc. O investimento em capital humano gera benefícios privados e para a sociedade (externalidades).

- recursos naturais

Insumos oferecidos pela natureza para a produção de bens, como a terra, os rios e as jazidas minerais. São eles: renováveis (floresta) e não renováveis (petróleo).

---

9. Observe que o denominador do PIB per capita é a população. Portanto, são variáveis diferentes.

Diferenças na dotação de recursos naturais são responsáveis por algumas das diferenças mundiais nos padrões de vida.

- conhecimento tecnológico

O conhecimento tecnológico significa: concepção, por parte da sociedade, dos melhores modos de se produzir bens. Como exemplo, atualmente, graças à tecnologia agrícola, uma pequena parcela da população pode produzir alimentos suficientes para todos. Como consequência tivemos liberação de mão de obra para a produção de outros bens. Aqui vale a pena destacar a importância de um bom sistema de patentes que garanta ao inventor a captura de pelo menos parte dos retornos sociais gerados e de liberdade comercial que garanta a possibilidade de absorção de tecnologia por parte dos países menos desenvolvidos.

- instituições

Uma infraestrutura que favorece a produção incentiva as pessoas a se engajarem na geração e na transação de bens e serviços, não na tentativa de buscar renda (*rent-seeking*). Uma economia na qual as regras e instituições (por exemplo, não são claros os direitos de propriedade) mudam com frequência pode ser um lugar arriscado para se investir.

8.3. PIB *per capita* como medida de Desenvolvimento Humano

PIB *per capita* é um indicador bastante usado como representante do bem-estar econômico (representa o gasto ou o bem-estar anual do indivíduo médio). Existe uma discussão se o PIB seria um bom indicador de bem-estar, isto porque:

- PIB não mensura com exatidão a qualidade de saúde e educação, por exemplo. Por outro lado, países com PIB elevado podem, grosso modo, dar educação e saúde de qualidade para habitantes (claro que isso depende do grau de desigualdade na distribuição de renda).

- Algumas coisas que contribuem para uma vida satisfatória ficam fora do PIB. Ex.: lazer.

- PIB também exclui bens e serviços que estão fora do mercado e aumentam o bem-estar da sociedade.

Ex.: cuidado com crianças, trabalho voluntário.

Portanto, PIB é bom indicador mas não para todos os propósitos. Por isso, costuma-se usar também outros indicadores quando se discute desenvolvimento humano. Um bom exemplo disso é o IDH – índice de desenvolvimento humano.

O IDH foi criado no início da década de 1990 para o PNUD (Programa das Nações Unidas para o Desenvolvimento) como uma contribuição para a busca de bons indicadores de qualidade de vida. O IDH Combina três componentes básicos do desenvolvimento humano:

- a longevidade, que reflete as condições de saúde da população; medida pela esperança de vida ao nascer.

- a educação, medida por uma combinação da taxa de alfabetização de adultos e a taxa combinada de matrícula nos níveis de ensino: fundamental, médio e superior.

- a renda, medida pelo poder de compra da população, baseado no PIB per capita ajustado ao custo de vida local através da metodologia conhecida como paridade do poder de compra (PPC).

A metodologia de cálculo do IDH envolve a transformação destas dimensões em índices de longevidade, educação e renda, que variam entre 0 (pior) e 1 (melhor), além da a combinação dos índices em um indicador sintético. Quanto mais próximo de 1 o valor deste indicador, maior será o nível de desenvolvimento humano do país ou região.

Para classificar os países em três grandes categorias o PNUD estabeleceu as seguintes faixas:

$0 \leq IDH < 0,5$	Baixo Desenvolvimento Humano
$0,5 \leq IDH < 0,8$	Médio Desenvolvimento Humano
$0,8 \leq IDH \ ? \ 1$	Alto Desenvolvimento Humano

A partir de informações das Nações Unidas para o período entre 1980 à 2000 podemos notar que a qualidade de vida é alta nos países da OECD em todo o período. Para a América Latina, desenvolvimento elevado, em média, é atingido apenas em meados dos anos 2000. Países da África Subsaariana apresentam, em média, baixo desenvolvimento humano ao longo de todo o período.

9. REFERÊNCIAS BIBLIOGRÁFICAS

ARAUJO Jr., A.F., SHIKIDA, C.D., Silva, M.C. 2003. *Federalismo Fiscal, Ciclos Políticos e Reeleição: uma breve análise do caso mineiro.* Perspectiva Econômica, v.38, n.122, 2003.

SHIKIDA, C.D., HILLBRECHT, R.O, ARAUJO Jr., A.F. Public Vices, Private Serfdom? Comments on the optimal size of the Brazilian State. *Revista Brasileira de Economia de Empresas*, v.5, 2005.

VASCONCELOS, M.A.S., GARCIA, M.E. *Fundamentos de Economia.* Saraiva, 2001.

4
UMA INTRODUÇÃO
À TEORIA DOS JOGOS

Ronald O. Hilbrecht

Prof. Adjunto da FCE/UFRGS, é Mestre em Economia pela USP e Ph.D. em Economia pela University of Illinois.

1. INTRODUÇÃO

Teoria dos jogos diz respeito à análise de comportamento estratégico onde os tomadores de decisão interagem, sendo que o resultado de suas ações depende também das ações dos outros. Teoria dos jogos assume que os tomadores de decisão (também chamados de jogadores ou agentes) são racionais, que significa que: i) eles sabem quais são seus objetivos e preferências, ii) eles sabem quais são as limitações e restrições relevantes às suas ações e iii) eles conseguem escolher a melhor ação possível dados seus objetivos e preferências e respeitadas as limitações e restrições relevantes. Em outras palavras, a teoria dos jogos é a ciência do comportamento racional em situações onde existe interação, ou interdependência, entre os agentes.

Teoria dos jogos tem sido crescentemente utilizada no Direito, basicamente por dois motivos. O primeiro é que teoria dos jogos provê uma estrutura de análise útil para prever o impacto de leis, constituições, normas sociais etc. na sociedade, pois estas representam restrições ao comportamento das pessoas. Consequentemente, agentes racionais levam em consideração estas restrições para escolher a melhor ação possível para alcançar seus próprios objetivos. Desta forma, a teoria dos jogos pode ajudar juristas e legisladores a analisar e entender as consequências de determinadas estruturas legais. Como exemplo, suponha que um legislador hipotético, preocupado com o crescimento de roubos e assaltos, deseja criar uma lei que aumente a pena prevista para tais crimes. Uma consequência não intencional de tal lei pode ser simplesmente o aumento do número de latrocínios, pois o criminoso, dotado de racionalidade, pode passar a preferir assassinar suas vítimas com o intuito de eliminar testemunhas e reduzir a probabilidade de ser condenado. Nem sempre as intenções subjacentes à criação de regras legais têm plena correspondência com suas consequências, e a análise de teoria dos jogos pode ajudar a entender os determinantes jurídicos de inúmeras situações sociais. O segundo motivo é que, por avaliar as consequências das leis, a teoria dos jogos pode ajudar profissionais das áreas jurídicas a desenharem sistemas legais para que os objetivos desejados sejam mais facilmente alcançados.

A teoria dos jogos, assim como a teoria econômica de forma geral, tem uma estrutura analítica abstrata que pode parecer um tanto quanto estranha para profissionais das áreas jurídicas, de forma que é importante discorrer brevemente sobre o significado e relevância desta estrutura. Assim como a teoria econômica, a teoria dos jogos busca simplificar as situações o suficiente para revelar quais são os elementos essenciais em ação. Isto significa ignorar na análise todos os demais fatores presentes na situação específica, mas que não têm conexão com seus elementos essenciais. Desta forma, a teoria dos jogos é o análogo de um mapa que não contém todos os elementos da realidade, no entanto, serve para alguns objetivos específicos. Neste sentido, tanto o mapa de ruas quanto o mapa topográfico são simplificações, ou modelos, de uma determinada região. Ambos têm funções específicas e fora destas são de pouca utilidade: um mapa topográfico é inútil se o objetivo for localizar um endereço em uma cidade, neste caso é melhor se guiar por um mapa de ruas. Da mesma forma, o uso da teoria dos jogos no Direito não substitui o conhecimento jurídico que, conforme esta analogia, é um mapa que revela um tipo de informação relevante para um determinado problema. A virtude de teoria dos jogos é ser um mapa adicional, capaz de revelar informação adicional útil aos profissionais das áreas jurídicas. Desta forma, o que modelos abstratos em teoria dos jogos fazem é eliminar o excesso de detalhes da realidade, simplificando a situação em questão de modo que seja possível inferir conclusões corretas a partir das interações dos agentes, dos seus objetivos e das restrições relevantes, conclusões estas que não seriam possíveis caso fosse considerada toda a riqueza e complexidade da realidade.

Este capítulo está organizado da seguinte maneira. A seção II trata de jogos de movimentos simultâneos, apresentando a análise de resolução e algumas estruturas de jogos que são úteis para aplicações no Direito. A seção III trata de jogos sequenciais simples, seus mecanismos de resolução e sua importância. Finalmente, a seção IV apresenta uma pequena, porém bastante criteriosa, lista de livros e artigos cujo objetivo é ajudar o(a) leitor(a) a aprofundar seus conhecimentos no uso de teoria dos jogos no Direito.

2. JOGOS DE MOVIMENTOS SIMULTÂNEOS

Para introduzir as principais ideias da teoria dos jogos, é conveniente iniciar com o jogo mais simples possível, que é o jogo não repetido de movimentos simultâneos. Este jogo é chamado de não repetido, pois a interação ocorre apenas uma única vez. Por movimentos simultâneos entende-se que cada jogador não sabe quais são as ações tomadas pelos outros. Por causa disto, jogos de movimentos simultâneos também são conhecidos como *jogos de informação imperfeita* ou *jogos de conhecimento imperfeito*. Para iniciar a análise de um jogo, é necessário ter sua descrição completa, que consiste na: i) identificação dos jogadores, ii) identificação das estratégias, ou escolhas, disponíveis a cada jogador, e iii) identificação dos *payoffs*, que são os resultados que cada jogador espera conseguir em cada combinação possível das estratégias escolhidas pelos jogadores.

Jogos de movimentos simultâneos são frequentemente representados usando uma tabela (ou matriz), conhecida como forma normal ou forma estratégica do jogo. Jogos com qualquer número de jogadores podem ser representados usando uma matriz, mas sua dimensão deve ser igual ao número de jogadores. Por exemplo, quando o número de jogadores for igual a dois, a matriz tem a forma de uma planilha. O seguinte exemplo mostra como construir a matriz, ou forma normal de um jogo.

Considere duas firmas oligopolistas (chamadas de 'X' e 'Y') que atuam no mesmo mercado. Cada uma delas tem duas estratégias disponíveis: i) estabelecer preços competitivos, e ii) estabelecer preços de cartel. Ambas desejam maximizar lucros e, a título de simplificação, este jogo ocorre apenas uma única vez (é um jogo não repetido) e quando cada uma decide seu preço, ela não sabe o que a outra decidiu. A forma normal deste jogo é apresentada abaixo.

Tabela 1. O Jogo do Cartel

		Firma Y	
		Preço competitivo	Preço de Cartel
Firma X	Preço competitivo	$15, $15	$20, $12
	Preço de Cartel	$12, $20	$18,$18

Payoffs: (Firma X, Firma Y), em milhões de Reais

No jogo do cartel entre as duas firmas, os *payoffs* de cada uma dependem não apenas de sua escolha estratégica, mas também da estratégia escolhida pela outra. A estratégia de cada jogador em um jogo especifica as ações que ele pode tomar em cada situação possível que ele possa enfrentar. Neste jogo não repetido, de movimentos simultâneos, as estratégias são simples, pois consistem em uma única decisão. A primeira entrada em cada célula representa o lucro econômico da firma X (em milhões de Reais) sob um cenário, a segunda entrada cada célula representa o lucro econômico da firma Y (em milhões de Reais) sob o mesmo cenário. Estes lucros representam os *payoffs* no jogo, que são os resultados que cada firma pode esperar obter nas diferentes combinações possíveis de estratégias. Desta forma, se a firma X escolher praticar preços competitivos e a firma Y escolher praticar preços de cartel, seus payoffs serão, respectivamente, R$20 milhões e R$12 milhões. Se ambas escolherem praticar preços de cartel, seus lucros serão de R$18 milhões para cada uma. Note que se ambas as firmas escolherem simultaneamente praticar preços competitivos, a soma dos seus lucros será R$30 milhões, enquanto que se ambas escolherem simultaneamente praticar preços de cartel a soma dos seus lucros será R$36 milhões. Estes números, embora fictícios, refletem o fato de que firmas preferem formar cartéis a competir, pois elas conseguem assim elevar seus lucros em direção ao lucro de monopólio, em detrimento do bem-estar consumidor que paga preços mais elevados e tem menos bens disponíveis.

2.1. Estratégias Dominantes e Dominadas

Em um jogo de movimentos simultâneos, um jogador pode ter qualquer número de estratégias. Uma estratégia é chamada de estratégia dominante quando seus *payoffs* forem maiores do que os das estratégias alternativas, independentemente das escolhas dos rivais. Uma estratégia é chamada de fracamente dominante quando pelo menos um de seus *payoffs* for maior do que os das estratégias alternativas e todos os demais *payoffs* forem pelo menos iguais aos das estratégias alternativas, independentemente das escolhas dos rivais. Uma estratégia é chamada de estratégia dominada quando seus *payoffs* forem menores do que os das estratégias alternativas, independentemente das escolhas dos rivais. Uma estratégia é chamada de fracamente dominada quando pelo menos um de seus *payoffs* for menor do que os das estratégias alternativas e todos os demais *payoffs* forem no máximo iguais aos das estratégias alternativas, independentemente das escolhas dos rivais.

Estratégias dominantes, quando existirem, facilitam muito a resolução de jogos de movimentos simultâneos. Como uma estratégia dominante dá sempre o melhor *payoff* em relação às alternativas, ela deve ser jogada sempre. Da mesma forma, se o rival tiver uma estratégia dominante, pode-se esperar que ele sempre irá usá-la. Portanto, para resolver um jogo de movimentos simultâneos, a primeira coisa a fazer é procurar por uma estratégia dominante. Em alguns jogos, ambos os jogadores têm uma estratégia dominante e a solução então é facilmente localizada. Podemos resolver o jogo do cartel (Tabela 1) usando o conceito de estratégia dominante. Se a firma Y escolher "preço competitivo", o melhor que a firma X pode fazer é escolher "preço competitivo" também, pois ela obterá um *payoff* de R$15 milhões em vez de R$12 milhões caso escolha "preço de cartel". Adicionalmente, se a firma Y escolher "preço de cartel", o melhor que a firma X pode fazer é escolher novamente "preço competitivo", pois ela obterá um *payoff* de R$20 milhões, em vez de R$18 milhões caso escolha "preço de cartel". Assim sendo, a firma X tem uma estratégia dominante que é escolher "preço competitivo", que lhe dá o melhor *payoff* independentemente do que a firma Y fizer. O mesmo raciocínio vale para a firma Y. Note, no entanto, a simetria do jogo, que leva ao mesmo resultado da análise. Se a firma X escolher "preço competitivo", o melhor que a firma Y pode fazer é escolher "preço competitivo" também, pois ela obterá um *payoff* de R$15 milhões em vez de R$12 milhões caso escolha "preço de cartel". Adicionalmente, se a firma X escolher "preço de cartel", o melhor que a firma Y pode fazer é escolher novamente "preço competitivo", pois ela obterá um *payoff* de R$20 milhões, em vez de R$18 milhões caso escolha "preço de cartel". Assim sendo, a firma Y tem uma estratégia dominante que é escolher "preço competitivo", que lhe dá o melhor *payoff* independentemente do que a firma X fizer. A solução deste jogo de estratégias dominantes então é ambas as firmas escolherem preços competitivos e lucrarem R$ 15 milhões cada.

Se não existirem estratégias dominantes no jogo, o próximo passo para sua resolução é buscar estratégias dominadas, que podem então ser eliminadas pois são estratégias que nunca serão usadas. Num jogo simples, com apenas duas estratégias para cada jogador, se uma for dominante, a outra necessariamente é dominada. A resolução do jogo então passa pela eliminação sucessiva de estratégias dominadas, até que apenas uma única estratégia permaneça. Caso isto não aconteça, outro método de resolução deve ser utilizado.

2.2. O Dilema dos Prisioneiros

Um jogo onde ambos (ou todos) os jogadores têm estratégias dominantes é conhecido como "dilema dos prisioneiros". A estrutura lógica deste tipo de jogo tem sido utilizada em um grande número de problemas em economia, ciência política, sociologia e Direito. A característica essencial do dilema dos prisioneiros é o conflito existente entre interesses coletivos e o autointeresse dos jogadores. O nosso primeiro exemplo, o jogo do cartel (Tabela 1) é um exemplo do dilema dos prisioneiros, pois a solução natural (provável) do jogo, que é baseada nas decisões individuais dos jogadores, leva a um lucro agregado (a soma dos lucros de ambos) de R$30 milhões (R$15 milhões para cada um), quando ambos poderiam ficar melhor caso escolhessem praticar preços de cartel obtendo um lucro agregado de R$36 milhões (R$18 milhões para cada um).

O contexto original do dilema dos prisioneiros envolve dois suspeitos de um crime, chamados aqui de Pedro e Paulo, suas disposições em confessar o crime cometido e a polícia que os capturou. Os dois suspeitos são capturados e colocados em celas separadas, de forma que não conseguem se comunicar. A polícia não tem sólidas evidências de que cometeram o crime e oferece a cada um separadamente a chance de confessar e delatar o outro. Se nenhum confessar, ambos serão condenados por causa de um delito menor, pegando dois anos de cadeia cada um. Se ambos confessarem, pegarão uma pena maior por causa da maior gravidade do delito, mas terão um redutor na pena por terem cooperado com a investigação. Neste caso, cada um passará seis anos na cadeia. Se um confessar e o outro não, o que confessou pegará apenas um ano de cadeia e o outro pegará dez anos. A tabela 2 abaixo mostra a forma normal deste jogo, onde os anos de cadeia são representados com valores negativos.

Tabela 2. O Dilema dos Prisioneiros

		Paulo	
		Confessa	Não Confessa
Pedro	Confessa	-6,-6	-1,-10
	Não Confessa	-10,-1	-2,-2

Payoffs:(Pedro, Paulo), em anos de cadeia

Neste jogo, ambos os prisioneiros têm uma estratégia dominante que é confessar. A solução natural então é ambos confessarem e pegarem seis anos de cadeia cada. Entretanto, ambos (coletivamente) estariam melhor se não confessassem, pois pegariam apenas dois anos cada um.

Qualquer jogo com uma estrutura de payoffs como a da Tabela 2 pode ser descrito como um dilema dos prisioneiros. As características essenciais do dilema dos prisioneiros são: i) cada jogador tem duas estratégias – cooperar com o outro (no exemplo dado, negar participação no crime ou não confessar) ou não cooperar (no caso, delatar o outro ou confessar), ii) cada jogador tem uma estratégia dominante (no caso, confessar), e iii) a solução de equilíbrio de estratégias dominantes é pior para cada um dos jogadores do que a situação fora de equilíbrio onde ambos cooperam. O dilema dos prisioneiros é uma estrutura de análise muito importante em teoria dos jogos, pois ele aparece em inúmeras situações de natureza econômica, política social e jurídica.

2.3. O Equilíbrio de Nash

O objetivo da análise de um jogo é prever o seu resultado, ou seja, quais serão as estratégias adotadas pelos jogadores e os *payoffs* resultantes. Para identificar os "resultados prováveis" de um jogo, utiliza-se o conceito de **Equilíbrio de Nash**. Em um equilíbrio de Nash, cada jogador escolhe uma estratégia que dá o maior *payoff* possível, dadas as estratégias escolhidas pelos outros jogadores. Em um equilíbrio de Nash, cada jogador está satisfeito com sua escolha estratégica, dado o que os outros jogadores escolheram. Em outras palavras, em um equilíbrio de Nash nenhum jogador gostaria de mudar sua estratégia quando souber o que seus rivais fizeram. Desta forma, a noção de equilíbrio de Nash é um critério natural para a previsão do resultado de um jogo no qual cada jogador escolhe suas ações de forma independente, motivado pelo seu *payoff*. De fato, para teóricos de teoria dos jogos, o equilíbrio de Nash é o conceito fundamental para solução de jogos não cooperativos.

Existe uma ligação entre o equilíbrio de estratégias dominantes, descrito na seção anterior, e o equilíbrio de Nash: todo equilíbrio de estratégias dominantes é um equilíbrio de Nash, mas nem todo equilíbrio de Nash é um equilíbrio de estratégias dominantes. Podemos usar o dilema dos prisioneiros (tabela 2) para mostrar esta ligação. Dado que Pedro escolhe "confessar", o melhor que Paulo pode fazer é "confessar" também (pois ele pega seis anos de cadeia em vez de dez, caso decida não confessar), e dado que Paulo escolhe "confessar", o melhor que Pedro pode fazer é "confessar" também (pelo mesmo motivo de Paulo). Desta forma, mostramos que o equilíbrio resultante de estratégias dominantes no dilema dos prisioneiros é um equilíbrio de Nash. Por outro lado, nem todo equilíbrio de Nash é um equilíbrio de estratégias dominantes, pois nem todo jogo tem estratégias dominantes, existem jogos que têm um ou mais equilíbrios de Nash e jogos que não têm equilíbrio de Nash. O dilema dos prisioneiros é um caso particular, pois tem apenas um equilíbrio de Nash que é o equilíbrio de estratégias dominantes.

2.4. Jogos com Múltiplos Equilíbrios de Nash

Existem jogos que apresentam mais do que um equilíbrio de Nash, são chamados de jogos de múltiplos equilíbrios e aparecem em vários contextos distintos. O primeiro caso importante é aquele onde os equilíbrios não apresentam conflitos de interesse entre os jogadores, pois todos eles preferem o mesmo equilíbrio. Este jogo é conhecido como o "jogo da confiança" e será analisado a seguir. Outro tipo distinto de jogo é conhecido por "*chicken*", onde cada jogador prefere um equilíbrio diferente. Outra possibilidade é o jogo conhecido por "batalha dos sexos", onde cada jogador prefere um equilíbrio distinto, mas ao contrário do jogo "chicken", os equilíbrios são preferíveis a resultados fora de equilíbrio.

2.4.1. O Jogo da Confiança

Um exemplo deste tipo de jogo é a corrida bancária. Historicamente, crises bancárias estão associadas a corridas bancárias, onde os clientes depositantes correm aos bancos para retirar seus depósitos, por causa do medo de não existirem recursos disponíveis caso não saquem logo. Frequentemente, crises bancárias geram grandes impactos sobre a atividade econômica de um país, como a Grande Depressão dos anos 1930 e mais recentemente a Crise Financeira de 2007-2008 nos Estados Unidos[1]. A tabela 3 abaixo apresenta a forma normal do jogo da confiança, usando como exemplo uma corrida bancária.

Tabela 3. O jogo da Confiança: A Corrida Bancária			
		Depositante 2	
		Sacar	Não Sacar
Depositante 1	Sacar	R$25, R$25	R$50, R$0
	Não Sacar	R$0, R$50	R$100, R$100
Payoffs: (Depositante 1, Depositante 2), Retorno de cada R$100 depositados			

---

1. Existe, no entanto, uma diferença importante nestas duas crises: na Grande Depressão, corridas bancárias ocorreram sobre bancos comerciais, enquanto que na crise de 2007-2008 as corridas bancárias ocorreram predominantemente sobre o "sistema bancário sombra" (*shadow banking system*), em particular sobre bancos de investimento, como o Lehman Brothers.

O jogo da corrida bancária pode ser descrito da seguinte maneira. Duas pessoas depositaram R$100 em um banco, o banco pegou este dinheiro e fez um investimento. Se ambos depositantes deixarem seu dinheiro no banco, eles poderão sacar os recursos integralmente no futuro, obtendo todo o montante depositado. Se ambos sacarem seus recursos ao mesmo tempo (que é uma corrida bancária), o banco precisará liquidar o investimento, o que levará à sua falência. Neste caso, cada depositante consegue obter apenas R$25 do total do depósito efetuado. Se um depositante quiser sacar seus recursos e o outro não, o banco ainda deve liquidar o investimento e irá falir. O depositante que tentou sacar consegue retirar R$50 apenas e o outro que deixou seu dinheiro no banco perde todo o montante.

A inspeção célula por célula deste jogo na Tabela 3 revela que existem dois equilíbrios de Nash. O primeiro equilíbrio de Nash é (Sacar, Sacar). Se o depositante 1 escolher "Sacar", o melhor que o depositante 2 pode fazer é "Sacar" também, e se o depositante 2 escolher "Sacar", o melhor que o depositante 1 pode fazer é "Sacar" também. O segundo equilíbrio de Nash é (Não Sacar, Não Sacar). Se o depositante 1 escolher "Não Sacar", o melhor que o depositante 2 pode fazer é "Não Sacar" também, e se o depositante 2 escolher "Não Sacar", o melhor que o depositante 1 pode fazer é "Não Sacar" também.

Ambos depositantes preferem o equilíbrio onde nenhum deles saca seus recursos do banco (que dá um retorno coletivo de R$200), mas o problema é que este resultado não é garantido. Se um depositante acreditar, por algum motivo, que o outro irá sacar, o melhor que ele pode fazer é sacar também e o equilíbrio de Nash perverso (que dá um retorno coletivo de R$50) torna-se a solução do jogo. Assim sendo, um resultado desta aplicação de teoria dos jogos é que corridas bancárias podem ocorrer, mesmo considerando que os depositantes agem racionalmente e que uma corrida bancária piora a vida de todos os depositantes.

Este é um jogo onde coordenação é desejável para alcançar um equilíbrio melhor. Coordenação pode ocorrer quando este equilíbrio for um ponto focal, que depende de convergência de expectativas dos jogadores. No nosso exemplo, é necessário que o depositante 1 acredite que o depositante 2 não irá sacar e vice-versa. Entretanto, fatores externos ao jogo podem fazer com que as expectativas mudem e o ponto focal mude para o equilíbrio perverso, como a crise financeira de 2007-2008 nos mostrou. Outra possibilidade é mudar as características do jogo. Movimentos estratégicos são ações tomadas pelos jogadores para influenciar o resultado do jogo. Considerando o jogo da confiança de forma abstrata, sem levar em consideração o exemplo específico de corrida bancária, um movimento estratégico consistiria em um jogador estabelecer um compromisso crível de jogar a estratégia do equilíbrio ótimo induzindo, portanto, o rival a fazer o mesmo. Com um compromisso crível da parte de um dos jogadores, a estratégia que leva ao equilíbrio pior é simplesmente eliminada do jogo, reduzindo o número de equilíbrios. Outra forma de mudar as características do jogo é pela mudança da estrutura de *payoffs*. No exemplo da corrida bancária isto consistiria na introdução de legislação de seguro depósito, que estabelece que depósitos não sofrerão perdas em caso de falência bancária. Assim sendo, elimina-se a necessidade de corridas bancárias[2].

De maneira geral, qualquer jogo com múltiplos equilíbrios – não apenas, portanto, o jogo da confiança – requer a existência de um ponto focal de convergência de expectativas para que um determinado equilíbrio resulte como solução do jogo.

2.4.2. O Jogo "Chicken"

O jogo "*chicken*" também é um jogo com múltiplos equilíbrios, mas em relação ao jogo da confiança ele adiciona novas considerações estratégicas. No Jogo "*chicken*", o problema de convergência de expectativas é mais complicado, pois cada jogador pode preferir um equilíbrio diferente. O jogo "*chicken*" original é baseado na seguinte situação. Dois adolescentes, Pedro e Paulo, devem provar sua coragem aos seus amigos. Eles pegam seus carros e entram em rota de colisão, em alta velocidade. Se um carro desvia do outro, o motorista é considerado covarde ("*chicken*") pelos amigos, enquanto que o outro é considerado corajoso e vira herói. Se ambos desviam da colisão, nada é provado e ninguém perde nem ganha nada. Se nenhum dos dois desvia, a colisão ocorre e eles podem até morrer. A Tabela 4 abaixo mostra a forma normal do jogo "*chicken*".

Tabela 4. O jogo "Chicken"			
		Paulo	
		Desvia	Não Desvia
Pedro	Desvia	0,0	-10,30
	Não Desvia	30,-10	-150,-150
Payoffs: (Pedro, Paulo), em unidades de utilidade			

Como este jogo é resolvido? Inicialmente, é importante notar que os jogadores não têm estratégias dominantes. Em seguida, a inspeção célula por célula revela que existem dois equilíbrios de Nash: no primeiro, Pedro desvia e Paulo não desvia (seus *payoffs* são -10 e 30, respectivamente); no segundo, Pedro não desvia e Paulo desvia (seus *payoffs* são 30 e -10, respectivamente). Para verificar que ambas as soluções são equilíbrios de Nash, note que no primeiro resultado, se Pedro desviar o melhor que Paulo pode fazer é não desviar, pois obtém um payoff de 30, em vez de 0 caso não desvie. Adicionalmente, se Paulo não desviar, o melhor que Pedro pode fazer é desviar, pois obtém um payoff de -10, em vez de -150 caso não desvie também. O mesmo raciocínio serve para mostra que o segundo resultado (Pedro não desvia e Paulo desvia) também é um equilíbrio de Nash. O problema central deste jogo é que

---

2. No caso da crise de 2007-2008, o pânico bancário (que é uma corrida a vários bancos simultaneamente) que seguiu a liquidação do Lehman Brothers foi influenciado pelo fato que a legislação de seguro depósito vigente afetava apenas o sistema bancário tradicional, mas não bancos de investimento.

Pedro prefere o segundo equilíbrio, enquanto Paulo prefere o primeiro. Cada jogador prefere o equilíbrio onde o outro é chamado de covarde ("chicken").

Assim como no jogo da confiança, coordenação é necessária para que algum equilíbrio seja alcançado. Portanto, os jogadores precisam arrumar algum método para levar o jogo para um dos dois equilíbrios, embora cada jogador prefira um equilíbrio diferente. Adicionalmente, ambos os jogadores tentarão evitar que o resultado ruim (a colisão) ocorra. Novamente, algumas técnicas podem ser úteis para ajudar a chegar a um equilíbrio e as usuais são a criação de regras (para alterar os *payoffs* do jogo), movimentos estratégicos (como o estabelecimento de compromissos críveis) e pontos focais. Por exemplo, um compromisso crível para alcançar o melhor equilíbrio no jogo "*chicken*" consiste na criação de reputação de ser corajoso e fazer o rival acreditar que o jogador não irá desviar. Outra forma de resolver o jogo consiste em torná-lo repetido. Se o jogo do exemplo for jogado em cada sábado à noite, os adolescentes, sabendo do passado do jogo e que ele continuará sendo jogado no futuro, podem se beneficiar deste conhecimento. Eles podem, por exemplo, alternar entre os dois equilíbrios, jogando "*chicken*" em um final de semana e provando sua coragem no outro. Desta forma, repetição do jogo pode ser crucial para que uma solução de comum acordo seja alcançada.

2.4.3.   O Jogo da Batalha dos Sexos

O jogo da batalha dos sexos também apresenta equilíbrios múltiplos onde cada jogador prefere um equilíbrio distinto, porém diferentemente do jogo "*chicken*" os jogadores compartilham interesses comuns, de forma que eles preferem escolher a mesma estratégia a fazerem coisas diferentes. Novamente, surge a necessidade de cooperação.

Este jogo é baseado originalmente na seguinte situação. O marido prefere assistir luta livre na televisão a ver novela, a esposa prefere assistir novela à luta livre. Ambos preferem assistir um programa juntos a fazer algo separados. A forma normal deste jogo é descrita pela Tabela 5 abaixo.

Tabela 5. O jogo da Batalha dos Sexos

		Esposa	
		Luta Livre	Novela
Marido	Luta Livre	2,1	0,0
	Novela	0,0	1,2

Payoffs: (Marido, Esposa), em ordem de preferências

Note que os jogadores não têm estratégias dominantes e que (luta livre, luta livre) e (novela, novela) são os dois equilíbrios de Nash. O marido prefere o primeiro equilíbrio enquanto que a esposa prefere o segundo, e ambos não desejam um resultado fora da diagonal principal da tabela 5. Na estrutura analítica dada pelo jogo da batalha dos sexos, surge também a necessidade de coordenação, que pode emergir de regras, movimentos estratégicos e pontos focais. Neste jogo existe ainda espaço para barganha, e tornar o jogo repetitivo ajuda também os cônjuges a escolher o conjunto de estratégias que melhore o *payoff* dos dois.

2.5. Jogos sem Equilíbrio de Nash de Estratégias Puras

Até agora foram discutidos jogos com um ou mais equilíbrios de Nash. Mais especificamente, foram discutidos jogos com estratégias puras, que especificam cursos não aleatórios de ação para cada jogador, isto é, cada escolha estratégica a cada instante de tempo é feita com certeza. Por outro lado, existem jogos onde as escolhas das estratégias são feitas de acordo com probabilidades específicas. Neste caso, as escolhas das estratégias são chamadas de estratégias mistas. Considere como exemplo o jogo "Pedra, Papel e Tesoura", cuja forma normal é descrita pela Tabela 6 abaixo.

		Tabela 6. O jogo Pedra, Papel e Tesoura		
		Paulo		
		Pedra	Papel	Tesoura
	Pedra	0,0	-1,1	1,-1
Pedro	Papel	1,-1	0,0	-1,1
	Tesoura	-1,1	1,-1	0,0
Payoffs: (Pedro, Paulo)				

Este jogo infantil funciona da seguinte forma. Duas crianças (chamadas aqui de Pedro e Paulo) devem escolher entre pedra, papel e tesoura e sinalizar simultaneamente com a mão suas escolhas. Os *payoffs* são determinados da seguinte maneira: se as duas escolherem o mesmo objeto, o resultado é empate e os *payoffs* são zero para ambos. Caso contrário, o jogo procede de acordo com os seguintes critérios: pedra quebra a tesoura (pedra ganha), tesoura corta o papel (tesoura ganha) e papel embrulha a pedra (papel ganha). Quem escolher o objeto ganhador obtém um ponto e o outro jogador perde um ponto. Neste jogo é imediato notar que os jogadores não têm estratégias dominantes. Adicionalmente, a inspeção célula por célula indica que também não há equilíbrios de Nash de estratégias puras. Por exemplo, se Pedro jogar sempre Pedra, o melhor que Paulo pode fazer é jogar Papel (papel embrulha a pedra), se Paulo jogar Papel, o melhor que Pedro pode fazer é jogar Tesoura (tesoura corta o papel), mas se Pedro jogar Tesoura, o melhor que Paulo pode fazer é jogar Pedra (pedra quebra a tesoura) e se Paulo jogar Pedra o melhor que Pedro pode fazer é jogar Papel (papel embrulha a pedra) e assim por diante. Na ausência de equilíbrios de Nash de estratégias puras, como as crianças jogam este jogo? Elas usam estratégias mistas, ou seja, tornam a escolha das estratégias aleatória. Por que? Se Pedro jogar sempre uma mesma estratégia, seu *payoff* será negativo, pois Paulo irá escolher sempre a estratégia ganhadora. O truque é tentar surpreender o rival, jogando aleatoriamente. O equilíbrio de Nash de estratégias mistas decorre da escolha apropriada das probabilidades de cada estratégia pura (pedra, papel e tesoura). Especificamente, o equilíbrio de Nash de estratégias mistas deste jogo é cada criança jogar aleatoriamente cada estratégia pura (pedra, papel e tesoura) com 1/3 de probabilidade cada. Embora a parte analítica deste jogo seja um pouco mais difícil do que a solução dos jogos anteriores é curioso o fato que crianças aprendem rapidamente a alcançar o equilíbrio de Nash de estratégias mistas!

Jogos sem equilíbrios de Nash de estratégias puras também têm sua relevância. Em esportes, em particular, a capacidade de surpreender os rivais é parte essencial do jogo, seja ele tênis, basquete ou futebol. Adicionalmente, o sucesso de auditoria e patrulhamento policial em alcançar seus objetivos depende da perspectiva de surpreender nos seus rivais.

2.6. Jogos Repetidos: Lições do Dilema dos Prisioneiros

Uma lição importante do dilema dos prisioneiros é que o autointeresse dos jogadores pode entrar em conflito com o interesse coletivo e o equilíbrio resultante de um jogo pode não ser o melhor possível para todos os jogadores. Mas este resultado depende do fato que o dilema dos prisioneiros, como discutido na seção II.2, é um jogo de rodada única. No jogo do Cartel, discutido naquela seção (ver Tabela 1), o equilíbrio de estratégias dominantes (o equilíbrio de Nash do jogo) é aquele onde ambas as firmas estabelecem preços competitivos, não conseguindo, portanto, sustentar o cartel. Mas em inúmeras situações de mercado, firmas conseguem de fato criar cartéis. O problema do jogo do cartel como discutido na seção II.2 é que é um jogo sem repetição, de rodada única. Se os jogadores puderem interagir repetidas vezes este resultado pode mudar, pois eles podem usar o histórico do jogo para guiar suas escolhas estratégicas no futuro, o que amplia bastante o leque de opções disponíveis.

Considere novamente o jogo do cartel, da Tabela 1, que será reproduzido abaixo com uma pequena modificação, para tornar sua interpretação mais geral. Em vez de "preço competitivo" e "preço de cartel", as estratégias aqui serão chamadas de "trapacear" e "cooperar", respectivamente. Para cada firma, a estratégia dominante é "trapacear", embora os lucros conjuntos sejam maximizados quando ambos jogam "cooperar". A estrutura deste jogo é a do dilema dos prisioneiros.

Tabela 7. O Jogo do Cartel

		Firma Y	
		Trapacear	Cooperar
Firma X	Trapacear	$15, $15	$20, $12
	Cooperar	$12, $20	$18, $18

Payoffs: (Firma X, Firma Y), em milhões de Reais

Suponha que agora, em vez do jogo ser jogado apenas uma única vez, ele será jogado repetidamente ao longo do tempo. Isto introduz a possibilidade de que os jogadores possam desenvolver estratégias de equilíbrio que sustentem a cooperação. Neste sentido, uma estratégia possível é a de "punição eterna" (*grim trigger*), que funciona da seguinte maneira. A firma X acredita que a firma Y irá usar a seguinte estratégia: "vou começar cooperando (cobrando preço de cartel) e continuarei a cooperar até que a firma X trapaceie (cobrando preço competitivo). Então irei puni-la trapaceando em todos os períodos daí para frente." Esta estratégia é chamada de "punição eterna", pois faz com que apenas um episódio de trapaça elimine todas as possibilidades de cooperação futuras. A Figura 1 abaixo mostra os *payoffs*, ao longo do tempo, da firma X se a firma Y seguir esta estratégia. O cálculo relevante para a escolha estratégia da firma X passa a ser a ponderação entre o ganho de curto prazo de trapacear (ela tem um lucro de R$20 em vez de R$18 se cooperar) e as perdas futuras decorrentes da ausência de cooperação (todo o fluxo de lucro futuro de R$15 menos o fluxo de lucro futuro de R$18 decorrente da sustentação de cooperação). Aqui é difícil prever qual estratégia será escolhida pela firma X sem saber como ela avalia os *payoffs* corrente e futuros. Se ela valorizar *payoffs* futuros mais do que o *payoff* corrente, então ela irá decidir pela manutenção da cooperação. O simples fato de termos transformado um jogo como o dilema dos prisioneiros de rodada única- onde existe um conflito entre os interesses individuais e coletivos – em um jogo repetido mostra que cooperação também pode emergir do autointeresse dos jogadores, eliminando este conflito de interesses.

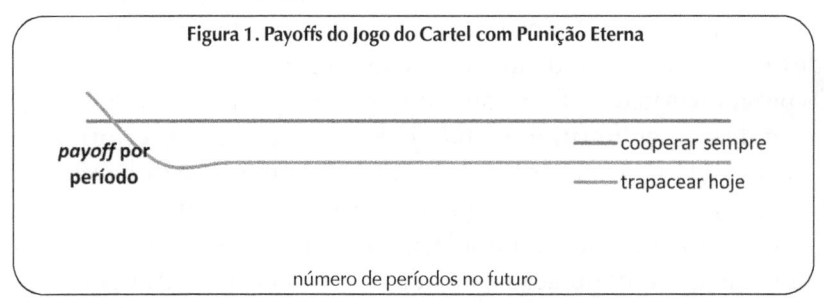

Figura 1. Payoffs do Jogo do Cartel com Punição Eterna

payoff por período ——— cooperar sempre

——— trapacear hoje

número de períodos no futuro

De maneira geral, a probabilidade de que cooperação seja sustentada em jogos repetidos do tipo dilema dos prisioneiros aumenta com:

i. A paciência dos jogadores. Quanto maior for a paciência dos jogadores, mais eles valorizarão *payoffs* futuros em relação ao *payoff* corrente. Isto significa que os ganhos correntes de trapacear podem não ser considerados grandes o suficiente em relação aos custos futuros da ausência de cooperação, induzindo, portanto, à cooperação.

ii. A frequência das interações entre os jogadores. Se os jogadores interagirem frequentemente, o período de tempo entre uma interação e outra tende a ser pequeno, o que reduz os ganhos da trapaça a cada período.

iii. A facilidade de detecção de trapaças. Quanto mais fácil for detectar trapaças, mais rapidamente as estratégias de punição podem entrar em ação, reduzindo os ganhos de curto prazo da trapaça.

Outra estratégia muito conhecida para jogos repetidos do dilema dos prisioneiros é a "*tit for tat*". Nesta estratégia a punição não é eterna e ela pode ser descrita da seguinte maneira: "Comece cooperando. Se o rival trapacear, puna-o no próximo período não cooperando, e volte a cooperar assim que ele o fizer". Na estratégia "*tit for tat*" a punição dura apenas um único período e perdão é parte integrante da estratégia. É importante mencionar que "*tit for tat*" também pode sustentar cooperação e que sua probabilidade aumenta com as três condições listadas acima.

Uma questão que pode ser levantada é qual a melhor estratégia em jogos deste tipo. Punição eterna, *tit for tat* ou alguma outra mais sofisticada? Experimentos com simulações de computador foram efetuados, contrapondo estratégias muito simples até as mais sofisticadas em jogos do tipo dilema dos prisioneiros. O mais famoso destes experimentos foi conduzido por Robert Axelrod, da University of Michigan. Ele convidou pessoas a submeterem programas de computador com estratégias para jogarem o dilema dos prisioneiros com um número grande de repetições. Cada programa jogou contra todos os outros e o resultado final foi surpreendente: a estratégia vencedora foi *tit for tat*, que era a mais simples de todas. Programas ansiosos por trapacear eram os primeiros a fazê-lo e conseguiam obter o maior *payoff* no curto prazo, mas acabavam por ter um desempenho ruim quando foi computado o resultado agregado de todos os jogos. Por outro lado, programas "legais" que sempre cooperavam eram pesadamente explorados pelos outros. Robert Axelrod anunciou o resultado do torneio e convidou novamente as pessoas para criarem estratégias para um segundo torneio. Todos tiveram a oportunidade de bolar estratégias para ganhar de *tit for tat*. O resultado foi novamente surpreendente: *Tit for tat* ganhou de novo! Os programas mais sofisticados conseguiram ganhar de *tit for tat* por pouco, mas tiveram desempenho ruim quando jogaram entre si. Posteriormente, Robert Axelrod organizou um torneio diferente onde cada programa tinha várias cópias. A alocação de programas para cada jogo foi feita aleatoriamente e os programas com melhor desempenho tinham sua população aumentada, enquanto que os de desempenho ruim tinham sua população reduzida. Este torneio procurou simular evolução e seleção natural. No início, os programas trapaceiros levaram vantagem em cima dos programas legais, fazendo com que sua população fosse crescendo enquanto que a de programas legais fosse decaindo. Depois de várias rodadas, com o número de programas trapaceiros crescendo, eles começaram a ser emparceirados uns contra os outros com maior frequência e começaram a ter um desempenho cada vez pior. Quando isto aconteceu, o programa *tit for tat* passou a ter um desempenho melhor do que os outros e finalmente venceu novamente o torneio. Qual é o segredo desta estratégia? *Tit for tat* está baseada nos seguintes ideais para o desenho de uma boa estratégia para o dilema dos prisioneiros repetido:

i. Não seja invejoso. *Tit for tat* não tenta obter melhor *payoff* do que o do rival, ela apenas tenta fazer o melhor para si.

ii. Não seja o primeiro a trapacear (não cooperar). *Tit for tat* começa o jogo cooperando.

iii. Use reciprocidade, tanto na cooperação quanto na sua ausência. *Tit for tat* não coopera apenas como forma de punição a trapaças prévias, voltando a cooperar quando há cooperação da outra parte.

iv. Não seja muito esperto. *Tit for tat* é muito simples e fácil para ser entendida pelos rivais, o que encoraja cooperação ao evitar erros de interpretação.

Entretanto, *tit for tat* sofre de um problema sério. Suponha que, em um jogo onde ambos os jogadores usam a estratégia *tit for tat*, ocorre uma situação onde um jogador deseja cooperar, mas cometeu um erro que aos olhos do outro é uma trapaça. Com *tit for tat*, o segundo jogador inicia a retaliação que, por sua vez, é entendida como trapaça pelo primeiro. Segue-se uma sequência de punições e retaliações de parte a parte e o equilíbrio resultante das estratégias *tit for tat* é ruim, com baixo *payoff* para ambos. Quando Robert Axelrod rodou outro torneio onde ocorriam erros aleatórios, *tit for tat* foi derrotada por programas mais legais, que toleravam trapaças ocasionais e retaliavam apenas quando tinham certeza da intenção dos rivais de levar vantagem da disposição em cooperar.

2.7. Nem Tudo é o Que Parece Ser: Mais Lições do Dilema dos Prisioneiros

Com frequência observamos anúncios de firmas, em particular lojas e supermercados, dizendo: "cobrimos os preços da concorrência". Aparentemente, firmas que fazem isto estão competindo via preços e buscam estabelecer preços competitivos. Será? Um jogo como o dilema dos prisioneiros pode revelar algo mais. Considere novamente o jogo do cartel, que será reproduzido abaixo na Tabela 8 com outra pequena modificação, para tornar sua interpretação próxima do exemplo em questão. Em vez de "preço competitivo" e "preço de cartel", as estratégias aqui serão chamadas de "preços baixos" e "preços altos", respectivamente. Estas estratégias são anunciadas em folhetos de propaganda. Para cada firma, a estratégia dominante é "preços baixos", embora os lucros conjuntos sejam maximizados quando ambos jogam "preços altos". A estrutura deste jogo é, como antes, a do dilema dos prisioneiros.

Tabela 8. O Jogo do Cartel			
		Firma Y	
		Preços Baixos	Preços Altos
Firma X	Preços Baixos	$15, $15	$20, $12
	Preços Altos	$12, $20	$18, $18
Payoffs: (Firma X, Firma Y), Lucros em milhões de Reais			

Suponha agora que ambas as firmas possam introduzir uma nova política de propaganda que diga que a firma irá cobrir os preços anunciados pela concorrência de produtos idênticos, quando o consumidor apresentar o anúncio de propaganda do rival. Neste caso, o jogo do cartel é modificado pela introdução de uma nova estratégia, que é "cobrir os preços da concorrência", ou simplesmente "cobrir preços". Esta estratégia é anunciada nos folhetos de propaganda que dizem, por exemplo: "No supermercado XYZ, preços baixos todo dia. Cobrimos as ofertas da concorrência". Considere agora o jogo quando as estratégias disponíveis às firmas são "Preços Baixos", "Preços Altos" e "Cobrir Preços", como na Tabela 9 abaixo. A estratégia de cobrir os preços permite que a firma faça propaganda com preços altos, mas se comprometa a cobrir qualquer preço mais baixo da firma rival, de forma que quando uma firma escolhe "Preços Baixos" e a outra escolhe "Cobrir Preços", o resultado dos *payoffs* é idêntico ao caso onde ambas escolhem "Preços Baixos". Por outro lado, se uma firma anunciar que irá cobrir os preços da outra e a outra escolher "Preços Altos", o resultado dos *payoffs* é idêntico ao caso onde ambas escolhem "Preços Altos". Finalmente, se ambas as firmas fizerem propaganda com preços altos e se comprometam a cobrir quaisquer preços mais baixos da firma rival, o resultado dos *payoffs* é idêntico ao caso onde ambas escolhem "Preços Altos". A Tabela 9 abaixo apresenta a forma normal deste novo jogo.

Tabela 9. O Jogo do Cartel com a Política "Cobrimos os Preços da Concorrência"

		Firma Y		
		Preços Baixos	Preços Altos	Cobrir Preços
Firma X	Preços Baixos	$15, $15	$20, $12	$15, $15
	Preços Altos	$12, $20	$18, $18	$18, $18
	Cobrir Preços	$15, $15	$18, $18	$18, $18

Payoffs: (Firma X, Firma Y), lucros em milhões de Reais

A solução deste começa pela busca de estratégias dominantes e dominadas. Nenhuma firma tem uma estratégia dominante, mas ambas têm uma estratégia fracamente dominada. Especificamente, "Preços Altos" é fracamente dominada por "Cobrir Preços" para ambas as firmas. Ao se eliminar estas estratégias, é fácil notar que "Preços Baixos" passa a ser fracamente dominada também por "Cobrir Preços". O equilíbrio de Nash resultante é ambas as firmas cobrarem preços altos com a política de cobrir os preços da concorrência. Desta forma, a política de cobrir os preços da concorrência, embora anunciada como prática competitiva com o objetivo de reduzir os preços ao consumidor, pode ser vista como um mecanismo para garantir cooperação entre firmas para cobrarem preços mais elevados e obterem lucros de cartel, às custas dos consumidores. Na análise do dilema dos prisioneiros, nem tudo é o que parece ser!

3. JOGOS DE MOVIMENTOS SEQUENCIAIS

Até agora foram analisados jogos de movimentos simultâneos, onde um jogador não conhece a decisão do rival antes de tomar a sua. Entretanto, existem jogos onde um jogador decide sobre suas ações após tomar conhecimento das ações dos rivais e são chamados de jogos de movimentos sequenciais. Nestes jogos, o valor estratégico de ser o primeiro a jogar pode ser muito grande e os jogadores podem criar mecanismos para manipular a ordem dos movimentos em seu favor.

3.1. Votação no Congresso Como um Jogo Sequencial

Em jogos sequenciais, os jogadores alternam movimentos (como no jogo de xadrez) e podem observar o que os outros fizeram antes deles. Inúmeras interações em economia, política, direito e esportes envolvem jogos sequenciais. O objetivo desta seção é usar as ferramentas de teoria dos jogos para analisar e resolver um jogo simples de votação no Congresso. O jogo da votação é o seguinte. Os deputados no Congresso devem votar um projeto de lei que aumenta seus próprios salários. Todos eles desejam o aumento, mas estão preocupados com a avaliação dos seus eleitores: a comoção social criada contra o aumento de salário dos deputados reduz a base de apoio e intenção de voto nas próximas eleições naqueles deputados que votaram a favor. O procedimento eleitoral consiste na regra da maioria com voto aberto e sequencial, isto é, cada deputado deve anunciar seu voto publicamente no plenário do Congresso, um após o outro. Neste caso, as diferenças ideológicas entre eles são pouco relevantes e todos têm a mesma ordem de preferências. Todos eles preferem que o projeto seja aprovado, mas é sempre melhor ter votado contra. Desta forma, pode-se estabelecer a estrutura de *payoffs* deste jogo na Tabela 10 abaixo – onde os valores mais altos refletem situações mais preferíveis.

Tabela 10. Estrutura de *Payoffs* dos Deputados no Jogo da Votação no Congresso	
Situação	*Payoffs*
O projeto foi aprovado e o deputado votou contra	4
O projeto foi aprovado e o deputado votou a favor	3
O projeto não foi aprovado e o deputado votou contra	2
O projeto não foi aprovado e o deputado votou a favor	1
Payoffs: Os valores ordenam as situações da mais preferível à menos preferível	

Jogos sequenciais são mais facilmente analisados quando árvores de decisão são utilizadas, sendo que elas representam a forma extensiva de um jogo. As árvores de decisão caracterizam todas as ações possíveis e todos os resultados possíveis de um jogo. As árvores de decisão consistem em nódulos e ramos. Os nódulos representam os pontos no jogo onde decisões são tomadas, por causa disto são chamados de nódulos de decisão. Os ramos de uma árvore de decisão representam as ações que podem ser tomadas em cada nódulo de decisão. Finalmente, nódulos de decisão são conectados por ramos. A Figura 2 abaixo descreve a árvore de decisão ou forma extensiva do jogo da votação no Congresso.

No jogo descrito pela Figura 2, existem três jogadores representados pelas letras A, B e C, sete nódulos de decisão representados como 1:1, 2:1, 2:2, 3:1, 3:2, 3:3 e 3:4 e os *payoffs* do jogo, associados a cada situação final. No nódulo inicial (o nódulo 1:1), o jogador (deputado) A deve tomar uma decisão, votar a favor ou contra o projeto. Se ele votar a favor, o próximo nódulo de decisão é o nódulo 2:1, onde agora é o deputado B quem deve tomar uma decisão, a favor ou contra o projeto. Se ele votar a favor, o próximo nódulo de decisão é o nódulo 3:1, onde o deputado C deve decidir se vota a favor ou contra o projeto. Se ele votar a favor, o jogo termina e os *payoffs* dos deputados A, B e C são (3,3,3), respectivamente. Geralmente, a lista dos *payoffs* segue a ordem na qual os jogadores fazem seus primeiros movimentos.

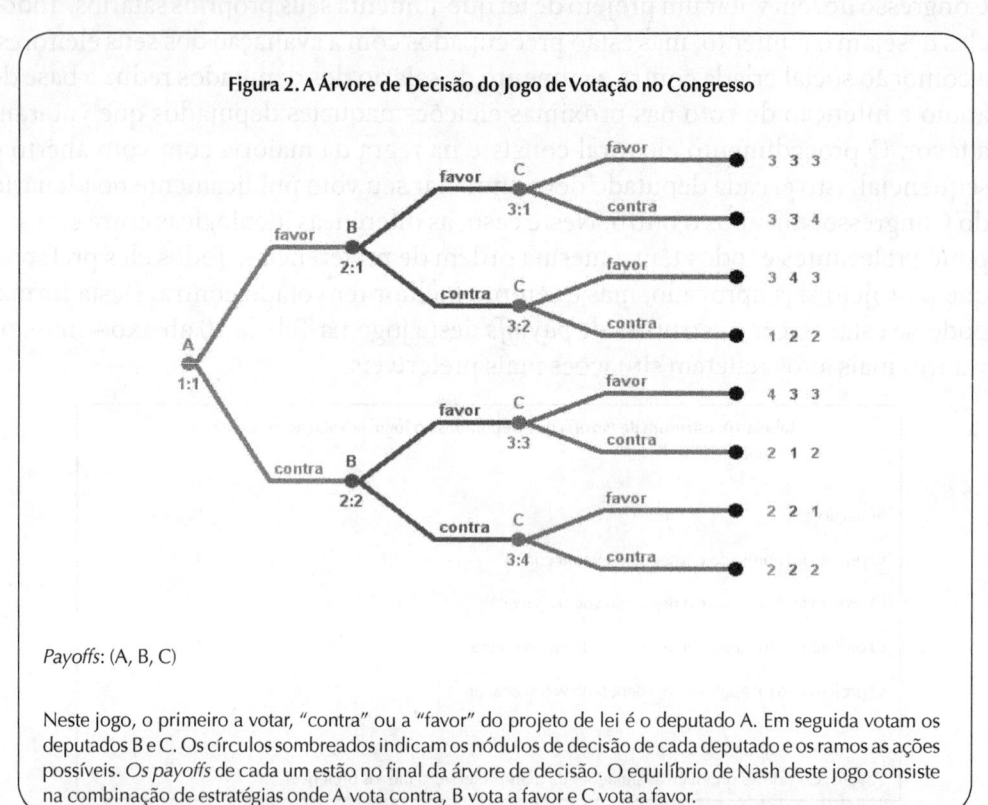

Figura 2. A Árvore de Decisão do Jogo de Votação no Congresso

Payoffs: (A, B, C)

Neste jogo, o primeiro a votar, "contra" ou a "favor" do projeto de lei é o deputado A. Em seguida votam os deputados B e C. Os círculos sombreados indicam os nódulos de decisão de cada deputado e os ramos as ações possíveis. *Os payoffs* de cada um estão no final da árvore de decisão. O equilíbrio de Nash deste jogo consiste na combinação de estratégias onde A vota contra, B vota a favor e C vota a favor.

Para que se possa analisar a árvore de decisão da Figura 2, o procedimento utilizado é o de indução retroativa, que consiste em "pensar para frente e resolver para trás". Na indução retroativa, a análise começa pelo último nódulo de decisão, resolvendo o jogo de trás para frente para encontrar a decisão ótima de cada jogador no nódulo específico, até chegar ao nódulo inicial. Para aplicar indução retroativa neste jogo, deve-se começar pelos últimos nódulos do jogo (3:1, 3:2, 3:3 e 3:4), onde o deputado C toma suas decisões. Em cada um destes nódulos, o deputado C deve escolher "a favor" ou "contra" o projeto de lei:

- Se o jogo estiver no nódulo 3:1, é porque os deputados A e B votaram a favor do projeto. Neste caso, a decisão ótima para o deputado C é votar contra, pois ele obtém um payoff de 4, contra 3 caso vote a favor.

- Se o jogo estiver no nódulo 3:2, é porque o deputado A votou a favor e o deputado B votou contra o projeto. Neste caso, a decisão ótima para o deputado C é votar a favor, pois ele obtém um payoff de 3, contra 2 caso vote contra.

- Se o jogo estiver no nódulo 3:3, é porque o deputado A votou contra e o deputado B votou a favor do projeto. Neste caso, a decisão ótima para o deputado C é votar a favor, pois ele obtém um payoff de 3, contra 2 caso vote contra.

- Se o jogo estiver no nódulo 3:4, é porque os deputados A e B votaram contra o projeto. Neste caso, a decisão ótima para o deputado C é votar contra também, pois ele obtém um payoff de 2, contra 1 caso vote a favor.

Sabendo agora quais são as escolhas ótimas do deputado C em cada nódulo de decisão seu, pode-se proceder analisando as decisões do deputado B nos nódulos 2:1 e 2:2:

- Se o jogo estiver no nódulo 2:1, é porque o deputado A votou a favor do projeto. Então a decisão ótima do deputado B é votar contra, pois ele obtém um *payoff* de 4 (pois no nódulo 3:2 a decisão ótima do deputado C é votar a favor do projeto), contra 3 caso vote a favor (pois no nódulo 3:1 a decisão ótima do deputado C é votar contra o projeto).

- Se o jogo estiver no nódulo 2:2, é porque o deputado A votou contra o projeto. Então a decisão ótima do deputado B é votar a favor, pois ele obtém um *payoff* de 3 (pois no nódulo 3:3 a decisão ótima do deputado C é votar a favor do projeto), contra 2 caso vote contra (pois no nódulo 3:4 a decisão ótima do deputado C é votar contra o projeto também).

Finalmente, sabendo quais são as escolhas ótimas dos deputados B e C em cada nódulo de decisão, pode-se proceder analisando a decisão do deputado A no nódulo *a*:

- A decisão ótima do deputado A é votar contra o projeto, pois ele obtém um *payoff* de 4 (as decisões ótimas dos deputados B e C então serão votar a favor do projeto), contra 3 caso vote a favor (a decisão ótima do deputado B então será votar contra e a do deputado C será votar a favor).

Desta forma, o resultado esperado do jogo é o deputado A iniciar votando contra, seguido dos deputados B e C que votarão a favor do projeto de lei. Os *payoffs* dos três serão então (4, 3, 3), respectivamente. Esta solução encontrada por indução retroativa é o equilíbrio de Nash do jogo: Se o deputado A votar contra o projeto e o deputado B votar a favor, o melhor que o deputado C pode fazer é votar a favor; se o deputado A votar contra o projeto e o deputado C votar a favor, o melhor que o deputado B pode fazer é votar a favor e, finalmente, se os deputados B e C votarem a favor do projeto, o melhor que o deputado A pode fazer é votar contra.

É digno de nota que, no equilíbrio de Nash deste jogo, quem faz o primeiro movimento obtém uma vantagem: o *payoff* do deputado A é 4, comparado com o *payoff* de 3 dos deputados B e C. Isto ocorre porque em um jogo sequencial as decisões dos jogadores estão temporalmente ligadas: O deputados B e C podem ver o que o deputado A fez e o deputado A conta com respostas racionais de B e C a qualquer ação que ele tome. A ação do deputado A é irreversível e observável, e isto permite que ele coloque os outros em uma sinuca de bico: para promover seus próprios interesses, B e C irão votar a favor do projeto para garantir sua aprovação, a despeito da reprovação de seus eleitores. Neste jogo, se os deputados pudessem escolher a ordem de votação, todos desejariam ser o primeiro a votar. Às vezes, até o anúncio público de intenções serve para influenciar as escolhas dos rivais. Por exemplo, antes de iniciar a votação, um deputado pode fazer um inflamado discurso público contra a imoralidade do aumento dos salários e assim forçar os outros deputados a arcar com o ônus de votar a favor.

Um movimento estratégico é uma ação tomada por um jogador no estágio inicial de um jogo, com o objetivo de alterar o comportamento dos rivais posteriormente, de forma a lhe beneficiar. O estabelecimento de um compromisso crível é um movimento estratégico feito para influenciar as escolhas dos rivais, pois ele equivale à remoção de alternativas disponíveis e pode alterar o jogo de forma a beneficiar quem o fez. A importância estratégica de eliminar alternativas de ação aparece em inúmeras situações em economia, relações internacionais, política e em particular estabelece uma importante função de coordenação social para o Direito. Considere o caso da introdução de legislação antissequestro (AS), que pode ser entendida como um movimento estratégico. A escala de preferências dos sequestradores e das famílias pode ser descrita pela Tabela 11 abaixo, onde *payoffs* mais elevados refletem situações mais preferíveis para cada jogador. Para as famílias, a melhor situação é a da inexistência de sequestros, mas caso houver um, a família do refém prefere pagar o resgate a ter seu familiar executado pelos sequestradores. Para os sequestradores, a melhor situação é sequestrar e receber o resgate, mas é preferível não sequestrar a sequestrar e não receber o resgate.

Tabela 11. Estrutura de *Payoffs* no Jogo do Sequestro

Situação	Payoffs	
	Sequestradores	Família
Sequestro com pagamento de resgate	3	2
Sequestro sem pagamento de resgate	1	1
Inexistência de sequestro	2	3

Payoffs: Os valores ordenam as situações da mais preferível à menos preferível

O jogo do sequestro é um jogo sequencial e é ilustrado na Figura 3 abaixo. O jogo começa com a decisão dos sequestradores, que envolve sequestrar ou não um refém. Se eles decidirem pelo sequestro, o próximo movimento pertence à família que deve decidir entre pagar ou não o resgate. Caso os sequestradores decidirem não sequestrar ninguém, o jogo termina. Pode-se proceder a análise usando a técnica de indução retroativa. A análise então começa no último nódulo de decisão, 2:1, onde a família do refém decide o que fazer, sendo que ela tem duas estratégias disponíveis, pagar ou não pagar o resgate. No nódulo 2:1, o melhor que a família pode fazer é pagar o resgate, pois ela obtém um *payoff* de 2, em vez de um *payoff* de 1 caso decida não pagar. Sabendo disto, no nódulo 1:1 os sequestradores decidem pelo sequestro, pois obtêm um *payoff* de 3, em vez de um *payoff* de 2 caso decidam não sequestrar. Desta forma, o equilíbrio de Nash deste jogo consiste na combinação de estratégias onde os sequestradores sequestram e as famílias pagam o resgate, gerando os *payoffs* de 3 e 2 para sequestradores e famílias, respectivamente.

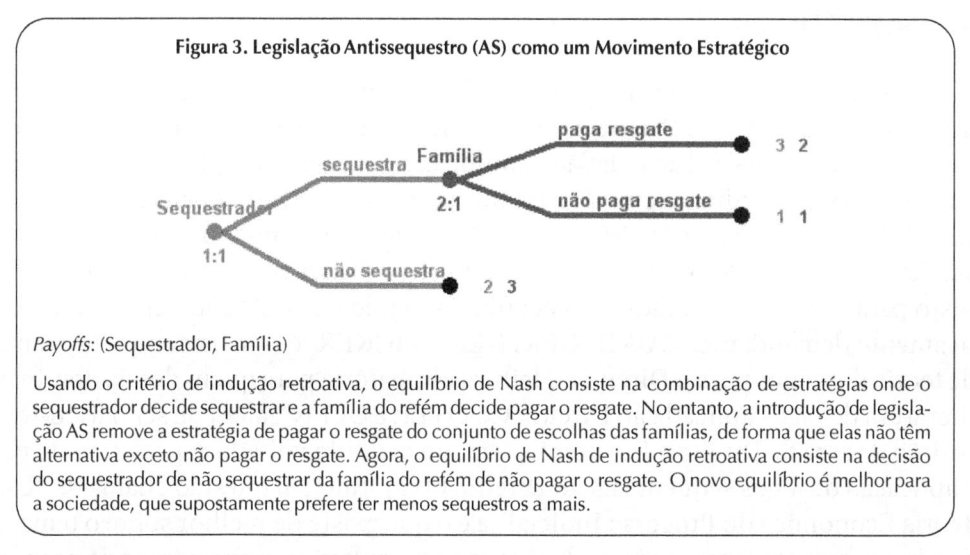

Figura 3. Legislação Antissequestro (AS) como um Movimento Estratégico

Payoffs: (Sequestrador, Família)

Usando o critério de indução retroativa, o equilíbrio de Nash consiste na combinação de estratégias onde o sequestrador decide sequestrar e a família do refém decide pagar o resgate. No entanto, a introdução de legislação AS remove a estratégia de pagar o resgate do conjunto de escolhas das famílias, de forma que elas não têm alternativa exceto não pagar o resgate. Agora, o equilíbrio de Nash de indução retroativa consiste na decisão do sequestrador de não sequestrar da família do refém de não pagar o resgate. O novo equilíbrio é melhor para a sociedade, que supostamente prefere ter menos sequestros a mais.

Embora possa existir um consenso na sociedade de que não se deva pagar o resgate para não tornar a indústria do sequestro uma atividade lucrativa, o fato é que a cada sequestro a família da vítima estará fortemente tentada a pagar o resgate para salvar a vida do familiar sequestrado. O problema é que a estratégia não pagar o resgate é estritamente dominada pela de pagar no caso de um sequestro e os sequestradores sabem disto. Portanto, o equilíbrio de Nash deste jogo é tal que sequestro passa a ser uma atividade cotidiana.

Para mudar o equilíbrio do jogo, a sociedade pode coletivamente remover a opção de cada família de pagar o resgate, estabelecendo um compromisso crível por meio da criação de legislação AS, que deve ser observável (de conhecimento público), fácil de entender e irreversível (pela firme disposição das autoridades em fazê-la cumprir). Por exemplo, esta legislação pode tornar indisponíveis os bens e contas bancárias dos familiares e amigos mais próximos e torná-los legalmente cúmplices dos sequestradores caso a polícia não seja imediatamente avisada ou houver negociações com os sequestradores. Na Figura 3, a introdução de legislação AS muda a estrutura do jogo do sequestro, ao eliminar da árvore de decisões a possibilidade de pagamento de resgate caso haja um sequestro. Extintas as opções estratégicas da família, caso os sequestradores decidam pelo sequestro seu *payoff* será igual a 1, pois a família não irá pagar o resgate. Desta forma, o melhor que os sequestradores podem fazer é abandonar a atividade. Neste novo equilíbrio de Nash com legislação AS, as chances de sucesso dos sequestradores são reduzidas e, portanto, menos sequestros serão realizados. Desta forma, a legislação pode alterar o jogo de forma induzir a um novo equilíbrio e, em consequência, tem importante valor estratégico. Da mesma forma, alguns países adquirem a reputação de não negociar com terroristas sob quaisquer circunstâncias, isto é, eles estabelecem um compromisso crível para impedir que organizações terroristas usem reféns para obter maiores concessões em negociações.

4. NOTAS FINAIS

Esta última seção tem o objetivo de indicar uma bibliografia básica em teoria dos jogos e aplicações ao Direito. DIXIT e NALEBUFF[3] é o texto de teoria dos jogos e estratégia mais acessível ao cidadão comum, com ótimos exemplos de várias áreas e com linguagem cotidiana sem, no entanto, comprometer seu rigor analítico. DIXIT, REILEY JR. e SKEATH[4] e HARRINGTON[5] são alguns dos melhores textos para uso acadêmico no nível de graduação. FUDENBERG e TIROLE[6] ainda é o mais completo texto para uso nos doutorados em economia, sendo de conteúdo denso e matematicamente demandante. BAIRD, GERTNER e PICKER[7] é o mais completo manual de teoria dos jogos para o Direito e é leitura obrigatória para quem deseja dominar a literatura de jogos aplicada ao Direito. COOTER e ULEN[8], além de ser o livro-texto padrão na área de Direito e Economia, tem um capítulo voltado especialmente para a aplicação de jogos sequenciais no Direito. O capítulo em questão chama-se "Uma Teoria Econômica do Processo Judicial" e é o que existe de melhor sobre o tema, ao combinar com elegância a teoria dos jogos e os resultados provenientes de pesquisa no Direito. BENOIT e KORNHAUSER[9] fazem uma resenha dos usos de teoria dos jogos cooperativos e não cooperativos na análise de regras e instituições legais, com uma boa seção sobre o Teorema de Coase analisado sob a abordagem de um jogo cooperativo.

3. DIXIT, A. e B. NALEBUFF. *The Art of Strategy*. W. W. Norton & Company, 2010.

4. DIXIT, A., D. REILEY JR. e S. SKEATH. *Games of Strategy*. W. W. Norton & Company, 2009.

5. HARRINGTON, J. *Games, Strategies, and Decision Making*. New York: Worth Publishers, 2009.

6. FUDENBERG, D. e J. TIROLE. *Game Theory*. Cambridge: The MIT Press, 1991.

7. BAIRD, D., R. GERTNER e R. PICKER. *Game Theory and the Law*. Cambridge: Harvard University Press, 1994.

8. COOTER, R. e T. ULEN. *Direito e Economia*. 5ª ed. Porto Alegre: Bookman, 2010.

9. BENOIT, J. e L. KORNHAUSER. *Game Theoretical Analysis of Legal Rules and Institutions*, in AUMANN, R. e S. HART (eds). *Handbook of Game Theory*. Elsevier Science B.V., 2002.

Finalmente, é importante salientar que teoria dos jogos provê uma estrutura de análise para estudar os efeitos de regras legais sobre o comportamento dos agentes e suas consequências. Em decorrência, o uso de teoria dos jogos no Direito pode beneficiar operadores do Direito – sejam eles advogados, juristas ou legisladores – ao permitir uma melhor compreensão dos efeitos de regras legais e ao permitir criá-las de forma a alcançar seus objetivos. Embora este capítulo tenha tocado apenas a superfície de uma vasta e crescente literatura, espera-se que o leitor sinta-se motivado a aprofundar seus conhecimentos no tema, começando com a bibliografia recomendada.

5. REFERÊNCIAS BIBLIOGRÁFICAS

BAIRD, D., R. GERTNER e R. PICKER. *Game Theory and the Law*. Cambridge: Harvard University Press, 1994.

BENOIT, J. e L. KORNHAUSER. *Game Theoretical Analysis of Legal Rules and Institutions*, in AUMANN, R. e S. HART (eds). *Handbook of Game Theory*. Elsevier Science B.V., 2002.

COOTER, R. e T. ULEN. *Direito e Economia*. 5ª ed. Porto Alegre: Bookman, 2010.

DIXIT, A. e B. NALEBUFF. *The Art of Strategy*. W. W. Norton & Company, 2010.

_____., D. REILEY JR. e S. SKEATH. *Games of Strategy*. W. W. Norton & Company, 2009.

FUDENBERG, D. e J. TIROLE. *Game Theory*. Cambridge: The MIT Press, 1991.

HARRINGTON, J. *Games, Strategies, and Decision Making*. New York: Worth Publishers, 2009.

5
ANÁLISE ECONÔMICA
E DIREITO COMPARADO[1]

Nuno Garoupa

Professor catedrático de Direito e Codiretor do Programa de Direito, Comportamento Humano e Ciências Sociais na Universidade de Illinois, Estados Unidos. Prêmio de Investigação da Comunidade de Madri "Julián Marías" 2010. Autor de mais de 70 artigos.

Tom Ginsburg

Professor catedrático de Direito Internacional – *Leo Spitz Professor of International Law*. Professor de Ciência Política na Universidade de Chicago, Estados Unidos. Autor de mais de 40 artigos.

Sumário: 1. Introdução: O que é o Direito e Economia? – 2. Análise Econômica e Direito Comparado em Nível Micro: Regras – 3. Análise Econômica e Direito Comparado em Nível Macro: Estrutura – 4. Conclusão – 5. Referências Bibliográficas.

1. INTRODUÇÃO: O QUE É O DIREITO E ECONOMIA?

O Direito e Economia, também chamado de Análise Econômica do Direito, estuda a resposta a duas questões fundamentais: (a) uma questão positiva, relacionada ao impacto das leis e regulamentos no comportamento dos indivíduos no que se refere a suas decisões e seus reflexos para a prosperidade social (*social welfare*); e (b) uma questão normativa, relacionada às relativas vantagens de normas em termos de eficiência e ganhos de prosperidade social. Para responder a essas duas questões, a Análise Econômica do Direito utiliza-se da metodologia de análise microeconômica. A análise microeconômica faz determinadas simplificações da realidade, a saber, que os indivíduos reagem a incentivos e tomam suas decisões de forma racional, comparando custos e benefícios diante de todas as informações disponíveis. Estudos mais recentes atenuaram a suposição de racionalidade completa dos agentes e tem adotado a hipótese mais realista de racionalidade limitada, no contexto da denominada *Behavioral Law and Economics*. Outra suposição é que a prosperidade da sociedade é calculada pela soma total da prosperidade de cada um de seus membros.[2]

---

1. Tradução por Fabrício Loureiro de Carvalho Freitas, bacharel em direito na PUCRS, pós graduando em Direito Empresarial pela UFGRS, pesquisador do grupo de estudos de Direito e Economia da PUCRS coordenado pelo Professor Luciano Benetti Timm.
2. SHAVELL, S. (2004) Foundations of Economic Analysis of Law (Harvard University Press).

O Direito e Economia é, atualmente, uma das mais influentes escolas metodológicas do pensamento jurídico americano.[3] As suas origens remontam aos séculos XVIII e XIX, com os escritos de, por exemplo, Bentham[4], mas a análise econômica do direito somente ganhou notoriedade com os artigos dos ganhadores do prêmio Nobel, Ronald Coase[5] e Gary Becker[6], e os livros de Guido Calabresi[7] e Richard Posner.[8] Nos últimos quarenta anos, o Direito e Economia expandiu-se a todas as áreas do direito, abrangendo aquelas com mais óbvia importância econômica (direito concorrencial e regulatório, tributário, societário, falimentar, trabalhista), mas também aquelas centrais aos estudos jurídicos (direito contratual, responsabilidade civil, direitos reais, direito penal, direito processual civil e penal) e também novas áreas de interesse para os economistas do direito (direito de família, direito ambiental e a estrutura constitucional). O direito comparado não é exceção.[9] De fato, a ampliação de recentes aplicações da metodologia econômica ao direito comparado suscitou a questão da medida em que a Análise Econômica do Direito Comparado já pode ser considerada uma nova disciplina independente.[10] As origens dessa nova disciplina remontam ao trabalho de Adam Smith.[11]

Neste capítulo nós examinamos a principal literatura do Direito e Economia Comparado. Nós começamos pela análise em nível micro, onde foram feitas contribuições em diversas áreas do direito. Posteriormente, passamos à análise em nível macro, onde a economia tratou da existência de diferenças entre as famílias jurídicas e as jurisdições.

2. ANÁLISE ECONÔMICA E DIREITO COMPARADO EM NÍVEL MICRO: REGRAS

a) Direito Contratual

O Direito e Economia adota a perspectiva de que as partes contratantes participam de trocas mutuamente vantajosas, que são eficientes por natureza. O direito contratual é projetado para incentivar a ocorrência destas trocas eficientes. No

3. DUXBURY, Neil (1997) Patterns of American Jurisprudence (Oxford University Press); GAROUPA, N. and Ulen, T. S. (2008) The Market for Legal Innovation: Law and Economics in Europe and the United States, 59 Alabama Law Review 1555.

4. BENTHAM, J (1789) An Introduction to the Principles of Morals and Legislation.

5. COASE, R. (1960) The Problem of Social Cost, 3 Journal of Law and Economics 1.

6. BECKER, G. (1968) Crime and Punishment: An Economic Approach, 76 Journal of Political Economy 169.

7. CALABRESI, G. (1970) The Costs of Accidents (Yale University Press).

8. POSNER, R. (1972) Economic Analysis of Law (Little Brown, now 7th Edition, 2007).

9. MATTEI, U. (1996) Comparative Law and Economics (University of Michigan Press).

10. FAUST, F. (2006) Comparative Law and Economic Analysis of Law, in The Oxford Handbook of Comparative Law (eds. Mathias Reimann and Reinhard Zimmermann, Oxford University Press); DE GEEST, G. (2009) The Economics of Comparative Law: An Introduction, in The Economics of Comparative Law (ed. G. de Geest, Edward Elgar).

11. DE GEEST, G. (2009) The Economics of Comparative Law: An Introduction, in The Economics of Comparative Law (ed. G. de Geest, Edward Elgar).

entanto, como elas ocorrem no contexto de informações imperfeitas e assimétricas, é possível que, em algum momento após a conclusão do contrato, os benefícios sociais da execução desse contrato não justifiquem os custos sociais, aumentando a possibilidade de uma quebra eficiente de contrato. O Direito e Economia investiga a extensão em que os direitos e ações em caso de descumprimento do contrato, em especial a performance específica e perdas e danos, induzem uma quebra eficiente de contrato.[12] A forma e a natureza de arranjos contratuais podem variar entre as jurisdições, dependendo dos fatores locais que afetam custos de transação e atitudes frente ao risco.[13] Estas questões merecem atenção a partir de uma perspectiva comparativa, devido à noção geral de que a família legal anglo-americana tende a favorecer perdas e danos, enquanto a família romano-germânica parece favorecer performances específicas – mesmo quando é improvável que isso leve a resultados eficientes.[14] Dentre as outras questões importantes de direito contratual que têm merecido a atenção de economistas do direito (*legal economists*) que se especializam nas diferenças existentes entre jurisdições estão a responsabilidade pré-contratual (*responsabilité précontractuelle* e a teoria da *culpa in contrahendo*) no contexto da teoria da quebra eficiente de contrato[15] ; quase-contratos e gestão de negócios[16]; a divulgação de informações anteriormente à formação do contrato[17]; e a regulação de *cooling-off periods*[18*].[19] Outra diferença significativa entre as famílias jurídicas diz respeito ao uso da *consideration*[20*] na formação de contratos e de cláusulas penais.[21]

12. SHAVELL, S. (2004) Foundations of Economic Analysis of Law (Harvard University Press).
13. CHEUNG, S. N. S. (1969) Transaction Costs, Risk Aversion, and the Choice of Contractual Arrangements, 22 Journal of Law and Economics 23.
14. LANDO, H. and Rose, C. (2004) The Enforcement of Specific Performance in Civil Law Countries, 24 International Review of Law and Economics 473.
15. WILS, W. (1993) Who Should Bear the Costs of Failed Negotiations? A Functional Inquiry into Precontractual Liability, 4 Journal des Economistes et des Etudes Humaines 93; OGUS, A., (2007) The Economic Approach: Competition between Legal Systems, in Comparative Law: A Handbook (eds. Esin Örücü and D. Nelken, Hart Publishing).
16. BOUCKAERT, B. and De Geest, G. (1995) Private Takings, Private Taxes, Private Compulsory Services: The Economic Doctrine of Quasi Contracts, 15 International Review of Law and Economics 463; DE GEEST, G. (2001) Comparative Law and Economics and the Design of Optimal Legal Doctrines, in Law and Economics in Civil Law Countries (eds. B. Deffains and T. Kirat, JAI Elsevier Science).
17. KÖTZ, H. (2000) Precontractual Duties of Disclosure: A Comparative and Economic Perspective, 9 European Journal of Law and Economics 5.
18. N.T.[1]: *Cooling-off periods*, nos sistemas de common law, são períodos durante os quais uma das partes pode resolver o contrato sem ter que pagar perdas e danos à outra parte. Os detalhes dessa cláusula dependem do caso concreto.
19. Rekaiti, P. and van den Bergh, R. (2000) Cooling-Off Periods in the Consumer Laws of the EC Member States. A Comparative Law and Economics Approach, 23 Journal of Consumer Policy 371.
20. N.T.[2]: No sistema jurídico anglo-americano, a *consideration* é algo de valor prometido à outra parte na formação do contrato. É possível tomar a forma de dinheiro, bens, serviços, um dever de fazer, um dever de não fazer etc e é um dos requisitos de validade do contrato.
21. MATTEI, U. (1996) Comparative Law and Economics (University of Michigan Press); OGUS, A., (2007) The Economic Approach: Competition between Legal Systems, in Comparative Law: A Handbook (eds. Esin Örücü and D. Nelken, Hart Publishing).

b) Responsabilidade Civil

A perspectiva econômica da responsabilidade civil é direcionada à procura da forma mais eficiente de prevenção de acidentes. As consequências legais e as regras de responsabilidade são avaliadas de acordo com os benefícios gerados pela diminuição do número de acidentes ou de delitos civis (dissuadindo, dessa forma, a ocorrência deles) e dos custos de prevenção. A compensação das vítimas é discutida pela perspectiva da internalização dos custos dos acidentes e do estabelecimento de incentivos adequados aos potenciais agentes causadores de danos.[22] As teorias anglo-americanas da responsabilidade civil têm sido comparadas às do sistema romano-germânico de obrigações e tem-se discutido a forma como os incentivos são configurados nesse contexto. Dentre os tópicos relevantes encontrados na literatura estão as mudanças históricas do direito de responsabilidade civil[23], a responsabilidade por vício do produto[24], as diferentes abordagens das jurisdições a respeito das regras de responsabilidade objetiva e das regras de responsabilidade subjetiva[25], o caso especial da responsabilidade no direito de trânsito (como o *Loi Badinter*[26], o princípio da *non-comul* na responsabilidade contratual e na responsabilidade civil[27], a indenização punitiva na família romano-germânica[28], perdas puramente econômi-

22. SHAVELL, S. (2004) Foundations of Economic Analysis of Law (Harvard University Press).
23. MATTEI, U. (1996) Comparative Law and Economics (University of Michigan Press); LEVMORE, S. (1986), Rethinking Comparative Law: Variety and Uniformity in Ancient and Modern Tort Law, 61 Tulane Law Review 235.
24. FINSINGER, J., Hoehn, T. and Pototschnig, A. (1991) The Enforcement of Product Liability Rules: A Two-Country Analysis of Court Cases, 11. International Review of Law and Economics 133; HAMADA, K. (1995) Product Liability Rules: A Consideration of Law and Economics in Japan, 46 Japanese Economic Review 2.
25. FAURE, M. and Van den Bergh, R. (1987) Negligence, Strict Liability and Regulation of Safety under Belgian Law: An Introductory Economic Analysis, 12 Geneva Papers on Risk and Insurance 100; OTT, C. and Schäfer, H.-B. (1997) Negligence as Untaken Precaution, Limited Information, and Efficient Standard Formation in the Civil Liability System, 17 International Review of Law and Economics 15; FAURE, M. (2001) Tort Liability in France: An Introductory Economic Analysis, in Law and Economics in Civil Law Countries (eds. B. Deffains and T. Kirat, JAI Elsevier Science); SCHWEIZER, U. (2005) Law and Economics of Obligations, 25 International Review of Law and Economics 209; MACKAAY, E. and Rousseau, S. (2008) Analyse Économique du Droit (Éditions Thémis); SALVADOR CORDECH, P., Garoupa, N. and Gomez Ligüerre, C. (2009) Scope of Liability: The Vanishing Distinction between Negligence and Strict Liability, European Journal of Law and Economics (forthcoming).
26. FAURE, M. (2001) Tort Liability in France: An Introductory Economic Analysis, in Law and Economics in Civil Law Countries (eds. B. Deffains and T. Kirat, JAI Elsevier Science); OGUS, A., (2007) The Economic Approach: Competition between Legal Systems, in Comparative Law: A Handbook (eds. Esin Örücü and D. Nelken, Hart Publishing).
27. OGUS, A., (2007) The Economic Approach: Competition between Legal Systems, in Comparative Law: A Handbook (eds. Esin Örücü and D. Nelken, Hart Publishing); OGUS, A. (2006) Costs and Cautionary Tales: Economic Insights for the Law (Hart Publishing).
28. MACKAAY, E. (2001) Law and Economics: What's in it for Us Civilian Lawyers, in Law and Economics in Civil Law Countries (eds. B. Deffains and T. Kirat, JAI Elsevier Science).

cas[29]e a relação entre a responsabilidade civil como mecanismo dissuasivo e a origem do direito de cada país.[30*31]

c) Direitos Reais

Do ponto de vista do Direito e Economia, os direitos reais devem ser projetados de forma a assegurar a maximização do valor da propriedade, tanto em transações quanto no seu uso como garantia para o desenvolvimento dos mercados de capitais. Ademais, seguindo o ensinamento básico de Coase[32], o estabelecimento adequado e claro de direitos e a adoção de normas que reduzam custos de transação facilitarão a barganha necessária pra internalizar externalidades. O fato de o direito de propriedade variar entre jurisdições tem atraído a atenção dos economistas para determinar a extensão em que determinados aspectos dos direitos reais são mais ou menos eficientes. Uma questão fundamental é, obviamente, a titularidade dos direitos reais.[33] Não obstante, outros tópicos significativos são: o tratamento diferenciado concedido a compradores de boa-fé[34], o surgimento de antibaldios e suas consequências para o mercado e o investimento em propriedades[35], as consequências legais em casos de violação de direitos reais[36], a codificação dos direitos reais[37] e o desenvolvimento do direito das águas.[38]

d) Direito Processual Civil

Existe uma importante distinção entre as razões privadas e as razões sociais para litigar. Cada parte leva em conta os benefícios esperados com o processo e os respectivos custos privados. A sociedade importa-se com o quanto os processos in-

---

29. BUSSANI, M., Palmer, V. V., and Parisi, F. (2003) Liability for Pure Financial Loss in Europe: An Economic Restatement, 51 American Journal of Comparative Law 113; PARISI, F., Bussani, M., and Palmer, V. V. (2007) The Comparative Law and Economics of Economic Pure Loss, 27 International Review of Law and Economics 29.

30. N.T.³: O termo original é *legal origin* e refere-se ao modelo de sistema jurídico adotado por cada país, sendo geralmente classificada em cinco tipos: alemão, francês, inglês, escandinavo e socialista.

31. SMITH, M. L. (2005) Deterrence and Origin of Legal System: Evidence from 1950-1999, 7 American Law and Economics Review 350.

32. COASE, R. (1960) The Problem of Social Cost, 3 Journal of Law and Economics 1.

33. DE SOTO, H. (2000) The Mystery of Capital: Why Capitalism Triumphs in the West and Fails Everywhere Else (Basic Books); ARRUÑADA, B. (2003) Property Enforcement as Organized Consent, 19 Journal of Law, Economics and Organization 401; ARRUÑADA, B. and GAROUPA, N. (2005) The Choice of Titling System in Land, 48 Journal of Law and Economics 709.

34. LEVMORE, S. (1987) Variety and Uniformity in the Treatment of the Good-Faith Purchaser, 16 Journal of Legal Studies 43; OGUS, A. (2006) Costs and Cautionary Tales: Economic Insights for the Law (Hart Publishing).

35. HELLER, M. (1998) The Tragedy of the Anticommons: Property in the Transition from Marx to Markets, 111 Harvard Law Review 621; HELLER, M. (2008) The Gridlock Economy: How Too Much Ownership Wrecks Markets, Stops Innovation, and Costs Lives (Basic Books).

36. PARISI, F. (2002a) Entropy in Property, 50 American Journal of Comparative Law 595.

37. MATTEI, U. (1996) Comparative Law and Economics (University of Michigan Press).

38. RAMSEYER, M. (1989) Water Law in Imperial Japan: Public Goods, Private Claims, and Legal Convergence, 18 Journal of Legal Studies 51.

centivam a observância ao direito e auxiliam no desenvolvimento do ordenamento jurídico através da articulação de regras eficientes. Sob essa perspectiva, as normas de processo civil e a estrutura institucional onde os litígios se desenrolam devem reduzir os custos de transação (consequentemente, favorecendo acordos extrajudiciais menos custosos) e alinhando os interesses privados das partes com o objetivo da maximização da prosperidade social. Os economistas do direito têm utilizado essa perspectiva para avaliar o esquema do processo civil[39], a taxa de acordos extrajudiciais e litígios em diferentes jurisdições[40], a revelação de provas antes do início do processo e normas de direito probatório[41], o custeamento dos processos, em particular as diferenças entre as regras americana e inglesa que estabelecem se é o vencedor ou o perdedor que deve pagar os honorários advocatícios[42] (), a regulamentação de ações coletivas[43] e o sistema judiciário de uma forma geral.[44]

e) Processo Penal

O processo penal estabelece as regras através das quais o direito penal é aplicado. Do ponto de vista da teoria econômica de execução ótima da lei, o processo penal deve ser estruturado para alcançar um nível de dissuasão eficiente a um custo mínimo.[45] De uma perspectiva comparativa, as principais diferenças que têm chamado a atenção dos economistas do direito são as existentes entre o processo penal inquisitorial e processo penal acusatório[46], a introdução de

---

39. MILLER, G. P. (1997) The Legal-Economic Analysis of Comparative Civil Procedure, 45 American Journal of Comparative Law 905.

40. RAMSEYER, M. and NAKAZATO, M. (1989) The Rational Litigant: Settlement Amounts and Verdict Rates in Japan, 18 Journal of Legal Studies 263; GINSBURG, T. and HOETKER, G. (2006) The Unreluctant Litigant? An Empirical Analysis of Japan's Turn to Litigation, 35 Journal of Legal Studies 31; KAPLAN, D. S., SADKA, J., and Silva Mendez, J. L. (2008) Litigation and Settlement: New Evidence from Labor Courts in Mexico, 5 Journal of Empirical Legal Studies 309.

41. ADAMS, M. (1995) The Conflict of Jurisdictions – An Economic Analysis of Pre-trial Discovery, Fact Gathering and Cost Shifting Rules in the United States and Germany, reprinted in Comparative Law and Economics (eds. G. De Geest and R. van den Bergh, Edward Elgar); HUANG, K.-C. (2009) Does Discovery Promote Settlement? An Empirical Answer, 6 Journal of Empirical Legal Studies 241.

42. ADAMS, M. (1995) The Conflict of Jurisdictions – An Economic Analysis of Pre-trial Discovery, Fact Gathering and Cost Shifting Rules in the United States and Germany, reprinted in Comparative Law and Economics (eds. G. De Geest and R. van den Bergh, Edward Elgar); BRAEUTIGAM, R., Owen, B., and PANZAR, J. (1984) An Economic Analysis of Alternative Fee Shifting Systems, 47 Law and Contemporary Problems 173.

43. BACKHAUS, J., Cassone, A., and Ramello, G. (eds.) (2009) Class Actions for Europe: Perspectives from Law and Economics (Edward Elgar).

44. DJANKOV, S., La Porta, R., Lopez-de-Silanes, F. and Shleifer, A. (2003) Courts, 118 Quarterly Journal of Economics 453; Cabrillo, F. and Fitzpatrick, S. (2008) The Economics of Courts and Litigation (Edward Elgar); BALAS, A., La Porta, R., Lopez de Silanes, F., and Shleifer, A. (2009) The Divergence of Legal Procedures, American Economic Journal: Economic Policy (forthcoming).

45. SHAVELL, S. (2004) Foundations of Economic Analysis of Law (Harvard University Press).

46. PARISI, F. (2002b) Rent-seeking through Litigation: Adversarial and Inquisitorial Systems Compared, 22 International Review of Law and Economics 193; HUANG, K.-C. (2008) How Legal Representation Affects Case Outcomes: An Empirical Perspective from Taiwan, 5 Journal of Empirical Legal Studies 197.

transações penais (*plea bargaing*)[47], o papel dos promotores[48] e o princípio do *ne bis in idem*.[49]

f) Direito Societário e Governança Corporativa

O Direito e Economia Societário é provavelmente o campo que mais tem chamado a atenção dos economistas do direito desde a década de 1990. Existe uma vasta literatura sobre o raciocínio e as consequências econômicas das diferentes estruturas legais nas quais as empresas são formadas, os investidores realizam operações e os diretores tomam decisões (a contribuição seminal é de Easterbrook e Fischel[50]). A forma como os sistemas legais tem abordado a separação entre controle e propriedade tem sido o centro dos debates. Em especial, as vantagens e as desvantagens do sistema de mercado anglo-americano quando comparado ao modelo alemão de grandes investidores de longo prazo.[51] A literatura recente desenvolveu uma nova abordagem, chamada *Law and Finance,* que analisa a extensão em que a performance, a propriedade e a organização das empresas são influenciadas por potenciais determinantes legais[52], que formas particulares de aplicação da lei oferecem uma melhor regulação dos mercados de valores mobiliários[53] ou como os impostos corporativos afetam o desenvolvimento de atividades empresariais.[54] Outra área que tem sido objeto de estudo são as significativas diferenças no tratamento legal dos *trusts*.[55]

47. GAROUPA, N. and STEPHEN, F. (2008) Why Plea-Bargaining Fails to Achieve Results in So Many Criminal Justice Systems: A New Framework for Assessment, 15 Maastricht Journal of European and Comparative Law 319.
48. GAROUPA, N. (2008) Providing a Legal Framework for the Reform of the Legal Profession: Insights from the European Experience, 9 European Business Organization Law Review 463.
49. GAROUPA, N. and GOMEZ Pomar, F. (2004) Punish Once or Punish Twice: A Theory of the Use of Criminal Sanctions in Addition to Regulatory Penalties, 6 American Law and Economics Review 410.
50. EASTERBROOK, F. and Fischel, D. (1991) The Economic Structure of Corporate Law (Harvard University Press).
51. ROE, M. J., Ramseyer, M. and Romano, R. (1993) Some Differences in Corporate Structure in Germany, Japan, and the United States, 102 Yale Law Journal 1927; HANSMANN, H. and Kraakman, R. (2001) The End of History for Corporate Law, 89 Georgetown Law Journal 439; HANSMANN, H., Hertig, G., HOPT, K. J., KANDA, H., Rock, E. B., KRAAKMAN, R., Davis, P. (2004) The Anatomy of Corporate Law: A Comparative and Functional Approach (Oxford University Press); BLACK, B. and Khanna, V. (2007) Can Corporate Governance Reforms Increase Firm Market Values? Event Study Evidence from India, 4 Journal of Empirical Legal Studies 749; BECHT, M., Bolton, P. and Röell, A. (2007) Corporate Law and Governance, in Handbook of Law and Economics (eds. A. Mitchell Polinsky and Steven Shavell, North-Holland Elsevier).
52. LA PORTA, R., Lopez de Silanes, F., Shleifer, A., and Vishny, R. W. (1998) Law and Finance, 106 Journal of Political Economy 1113; LA PORTA, R., LOPEZ DE SILANES, F., SHLEIFER, A., and VISHNY, R. W. (2000) Agency Problems and Dividend Policies around the World, 55 Journal of Finance 1; LA PORTA, R., Lopez de Silanes, F., and Shleifer, A. (1999) Corporate Ownership around the World, 54 Journal of Finance 471; Beck, T., DEMIRGÜÇ KUNT, A. and Levine, R. (2003) Law and Finance: Why does Legal Origin Matter?, 31 Journal of Comparative Economics 653; ARMOUR, J, Deakin, S., Sarkar, P., Siems, M., and Singh, A. (2009) Shareholder Protection and Stock Market Development: An Empirical Test of the Legal Origins Hypothesis, 6 Journal of Empirical Legal Studies 343.
53. LA PORTA, R., LOPEZ DE SILANES, F., and Shleifer, A. (2006) What Works in Securities Laws?, 61 Journal of Finance 1.
54. DJANKOV, S., GANSER, T., MCLIESH, C., RAMALHO, R., and Shleifer, A. (2010) The Effects of Corporate Tax on Investment and Entrepreneurship, American Economic Journal: Macroeconomics (forthcoming).
55. MATTEI, U. (1996) Comparative Law and Economics (University of Michigan Press); HANSMANN, H. and MATTEI, U. (1998) The Functions of Trust Law: A Comparative Legal and Economic Analysis, 73 New York University Law Review 434.

g) Direito Falimentar

O nítido contraste entre o direito norte-americano e europeu, no que tange à falência de sociedades empresárias e à insolvência civil, suscitou questões a respeito da adequação econômica de cada modelo. A reorganização de empresas, a liquidação, o recomeço econômico (*fresh start*) na tradição norte-americana e a medida em que metas de emprego devem prevalecer em falências na tradição jurídica francesa têm sido analisadas por economistas do direito.[56] Ao mesmo tempo, a forma como as diferentes normas do direito falimentar afetam mercados de crédito, performances contratuais e o ambiente de negócios também tem despertado atenção.[57] Por fim, a identificação de regras processuais e materiais bem-sucedidas de direito falimentar tem sido relacionada à questão mais amplas a respeito da origem de determinado sistema jurídico.[58]

h) Direito Concorrencial e da Propriedade Intelectual

Ao lado do direito societário e falimentar, o Direito e Economia Concorrencial tem sido o campo que mais intensamente tem sido posto sob o exame do Direito e Economia. De fato, o direito e economia da concorrência é provavelmente o ponto inicial de todo o movimento. A convergência entre o direito antitruste americano e o direito concorrencial europeu, o desenvolvimento do direito concorrencial na Ásia e na América Latina, diferenças específicas de direito material (a respeito do funcionamento de cartéis, condutas unilaterais e fusões e aquisições), abordagens processuais (direito concorrencial aplicado pelo Poder Judiciário versus direito concorrencial aplicado administrativamente) ou o tratamento da propriedade intelectual deram origem a uma extensa literatura econômica.[59] Por exemplo, no que diz respeito à propriedade intelectual, as diferenças de tratamento entre as jurisdições relativamente aos direitos de autores e artistas têm sido aferidas em termos de incentivos.[60]

i) Direito do Trabalho

A discrepância entre a abordagem de mercado das relações de trabalho no direito anglo-americano (onde as relações de emprego são reguladas fundamentalmente pelo direito contratual) e a abordagem mais fortemente regulamentadora dos contratos de trabalho nos países de tradição jurídica romano-germânica (onde o direito do

---

56. WHITE, M. (1996) The Costs of Corporate Bankruptcy: A U.S.-European Comparison, in Corporate Bankruptcy: Economic and Legal Perspectives (eds. J. Bhandari and L. Weiss, Cambridge University Press).
57. AYOTTE, K. and Yun, H. (2009) Matching Bankruptcy Laws to Legal Environments, 25 Journal of Law, Economics and Organization 2; CLAESSENS, S. and KLAPPER, L. F. (2005) Bankruptcy Around the World: Explanations of Its Relative Use, 7 American Law and Economics Review 253.
58. DJANKOV, S., HART, O., MCLIESH, C. and Shleifer, A. (2008) Debt Around the World, 116 Journal of Political Economy 1105.
59. ELHAUGE, E. and GERADIN, D. (2007) Global Antitrust Law and Economics (Foundation Press).
60. HANSMANN, H. and SANTILLI, M. (1997) Authors' and Artists' Moral Rights: A Comparative Legal and Economic Analysis, 26 Journal of Legal Studies 95.

trabalho é uma disciplina jurídica própria que mistura elementos de direito público e privado) induziu um importante debate sobre suas implicações econômicas.[61] A extensão em que a facilidade de contratação e de demissão (e outras características do direito do trabalho) afetam a performance econômica ou influenciam a governança corporativa gerou controvérsia na doutrina.[62]

j) Direito de Família

A questão mais debatida de direito de família nos Estados Unidos por economistas do direito tem sido o quanto a introdução do divórcio sem culpa alterou o casamento e o divórcio. Inevitavelmente, a controvérsia tem sido estudada a partir de uma perspectiva comparada.[63]

3. ANÁLISE ECONÔMICA E DIREITO COMPARADO EM NÍVEL MACRO: ESTRUTURA

A análise econômica também tem sido utilizada para compreender questões relacionadas à macroestrutura dos sistemas jurídicos e aos incentivos dos atores que agem dentro do sistema.

a) Juízes e Promotores

Como atores centrais de qualquer sistema jurídico, os juízes são, compreensivelmente, foco da análise comparativa. A independência do Judiciário tem sido o foco de alguns importantes trabalhos empíricos.[64] Georgakopolous distingue os sistemas judiciais "de carreira", em que os juízes servem numa hierarquia burocrática durante toda uma carreira, dos sistemas judiciais "de reconhecimento", em que os juízes são nomeados para o tribunal relativamente tarde na vida.[65] Estes sistemas podem ser distinguidos pela ênfase nas diferentes formas de monitoramento dos agentes: o sistema de carreiras enfatiza controles *a posteriori* sobre a tomada de decisões judiciais,

---

61. BOTERO, J., DJANKOV, S., La Porta, R., LOPEZ DE SILANES, F., and Shleifer, A. (2004) The Regulation of Labor, 119 Quarterly Journal of Economics 1339.
62. AHLERING, B. and DEAKIN, S. (2007) Labor Regulation, Corporate Governance and Legal Origin: A Case of Institutional Complementarity? 41 Law and Society Review 865; DEAKIN, S., LELE, P., and SIEMS, M. (2007) The Evolution of Labor Law: Calibrating and Comparing Regulatory Regimes, 146 International Labour Review 133; DEAKIN, S. and SARKAR, P. (2008) Assessing the Long-run Economic Impact of Labor Law Systems: A Theoretical Reappraisal and Analysis of New Time Series Data, 39 Industrial Relations Journal 453.
63. COELHO, C. and GAROUPA, N. (2006) Do Divorce Law Reforms Matter for Divorce Rates? Evidence from Portugal, 3 Journal of Empirical Legal Studies 525; GONZALEZ, L. and VIITANEN, T. (2009) The Effect of Divorce Laws on Divorce Rates in Europe, 53 European Economic Review 127.
64. RAMSEYER, M. and RASMUSEN, E. (2006) Measuring Judicial Independence (University of Chicago Press).
65. GEORGAKOPOULOS, N. (2000) Discretion in the Career and Recognition Judiciary, 7 University of Chicago Law School Roundtable 205.

enquanto o sistema de reconhecimento contém um mecanismo de triagem prévia dos agentes. Esta abordagem foi expandida por Posner.[66]

Mecanismos de seleção também são foco de alguma atenção. Ginsburg e Garoupa[67] analisam a estrutura de Conselhos de Magistratura a partir da perspectiva do *design* eficiente. Os incentivos proporcionados por diferentes expectadores institucionais e a forma como os diferentes sistemas jurídicos abordaram eles também foram analisados.[68] Estes trabalhos desenvolveram uma abordagem mais elaborada do que a tradicional distinção entre a *Common Law* e o direito romano-germânico, examinando incentivos em nível micro e distinguindo judiciários mesmo dentro de uma mesma tradição jurídica. Por exemplo, Posner argumenta que o poder Judiciário do Reino Unido é mais parecido com os seus congêneres continentais do que o poder Judiciário dos Estados Unidos.[69]

Até agora houve relativamente poucos trabalhos comparativos sobre promotores. Em sua análise das taxas de condenações penais no Japão, Ramseyer e Rasmusen analisaram os incentivos do sistema judicial para ajudar a explicar porque os juízes são tão propensos a condenar, mas também salientaram que os incentivos do Ministério Público são relevantes.[70] Em um ambiente com recursos escassos, devemos esperar que o Ministério Público só traga a juízo casos cuja probabilidade de ganho seja alta. Uma alta taxa de condenação, portanto, pode fornecer informações sobre os incentivos dos promotores, bem como sobre as propensões do Judiciário. A aversão ao risco e objetivos de carreira também variam entre os sistemas jurídicos.[71]

b) Direito Constitucional

O Direito e Economia Constitucional sobrepõe-se significativamente à teoria da escolha pública.[72] Ambos os campos concentram-se no papel das regras em estruturar e restringir a tomada de decisões, deslocando o foco de escolhas dentro

---

66. POSNER, R. (2005) Judicial Behavior and Performance: An Economic Approach, 32 Florida State University Law Review 1259.

67. GAROUPA, N. and GINSBURG, T. (2009) Guarding The Guardians: Judicial Councils and Judicial Independence, 57 American Journal of Comparative Law 103; GAROUPA, N. and Ginsburg, T. (2009) The Comparative Law and Economics of Judicial Councils, 27 Berkeley Journal of International Law 52.

68. HADFIELD, G. (2008) The Levers of Legal Design: Institutional Determinants of the Quality of Law, 36 Journal of Comparative Economics 43; HADFIELD, G. (2010) The Quality of Law: Judicial Incentives, Legal Human Capital and the Evolution of Law, Journal of Economic Behavior and Organization (forthcoming); GAROUPA, N. and Ginsburg, T. (2009) Judicial Reputation and Audiences: Perspectives from Comparative Law, 47 Columbia Journal of Transnational Law 451; GAROUPA, N. and GINSBURG, T. (2010) Reputation, Information and the Organization of the Judiciary, 4 Journal of Comparative Law (forthcoming).

69. POSNER, R. (1996) Law and Legal Theory in England and America (Oxford University Press).

70. RAMSEYER, M. and RASMUSEN, E. (2001) Why is the Japanese Conviction Rate So High? 30 Journal of Legal Studies 53.

71. GAROUPA, N. (2008) Providing a Legal Framework for the Reform of the Legal Profession: Insights from the European Experience, 9 European Business Organization Law Review 463.

72. BUCHANAN, J. and TULLOCK, G. (1961) The Calculus of Consent (University of Michigan Press); Cooter, R. (2000) The Strategic Constitution. Princeton: Princeton University Press.

do limite de regras para a escolha de regras "constitucionais" de ordem mais alta.[73] As Constituições são geralmente vistas como dispositivos para minimizar custos de agência (*agency costs*). Através da criação de estruturas que impedem a tomada de controle por certos grupos de interesse, as Constituições podem assegurar uma melhor governança. Outra tradição enfatiza o papel de Constituições na limitação intertemporal de escolhas através de compromissos prévios.[74] Segundo esta linha de raciocínio, as Constituições servem para tirar algumas questões de alta importância da agenda política e para ajudar a garantir que os vencedores não dominem excessivamente os perdedores.

Embora geralmente promovidas por meio da elaboração de proposições abstratas, alguns analistas retiram desenhos institucionais do mundo real para determinar escolhas ótimas.[75] Outros se utilizam da análise econômica para analisar e avaliar as constituições reais. Por exemplo, Brennan e Pardo avaliaram criticamente a Constituição Espanhola de 1978, questionando normativamente a provisão de direitos econômicos e sociais no documento.[76] Um ramo separado analisa o impacto das Constituições em variáveis dependentes como o crescimento econômico.[77] Elkins et al.[78] enfrentaram a questão de quais fatores auxiliam na durabilidade das Constituições, utilizando-se de um novo e extenso banco de dados que deve facilitar de modo considerável testes empíricos das hipóteses geradas pelo direito e economia. Claramente, há espaço para muito mais trabalhos instruídos pelo direito e economia do direito constitucional comparado, tanto na perspectiva normativa quanto na positiva.

c) Advogados, Formação Jurídica e Doutrina Jurídica

A perspectiva comparativa sobre as profissões jurídicas e a estrutura dos escritórios de advocacia analisou os requisitos para praticar a profissão, taxas legais (a existência de honorários condicionados ao sucesso da causa, em particular), organização de escritórios de advocacia, a regulamentação da publicidade e divulgação de informações de serviços jurídicos e regras de conduta.[79] Esta vasta literatura proporciona importantes reflexões econômicas sobre a regulação do mercado de serviços jurídicos em todo o mundo.

---

73. Para saber mais sobre a relação entre direito e economia, escolha pública e economia política constitucional, consulte VOIGT, S. (1997) Positive Constitutional Economics: A Survey, 90 Public Choice 11; VAN DEN HAUWE, L. (2000) Public Choice, Constitutional Political Economy and Law and Economics, in Encyclopedia of Law and Economics, Volume I. The History and Methodology of Law and Economics (eds. B. Bouckaert and G. De Geest, Edward Elgar).
74. SUNSTEIN, C. (2000) Designing Democracy: What Constitutions Do (Oxford University Press).
75. COOTER, R. (2000) The Strategic Constitution. Princeton: Princeton University Press.
76. BRENNAN, G. and PARDO, J. C. (1991) A Reading of the Spanish Constitution (1978), 2 Constitutional Political Economy 53.
77. PERSSON, T. and TABELLINI, G. (2003) The Economic Effects of Constitutions (MIT Press).
78. ELKINS, Z., GINSBURG, T. and MELTON, J. (2009) The Endurance of National Constitutions (Cambridge University Press).
79. GAROUPA, N. (2008) Providing a Legal Framework for the Reform of the Legal Profession: Insights from the European Experience, 9 European Business Organization Law Review 463.

Diferenças importantes na formação jurídica e na doutrina jurídica de ambos os lados do Atlântico têm sido objeto da análise econômica. Ao invés de se basearem exclusivamente em preferências culturais e *path dependence*, os economistas utilizam incentivos e uma abordagem de mercado para entender porque a formação jurídica e a produção de inovações na análise jurídica tem sido persistentemente diferente em todo o mundo. Um tema de particular interesse é a influência desigual do Direito e Economia no pensamento jurídico em diferentes jurisdições.[80] De um modo geral, é correto dizer que o direito e economia tem sido mais influente na América do Norte que em outras regiões do mundo, e este fato em si é uma questão interessante para análise.

d) Famílias Jurídicas e Desenvolvimento Econômico

Em nível macro, a literatura econômica tem investigado a hipótese de que a família do Common Law é particularmente propícia ao crescimento econômico, em oposição à família romano-germânica, em particular ao direito francês. Esta é um ramo da literatura essencialmente empírico.[81] Esta nova literatura defende a ideia de que os sistemas jurídicos originados no Common Law inglesa possuem institui-ções superiores para o crescimento econômico e para o desenvolvimento do que as originadas do direito francês.[82] Segundo os defensores deste ponto de vista, existem essencialmente dois motivos para a relação entre a Common Law e o crescimento econômico. Em primeiro lugar, a Common Law prevê instituições mais adequadas para os mercados financeiros e as transações comerciais em geral, e isso, por sua vez, gera mais crescimento econômico.[83] Essas instituições poderão incluir normas ma-teriais mais eficientes, assim como mecanismos pelos quais a Common Law tende a desenvolver essas regras.[84] Em segundo lugar, a família romano-germânica pressupõe um maior papel de intervenção estatal, o que é prejudicial para a liberdade econômica e para a eficiência do mercado.[85] A relação entre crescimento ou desempenho econô-mico e o sistema jurídico traz um pressuposto implícito – que direito e instituições

80. OTA, S. (1991) Law and Economics in Japan: The Hatching Stage, 11 International Review of Law and Eco-nomics 301; KIRAT, T. (2001) Legal Systems and Economic Analysis: How Relevant is American Law and Economics for the Understanding of French Jurisprudence, in Law and Economics in Civil Law Countries (eds. B. Deffains and T. Kirat, JAI Elsevier Science); GAROUPA, N. and ULEN, T. S. (2008) The Market for Legal Innovation: Law and Economics in Europe and the United States, 59 Alabama Law Review 1555; GRECHENIG, K. and Gelter, M. (2008) The Transatlantic Divergence in Legal Thought: American Law and Economics vs. German Doctrinalism, 31 Hastings International and Comparative Law Review 295.

81. MAHONEY, P. (2001) The Common Law and Economic Growth: Hayek Might be Right, 30 Journal of Legal Studies 503; LA PORTA, R., LOPEZ DE SILANES, F., and SHLEIFER, A. (2008) The Economic Consequences of Legal Origins, 46 Journal of Economic Literature 285.

82. DAM, K. W. (2006) The Law-Growth Nexus: the Rule of Law and Economic Development (Brookings Institute Press).

83. LA PORTA, R., LOPEZ DE SILANES, F., and SHLEIFER, A. (2008) The Economic Consequences of Legal Origins, 46 Journal of Economic Literature 285.

84. PRIEST, G. and KLEIN, B. (1994) The Selection of Disputes for Litigation, 13 Journal of Legal Studies 1.

85. MAHONEY, P. (2001) The Common Law and Economic Growth: Hayek Might be Right, 30 Journal of Legal Studies 503.

jurídicas são relevantes para o crescimento econômico.[86] Esta tem sido a parte mais importante da economia institucional por décadas[87], mas mesmo assim discutível.[88]

O alegado viés pró-mercado da Common Law (a ideia de Hayek de eficiências crescentes no sistema jurídico inglês e ineficiências crescentes no sistema jurídico francês) pode ser um argumento importante, mas a existência de um viés antimercado no direito francês é discutível.[89] Mesmo a tese de que a lei francesa é menos eficaz do que a Common Law em proteger direitos de propriedade da predação do Estado foi contestado.[90] De fato, os atuais modelos desenvolvidos para explicar essas diferenças foram objeto de críticas severas (; Cruz, 2007;).[91] A estabilidade da lei é outro possível argumento a favor da regra que o juiz faz a lei, com deferência à regra do precedente em relação à sistemática e caótica produção legislativa. No entanto, neste contexto, empiricamente, não está claro que o direito consuetudinário seja mais estável do que legislação.[92] Além disso, o argumento que a Common Law é mais estável prejudica outras afirmações de que o mecanismo para sua eficiência está na escolha das disputas que são trazidas a juízo.[93]

Outro possível canal pelo qual a Common Law pode favorecer o crescimento é a disposição das jurisdições da Common Law em permitir a escolha de lei aplicável.[94]

86. CROSS, F. B. (2002) Law and Economic Growth, 80 Texas Law Review 737.
87. NORTH, D. (1991) Institutions, Institutional Change and Economic Performance (Cambridge University Press).
88. Ver ACEMOGLU, D., JOHNSON, S. and ROBINSON, J. A. (2001) Colonial Origins of Comparative Development: An Empirical Investigation, 91 American Economic Review 1369; ACEMOGLU, D. and JOHNSON, S. (2005) Unbundling Institutions, 113 Journal of Political Economy 949.
89. ARRUÑADA, B. and ANDONOVA, V. (2008a) Judges' Cognition and Market Order, 4 Review of Law and Economics 665; ARRUÑADA, B. and ANDONOVA, V. (2008b) Common Law and Civil Law as Pro-Market Adaptations, 26 Washington University Journal of Law and Policy 81.
90. ARRUÑADA, B. (2003) Property Enforcement as Organized Consent, 19 Journal of Law, Economics and Organization 401; ARRUÑADA, B. and GAROUPA, N. (2005) The Choice of Titling System in Land, 48 Journal of Law and Economics 709.
91. HADFIELD, G. (2008) The Levers of Legal Design: Institutional Determinants of the Quality of Law, 36 Journal of Comparative Economics 43; GLAESER, E. L. and SHLEIFER, A. (2001) The Rise of the Regulatory State, 41 Journal of Economic Literature 401; GLAESER, E. L. and SHLEIFER, A. (2002) Legal Origins, 117 Quarterly Journal of Economics 1193; KLERMAN, D. and MAHONEY, P. (2007) Legal Origin?, 35 Journal of Comparative Economics 278; ROE, M. J. (2006) Legal Origin and Modern Stock Markets, 120 Harvard Law Review 460; ROE, M. J. (2007) Juries and the Political Economy of Legal Origin, 35 Journal of Comparative Economics 294; ROSENTHAL, H. and VOETEN, E. (2007) Measuring Legal Systems, 35 Journal of Comparative Economics 711; VOIGT, S. (2008) Are International Merchants Stupid? Their Choice of Law Sheds Doubt on the Legal Origin Theory, 5 Journal of Empirical Legal Studies 1; CURRAN, V. G. (2009) Comparative Law and Legal Origins Thesis: "[N]on Scholae Sed Vitae Discimus", 57 American Journal of Comparative Law 863; MILHAUPT, C. (2009) Beyond Legal Origin: Rethinking Law's Relationship to the Economy – Implications for Policy, 57 American Journal of Comparative Law 831; REITZ, J. (2009) Legal Origins, Comparative Law and Political Economy, 57 American Journal of Comparative Law 847; SPAMANN, H. (2009) Large-Sample, Quantitative Research Designs for Comparative Law?, 57 American Journal of Comparative Law 797; HADFIELD, G. (2010) The Quality of Law: Judicial Incentives, Legal Human Capital and the Evolution of Law, Journal of Economic Behavior and Organization (forthcoming).
92. CROSS, F. B. (2007) Identifying the Virtues of the Common Law, 15 Supreme Court Review 21.
93. PRIEST, G. and Klein, B. (1994) The Selection of Disputes for Litigation, 13 Journal of Legal Studies 1.
94. CARBONARA, E. and PARISI, F. (2009) Choice of Law and Legal Evolution: Rethinking the Market for Legal Rules, 139 Public Choice 461; O'HARA, E. and RIBSTEIN, L. (2009) The Law Market (Oxford University Press).

Mas a globalização das transações comerciais tem exercido uma enorme pressão para mudanças nas jurisdições romano-germânicas a este respeito. No fim, é possível que a Common Law seja mais eficiente e positivamente correlacionada com o crescimento econômico, mas a causa disso permanece largamente sub-teorizada; Cruz, 2007).[95] O mecanismo para a eficiência da Common Law vis-à-vis o direito romano-germânico (francês) é intrinsecamente complicado e contestável. Além disso, a análise torna-se ainda mais complexa pelo fato de que as soluções da Common Law são em grande medida o modelo de reforma legal proposto pelo Doing Business, que é promovido pelo Banco Mundial. Há boas razões para se ter cuidado a respeito das implicações das reformas do Doing Business na economia.[96]

e) Convergência dos Sistemas Jurídicos

Os economistas do direito entraram no debate a respeito da convergência de sistemas jurídicos e do papel da harmonização. Quando há liberdade de escolha quanto ao regime jurídico a ser utilizado, emerge a concorrência entre os sistemas jurídicos. Consequentemente, espera-se haver convergência em áreas jurídicas facilitadoras, enquanto as divergências devido a diferentes preferências locais podem ser sustentáveis em áreas jurídicas intervencionistas que não estão sujeitas a pressão de mercado).[97] Isto é verdadeiro desde que as jurisdições não tenham embaraços para estabelecer regras e tenham boas informações sobre as consequências de soluções alternativas.

Divergências nos sistemas jurídicos não são necessariamente um sinal de ineficiência. Não há nenhuma razão para pensar que há apenas uma única regra eficiente para cada questão jurídica.[98] No entanto, existem obstáculos para a convergência que resultam de *rent-seeking* local (essencialmente por parte das profissões jurídicas), da cultura jurídica e de outras formas de custos de transação.[99]

95. DAM, K. W. (2006) The Law-Growth Nexus: the Rule of Law and Economic Development (Brookings Institute Press).
96. FAUVARQUE-COSSON, B. and KERHUEL, A.-J. (2009) Is Law and Economic Contest? French Reactions to the Doing Business World Bank Reports and Economic Analysis of Law, 57 American Journal of Comparative Law 811; ARRUÑADA, B. (2007) Pitfalls to Avoid when Measuring the Institutional Environment: Is 'Doing Business' Damaging Business?, 35 Journal of Comparative Economics 729; DAVIS, K. E. and KRAUSE, M. (2007) Taking the Measure of Law: The Case of the Doing Business Project, 32 Law and Social Inquiry 1095; MICHAELS, R. (2009) Comparative Law by Numbers? Legal Origins Thesis, Doing Business Reports, and the Silence of Comparative Law, 57 American Journal of Comparative Law 765.
97. OGUS, A. (1999) Competition between National Legal Systems: A Contribution of Economic Analysis to Comparative Law, 48 International and Comparative Law Quarterly 405; OGUS, A., (2007) The Economic Approach: Competition between Legal Systems, in Comparative Law: A Handbook (eds. Esin Örücü and D. Nelken, Hart Publishing); GAROUPA, N. and OGUS, A. (2006) A Strategic Interpretation of Legal Transplants, 35 Journal of Legal Studies 339.
98. OGUS, A. (1999) Competition between National Legal Systems: A Contribution of Economic Analysis to Comparative Law, 48 International and Comparative Law Quarterly 405; OGUS, A., (2007) The Economic Approach: Competition between Legal Systems, in Comparative Law: A Handbook (eds. Esin Örücü and D. Nelken, Hart Publishing).
99. OGUS, A. (1999) Competition between National Legal Systems: A Contribution of Economic Analysis to Comparative Law, 48 International and Comparative Law Quarterly 405; OGUS, A. (2002) The Economic Base of Legal Culture: Networks and Monopolization, 22 Oxford Journal of Legal Studies 419; OGUS, A.,

Neste contexto, a harmonização, que tantas vezes tem sido justificada através de razões econômicas, encontrou nos economistas do direito uma audiência hostil.[100] A clara preferência pela competição interjurisdicional e pela escolha de lei como uma forma de promover o surgimento de normas jurídicas encontrou amplo apoio no Direito e Economia (.[101] Os sistemas jurídicos híbridos podem se beneficiar com a concorrência dos diferentes arranjos jurídicos dentro de uma única jurisdição.[102]

f) Transplantes

Transplantes jurídicos levantam duas questões econômicas expressivas. Primeiro, quando uma determinada jurisdição preferirá simplesmente adotar uma solução já existente em uma outra jurisdição ao invés de desenvolver a sua própria regra (ficando sujeita a redescobrir a roda). O desenvolvimento de normas internas ou a adoção de transplantes corresponde a um *trade-off* entre os benefícios trazidos pela facilitação das relações internacionais (econômicas ou não) e os custos internos de coerência jurídica e das preferências locais.[103] A existência de uma motivação estratégica que ignore as externalidades decorrentes da adoção de alguns transplantes pode gerar um nível ineficiente de adoção de transplante.[104]

O segundo conjunto de questões envolve determinar quais sistemas jurídicos ou legais famílias são mais propensas a importar ou exportar normas jurídicas com êxito. Tem sido argumentado que as condições locais para transplantar e adotar uma determinada lei são mais importantes do que a existência de oferta de uma determinada família legal. A predisposição e a familiaridade com as leis

---

(2007) The Economic Approach: Competition between Legal Systems, in Comparative Law: A Handbook (eds. Esin Örücü and D. Nelken, Hart Publishing); GAROUPA, N. and OGUS, A. (2006) A Strategic Interpretation of Legal Transplants, 35 Journal of Legal Studies 339.

100. MATTEI, U. (1994) Efficiency in Legal Transplants: An Essay in Comparative Law and Economics, 14 International Review of Law and Economics 3; OGUS, A. (1999) Competition between National Legal Systems: A Contribution of Economic Analysis to Comparative Law, 48 International and Comparative Law Quarterly 405; OGUS, A., (2007) The Economic Approach: Competition between Legal Systems, in Comparative Law: A Handbook (eds. Esin Örücü and D. Nelken, Hart Publishing); VAN DEN BERGH, R. (2000) Towards an Institutional Legal Framework for Regulatory Competition in Europe, 53 Kyklos 435; GAROUPA, N. and OGUS, A. (2006) A Strategic Interpretation of Legal Transplants, 35 Journal of Legal Studies 339; CARBONARA, E. and PARISI, F. (2007) The Paradox of Legal Harmonization, 132 Public Choice 367.

101. BUSCAGLIA, B. and Ratliff, W. (2000) Legal and Economic Integration: The Cases For and Against Legal Transplants, reprinted in Comparative Law and Economics (eds. G. De Geest and R. van den Bergh, Edward Elgar); CARBONARA, E. and PARISI, F. (2009) Choice of Law and Legal Evolution: Rethinking the Market for Legal Rules, 139 Public Choice 461; O'HARA, E. and RIBSTEIN, L. (2009) The Law Market (Oxford University Press).

102. OGUS, A., (2007) The Economic Approach: Competition between Legal Systems, in Comparative Law: A Handbook (eds. Esin Örücü and D. Nelken, Hart Publishing).

103. GAROUPA, N. and OGUS, A. (2006) A Strategic Interpretation of Legal Transplants, 35 Journal of Legal Studies 339.

104. GAROUPA, N. and OGUS, A. (2006) A Strategic Interpretation of Legal Transplants, 35 Journal of Legal Studies 339.

transplantados são mais importantes do que a origem legal para garantir a eficácia do transplante.[105]

g) Direito Internacional Privado

A análise econômica do direito internacional privado não considera a diversidade um problema, mas sim uma oportunidade de se beneficiar de jurisdições internacionais e procura, em diferentes jurisdições, a regra jurídica apropriada. A solução eficiente para o direito internacional privado deve internalizar as externalidades criadas pela interação de indivíduos localizados em diferentes jurisdições. Uma estratégia orientada para a aplicação da regra jurídica da jurisdição onde o dano tenha sido produzido nem sempre é eficiente, pois pode haver importantes incentivos negativos.[106]

h) Estado de Direito

O Estado de Direito está supostamente associado com segurança jurídica, independência do Judiciário e limitações sérias a expropriações tanto privadas quanto estatais. Espera-se, desde logo, uma correlação positiva entre um alto nível de respeito ao Estado de Direito e o grau de investimento e de desenvolvimento econômico (esta linha de trabalho foi inaugurada por North[107]). Embora geralmente haja uma forte relação entre a existência de um Estado de Direito e desenvolvimento econômico, as razões para tanto são discutíveis, uma vez que é reconhecido que as economias que crescem mais rapidamente não têm um sistema judicial eficaz. A interação entre Estado de Direito e desenvolvimento econômico podem ser mais complexas do que inicialmente previsto e a direção da causalidade, em especial, é ainda pouco clara; Kaufman, Kraay e Mastruzzi, 2008).[108] A existência de uma relação direta entre Estado de Direito e origem legal tem sido também considerada.[109]

i) Fontes do Direito

As fontes do direito variam entre famílias jurídicas. Isto suscita a pergunta sobre a existência de uma determinada combinação eficiente de leis e códigos, de

105. BERKOWITZ, D., PISTOR, K. and RICHARD, J.-F. (2003) Economic Development, Legality and the Transplant Effect, 47 European Economic Review 165; Berkowitz, D., Pistor, K. and Richard, J.-F. (2003) The Transplant Effect, 51 American Journal of Comparative Law 163.
106. SYKES, A. (2007) International Law, in Handbook of Law and Economics (eds. A. Mitchell Polinsky and Steven Shavell, North-Holland, Elsevier).
107. NORTH, D. (1991) Institutions, Institutional Change and Economic Performance (Cambridge University Press).
108. GLAESER, E. L., LA PORTA, R., LOPEZ DE SILANES, F., and SHLEIFER, A. (2004) Do Institutions Cause Growth? 9 Journal of Economic Growth 271; Kaufmann, D., Kraay, A., and Mastruzzi, M. (2008) Governance Matters VII: Governance Indicators for 1996-2007, World Bank Policy Research Working-Paper 4654.
109. LA PORTA, R., LOPEZ DE SILANES, F., POP ELECHES, C., and SHLEIFER, A. (2004) Judicial Checks and Balances, 112 Journal of Political Economy 445; TREBILCOCK, M. and DANIELS, R. J. (2009) Rule of Law Reform and Development: Charting the Fragile Path of Progress (Edward Elgar).

um lado, e jurisprudência, de outro. Em outras palavras, é contestável a existência de um arranjo especial de fontes do direito que seja eficiente em todos os casos.[110] Dependendo das preferências, do papel do precedente e das idiossincrasias de um determinado sistema jurídico, diferentes combinações de jurisprudência e legislação podem ser eficientes.[111]

4. CONCLUSÃO

Na última década, o Direito e Economia Comparado gerou uma vasta literatura, tanto em nível micro quanto em macro. Entretanto, assim como com a própria economia em meados do século XX, ainda falta uma base microeconômicos para a macroeconomia do direito comparado. A importante literatura empírica, que aponta para diferenças significativas em nível macro entre a família jurídica anglo-americana e as famílias romano-germânicas, necessita de uma sólida base teórica em nível micro. Por outro lado, a análise econômica de determinadas normas jurídicas em diversas áreas do direito tem sido desenvolvida, em grande medida, sem reconhecer as implicações em nível macro. Economistas do direito e comparatistas estão em excelente posição para atenuar este hiato nos próximos anos.

5. REFERÊNCIAS BIBLIOGRÁFICAS

ACEMOGLU, D. and JOHNSON, S. (2005) Unbundling Institutions, 113 Journal of Political Economy 949.

ACEMOGLU, D., JOHNSON, S. and ROBINSON, J. A. (2001) Colonial Origins of Comparative Development: An Empirical Investigation, 91 American Economic Review 1369.

ADAMS, M. (1995) The Conflict of Jurisdictions – An Economic Analysis of Pre-trial Discovery, Fact Gathering and Cost Shifting Rules in the United States and Germany, reprinted in Comparative Law and Economics (eds. G. De Geest and R. van den Bergh, Edward Elgar).

AHLERING, B. and DEAKIN, S. (2007) Labor Regulation, Corporate Governance and Legal Origin: A Case of Institutional Complementarity? 41 Law and Society Review 865.

ARMOUR, J, Deakin, S., Sarkar, P., Siems, M., and Singh, A. (2009) Shareholder Protection and Stock Market Development: An Empirical Test of the Legal Origins Hypothesis, 6 Journal of Empirical Legal Studies 343.

ARRUÑADA, B. (2007) Pitfalls to Avoid when Measuring the Institutional Environment: Is 'Doing Business' Damaging Business?, 35 Journal of Comparative Economics 729.

---

110. DEPOORTER, B., FON, V., and PARISI, F. (2005) Litigation, Judicial Path-Dependence, and Legal Change, 20 European Journal of Law and Economics 43; FON, V. and PARISI, F. (2006) Judicial Precedents in Civil Law Systems: A Dynamic Analysis, 26 International Review of Law and Economics 519; PONZETTO, G. A. M. and FERNANDEZ, P. A. (2008) Case Law versus Statute Law: An Evolutionary Comparison, 37 Journal of Legal Studies 379; PARISI, F. and FON, V. (2009) Economics of Lawmaking (Oxford University Press).
111. PONZETTO, G. A. M. and FERNANDEZ, P. A. (2008) Case Law versus Statute Law: An Evolutionary Comparison, 37 Journal of Legal Studies 379; PARISI, F. and FON, V. (2009) Economics of Lawmaking (Oxford University Press).

ARRUÑADA, B. (2003) Property Enforcement as Organized Consent, 19 Journal of Law, Economics and Organization 401.

ARRUÑADA, B. and ANDONOVA, V. (2008a) Judges' Cognition and Market Order, 4 Review of Law and Economics 665.

ARRUÑADA, B. and ANDONOVA, V. (2008b) Common Law and Civil Law as Pro-Market Adaptations, 26 Washington University Journal of Law and Policy 81.

ARRUÑADA, B. and GAROUPA, N. (2005) The Choice of Titling System in Land, 48 Journal of Law and Economics 709.

AYOTTE, K. and Yun, H. (2009) Matching Bankruptcy Laws to Legal Environments, 25 Journal of Law, Economics and Organization 2.

BACKHAUS, J., Cassone, A., and Ramello, G. (eds.) (2009) Class Actions for Europe: Perspectives from Law and Economics (Edward Elgar).

BALAS, A., LA PORTA, R., LOPEZ DE SILANES, F., and SHLEIFER, A. (2009) The Divergence of Legal Procedures, American Economic Journal: Economic Policy (forthcoming).

BECHT, M., Bolton, P. and Röell, A. (2007) Corporate Law and Governance, in Handbook of Law and Economics (eds. A. Mitchell Polinsky and Steven Shavell, North-Holland Elsevier).

BECK, T., DEMIRGÜÇ KUNT, A. and LEVINE, R. (2003) Law and Finance: Why does Legal Origin Matter?, 31 Journal of Comparative Economics 653.

BECKER, G. (1968) Crime and Punishment: An Economic Approach, 76 Journal of Political Economy 169.

BENTHAM, J (1789) An Introduction to the Principles of Morals and Legislation.

BERKOWITZ, D., PISTOR, K. and RICHARD, J.-F. (2003) The Transplant Effect, 51 American Journal of Comparative Law 163.

BERKOWITZ, D., PISTOR, K. and RICHARD, J.-F. (2003) Economic Development, Legality and the Transplant Effect, 47 European Economic Review 165.

BLACK, B. and Khanna, V. (2007) Can Corporate Governance Reforms Increase Firm Market Values? Event Study Evidence from India, 4 Journal of Empirical Legal Studies 749.

BOTERO, J., DJANKOV, S., La Porta, R., LOPEZ DE SILANES, F., and Shleifer, A. (2004) The Regulation of Labor, 119 Quarterly Journal of Economics 1339.

BOUCKAERT, B. and De Geest, G. (1995) Private Takings, Private Taxes, Private Compulsory Services: The Economic Doctrine of Quasi Contracts, 15 International Review of Law and Economics 463.

BRENNAN, G. and PARDO, J. C. (1991) A Reading of the Spanish Constitution (1978), 2 Constitutional Political Economy 53.

BRAEUTIGAM, R., Owen, B., and PANZAR, J. (1984) An Economic Analysis of Alternative Fee Shifting Systems, 47 Law and Contemporary Problems 173.

BUCHANAN, J. and TULLOCK, G. (1961) The Calculus of Consent (University of Michigan Press).

BUSCAGLIA, B. and Ratliff, W. (2000) Legal and Economic Integration: The Cases For and Against Legal Transplants, reprinted in Comparative Law and Economics (eds. G. De Geest and R. van den Bergh, Edward Elgar).

BUSSANI, M., Palmer, V. V., and Parisi, F. (2003) Liability for Pure Financial Loss in Europe: An Economic Restatement, 51 American Journal of Comparative Law 113.

CALABRESI, G. (1970) The Costs of Accidents (Yale University Press).

CABRILLO, F. and FITZPATRICK, S. (2008) The Economics of Courts and Litigation (Edward Elgar).

CARBONARA, E. and PARISI, F. (2009) Choice of Law and Legal Evolution: Rethinking the Market for Legal Rules, 139 Public Choice 461.

CARBONARA, E. and PARISI, F. (2007) The Paradox of Legal Harmonization, 132 Public Choice 367.

CHEUNG, S. N. S. (1969) Transaction Costs, Risk Aversion, and the Choice of Contractual Arrangements, 22 Journal of Law and Economics 23.

CLAESSENS, S. and KLAPPER, L. F. (2005) Bankruptcy Around the World: Explanations of Its Relative Use, 7 American Law and Economics Review 253.

COASE, R. (1960) The Problem of Social Cost, 3 Journal of Law and Economics 1.

COELHO, C. and GAROUPA, N. (2006) Do Divorce Law Reforms Matter for Divorce Rates? Evidence from Portugal, 3 Journal of Empirical Legal Studies 525.

COOTER, R. (2000) The Strategic Constitution. Princeton: Princeton University Press.

CROSS, F. B. (2007) Identifying the Virtues of the Common Law, 15 Supreme Court Review 21.

CROSS, F. B. (2002) Law and Economic Growth, 80 Texas Law Review 737.

CURRAN, V. G. (2009) Comparative Law and Legal Origins Thesis: "[N]on Scholae Sed Vitae Discimus", 57 American Journal of Comparative Law 863.

DAM, K. W. (2006) The Law-Growth Nexus: the Rule of Law and Economic Development (Brookings Institute Press).

DAVIS, K. E. and KRAUSE, M. (2007) Taking the Measure of Law: The Case of the Doing Business Project, 32 Law and Social Inquiry 1095.

DEAKIN, S. and SARKAR, P. (2008) Assessing the Long-run Economic Impact of Labor Law Systems: A Theoretical Reappraisal and Analysis of New Time Series Data, 39 Industrial Relations Journal 453.

DEAKIN, S., LELE, P., and SIEMS, M. (2007) The Evolution of Labor Law: Calibrating and Comparing Regulatory Regimes, 146 International Labour Review 133.

DE GEEST, G. (2009) The Economics of Comparative Law: An Introduction, in The Economics of Comparative Law (ed. G. de Geest, Edward Elgar).

DE GEEST, G. (2001) Comparative Law and Economics and the Design of Optimal Legal Doctrines, in Law and Economics in Civil Law Countries (eds. B. Deffains and T. Kirat, JAI Elsevier Science).

DEPOORTER, B., FON, V., and PARISI, F. (2005) Litigation, Judicial Path-Dependence, and Legal Change, 20 European Journal of Law and Economics 43.

DE SOTO, H. (2000) The Mystery of Capital: Why Capitalism Triumphs in the West and Fails Everywhere Else (Basic Books).

DJANKOV, S., La Porta, R., Lopez-de-Silanes, F. and Shleifer, A. (2003) Courts, 118 Quarterly Journal of Economics 453.

DJANKOV, S., GANSER, T., MCLIESH, C., RAMALHO, R., and Shleifer, A. (2010) The Effects of Corporate Tax on Investment and Entrepreneurship, American Economic Journal: Macroeconomics (forthcoming).

DJANKOV, S., HART, O., MCLIESH, C. and Shleifer, A. (2008) Debt Around the World, 116 Journal of Political Economy 1105.

DUXBURY, Neil (1997) Patterns of American Jurisprudence (Oxford University Press).

EASTERBROOK, F. and Fischel, D. (1991) The Economic Structure of Corporate Law (Harvard University Press).

ELHAUGE, E. and GERADIN, D. (2007) Global Antitrust Law and Economics (Foundation Press).

ELKINS, Z., GINSBURG, T. and MELTON, J. (2009) The Endurance of National Constitutions (Cambridge University Press).

FAUST, F. (2006) Comparative Law and Economic Analysis of Law, in The Oxford Handbook of Comparative Law (eds. Mathias Reimann and Reinhard Zimmermann, Oxford University Press); DE GEEST, G. (2009) The Economics of Comparative Law: An Introduction, in The Economics of Comparative Law (ed. G. de Geest, Edward Elgar).

FAURE, M. and Van den Bergh, R. (1987) Negligence, Strict Liability and Regulation of Safety under Belgian Law: An Introductory Economic Analysis, 12 Geneva Papers on Risk and Insurance 100.

FAURE, M. (2001) Tort Liability in France: An Introductory Economic Analysis, in Law and Economics in Civil Law Countries (eds. B. Deffains and T. Kirat, JAI Elsevier Science).

FAUVARQUE-COSSON, B. and KERHUEL, A.-J. (2009) Is Law and Economic Contest? French Reactions to the Doing Business World Bank Reports and Economic Analysis of Law, 57 American Journal of Comparative Law 811.

FINSINGER, J., Hoehn, T. and Pototschnig, A. (1991) The Enforcement of Product Liability Rules: A Two-Country Analysis of Court Cases, 11. International Review of Law and Economics 133.

FON, V. and PARISI, F. (2006) Judicial Precedents in Civil Law Systems: A Dynamic Analysis, 26 International Review of Law and Economics 519.

HAMADA, K. (1995) Product Liability Rules: A Consideration of Law and Economics in Japan, 46 Japanese Economic Review 2.

HUANG, K.-C. (2009) Does Discovery Promote Settlement? An Empirical Answer, 6 Journal of Empirical Legal Studies 241.

GAROUPA, N. (2008) Providing a Legal Framework for the Reform of the Legal Profession: Insights from the European Experience, 9 European Business Organization Law Review 463.

GAROUPA, N. and GINSBURG, T. (2010) Reputation, Information and the Organization of the Judiciary, 4 Journal of Comparative Law (forthcoming).

GAROUPA, N. and GINSBURG, T. (2009) Guarding The Guardians: Judicial Councils and Judicial Independence, 57 American Journal of Comparative Law 103.

GAROUPA, N. and GINSBURG, T. (2009) Judicial Reputation and Audiences: Perspectives from Comparative Law, 47 Columbia Journal of Transnational Law 451.

GAROUPA, N. and GOMEZ Pomar, F. (2004) Punish Once or Punish Twice: A Theory of the Use of Criminal Sanctions in Addition to Regulatory Penalties, 6 American Law and Economics Review 410.

GINSBURG, T. and HOETKER, G. (2006) The Unreluctant Litigant? An Empirical Analysis of Japan's Turn to Litigation, 35 Journal of Legal Studies 31.

GAROUPA, N. and OGUS, A. (2006) A Strategic Interpretation of Legal Transplants, 35 Journal of Legal Studies 339.

GAROUPA, N. and STEPHEN, F. (2008) Why Plea-Bargaining Fails to Achieve Results in So Many Criminal Justice Systems: A New Framework for Assessment, 15 Maastricht Journal of European and Comparative Law 319.

GAROUPA, N. and ULEN, T. S. (2008) The Market for Legal Innovation: Law and Economics in Europe and the United States, 59 Alabama Law Review 1555.

GEORGAKOPOULOS, N. (2000) Discretion in the Career and Recognition Judiciary, 7 University of Chicago Law School Roundtable 205.

GLAESER, E. L. and SHLEIFER, A. (2002) Legal Origins, 117 Quarterly Journal of Economics 1193.

GLAESER, E. L. and SHLEIFER, A. (2001) The Rise of the Regulatory State, 41 Journal of Economic Literature 401.

GLAESER, E. L., LA PORTA, R., LOPEZ DE SILANES, F., and SHLEIFER, A. (2004) Do Institutions Cause Growth? 9 Journal of Economic Growth 271

GONZALEZ, L. and VIITANEN, T. (2009) The Effect of Divorce Laws on Divorce Rates in Europe, 53 European Economic Review 127.

GRECHENIG, K. and Gelter, M. (2008) The Transatlantic Divergence in Legal Thought: American Law and Economics vs. German Doctrinalism, 31 Hastings International and Comparative Law Review 295.

HADFIELD, G. (2010) The Quality of Law: Judicial Incentives, Legal Human Capital and the Evolution of Law, Journal of Economic Behavior and Organization (forthcoming).

HADFIELD, G. (2008) The Levers of Legal Design: Institutional Determinants of the Quality of Law, 36 Journal of Comparative Economics 43.

HANSMANN, H., HERTIG, G., HOPT, K. J., KANDA, H., Rock, E. B., KRAAKMAN, R., Davis, P. (2004) The Anatomy of Corporate Law: A Comparative and Functional Approach (Oxford University Press).

HANSMANN, H. and KRAAKMAN, R. (2001) The End of History for Corporate Law, 89 Georgetown Law Journal 439.

HANSMANN, H. and MATTEI, U. (1998) The Functions of Trust Law: A Comparative Legal and Economic Analysis, 73 New York University Law Review 434.

HANSMANN, H. and SANTILLI, M. (1997) Authors' and Artists' Moral Rights: A Comparative Legal and Economic Analysis, 26 Journal of Legal Studies 95.

HELLER, M. (2008) The Gridlock Economy: How Too Much Ownership Wrecks Markets, Stops Innovation, and Costs Lives (Basic Books).

HELLER, M. (1998) The Tragedy of the Anticommons: Property in the Transition from Marx to Markets, 111 Harvard Law Review 621.

HUANG, K.-C. (2008) How Legal Representation Affects Case Outcomes: An Empirical Perspective from Taiwan, 5 Journal of Empirical Legal Studies 197.

KAPLAN, D. S., SADKA, J., and Silva Mendez, J. L. (2008) Litigation and Settlement: New Evidence from Labor Courts in Mexico, 5 Journal of Empirical Legal Studies 309.

KIRAT, T. (2001) Legal Systems and Economic Analysis: How Relevant is American Law and Economics for the Understanding of French Jurisprudence, in Law and Economics in Civil Law Countries (eds. B. Deffains and T. Kirat, JAI Elsevier Science).

KLERMAN, D. and MAHONEY, P. (2007) Legal Origin?, 35 Journal of Comparative Economics 278.

KÖTZ, H. (2000) Precontractual Duties of Disclosure: A Comparative and Economic Perspective, 9 European Journal of Law and Economics 5.

LANDO, H. and Rose, C. (2004) The Enforcement of Specific Performance in Civil Law Countries, 24 International Review of Law and Economics 473.

LA PORTA, R., LOPEZ DE SILANES, F., and SHLEIFER, A. (2008) The Economic Consequences of Legal Origins, 46 Journal of Economic Literature 285.

LA PORTA, R., LOPEZ DE SILANES, F., and Shleifer, A. (2006) What Works in Securities Laws?, 61 Journal of Finance 1.

LA PORTA, R., LOPEZ DE SILANES, F., POP ELECHES, C., and SHLEIFER, A. (2004) Judicial Checks and Balances, 112 Journal of Political Economy 445.

LA PORTA, R., LOPEZ DE SILANES, F., SHLEIFER, A., and VISHNY, R. W. (2000) Agency Problems and Dividend Policies around the World, 55 Journal of Finance 1.

LA PORTA, R., LOPEZ DE SILANES, F., and SHLEIFER, A. (1999) Corporate Ownership around the World, 54 Journal of Finance 471.

LA PORTA, R., LOPEZ DE SILANES, F., Shleifer, A., and Vishny, R. W. (1998) Law and Finance, 106 Journal of Political Economy 1113.

LEVMORE, S. (1987) Variety and Uniformity in the Treatment of the Good-Faith Purchaser, 16 Journal of Legal Studies 43.

LEVMORE, S. (1986), Rethinking Comparative Law: Variety and Uniformity in Ancient and Modern Tort Law, 61 Tulane Law Review 235.

MAHONEY, P. (2001) The Common Law and Economic Growth: Hayek Might be Right, 30 Journal of Legal Studies 503.

MATTEI, U. (1996) Comparative Law and Economics (University of Michigan Press).

MATTEI, U. (1994) Efficiency in Legal Transplants: An Essay in Comparative Law and Economics, 14 International Review of Law and Economics 3.

MACKAAY, E. and Rousseau, S. (2008) Analyse Économique du Droit (Éditions Thémis).

MACKAAY, E. (2001) Law and Economics: What's in it for Us Civilian Lawyers, in Law and Economics in Civil Law Countries (eds. B. Deffains and T. Kirat, JAI Elsevier Science).

MICHAELS, R. (2009) Comparative Law by Numbers? Legal Origins Thesis, Doing Business Reports, and the Silence of Comparative Law, 57 American Journal of Comparative Law 765.

MILHAUPT, C. (2009) Beyond Legal Origin: Rethinking Law's Relationship to the Economy – Implications for Policy, 57 American Journal of Comparative Law 831.

MILLER, G. P. (1997) The Legal-Economic Analysis of Comparative Civil Procedure, 45 American Journal of Comparative Law 905.

NORTH, D. (1991) Institutions, Institutional Change and Economic Performance (Cambridge University Press).

OGUS, A., (2007) The Economic Approach: Competition between Legal Systems, in Comparative Law: A Handbook (eds. Esin Örücü and D. Nelken, Hart Publishing).

OGUS, A. (2006) Costs and Cautionary Tales: Economic Insights for the Law (Hart Publishing).

OGUS, A. (2002) The Economic Base of Legal Culture: Networks and Monopolization, 22 Oxford Journal of Legal Studies 419.

OGUS, A. (1999) Competition between National Legal Systems: A Contribution of Economic Analysis to Comparative Law, 48 International and Comparative Law Quarterly 405.

O'HARA, E. and RIBSTEIN, L. (2009) The Law Market (Oxford University Press).

OTA, S. (1991) Law and Economics in Japan: The Hatching Stage, 11 International Review of Law and Economics 301.

OTT, C. and Schäfer, H.-B. (1997) Negligence as Untaken Precaution, Limited Information, and Efficient Standard Formation in the Civil Liability System, 17 International Review of Law and Economics 15.

PARISI, F., Bussani, M., and Palmer, V. V. (2007) The Comparative Law and Economics of Economic Pure Loss, 27 International Review of Law and Economics 29.

PARISI, F. and FON, V. (2009) Economics of Lawmaking (Oxford University Press).

PARISI, F. (2002a) Entropy in Property, 50 American Journal of Comparative Law 595.

PARISI, F. (2002b) Rent-seeking through Litigation: Adversarial and Inquisitorial Systems Compared, 22 International Review of Law and Economics 193.

PERSSON, T. and TABELLINI, G. (2003) The Economic Effects of Constitutions (MIT Press).

PRIEST, G. and KLEIN, B. (1994) The Selection of Disputes for Litigation, 13 Journal of Legal Studies 1.

POSNER, R. (2005) Judicial Behavior and Performance: An Economic Approach, 32 Florida State University Law Review 1259.

POSNER, R. (1996) Law and Legal Theory in England and America (Oxford University Press).

POSNER, R. (1972) Economic Analysis of Law (Little Brown, now 7th Edition, 2007).

PONZETTO, G. A. M. and FERNANDEZ, P. A. (2008) Case Law versus Statute Law: An Evolutionary Comparison, 37 Journal of Legal Studies 379.

RAMSEYER, M. and RASMUSEN, E. (2006) Measuring Judicial Independence (University of Chicago Press).

RAMSEYER, M. and RASMUSEN, E. (2001) Why is the Japanese Conviction Rate So High? 30 Journal of Legal Studies 53.

RAMSEYER, M. (1989) Water Law in Imperial Japan: Public Goods, Private Claims, and Legal Convergence, 18 Journal of Legal Studies 51.

RAMSEYER, M. and NAKAZATO, M. (1989) The Rational Litigant: Settlement Amounts and Verdict Rates in Japan, 18 Journal of Legal Studies 263.

REITZ, J. (2009) Legal Origins, Comparative Law and Political Economy, 57 American Journal of Comparative Law 847.

REKAITI, P. and van den Bergh, R. (2000) Cooling-Off Periods in the Consumer Laws of the EC Member States. A Comparative Law and Economics Approach, 23 Journal of Consumer Policy 371.

ROE, M. J. (2007) Juries and the Political Economy of Legal Origin, 35 Journal of Comparative Economics 294.

ROE, M. J. (2006) Legal Origin and Modern Stock Markets, 120 Harvard Law Review 460.

ROE, M. J., RAMSEYER, M. and ROMANO, R. (1993) Some Differences in Corporate Structure in Germany, Japan, and the United States, 102 Yale Law Journal 1927.

ROSENTHAL, H. and VOETEN, E. (2007) Measuring Legal Systems, 35 Journal of Comparative Economics 711.

SALVADOR CORDECH, P., Garoupa, N. and Gomez Ligüerre, C. (2009) Scope of Liability: The Vanishing Distinction between Negligence and Strict Liability, European Journal of Law and Economics (forthcoming).

SHAVELL, S. (2004) Foundations of Economic Analysis of Law (Harvard University Press).

SCHWEIZER, U. (2005) Law and Economics of Obligations, 25 International Review of Law and Economics 209.

SPAMANN, H. (2009) Large-Sample, Quantitative Research Designs for Comparative Law?, 57 American Journal of Comparative Law 797.

SUNSTEIN, C. (2000) Designing Democracy: What Constitutions Do (Oxford University Press).

SYKES, A. (2007) International Law, in Handbook of Law and Economics (eds. A. Mitchell Polinsky and Steven Shavell, North-Holland, Elsevier).

SMITH, M. L. (2005) Deterrence and Origin of Legal System: Evidence from 1950-1999, 7 American Law and Economics Review 350.

TREBILCOCK, M. and DANIELS, R. J. (2009) Rule of Law Reform and Development: Charting the Fragile Path of Progress (Edward Elgar).

VAN DEN BERGH, R. (2000) Towards an Institutional Legal Framework for Regulatory Competition in Europe, 53 Kyklos 435.

VAN DEN HAUWE, L. (2000) Public Choice, Constitutional Political Economy and Law and Economics, in Encyclopedia of Law and Economics, Volume I. The History and Methodology of Law and Economics (eds. B. Bouckaert and G. De Geest, Edward Elgar).

VOIGT, S. (2008) Are International Merchants Stupid? Their Choice of Law Sheds Doubt on the Legal Origin Theory, 5 Journal of Empirical Legal Studies 1.

VOIGT, S. (1997) Positive Constitutional Economics: A Survey, 90 Public Choice 11.

WHITE, M. (1996) The Costs of Corporate Bankruptcy: A U.S.-European Comparison, in Corporate Bankruptcy: Economic and Legal Perspectives (eds. J. Bhandari and L. Weiss, Cambridge University Press).

WILS, W. (1993) Who Should Bear the Costs of Failed Negotiations? A Functional Inquiry into Precontractual Liability, 4 Journal des Economistes et des Etudes Humaines 93.

6
ANÁLISE ECONÔMICA DOS CONTRATOS

Luciano Benetti Timm

Mestre e Doutor em Direito pela UFRGS. LLM pela Universidade de Warwick. Professor do programa de Pós-Graduação em Direito da Unisinos-RS. Professor convidado das Escolas de Magistratura dos Estados do Rio Grande do Sul, Pernambuco e Alagoas, bem como dos Tribunais Regionais da 4ª e 5ª Regiões. Foi Pesquisador de Pós-Doutorado na *University of California, Berkely*. Ex-Presidente e Membro fundador da Associação Brasileira de Direito e Economia. Advogado.

João Francisco Menegol Guarisse

Graduado em Direito pela UFRGS. Especialista em Direito Internacional pela mesma Universidade. Pesquisador do NEDEP-UFRGS.

1. INTRODUÇÃO

Muitos são os trabalhos de dogmática jurídica que procuraram explicar a normatização jurídica do contrato e extrair dela uma coerência lógico-sistemática. O estudo dogmático necessita de crenças *a priori*, que não repousam sobre hipóteses cientificamente verificáveis (como por exemplo, as interpretações bíblicas ou do Corão, que dependem da crença na existência de Deus pelo intérprete). Na dogmática jurídica não é diferente. Pugnar pela "constitucionalização do Direito Civil", exemplificativamente, supõe uma crença *a priori* na superioridade normativa da Constituição. Não há teste observável para isso. Vale dizer, não há uma realidade subjacente que se queira descrever. Em outras palavras, teorias jurídicas dogmáticas do contrato nada dizem sobre a realidade das partes e do fenômeno social subjacente ao contrato.

O presente trabalho tem por objetivo apresentar uma proposta diferente, ou seja, busca antes de tudo, revelar quem são as partes em uma relação contratual e a realidade social subjacente. Para tanto, necessita buscar um referencial analítico fora da dogmática jurídica, e, mais especificamente, na Ciência Econômica. Nesse sentido, o texto pode ser classificado dentro do que se convencionou chamar de Análise Econômica do Contrato. Preliminarmente, cabe inquirir sobre o significado dessa proposta, explicando os objetos de análise e a abordagem utilizada.

Este trabalho analisará dois objetos: em primeiro lugar, o contrato e, em segundo lugar, o direito contratual. O contrato é um fato social, tanto quanto o crime e as relações familiares (casamento, filiação). Sua existência é anterior ao direito[1], consistindo numa manifestação da necessidade humana de interação econômica (troca). Sua prática foi descrita por antropólogos em tribos humanas muito rudimentares que não contavam com um sistema jurídico organizado (exemplificativamente, tribos incas pré-descobrimento espanhol). O que se entende aqui por contrato (no sentido de *transações*) é, portanto, pré-jurídico e difere da definição jurídico-dogmáticas de contrato como acordo de vontades executável em uma corte de justiça (no sentido de *transações judicialmente executáveis*). Estamos nos referindo a relações de troca entre os indivíduos, envolvendo prestações recíprocas entre os contratantes, independentemente do reconhecimento estatal dessa relação.

Já o direito contratual é a regulação jurídica (e essencialmente estatal) do contrato, instituindo regras, por exemplo, sobre sua formação, execução, nulidade e os direitos das partes (seja por meio de precedentes vinculantes das cortes como no sistema de common law; seja em leis, como no sistema de *civil law*). O direito contratual tem por principal objetivo identificar um certo número de transações (contratos, no sentido apresentado no parágrafo anterior) e permitir que eles sejam judicialmente executáveis graças à sua relevância social. Cada Estado fará isso de forma distinta, reconhecendo algumas transações como contratos judicialmente executáveis e outras não. Por exemplo, a venda de *marijuana* é válida na Holanda, podendo contar com a proteção estatal, enquanto o mesmo não é verdade, por exemplo, no Brasil (ou seja, um contrato permitido pelo direito contratual holandês). Isso não quer dizer, obviamente, que não haja compra-e-venda de maconha no Brasil (contrato), mas sim que essas transações não são reconhecidas pelo direito contratual brasileiro, não podendo o vendedor da substância entorpecente mover uma ação judicial para cobrar a dívida. Mas o direito contratual não tem apenas a função de individualizar aqueles contratos que poderão ser judicialmente executáveis. Ele também cria incentivos para o comportamento das partes. Nesse sentido, a forma como os contratos são regulados é distinta em jurisdições diferentes, embora o incentivo ao cumprimento do acordo possa ser idêntico. Assim, algumas jurisdições favorecem as perdas e danos como remédio em caso de inadimplemento (por exemplo, países de *Common Law*), enquanto outras preferem a execução específica da obrigação da parte inadimplente (por exemplo, países de *Civil Law* como o Brasil).

No que tange ao método de abordagem utilizado nesse artigo, será ele, como dito anteriormente, de análise econômica. Isso significa usar as ferramentas da ciência econômica para compreender, explicar e resolver problemas jurídicos. A análise econômica envolve uma análise positiva e uma análise normativa. A análise positiva visa descrever e avaliar a eficiência do um determinado instituto, inquirindo sobre as consequências econômicas de diferentes arranjos normativos existentes. Em outras

---

1.   Vamos entender aqui por Direito, um sistema jurídico com um mínimo de organização e coerência, respaldado por um mecanismo de solução de controvérsias imparcial como podemos encontrar a partir da Roma Antiga. Nesse sentido, Direito não pode ser associado livre e simplesmente com costume. Um costume pode até ser aceito como Direito, mas não esgota nem explica o Direito.

palavras, a análise positiva adota a perspectiva de um cientista, avaliando fenômenos sem propor alterações. Já a análise normativa permite determinar a melhor forma de regrar comportamentos e interpretar princípios e normas, adotando a perspectiva de um formulador de políticas públicas, com o objetivo de determinar como o sistema pode ser reformado para atingir fins predeterminados.

A análise econômica do contrato será analisada na primeira parte do presente ensaio. Nessa oportunidade, buscaremos compreender o significado do contrato na sociedade atual e assentar as bases teóricas sobre as quais é possível construir uma teoria contratual. O enfoque adotado aqui será, predominantemente, *positivo*. Diversas questões serão abordadas: Por que os contratos são tão essenciais atualmente? Como os contratos criam riqueza e quando a destroem? Qual é a função social do contrato? Por que e quando os mercados são ineficientes?

Na segunda parte desse trabalho serão discutidas a função e a importância do direito contratual, a partir de um enfoque não apenas *positivo*, mas também *normativo* da análise econômica do direito. Aqui, além de explicar a racionalidade econômica de nossas regras contratuais, pretendemos ainda defender a ideia de que o direito contratual é essencial para o bom funcionamento da economia. As regras jurídicas que disciplinam o contrato, de fato, têm o condão de facilitar ou dificultar transações no mercado, beneficiando (ou não) a criação de riqueza na sociedade. Não é nosso objetivo discutir cada detalhe do direito contratual, mas sim dar exemplos que confirmem a hipótese teórica descrita no primeiro capítulo do trabalho. As questões que serão aqui abordadas são não menos importantes que as da primeira parte: Qual a função do direito contratual? Qual o papel do Teorema de Coase no direito contratual? Quando é mais eficiente adotar normas dispositivas? Quando é mais eficiente adotar normas mandatórias?

2. ANÁLISE ECONÔMICA DO CONTRATO

2.1. Contratos como Instrumentos para a Criação de Riqueza

Um contrato pode ser compreendido como uma transação de mercado entre duas ou mais partes. É, assim, um meio de troca entre pessoas[2]. Os contratos existem porque nenhum homem é autossuficiente. É absolutamente inviável, hoje em dia, que cada pessoa produza tudo o que é necessário para sua sobrevivência. As trocas ocorrem quando as pessoas avaliam o mesmo bem de forma distinta. Cada pessoa é diferente – não apenas por possuir um conjunto de aptidões e características únicas, mas também por possuir uma série de bens, gostos, necessidades e vontades distin-

---

2. E. Allan Farnsworth, por exemplo, comenta: "Troca é a pedra de toque de qualquer sistema econômico que repousa sobre a livre iniciativa como o nosso faz. Esse sistema aloca os recursos largamente pelas trocas bilaterais arranjadas de acordo com as barganhas entre indivíduos". Ver FARNSWORTH, Alan. Contracts. 4ª ed. New York: Aspen, 2004, p. 5.

tas. Portanto, elas tendem a celebrar contratos através dos quais trocam os bens que possuem (inclusive dinheiro em sistemas monetarizados) por bens que desejam. Lembrando que a métrica que se vale a Ciência Econômica é utilidade (ou satisfação em uma linguagem vulgar)[3].

Se, então, adotarmos os pressupostos da Escola Neoclássica, em especial que cada pessoa é racional e se comporta de acordo com seus próprios interesses (*individualismo*), chegaremos à uma situação em que os bens tendem a passar da pessoa que lhe dá menor valor à pessoa que lhe dá maior valor. Por exemplo, Bruno possui um produto P, que avalia como tendo valor de 100 unidades. Já André dá a esse mesmo produto P o valor de 200 unidades. Numa situação ideal, André irá comprar P de Bruno, por um valor entre 100 (o mínimo que Bruno irá aceitar) e 200 unidades (o máximo que André se dispõe a pagar). Se, posteriormente, surgir Carlos, que dê a P o valor de 500 unidades, Carlos irá comprar P de André. Desta forma, a troca no seio da sociedade permite que os bens passem para aqueles que lhes deem maior valor. Naturalmente, a economia de mercado potencializa estes câmbios e, por isso, tem sido o sistema de organização social que cria mais riqueza e desenvolvimento.

Com efeito, não há dúvidas que essas transações criam riqueza. Como exemplo, vamos analisar o caso em que Bruno vendeu P para André. Bruno dava a P o valor de 100 unidades, enquanto André dava a P o valor de 200 unidades. Como já dissemos, P pode ser vendido a André por qualquer valor entre 100 e 200. Digamos que P tenha sido vendido por 150 unidades. Antes da troca, André possuía 150 unidades em dinheiro e Bruno possuía 100 unidades (o valor que P tinha para ele). Após a troca, André possuía 200 unidades (o valor de P para ele), enquanto Bruno possuía 150 unidades em dinheiro. Para avaliarmos a variação da riqueza total da sociedade antes e depois da transação, precisamos ver quais foram as alterações na riqueza de cada uma das partes do contrato (presume-se que a riqueza de terceiros não é afetada). Assim, a riqueza total antes da transação é de 250 unidades (100 unidades de Bruno + 150 unidades de André). Após, a riqueza total é de 350 unidades (150 unidades de Bruno + 200 unidades de André), um aumento de 100 unidades – que é, não por acaso, a diferença entre as avaliações das partes a respeito do bem. Nota-se que alteração na riqueza da sociedade depende das avaliações pessoais e subjetivas dos indivíduos, e não de um critério objetivo de *valor*.

Esse aumento na riqueza total da sociedade é o que os economistas chamam de *excedente econômico* de uma transação. Quanto um contrato tiver excedente econômico maior que zero, ele trará um resultado eficiente. Vale indicar que a eficiência, a princípio, é independente do valor pago pelo bem. No exemplo dado acima, não importa o valor pago por André a Bruno – sempre que a transação ocorrer, o contrato será eficiente e o excedente econômico será igual a 100 unidades. Se a transação não

---

3.	Uma definição clássica de utilidade pode ser encontrada em Marshall, Alfred. *Principles of Economics. An introductory Volume*. 8th edition. London: Macmillan, 1920, p. 78.

ocorrer, porém, o excedente econômico será igual a zero unidades e o resultado não será eficiente.

Temos assim, no gráfico abaixo a relação entre o valor do bem e o excedente econômico da transação. No eixo vertical, está representado o excedente econômico, enquanto no eixo horizontal, o valor do bem. Percebe-se que, quando o valor do bem for fixado por menos de 100 unidades, a transação não se conclui e o excedente econômico é igual a zero. Quando o valor do bem for fixado entre 100 e 200 unidades, a transação se concretiza e seu excedente econômico é igual a 100 unidades. Por fim, se o valor do bem for fixado por mais que 200 unidades (por lei, por exemplo), a transação mais uma vez não sairá do papel e o excedente econômico total será igual a zero.

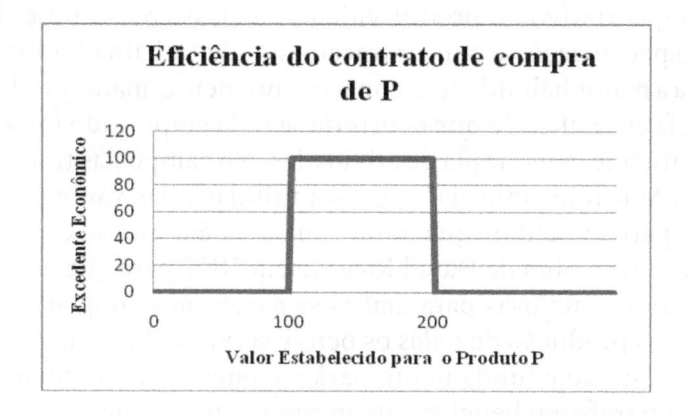

Figura 1. Relação entre valor do bem e excedente econômico total da transação.

O excedente econômico é, em suma, o valor a ser dividido entre as partes. A determinação de quanto cada parte receberá depende, porém, do valor exato de venda do bem. Quando maior o preço, mais o vendedor ganhará e menos o comprador manterá para si. Assim, o comprador tentará comprar o bem pelo menor preço possível e o vendedor tentará vendê-lo pelo maior preço possível. No fim, será o poder de barganha de cada parte, além de outros fatores, que irá determinará o preço final.

O excedente do comprador será dado pela seguinte fórmula:

$$E_C = V_C - P$$

onde E_C é o excedente do comprador, V_C é valor que o comprador dá ao bem e P é o preço do bem. Por sua vez, o excedente do vendedor será dado pela seguinte fórmula:

$$E_v = P - V_v$$

onde E_C é o excedente do vendedor, P é o preço do bem e V_C é valor que o vendedor dá ao bem. Usando o exemplo acima de Bruno e André, podemos construir a seguinte tabela para determinar o ganho de cada parte com a transação de acordo com diferentes preços do bem:

Valor do Bem	Ganho de André	Ganho de Bruno	Excedente Total
120 unidades	(200 – 120) = 80 u	(120 – 100) = 20u	(80 + 20) = 100u
145 unidades	(200 – 145) = 55 u	(145 – 100) = 45u	(55 + 45) = 100u
180 unidades	(200 – 180) = 20 u	(180 – 100) = 80u	(20 + 80) = 100u

Tabela 1. Distribuição do Excedente Total entre as partes.

A partir das considerações aqui expostas, é possível identificar dois enormes benefícios trazidos pelos contratos. Em primeiro lugar, os contratos permitem a divisão do trabalho. Os benefícios trazidos pela divisão do trabalho foram demonstrados num primeiro momento por Adam Smith, que a relacionou com um aumento qualitativo de produtividade no clássico exemplo da fábrica de alfinetes. A especialização e concentração de cada trabalhador em apenas uma subtarefa leva a maior habilidade e, consequentemente, maior produtividade naquela subtarefa específica do que ocorreria se cada empregado fosse responsável por uma quantidade mais ampla de atividades. No campo das trocas e contratos, porém, Adam Smith reconheceu apenas a utilidade das vantagens absolutas – quando cada parte é melhor que a outra na área em que se especializou[4]. Foi preciso o advento da obra de David Ricardo em 1817 para que ficasse assentado que as trocas são vantajosas para *ambas as partes* mesmo quando uma delas é mais eficiente na produção de *todos* os bens e serviços. Sua teoria das vantagens comparativas é até hoje fundamento para o comércio internacional e prova de que a divisão do trabalho beneficia até mesmo as partes menos eficientes[5]. Hoje sabe-se que a divisão do trabalho gera também as chamadas *economias de escala*, que são diminuições no custo unitário de produção que uma empresa consegue graças a sua expansão. As economias de escala ocorrem, em geral, por conta de benefícios de longo prazo nas áreas de compras, gestão, financiamento, marketing e desenvolvimento tecnológico.

Em segundo lugar, os contratos geram riqueza na sociedade, na medida em que levam os bens para aqueles que mais os valorizam. No jargão da ciência econômica, os contratos levam a *melhorias de Pareto*. Isso significa que, dada uma alocação inicial de bens entre um grupo de indivíduos, somente ocorrerão mudanças de alocação que satisfaçam dois requisitos: (i) deixem pelo menos um indivíduo em melhor situação; e (ii) não deixem nenhum indivíduo em pior situação. O *ótimo de Pareto* caracteriza-se quando se chega a uma situação em que nenhuma outra melhoria de Pareto é possível.

---

4. Ver SMITH, Adam. Uma Investigação sobre a Natureza e as Causas da Riqueza das Nações. 3ª Ed., Hemus Editora, 2008.
5. Ricardo, David. *On the Principles of Political Economy and Taxation*. 1ª Ed., Dover Publications, 2004, Capítulo 7.

Os contratos, em geral, garantem melhorias de Pareto, justamente porque são acordos de vontade e somente existem quando todas as partes envolvidas concordam[6]. Assim, na ausência de erro, dolo, coação ou fraude, as pessoas somente concordarão com mudanças que melhorem ou, pelo menos, não piorem, sua situação. Como regra geral, as pessoas devem ser devidamente recompensadas para que aceitem diminuições em seu bem-estar. Assim, no exemplo acima, Bruno somente aceitaria se desfazer de P por uma quantia monetária de valor superior a 100 unidades. Afinal, pressupomos que as pessoas são autointeressadas e somente cooperarão na medida em que puderem desfrutar de algum benefício proporcionado por essa cooperação. Nas palavras de Ejan Mackaay, contratos são situações *win-win*, onde todas as partes envolvidas encontram-se melhor após a transação[7].

É possível conceber um número ótimo de transações num determinado mercado. Esse número ótimo é atingido quando o benefício marginal da transação (ou seja, o benefício trazido por uma transação extra) é igual ao custo marginal dessa mesma transação (ou seja, o custo gerado por um contrato a mais). A quantidade ótima é aquela que maximiza o excedente econômico da sociedade, compreendido como os benefícios totais menos os custos totais. O excedente econômico da sociedade é maximizado quando (1) todas as transações que vierem a existir tragam mais benefícios do que custos (ou seja, tenham excedente econômico superior a zero) e (2) todas as transações com mais benefícios do que custos – ou seja, com excedente econômico superior a zero – venham a existir. Entendamos por Q_X o número de transações efetuadas em um mercado X e por Q_O o número ótimo de transações desse mesmo mercado X, então:

Se $Q_O > Q_X$, um contrato *a mais* trará mais benefícios do que custos, de forma que a sua conclusão será, portanto, uma melhoria de Pareto.

Se $Q_O < Q_X$, um contrato *a menos* trará mais benefícios do que custos. Isso significa que o mercado deveria produzir menos contratos.

Por exemplo, se o número ótimo de transações em um determinado mercado for 3, e houver apenas duas transações, então está-se *aquém* do ótimo social e um aumento do número de contratos será uma melhoria de Pareto. Se o mercado produzir quatro transações, entretanto, o mercado deveria *diminuir* o número de transações. O gráfico abaixo ilustra essa ideia. É possível ver que o ótimo social (*eficiência de Pareto*) ocorre quando há três contratos, que geram um benefício total de nove unidades.

---

6. Essa assertiva foi provada matematicamente em Greenwald, Bruce; Stiglitz, Joseph E. (1986). "Externalities in economies with imperfect information and incomplete markets". *Quarterly Journal of Economics* Vol. 101(2), 1986, p. 229–264.
7. Mackaay, Ejan; ROUSSEAU, Stéphane. **Analyse Économique du Droit**. 2ª Ed., Dalloz. 2008, p. 362, par. 1295.

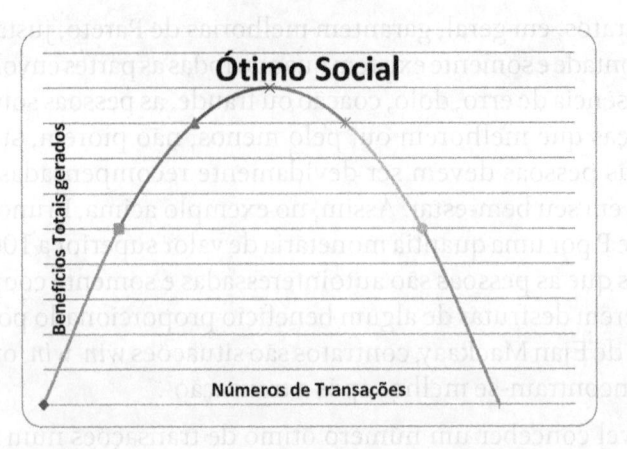

Figura 2. Relação entre número de transações e excedente econômico total num mercado.

Assim, a partir da ideia de ótimo de Pareto, chega-se à conclusão de que um mercado livre, povoado por indivíduos livres, racionais e autointeressados irá levar ao ponto de ótimo social.

2.2. Contratos Ineficientes

A ideia de que acordos voluntários levam ao ponto de ótimo social é, a princípio, verdadeira. Há, porém, fatores que podem afastar o mercado do nível ótimo, as chamadas *falhas de mercado*. Neste trabalho analisaremos três delas: (a) externalidades; (b) assimetrias de informação; e (c) custos de transação[8].

É o caso, por exemplo, das **externalidades**, que são efeitos gerados em terceiros[9]. Quando falamos sobre a riqueza total criada por um contrato, nos referimos à soma do excedente do vendedor e do comprador, dado que estes são, geralmente, os únicos afetados por um acordo. Frequentemente, porém, terceiros podem ser positivamente ou negativamente afetados por um contrato. Podemos citar, como exemplo de *externalidade positiva*, a compra (e o subsequente uso) de vacinas para evitar doenças transmissíveis. Cada pessoa que usar a vacina terá menos chance de contrair a infecção e, assim, diminuirá o risco de que as outras pessoas que vivem ao seu redor fiquem doentes. Já quando, por exemplo, uma pessoa compra gasolina e usa seu carro, ela causa poluição do ar, poluição sonora e congestionamento nas vias públicas, sendo, portanto, um estorvo para outras pessoas. Nesse caso, falamos de *externalidade negativa*.

---

8. Além destes, é possível citar também outros: como poder de mercado (por exemplo, monopólio e oligo-pólio), racionalidade limitada dos agentes e bens públicos.
9. Hermalin, Benjamin E.; Katz, Avery W.; CRASWELL, Richard. "The Law and Economics of Contracts". *In* POLINSKY, A. Mitchell; SHAVELL, Steven (ed.). *Handbook of Law and Economics*, New York: Elsevier, 2007, p. 24 e ss.

O que ocorre nas externalidades é que os excedentes econômicos dos contratos precisam, para refletir de forma fiel o bem-estar social causado, incluir também a variação na situação de terceiros. Assim, o excedente econômico de contratos que geram externalidades positivas é maior do que as partes normalmente levam em conta. Portanto, um mercado desregulado tende a produzir *menos* desses contratos do que a quantidade ótima (ou seja, nem todas as transações com excedente econômico positivo serão efetuadas). Imagine que uma vacina custe 50 unidades e Xavier acredita que ela lhe trará um benefício correspondente a apenas 45 unidades. A vacina, no entanto, beneficia a comunidade em que Xavier mora em 10 unidades. Isso significa que, se Xavier apenas levar em conta o benefício que ele vai ter com a vacina (45u – 50u = –5u), ele não irá comprá-la. O resultado, portanto, é ineficiente se considerarmos a sociedade como um todo (45u + 10u – 50u = 5u).

Já o contrário ocorre no caso de contratos com externalidades negativas, visto que o mercado livre tende a produzir *mais* do que a quantidade ótima desses contratos. Ou seja, nem todas as transações efetuadas terão excedente econômico positivo. Nesses casos, o direito pode exercer um importante papel de *internalizar* a externalidade, fazendo com que as partes arquem com os custos – no caso das externalidades negativas – ou se beneficiem – nas externalidades positivas – dos efeitos que causam em terceiros. Assim, a quantidade produzida se ajusta automaticamente ao nível eficiente.

Outro efeito que pode tornar um mercado ineficiente é a **assimetria de informações**, que ocorre quando uma das partes de uma transação possui mais informações do que a outra. Há dois problemas específicos que podem ser causados pela assimetria de informações: (i) seleção adversa; (ii) risco moral.

A *seleção adversa* foi primeiro identificada por George Akerlof em 1970[10] e ocorre quando uma das partes está mal-informada sobre as qualidades de um produto ou serviço específico, mas sabe apenas a qualidade média dos produtos daquele mercado. Nesse caso, a parte mal-informada, por conta de sua incerteza, exigirá um prêmio/ desconto para participar de uma transação. Aqueles vendedores que tiverem bens de boa qualidade não conseguirão um preço bom por seus produtos e, em consequência, sairão do mercado. assim, a qualidade média dos produtos naquele mercado irá diminuir. Isso irá ocorrer sucessivamente até restarem apenas produtos da pior qualidade possível. A seleção adversa, ao afastar agentes do mercado (os produtores com bons produtos), impede diversas transações. Portanto, o número de transações efetuadas é *menor* do que a quantidade eficiente.

O *risco moral*, por sua vez, significa que uma parte tem incentivos para alterar seu comportamento de forma prejudicial à outra parte, sem que esta possa saber ou impedir essa alteração[11]. O exemplo clássico é o da pessoa que, após contratar um seguro para seu carro, perde incentivos para tomar cuidados, como trancar sempre

---

10. Akerlof, George A. (1970). The Market for 'Lemons': Quality Uncertainty and the Market Mechanism. *Quarterly Journal of Economics* (The MIT Press), Vol. 84(3), 1970, p. 488–500.

11. Cf. Holmstrom, Bengt. Moral hazard and observability. *Bell Journal of Economics*, 1979, p. 74-91.

a porta, estacionar em locais seguros etc. As seguradoras estão conscientes nessa alteração de incentivos do segurado e, em consequência, exigem garantias de que isso não ocorrerá, introduzem prêmios ou simplesmente aumentam os seus preços. Isso então faz com que haja menos transações do que a quantidade eficiente.

Outro exemplo de risco moral ocorre nos chamados *problemas de agência*, em que uma parte (agente) deve cuidar dos interesses de outra (principal), como é o caso do administrador em relação a uma sociedade empresária. Em determinadas situações, o agente tem incentivos para agir contrariamente ao interesse do principal, sem que o principal consiga monitorar ou reprimir essa conduta. Nesse caso, o principal terá que devotar recursos para controlar e monitorar o agente, o que aumenta o custo de sua relação. Portanto, é natural que essas transações sejam menos frequentes do que a quantidade ótima.

Por fim, **custos de transação** também podem levar a mercados ineficientes. Custos de transação são aqueles necessários para a efetivação de transações comerciais[12] e foram analisados pela primeira vez em 1960 no artigo 'The Problem of Social Cost', do economista britânico Ronald Coase. Nesse trabalho, Coase faz referência a custos incorridos pelos agentes econômicos para participar em transações de mercado[13]. O interessante dos custos de transação é que eles saem do bolso de uma das partes, mas não entram no bolso da outra. Nesse sentido, são puras ineficiências, mero atrito na relação comercial entre dois agentes, indisponível para uso útil.

Os custos de transação podem ser de três tipos: (i) custos de procura e obtenção de informações; (ii) custos de negociação; e (iii) custos para garantir a execução do contrato. Na presença de custos de transação, os mercados, sozinhos, não atingirão resultados eficientes sempre que o excedente econômico da transação seja menor que os custos de transação, de forma que não seja vantajoso para as partes concluírem o contrato. Ou seja, num mundo com custos de transação, há *menos* transações do que o nível eficiente. Vale indicar também que, na ausência de custos de transação, problemas de externalidades seriam facilmente resolvidos pelas partes, visto que negociações a fim de atingir soluções eficientes teriam custo zero. Surge assim o chamado *Teorema de Coase*, que afirma que, numa situação em que (i) as partes sejam racionais em relação ao seu interesse individual; (ii) não haja custos de transação; e (iii) haja um mercado para todas as mercadorias, envolvendo direitos de propriedade bem especificados, as transações de mercado levarão a uma alocação eficiente (maximizando o bem-estar total), independentemente da alocação inicial de direitos de propriedade.

Os custos de transação, porém, podem gerar problemas adicionais. Como é sabido, os contratos têm mais funções do que simplesmente efetuar uma relação de troca. Frequentemente, as partes precisam considerar e alocar os riscos do contra-

---

12. North, Douglass. Institutions and Economic Theory. *American Economist*, Vol. 36, 1992. p. 3-6.
13. Coase, Ronald. The Problem of Social Cost. *Journal of Law and Economic*, Vol. 3, 1960. p. 1–44.

to. A distribuição de direitos e obrigações das partes num contrato segue o mesmo procedimento da distribuição de bens na sociedade. Ou seja, na ausência de custos de transação, os direitos são direcionados às partes que mais os valorizam, enquanto as obrigações e os riscos são repassados à parte que pode lidar com eles de forma menos custosa. Em outras palavras, as obrigações e os riscos são assumidos pelo *cheapest cost avoider* – a pessoa que tem melhores condições de evitar custos. Chega-se, portanto, a uma alocação eficiente dos riscos, direitos e obrigações. Cada parte analisará os custos e os benefícios de cada arranjo contratual, escolhendo, por fim, aquela formulação que melhor atender seus interesses. É preciso analisar os benefícios esperados de uma cláusula e compará-los com os custos esperados dessa mesma cláusula. Os benefícios esperados (B_E) são determinados pela seguinte fórmula: $B_E = B \times P_B$, onde B representa os benefícios totais gerados e P_B a probabilidade desses benefícios ocorrerem. Já os custos esperados (C_E) são calculados pela fórmula $C_E = C \times P_C$, onde C representa os custos totais incorridos e Pc a probabilidade de esses custos ocorrerem. Uma medida é então considerada eficiente quando a diferença $B_E - C_E$ é maximizada.

Provavelmente, o maior custo esperado são aqueles necessários para a própria redação das cláusulas. As partes precisam ventilar hipóteses, calcular probabilidades, imaginar possíveis benefícios e custos, negociar alterações, redigir o contrato, submetê-lo ao escrutínio de advogados etc. Portanto, o custo de redação de cláusulas contratuais será sempre superior a zero, de forma que os contratos *nunca serão completos*. Somente algumas cláusulas serão escritas – justamente aquelas cujo benefício esperado seja superior a seu custo esperado.

3. DIREITO CONTRATUAL

A primeira parte desse artigo buscou explicar a razão da existência de contratos numa sociedade, como eles criam riqueza e levam a resultados eficientes – e como eles podem não alcançar esses resultados. Nessa segunda parte, vamos explicar a existência e os objetivos do direito contratual – compreendido como a regulação jurídico-estatal das transações de mercado. A primeira pergunta que surge nesse contexto é o porquê da existência do direito contratual.

Imaginemos uma singela compra de revista numa livraria. Essa compra, a princípio, não afeta terceiros positiva ou negativamente – ou seja, não gera externalidades. O produto que está sendo comprado é absolutamente igual a todas as outras revistas da mesma edição – não há defeitos ocultos. A entrega do bem e o pagamento do preço são simultâneos, de forma que nenhuma das partes corre o risco de efetuar sua prestação e ver a outra parte desaparecer sem cumprir com sua obrigação. Para o vendedor, o dinheiro vale mais do que a revista – e o contrário vale para o comprador. Assim, a transação cria riqueza, na medida em que tem excedente econômico superior a zero e transfere recursos para aqueles que mais os valorizam. Descrevemos um contrato com baixos custos de transação. Os custos de procura e obtenção são negligenciáveis, visto que o produto é produzido em série, podendo ser adquirido em qualquer livraria ou revistaria. Os custos de negociação também são baixos, pois a maioria das revistas já possui o seu preço estampado na capa e as partes não estão abertas a tentativas de barganha. Por fim, não é preciso garantir a execução do contrato, pois as prestações são executadas imediata e simultaneamente no mesmo local.

Quando, porém, as partes estão em localidades distintas; quando as prestações não são executadas imediata ou simultaneamente; quando a qualidade do produto ou serviço precisa ser averiguada por meio de inspeção; quando uma das partes representa e administra os interesses de outra; ou quando há risco de que uma das partes não consiga cumprir com suas obrigações, é preciso desenvolver métodos para garantir a execução do contrato. O Direito é um desses métodos. A religião e a moral seriam outros. Com o declínio da moral e da religião no Brasil, o Direito se torna o mais importante deles e a principal "cola" do tecido social.

3.1. Princípios Contratuais

Como vimos na Parte I deste artigo, diversas falhas de mercado podem levar a ineficiências levando as partes a celebrar contratos em quantidade e qualidade diferentes do nível ótimo. Em resposta a essas falhas de mercado, que são hipóteses fáticas observáveis e mensuráveis por meio de um método científico desenvolvido pela Ciência Econômica, a sociedade desenvolveu uma série de princípios e regras tanto jurisprudenciais quanto legislativas, que regem os contratos e que pode ser chamada de direito contratual. O direito contratual é também empiricamente cons-tatável no Brasil (bastando consultar o Código Civil e jurisprudência dos tribunais). Nessa seção, comentaremos sobre a racionalidade econômica por trás de alguns desses princípios e que acabam por reforçar e confirmar o potencial analítico da Economia. Adotaremos uma abordagem funcional e pragmática, buscando compreender as bases do direito contratual como uma resposta aos problemas concretos que surgem em relações comerciais e que precisam ser endereçados pelos legisladores. Vale dizer, como mecanismo de incentivos para as partes e como geração de cooperação social.

O primeiro princípio e principal pilar do direito contratual é o da liberdade contratual, o qual implica, entre outras coisas, o *pacta sunt servanda* – os contratos devem ser cumpridos, sob pena de execução forçada através do Poder Judiciário (estando positivado no artigo 421 do Código Civil). Surge, assim, a figura *jurídica* do contrato, como um acordo reconhecido pelo Estado que pode ser executado judicialmente. É fácil compreender por que esse é o princípio mais importante do direito contratual. Se um agente econômico não tiver garantias de que a outra parte cumprirá com suas obrigações, o contrato terá pouca valia para ele. Por exemplo, um supermercado precisa ter certeza de que os fornecedores entregarão, no dia e local especificado, as mercadorias na quantidade e qualidade certa ou perderá controle sobre seu estoque. Se não fosse este princípio da força coativa do contrato, provavelmente apenas subsistiriam transações pouco sofisticadas no mercado, isto é, aquelas com execução imediata (*spot market transactions*).

Sem a coação (vis) estatal, é improvável que os contratantes cumpram com suas obrigações sempre[14], visto que eles possuem incentivos para fazer promessas e, posteriormente, descumprirem com suas obrigações, especialmente quando as partes não se conheceram e não houver qualquer sanção reputacional em jogo. A parte que primeiro cumpre sua obrigação primeiramente, está efetivamente concedendo um crédito outra parte. Em alguns casos, é possível estruturar o acordo de forma que as prestações sejam coincidentes, mas isso nem sempre será concebível. Por exemplo, uma mercearia que precisa de fornecimento diário de leite pode se beneficiar de apenas um pagamento mensal ao invés de trinta. Nesses casos, é preciso coordenar as ações independentes das partes, impedindo condutas oportunistas.

Na linguagem da teoria dos jogos, uma relação comercial pode ser enquadrada como um *dilema do prisioneiro*. Cada jogador possui duas estratégias possíveis: (1) cooperar ou (2) agir de forma oportunista. A tabela abaixo dá os *payoffs* das partes:

		Contratante B	
		Cooperação	Oportunismo
Contratante A	**Cooperação**	(10 u., 10 u.)	(0 u., 15 u.)
	Oportunismo	(15 u., 0 u.)	(5 u., 5 u.)

Dentro de cada célula, os valores da esquerda referem-se aos *payoffs* do Contratante A, enquanto os valores da direita referem-se aos *payoffs* do Contratante B. Nesse jogo, supõe-se que cada jogador, de modo independente, quer aumentar ao máximo seu próprio bem-estar. O traço distintivo dessa situação é que ambos os jogadores obteriam um resultado melhor se colaborassem. No entanto, cada jogador é incentivado individualmente a escolher uma estratégia oportunista e defraudar a outra parte, mesmo após ter prometido colaborar. Se uma parte sabe que a outra irá cooperar, ela tem incentivos para agir oportunisticamente, pois isso melhora sua situação (de dez para quinze unidades). Quando ambos agem de forma oportunista, nenhum tem incentivos para alterar seu comportamento, já que isso pioraria sua situação (de cinco para zero unidades). Desta forma, o jogo chega a um equilíbrio em que ambas as partes agem oportunisticamente[15]. No entanto, este não é um ótimo de Pareto (pois é possível melhorar a situação de cada um dos jogadores, sem piorar a situação de nenhum, desde que ambos cooperem).

O direito contratual pode então interferir na relação das partes, de forma a alterar o equilíbrio para a situação em que ambos cooperem. Isso é realizado, geralmente, atra-

---

14. No entanto, é verdade que outras forças, como a reputação, podem impelir as partes a agir de forma não oportunista.

15. Chega-se a um equilíbrio quando nenhuma parte, individualmente, tem incentivos para alterar seu comportamento.

vés de sanções à parte que não coopera. Como foi dito anteriormente, a importância da cooperação nas relações contratuais não pode ser subestimada. É possível verificar, na tabela acima, criar-se mais riqueza quando ambas partes cooperam (somando, os *payoffs* de ambas as partes, chega-se a um total de vinte unidades, maior do que os quinze ou dez das outras situações). Na ausência de um contrato judicialmente executável, as partes podem permanecer relutantes em confiar umas nas outras, de forma que transações valiosas nunca saiam do papel. Nesse caso, é preciso de uma estrutura jurídica para, no mínimo, garantir que as partes cumprirão suas promessas. Nasce assim o direito contratual e seu principal pilar, o brocardo *pacta sunt servanda*.

A liberdade de contratar igualmente implica **autonomia da vontade**, segundo o qual cada pessoa escolhe como e quando irá se obrigar[16]. A ideia subjacente é a de que já que os contratos criarão riqueza, atingindo situações de ótimo de Pareto, o direito contratual deve deixar as partes livres para buscarem o que é melhor para si. O ganho social defluirá por decorrência. Como todo valor é subjetivo, somente as partes sabem quando uma transação irá melhorar sua situação. Os próprios atores estão normalmente em melhor posição do que qualquer outra pessoa para decidir o que lhes gerará satisfação ou inconveniências.

Em seguida, também como decorrência do princípio da liberdade de contratar, temos o subprincípio do **efeito relativo dos contratos**, que determina que o contrato cria obrigações apenas para aqueles que com ele concordarem. A lógica por trás desse princípio é impedir que as partes estabeleçam externalidades, prejudicando terceiros. Com efeito, se as partes pudessem criar obrigações para terceiros, mesmo sem o consentimento desses, o incentivo seria de gerar ônus e tentar obter benefícios as suas custas (*efeito carona*) e se imagina que seria comum a celebração de acordos puramente distributivos de riqueza, sem que essa transferência fosse necessariamente eficiente. Ao exigir o consenso de todos os envolvidos, o direito contratual garante que a transação não sirva apenas aos desígnios de uma pessoa, mas também à sociedade como um todo.

Outra consequência da liberdade contratual é o subprincípio comumente positivado da **liberdade de forma**, que, no silêncio da lei, permite a celebração de qualquer contrato em forma livre (artigo 107 do Código Civil). Em outras palavras, consagra-se a base consensual – e não formal – dos contratos. Nesse ponto, o moderno direito contratual distancia-se do direito romano, que prescrevia um rígido sistema formal para a celebração de acordos válidos (sobretudo em sua fase mais rudimentar). O sistema capitalista exigiu a intensificação das trocas, e, portanto, da facilitação dos negócios. A liberdade de forma serve à diminuição dos custos de transação, facilitando a aproximação das partes e a conclusão de contratos simples. Seria inconcebível, atualmente, exigir o preenchimento de rigorosos requisitos de

---

16. A autonomia da vontade, entretanto, não é absoluta, visto que o direito impõe, em algumas situações a obrigação de contratar ou a proibição de discriminação entre os possíveis contratantes.

forma para a celebração de mesmo os mais simples acordos. A mais provável consequência dessa exigência seria a diminuição no número de contratos de baixo valor.

A liberdade de contratar também explica indiretamente as regras sobre anulabilidade contratual previstas no artigo 171 do Código Civil, pois situações de erro, dolo ou coação não permitiriam que o indivíduo escolhesse o melhor resultado para si.

E, finalmente, a liberdade de contratar também explicaria porque a maioria das regras do direito contratual devem ser tidas como supletivas à vontade das partes (*default rules*), sempre permitindo que elas possam afastar o regramento padrão da lei ou da jurisprudência.

Já o princípio da **boa-fé objetiva**, como *standard* de comportamento, serve à proteção das expectativas legítimas das partes, impedindo, nas palavras de Richard Posner, "aquele tipo de comportamento oportunista que uma relação cooperativa e mutualmente independente pode ensejar". No entanto, o exato conteúdo desse princípio ainda é objeto de discordância na doutrina e jurisprudência. A melhor solução parece-nos compreender o dever de boa-fé como um feixe de deveres contratuais implícitos de lealdade, transparência, cooperação (artigo 422 do Código Civil) e como uma restrição ao exercício de direitos subjetivos (artigo 187 do Código Civil)[17].

Enquanto feixe de deveres contratuais implícitos de lealdade e cooperação, a boa-fé possui função análoga às normas dispositivas do direito contratual (ver *infra*), suprindo as lacunas em contratos (invariavelmente) incompletos. Nesse sentido, o princípio da boa-fé pode ajudar as partes a evitar dispêndios com contratos pormenorizados, na medida em que pode completar as cláusulas do contrato de acordo com seu contexto, com os usos do local e com os costumes das partes. Enquanto dever de transparência, o princípio da boa-fé pode ajudar a corrigir falhas de mercado, em especial aquelas relacionadas à assimetria de informação. Ao exigir a revelação de informações relevantes à relação contratual, o direito impede o abuso dessas informações, restabelecendo o 'equilíbrio informacional' do contrato e resolvendo, ainda que parcialmente, questões de seleção adversa, risco moral e problema de agência. Por fim, é possível compreender o princípio da boa-fé como uma proibição de conduta contraditória (semelhante ao *estoppel* nos sistemas de *common law*). Ou seja, a parte que der à outra uma expectativa legítima tem o dever de agir, no futuro, de acordo com essa expectativa. A lógica econômica por trás disso é permitir que as partes confiem no comportamento dos cocontratantes e façam investimentos de acordo com elas, evitando a perda de tempo com formalidades.

O princípio do equilíbrio contratual é outro que se encontra presente no Código Civil (particularmente nos artigos 317 e 478). A racionalidade econômica subjacente a este princípio é que todo negócio tem uma base pressuposta pelas partes. Como a racionalidade dos contratantes é limitada e existem custos de transação, não existem

---

17. MARTINS-COSTA, Judith. *A boa-fé no Direito Privado: sistema e tópico no processo obrigacional*. São Paulo: Revista dos Tribunais, 1991.

contratos completos (como visto na Seção I). Assim, o equilíbrio econômico poderia ser reestabelecido *a posteriori* quando atos imprevistos causarem uma desproporção substancial entre as obrigações das partes (Teoria da Imprevisão).

Por fim, temos o princípio da **função social do contrato**. Este é um conceito muito aberto, com diversas interpretações possíveis. Uma possível leitura vê a função social como a obrigação dos tribunais de maximizar o bem-estar social – considerando, por exemplo, o efeito dos contratos em partes terceiras e buscando reduzir ao máximo os custos de transação a fim de possibilitar o fluxo de trocas no mercado, a alocação de riscos pelos agentes econômicos até que seja alcançada a situação mais eficiente. Essa leitura também prescreveria que uma intervenção judicial *ex post* em contratos individuais deve considerar não apenas a situação daqueles que são diretamente beneficiados com a intervenção, mas também daqueles que devem arcar com benefícios ou perdas de forma indireta. Um exemplo é a alteração judicial de cláusulas de juros em contratos bancários com consumidores, que pode ter, por efeito, a diminuição da oferta desse tipo de contrato, gerando, provavelmente, uma situação socialmente ineficiente. Se esse realmente for o caso, a função social do contrato clamaria pela não intervenção no contrato individual.

3.2. Regras do Direito Contratual

O direito contratual está estruturado sobre as bases principiológicas cuja racionalidade econômica foi exposta. Isso não significa que elas esgotem todo o direito contratual, mas sim que elas são seu alicerce, abrindo caminho para regulamentações específicas. Afinal, nenhum sistema jurídico subsiste apenas com princípios gerais – é preciso instituir regras específicas que regulem comportamentos. Não é nossa intenção aqui fazer uma avaliação completa das normas do direito contratual, mas sim refletir sobre a lógica econômica que fundamenta a intervenção estatal na área de direito contratual. Lembrando o que fora dito anteriormente que as regras atinentes aos contratos devem ser interpretadas como supletivas à vontade das partes, as quais sempre estarão autorizadas a barganhar em torno das regras do Código Civil (algo que se pode chegar em uma interpretação a contrário senso do seu artigo 1035, parágrafo único, do Código Civil).

É fácil ver porque a regra, no direito contratual, é pela não intervenção na liberdade das partes. De acordo com o Teorema de Coase, o acordo das partes tende, de fato, a soluções socialmente eficientes. Assim, a intervenção estatal somente fará sentido quando ela levar a soluções melhores e mais eficientes do que o acordo das partes sozinho conseguiria atingir. Logo, a função geral da intervenção jurídica nos contratos é superar os erros e ineficiências que surgem a partir de falhas de mercado, em especial os custos de transação. A função do direito contratual seria, nesse caso, reduzir esses custos de transação, vale dizer, *lubrificar* as relações. Conforme preceituam os Professores Robert Cooter e Thomas Ulen:

"O Teorema de Coase postula que a lei pode incentivar a barganha pela diminuição dos custos de transação. A diminuição dos custos de transação lubrifica a barganha. (...) Podemos formalizar este princípio através do teorema normativo de Coase: *Estruture a lei de modo a remover os impedimentos aos acordos privados*. (...) Assume-se que as trocas privadas podem alocar eficientemente os direitos. (...) Além de incentivar a barganha, o sistema jurídico tenta minimizer os desajustes e as falhas de cooperação, que são custosas à sociedade. (...) *Estruture a lei de modo a minimizar o dano causado pelas falhas nos acordos privados*"[18]

Isso inclui diversos objetivos particulares que regem e inspiram as normas do direito contratual, como: induzir os indivíduos a empreender ações cooperativas e honestas que promovam efeitos benéficos à sociedade (ações eficientes); neutralizar ações oportunistas que promovam o bem-estar individual em detrimento do bem-estar comum (ações ineficientes); prevenir erros evitáveis; suplementar contratos incompletos; reduzir os custos de eventuais litígios, através, por exemplo, da pré-constituição de provas; atribuir, a título supletivo ou imperativo, riscos às partes etc.

De modo geral, uma intervenção corretiva do direito será justificada sempre que o custo da intervenção seja inferior ao benefício que ela trouxer ao acordo das partes. A intervenção estatal pode se dar de diversas formas: normas mandatórias, normas dispositivas, normas estruturantes, intervenção judicial etc. De acordo com Wittman, o objetivo do direito contratual é minimizar custos de transação, compreendidos como (a) o custo de redação dos contratos pelas partes; (b) o custo de redação dos contratos pelos tribunais (interpretação) e (b) o custo de condutas ineficientes decorrentes de contratos mal-redigidos ou incompletos.[19] O primeiro desses custos refere-se ao esforço das partes de obter um contrato ideal, incluindo uma alocação ótima de riscos, direitos e obrigações e evitar surpresas desagradáveis. O segundo refere-se ao custo incorrido, nos tribunais, para adjudicar contratos incompletos ou mal-escritos, quando é necessário interpretá-lo ou preencher lacunas. Já o terceiro custo refere-se aos riscos que não puderam ser evitados, seja porque as partes não os previram ou porque os benefícios esperados não superavam os custos esperados.

Outra regra fundamental do direito contratual é a que permite a resolução do contrato em caso de inadimplemento, podendo a parte inadimplente responder pelas perdas e danos quando presentes os pressupostos da responsabilidade civil (artigos 474-5 do Código Civil). Efetivamente, o descumprimento de obrigação substancial do contrato privaria a parte prejudicada do benefício econômico por ela barganhado. De modo que a parte inadimplente que causou um prejuízo à outra deve recolocá-la na situação que se encontraria caso o contrato fosse cumprido (natureza secundária da responsabilidade civil). Isto é, a parte inadimplemente arcaria com os custos despendidos pela parte prejudicada, e pelos lucros razoavelmente esperados do negócio. O incentivo da regra jurídica parece claro. Estimular o cumprimento do contrato quando isso for viável economicamente.

---

18. COOTER, Robert D.; ULEN, Thomas. *Law and Economics*. Boston: Addison Wesley, 2003, p. 93 e ss.
19. Wittman, Donald. *Economic Foundations of Law and Organization*. Cambridge, Cambridge University Press, 2006, p. 194

Essa teoria econômica explica a teoria do cumprimento substancial dos contratos, a qual, embora não presente na legislação brasileira (mas muito frequente nas decisões das cortes norte-americanas e também no *Restatement Second* de Contratos), é deduzida pela dogmática jurídica[20]. Ou seja, um contrato não deve ser extinto quando houver um descumprimento insignificante, porque a parte prejudicada obteve substancialmente o benefício econômico pelo qual barganhou, sendo a resolução neste caso oportunismo da parte que pleitearia a resolução.

Essa teoria explica também o descumprimento do contrato. Vale dizer, se o cumprimento do contrato for menos benéfico do que o seu descumprimento haverá um incentivo à parte descumpri-lo. Imagina-se aqui a famosa "cláusula rescisória" nos contratos futebolísticos (como foi o caso do centroavante Jonas do Grêmio de Porto Alegre). Supondo que ela seja negociada com o jogador em R$ 1.000.000,00 por um clube brasileiro, e um clube europeu ofereça R$ 2.000.000,00 ao jogador. O jogador terá um incentivo de terminar o contrato com o clube brasileiro e ter um benefício adicional de R$ 1.000.000,00. Paradoxalmente para o jurista, um economista defenderia provavelmente que a sociedade ficaria mais rica, mesmo com o descumprimento contratual, afinal o clube europeu valoriza mais o jogador que o clube brasileiro.

Naturalmente que esta análise é simplista e não leva em conta sanções reputacionais que ciência econômica também explica[21]. Portanto, em uma situação real, o "custo" reputacional será igualmente considerado pela parte que descumpre o contrato. E novamente o potencial analítico da teoria dos jogos pode auxiliar. A reputação será mais importante em jogos repetitivos, em que a parte inadimplente poderá ser punida com a perda do cliente por exemplo. Pense-se, por exemplo, num fornecedor de leite de uma grande fábrica que tem um contrato de um ano validade. Se um fabricante concorrente lhe oferecer mais pelo leite produzido em um determinado mês, provavelmente não valerá a pena descumprir o contrato de 12 meses. No entanto, se este contrato anual estiver no último mês e ele for renovado, o incentivo ao descumprimento será maior. Com efeito, seria eficiente o descumprimento se o novo fabricante oferecer ao fabricante um contrato de 12 meses, caso o contrato com o fabricante anterior for quebrado nos seus últimos meses.

Já a cláusula penal é uma provisão na qual as partes estimam, desde a conclusão do contrato, o valor de indenização que o devedor irá pagar em caso de inexecução. A cláusula penal é permitida no Brasil (arts. 408 e ss., CC), desde que seu valor não ultrapasse o benefício econômico auferido pela barganha das partes (art. 412, CC). A maior vantagem da cláusula penal é tornar desnecessária a liquidação judicial *ex post* dos danos e da possível arbitrariedade e parcialidade dessa decisão. Além disso, excepcionalmente, a cláusula penal poderá ter caráter não compensatório e funcionar

---

20. Ver, por exemplo, AGUIAR JÚNIOR, Ruy Rosado. *Extinção dos contratos por incumprimento do dever: resolução*. Rio de Janeiro: Aide, 2003.
21. Ver Shavell, Steven. *Foundations of Economic Analysis of Law*. Belknap Press, 2004.

verdadeiramente como uma multa. É possível citar diversas vantagens em adotar uma cláusula penal do ponto de vista de sua racionalidade econômica. As partes ficam livres para planejar com maior certeza seu futuro, sabendo, desde logo, seus direitos e obrigações em caso de descumprimento. O devedor pode, através dela, limitar a indenização que irá pagar, fixando um valor abaixo do que for estimado *ex ante*.

Logo, em países como o Brasil, que possui um Poder Judiciário moroso e ineficiente e onde os juízes de primeira instância apenas excepcionalmente precisam seguir os precedentes dos tribunais superiores, pode ser extremamente vantajoso utilizar cláusulas penais como forma de pré-liquidação de perdas e danos e ainda de gerar incentivo ao cumprimento espontâneo do acordo com a multa. Ou seja, as cláusulas penais podem ser modos de evitar o longo embate judicial, permitindo uma contramedida rápida e limpa em caso de descumprimento. Assim, diminuem os custos de definição do contrato, gerando incentivos ao seu cumprimento. Para o credor, a cláusula constitui um meio fácil de forçar a execução *in natura* da prestação. E, como regra, quanto mais facilmente os credores conseguem obter sua prestação, mais eficiente e dinâmico será o mercado.

Mas a análise econômica do direito não tem uma voz apenas para desvelar a racionalidade subjacente às regras disciplinadoras do contrato, especificando quando uma intervenção será eficiente. A análise econômica também permite tecer considerações de política legislativa ou judiciária, fornecendo ao jurista os meios para manter a coerência do Direito, questionar sua adaptação às alterações de circunstâncias, sugerir e avaliar reformas legislativas etc. A fim de demonstrar a importância da análise econômica do direito na avaliação de institutos jurídicos, podemos remeter o leitor à discussão sobre a função do contrato[22]. Além disso, ela poderia contribuir muito trazendo ao intérprete as consequências esperadas de uma intervenção legal ou judicial em um determinado contrato, permitindo ponderar os custos e benefícios desta opção, valendo-se o intérprete de um ferramental analítico potente.

Em muitos casos as intervenções do legislador parecem favorecer um certo grupo, mas uma análise mais profunda mostra que esse alegado benefício traz consigo um custo. Um exemplo é a aplicação, na Alemanha, da Diretiva europeia do Parlamento Europeu e do Conselho relativa a certos aspectos da venda de bens de consumo e das garantias a ela relativas[23]. Antes da internalização dessa diretiva, o Tribunal de Justiça Federal Alemão (*Bundesgerichthof*) admitia a exclusão da responsabilidade por defeitos em contratos de venda de carros usados, argumentando que seria irracional impor responsabilidade do vendedor nesses casos[24]. A norma europeia contraria esse raciocínio e determina a responsabilidade do vendedor por defeitos em carros usados pelo período de um ano após a compra. Isso resultou num aumento sensível

---

22. Ver TIMM, Luciano. Função Social do Direito Contratual no Código Civil Brasileiro: Justiça Distributiva vs. Eficiência Econômica. Revista dos Tribunais, Vol. 876, ano 97, out. 2008, p. 11-43.
23. Ver Diretiva 1999/44/CE de 25 de maio de 1999, Official Journal 1999, L 171/12.
24. Ver BGH (1996) NJW, p. 1070 e ss.

no preço de carros usados na Alemanha, visto que os vendedores de carro agora precisariam contratar seguros para se proteger de eventuais demandas[25]. Ainda que não haja pesquisas empíricas nesse sentido, é provável que os danos aos consumidores causados por esse aumento de preço ultrapassem os benefícios gerados por garantias extendidas. Em primeiro lugar, porque o consumidor que quisesse se proteger poderia simplesmente fazer uma verificação do carro antes da compra. Em segundo lugar, porque o vendedor está em péssima posição para garantir a qualidade do carro um ano após a sua venda – ele não tem capacidades de saber se o comprador é um bom motorista (surge aqui um problema de *adverse selection*) nem de monitorar o comportamento dos compradores após a venda (problema gerado por *moral hazard*).

Aqui também se poderia pensar nas consequências da intervenção judicial nos contratos de financiamento habitacional. Ela gerou benefícios globais positivos para toda a sociedade ou apenas para aquelas pessoas que ingressaram com ações judicias? Ou nas intervenções nos contratos de "soja verde" em Goiás. Qual o benefício global da revisão judicial? Quem saiu ganhando e quem perdeu? Também a frequente intervenção judicial nos contratos de seguro se presta para esta análise. Há sempre o risco de operadores saírem do mercado quando o custo gerado pela intervenção judicial não puder ser compensado.

4. CONCLUSÃO

Buscou-se demonstrar, em primeiro lugar, os fundamentos econômicos das trocas num sistema de mercado. Nos questionamos a respeito de dois pontos essenciais: quando as transações geram riqueza e quando elas falham nesse desígnio. Em seguida, analisou-se a estrutura do direito contratual – a sua razão de ser e os seus princípios básicos, enquanto resposta para os problemas que podem surgir na formação e execução de um contrato.

5. REFERÊNCIAS BIBLIOGRÁFICAS

AGUIAR JÚNIOR, Ruy Rosado. *Extinção dos contratos por incumprimento do dever: resolução*. Rio de Janeiro: Aide, 2003.

AKERLOF, George A. (1970). The Market for 'Lemons': Quality Uncertainty and the Market Mechanism. *Quarterly Journal of Economics* (The MIT Press), Vol. 84(3), 1970, p. 488–500.

COASE, Ronald. The Problem of Social Cost. *Journal of Law and Economic*, Vol. 3, 1960. p. 1–44.

COOTER, Robert D.; ULEN, Thomas. *Law and Economics*. Boston: Addison Wesley, 2003.

FARNSWORTH, Alan. *Contracts*. 4ª ed. New York: Aspen, 2004.

---

25. Ver WAGNER, Gerhard. The Economics of Harmonization: The Case of Contract Law. *Common Market Law Review*, Vol. 39, 2002, p. 1020.

HERMALIN, Benjamin E.; KATZ, Avery W.; CRASWELL, Richard. "The Law and Economics of Contracts". *In* POLINSKY, A. Mitchell; SHAVELL, Steven (ed.). *Handbook of Law and Economics*, New York: Elsevier, 2007.

HOLMSTROM, Bengt. Moral hazard and observability. *Bell Journal of Economics*, 1979.

MARSHALL, Alfred. *Principles of Economics. An introductory Volume*. 8th edition. London: Macmillan, 1920.

MARTINS-COSTA, Judith. *A boa-fé no Direito Privado: sistema e tópico no processo obrigacional*. São Paulo: Revista dos Tribunais, 1991.

NORTH, Douglass. Institutions and Economic Theory. *American Economist*, Vol. 36, 1992. p. 3-6.

RICARDO, David. *On the Principles of Political Economy and Taxation*. 1ª Ed., Dover Publications, 2004.

SHAVELL, Steven. *Foundations of Economic Analysis of Law*. Belknap Press, 2004.

SMITH, Adam. *Uma Investigação sobre a Natureza e as Causas da Riqueza das Nações*. 3ª Ed., Hemus Editora, 2008.

TIMM, Luciano. Função Social do Direito Contratual no Código Civil Brasileiro: Justiça Distributiva vs. Eficiência Econômica. Revista dos Tribunais, Vol. 876, ano 97, out. 2008, p. 11-43.

WAGNER, Gerhard. The Economics of Harmonization: The Case of Contract Law. *Common Market Law Review*, Vol. 39, 2002.

WITTMAN, Donald. *Economic Foundations of Law and Organization*. Cambridge, Cambridge University Press, 2006.

7
ANÁLISE ECONÔMICA DA RESPONSABILIDADE CIVIL

Antônio José Maristrello Porto

Doutor e Mestre em Direito pela *University of Illinois*. Coordenador do Centro de Pesquisa em Direito e Economia–CPDE da FGV Direito Rio. e-mail: antonio.maristrello.fgv.br

Sumário: 1. Introdução – 2. A fórmula de Learned Hand – 3. A conduta da vítima – 4. A fórmula do custo social – 5. Teoria dos Jogos e análises da eficiência das regras de Responsabilidade Civil – 6. Responsabilidade Subjetiva x Responsabilidade Objetiva – 7. Conclusão – 8. Referências Bibliográficas.

1. INTRODUÇÃO

O tema da Responsabilidade Civil é uma seara de infindáveis controvérsias entre juristas. Apesar de se fundamentar em um arcabouço conceitual clássico, o tema se mostra, na prática, extremamente dinâmico, em contínuo processo de reformulação teórica e em constante esforço de adaptação aos inúmeros problemas suscitados pela evolução das relações sociais.

Uma das principais reformulações teóricas contemporâneas da disciplina consiste no que se convencionou denominar de "objetivação" da responsabilidade civil[1]. Observamos hoje a progressiva ampliação das hipóteses de responsabilização civil, justificadas muitas vezes por critérios de aplicação que independem da conduta do agente causador do dano. Este processo, que já vinha se estabelecendo há algum tempo no plano jurisprudencial com a elaboração de noções como a de culpa presumida, teve, nos últimos anos, a seu favor a promulgação do Código de Defesa do Consumidor, que estabeleceu uma regra de responsabilidade própria para as relações de consumo e a inclusão no Código Civil de 2002 do parágrafo único do artigo 927, que trouxe para o ordenamento brasileiro uma cláusula geral de responsabilidade civil objetiva, aplicável às "atividades de risco".

---

1. Orlando Gomes identificou na doutrina brasileira um fenômeno que denominou de "giro conceitual", uma mudança de foco da conduta do causador do dano para a reparação da vítima. *"O aumento do número de ⸱ em virtude desse giro conceitual do ato ilícito para o dano injusto, segundo o qual, como visto, a ressarcibilidade estende-se à lesão de todo <u>bem jurídico</u> protegido, dilata a esfera da responsabilidade civil e espicha o manto da sua incidência."* (GOMES, Orlando. *Tendências Modernas na Teoria da Responsabilidade Civil*, in Estudos em Homenagem ao Professor Sílvio Rodrigues, cit., 1989, p. 296.)

Tais transformações suscitaram, e ainda suscitam, intensos debates entre os doutrinadores sobre a extensão adequada dos sistemas de responsabilidade civil subjetiva e objetiva. O debate se torna mais denso na medida em que o arcabouço teórico à disposição da doutrina não consegue deixar de delegar à análise dos casos concretos amplo espaço de discussão sobre a aplicação devida de seus institutos.

Comparada ao debate jurídico tradicional, a análise econômica constitui uma abordagem consideravelmente mais simples e objetiva para o tema. Do ponto de vista da análise econômica, determinada regra de responsabilização é desejável se fornece incentivos adequados para que os agentes adotem níveis ótimos de precaução no exercício de suas atividades. Desta forma, a análise econômica se propõe a responder questões como: "de que forma podemos definir o nível ótimo de precaução para uma determinada atividade?"; ou "que regras oferecem os incentivos adequados para que os agentes adotem níveis ótimos de precaução?".

Exercemos constantemente níveis de precaução distintos em diversas atividades de nosso cotidiano. Para cada atividade que exercemos na vida em sociedade, existem padrões típicos de conduta específicos, com os quais nos familiarizamos desde cedo. Com efeito, a ideia da conduta adequada permeia todas as esferas do convívio social.

Da mesma forma que os padrões genéricos de conduta variam de acordo com as circunstâncias de cada tipo de conduta, o nível de precaução aconselhável a diferentes atividades pode variar. Na verdade, a necessidade de adoção de precauções distintas para diferentes atividades é uma ideia bastante intuitiva. Parece claro que o nível de precaução adotado por engenheiros de uma usina nuclear deve ser superior ao exigível de outras atividades menos arriscadas. E, no entanto, mesmo os engenheiros de uma usina nuclear não seriam capazes de adotar precaução ilimitada, razão pela qual existem protocolos de conduta para atividades excessivamente arriscadas como esta, destinados a estabelecer a prática de medidas eficientes para a prevenção de acidentes.

Mas como podemos aferir o nível de precaução apropriado para uma atividade? Num primeiro momento, pode parecer que quaisquer medidas de precaução que reduzam as chances de ocorrência de um acidente devam ser adotadas. No entanto, em determinadas circunstâncias, adotar mais precaução pode não ser eficiente. Medidas de prevenção excessivamente custosas que não reduzam significativamente as chances de ocorrência de danos tendem a ser ineficientes. Da mesma forma que deixar de adotar medidas razoáveis de precaução pode levar a resultados indesejáveis, a adoção de medidas excessivamente onerosas e injustificadas gera perdas sociais[2].

A análise econômica parte precisamente da ideia de que existem níveis médios ótimos de precaução para cada atividade. Esta ideia não é particularmente original,

---

2. Existe ainda um debate que este texto não pretende abordar, que trata da escolha social da eficiência como objetivo a ser alcançado pelo Direito. Neste sentido, há vasta literatura sobre as tensões entre o critério da eficiência, entendido como mandado de maximização de riqueza, e critério da equidade ou justiça. Ver: POSNER, Richard A. The Value of Wealth: A Comment on Dworkin and Kronman. *In The Journal of Legal Studies, Vol. 9, No. 2 (Março, 1980)*. The University of Chicago Press.

sendo compartilhada pela doutrina jurídica tradicional, que também leva em consideração a necessidade de se caracterizar níveis médios ideais de precaução compatíveis com as especificidades de cada atividade. A diferença entre as abordagens, no entanto, consiste no fato de que a doutrina jurídica tradicional parte de uma conceituação deontológica do dever geral de cuidado, atrelando o nível ótimo de precaução à natureza da conduta praticada, enquanto a análise econômica adota um conceito de precaução instrumental, avaliado a partir de sua capacidade de promover eficiência econômica.

Considere, por exemplo, a decisão sobre que medidas deveriam ser adotadas para preservar uma coleção de câmeras fotográficas antigas. Os valores das câmeras e o preço das medidas de conservação são fatores centrais para uma escolha como esta. Outro fator central é o quanto da vida útil das câmeras aumenta quando adotamos cada medida de preservação. Uma avaliação econômica das diferentes medidas elegeria apenas aquelas cujos benefícios se mostrassem superiores aos respectivos custos de adoção[3].

A análise econômica utiliza-se, para a avaliação das regras de conduta social, dos mesmos critérios que orientariam uma escolha privada como esta. No caso da responsabilidade civil, no entanto, as escolhas de um agente terão efeitos negativos ou positivos sobre outro agente, em geral um completo desconhecido com o qual o primeiro não poderia negociar a adoção de diferentes condutas. Por esta razão, é necessária a existência de regras jurídicas que, por meio de critérios gerais, estabeleçam o nível de precaução a ser adotado por cada agente.

A seguir analisaremos em maiores detalhes alguns modelos propostos por economistas e juristas para a análise de regras de responsabilidade civil. Para fins de simplificação da linguagem chamaremos o primeiro agente, o potencial causador do dano, de *ofensor* e o segundo agente, aquele que sofre o dano, de *vítima*.

2.   A FÓRMULA DE LEARNED HAND

Como dito, em certas circunstâncias, ainda que determinada medida de precaução possa reduzir a probabilidade de ocorrência de um evento danoso, sua adoção pode

---

3.   Economistas baseam suas análises de eficiência nos critérios da maximização de riqueza e da maximização de utilidade. Utilidade seria uma medida de satisfação pessoal, do efetivo bem-estar de cada agente, ou de suas preferências, enquanto a riqueza é medida estritamente em termos de valor monetário. Uma análise de custo-benefício guiada por maximização de riqueza contrapõe-se a uma guiada pela maximização da utilidade, na medida em que indivíduos distintos podem atribuir utilidade distinta (níveis diversos de satisfação) ao dinheiro. Neste caso, poderíamos medir o valor das câmeras com base em seu valor de mercado (critério da riqueza) ou com base no valor subjetivo individualmente atribuído pelo proprietário à sua coleção de estimação. Não é difícil perceber que os impactos da escolha entre tais critérios para a análise pode ser muito significativa. Na verdade, utilidade e riqueza possuem correlações pouco triviais. Não nos aprofundaremos neste ponto neste texto, mas fazemos a ressalva de que, embora o critério da utilidade seja preferível, raramente é utilizado na prática, devido a dificuldades de mensuração.

não ser eficiente. A análise econômica ressalta necessidade de sopesamento do dano de um lado e dos custos de precaução do outro, para se obter uma decisão eficiente.

Considere o seguinte exemplo. As chances de um motorista A, ao realizar uma curva, bater no carro de B, que se encontra estacionado na rua, são reduzidas pela metade caso A diminua em 20 km/h a velocidade com a qual conduz seu veículo ao passar pela curva. A uma dada velocidade inicial, a probabilidade do motorista A causar um dano de R$ 20.000,00 a B é de 0,1%. Caso A reduza a velocidade, a probabilidade de ocorrência do dano cai para 0,05%. Desta forma, o dano esperado inicial é de R$ 20,00 (R$ 20.000 x 0.1%), e é reduzido para R$ 10,00 (R$ 20.000 x 0.05%) com a adoção desta medida de precaução, o que gera um benefício marginal de R$ 10,00 para B.

Caso o custo em que A incorre para adotar esta medida (reduzir a velocidade) seja inferior a R$ 10,00, digamos R$ 5,00, a medida será eficiente. Ao adotar uma medida que lhe custa apenas R$ 5,00, A gera um benefício de R$ 10,00 para B.

Se voltarmos ao exemplo do colecionador de câmeras fotográficas, não é difícil traçar um paralelo. Aqui também as medidas de precaução são eficientes quando tem custo inferior aos benefícios que são capazes de gerar.

O exemplo dos motoristas sugere ainda a possibilidade de uma negociação eficiente entre A e B. Num cenário de custo de transação igual a zero, A e B poderiam negociar um valor entre R$ 5,00 e R$ 10,00 para que A passasse a dirigir mais devagar. Assim como no âmbito do direito contratual, o cenário de custos de transação zero levará, aqui também, à adoção da medida mais eficiente. Entretanto, a área de aplicação das regras da responsabilidade civil pode ser definida em termos econômicos precisamente pela existência de custos de transação proibitivos, que impedem uma solução contratual. Com efeito, A jamais atingiria sua destinação caso se visse forçado a negociar a velocidade com a qual conduz seu veículo com cada proprietário de carros estacionados na rua.

O exemplo ilustra também os critérios de eficiência estabelecidos pela chamada fórmula de Learned Hand[4]. A fórmula, advinda da jurisprudência norte-americana, consiste num parâmetro para a caracterização das condutas culposas. Segundo Hand, o potencial causador A de um dano terá agido com culpa se não houver adotado determinada medida de precaução cujos custos marginais de adoção sejam menores que a consequente redução do dano marginal esperado[5]. No exemplo dado, se A deixar de reduzir a velocidade estará agindo de forma culposa, e violando um dever de precaução, uma vez que os custos em que incorreria para adotar semelhante

---

4. A fórmula foi elaborada pelo juiz Learned Hand no célebre caso *United States vs. Carroll Towing Co.*, com o objetivo de estabelecer um parâmetro para a caracterização das condutas culposas. (*United States v. Carroll Towing Co.*, 159 F.2d 169, 173 (2d Cir. 1947))

5. A fórmula é usualmente apresentada pela expressão C < DE, em que C denota o custo marginal de precaução, e DE o montante do dano esperado. O agente terá agido com culpa quando os custos marginais de precaução que deixou de adotar forem inferiores à redução marginal do dano esperado.

medida (R$ 5,00) são inferiores aos benefícios marginais advindos de sua adoção (redução do dano esperado em R$ 10,00). Ou seja, ao deixar de adotar uma medida que lhe custaria apenas R$ 5,00, *A* gera uma perda esperada de R$ 10,00 para *B*, e, portanto, age com culpa.

Continuemos com este exemplo. Suponha agora que, caso *A* reduzisse a velocidade de seu veículo em 40 km/h ao passar pela mesma curva, a probabilidade de causar um dano de R$ 20.000,00 a *B* caia para 0,04%. Suponha também que esta redução de velocidade custe R$ 13,00 para *A*. Neste caso, o benefício marginal não compensa os custos impostos a *A*[6]. O custo marginal de adoção desta medida de precaução supera seus benefícios marginais, portanto *A* não age de forma culposa ao deixar de adotar a medida. Neste exemplo, um parâmetro de velocidade eficiente seria aquele que estipula uma redução de 20 km/h ao passar pela curva, e não de 40 km/h.

Outro fator importante deste modelo pode ser ilustrado pelo exemplo. Note que estipulamos uma queda adicional de probabilidade pequena para uma redução maior de velocidade. Intuitivamente, é razoável que, à medida que aumentamos a frequência ou intensidade de uma medida preventiva, sua capacidade de gerar mais prevenção se reduza progressivamente. Dirigir numa cidade a 80 km/h é muito mais seguro do que dirigir a 100 km/h; e, no entanto, a diferença entre dirigir a 60 km/h e a 40 km/h pode não ser tão grande.[7] Adotamos as medidas mais eficientes de precaução inicialmente, e temos, progressivamente, menos facilidade de encontrar novas medidas de precaução igualmente eficientes à medida que adotamos mais precaução.

O mesmo não pode se dizer quanto aos custos de adoção dessas medidas de precaução. Estes tendem a aumentar, e não a diminuir, à medida que impomos um dever cada vez maior de precaução a um agente. A noção é igualmente intuitiva. Reduzir a velocidade nas curvas não é excessivamente custoso para a maioria das pessoas. Mas reduzir a velocidade, usar cinto de segurança, respeitar a sinalização, dar preferência a pedestres, não beber antes de dirigir, não falar no telefone celular ao dirigir etc., todas essas medidas juntas, podem tornar o custo de precaução bastante elevado.[8]

---

6. Note que o benefício marginal é de apenas R$ 12,00, e, portanto inferior ao custo marginal de precaução de R$ 13,00. Para calcular o benefício marginal basta subtrair o dano esperado antes da adoção da medida preventiva (0,1% x R$ 20.000,00 = R$ 20,00) do dano esperado após sua adoção (0,04% x R$ 20.000,00 = R$ 8,00). 20 – 8 = 12.

7. Neste caso a diferença entre 100 km/h e 80 km/h é de 20 km/h, assim como, a diferença entre 60 km/h e 40 km/h também é de 20 km/h, no entanto, a eficiência gerada por cada uma dessas medidas pode variar significativamente.

8. Podemos pensar em dois tipos de custos: os custos contábeis e os custos de oportunidade. Custos contábeis são medidos pela saída efetiva de recursos. No caso de uma atividade empresarial, podem ser representados facilmente pelo balanço contábil de uma empresa. Os custos de oportunidades, por sua vez, incluem não apenas os recursos gastos, mas também aquilo que se deixa de ganhar. Ao decidir ingressar em uma universidade, por exemplo, um jovem estudante não pensa apenas no que gasta com essa decisão (tempo, dinheiro etc.), mas também no que deixa de ganhar por adiar seu ingresso no mercado de trabalho, ou por deixar de se divertir nos finais de semana antes de uma prova. Os custos de oportunidade levam em consideração, portanto, o valor da melhor alternativa de cada decisão, e com isso aproximam-se mais da ideia de racionalidade econômica. Quando economistas tratam de custos, em geral utilizam-se da ideia de custo de oportunidade.

Tais intuições sugerem a seguinte representação gráfica do modelo estabelecido pela fórmula de Hand:

C < DE

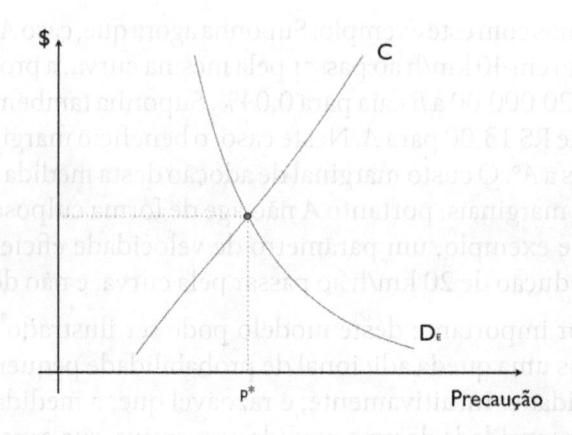

C = custo marginal de precaução

DE = dano esperado marginal = pd

p = probabilidade marginal de ocorrência de dano

d = dano marginal

Assim, temos no eixo vertical uma medida de custo, expressa em dinheiro; e no eixo horizontal, uma medida do nível de precaução. A curva C descreve a uma função dos custos de precaução. A medida que exercemos maior precaução, os custos de precaução (C) aumentam. A curva DE descreve a função do dano esperado. A medida que exercemos menos precaução, os danos decorrentes de acidentes (DE) diminuem. Temos a solução eficiente no nível de precaução p*, em que a curva de custo marginal de precaução se encontra com a curva do dano marginal esperado. No ponto em que estas variáveis se igualam atingimos o nível ótimo de precaução. Qualquer nível de precaução inferior a p* constituirá uma conduta culposa, como podemos aferir da fórmula de Hand. Qualquer nível superior de precaução será excessivo, ineficiente.

É importante também notar que as variáveis adotadas são todas marginais e, portanto, não representam valores absolutos. Segundo Posner[9], na prática, a visão dos juízes está adstrita a considerações sobre mudanças de caráter marginal. Desta forma, o autor considera a fórmula de Hand é particularmente adequada ao tipo de informação acessível aos juízes na análise de casos concretos.

Posner[10] apresenta alguns casos emblemáticos para a evolução da fórmula de Hand na jurisprudência norte-americana.

---

9. POSNER, Richard. *Economic Analysis of Law*. 6th edition. Aspen Publishers: New York, 2003, p.169, 170.
10. Idem.

Assim em *Adams v. Bullock*[11], o autor apresenta o caso de um garoto de 12 anos, que ao atravessar uma ponte que cruzava os trilhos de uma empresa ferroviária ré, atirou um fio de metal que atingiu a parte elétrica dos trilhos, resultando em um choque que causou sérios ferimentos ao autor. A Corte se colocou ao lado da ré, por considerar que a probabilidade de ocorrência de acidente semelhante era excessivamente reduzida, dado o posicionamento dos trilhos, e considerou também que os custos de prevenção por meio de isolamento do material elétrico neste caso eram excessivamente altos.

Em *Hendricks v. Peabody Coal Co*[12], um garoto de 16 anos sofreu um acidente grave ao nadar nas águas acumuladas em uma mina de mineração a céu aberto da empresa ré. Neste caso a Corte se colocou a favor da vítima, considerando que o corpo d'água poderia ter sido isolado por uma cerca a custo relativamente baixo, se comparado ao montante do dano, e à sua probabilidade de ocorrência.

3.   A CONDUTA DA VÍTIMA

A fórmula de Hand nos fornece um critério para o estabelecimento do nível ótimo de precaução do ofensor. No entanto, não é suficiente para aferirmos a eficiência de uma regra de responsabilidade civil. O critério da fórmula de Hand não leva em consideração um fator fundamental para a análise: a conduta da vítima.

Em grande parte dos casos, a conduta da vítima pode interferir decisivamente na probabilidade de ocorrência de eventos danosos. Ainda mais importante, é o fato de que, em determinados casos, as medidas de precaução mais eficientes podem ser justamente aquelas que dependem do comportamento da vítima. Desta forma, ao analisarmos a eficiência de determinada regra de responsabilização civil, não podemos deixar de levar em consideração os incentivos gerados para que a vítima se comporte de forma desejável.

Poderíamos pensar que a vítima, por ser quem sofre o dano, teria sempre incentivos para exercer um nível apropriado de precaução. Na prática, contudo, isso não se verifica, e diferentes regras de responsabilização podem gerar comportamentos bastante diversos por parte da vítima.

Voltemos ao nosso exemplo. Suponhamos agora que, caso B estacionasse a uma distância de pelo menos 20 metros da curva, a chance de ocorrência de uma batida fosse reduzida, de 0,1% para 0,05%, a um custo de apenas R$ 5,00 para B. Seria desejável que semelhante medida de precaução fosse adotada, tendo em vista que é eficiente[13]. Contudo, em um cenário de responsabilidade ilimitada do ofensor, B

---

11.   *Adam v. Bullock.* 227 N.Y. 208, 125 N.E. 93 (1919) (Cardozo J.)

12.   *Hendricks v. Peabody Coal Co.* 115 Ill. App. 2d 35, 253 N.E 2d 56 (1969)

13.   Note que o benefício marginal de R$ 10,00, é superior ao custo marginal de precaução de R$ 5,00. Para calcular o benefício marginal basta subtrair o dano esperado antes da adoção da medida preventiva (0,1% x R$ 20.000,00 = R$ 20,00) do dano esperado após sua adoção (0,05% x R$ 20.000,00 = R$ 10,00). 20 − 10 = 10.

poderia não se dar ao trabalho de adotar tal medida, por saber que seria ressarcido caso a batida acontecesse.

Além de existirem medidas de precaução eficientes que dependem da conduta da vítima, a eficiência da conduta do ofensor pode também ser afetada pela conduta da vítima. Basta considerarmos que a redução de velocidade por parte de A, que seria eficiente quando o carro se encontrava estacionado na curva, pode não ser eficiente se o carro se encontrar a 20 metros da curva.

Podemos concluir, portanto, que o nível ótimo de precaução do ofensor, em geral, depende do nível de precaução adotado pela vítima, e vice-versa. Chamamos as exceções a esta regra, ou seja, os casos em que a conduta da vítima não tem influência significativa sobre a probabilidade de ocorrência do resultado danoso, de situações de *dano unilateral*. Na prática, as situações de dano unilateral representam uma parcela reduzida da realidade, uma vez que podemos quase sempre estipular comportamentos para a vítima que reduziriam as chances de ocorrência de um acidente. Para tais situações, o gráfico da fórmula de Hand aplica-se sem ressalvas.

Para os demais casos, o gráfico apresentado para a fórmula de Hand só faz sentido se a curva do dano marginal esperado (DE) for calculada para um cenário em que a vítima adota o nível ótimo de precaução. Isto porque, nestes casos, a conduta da vítima deve entrar no cálculo do nível ótimo de precaução.

Podemos também aplicar a fórmula de Hand à análise da conduta da vítima. Um gráfico semelhante ao apresentado para a análise da conduta do ofensor pode ser utilizado para descrever o nível de precaução ótimo que a vítima deve adotar. Analogamente, devemos formular a curva de dano marginal esperado para o cenário em que o ofensor adota o nível ótimo de precaução.

Assim, podemos concluir que a representação através da fórmula de Hand do nível ótimo de precaução a ser adotado pelo ofensor e pela vítima tem o mérito de apresentar o problema de forma intuitiva, e bastante próxima da realidade jurídica, utilizando-se das informações mais acessíveis aos juízes no momento da aplicação das regras de responsabilização civil. Entretanto, a interdependência das condutas do ofensor e da vítima sugere a necessidade de um modelo mais amplo, que nos permita uma visualização mais genérica do problema.

4. A FÓRMULA DO CUSTO SOCIAL

Cooter e Ulen[14] utilizam um modelo mais geral, que retira o foco da análise da conduta de cada agente em separado. Trata-se, em síntese, de um modelo que estipula a minimização de uma função dos custos sociais.

---

14. COOTER, Robert; ULEN, Thomas. *Law & Economics*. 5th edition. Pearson Publishers: Chicago, 2008, p. 336-338.

Nas análises anteriores observamos na conduta do ofensor e da vítima as relações estabelecidas por duas variáveis básicas: o custo de exercício de precaução e o dano esperado. Chamamos de custo social (CS) a soma dessas duas variáveis, medidas em relação à vítima e ao ofensor simultaneamente. Assim, temos que CS= CP + DE, sendo CP o custo de precaução social e DE o dano esperado. O gráfico abaixo representa as relações entre tais variáveis[15]:

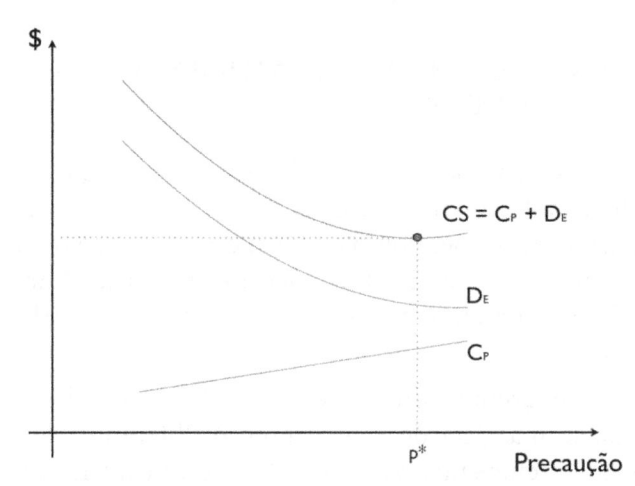

O nível de precaução ótimo p* seria aquele que minimiza a função de custo social CS[16]. Cumpre destacar, entretanto, que p*, neste caso, não nos informa o nível de precaução ótimo de cada agente, mas sim uma medida de precaução social, ou seja, resultante das condutas adotadas por ambos os agentes, ofensor e vítima.

Desta forma, este modelo e o estabelecido pela fórmula de Hand são complementares. Partimos de uma formulação intuitiva e voltada para a aplicação prática, para uma formulação mais genérica das mesmas ideias. O modelo apresentado por Posner está voltado para a conduta individual de cada agente e é importante porque nos permite avaliar diretamente essas condutas. O modelo apresentado por Cooter e Ulen é uma agregação da conduta de todos os agentes envolvidos e, portanto, nos oferece um panorama mais geral do problema. Sua importância decorre das dificuldades suscitadas pela interdependência das condutas dos agentes, que é superada quando olhamos para o resultado geral, ou seja, olhamos para a maximização do bem-estar social, que é o que usualmente buscamos.

---

15. Adotamos neste exemplo uma curva de custo de precaução linear, a despeito dos exemplos anteriores, para fins de simplificação do modelo. Seguimos assim a formulação elaborada por COOTER & ULEN.

16. Os custos sociais podem ser representados pelo somatório dos custos de ofensores e vítimas. Consideremos que existem duas funções ($O(x)$ e $V(x)$) que descrevem os custos ($), respectivamente, de ofensores e vítimas, para cada nível de precaução adotado. Os custos sociais podem então ser descritos pela função $CS(x)= O(x) + P(x)$, que associa a cada nível de precaução agregado um valor monetário que chamamos de custo social. O ponto p* é aquele em que essa função atinge um valor mínimo em y ($), ou seja, em que minimizamos o custo social.

Os modelos, entretanto, ainda não nos oferecem uma resposta quanto aos incentivos que as diferentes regras de responsabilidade civil podem gerar para os agentes. Até o momento, respondemos à pergunta: de que forma podemos calcular o nível ótimo de precaução a ser adotado por cada agente no exercício de suas atividades? A seguir, passamos a pergunta: que regras de responsabilidade civil podem gerar comportamentos eficientes dos agentes?

5. TEORIA DOS JOGOS E ANÁLISES DA EFICIÊNCIA DAS REGRAS DE RESPONSABILIDADE CIVIL

Como vimos, os comportamentos da vítima e do ofensor estão interrelacionados. A conduta adotada por um dos agentes modifica o cenário que se apresenta para o outro agente. Situações como esta, em que a decisão de um agente depende da decisão de outro, são chamadas de situações estratégicas. A análise econômica do Direito utiliza frequentemente os instrumentos da Teoria dos Jogos[17] para analisar este tipo de decisão.

A seguir, continuaremos com o nosso exemplo e passando à análise de jogos que nos permitem analisar as decisões dos agentes sob diferentes regras de responsabilização civil. Formularemos nosso exemplo da seguinte forma. O resultado eficiente será encontrado quando ambos tomam medidas de precaução simultaneamente, ou seja, o ofensor reduz a velocidade e a vítima estaciona o carro longe da curva. A probabilidade de ocorrência da batida será: de 0,1% quando ambos deixam de exercer precaução; de 0,05% quando apenas um dos agentes exerce precaução; e de 0,02% quando ambos exercem precaução. O custo para ambos tomarem precaução é de R$ 5,00, e para fins de simplificação do modelo fixamos o montante de dano em caso de acidente em R$ 20.000,00. Eliminamos da equação, propositalmente, a análise do nexo de causalidade. Pressupomos que o ofensor é aquele que dá causa ao dano neste exemplo.

Ausência de Responsabilidade Civil

Podemos começar com o cenário de inexistência de regra de responsabilidade civil. O ofensor, nestes casos, nunca será responsabilizado por danos que eventualmente venha a causar à vítima.

Vejamos, em um cenário de ausência de responsabilidade do ofensor que incentivos os agentes têm para tomar as medidas adequadas de precaução.

---

17. Neste texto, não nos aprofundaremos em discussões acerca da aplicabilidade da teoria ao Direito, ou sequer apresentar de forma completa sua metodologia. Para maiores considerações sobre o tema, ver BAIRD, Douglas, et al. *Game Theory and the Law*. 3rd edition. Harvard University Press: Cambridge, 1998.

		Vítima	
		exerce precaução	não exerce precaução
Ofensor	exerce precaução	- R$ 5,00; - R$ 9,00	- R$ 5,00; - R$ 10,00
	não exerce precaução	R$ 0,00; - R$ 15,00	R$ 0,00; - R$ 20,00

A tabela acima mostra os custos de cada decisão para ambos os agentes[18]. A vítima arca com o dano esperado e seu custo de precaução. O ofensor arca apenas com seu custo de precaução. Em um cenário de ausência de responsabilidade, é fácil notar que o ofensor tende a não adotar o nível de precaução adequado[19]. O resultado do jogo apresentado pela tabela é a situação em que a vítima exerce precaução, mas o ofensor não o faz. Assim, o jogo apresentado não leva ao resultado eficiente e não minimiza os custos sociais[20].

O resultado é bastante intuitivo: sem uma regra que impute responsabilidade ao ofensor, este tem pouco incentivo para incorrer no custo do exercício de precaução. O modelo oferece, sem dúvida, uma representação simplificada da realidade, mas, ainda assim, nos permite chegar a algumas conclusões. Podemos pensar que alguns motoristas ainda assim adotariam as medidas de precaução necessárias, por predisposição própria, preocupação ou respeito pelo patrimônio alheio. Na prática, contudo, as pessoas tendem a reagir a incentivos e podemos afirmar com algum grau de certeza que um número menor de ofensores adotaria precaução caso vigorasse a regra da ausência de responsabilidade.

Responsabilidade ilimitada

Passemos agora para o cenário oposto, em que a responsabilidade do ofensor é ilimitada[21]. Neste caso, o ofensor arca sempre com o dano esperado e com seu custo

---

18. Os valores da tabela representam os *"payoffs"* de cada agente, ou seja, o resultado esperado em cada situação, dependendo das condutas escolhidas por eles. Nas linhas estão dispostas as condutas do ofensor, e nas colunas, as condutas da vítima. Os valores, seguindo uma convenção usual, estão dispostos da seguinte forma: antes de cada vírgula está o resultado do agente cujas condutas estão dispostas em linhas (ofensor), e após cada vírgula, o resultado do agente cujas condutas estão dispostas em colunas (vítima). Desta forma, podemos ler a primeira célula da seguinte forma: quando a vítima exerce precaução e o ofensor também exerce precaução, o custo para o ofensor é de R$5,00, e o custo para a vítima, nesta mesma situação, é de R$9,00.
19. Quer a vítima exerça ou não precaução, o ofensor tende a optar por não incorrer no custo de precaução de R$ 5,00, em face da alternativa de R$ 0,00.
20. Note que, quando ambos exercem precaução, CS = R$5 ,00 + R$9,00 = R$14,00; ao passo que, quando a vítima exerce precaução, mas o ofensor deixa de exercer precaução, temos que CS = 0,00 + R$15,00 = R$15,00. Ocorre neste caso desperdício de recurso social, ainda que do ponto de vista do ofensor seja vantajoso um cenário jurídico que não o responsabilize pelos danos do acidente, do ponto de vista social temos que essa não é o cenário jurídico ideal, vez que desperdiçamos R$1,00.
21. Diferenciamos a hipótese da responsabilidade ilimitada da responsabilidade objetiva. Usualmente, a aplicação da regra de responsabilidade civil objetiva admite a defesa da culpa exclusiva da vítima, o que não admitimos para o que chamamos de responsabilidade ilimitada.

de precaução. A vítima arca apenas com seu custo de precaução. Seguindo os mesmos parâmetros estabelecidos para o exemplo anterior, podemos descrever esta situação através da tabela abaixo.

		Vítima	
		exerce precaução	não exerce precaução
Ofensor	exerce precaução	- R$ 9,00; - R$ 5,00	- R$ 15,00; R$ 0,00
	não exerce precaução	- R$ 10,00; - R$ 5,00	- R$ 20,00; R$ 0,00

Podemos notar que agora a vítima é quem passa a não ter os incentivos adequados para exercer precaução. O resultado do jogo apresentado pela tabela é a situação em que o ofensor exerce precaução, mas a vítima não o faz[22]. Como o ofensor arca com o valor integral do dano, a vítima prefere não arcar com o custo de precaução. A solução encontrada novamente não é eficiente e não minimiza o montante dos custos sociais[23].

Assim como no exemplo anterior, a despeito da insuficiência do modelo, podemos tirar conclusões razoáveis desta análise. Começamos por algumas ressalvas. Em alguns casos, como em acidentes que causem danos irreparáveis à integridade física da vítima, podemos pensar que a vítima terá fortes incentivos para adotar precaução, mesmo que receba uma compensação monetária do ofensor pelos prejuízos sofridos. Além disso, certas perdas, como a morte, não podem ser compensadas. Ainda assim, podemos pensar que menos vítimas tenderão a exercer o nível de precaução adequado caso vigore a regra da responsabilidade anterior.

Além disso, os resultados até então apresentados são, novamente, bastante intuitivos. Em um cenário em que o ofensor não é responsável, ele tem incentivos para não exercer precaução adequada; em um cenário em que a vítima não arca com nenhuma perda, ela tem incentivos para, igualmente, deixar de exercer a precaução adequada.

Concluímos, portanto, que uma regra eficiente deve situar-se entre estes dois extremos. A mesma conclusão, embora formulada de maneiras diversas, já é compartilhada pela doutrina jurídica tradicional. A seguir passamos à análise das regras estabelecidas pelo sistema de responsabilidade civil subjetiva e objetiva.

---

22. Neste caso, quer o ofensor exerça ou não precaução, a vítima tende a optar por não incorrer no custo de precaução de R$ 5,00, em face da alternativa de R$ 0,00.

23. Note que, quando ambos exercem precaução, CS = R$9,00 + R$5,00 = R$14,00; ao passo que, quando o ofensor exerce precaução, mas a vítima deixa de exercer precaução, temos que CS = R$15,00 + 0,00 = R$15,00.

Responsabilidade Civil Subjetiva

Sob a regra da responsabilidade civil subjetiva, o ofensor arca com o montante do dano apenas se tiver agido com culpa. Aqui, definiremos o critério para a caracterização da culpa com base na fórmula de Hand. Assim, no nosso exemplo, o ofensor age com culpa se deixar de reduzir a velocidade, uma vez que o custo em que incorre para tomar esta medida de precaução é inferior à redução do dano esperado. O jogo pode ser representado pela tabela abaixo.

		Vítima	
		exerce precaução	não exerce precaução
Ofensor	exerce precaução	- R$ 5,00; - R$ 9,00	- R$ 5,00; - R$ 10,00
	não exerce precaução	- R$ 10,00; - R$ 5,00	- R$ 20,00; R$ 0,00

O ofensor, neste caso, tenderá a exercer precaução. Note que, tanto quando a vítima exerce precaução, quanto quando ela não o faz, a resposta menos custosa para o ofensor é exercer precaução[24]. Isto se dá porque o ofensor arca com o dano esperado nos casos em que não exerce precaução. Podemos dizer que o exercício de precaução neste jogo é uma estratégia estritamente dominante para o ofensor.

No exemplo dado, optamos por simplificar o problema analisando apenas uma medida de precaução. A decisão dos agentes, neste caso, se resume a duas escolhas: adotar precaução ou não fazê-lo. Na realidade, contudo, os agentes devem escolher o nível ótimo de precaução entre várias alternativas disponíveis, o que não é representado pelo modelo. Mas note que, ainda que houvessem diferentes níveis de precaução disponíveis, a escolha do nível ótimo de precaução ainda seria a opção mais vantajosa para o ofensor. Isto porque a regra da responsabilidade civil subjetiva, quando tem o seu parâmetro de culpa estipulado pela fórmula de Hand, imputa ao ofensor todos os custos que integram a fórmula do custo social quando este age com culpa. Assim, ao tentar minimizar seus próprios custos, o ofensor minimiza também os custos sociais. Passemos agora à análise da conduta da vítima.

---

24. Quando a vítima exerce precaução, o ofensor prefere o custo de exercício de precaução de R$ 5,00 a se ver obrigado a pagar por um dano esperado de R$ 10,00; quando a vítima não exerce precaução, o ofensor novamente opta por arcar com um custo de precaução de R$ 5,00, ao invés de um dano esperado de R$ 20,00.

A vítima não possui estratégia estritamente dominante. Caso o ofensor exerça precaução, ela prefere também fazê-lo; caso contrário, ela prefere não exercer precaução. Contudo, sabemos que o ofensor tende a exercer precaução, uma vez que esta é sua estratégia dominante. A vítima, sabendo disso, decide também exercer precaução.

Aqui também poderíamos pensar que a opção da vítima, na realidade, é mais complexa do que simplesmente escolher entre exercer precaução ou não fazê-lo. No entanto, os mesmos argumentos levantados para a análise da conduta do ofensor aplicam-se, e a vítima também tende a adotar o nível de precaução ótimo. Quando o ofensor adota o nível ótimo de precaução, a vítima passa a arcar com todos os custos que integram a fórmula do custo social. Ao tentar minimizar seus próprios custos, a vítima atinge o resultado eficiente minimizando os custos sociais.

Assim, podemos concluir que a regra da responsabilidade civil subjetiva gera incentivos adequados para que os agentes adotem níveis ótimos de precaução, desde que o critério de culpa seja definido com base no nível ótimo de precaução estabelecido pela fórmula de Hand. Passemos agora, à análise da responsabilidade civil objetiva.

Responsabilidade Civil Objetiva

Sob a regra da responsabilidade civil objetiva, o ofensor arca, em regra, com o montante do dano. No entanto, quando a vítima age com culpa, configura-se a chamada culpa exclusiva da vítima e esta passa a arcar com o dano. Existem, na doutrina brasileira, diferentes interpretações para a regra da responsabilidade civil objetiva. Adotaremos aqui a seguinte interpretação, para fins de análise: a responsabilidade será do ofensor em todos os casos, exceto quando a vítima agir com culpa, caso em que a responsabilidade será sempre da vítima, ainda que o ofensor tenha também agido com culpa. Definiremos o critério para a caracterização da culpa exclusiva da vítima com base na fórmula de Hand. O jogo pode ser representado pela tabela a seguir.

		Vítima	
		exerce precaução	não exerce precaução
Ofensor	exerce precaução	- R$ 9,00; - R$ 5,00	- R$ 5,00; - R$ 10,00
	não exerce precaução	- R$ 10,00; - R$ 5,00	R$ 0,00; - R$ 20,00

A vítima, neste caso, tenderá a exercer precaução. Note que, tanto quando o ofensor exerce precaução, quanto quando ele não o faz, a resposta menos custosa para a vítima é exercer precaução[25]. Isto se dá porque a vítima arca com o dano esperado nos casos em que não exerce precaução. Podemos dizer que o exercício de precaução neste jogo é uma estratégia estritamente dominante para a vítima.

O ofensor, por sua vez, não possui estratégia estritamente dominante. Caso a vítima exerça precaução, ele prefere também fazê-lo; caso contrário, ele prefere não exercer precaução. Contudo, sabemos que a vítima tende a exercer precaução, uma vez que esta é sua estratégia dominante. O ofensor, sabendo disso, decide também exercer precaução.

Assim como no exemplo anterior, o resultado se mantém para o caso de escolhas diversificadas dos agentes, que tenderão sempre a escolher o nível ótimo de precaução, pois, ao minimizar seus custos privados, minimizam também os custos sociais em cada situação.

6. RESPONSABILIDADE SUBJETIVA X RESPONSABILIDADE OBJETIVA

É fácil notar elevado grau de paralelismo entre este caso e o da regra da responsabilidade civil subjetiva. A aplicação da regra da responsabilidade civil subjetiva imputa à vítima, em regra, arcar com o ônus decorrente do dano esperado; e ao ofensor, arcar com o dano esperado quando este age com culpa. A aplicação da regra da responsabilidade civil objetiva, ao reverso, imputa ao ofensor, em regra, arcar com o ônus decorrente do dano esperado; e à vítima, quando esta age com culpa. Vimos que ambas têm resultado eficiente, levando os agentes ao exercício do nível ótimo de precaução quando o critério de caracterização da culpa é estabelecido da forma estipulada pela fórmula de Hand.

No entanto, apesar das similaridades apontadas entre os dois sistemas, existem algumas diferenças importantes. Passamos à análise de algumas delas.

Distribuição:

Uma primeira diferença, bastante evidente, entre os dois sistemas está na distribuição de custos entre ofensor e vítima. A análise econômica tende a desconsiderar aspectos distributivos, priorizando a eficiência. O Direito, contudo, dá elevado peso a questões distributivas.

A regra da responsabilidade civil subjetiva imputa custos mais elevados à vítima, enquanto a regra de responsabilidade civil objetiva imputa custos mais elevados ao ofensor. No exemplo dado, basta notar que, no resultado do jogo sob a regra da res-

---

25. Quando o ofensor exerce precaução, a vítima prefere o custo de exercício de precaução de R$ 5,00, a se ver obrigada a pagar por um dano esperado de R$ 10,00; quando o ofensor não exerce precaução, a vítima novamente opta por arcar com um custo de precaução de R$ 5,00, ao invés de um dano esperado de R$ 20,00.

ponsabilidade civil subjetiva, a vítima tem custo de R$ 9,00 e o ofensor de R$ 5,00; enquanto que, sob a regra da responsabilidade civil objetiva, os resultados se invertem.

Tendo em vista que ambas as regras produzem resultados eficientes, poderíamos pensar na extensão de uma e outra regra como um problema de prioridade entre os valores da culpabilidade do ofensor e a reparação da vítima.

Assimetria de Informações e Custos Administrativos:

Vimos que tanto a regra da responsabilidade subjetiva quando a da responsabilidade objetiva levam à escolha do nível ótimo de precaução pelos agentes. O resultado, no entanto, parece contrafactual, uma vez que observamos na realidade diversos casos em que os agentes não adotam medidas de precaução necessárias. O número de acidentes anuais gerados por alcoolismo no trânsito é evidência suficiente para questionarmos os resultados apresentados.

Existem diversas explicações para esta disparidade. Uma delas decorre do fato de que os juízes são suscetíveis a errar. Na prática, os juízes não possuem informações suficientes para determinar o nível ótimo de precaução em um caso concreto. As partes tendem a agir de forma estratégica e apresentar informações enviesadas, superestimando seus próprios custos e subestimando os custos da parte contrária. Quando a jurisprudência estabelece níveis de precaução inadequados, oferece incentivos adversos para os agentes.

Outro fator relevante é o que se chama de insegurança jurídica. A própria estrutura do Judiciário pode permitir que casos semelhantes sejam julgados de forma extremamente diversa. Assim sendo, os agentes não podem pautar seus comportamentos por critérios claros e agem de forma variada.

Além disso, os custos associados ao próprio processo de decisão em juízo, os chamados custos administrativos, são também um fator limitador. Via de regra, dado os elevados custos de obtenção das informações necessárias para a caracterização do nível ótimo de precaução para cada indivíduo, a jurisprudência utiliza-se de padrões mais gerais para a caracterização de culpa. Trata-se do chamado critério do homem médio, ou seja, da caracterização da culpa a partir de um nível ótimo de precaução estipulado para a média, e não para os casos específicos.

Os custos administrativos e a assimetria de informações são aspectos extremamente relevantes da realidade jurídica. Poderíamos pensar que a aplicação das regras da responsabilidade subjetiva ou objetiva deveria pautar-se pelas informações acessíveis aos juízes ou ainda na capacidade das partes de oferecer provas.

Shavell[26] sugere que a regra da responsabilidade civil objetiva é mais eficiente para as situações de dano unilateral, por dispensarem a caracterização da culpa e

---

26. As situações de dano unilateral são aquelas em que a conduta da vítima não influencia a probabilidade de ocorrência do dano, ou o montante do dano. Nestes casos, a análise da conduta da vítima torna-se dispen-

atingirem o resultado eficiente. Sabemos também que a dificuldade da vítima de, em diversos casos, produzir prova da culpa do ofensor é um fator amplamente utilizado pelos defensores da regra da responsabilidade civil objetiva. Estes e outros fatores tem contribuído fortemente para a expansão do sistema da responsabilidade civil objetiva no Direito brasileiro.

Nível de Atividade

Como vimos, a análise dos modelos nos leva à conclusão de que tanto a regra da responsabilidade subjetiva quanto objetiva levam os agentes à adoção do nível ótimo de precaução quando a culpa de ambos é caracterizada com base nos critérios oferecidos pela fórmula de Hand. Concluímos que este resultado é eficiente, embora a realidade da aplicação destas regras nem sempre leve ao resultado esperado, dado à existência de assimetria de informações e custos administrativos.

No entanto, uma variável importante foi deixada de lado na análise: o nível de atividade exercido pelos agentes. Se voltarmos ao nosso exemplo dos motoristas, podemos pensar que a probabilidade de ocorrência de um acidente depende da quantidade de vezes que A passa pela curva ou ainda da quantidade de tempo que B deixa seu veículo exposto ao invés de estacionar em uma garagem. Esta dimensão do problema não foi incluída no modelo.

O motivo pelo qual deixamos de lado a análise do nível de atividade dos agentes é simples. Na prática, as discussões judiciais tendem a focar-se em considerações sobre a culpa dos agentes, e sobre a adoção de medidas de precaução apropriadas pelas partes, uma vez que os juízes, em geral, não possuem informações sobre o nível de atividade exercido pelas partes, ou sequer uma forma de aferir o nível de atividade ótimo para cada caso. Vimos que a análise marginal sugerida pela fórmula de Hand aproxima-se mais da realidade das informações disponíveis para os juízes no momento da aplicação judicial das regras de responsabilização. Isto, contudo, traz ineficiência para o sistema.

Considere a hipótese de uma empresa que executa determinada atividade de risco, que frequentemente gera danos a terceiros. Podemos considerar o montante de dano como uma externalidade negativa de uma atividade. A empresa deve escolher que nível de precaução e de atividade adotar. O gráfico abaixo representa os parâmetros de escolha da empresa sob a regra da responsabilidade civil, quando a culpa é definida com base nos critérios estabelecidos pela fórmula de Hand.

---

sável, assim como torna-se desnecessário oferecer incentivos para o exercício de precaução. Desta forma, a regra da responsabilidade ilimitada, que não oferece incentivos para a vítima, mas leva o ofensor à adoção do nível ótimo de precaução, será eficiente, pois atinge o resultado desejado impondo menores custos administrativos. Ver SHAVELL, Steven. *Foundations of Economic Analysis of Law.* Harvard University Press: Cambridge, 2004.

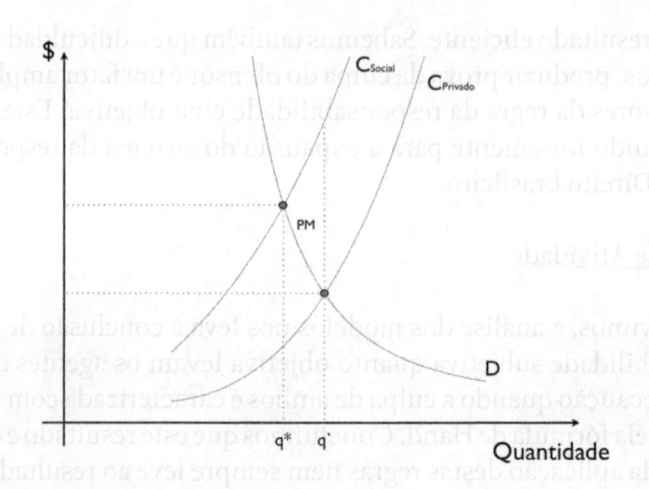

O risco da atividade é uma externalidade negativa, e por isso os custos privados da empresa passam a se diferenciar dos custos sociais. Sob a regra da responsabilidade civil subjetiva, a empresa escolhe seu nível de precaução com base em sua curva de custo privado e exerce a atividade em nível superior ao aconselhável, gerando um peso morto PM[27].

O mesmo não ocorre sob o sistema da responsabilidade civil objetiva. Tendo em vista que, mesmo ao exercer precaução, a empresa arca com o dano esperado, a externalidade é internalizada, na medida em que a empresa passa a arcar com todos os custos que integram a fórmula de custos sociais. Assim sendo, ao minimizar seus custos, a empresa adota o nível de atividade eficiente[28].

Desta forma, a análise sugere que a regra da responsabilidade civil objetiva é aconselhável para as atividades de risco, casos em que devemos priorizar a escolha do ofensor pelo nível ótimo de atividade.

Cumpre notar que o contrário se aplica em relação à vítima. Sob o sistema da responsabilidade civil objetiva, é a vítima quem deixa de exercer o nível ótimo de precaução e passa a se expor a um nível excessivo de risco[29].

Desta forma, podemos observar que, ao adicionarmos variáveis mais complexas ao problema, chegamos à conclusão de que não há regra de responsabilidade civil que atinja o resultado ótimo em todos os casos. Ainda que os dois sistemas da res-

27. Externalidade é qualquer efeito econômico que, em razão de uma relação entre determinados agentes, gera efeitos ecôomicos sobre terceiros, ou seja, sobre indivíduos externos à relação inicial, com os quais os agentes da relação inicial teriam dificuldades de travar relação direta, devido a altos custos de transação.

28. Para uma análise mais completa dos incentivos dos agentes em relação ao nível de atividade em cada regime de responsabilidade civil, ver: SHAVELL, Steven. *Foundations of Economic Analysis of Law*. Harvard University Press: Cambridge, 2004.

29. Para verificar a afirmativa, basta aplicar o mesmo raciocínio às avessas. Como a vítima arca sempre com os danos esperados, mesmo quando exerce precaução (uma vez que os danos decorrentes do acidente recaem naturalmente sobre si, e tendo em vista que o ofensor tenderá a exercer precaução e, portanto, não ser responsabilizado), a escolha do nível ótimo de precaução é também aquela que minimiza seus custos individuais.

ponsabilidade civil ofereçam, se aplicados em conformidade com a fórmula de Hand, incentivos adequados para que os agentes exerçam um nível ótimo de precaução, podemos considerar que o problema da seleção do nível de atividade, assim como a existência de custos administrativos e assimetria de informações, podem levar a resultados ineficientes em determinados casos. A questão dos critérios para a seleção do sistema aplicável a cada caso concreto torna-se, com isso, de especial relevância para a análise da eficiência das regras de responsabilidade civil.

7. CONCLUSÃO

No presente capítulo, procuramos apresentar algumas conclusões desenvolvidas pelos teóricos da AED no âmbito da Responsabilidade Civil Extracontratual que entendemos ser úteis para o avanço da disciplina. Identificamos a Responsabilidade Civil no Brasil como um campo em pleno desenvolvimento, que passa hoje por um processo de profunda transformação no sentido da objetivação das regras de responsabilidade e procuramos apresentar instrumentos analíticos advindos da AED que possam auxiliar o jurista contemporâneo a entender essas transformações. Para tanto, dividimos didaticamente os modelos apresentados de forma a progressivamente aumentar a complexidade da análise.

Inicialmente, apresentamos o modelo desenvolvido na jurisprudência Norte-Americana pelo juiz Learned Hand, que se foca na conduta do causador do dano, nos custos de precaução e no dano esperado. A chamada fórmula de Hand tem o mérito de propiciar parâmetros simples de aplicação pelos juízes, ainda que possa ocultar ambiguidades em relação ao cálculo do nível ótimo de precaução do causador do dano (uma vez que, para calculá-lo nos termos da fórmula de Hand, é necessário atentar simultaneamente para o nível ótimo de precaução da vítima).

As limitações do modelo da fórmula de Hand em relação à análise da conduta da vítima, que pode ter papel fundamental na prevenção de um evento danoso, sugerem a necessidade de formulação de um modelo de análise mais amplo que permita a visualização dos custos sociais totais. Assim, no item 4, procuramos oferecer uma versão gráfica da fórmula do custo social, procurando elucidar as relações entre as condutas da vítima, do causador do dano e o custo final.

No item 5, partimos desta fórmula de custos para estudar o comportamento dos agentes, assumindo que tanto a vítima quanto o causador do dano procuram sempre, estrategicamente, minimizar seus custos individuais. Observamos que um modelo simples de jogo entre os agentes sugere que: (1) na ausência de regras de responsabilidade civil, o causador do dano tende a exercer nível de precaução inferior ao ótimo; (2) sob a regra da responsabilidade absoluta do causador, a vítima tende a exercer um nível de precaução inferior ao ótimo; (3) tanto sob a regra da responsabilidade civil subjetiva quanto sob a regra da responsabilidade objetiva (se levarmos em consideração a arguição de culpa exclusiva da vítima como excludente válida) ambos os agentes exercem o nível ótimo de precaução.

No item 6, criticamos os resultados obtidos no item anterior, que decorrem de um modelo idealizado da realidade, e procuramos expandir a análise das diferenças entre as regras da responsabilidade civil subjetiva e objetiva.

8. REFERÊNCIAS BIBLIOGRÁFICAS

BAIRD, Douglas, et al. *Game Theory and the Law*. 3rd edition. Harvard University Press: Cambridge, 1998.

COOTER, Robert; ULEN, Thomas. *Law & Economics*. 5th edition. Pearson Publishers: Chicago, 2008.

GOMES, Orlando. *Tendências Modernas na Teoria da Responsabilidade Civil*, in Estudos em Homenagem ao Professor Sílvio Rodrigues. São Paulo : Saraiva, 1980.

POSNER, Richard A. The Value of Wealth: A Comment on Dworkin and Kronman. *In The Journal of Legal Studies, Vol. 9, No. 2 (Março, 1980)*. The University of Chicago Press.

POSNER, Richard. *Economic Analysis of Law*.. 6th edition. Aspen Publishers: New York, 2003.

SHAVELL, Steven. *Foundations of Economic Analysis of Law*. Harvard University Press: Cambridge, 2004.

8
ANÁLISE ECONÔMICA DA PROPRIEDADE[1]

Flávia Santinoni Vera

Mestre e Doutora em Direito pela Universidade da Califórnia em Berkeley. Bacharel em Direto (2000) e em Ciências Econômicas (1986) pela UnB. Especialista em Análise Econômica do Direito. Pós-doutora pela Universidade de Hamburgo e *fellow* pelo *International Centre for Economic Research* (ICER) em Turim, Itália. É coordenadora de pesquisa e professora permanente do mestrado do Instituto Brasiliense de Direito Público (IDP) em Brasília e Analista Legislativo do Senado Federal desde 1985, onde atua como pesquisadora do Centro de Estudos da Consultoria Legislativa.

Nada aguça tanto a imaginação ou afeta a humanidade como o direito de propriedade ou aquela dominação despótica de um homem que clama a posse dos objetos externos do mundo, em total exclusão aos outros indivíduos do mundo. E mesmo assim, alguns se dão o trabalho de considerar a origem e fundação deste direito.

Sir William Blackstone

Sumário: 1. Teoria das negociações (Bargaining Theory) – 2. Da interferência do estado na propriedade privada – 3. Direito de propriedade no Brasil na Constituição Federal – 4. Função social da propriedade – 5. Remédios judiciais para a violação de direito de propriedade – 6. Questões ambientais e o direito de propriedade privado; 6.1. Demarcação de terras indígenas – 7. Conclusão – 8. Referências bibliográficas.

A análise econômica do direito de propriedade é uma das primeiras áreas objeto de estudo da disciplina Direito e Economia. É a partir de como é regulado o direito de propriedade, quase tão antigo no mundo quanto os códigos[2], que uma sociedade reconhece que certo bem pertence a um de seus membros e como define qual o grau de liberdade que este membro terá para dispor do bem. Ter a propriedade sobre um bem é condição anterior e indispensável para o indivíduo poder transacionar este bem ou contratar com outros. É um direito inerente ao homem, intrínseco à sua identidade.

---

1. A autora agradece os comentários dos Consultores Legislativo Paulo Springer e Fernando Meneguin do Centro de Estudos da Consultoria Legislativa do Senado Federal que tanto contribuíram para a revisão do capítulo.
2. Os códigos mais antigos conhecidos no mundo, o Código de Ur-NammuH, de 2100 a.C e o famoso Código de Hamurabi de 1750 a.C., dão ênfase a normas referentes ao roubo, agricultura, criação de gado, danos à propriedade tanto quanto assassinato, morte e injúria. Por vivermos em um mundo material e as sociedades serem agrupamentos de indivíduos estruturados de acordo um certo modo de produção, regras sobre propriedade são inerentes às normas sociais, mesmo as mais primitivas, e por isso, são tão antigas quanto os códigos e leis.

Seguindo este raciocínio é fácil inferir porque o estudo do direito de propriedade antecede ao estudo do direito de contratos, área que também integra as categorias essenciais de direito para o estudo das consequências do direito na sociedade e para desenvolvimento das nações.

Outra forma de pensar os benefícios de se conferir uma propriedade é pensar na responsabilidade e interesse do proprietário. Uma república de estudantes certamente será cuidada com menor zelo do que um quarto alugado por um estudante. Quando cuidamos de algo "nosso", a definição de responsabilidade é clara e os benefícios também. Da mesma forma, o uso de bem público, que é de todos e também de ninguém particularmente, tem que estar protegido por regras claras e monitoramento, com sanções para maltrato, não importa o país. Esse comportamento é universal porque estamos tratando de indivíduos, que buscam, antes de tudo, maximizar o próprio bem-estar (ou de seus entes mais queridos), não importa a cultura, origem ou sistema legal. Ter o direito de propriedade sobre um bem permite que a sua circulação na sociedade, desde a aquisição, uso e transferência (como na alienação), gere uma alocação de recursos mais eficiente seguido de um valor adicionado. Por consequência, a garantia de propriedade alavanca a geração de emprego e riqueza de uma nação. Além do incentivo criado aos cidadãos para produzir, eles também farão o melhor uso do bem, transferindo-o, quando interessante, para uma pessoa que dará a ele um valor (e uso) maior. Uma alocação mais eficiente dos recursos permite que todos enriqueçam.[3] Por sua vez, o crescimento econômico decorrente é pré-requisito essencial para qualquer ímpeto do Estado de buscar justiça distributiva e bem-estar social. Sociedades que garantem mais direito de propriedade privada e que permitem um uso amplo desse direito são empiricamente mais suscetíveis ao crescimento e desenvolvimento social e econômico.[4]

É importante destacar que esta disciplina não tem como objetivo a definição de direito de propriedade em sentido valorativo, mas o seu efeito para aquela sociedade e também a sua conexão com o crescimento econômico. Como a matemática, busca-se uma visão essencialmente analítica, sem uma preocupação de confirmar

---

3. Segundo a eficiência de Pareto, aprimorada pela de Kaldor-Hicks, mesmo que uma alocação mais eficiente de recursos possa prejudicar alguns indivíduos, o ponto crucial é que o ganho de eficiência permite que quem ganha com a nova alocação compense aqueles que perdem.

4. O Banco Mundial, como todas as instituições internacionais com foco no desenvolvimento, em seu relatório *"Doing Business"* recomenda regras claras sobre PROPRIEDADE e sobre cumprimento de CONTRATOS como instrumento de desenvolvimento social e econômico. Paradoxalmente, o combustível que permite uma nação desenvolver está intrinsecamente relacionado com CONFIANÇA entre os cidadãos, que permite cada um ter o incentivo para produzir (e usufruir disso) e para transacionar com outros (contratos) no mercado ou oferecendo seus serviços. Assim, como indivíduos têm potenciais diferentes, eles podem se beneficiar da especialização um dos outros. Usufruir dessa divisão de trabalhos é o maior benefício, e quiçá uma manifestação do instinto de sobrevivência dos humanos, ao buscar uma vida em sociedade. Uma sociedade que conta com um sistema legal compatível com estes valores de confiança e reputação, trabalho e respeito ao próximo, presentes em discursos sobre MORAL e ÉTICA, certamente verão reflexos imediatos aprimoramento do mercado e no bem-estar de seus cidadãos. As pessoas podem até investir em um país que não inspira segurança, mas certamente exigirão um retorno maior para isso.

ou refutar nenhuma ideologia. A Análise Econômica do Direito (EAD) colabora com a Ciência Jurídica trazendo um método de raciocínio e um instrumental que promove a cientificidade do estudo do direito, sem influenciar valores ou ameaçar o consolidado *status* do direito. O renomado cientista Bruce Ackerman, da Faculdade de Direito da Universidade de Yale, descreveu a contribuição da EAD como "o mais importante desenvolvimento do direito acadêmico no século XX".

A visão jurídica do direito real, gênero da espécie "direito de propriedade", e sua própria definição, por si sós, são suficientes para demonstrar o caráter absoluto do direito de propriedade, pois ele é exercido pelo seu titular sobre a coisa, sem intermediação de quem quer que seja. Sem adentrar na rigidez dogmática dos Direitos Reais, o Direito de Propriedade estabelece o que as pessoas podem ou não fazer com as coisas de sua propriedade. Não obstante, mesmo tendo um caráter absoluto, ter ou não ter, o direito de propriedade é subdividido em um conjunto de subdireitosF[5]F, como o de usar, possuir, desenvolver, melhorar, transformar, consumir, destruir, esgotar, vender, doar, passar por herança, transferir, hipotecar, alugar, emprestar ou mesmo excluir outros de sua propriedade. A amplitude de disponibilidade de subdireitos e o grau do(s) direito(s) conferidos a um indivíduo sobre um bem determina como aquele direito de propriedade é estabelecido nas normas daquela sociedade. Se eu tenho um carro, eu posso guiá-lo e pintá-lo de outra cor, colocar adesivos, ou não usá-lo. Certamente não poderei deixá-lo no meio de uma avenida ou deixar de seguir as leis de trânsito. O meu direito tem suas limitações. Se eu tenho um lote e quero construir uma casa, terei que construí-la seguindo regras do plano diretor da cidade. Um cachorro de estimação tem um dono e, portanto, o direito é absoluto. No entanto, até o animal doméstico é protegido por lei uma vez que é crime maltratar animais, e deve estar vacinado contra doenças para evitar problemas de saúde pública.

Se um bem pertence a alguém, é porque esta pessoa tem um direito, ou seja, uma liberdade para com este bem garantida pela instituição legal vigente. Como citamos acima, este direito pode ser dividido em um conjunto de direitos. A cientista laureada com o prêmio Nobel de Economia em 2009, Elinor Ostrom, cita cinco direitos de propriedade principais, sendo eles: 1) o acesso ao bem; 2) a retirada do uso; 3) a gestão (o uso, incluindo a sua manutenção e gestão de risco); 4) a exclusão (de outros); e 5) a alienação (o que inclui transferências de todo tipo). Cada sistema jurídico estabelece "uma cesta básica" de direitos de propriedade composta de quantidades e composições diferentes, determinando consequências nas relações sociais e econômicas.

De forma geral, sistemas jurídicos estabelecem um tipo de direito de propriedade, com mais ou menos restrições, e sinalizarão uma maior abrangência dos subdireitos de propriedade. Não são somente as leis ou jurisprudência vigentes que determinam o grau de direito de propriedade, mas um conjunto de normas sociais que legitimam

---

5.   Como se diz em latin *jus utendi, fruendi e abutendi*, ou seja, o direito de propriedade pode ser subdividido nos direitos de usar, gozar e dispor de um bem, bem como, de reivindicá-lo de quem injustamente o detenha.

o sistema jurídico da sociedade. É verdade que nenhum sistema jurídico conhecido no mundo contemporâneo prevê um conjunto completo de direito de propriedade de forma que abarque todos os subdireitos possíveis para todos os tipos de bens materiais e imateriais. Sempre há restrições em maior ou menor grau, porque vivemos em sociedade, compatibilizando direitos individuais e coletivos. Contudo, a existência de direito de propriedade privada é crucial para o exercício das liberdades individuais, da eficiente alocação de recursos e para os indivíduos transacionarem e contratarem. Este é o ponto de partida do estudo dos cientistas sociais que buscam explicações para as diferenças entre os níveis de desenvolvimento dos países. Com este mote, inúmeros estudos têm como foco avaliar os efeitos dos diferentes sistemas de garantia do direito de propriedade, com suas peculiaridades históricas, jurídicas, ideológicas, sócioculturais e econômicas.

Em 1975, foram publicados os primeiros trabalhos, como "*Economic Foundations of Property Law*" (B. Ackerman), "*The Economics of Legal Relationships: Readings in the Theory of Property Rights*" (H. Manne) e "*The Economics of Property Rights*" (E. Furubotn & S. Pejovich). O interesse precoce decorre do reconhecimento da importância do direito de propriedade na alocação de recursos e de distribuição de riquezas.

Pensadores que colaboram com paradigmas conhecidos pelo mundo contemporâneo incorporaram conceitos de direito de propriedade em suas obras. Karl Marx e Engels (Manifesto Comunista de 1848) descrevem o sistema comunista como o de abolição do direito de propriedade. Em 1921, o Austríaco Mises previu que o socialismo revolucionário idealizado por Marx e Lênin resultaria em um caos e fim da civilização porque não permite justamente o direito de propriedade privada e, portanto, a troca de bens de capital e a alocação eficiente de recursos. Esse fato foi confirmado com o colapso do comunismo no mundo em 1989.

Já a tribo Barotse da África entende que o direito de propriedade nada mais é do que a obrigação das pessoas em relação às coisas. Este conceito se insere numa estrutura de ordenamento existente nesta cultura e certamente colhe os efeitos por ele criados. O que este conceito contribui para o estudo dos efeitos do direito de propriedade, em geral, é que a propriedade também implica responsabilidade. No entanto, podemos inferir que as instituições legais primitivas, como a da tribo Barotse, criam desincentivos para uma acumulação de propriedades e investimentos maiores, o que leva a uma sociedade economicamente (e tecnologicamente) estacionária. Um exemplo brasileiro é a comunidade indígena Yanomami[6]. Em mais de 700 anos, não

---

6. O grupo indígena Yanomami tem manifestação do instituto de direito de propriedade em vários aspectos, principalmente com a definição de espaços de lavouras e de objetos e partes da maloca destinadas às famílias, para a sua organização social e produtiva. Existe um espaço comunal que segue regras do grupo para lazer e reuniões da comunidade. As famílias são estruturadas com base em uma estrutura social e econômica matrilinear, em que os cunhados trabalham para sustentar as famílias das esposas. A caça e pesca é dividida somente entre os que participaram do trabalho. No entanto, várias normas religiosas e culturais reforçam a ausência de acumulação de capital, o que leva a uma manutenção permanente da tecnologia usada na vida e produção.

houve mudanças de tecnologias, a não ser a recente residual decorrente do contato com a civilização contemporânea.

A análise econômica do direito de propriedade utiliza-se de conceitos e instrumentos de outras áreas de conhecimento como a antropologia, sociologia, economia e psicologia para entender o instituto de direito de propriedade e começa por avaliar respostas para uma pergunta preliminar: então por que existir o direito à propriedade? Ou melhor, em que sentido a proteção ao direito de propriedade e sua transferência mostraram-se promotores de bem-estar social?

Benthan (1830), Blackston (1765-1969) e Hobbes (1651), dentre outros, enfatizaram os incentivos ao trabalho e desincentivos a saques e conflitos como uma das razões principais da garantia do direito de propriedade.

Kaplow e Shavell (2002)[7] confirmam essas razões e acrescentam que a existência do direito de propriedade é condição para a transferência livre das coisas.

Segundo o reconhecido economista peruano, Hernando de Soto, os povos em países em desenvolvimento que não tem assegurado um sistema formal de direito de propriedade, tendo somente a posse informal da terra e dos bens, não poderão dispor do bem de uma forma que beneficie os indivíduos e a sociedade. Ele associa a titularidade da propriedade como um acesso a crédito. De Soto argumenta que dar o título da propriedade a assentamentos com posse informal é gerar uma riqueza imediata do PIB, uma vez que permite a circulação do bem, ou seja, a sua alocação para quem o valoriza mais.

À luz dos custos de transação de Coase[8], existe a evidente necessidade de o Estado proteger e assegurar direito de propriedade. Imaginem se os produtores, além de gastarem com investimentos em suas lavouras tivessem que pagar seguranças para evitar invasões ou saques de sua produção. O custo seria altíssimo não só para quem produz, mas para a sociedade. Os consumidores pagariam caro por estes produtos. A garantia clara do direito de propriedade pelo Estado reduz custos de transação e cria incentivos e garantias para a produção e a inovação tecnológica, o único fator determinante de crescimento no longo prazo. Por consequência, alavanca a geração de riqueza e o crescimento econômico, essencial para se avançar em direção ao bem-estar social e a tão almejada justiça distributiva.

O presente capítulo busca apresentar de forma introdutória ferramentas e questões comumente tratadas quanto ao estudo da análise de direito de proprieda-

---

7. KAPLOW, Louis and SHAVELL, Steven. *Fairness versus Welfare*. Harvard University Press, 2002.

8. Os custos de transação são custos públicos e privados necessários para se transacionar no mercado, incluindo a etapa de pesquisa prévia (de informação), da negociação propriamente dita e do cumprimento da transação (com registro da propriedade e da certeza do cumprimento pelas partes). Sabe-se que o sistema jurídico tem um papel fundamental na lubrificação das transações. Seu papel abrange a garantia do direito de propriedade privada, a diminuição de custos de transação (i.e. ao instituir o código de defesa do consumidor aumentando trocas de informações entre as partes e a confiança mútua) e das burocracias e custos de registros, bem como dar garantias ao cumprimento ótimo dos contratos.

de, com um enfoque especial para operadores do direito. Num primeiro momento, faremos uma introdução à teoria das negociações, fundamental para a compreensão do tema, seguida de comentários a Intervenção do Estado na Propriedade Privada. Dedicaremos os dois temas seguintes ao direito de propriedade no Brasil com uma maior atenção ao instituto de Função Social da Propriedade. Para complementar o debate, incluímos comentários sobre Remédios Judiciais, Questões Ambientais e a questão das Demarcações de Terras Indígenas. O debate sobre Propriedade Industrial, importante para uma completa análise do tema, será tratado em capítulo próprio.[9]

1. TEORIA DAS NEGOCIAÇÕES (BARGAINING THEORY)

A apropriação de um bem é o pré-requisito para a troca. Com as trocas ou transações comerciais ocorre a circulação de bens, dos indivíduos que o valorizam menos para os outros que o valorizam mais. Assim, a transação sempre gera valor adicionado, ou seja, gera uma riqueza não só entre as partes da transação, mas para a sociedade. Derivada da teoria dos jogos, a Teoria das Negociações é primordial para o desenvolvimento da teoria econômica do direito de propriedade e de contratos. A Teoria das Negociações baseia-se em jogos cooperativos, baseados em CONFIAN-ÇA e a decorrente ideia do BENEFÍCIO das trocas (do valor adicionado gerado). É importante enfatizar que o que permite às partes negociarem livremente (trocas voluntárias) é que ambas se beneficiam disso. A princípio, pode ser bizarro observar uma correlação entre a teoria das negociações com a teoria de propriedade. Mas logo entenderemos o porquê disso.

---

9. O estudo do direito de propriedade torna-se mais complexo quando trata de BENS IMATERIAIS, que tem características de bens mistos, como os recursos comuns, situação em que todos querem usar sem ter que pagar. O instituto jurídico da propriedade industrial (conhecida internacionalmente como Propriedade Intelectual) busca proteger as invenções e os modelos de utilidade (por meio de patentes) e das marcas, indicações geográficas e desenhos industriais (através de registros dirigidos ao Instituto Nacional de Propriedade Industrial – INPI, ligado ao TRIPS internacional). O direito de propriedade intelectual visa precipuamente criar incentivos para a inovação, como as tecnologias, ao retribuir os investimentos havidos, e permitir a internalização dos benefícios criados e usufruídos pela humanidade (externalidades positivas), ao menos em parte. Assim, como exemplo, garante um monopólio natural ao inovador por meio de patentes estipuladas em 20 anos. Como a megaempresa Microsoft, que gerou uma rede de serviços que beneficiam a todos, apesar de cobrar os custos individuais para cada usuário, uma política branda de proteção à propriedade intelectual, como é comum em países importadores de tecnologias como o Brasil, abre brechas para o uso da inovação por caroneiros (como na pirataria). Além disso, outro dilema é conciliar os objetivos aparentemente contrários do Direito de Propriedade Industrial e do Direito da Concorrência. Enquanto que a proteção à propriedade intelectual busca criar incentivos para a inovação, garantindo o monopólio natural por 20 anos, uma regulação na área da concorrência busca proteger o mercado de práticas anticompetitivas de empresas com concentração de poder de mercado, como os monopólios. Isto explica porque empresas como a Microsoft, além de terem a sua inovação protegida por leis de propriedade intelectual, são também alvos frequentes de regulação e inúmeras ações das agências de concorrência internacionais. No setor farmacêutico, por exemplo, uma empresa com patentes pode atrasar a produção de medicamentos genéricos de baixo custo, apesar de estes medicamentos serem necessários para políticas públicas na área de saúde pública dos países em desenvolvimento. A dificuldade de conciliar conflitos de direitos e de incentivos é o maior desafio do estudo da AED de Propriedade intelectual.

Os elementos da Teoria de Negociações podem ser desenvolvidos a partir de um simples exemplo, a compra e venda de um carro. Fernanda tem um fusquinha velho 1965. A sua satisfação ou utilidade de ter o carro (seu valor subjetivo[10]) vale R$ 3.000. Rodrigo, que coleciona carros antigos, tem ficado de olho no carro há muitos anos e recebe uma herança de R$ 5.000. Ele resolve, então, tentar comprar o carro. Depois de levar o mecânico e avaliar bem o carro, o Rodrigo resolve que vale para ele R$ 4.000. Num primeiro momento, a negociação é possível uma vez que o carro está com uma pessoa que o valoriza menos (Fernanda – R$ 3.000) e pode ser vendido para alguém que o valoriza mais (Rodrigo – R$ 4.000).

Se as partes falharem e não cooperarem, significa que não concordaram num preço e não houve a troca de dinheiro por carro. Então, o Rodrigo resolve ficar com os seus R$ 5.000 e gastar de outra forma e a Fernanda continua com o carro que para ela vale R$ 3.000. Estes são os valores iniciais de cada uma das partes do negócio antes do negócio (*threat values*) e podemos dizer que a soma desse jogo (da negociação) sem troca (não efetivada, jogo não cooperativo) para os dois permanece em R$ 8.000 (R$ 5.000 + R$ 3.000).

No entanto, existe a possibilidade de um jogo cooperativo, gerando um valor adicionado. A negociação será possível se o valor negociado ficar entre R$ 3.000 a $4.000. Ao buscar a negociação, havendo um acordo razoável baseado em técnicas equivalentes de persuasão e negociação[11], vamos sugerir o valor intermediário de R$ 3.500, e os dois ganham parcelas iguais[12]. O Rodrigo vai ter um saldo em dinheiro de R$ 1.500 (R$ 5.000 – R$ 3.500) e um carro que para ele vale R$ 4.000, portanto tendo um valor final de R$ 5.500 (R$ 1.500 + R$ 4.000). A Fernanda no final vai ter R$ 3.500 em dinheiro. A soma dos dois valores de cada um após o negócio é de R$ 9.000 (R$ 5.500 + R$ 3.500).

Observe que o valor adicionado existe para qualquer valor de venda. Suponhamos que Fernanda seja excelente negociadora e venda o carro por R$ 3.999,00. Ao final do negócio, Fernanda terá R$ 3.999,00 em dinheiro, e Rodrigo, R$ 5.001,00 (R$ 1.001,00 e dinheiro e R$ 4.000,00, que é quanto o carro vale para ele). A soma dos dois valores continuará sendo R$ 9.000,00.

Ao comparar o resultado da não cooperação, dos valores iniciais antes do negócio, da Fernanda e do Rodrigo, temos R$ 8.000. Por outro lado, o valor total final,

---

10. O valor subjetivo é o valor que torna o indivíduo indiferente entre ter o bem e ter o dinheiro para gastar com outros bens. No exemplo, Fernanda é indiferente entre ter o fusquinha ou ter R$ 3.000,00 para gastar com outros bens (ou poupar, para consumir no futuro).

11. O que fica claro para a sociedade é que existe uma diferença entre valores iniciais das partes em R$ 1.000. Isto enseja uma negociação, ou seja, transação entre uma pessoa que dá ao bem um menor valor para outra que o valora mais. Como o valor adicionado (no caso, R$ 1.000,00) será partilhado não interessa muito à sociedade, e sim às partes. Geralmente, a distribuição do valor adicionado entre as partes relaciona-se com as informações reveladas e conhecidas e a capacidade de negociação de cada um.

12. A realidade é que nem sempre as partes que negociam ganham parcelas iguais do valor adicionado do negócio dependendo de quem tenha mais informações, mais técnica de negociação e outras variáveis do negócio.

após o negócio, é de R $ 9.000. Portanto, houve um enriquecimento dos dois de R$ 1.000. Este é o valor adicionado.

A importância do valor adicionado para as teorias de propriedade e de contratos mostra como as partes enriquecem com as trocas, pois um bem passa para uma pessoa que valoriza menos para outra que valoriza mais, e a sociedade enriquece. Quanto mais as pessoas transacionam, mais a sociedade se enriquece. O papel primordial do Estado nesse caso (incluindo o sistema jurídico) é facilitar as transações, reforçando relações de confiança e a redução de custos de transação. Algumas ações nesse sentido são: o estabelecimento de regras para a divulgação mínima de informação entre o comprador e vendedor (Código de Defesa do Consumidor), a redução de custos (impostos ou taxas de transferência e dos registros públicos, taxas como a do departamento de trânsitos) e o provimento da garantia de cumprimento dos contratos.

Alguns custos de transação em direito de propriedade consistem na garantia de segurança da propriedade. Se os fazendeiros tiverem que incorrer em gastos extras para produzir, ao garantir a segurança da propriedade (i.e., contratando seguranças particulares ou advogados para garantir a propriedade e posse da terra), encarecerão os custos de produção, e os consumidores sairão perdendo com o aumento do preço do produto final.

Assim os teoremas de COASE e de Hobbes vieram a somar mais subsídios para esta teoria.

Segundo a Teoria de Coase, "*quando os custos de transação são zero, as negociações particulares levam a um uso eficiente dos recursos, independente de a quem a lei determinar o direito de propriedade.*" Para ilustrar, vejamos um exemplo clássico, o do fazendeiro e pecuarista. Se uma lei determina que pecuaristas são responsáveis pelas cercas para o gado não comer a lavoura vizinha, se os pecuaristas podem negociar com os fazendeiros de grãos, as cercas serão feitas de forma mais baratas, talvez até ao redor das plantações e não nos pastos do gado. Neste exemplo, não importa quem pagará mais, mas o total gasto será menor com negociações particulares, o que certamente refletirá para a sociedade. No entanto, se os custos de transação (muitos agentes, dificuldade de comunicação, entraves burocráticos...) forem altos o suficiente para impedir as negociações, então o uso eficiente dos recursos vai depender do que for determinado por lei, ou seja, de como foi estabelecido pelo instituto de direito de propriedade[13]. A realidade é mais complicada. Temos falhas de mercado, como assimetria de informação sobre o bem entre vendedor e comprador, e os custos de transação são geralmente altos. Assim, o papel do Estado em definir claramente as regras do jogo (leis, jurisprudência e normas sociais claras e eficientes) é fundamen-

---

13. Um exemplo de custos de transação clássico é, em um quarto de dormitório, duas pessoas podem negociar e o fumante pagar para o não fumante pelo direito de fumar, ou o não fumante pagar para o fumante para que ele não fume. Já em um ônibus com 40 pessoas, não há como fazer esse tipo de negociação, pois o custo de transação sobe absurdamente.

tal para lubrificar as transações e diminuir custos de transação. Os indivíduos que compõem os mercados precisam de segurança para operar bem, para transacionar.

Paradoxalmente, o outro pensador, de uma época anterior – o século XVII –, chamado Hobbes, contribuiu para a teoria com a sua forma de pensar mais pessimista, ou até mesmo realista. Ele assumia a premissa que a realidade conta com custos de transação. Disse que *"A lei deve se estruturar de forma a minimizar os prejuízos causados pelas falhas (alto custos de transação) das negociações particulares."* Este legado consagrou-se como o teorema de Hobbes.

O que há de comum e evidente nas teorias dos dois pensadores é o fato de ressaltarem a importância de o Estado para se criar incentivos para as negociações (as cooperações), enriquecendo a todos da sociedade.

2. DA INTERFERÊNCIA DO ESTADO NA PROPRIEDADE PRIVADA

Estudos mostram que nos países anglo-saxônicos o direito de propriedade existe com um maior grau de liberdade, quase sem restrições. Já nos países romano-germânicos como o Brasil, existe uma tendência de maior regulamentação pelo Estado. Isto resulta em evidentes consequências na economia compatíveis com o grau de liberdade dado à propriedade privada e a garantia do conjunto de subdireitos de propriedade.

Quando o Estado resolve interferir em propriedades privadas mediante alocações predeterminadas do uso/gozo ou na própria alocação de recursos, pressupõe-se que os benefícios serão maiores do que os custos públicos e privados[14]. Imposição de restrições, como da lei do silêncio após certa hora, a exigência de construções de edifícios públicos com infraestrutura de acessibilidade para deficientes físicos, devem prevalecer com base na interação entre as liberdades individuais e os benefícios para a coletividade. Trata-se, muitas vezes, da compatibilidade entre direitos individuais e coletivos, o que permite uma melhor convivência social. No entanto, o maior desafio do Estado é tentar adivinhar e consolidar a vontade dos indivíduos, heterogêneos por natureza, estando distante deles, não conhecendo a vontade de cada um e não dispondo de informação privada, somente pública. Este assunto enseja toda uma área de estudos chamada Economia da Informação.

---

14. Custos e benefícios incluem aspectos monetários e não monetários (muitas vezes subjetivos). Quando mais variáveis pertinentes são incluídas numa análise de custo e benefício, mais precisa será a avaliação. Por isso a importância também da compreensão das instituições jurídicas pelos economistas. Diferentemente do que muitos operadores do direito esperam de uma análise econômica, a economia contribui com o estudo das escolhas que temos que fazer considerando a premissa de escassez de recursos. Assim, quando saímos de férias e decidimos o que fazer, pesamos variáveis como: disponibilidade de recursos e meios, dinheiro, tempo, preferências, custos de oportunidade, e prejuízos a terceiros. Não ficamos apenas considerando o preço do pacote turístico. Sabemos fazer esta escolha mesmo que algumas variáveis não tenham um valor matemático. As políticas públicas têm o mesmo desafio uma vez que o orçamento tem um teto (premissa de escassez de recursos), e os direitos e demandas são infinitos. Escolhas públicas são feitas todos os dias, o que ensejou teorias e áreas de conhecimento como o da teoria das escolhas pública (*Public Choice*).

Desapropriações interferem na alocação de recursos uma vez que implicam uma transferência "involuntária" de uma propriedade. Se o proprietário quisesse "vender" ele recorreria ao mercado. Portanto, as desapropriações têm um caráter involuntário.

As desapropriações justificadas como de "necessidade ou utilidade pública" objetivam o provimento de um bem público, como um parque, uma escola ou estrada, não privilegiando um pequeno grupo de beneficiários, mas toda uma comunidade local. Neste caso, o Estado deve considerar que os custos de transação são tão altos a ponto de obstruírem qualquer possibilidade de compra da propriedade com o consenso mútuo, tanto por parte do proprietário como do Estado. Em geral, além de contar com somas altas de recursos dos cofres públicos, algumas desapropriações justificadas para a construção de uma estrada ou de uma usina hidroelétrica, por exemplo, podem gerar infinitas controvérsias baseados em interesses e ensejar estudos sobre seus custos e benefício[15].

Por outro lado, a desapropriação por interesse social implica a transferência de propriedade de uma pessoa em favor de outra ou de um grupo pequeno, apenas. Além de permitir corrupção e favoritismo de certos grupos politicamente organizados, a transferência "involuntária" de qualquer uma das partes inevitavelmente pode gerar distorções no mercado e desincentivos para a sociedade, além de pesar no bolso dos contribuintes. Em uma desapropriação para construir, por exemplo, uma estrada, é possível que os proprietários sejam indenizados de forma justa, no sentido que se a eles fosse oferecido o valor que o Estado está oferecendo, eles aceitariam vender os imóveis. É claro que a avaliação subjetiva pode ser radicalmente diferente da que os indenizados dizem ser a indenização que considerariam satisfatória. A questão de pesar no bolso dos contribuintes também deve ser qualificada. Qualquer obra pública é onerosa para os contribuintes. Mas os benefícios, mesmo pecuniários, podem ser maiores – veja o exemplo de uma ponte que encurta caminho, levando à economia de tempo e de gasolina No caso brasileiro, a aplicação falaciosa do critério de produtividade para a realização das desapropriações para cumprir as metas das políticas de reforma agrária gera prejuízos conhecidos, como a insegurança dos proprietários rurais e desincentivos para investimentos, acarretando o encarecimento dos produtos agropecuários e desperdício de terras. Este assunto será abordado de forma mais detalhada na parte sobre Função Social da Propriedade.

Vale complementar o assunto com um enfoque especial sobre o valor da indenização no caso de desapropriação. Quem vende uma propriedade o faz com base no seu valor subjetivo. Se o valor subjetivo do proprietário (quanto ele estaria disposto a vendê-la) é maior do que o do mercado, não ocorre a transação, como pudemos ver na parte relativa à Teoria da Negociação. O grande desafio quando existe a necessidade de desapropriações é descobrir qual é este valor subjetivo. O proprietário

---

15. O cientista Michael Trebilcock, renomado Professor de Direito e Economia da Universidade de Toronto no Canadá, diz que "Mesmo quando falhas de mercado foram identificadas, o Estado deveria agir somente quando é viável e existe comprovada vantagem de custo-benefício".

obviamente tenderá a aumentá-lo. O direito brasileiro prevê uma indenização "justa" e prévia em dinheiro no caso de desapropriação ou uso das propriedades pelo Estado por necessidade ou utilidade pública. A justificativa baseada em interesse social para fins de reforma agrária prevê uma indenização mais distante do valor subjetivo do proprietário. A indenização prevista neste caso é em forma de títulos da dívida agrária, com cláusula de preservação do valor real, resgatáveis no prazo de até vinte anos, a partir do segundo ano de sua emissão (Art. 184 da CF88). Qualquer que seja a forma de indenização ou a justificativa para a desapropriação, a intervenção do Estado na propriedade sempre acarretará distorções no mercado. Como consequência, cientistas sociais frequentemente concluem que o Direito de Propriedade contribui para o crescimento, o que viabiliza uma melhora na qualidade de vida daquela nação. No entanto, qualquer área do direito privado, incluindo o de propriedade e contratos, não é reconhecida como uma ferramenta eficiente para políticas redistributivas por frequentemente acarretar quatro grupos de falhas indesejáveis: 1) riscos de alvos imprecisos (atingir pessoas ou instituições erradas); 2) efeitos imprevisíveis (o resultado não corresponde ao objetivo inicial); 3) altos custos de transação; e 4) distorções nos incentivos[16]. Por outro lado, a garantia da propriedade privada é um paradigma valioso para se reduzir pobreza e desigualdades, e melhorar as taxas de desemprego, com o crescimento econômico e geração de tecnologias.

Quando gestores públicos e legisladores puderem compreender as vantagens do mercado para a alocação eficiente de recursos e, por outro lado, avaliar bem quando se faz necessária a intervenção (e participação) do Estado (e.g. como em casos de imperfeições de mercado), certamente entenderão o papel essencial do Estado na garantia de um sólido e amplo sistema de direitos de propriedade.

3. DIREITO DE PROPRIEDADE NO BRASIL NA CONSTITUIÇÃO FEDERAL

As sete constituições anteriores à atual, de 1988, incluindo a Emenda Constitucional n° 1 de 1969 que alterou a Constituição de 1967, garantiram em maior ou menor grau, o direito à propriedade privada. A Constituição Federal de 1988, no inciso XXII do artigo 5° e o inciso II do Art. 170 dos Direitos Individuais e da Ordem Econômica e Financeira, estabelece o direito fundamental de garantia do direito de propriedade privada.

Coerente com o discurso da parte anterior deste capítulo, os artigos da Constituição Federal de 1988 que enfatizam a busca do pleno emprego, incentivos a ciência e tecnologia, a defesa do consumidor, e a livre concorrência coadunam com os benefícios da garantia do direito de propriedade. Ademais, o artigo 219 reza claramente que *"[o] mercado interno integra o patrimônio nacional e será incentivado de modo a*

---

16. Vejam, em especial, os capítulos 4° e 5°sobre Propriedade no clássico livro texto sobre Direito e Economia (ou Análise Econômica do Direito) traduzido em vários idiomas: COOTER, Robert e ULEN, Thomas. DIREITO & ECONOMIA. 5a edição Porto Alegre: Bookman Editora, 2010.

viabilizar o desenvolvimento cultural e socioeconômico, o bem-estar da população e a autonomia tecnológica do País, nos termos de lei federal."

Restrições e regulamentações ao direito de propriedade se fazem necessárias em todas as nações com base no dever do Estado de harmonizar os interesses dos proprietários com os interesses da sociedade em conformidade com as leis e políticas públicas[17].

Na Constituição brasileira, alguns exemplos de restrições ao direito de propriedade, passível de regulamentações são: a possibilidade de uso da propriedade privada pelas autoridades em caso de iminente perigo público (Artigo 5°, inciso XXV); a obrigação de conciliar com a defesa do meio ambiente (Art. 170, inciso VI, dentre outros); e a exigência de se garantir acesso adequado às pessoas portadoras de deficiência nos edifícios de uso público e nos transporte coletivos (Art. 227, § 2°). Outro conceito que tem o mesmo status na carta de 1988 e que pode ser interpretado para restringir ou reforçar o direito de propriedade privada é a função social da propriedade. Em seguida, daremos a atenção especial que esse tema merece.

4. FUNÇÃO SOCIAL DA PROPRIEDADE

O direito fundamental de função social da propriedade, previsto nos Artigos 5°, inciso XXIII; 170, inciso III, e 184 da Constituição Federal de 1988, é conhecido por despertar debates calorosos entre juristas encantados ou perturbados, causando controvérsias jurídicas tanto na doutrina quanto na jurisprudência. O conceito certamente é uma característica intrínseca ao direito de propriedade privada no Brasil, tendo se originado na Áustria e sido experimentado por outros países, como o México. A aplicação do conceito de função social da propriedade enseja discussões infindáveis decorrentes de sua natureza filosófica e abstrata e a dificuldade de correlação com a garantia do direito de propriedade privada, também direito fundamental. Segundo os autores Saddi e Castelar Pinheiro (2005), a função social da propriedade não é uma restrição à propriedade, e sim ao seu uso indevido[18]. O que parece causar efeitos perversos para a sociedade brasileira é a indefinição de uma interação coesa entre os conceitos. A insegurança jurídica gerada por esta controvérsia certamente cerceia ainda mais as liberdades relativas à propriedade privada. Como exemplo, decisões contrárias de juízes quando da aplicação do instituto de função social, provendo, ou não, um pedido de reintegração de posse, torna as regras pouco claras, gerando custos e retração dos investimentos privados.

---

17. Estudos mostram que nos países de *"Common Law"* o direito de propriedade existe com um maior grau de liberdade, quase sem restrições. Nos países de "Civil Law" como o Brasil, existe uma tendência de maior regulamentação pelo estado. É lógico que existem consequências na economia resultantes do grau de liberdade dado ao direito de propriedade.

18. PINHEIRO, Armando Castelar e SADDI, Jairo. Direito, Economia e Mercados. Rio de Janeiro. Editora Campos:Elsevier, 2005, p. 97.

Para entendermos a dificuldade da aplicação do conceito de função social da propriedade e sua conciliação com o direito de propriedade privada temos que visitar os dispositivos constitucionais e a legislação infraconstitucional pertinentes, mais precisamente no que se refere à propriedade rural. Começando pela constituição, o seu capitulo III – da Política Agrícola e Fundiária e da Reforma Agrária – estabelece os principais conceitos relativos à função social da propriedade. O *caput* do art. 184 da CF prevê que a União pode desapropriar por interesse social, para fins de reforma agrária, imóvel rural que não esteja cumprindo sua função social. O art. 185 complementa elucidando que é insuscetível de desapropriação para fins de reforma agrária a propriedade produtiva. Assim, o art. 186 esboça as principais premissas do que seja função social:

> *Art. 186. A função social é cumprida quando a propriedade rural atende, simultaneamente, segundo critérios e graus de exigência estabelecidos em lei, aos seguintes requisitos:*
>
> *I – aproveitamento racional e adequado;*
>
> *II – utilização adequada dos recursos naturais disponíveis e preservação do meio ambiente;*
>
> *III – observância das disposições que regulam as relações de trabalho;*
>
> *IV – exploração que favoreça o bem-estar dos proprietários e dos trabalhadores.*

Uma regulamentação mais detalhada do conceito "Função social da propriedade" está na Lei nº 8.629, de 25 de fevereiro de 1993, conhecida como Lei da Reforma Agrária, que dispõe sobre a regulamentação dos dispositivos constitucionais relativos à reforma agrária, em especial no que tange ao conceito e aferição do que seja propriedade produtiva. De acordo com o texto legal, propriedade produtiva é *"aquela que, explorada econômica e racionalmente, atinge, simultaneamente, graus de utilização da terra [GUT] e de eficiência na exploração [GEE], segundo índices fixados pelo órgão federal competente"* (art.6º).

Contudo, vale ressaltar que o próprio conceito de produtividade, originalmente importado da engenharia para as outras áreas de conhecimento, pode se tornar extremamente complexo e requerer um estudo analítico por profissionais especializados e isentos de viés ideológico ou de politização.

A disciplina Direito e Economia tem muito a dizer sobre o conceito de produtividade[19]. De forma geral, a legislação aplica tal conceito de produtividade baseado apenas no único fator de produção por quantidade de terra (hectare). Assim, a Lei n. 8.629/93 prevê índices para a conceituação de produtividade, que falaciosamente excluem outros fatores de produção como capital humano, insumos, benfeitorias, maquinário e tecnologia. Certamente, os sindicatos de produtores agrícolas ficarão intrigados se duas fazendas X e Y forem declaradas produtivas com o mesmo índice

---

19. Conteúdo aqui apresentado sobre produtividade foi retirado do artigo anterior desta autora intitulado "A Função Social do Direito de Propriedade e o conceito de Produtividade no Brasil", publicado no Livro "Novo Direito Imobiliário e Registral" pela Quartier Latin em 2008. Para mais debates sobre propriedade rural, vejam o site: HUhttp://www.canaldoprodutor.com.br/sobre-sistema-cna/projetos-e-programas/observatorio-das-insegurancas-juridicas-no-campoUH .

de produção por hectare, mas contando com uma estrutura e quantidade diversas de mão de obra. Então, o sindicato dos trabalhadores ao analisar o índice de produtividade em função do número de trabalhadores chegaria a uma conclusão diversa para X e Y, porque foco está em outro fator de produção, os trabalhadores.

Na verdade, produtividade é um conceito que idealmente deve incluir todos os fatores de produção. O insumo terra não é o único fator de produção necessário para o cálculo da produtividade e, portanto, os índices parciais previstos causam distorções quanto à precisão do resultado (compatível com uma análise de produtividade que o próprio empresário faria para avaliar a viabilidade do negócio).

Outro aspecto a ser lembrado dentro da importância da análise da alocação ótima de recursos de uma atividade para a outra. Uma fazenda X pode ter um menor índice de produção por hectare à luz da lei, quando comparada à outra fazenda Y do mesmo tamanho. A diferença entre as duas está nos custos de produção e da tecnologia utilizada (insumos: homem/hora, adubo, máquinas e outros). Então a fazenda X poderá ser declarada mais produtiva do que a fazenda Y com base nos índices legais, mas por produzir com custos de produção bem mais elevados, certamente terá menor retorno lucro por hectare. Então, mesmo sendo a primeira X "mais produtiva" nos termos do índice da lei, a segunda Y é mais produtiva para a sociedade como um todo. Afinal, a mão de obra e o maquinário empregados na primeira fazenda podem ser mais produtivos se empregados em outras fazendas ou mesmo em outras atividades econômicas. Tendo em vista a conhecida escassez de capital no Brasil, o seu uso ineficiente causa evidentes prejuízos para toda a sociedade.

Vale ressaltar que a propriedade da terra por si só não é condição essencial para um agropecuarista produzir por existirem alternativas outras de acesso a terra, como os bancos de terras e o instituto do arrendamento. Ademais, a experiência em reforma agrária no mundo nos mostra que o agricultor deve ter primordialmente "tradição" no campo.[20]

Outra questão é o caráter involuntário das transferências. A sociedade a princípio não deseja propriedades abandonadas ou improdutivas. No entanto, a transferência entre produtores mais desejável é por meio de alienação voluntária, pois o proprietário será o melhor agente para decidir quando aufere custos insustentáveis, como de manutenção e impostos, e quando o preço de mercado excede o seu valor subjetivo da propriedade.[21] Contudo, muitos proprietários endividados ou realmente impro-

---

20. Disso resulta o taxa alta prevista de 70 % de transferência das terras desapropriadas e assentada num período de 2 anos (Dados da CPMI). Não adianta dar uma terra para quem não tem tradição. O curso de agronomia é um bom exemplo. Quem se forma tende a não querer ir para a terra, mas ficar no ar condicionado dos órgãos afins como a EMBRAPA. Os agrônomos que vão para o campo já tinham tradição e são familiarizados com a vida no campo. Ademais, conhecimento sobre produção da terra só se adquire com tempo. Por isto, a questão de êxodo rural é mundial e somente 4 % da população dos Estados Unidos residem no campo.

21. Se um imóvel rural for abandonado, a princípio, para a sociedade é melhor que alguém faça melhor uso da propriedade. Nestes casos, existe a previsão legal na forma de Usucapião (Artigos 183 e 191 da Constituição de 1988) que concede a transferência do título de propriedade para ocupantes depois de cinco anos ininterruptos, após o atendimento das seguintes condições: que a ocupação seja sem oposição do dono,

dutivos usam a política de reforma agrária para terem suas terras desapropriadas a um valor maior do que o subjetivo. O processo também fica sujeito a corrupção. Esta pode não ser a opção mais eficiente para a nação, mas certamente o é para aquele proprietário que almeja ganhos certos que não teria no mercado, bem como a eliminação de suas dívidas.

Destarte, o estudo pormenorizado dos efeitos das leis e uma revisão mais analítica dos conceitos evitam prejuízos para a sociedade. Como exemplo, uma fazenda que é essencialmente produtiva pode ser declarada erroneamente improdutiva com base em um índice equivocado de produtividade aplicado pela lei, que cria efeitos distorcidos para a sociedade. Assim, uma desapropriação onera os contribuintes[22], e pode estar distorcendo incentivos ao produtor, gerando efeitos perversos para o crescimento econômico. Como podemos notar, estes comentários são apenas ilustrativos como o conceito jurídico de Função Social requer uma atenção maior e enseja estudos mais detalhados[23].

Para completar, a problemática que cerceia o direito de propriedade no Brasil, principalmente no que se refere a imóveis rurais, é mais complexa. Existem movimentos sociais e políticos, como o MST que tiram proveito da dubiedade do conceito de função social e fragilizam a garantia do direito de propriedade privada. As invasões de terras atropelam o processo legal e administrativo da política de reforma agrária.

Em decorrência dessas invasões e da atuação controversa do Movimento Sem Terra, a "CPMI da Terra", uma Comissão Parlamentar Mista de Inquérito instaurada em 2003 por meio do Requerimento n. 13/2003-CN, aprovou Voto em Separado em novembro de 2005, constando em seu texto de quase 400 páginas o interessante relato:

> No que se refere à administração de recursos privados do MST, vale repetir que as fraudes nesse caso também merecem ser investigadas pela CPMI. Isso porque, a partir do momento em que o

---

ou seja, não haja conflito ou invasões; que seja usada para o trabalho e moradia de sua família; que o ocupante não seja proprietário de nenhum outro imóvel rural ou urbano; se rural, a propriedade deve ser produtiva em decorrência do trabalho pessoal e familiar; se rural, não deve exceder a 50 hectares, e se urbana, 250 metros quadrados; e que a propriedade não seja um imóvel público. Contudo, o instituto não é livre de controvérsias. É um campo fértil para análises iniciando pelo estudo das razões pelas quais imóveis são abandonados. É comum que em processo de inventário litigioso e demorado imóveis sejam pouco investidos ou até mesmo abandonados enquanto o processo esteja em julgamento. Outros casos mostram a mitigação de possibilidades de uso por parte de terceiros de propriedades, tendo em vista o receio de alguns proprietários de terem as suas propriedades ocupadas sob este pretexto. Existe também a possibilidade de agricultores preferirem manter a propriedade sem produzir tendo em vista um mercado desaquecido do produto potencial da propriedade, o que traria um prejuízo em caso de produção. Um estudo pormenorizado é bastante desejável, com base em dados estatísticos, buscando-se uma análise mais completa das variáveis relacionadas e resultados e efeitos do instituto de usucapião para a sociedade.

22. A CMPI calculou o valor de R$ 200 mil por assentado.

23. A CPMI da Terra ressaltou a existência de fazendas "produtivas" que foram desapropriadas com base em uma categorização errônea como "improdutiva". Ademais, existem relatos da desapropriação (ou compra e venda) pelo INCRA de terras declaradas "produtivas" com o devido consentimento do dono (ou coagido por ações do MST), mesmo que isto implique um prejuízo para a sociedade em termos de um aumento dos gastos públicos e carga tributária (valor de R$ 200 mil estimado por assentado) e em decorrência da transferência para pessoas que nem sempre saberão torná-la produtiva.

MST se tornou o principal ator do cenário da reforma agrária, sendo responsável pela maioria dos acampamentos existentes, a administração dos recursos do movimento, sejam esses públicos ou privados, passaram a ser de relevância nacional... A questão da responsabilização patrimonial também é de fundamental importância, pois, como está o MST é a única pessoa de fato que tem total imunidade pelos atos que pratica no Brasil. Se uma pessoa comum bate o carro em outro, paga pelo prejuízo; se uma ambulância atropela alguém, o Estado indeniza esse alguém; mas, se o MST destrói cercas, casas e plantações, ninguém paga por isso.

O resultado das investigações desta Comissão Mista mostra uma preocupação com a Segurança Pública e intolerância à marginalidade que corrompe o instituto do direito de propriedade em detrimento de um bem-estar maior. Muitos argumentos foram contra uma jurisprudência elástica que acaba limando o conceito de propriedade, criando desestímulos ao trabalho e à produção. O Relatório final da CMPI conclui com dois projetos de lei que tipificam as invasões como "esbulho possessório" de fins políticos, com o seguinte texto que altera o Código Penal e a Lei de Segurança Pública:

> *Esbulho possessório com fins políticos*
>
> *§ 2° Saquear, invadir, depredar ou incendiar propriedade alheia, ou manter quem nela se encontra em cárcere privado, com o fim de manifestar inconformismo político ou de pressionar o governo a fazer ou deixar de fazer alguma coisa:*
>
> *Pena – reclusão, de três a dez anos.*
>
> *(...)(NR)"*
>
> *IV – a extinção de pessoa jurídica legalmente instituída e utilizada para prática de crime por iniciativa ou consentimento de seus dirigentes.*
>
> *(...)(NR)"*

Do ponto de vista do Judiciário, existem decisões que comprovam um posicionamento compatível com o do Legislativo acima referido. Contudo, existem muitas controvérsias dentre os magistrados, gerando uma insegurança jurídica, que, no mínimo, complica a situação. Como ilustração, o voto do Ministro Marco Aurélio referente à Intervenção Federal n. 2.793-6 coaduna com a obrigação de um Estado, no caso o Paraná, de atuar no sentido de proteger o direito de propriedade e fazer cumprir uma decisão judicial de reintegração de posse. Veja um trecho do referido voto:

> *Sem uma efetividade maior, vinga a babel, a insegurança jurídica, levando os cidadãos a verdadeiro retrocesso, no que buscarão, com a falência do Poder, a satisfação dos respectivos direitos substanciais por outros meios. Ao invés de restabelecer-se a paz social momentaneamente abalada, dar-se-á o agravamento da situação.*
>
> *Devem ser salientados aspectos quanto à causa de pedir da intervenção, que é a alusiva ao desrespeito a ordem ou decisão judicial.*

Na época da CPMI, o Poder Executivo também mostrou na época a sua intolerância e inconformidade com as invasões e ações criminosas do MST ao publicar as Portarias n. 101, de 22 de fevereiro de 2001 (DOU. 23/02/2001), do INCRA/Ministério de Desenvolvimento Agrário, e n. 62, de 27 de março de 2001, do Ministério de Desenvolvimento Agrário, que excluem e eliminam do Programa de Reforma

Agrária pessoas identificadas como participantes diretos ou indiretos em ações de invasão ou esbulhos de imóveis rurais, inclusive beneficiários de lotes em projetos de assentamentos. Já no final do governo do Presidente Fernando Henrique Cardoso, a Medida Provisória n. 2.183/2001 foi editada para conter as invasões de terra ao vedar a desapropriação de terras que houvessem sido invadidas. Esta Medida Provisória tornou-se perene, tendo sido suas normas incorporadas ao texto da Lei nº 8.629/93, a Lei de Reforma Agrária.

No entanto, a questão política muitas vezes sinaliza decisões e políticas públicas que favorecem ou pelo menos não contrariam invasões ou ameaças à garantia do direito de propriedade privada. No próprio Judiciário, é comum magistrados decidirem em favor de invasores quando, por exemplo, é negada uma reintegração de posse. O conceito de função social é aplicado muitas vezes para beneficiar um pequeno grupo, mas os efeitos para a sociedade como um todo, principalmente o cidadão menos favorecido, são tratados de forma superficial. Os acontecimentos descritos acima desde a promulgação da Constituição de 1988 mostram uma controvérsia perigosa entre os institutos de função social da propriedade e o de propriedade privada, o que por si só fragiliza a garantia de propriedade privada em níveis nunca vistos no País. Os institutos parecem paradoxais. No entanto, no ensejo de buscar uma convivência pacífica e menos prejudicial para a sociedade, estes podem ser articulados se os operadores do direito tiverem uma visão ampla das consequências de suas decisões para a sociedade.

Ao aplicar o conceito de função social da propriedade, os operadores do direito devem considerar os reais efeitos de suas decisões além das partes do processo. As decisões judiciais, por exemplo, são instituições no sentido definido pelo Nobel Douglas North e sempre sinalizam regras do jogo numa sociedade, ou seja, são restrições, como a leis, criadas pelo homem, dando forma às inteirações humanas. Quando um magistrado decide fixando-se no que imagina ser justo somente para as partes, ele não percebe que a sua decisão estenderá seus efeitos para toda a sociedade. Como o disse o acadêmico José Reinaldo Lopes, professor da USP, *"O jurista em geral não é treinado para compreender o que é uma estrutura: assim, está mais apto a perceber uma árvore (as partes) do que uma floresta (sociedade)"*.[24] Quando um magistrado num processo de despejo resolve proteger o idoso que não paga há algum tempo o aluguel (parte pretensamente mais fraca) em detrimento dos proprietários (parte pretensamente mais forte), mesmo com a boa intenção de fazer justiça social, ele sinaliza para todos os outros proprietários de imóveis para não alugarem para idosos. Ele acaba prejudicando os idosos. O mercado é implacável e responde a intervenções como esta em detrimento do grupo que justamente o magistrado pretendia proteger. Como foi dito anteriormente, os fins serão distorcidos e a justiça social almejada ficará prejudicada. Economistas e juristas buscam em linguagens próprias (juridiquês e

---

24. LOPES, José Reinaldo. Crise da norma jurídica e a reforma do judiciário. In: José Eduardo Faria. (Org.). Direitos Humanos, direitos sociais e justiça. 1º. ed. São Paulo: Editora Malheiros, 1994.

economês) o mesmo objetivo: uma sociedade melhor com um avanço do quadro de bem-estar social ou justiça. A recomendação trazida pela instrumental utilizado pela disciplina Direito e Economia, independentemente de ideologias, é mostrar que o social é construído a partir do individual, o macro vem da soma dos micros, e que ambos são interligados. Com isto em mente, legisladores e magistrados produzirão regras mais eficientes no sentido de atingir seus reais objetivos.

5. REMÉDIOS JUDICIAIS PARA A VIOLAÇÃO DE DIREITO DE PROPRIEDADE

Quando existe consenso sobre os custos e benefícios acerca do uso de uma propriedade e as partes envolvidas podem resolver as diferenças com um acordo ou contrato, não há necessidade de um remédio judicial. Em momento posterior, se o contrato for quebrado ou houver um fato superveniente que enseje uma alteração, também existe o recurso do judiciário, mas este tema cabe ao estudo da análise econômica de contratos. Com relação ao direito de propriedade, ocorre que terceiros (agentes externos à propriedade) frequentemente sofrem custos ou benefícios decorrentes do uso da propriedade e esses custos (ou benefícios) podem não ser devidamente precificados pelo mecanismo de mercado. É o que os economistas chamam de externalidades, que podem ser positivas, se os agentes externos tiverem benefícios, ou negativas, se estes terceiros tiverem custos.

Um exemplo comum é uma fábrica que polui gerando um custo (social) para os moradores vizinhos. A poluição é o custo social que a vizinhança (terceiros não relacionados à propriedade da fábrica) paga. A fábrica, por sua vez, não tem incentivos para indenizar os moradores sem que haja uma intervenção exógena (como a imposição judicial pelo Estado) ou alguma ação que afete a sua reputação. O papel do Estado é certificar-se de que a fábrica internaliza os custos sociais gerados, ou seja, paga pelo prejuízo causado a terceiros. É interessante como tudo passa por uma questão de responsabilização. O conceito de propriedade, portanto, não é só um direito, mas envolve um dever, uma responsabilidade. Esse é um caráter social da propriedade. A facilidade de solução do problema da internalização dos custos sociais depende do número de pessoas afetadas e se o dano é passado ou ocorrerá no futuro. Muitas vezes é mais viável a utilização de outros remédios judiciais, como usar a indenização financeira para danos passados, e usar ordens judiciais, como o mandado de injunção, para exigir, por exemplo, a colocação de filtros ou a não poluição do rio, a fim de prevenir danos futuros.

Por outro lado, um comércio de flores poderá perfumar a vizinhança trazendo benefícios extras, que por sua vez, não são pagos pela vizinhança. Este é um exemplo de externalidade positiva. A educação privada também é conhecida por gerar externalidades positivas, uma vez que o seu produto, apesar de pago, beneficia a sociedade como um todo com cidadãos mais instruídos. Pelo sistema de mercado, as escolas seriam remuneradas somente pelos benefícios privados que proporcionam, e não pelos benefícios sociais, maiores. Existe então espaço para prover subsídios e incentivos fiscais como uma forma de internalização de benefícios e estimular a oferta de ensino, para que se atinja o nível socialmente ótimo. Os estudiosos de direito de propriedade, à luz do legado de Pigou[25], bem como, os custos sociais de Ronald Coase, dedicam-se a este tema com vistas a fazer recomendações ao Estado para corrigir esta imperfeição de mercado e para colaborar para a internalização dos custos e benefícios, minimizando o mau uso (em nível subótimo) da propriedade.

6. QUESTÕES AMBIENTAIS E O DIREITO DE PROPRIEDADE PRIVADO

Para compreender a problemática da sustentabilidade do meio ambiente faz-se necessário entender os tipos de propriedades. No passado, os economistas somente conheciam dois tipos de propriedades de bens: os públicos e os privados. Com a contribuição do economista James M. Buchanan, laureado com o prêmio Nobel em 1986, economistas puderam assimilar que, além dos públicos e privados, existem também dois tipos mistos, os recursos comuns e os monopólios naturais.

Para melhor compreender os dois tipos mistos de bens, temos que entender os públicos e privados. Os bens privados podem ser oferecidos pelo mercado. Já os públicos dependem do Estado. Economistas verificam se um bem tem características de público verificando se o bem preenchem duas condições: 1) de serem não exclusivos e 2) não disputáveis.

A primeira condição de não exclusividade, diz respeito a bens ou serviços em que o produtor ou prestador de serviço não consegue excluir consumidores. A forma mais fácil de excluir um pretenso consumidor é quando se pode cobrar pelo uso do bem. Para um indivíduo ter o incentivo de produzi-lo no mercado, é condição básica poder cobrar pelo uso do mesmo, excluindo os "caroneiros" (*free-riders*). Por exemplo, se eu produzo carros, posso estipular um preço e cobrar por cada carro vendido. Já ao produzir segurança nacional, todos se beneficiarão, sem haver a possibilidade de exclusão de um determinado indivíduo ou grupo que não queira este serviço. Fogos de artifício no ano novo são vistos por todos, sendo difícil cobrar de cada indivíduo que assistiu aos fogos. Estes são bens públicos típicos.

O bem público também preenche a segunda condição, a de não ser disputável. Se eu como uma maçã, ninguém mais o fará. Se eu tenho um carro, outra pessoa não o terá. São bens tipicamente privados. Já se eu vejo os fogos de artifício no ano novo, todos que quiserem poderão assistir. Fogos de artifício é tipicamente público por ser não disputável, ou seja, o uso por uma pessoa não exclui o uso por outras. Além de ser difícil excluir o não pagador do uso do serviço (primeira condição), todo cidadão residente de um país usufrui do serviço de segurança nacional, sem haver

---

25. A Teoria de Tributação Pigouviana é a que usa impostos ou subsídios para corrigir externalidades. A contribuição de Ronald Coase foi atrelar às leis a questão dos custos sociais, e foi a partir de seu trabalho intitulado "O Problema dos Custos Sociais" que lhe rendeu o prêmio Nobel de Economia em 1991.

ter que disputá-lo. Por isso, segurança nacional preenche também a condição de ser não disputável e é um bem/serviço tipicamente público, prestado pelos Estados.

Quando o bem possui as duas características acima descritas é considerado bem público e, nesse caso, os governos devem produzi-lo, pois os mercados são ineficientes para oferecê-los. Por outro lado, quando um bem ou serviço não preenche as duas condições, entende-se que o mercado é o mais eficiente provedor, mesmo justificando por vezes a introdução de uma regulamentação governamental em casos estratégicos ou de externalidades positivas (como a educação).[26]

Já as duas categorias intermediárias ou mistas preenchem apenas uma das condições clássicas acima referidas. São os monopólios naturais e os recursos comuns.

Os monopólios naturais, por exemplo, referem-se a serviços que são abertos a um número infinito de consumidores (não disputáveis, como os públicos), mas são fáceis de excluir ao cobrar de mais um consumidor, como a TV a cabo. Se eu uso, meu vizinho também pode usar (não disputável), mas a companhia de TV a cabo vai cobrar dele também, e exclui quem não paga. Os monopólios naturais podem dominar o mercado, principalmente quando ocupam redes sociais, e comumente são alvos de controle por agências regulatórias e de antitruste.

Ao contrário dos monopólios naturais, os recursos comuns preenchem apenas a condição de não exclusão (como os bens públicos). No entanto, os recursos comuns sofrem por serem esgotáveis, ou seja, não preenchem a condição de não serem disputáveis (como os privados). O grande dilema, denominado tragédia dos comuns, é restringir o uso predatório sem que se possa cobrar pelo uso do mesmo. O termo surgiu na Inglaterra, quando pastoreiros ocupavam terras comunais. Eventualmente, com o excesso de ocupação e exploração, os recursos naturais são esgotados, ainda que isto implique, socialmente, em prejuízo para todos. Isto ocorre porque o indivíduo, apesar de preferir usufruir dos benefícios de uma visão social (cooperação entre toda sociedade), tem o instinto individual de sua sobrevivência.[27] É exatamente aqui que se encaixam as florestas e os dilemas ambientais. Um rio é um exemplo disso. Vários pescadores podem eventualmente esgotar a população de peixes (disputáveis), mas é difícil existir uma forma de excluir mais um pescador, o que tende a uma exploração excessiva. Por isto, existe a necessidade de regulação. Nesses casos, não há internalização da responsabilidade sob a propriedade, o que resulta na exploração predatória. Os desmatamentos beneficiam as madeireiras individualmente, mas toda sociedade, inclusive as madeireiras, saem prejudicadas com os prejuízos da soma dos desmatamentos. O monitoramento ou aplicação de uma regulação é tão difícil como a cooperação entre os agentes.

---

26. Para mais informação sobre bens públicos veja o capítulo 18 do livro – PINDYCK, Robert and RUBINFELD, Daniel L. *Microeconomia*. Editora Prentice Hall, São Paulo, 2002.

27. Em Teoria dos Jogos este é um típico dilema do prisioneiro, um jogo não cooperativo somente solucionado com a cooperação. Quando são muitos agentes e existe uma dificuldade de comunicação, organização e coordenação, a cooperação é prejudicada, e todos perdem, ficando com a segunda melhor opção.

No estudo da AED de propriedade, a compreensão do dilema ambiental é crucial para se resolver questões como o desmatamento da Amazônia. Transformar as terras comunais ou públicas em propriedade privadas, onde a responsabilização é internalizada e cada dono protege e cuida do que é seu poderia resolver o problema em certos casos. No entanto, quando tratamos de reservas ambientais, ou áreas amplas com muitos agentes interessados, a propriedade privada mostrou-se falha e mesmo o Estado se torna ineficiente para monitorar a exploração não sustentável. Questões como esta se tornaram um desafio para a humanidade.

Em linhas gerais, é esperado do Estado o papel de garantir aos proprietários os incentivos para investir de modo a ter tornar as suas propriedades produtivas, gerando empregos e ao mesmo tempo respeitando o meio ambiente. É incrível como este objetivo coincide com os objetivos do instituto da função social da propriedade. Contudo, recursos são, por definição, escassos e a exploração predatória destrói a natureza irreversivelmente, sendo, portanto, desastrosa para toda a sociedade. O problema é o que os especialistas em teoria dos jogos chamam de tragédia dos comuns, decorrente da falta de cooperação. Quiçá a tecnologia da informação com a *internet* venha contribuir para uma empatia global sobre o assunto, ensejando uma cooperação em prol da sobrevivência da humanidade.

O problema atual é que, sem uma cooperação entre os agentes, baseada em **confiança mútua**, a internalização de responsabilidade é confusa porque o direito ou dever de propriedade não é definido. É o mesmo caso, em escala menor, das repúblicas de estudantes. Todos querem morar num ambiente limpo, mas individualmente cada estudante observa apenas que não quer arrumar tudo sozinho, ou seja, permitir "caroneiros". A definição de responsabilidade é confusa. Um quarto individual, com a responsabilização do espaço bem definido, tende a ser muito mais limpo e organizado. Os custos e benefícios recaem sobre o mesmo indivíduo, usuário e proprietário. Estudos demonstraram que, na Amazônia, proprietários de terras com títulos mais seguros tendiam a investir mais e gerar mais prosperidade (Alston, Libecap e Mueller, 1999)[28].

Então, como fazer para preservar a natureza numa situação de tragédia dos comuns?[29] Buscando avanços deste dilema, Elinor Ostrom mostrou experimentos em diversas partes do mundo onde comunidades resolviam situações de depredação (tragédia dos comuns) com a cooperação, dependente e intrinsecamente baseada em confiança entre os membros da população local. Seria algo intermediário entre direito de propriedade privado e comunal, com o apoio do Estado, e do monitoramento e

---

28. ALSTON, Lee, LIBECAP Gary and MUELLER Bernardo. Titles, Conflict, and Land Use. The Development of Property Rights and Land Reform on the Brazilian Amazon Frontier. The University of Michigan Press, 1999.

29. De acordo com a Teoria dos Jogos, a Tragédia dos Comuns é uma situação típica de Dilema do Prisioneiro, um jogo não cooperativo em que as partes se sujeitam a uma situação pior para todos se não cooperam. Resta a estratégia dominante que é sempre a segunda melhor opção para cada agente, para evitar o pior individualmente.

gestão do usuário. Segundo a renomada cientista, as questões sociais são complexas como a sociedade e, portanto, não podem ser simplificadas. A descentralização de decisões para grupos comunais que conseguem organizar e produzir regras do micro para o macro, baseada em cooperação e confiança entre os agentes, tem sido o meio mais eficiente para a solução de questões ambientais.

6.1. Demarcação de Terras Indígenas

Demarcações de terras mostraram-se um assunto intrigante e alvo de debates e pesquisa. Na África, os colonizadores europeus demarcaram as áreas conforme as suas conquistas e interesses econômicos. No entanto, múltiplas sociedades africanas já habitavam o continente e a imposição equivocada de cima para baixo (do macro para o micro) criou um ambiente hostil que penaliza o continente com guerras e conflitos até a presente data. Podemos aprender com estas lições e entender que demarcações de terras como ocorrida nas comunidades indígenas de Roraima eventualmente vieram a empobrecer e criar conflitos para os habitantes locais. A imposição de uma realidade sem a informação privada dos indivíduos que vivem a situação ou a interferência numa realidade local qualquer tende a ser perigosa.

Um exemplo que pode ser útil para a compreensão deste movimento, por analogia, é a construção de calçadas em parques nacionais, como ocorrido na França. Ao invés de simplesmente impor teoricamente calçadas aqui e acolá, os franceses resolveram plantar grama e deixar que a população definisse naturalmente os caminhos. Somente após algum tempo, as calçadas eram construídas em cima dos caminhos produzidos na terra. Respeitar as definições e os sinais das populações locais (micro para o macro) torna-se essencial para o sucesso de qualquer intervenção dessa natureza.[30]

7. CONCLUSÃO

A garantia do direito de propriedade é um dos preceitos básicos das análises que buscam o crescimento econômico. Inúmeros estudos comparados analisam as consequências do direito de propriedade em diversas sociedades, com suas peculiaridades históricas, jurídicas, ideológicas, socioculturais e econômicas. Neste capítulo procuramos tratar dos principais debates para proporcionar ao leitor noções de como aplicar o instrumental trazido pelo EAD ao direito de propriedade. Ao questionarmos sobre a razão da existência de tal direito ou da necessidade de proteção e sua relação com o bem-estar social, diante de uma visão analítica, nos fixamos nos incentivos criados para o trabalho e para a geração de renda.

---

30. Outras bibliografias da área de Análise Econômica do Direito de Propriedade são: COLOMBATTO, Enrico. *The Economics of Property Rights*. Edward Elgar Publishing, 2004; VELJANOVSKI, Centro. *Economic Principle of Law*. Cambridge University Press, 2007; e ROSENFIELD, Denis Lerrer. *Reflexões sobre o Direito à Propriedade*. Editora Campos/Elsevier, 2008.

Como vimos, a teoria econômica vem a auxiliar o direito a responder perguntas como: • Como o direito de propriedade é inicialmente estabelecido? • O que pode ser objeto de direito de propriedade privada? • O que os proprietários podem fazer com suas propriedades? e • Quais são as punições mais adequadas e eficientes para a violação do direito de propriedade?

As respostas às perguntas acima podem levar operadores do direito a discussões valorativas infindáveis, sem uma perspectiva de aplicabilidade ou análise dos efeitos. Com a ajuda das teorias da negociação, da escolha pública (*Public Choice*) e do estudo das externalidades, a disciplina Direito e Economia proporciona ferramentas e um método que viabilizam uma análise coerente, ordenada e científica. O resultado é um embasamento teórico que auxilia o país a desenvolver estruturas produtivas e instituições sólidas, à luz do conceito de instituições aprimorado pelos renomados acadêmicos laureados com o prêmio Nobel de economia Douglas North (1993) e Oliver E. Williamson (2009), visando um crescimento econômico que traz benefícios a todos em forma de justiça e bem-estar social.

Vale relembrar que o avanço do estudo do direito, de forma geral, como em outras áreas de conhecimento, tem sido expandido e aprofundado com a sua interação com outras áreas interdisciplinares de conhecimento, inclusive colaborando com outras ciências como a economia, psicologia (Direito e Economia Comportamental), sociologia, antropologia, neurociência, matemática (teoria dos jogos), estatística, ciência política, administração e outras áreas de conhecimento quando existe intercessão de competências e de objeto de estudo, principalmente quando se trata de comportamento humano.

8.   REFERÊNCIAS BIBLIOGRÁFICAS

ALSTON, Lee, LIBECAP Gary and MUELLER Bernardo. *Titles, Conflict, and Land Use. The Development of Property Rights and Land Reform on the Brazilian Amazon Frontier*. The University of Michigan Press, 1999.

BLACKSTONE, William T. *Commentaries on the Laws of England*, Bl. II, Ch. 1, p. 2 (1965-69).

COLOMBATTO, Enrico. *The Economics of Property Rights*. Edward Elgar Publishing, 2004.

COOTER, Robert e ULEN, Thomas. DIREITO & ECONOMIA. 5a edição Porto Alegre: Bookman Editora, 2010.

KAPLOW, Louis and SHAVELL, Steven. *Fairness versus Welfare*. Harvard University Press, 2002.

PINDYCK, Robert and RUBINFELD, Daniel L. *Microeconomia*. Editora Prentice Hall, São Paulo, 2002.

PINHEIRO, Armando Castelar e SADDI, Jairo. Direito, Economia e Mercados. Rio de Janeiro. Editora Campos:Elsevier, 2005.

ROSENFIELD, Denis Lerrer. *Reflexões sobre o Direito à Propriedade*. Editora Campos/Elsevier, 2008.

VELJANOVSKI, Centro. *Economic Principle of Law*. Cambridge University Press, 2007.

9
ANÁLISE ECONÔMICA DO DIREITO SOCIETÁRIO

Alexandre Bueno Cateb

Doutor em Direito Comercial pela UFMG. Professor Adjunto de Direito Empresarial na Faculdade de Direito Milton Campos – MG. Advogado e Consultor especializado em Direito Empresarial.

Eduardo Goulart Pimenta

Doutor e Mestre em Direito Empresarial pela UFMG. Professor Adjunto de Direito Empresarial na Faculdade de Direito Empresarial nos cursos de Graduação, Especialização, Mestrado e Doutorado na PUC-MG. Membro fundador da Associação Brasileira de Direito e Economia. Procurador do Estado de Minas Gerais.

1. INTRODUÇÃO

A análise econômica do direito importa no estudo interdisciplinar de temas, considerando as particularidades de cada disciplina em proveito de um entendimento comum. A ideia básica é usar ferramentas da economia para permitir que o advogado, conhecendo institutos da economia, possa trabalhar o estudo e aplicação do direito de forma prática, abandonando a noção hermenêutica do direito como ferramenta de distribuição de justiça. Com esse conhecimento econômico, o profissional do direito conseguirá usar a legislação de forma a permitir seu uso como instrumento de distribuição e eficiência na realização de objetivos.

Tratando de sociedades empresárias, a necessidade de se conhecer episódios econômicos é fundamental para compreender o significado e alcance da lei societária, como ilustram Cooter & Ulen[1].

Por que motivo se utilizar conceitos de *Law & Economics* para interpretação da legislação societária brasileira? Enquanto se limita o estudo do Direito Comercial às tradicionais escolas jurídicas, o aprendiz do direito não compreende a motivação

---

[1]. "(...) differences in laws cause capital markets to be organized very differently in Japan, Germany, and the United States, and these differences can contribute to differences in those countries' economic performance." COOTER, Robert. ULEN, Thomas. *Law & economics*. 4. ed., Boston: Pearson Addison Wesley, 2004, p. 11.

do legislador para determinar este ou aquele comportamento dos agentes, ou ainda a criação de determinada regra legal. Afinal, os fatos econômicos não são satisfatoriamente observados, principalmente se não houver um estímulo nesse sentido para fazer com que se aborde a legislação com um viés econômico.

Lembrando que o pressuposto das sociedades empresárias é o de aproximar investidor, de um lado, e produção, de outro, preferencialmente com limitação do risco e da responsabilidade, torna-se fundamental apreciar a lei comercial sob a ótica da análise econômica do direito. Facilitando a aplicação de recursos na atividade econômica, conferindo ao investidor proteção e segurança, a legislação societária permite que se conceba uma forma de investimento saudável, segura e eficiente, possibilitando que se traduza a aplicação de recursos disponíveis na produção, seja em quotas ou ações, numa alternativa à manutenção de recursos financeiros em simples aplicações bancárias.

Apenas para se recordar, a empresa não foi conceituada no Código Civil de 2002. Nem por isso, precisamos esquecer suas características básicas. A atividade empresária se caracteriza pelo exercício de: a) uma atividade; b) econômica; c) profissionalmente exercida; d) de forma organizada; e) destinada a atingir o mercado; f) com finalidade lucrativa; e g) lícita[2]. Finalmente, deve-se procurar o lucro no exercício dessa atividade. Essa busca pelo *lucro* na prática desses atos torna-se relevante para a caracterização do empresário, pois quem reiteradamente compra bens para seu consumo, como livros para sua biblioteca particular, evidentemente, não será empresário. Georges Ripert[3] considera que o empresário busca proveito pecuniário, devendo, além do mais, praticar atos reiterados com profissionalismo.

Por outro lado, a presença do elemento *lucro* não é essencial para a caracterização da atividade empresária. Obter o lucro não é fator determinante para se caracterizar uma atividade empresária. Determinada atividade empresária pode, por circunstâncias alheias ou não à vontade do empresário, não ser lucrativa em determinado ou determinados exercícios. Nem por isso deixa de ser uma atividade empresária. Entretanto, a incessante busca pelo lucro é fator fundamental, pois este é o instituto jurídico criado com essa finalidade. Apenas para ilustrar, Milton Friedman já defendeu com veemência que a função social da empresa é permitir o aumento do lucro[4].

A fim de demonstrar a pertinência e necessidade de se conhecer a economia, buscaremos abordar uma série de conceitos fundamentais das empresas e das sociedades empresárias com a utilização da análise econômica do direito.

---

2. AULETTA, Giuseppe. SANALITRO, Niccolò. *Diritto commerciale*. 12. ed. Milão: Giuffrè, 2000, p. 14-17.

3. RIPERT, Georges. *Tratado elemental de derecho comercial*. Trad. Felipe de Solá Cañizares. Buenos Aires: Tipográfica Editora, 1954. v. I, p. 108.

4. FRIEDMAN, Milton. *The Social Responsibility of Business is to Increase its Profits*, The New York Times Magazine, publicação em 13 de setembro de 1970, disponível em http://www.colorado.edu/studentgroups/libertarians/issues/friedman-soc-resp-business.html, acesso em 27/02/2011.

2. DIREITO SOCIETÁRIO E RISCO: A LIMITAÇÃO DE RESPONSABILIDADE

A empresa é essencialmente uma atividade de risco econômico. Embora seja desnecessário descer a maiores explicações sobre esta afirmação, dada sua notória comprovação, ela é importante, pois é a partir deste postulado fático e jurídico que se pode construir o raciocínio que pretendemos apresentar neste texto.

O risco de insucesso inerente à empresa significa, patrimonialmente falando, a necessidade de que o agente econômico exercente da empresa (o empresário) responda, com seu patrimônio, pelas obrigações assumidas em função e em decorrência do exercício da atividade empresarial. Este risco é contrabalançado pela potencialmente ilimitada possibilidade de ganho decorrente do exercício da atividade.

Certos, porém, de que as pessoas em geral reagem aos incentivos que lhe são disponíveis e diante da indispensável função que o agente econômico empresário tem em uma economia de mercado, foram desenvolvidos e aperfeiçoados, ao longo do tempo, incentivos econômicos destinados à minimização do risco da empresa.

A sociedade é, dentre as pessoas jurídicas de direito privado, aquela que pode ser destinada ao exercício de atividade de natureza empresarial. Trata-se, portanto, do empresário coletivo ou empresário pessoa jurídica, em contraponto à figura do empresário individual ou empresário pessoa física.

O termo sociedade, porém, não limita seu significado no direito privado em geral e no direito empresarial em particular à noção de pessoa jurídica. Ao contrário a sociedade é, originalmente, concebida como acordo de vontades entre duas ou mais pessoas para a execução de atividade comum e partilha dos resultados financeiros daí advindos (art. 981 do Código Civil).

Desta original feição contratual a sociedade evoluiu, no direito privado brasileiro em geral, para a condição de pessoa jurídica na medida que, com a entrada em vigor do Código Civil brasileiro de 1916, tal acordo de vontades adquiriu o poder de resultar na criação de um novo sujeito de direito.

Desta forma a sociedade passa, em nosso ordenamento de origem essencialmente romana, de relação jurídica contratual para, sem deixar de lado esta essência, ser concebida como apta, se atendidas determinadas exigências formais, a contrair direitos e obrigações próprias como sujeito de direito autônomo em relação aos seus sócios.

Ainda hoje, porém, a relação entre sociedade e pessoa jurídica não é essencial, já que existem sociedades que não são pessoas jurídicas e também pessoas jurídicas de direito privado que não são sociedades.

O que se pretende salientar é que ao se reduzir a figura da pessoa jurídica no direito empresarial a mera decorrência possível do acordo de vontades sobre o qual se funda a sociedade estar-se-á abdicando da análise mais ampla e mesmo mais significativa deste instituto.

A pessoa jurídica no direito empresarial é, hoje, antes de mais nada, um elemento de limitação do risco econômico inerente à empresa. Em uma sociedade empresária a personificação decorrente do contrato é não uma finalidade abstrata, mas ato com a função econômica concreta de proporcionar aos participantes do empreendimento comum a possibilidade de anteverem, planejarem e, principalmente, restringirem o risco patrimonial de cada um deles pela responsabilidade limitada do sócio[5].

Richard Posner aponta importante consequência decorrente da consagração societária da responsabilidade limitada do sócio. Segundo ele a responsabilidade limitada do sócio é uma forma de externalizar as perdas decorrentes do possível insucesso econômico da atividade empresarial. Isto significa que os custos decorrentes da eventual insolvência da sociedade empresária não são suportados apenas pelo patrimônio dos empreendedores (sócios), que se limitam à sua quota, mas também pelos credores (voluntários e involuntários) da pessoa jurídica que, por não poderem exigir tal pagamento do patrimônio dos sócios e, diante da insolvência da pessoa jurídica, suportarão parte dos custos deste fracasso[6].

Vale notar que, ao se atrelar a pessoa jurídica no direito empresarial ao contrato de sociedade – deixando de lado sua função de elemento limitador de risco –, acaba-se por estabelecer a pluralidade de sócios como requisito essencial à constituição e ao funcionamento válido da sociedade empresária.

A pessoa jurídica no direito empresarial torna-se, então, sempre decorrência do contrato de sociedade, que, por sua vez e por óbvio, pressupõe a participação de dois ou mais contratantes. Desta forma o empreendedor individual – aqui tomado no sentido de pessoa física ou jurídica que deseja atuar sozinho no exercício de determinada empresa – fica impossibilitado de usufruir do fator balizador do risco representado pela limitação de responsabilidade dos sócios nas sociedades empresárias.

É interessante separar conceitualmente dois institutos muito similares mas não idênticos: a sociedade unipessoal e o empresário individual de responsabilidade limitada.

Por sociedade unipessoal deve-se entender a possibilidade de criação de uma pessoa jurídica composta por apenas um sócio, seja ele uma pessoa física ou mesmo uma outra pessoa jurídica. Trata-se, portanto, da possibilidade de um sujeito de direito qualquer "criar" um outro sujeito de direito a partir de sua exclusiva vontade.

Já o empresário individual de responsabilidade limitada é instituto restrito às pessoas físicas que, interessadas no exercício da atividade empresarial em seu pró-

---

5. `Limited liability´means only that those who contributes equity capital to a firm risk no more than their initial investments – it is an attribute of the investment rather than of the corporation."(EASTERBROOK. Frank H. FISCHEL. Daniel R. The Corporate Contract. (in) BEBCHUCK. Lucien Arye. (coord.) Corporate Law and Economic Analysis. Cambridge University Press. 2005, p. 191.

6. POSNER. Richard. *Economic Analysis of Law*. Seventh Edition. Aspen Publishers. New York. 2007, p. 424 e segs.

prio nome, poderiam limitar patrimonialmente o risco inerente ao empreendimento econômico.

Assim o empreendedor individual de responsabilidade limitada indica, dentre os bens componentes de seu patrimônio pessoal, aquele ou aqueles que irá vincular ao pagamento dos débitos decorrentes do exercício da atividade empresarial. Trata-se de aplicação do instituto do patrimônio de afetação.

Enquanto o empresário individual de responsabilidade limitada não encontra admissão em nosso atual ordenamento jurídico, a sociedade unipessoal, embora como regra geral seja também inadmitida pelo nosso Direito, encontra tímida mas significativa acolhida em específicas hipóteses legais dentre as quais a de maior destaque é certamente a subsidiária integral, espécie de sociedade anônima criada e regulada com especificidade na Lei 6.404/1976.

3. TIPOS SOCIETÁRIOS: A SOCIEDADE LIMITADA

Dentre todas as modalidades de sociedades hoje disciplinadas pela legislação brasileira, a Sociedade Limitada é aquela de origem mais recente e cercada das mais significativas particularidades.

Os tipos societários atuais têm, em regra, a mesma origem de vários dos fundamentais institutos de Direito Empresarial. São historicamente o resultado das práticas reiteradas dos comerciantes medievais que, posteriormente e de forma gradual, alcançaram a legislação positiva à medida que se consagraram por sua grande adequação ao tráfico mercantil[7].

Assim, espécies societárias como a sociedade em nome coletivo, a sociedade em comandita simples e a sociedade em conta de participação remetem ao período histórico em que o ainda incipiente "direito dos comerciantes" era basicamente um conjunto mais ou menos ordenado de usos e costumes, adotados à margem da legislação estatal. Eram, em essência, práticas destinadas a atender às necessidades de um mercado em expansão e que, pela correspondência aos interesses dos agentes econômicos, ganharam a legislação positiva.

Tais constatações se aplicam mesmo às sociedades por ações, hoje de extrema complexidade e valia. A Companhia Holandesa das Índias Orientais, instituída em 1602, apresenta-se como o primeiro exemplo genuíno desta espécie associativa na evolução histórica do Direito Empresarial e também representa o desdobramento de anteriores modalidades de agrupamentos consuetudinariamente empregados por agentes econômicos que pretendiam empreender juntos[8].

---

7. ASCARELLI, Tullio. *Panorama do Direito Comercial*. São Paulo: Saraiva & Cia. 1947, p. 24 e segs.
8. GOWER, L.C.B. *Gower´s Principles of Modern Company Law*. London: Sweet & Maxwell. 1992, p. 21. AS-CARELLI. Tullio. *Problemas das Sociedades Anônimas e Direito Comparado*. Campinas: Bookseller Editora e Distribuidora. 2001, p. 452

A origem das Sociedades Limitadas, porém, segue um caminho inverso. Se, como demonstrado, as outras espécies de sociedades foram inicialmente concebidas pelas práticas do incipiente mercado medieval e apenas posteriormente reguladas pela legislação, as Sociedades Limitadas partiram, por assim dizer, da legislação para o mercado.

Conforme concordam a maioria dos estudiosos, este modelo societário foi, antes de tudo, uma criação efetivada por intermédio de uma legislação específica. Não se afigura, portanto, como um instituto desenvolvido no campo das relações comerciais. Trata-se de um modelo societário criado em um contexto histórico determinado, por meio de normas gerais e abstratas, com o intuito de atender, antes de mais nada, à eficiência do Direito. Clara indicação da necessidade que os empresários e comerciantes sentiam, desenvolveu-se um tipo societário que atendesse aos anseios daquele grupo econômico.

A Sociedade Limitada como hoje a conhecemos foi instituída pela lei alemã de 1892, de iniciativa do deputado Oechelhaueuser. A Alemanha vivia, à época, forte crise econômica e havia então grande interesse e necessidade de se estabelecer incentivos àqueles que pudessem se dedicar à atividade empresarial.

Faltava, porém, um modelo de sociedade adequado aos empreendedores de pequeno e médio porte. As Sociedades Anônimas não lhes atendia devido à extremada formalidade e rigor da legislação, certamente mais voltada às grandes aglomerações de acionistas.

Também as demais sociedades então conhecidas não eram economicamente eficientes pois, se por um lado eram disciplinadas por uma legislação menos onerosa, por outro exigiam a presença de ao menos um integrante disposto a assumir a responsabilidade pessoal e ilimitada pelos débitos vinculados ao exercício da atividade empresarial.

Faltava, então, um modelo societário que fundisse o que houvesse de mais adequado em cada uma das espécies até então conhecidas, ou seja: uma sociedade que fosse tão simples de se constituir como as sociedades com sócios de responsabilidade ilimitada e que também garantisse a todos os seus integrantes o que até então era privilégio exclusivamente dos acionistas: a efetiva separação entre o patrimônio pessoal dos sócios e os débitos contraídos em nome da pessoa jurídica.

O sucesso da então recém instituída sociedade de responsabilidade limitada (*Gesellshaft mit Beschränkter Haftung*, ou simplesmente *GmbH*) alemã foi tão rápido e de proporções tão significativas que provocou a quase imediata adesão de outros ordenamentos à nova espécie societária. É assim que já em 1906 temos a edição da legislação austríaca, em 1911 a legislação portuguesa e já no ano seguinte, por iniciativa de Herculano Marcos Inglês de Souza, o Brasil se movimentava no sentido de consagrá-la em sua legislação positiva, o que, porém, só veio a ocorrer em 1919 com a edição do Dec. Lei n. 3.708.

O hoje tão empregado instituto da Sociedade Limitada resulta de uma preocupação eminentemente econômica, qual seja a de estabelecer o adequado incentivo para os pequenos e médios empreendedores. É talvez um dos mais felizes exemplos de institutos jurídicos desenvolvidos com o objetivo claro de atender à maximização da riqueza.

A importância das Sociedades Limitadas (até 2002 legalmente denominadas sociedades por quotas de responsabilidade limitada) em nosso país é inegável, uma vez que representa, segundo as estatísticas do Departamento Nacional de Registro de Comércio no período de 1985 a 2005, 48,23% do total de empresários do país e 98,93% das sociedades empresárias aqui constituídas.

O art. 981 do Código Civil brasileiro define o contrato de sociedade como o acordo de vontades pelo qual duas ou mais pessoas reciprocamente se obrigam a contribuir, com bens ou serviços, para a realização de atividade econômica com o objetivo de partilhar entre si os resultados monetários do empreendimento.

A essência das sociedades em geral – e da Sociedade Limitada em particular – está, portanto, no fato de que representa um instrumento jurídico destinado a agrupar diferentes pessoas interessadas em se dedicar conjuntamente e de forma organizada ao exercício de uma atividade de cunho econômico, notadamente de caráter empresarial.

Ainda quanto ao objeto do contrato de sociedade, é correto lembrar que embora o par. único do próprio art. 981 do Código Civil brasileiro admita o emprego desta modalidade contratual para a efetivação de apenas um ou mais negócios determinados (como se vê nas chamadas sociedades de propósito específico), resta inegável que, em regra, o vínculo entre os sócios se funda na intenção de realizar atividades de caráter contínuo e duradouro.

Vale lembrar ainda, em complemento, que a sociedade é um dos melhores exemplos daquelas situações em que os partícipes de um mesmo ato têm na mútua colaboração a melhor escolha para a maximização de seus próprios interesses.

Cada sócio tem mais a ganhar se ele e os demais integrantes da sociedade se dispõem a seguir seus deveres legais e contratuais e a cooperar com o exercício do objeto social. Tal afirmação sustenta-se especialmente em modalidades societárias nas quais, como na Sociedade Limitada, assume-se que o dever de colaboração do sócio implica em uma obrigação positiva, um efetivo agir no sentido da consecução do objeto social.

O contrato de sociedade impõe-se como uma situação social em que a maximização dos interesses de um dos agentes econômicos envolvidos depende também das escolhas e atos empreendidos pelos demais partícipes. A maximização dos ganhos da sociedade – e, por consequência, de cada um dos sócios – está na cooperação de todos os contratantes.

É, portanto, uma situação apta a ser submetida aos modelos econômicos ligados à Teoria dos Jogos.

Jogos cooperativos ou jogos de cooperação são modelos esquemáticos de conduta que analisam situações em que os agentes maximizam seus próprios interesses particulares quando se dispõem a moldar sua própria ação aos anseios de outrem. A escolha e posterior conduta de um dos contratantes provoca reflexos positivos em relação aos demais.

Quando um sócio se dispõe a colaborar com parte de seu patrimônio e também com seus esforços pessoais para a realização do objeto social não apenas ele está ganhando com isso, mas também todos os demais sócios. Estes, por sua vez, têm na mútua colaboração e na integralização do capital a estratégia dominante, ou seja, aquela que lhes é mais favorável, independentemente da conduta do outro.

Resta lembrar, porém, que o comportamento cooperativo dos sócios existe até o momento em que esta cooperação em torno da sociedade e de seu objeto social é o meio mais eficiente de maximização dos interesses particulares de cada sócio. Embora fundada na comunhão de esforços, contribuições e objetivos, o contrato de sociedade – e a própria pessoa jurídica que daí decorre – sustenta-se enquanto atender aos interesses particulares de cada um dos sócios.

Fundado ao mesmo tempo sobre a perenidade de seu objeto, a colaboração mútua e o interesse egoístico de cada sócio, o contrato de sociedade, espécie de contrato relacional[9], encontra em seu caráter incompleto outro fundamental fator para sua compreensão e disciplina.

A análise econômica dos contratos deve ser processada a partir de duas premissas diretamente vinculadas. A primeira se refere à existência dos chamados custos de transação e a segunda diz respeito ao inevitável caráter incompleto dos vínculos firmados.

Custos de transação – ou custos de contratação – representam aquilo que as partes de um contrato dispenderam ou deixaram de ganhar com o objetivo de constituí-lo ou executá-lo. São os custos que os contratantes enfrentam para elaborar, manter e fazer cumprir o contrato.

A importância dos custos de transação se tornou evidente a partir do seminal trabalho de Ronald Coase[10] e hoje é fundamental para a análise econômica do Direito pois, conforme se depreende do denominado Teorema de Coase, quanto maiores forem os custos da transação, menores serão as chances de as partes chegarem a contratar.

Podemos identificar três aspectos componentes dos chamados custos de transação: a informação, a negociação e a execução contratual.

---

9. Para aprofundamento nas questões específicas sobre contratos relacionais veja: GOETZ, Charles J. SCOTT, Robert E. Principles of Relational Contracts. *Virginia Law Review*. Vol. 67. n. 6 (Sep. 1981), p. 1089 a 1150.

10. Os mais importantes trabalhos do autor (*The Nature of The Firm* e *The Problem of Social Cost*) são encontrados, com valiosos comentários, na seguinte obra: COASE, Ronald H. *The Firm, The Market and The Law*. Chicago: The University of Chicago Press, 1990.

A obtenção de informações relevantes para minimizar a assimetria entre as partes constitui custo diretamente proporcional à posição e informação de cada parte na relação. Assim, quanto maior a assimetria informacional, maiores os custos envolvidos na transação, seja para equilibrá-la, seja para nivelar o conhecimento das partes em relação aos demais.

Além da assimetria de informações, constitui custo para as partes a negociação travada a fim de obter os melhores resultados para cada um, ou pelo menos a situação mais equilibrada entre os agentes.

Por fim, influem nos custos de transação também as tarefas necessárias à execução dos negócios jurídicos, a fim de obter maior equilíbrio ou melhores resultados para as partes envolvidas na transação.

Todos esses aspectos são considerados para a melhor configuração dos custos transacionais. Papel relevante para instituições é poder equilibrar as relações negociais, atuando de forma a reduzir esses custos de transação. Por outro lado, as empresas atuam de forma a buscar melhor eficiência nos negócios. Essa eficiência se traduz, evidentemente, em maiores lucros e resultados para os acionistas.

Outra noção basilar para o tema é a de incompletude dos contratos. Na elaboração de um vínculo contratual é necessário perceber que as partes tentam, em princípio, prever todas as circunstâncias que podem ocorrer durante a execução do contrato e, ao mesmo tempo, dar-lhes uma solução. Porém, também é forçoso reconhecer que, por diferentes fatores, esta previsão e disciplina invariavelmente se apresenta lacunosa. Daí porquê os contratos denominados incompletos[11].

Apartadas as sociedades com membros de responsabilidade ilimitada pelos débitos comuns, que hoje são de utilização extremamente restrita, restam aos sócios as alternativas da Sociedade Anônima e da Sociedade Limitada. Estes dois tipos societários guardam, porém, inúmeras distinções em sua estrutura e disciplina legal, as quais já se procurou explicar sob diferentes critérios, muitos deles de utilidade e aplicabilidade questionável.

Inegável, porém, que as Sociedades Anônimas são regidas por uma legislação extremamente rígida, detalhada, complexa e que deixa pouquíssimas lacunas em assuntos importantes para serem preenchidas pelos atos constitutivos da sociedade.

O rigor da legislação do anonimato se impõe também na sua aplicação. Assim, vigora na Sociedade Anônima a estrita legalidade, em termos similares aos encontráveis no âmbito da Administração Pública. Desta forma, quando a lei das Sociedades Anônimas prescreve uma conduta aos sócios, administradores, controladores e demais envolvidos com a organização societária não lhes é permitido adotar conduta diversa. As normas da lei do anonimato são em sua maioria de ordem pública.

---

11. BAKER, Scott. KRAWIEC, Kimberly D. *Incomplete Contracts in a Complete Contract World*. http//www.ssrn. com. (*site* consultado em 21/11/2006).

O fundamento deste perfil de estrita legalidade encontra-se no fato de que esta modalidade societária se destina precipuamente à captação de recursos na comunidade em geral. Sua principal função econômica é captar a poupança popular e canalizá-la para as atividades empresariais.

A rigidez da legislação das Sociedades Anônimas leva em conta que, ao menos potencialmente, a massa dos acionistas será composta por pessoas que não terão e nem pretenderão ter qualquer contato direto com a gestão do empreendimento (*sleeping partners*). Ao contrário, querem lucrar ou com a percepção dos dividendos ou com a compra e venda das ações no mercado de valores mobiliários.

Se os acionistas não têm no contato direto com a gestão da companhia a escolha que maximize seus interesses a legislação deve, sob a premissa de maior austeridade do próprio mercado de valores mobiliários, zelar pela integridade do capital por eles investido.

A lei das Sociedades Anônimas é complexa e inderrogável também porque pressupõe não haver entre os sócios interação significativa o suficiente para se esperar que possam eles adequadamente regular seus próprios interesses comuns em relação ao empreendimento[12].

Além desta falta de direta interação entre os acionistas, outro fator se destaca como fundamento da rigidez e detalhamento da legislação. A Sociedade Anônima ergue-se sobre a perspectiva de ser uma instituição apta a agregar o capital de diferentes perfis de investidores.

Em uma genuína sociedade anônima encontraremos, no quadro de acionistas, pessoas com os mais diversos perfis. Há desde aquele microinvestidor que aplica suas economias pessoais no capital das sociedades (normalmente valendo-se da intermediação de instituições financeiras) até aqueles que, profundos conhecedores do mercado acionário e também da gestão do empreendimento – além de muito abastados financeiramente –, acumulam a maioria do capital social.

Inclua-se também neste rol os investidores institucionais – como fundos de pensão e fundos mútuos – e aqueles acionistas interessados nos dividendos ou, como já lembrado, na especulação com a compra e venda de seus papéis.

A despeito desses caracteres, a sociedade anônima, com sua rígida estrutura previamente definida por lei, confere grande segurança jurídica para os investidores, na medida em que a previsibilidade de sua constituição e, por consequência, previsibilidade de seu funcionamento emprestam grande estabilidade para o investidor. Reduzindo características decorrentes da adoção de institutos e estruturas

---

12. L.C.B GOWER salienta, ao cuidar dos modelos societários anglo-saxônicos, que as *corporations* são mais adequadas às situações em que não há a "confiança mútua" entre os sócios, elemento característico de outras modalidades societárias como as *partnerships* (GOWER. L.C.B. *Principles of Modern Company Law*. 5th ed. London: Sweet & Maxwell. 1992, p. 5).

desenvolvidas pela mente criativa do empresário, as sociedades anônimas reduzem enormemente os custos de transação para o investidor[13].

Radicalmente diferente é o perfil das Sociedades Limitadas. Aqui a perspectiva do legislador é outra: tratam-se as Sociedades Limitadas de agrupamentos de interesses compostos por um número relativamente pequeno de pessoas que se conheceram e se confiam a ponto de se disporem a contratualmente dar origem à sociedade.

Em função do número potencialmente menor de sócios, é ainda válido pressupor, como faz o legislador, que os quotistas terão um contato direto com o empreendimento e com seus gestores, o que lhes permite maior simetria de informações na hora de fazer suas escolhas e autorregular seus interesses.

A simetria de informações entre os quotistas é respaldada também pela observação de que na Sociedade Limitada presume-se considerável uniformidade no perfil de seus integrantes, diferentemente do que se nota nas Sociedades Anônimas. Se nas companhias encontramos desde pessoas que dispõem de irrisório percentual do capital social até investidores institucionais e empreendedores que, com massiva quantidade de ações, ditam praticamente todas as escolhas da sociedade, nas Limitadas o que se espera é, repetimos, a comunhão de interesses entre pessoas com similares graus de informação e capacitação técnica.

De forma inversa ao que se verifica na Sociedade Anônima, na Sociedade Limitada não há que vigorar a regra da estrita legalidade. Ao contrário, deve-se facultar aos quotistas, em princípio, o poder de autorregular contratualmente seus interesses. A autonomia privada deve prevalecer sobre o caráter tutelar da legislação.[14]

A legislação sobre as Sociedades Limitadas deve basear-se na possibilidade de livre transação entre os contratantes. O pressuposto é que os sócios são as pessoas mais recomendadas e adequadas à disciplina de seus próprios interesses no contrato de sociedade.

Em se tratando do contrato social da Sociedade Limitada vemos que a legislação brasileira faculta aos agentes a possibilidade de autorregularem a maior parte das questões inerentes ao empreendimento comum.

Ciente, porém, de que o contrato social é eminentemente cooperativo, incompleto e sujeito a inúmeras variáveis ao longo de sua implementação, a legislação deve funcionar como uma salvaguarda, fornecendo regras a serem utilizadas para preencher a omissão dos sócios.

A referência a alguns dos artigos do Código Civil relativos à Sociedade Limitada demonstra que sua aplicação meramente supletiva às relações societárias foi a principal preocupação do legislador e que esta diretriz é certamente a de maior eficiência.

---

13. "The Nature of the Firm", in COASE, Ronald H. *The firm, the market and the law*. Chicago: The University of Chicago Press, 1990, p. 33/55.
14. COOTER, Robert; ULEN, Thomas. *Law & Economics*. 4ª ed. New York: Pearson, Addison Wesley, 2004, p. 225

O caráter supletivo das normas alusivas às Sociedades Limitadas perpassa o texto do Código Civil e se manifesta expressamente em diferentes e fundamentais pontos da relação intrassocietária. A função da legislação é subsidiar o aplicador quando diante de uma lacuna no contrato social, lacuna esta que, como já salientamos, decorre da própria essência de um contrato relacional e de longo termo como este.

Assim, ao mesmo tempo que respeita a autonomia privada dos quotistas – sob as premissas de simetria de informações e da racionalidade na efetivação de suas escolhas – a legislação, ao servir de socorro ao intérprete no suprimento das inevitáveis lacunas contratuais, dá aos sócios maior segurança por antecipar, em seu texto, qual deverá ser a solução judicial.

O art. 109 da Lei das Sociedades Anônimas (Lei n. 6.404/76) enumera os direitos essenciais, ou seja, alguns direitos que são inalteráveis pelos estatutos da companhia. Tratam-se, por assim dizer, dos "direitos fundamentais" dos acionistas.

Como já afirmamos, as companhias representam um modelo societário constituído para abarcar um número potencialmente ilimitado de sócios que, em sua grande maioria, não pretendem se dedicar intensamente às atividades societárias ou procurar aprofundar o grau de informações que detém sobre a gestão do empreendimento.

A Lei n. 6.404/76, portanto, garante a esses investidores os direitos do art. 109 como forma de "blindar" seus interesses da ação dos controladores ou daqueles que, de uma forma ou de outra, tenham efetiva atuação nas assembleias gerais ou órgãos administrativos. Criando direitos indisponíveis para os acionistas minoritários, a legislação pretende tutelar e restringir direitos potestativos, como verdadeira demonstração do caráter institucional das sociedades anônimas. Para Oliver Williamson, as instituições econômicas do capitalismo – e a sociedade anônima é excepcional exemplo dessas instituições – têm como principal objetivo e efeito de minimizar os custos de transação. Mas adverte o autor que "principal efeito" não se confunde com "único efeito", pois instituições complexas servem a vários propósitos[15].

Não há, para as Sociedades Limitadas, um rol de direitos inatacáveis pelos dispositivos constantes dos atos constitutivos da organização. Nas Sociedades Limitadas, o legislador não viu em tal elenco inderrogável de direitos uma forma de assegurar de maneira eficiente os direitos de propriedade dos quotistas em relação ao empreendimento. Com fundamento na simetria de informações, procura-se minimizar os custos das transações entre os quotistas para que cheguem à máxima eficiência possível na alocação dos direitos envolvidos.

O Código Civil confere aos sócios de uma Sociedade Limitada o poder de dispor livremente sobre os direitos que venham a ter em relação aos demais integrantes do empreendimento. É o caso, por exemplo, das diversas modalidades de dissolução parcial de sociedade.

---

15. WILLIAMSON, Oliver E. *The economic institutions of capitalism*. New York: The Free Press, 1985, p. 17.

O art. 1.085 do Código Civil, referente à exclusão extrajudicial de sócio que pratica ato de inegável gravidade e que ponha em risco a continuidade da empresa somente pode ser invocado se houver cláusula contratual admitindo a expulsão extrajudicial de sócio por justa causa.

O direito de retirada do sócio, por sua vez, tem como hipóteses primeiras aquelas ocorrências eventualmente previstas no contrato social (art. 1.077). Também matérias como as referentes às consequências societárias do falecimento de um sócio (art. 1.028) e aos critérios para a apuração dos haveres do sócio excluído, falecido ou que se retirou da sociedade são, em primeiro lugar, questões aptas a serem reguladas pelo contrato social (art. 1.031).

O direito de dispor sobre as próprias quotas é igualmente suscetível ao regramento contratual (art. 1.057), ficando a norma em análise com a função de, em caso de omissão dos atos constitutivos, apresentar a solução a ser judicialmente aplicada.

É bem verdade que o art. 1.007 do Código Civil estipula a nulidade de cláusula contratual que retire de algum dos sócios o direito à percepção dos lucros advindos do empreendimento. Trata-se, claro, de notória exceção à regra da disponibilidade dos direitos de sócio, exceção esta que somente se explica pois a busca pelo lucro (e sua divisão entre os contratantes) é da essência e a própria razão de ser das sociedades em geral.

O mesmo dispositivo, porém, admite que os quotistas possam adotar critério particular na divisão dos lucros obtidos pela sociedade e, mais uma vez, encarrega-se de fixar um critério a vigorar na ausência de cláusula contratual.

A própria estrutura organizacional da Sociedade Limitada comporta grande número de decisões e escolhas aptas a serem reguladas contratualmente. Cabe ao contrato social, por exemplo, decidir pela existência ou não do Conselho Fiscal (art. 1066) e, nas sociedades com até 10 (dez) integrantes, a opção pela assembleia ou simples reunião de sócios (art. 1.072).

É possível também que o contrato social disponha sobre a possibilidade da sociedade ser administrada por pessoas estranhas ao quadro de sócios (art. 1.061) e sobre eventual repartição de competências administrativas entre diferentes grupos ou pessoas, admitindo-se inclusive que o contrato social preveja a existência de um órgão análogo ao Conselho de Administração das Sociedades Anônimas.

Parece-nos claro, portanto, que o contrato social é a fonte primeira das regras referentes às relações entre os quotistas e à composição da estrutura organizacional da sociedade.

4. A SOCIEDADE ANÔNIMA

Quando analisamos a sociedade anônima, escancara-se o caráter econômico daquele modelo societário. Concebida como forma de atração e captação de recursos de investidores para o financiamento de um empreendimento, as sociedades anônimas têm na sua origem histórica o melhor exemplo de um modelo societário que permita reduzir custos de transação para os investidores e, ao mesmo tempo, garantir o máximo de resultado econômico para os interessados na empresa.

Para a economia, que desenvolve na teoria da firma conceitos que explicam essa busca pelo sucesso e maximização de resultados objetivada na sociedade anônima, fica evidente que os fatores de produção, harmonicamente coordenados pelo empresário, constituem mecanismo eficiente para esta maximização do retorno almejado pelo investidor.

Na sua gênese, a sociedade anônima se inspira em ideias para redução dos chamados custos de transação, ao mesmo tempo em que a lei societária busca coibir abusos e preservar interesses, em verdadeira ingerência sobre a vontade particular dos sócios, aqui chamados de acionistas.

A lei brasileira, de caráter institucionalista, concebe a sociedade anônima dentro de um arcabouço legal com algumas premissas básicas: a) regular pormenorizadamente aspectos fundamentais da empresa, dos controladores, administradores, acionistas etc., concebendo assim uma previsibilidade para os investidores, a empresa e terceiros; b) diminuir custos de transação com eventuais alterações estruturais, criando uma lei única para companhias abertas e fechadas; c) torna obrigatória a divulgação de resultados, mecanismo hábil a reduzir a assimetria informacional entre potenciais e atuais investidores; d) concebe mecanismos para promover a fiscalização pública das S.A.'s, o que significa permitir e incentivar o desenvolvimento das instituições relacionadas ao mercado de ações – onde as cias. buscarão obter financiamento a baixo custo para suas atividades; e) torna obrigatória a distribuição do lucro, criando assim mais um mecanismo de incentivo para o investidor; f) novamente com o objetivo de atrair capital, cria um mecanismo chamado *tag along* para preservar o valor da ação do acionista minoritário.

A Lei 6.404/76 passou por três reformas profundas até o momento. Nas três oportunidades, os efeitos econômicos sobressaíram de maneira evidente. Primeiro, em 1997, quando publicou-se a Lei 9.457, o legislador claramente buscava evitar os mecanismos legais então existentes para proteção de direitos dos acionistas minoritários. Restringindo tais direitos (por exemplo, com a exclusão do direito ao *tag along*), foram possíveis as privatizações almejadas pelo Governo Federal. Naquele momento, estava em voga a ideia de reduzir o tamanho da máquina estatal, permitindo-se ao Estado agir de maneira mais eficiente nos setores em que sua interferência ou participação é fundamental.

Posteriormente, com a reforma da Lei 10.303, em 2001, voltou o legislador a agir com claro objetivo de fortalecer o mercado acionário brasileiro. Para isso, valeu-se da restauração de direitos de acionistas minoritários, criando mecanismos que permitiriam a atração de capital estrangeiro (não só especulativo, mas também para investimentos de longo prazo). Obteve êxito em seu objetivo, tanto que o mercado acionário brasileiro cresceu significativamente nos anos subsequentes, saindo de um nível de menos de 10 mil pontos no Ibovespa para cerca de 74 mil pontos, às vésperas da crise econômica de 2008.

A reforma seguinte (Lei 11.638, de 2007) buscou adequar o sistema contábil das companhias brasileiras aos padrões internacionais de demonstrações financeiras. O objetivo econômico é evidente: reduzir os custos de transação incorridos pelas cias. com a formulação de duas demonstrações financeiras distintas. Devido à adoção do sistema francês de contabilidade no Brasil, que impõe às sociedades empresárias o cumprimento de exigências legais para formulação de suas demonstrações, as cias. brasileiras sofriam o ônus de produzir duas demonstrações distintas. A primeira, adequada à Lei 6.404, para atender às exigências legais de demonstrações financeiras. A segunda, obedecendo aos padrões internacionais de contabilidade, a fim de informar investidores e interessados estrangeiros, que buscam nas demonstrações subsídios para preparar e justificar seus investimentos. Como dito anteriormente, um dos principais custos de transação é justamente o custo da informação. Ao simplificar o regramento, adequando a legislação nacional aos padrões internacionais de contabilidade, o legislador brasileiro contribuiu sobremaneira com a redução de custos e, por consequência, proporcionou às cias. mais agilidade, competitividade e eficiência.

Ao mesmo tempo que foi publicada a Lei 6.404, o legislador brasileiro decidiu criar também, com a publicação da Lei 6.385, a Comissão de Valores Mobiliários. Autarquia especial criada para regular o mercado de valores mobiliários nacional, foi atribuída à CVM personalidade e patrimônio próprios, com autonomia financeira e orçamentária e sem subordinação hierárquica ao Ministério da Fazenda, ao qual está vinculada. Com esse papel institucional, obteve-se o que Williamson considera relevante para a obtenção de melhores resultados e redução dos custos de transação[16].

Deve-se, contudo, observar que a atuação da CVM não importa em intervir no livre funcionamento do mercado. Ao contrário, sua função precípua é garantir que o mercado se conduza livremente. Como ensinou Adam Smith, em *A riqueza das nações*, "as famílias e as empresas, ao interagirem nos mercados, agem como se fossem guiadas por uma 'mão invisível' que as leva a resultados de mercado desejáveis". Vale dizer, a intervenção do Estado no mercado deve ser minimizada, permitindo-se que o próprio mercado e suas forças atuem de modo a melhor regular e contribuir suas atividades[17].

Constituindo-se uma sociedade anônima pela contribuição financeira dos acionistas, continuamos percebendo diversos mecanismos legais para proporcionar a melhor eficiência do empreendimento, como prega a Teoria da Firma. Seja com a

---

16. WILLIAMSON, Oliver E. *The economic institutions of capitalism*. New York: The Free Press, 1985, p. 17.
17. Sobre o tema, interessante conhecer STIGLER, George *et alii*. Regulação Econômica e Democracia: o debate norte-americano, São Paulo: Editora 34, 301 p., e YAZBEK, Otávio. *Regulação do mercado financeiro e de capitais*. São Paulo: Campus Elsevier, 2007, 392 p.

imunidade tributária criada no art. 156 da Constituição de 1.988, permitindo-se aos investidores utilizar bens de sua propriedade na integralização do capital social sem o pagamento do correspondente imposto de transmissão de propriedade, seja com o mecanismo de avaliação dos bens para citada realização de capital, consubstanciada no art. 8º da Lei 6.404, o legislador claramente se valeu de critérios e teorias econômicas para desenvolver normas jurídicas práticas, eficientes e úteis.

A imunidade tributária prevista no art. 156 se justifica como forma de incentivar o investidor a destinar sua propriedade privada para um empreendimento econômico. Reduzindo os custos com a realização do capital social, sem que ocorra a incidência do imposto de transmissão, pretendeu-se criar incentivos ao uso de bens particulares em proveito de um negócio empresarial. Como bem explica Mankiw, as pessoas racionais tomam decisões comparando custo e benefício e, por isso, respondem a incentivos[18]. Uma determinada companhia cumpre sua função social quando se propõe ao exercício de determinada atividade, de forma lícita e eficaz, gerando empregos e tributos, produzindo riquezas, satisfazendo os interesses de seus acionistas, atendendo às necessidades do mercado e da sociedade. Isso significa dizer que a companhia cumpre sua função quando produz, industrializa ou revende as mercadorias ou presta os serviços propostos em seu estatuto. Além disso, a companhia deve garantir que a realização de sua atividade deverá vir acompanhada de negócios lícitos, nos quais serão gerados tributos devidos em decorrência desta atividade econômica. A atividade naturalmente irá gerar trabalho e empregos. Por fim, o exercício de todas essas atividades deverá ser feito de forma a maximizar os ganhos e lucros da sociedade empresária e, por consequência, dos acionistas. Para conseguir tudo isso, investidores aplicam seus recursos na aquisição de ações. O que os move a empregar seu capital em uma atividade econômica, naturalmente cercada de riscos, não é outro senão o objetivo claro de replicar e capitalizar seu investimento. Consequentemente, sendo a empresa o meio mais eficiente de permitir o aumento da riqueza, a renúncia fiscal no instante de se integralizar o capital social é plenamente justificada do ponto de vista econômico.

No momento da formação ou aumento do capital social mediante contribuição em bens, o art. 8º da Lei 6.404 dispõe expressamente que tais bens deverão ser submetidos a avaliação prévia, não sendo incorporados ao patrimônio social por valor superior ao que houver sido atribuído pelo seu titular. A exigência da avaliação prévia decorre de princípios econômicos claros. Sendo natural no ser humano um comportamento oportunista, e visando a coibir essa conduta, estipulou-se a necessidade de prévia avaliação por peritos ou empresa especializada, para que se possa encontrar o valor real do bem. Evidentemente, se tal providência não fosse exigida, os investidores claramente optariam por integralizar sua participação societária com uma sobreavaliação dos bens, contribuindo para a formação de um capital aguado, prejudicial à companhia, aos demais acionistas e a terceiros interessados.

---

18. MANKIW, N. Gregory. *Introdução à economia*. São Paulo: Cengage Learning, 2009, p. 7.

A Lei 6.404 também estabelece que o capital social poderá ser distribuído entre seus sócios através de ações ordinárias ou preferenciais. São ordinárias as ações que conferem a seus titulares todos os direitos inerentes ao sócio, sejam estes direitos essenciais ou não. As ações preferenciais, por sua vez, sofrem em regra a restrição estatutária ao direito de voto. Nestas, o acionista apenas poderá votar plenamente quando seus direitos patrimoniais não forem integralmente atendidos. O legislador criou mecanismos de compensação financeira para o acionista que adquire ações preferenciais. Estes critérios legais de distribuição preferencial da participação financeira (preferência na distribuição dos dividendos ou no reembolso prioritário do capital social) são medidas compensatórias para justificar a exclusão ou restrição ao exercício do voto para os preferencialistas. Por outro lado, quando a companhia não paga aos acionistas os dividendos garantidos no estatuto social, surge para eles o direito ao voto contingente. Este direito permanece até que os dividendos em atraso sejam pagos integralmente. Veja-se o caráter econômico da norma, ao estipular mecanismos patrimoniais para compensar a exclusão ou restrição de direitos sociais dos acionistas.

Como podem os investidores verificar se seus direitos patrimoniais estão sendo cumpridos pela administração da companhia e pelos acionistas controladores? Buscando reduzir a assimetria de informações entre os vários investidores da companhia, criam-se demonstrações financeiras obrigatórias para toda companhia. Desta forma, regulamentado criteriosamente a prestação de informações contábeis, o legislador estabelece mecanismos de informação que permitirão a acionistas e investidores o acesso a diversas e importantes demonstrações financeiras das sociedades anônimas.

A elaboração e divulgação de demonstrações financeiras, cuja estruturação passou a atender às normas internacionais de contabilidade com a reforma da Lei 11.638, de 28 de dezembro de 2007, prevê a divulgação, ao final de cada exercício financeiro, de balanço patrimonial, demonstração dos lucros ou prejuízos acumulados, demonstração do resultado do exercício, demonstração dos fluxos de caixa e, se cia. aberta, demonstração do valor adicionado.

No pagamento de dividendos, a companhia ainda deverá observar algumas circunstâncias caras aos investidores. Evidentemente interessados no retorno financeiro que o investimento em ações lhes proporcionará, os acionistas minoritários poderão optar pela compra de ações preferenciais, para as quais o dividendo será distribuído com preferência em relação ao direito econômico dos ordinaristas. Essa expectativa deve se traduzir também na forma de pagamento desses dividendos. Muitas vezes, investidores buscarão, dentre as várias companhias listadas nas bolsas de valores, aquelas que têm a tradição de pagar bons dividendos a seus acionistas. Se o objetivo do investidor é construir uma carteira de investimento composta por ações de boas pagadoras de dividendos, caberá a essas companhias traçar e manter a estratégia de garantir uma previsível remuneração para os investidores. Nesse passo, a Lei 6.404 desenvolveu a ideia de manutenção de reservas de capital, de onde a administração da companhia poderá buscar recursos para pagar dividendos aos acionistas preferenciais que tenham esse direito garantido na forma do § 6º do art. 17. Essa previsão significa conferir previsibilidade ao investidor, garantindo-se ainda uma atração maior de investimento para viabilizar os empreendimentos econômicos organizados sob a forma de uma sociedade anônima.

Além desses mecanismos, as operações de resgate, amortização e, principalmente, reembolso conferem aos investidores a segurança jurídica necessária para participar do negócio societário organizado, muitas vezes, por pessoas inteiramente desconhecidas. Cumprindo a determinação legal, o comportamento da companhia perante seus investidores constitui mais uma forma de assegurar ao acionista a garantia necessária de aplicar seus recursos naquela empresa.

Da mesma maneira que o legislador criou mecanismos para garantir ao investidor um mínimo de certeza e garantia de retorno de seu investimento em ações, os demais valores mobiliários criados na Lei 6.404 também se utilizaram de fórmulas econômicas que objetivam, sempre, a maximização de resultados com razoável segurança e previsibilidade. Para bem obter e manter essa fonte de financiamento, a companhia deverá buscar sempre a redução da assimetria informacional, com objetivo de assegurar aos investidores o máximo de resultado com o menor risco possível.

A estrutura de poder dentro da companhia, outro tema de extremo interesse para os juristas, também teve na economia fonte farta de recursos e instrumentos para viabilizar uma saudável relação entre os órgãos de gestão e os investidores.

Ao criar um órgão colegiado de administração e representação dos grupos de investidores (conselho de administração), permitir a fiscalização própria (conselho fiscal) e externa (auditoria independente e Comissão de Valores Mobiliários), determinando a todos os membros o cumprimento de deveres e responsabilidades decorrentes do desempenho de suas funções, o legislador impôs aos conselheiros das companhias limitações ao exercício do poder. Essas restrições legais constituem meio de se medir a liberdade de atuação dos administradores, permitindo-se inclusive refletir sobre quanto compensa para o investidor deter parcela significativa de ações de determinada companhia.

Ao lado disso, a lei também garante direitos mínimos aos acionistas minoritários. Correlacionando-se os deveres dos gestores aos direitos dos investidores, pode-se mensurar economicamente a viabilidade de se manter elevada participação acionária em companhias de vários países. Partindo-se do pressuposto, por exemplo, de que a lei brasileira conferiu aos acionistas minoritários, em caso de transferência do controle acionário da companhia mediante oferta pública de aquisição de controle. um *tag along* de 80% sobre o preço da ação paga pelo adquirente às ações pertencentes ao bloco de controle, pode-se avaliar o grau de direitos dos minoritários, em comparação com os deveres dos controladores. Quanto maiores forem os direitos conferidos aos acionistas minoritários, ou quanto mais profundos forem os deveres impostos ao grupo detentor do controle acionário de determinada companhia, menor deveria ser a diferença a ser paga ao minoritário em caso de exercício do direito ao *tag along*.

Da mesma maneira, quanto menores forem os direitos dos acionistas minoritários, ou mais amplos os deveres dos controladores, mais se justifica a diferença de preço das ações.

Na esteira do pensamento de Cooter & Ulen, diferenças na lei determinam que o mercado de capitais se organize de forma diferente no Japão, no Brasil, na Alemanha ou nos Estados Unidos, e essas diferenças contribuem para que a performance da economia ocorra também de forma diferente nos vários países[19].

Da mesma maneira, podemos afirmar que essa relação entre direitos e deveres dos grupos acionários, percebida nas várias legislações societárias ao redor do mundo, também pode proporcionar melhores ou piores condições de investimento nos vários mercados acionários, traduzindo-se em opção por este ou aquele mercado, dentro de um mesmo cenário econômico. O desempenho da bolsa de valores brasileira, comparativamente com o de outras bolsas de valores ao redor do mundo, durante a crise econômica do *subprime* demonstra claramente que o investidor estrangeiro optou por retirar seus investimentos do mercado acionário brasileiro para cumprir obrigações em outros locais. Façamos uma comparação do desempenho da bolsa brasileira, apesar do pequeno reflexo sentido na economia real brasileira, com o desempenho da bolsa de valores norte americana, país que vivia da forma mais grave e profunda possível os sintomas e reflexos da crise. Enquanto a Bovespa perdeu o nível de 74 mil pontos do seu principal índice (Ibovespa) para pouco mais de 22 mil pontos, ou seja, uma queda de aproximadamente 70%, o índice Dow Jones caiu de 14 mil pontos para cerca de 9 mil pontos, ou uma queda de 35%.

Por que esses investidores não sacaram suas reservas de mercados mais desenvolvidos? Claramente, optaram pela manutenção de investimento na renda variável em países onde a legislação garante maiores direitos ao investidor. Assim, a escolha racional seria diminuir suas posições em mercados acionários de países emergentes, ainda que não atingidos profundamente pela crise econômica, mantendo na medida do possível sua participação nos mercados tradicionais e com legislação consolidada em favor dos investidores.

Ao mesmo tempo que o legislador impôs deveres aos acionistas controladores e garantiu um mínimo de direitos aos acionistas minoritários, nas assembleias gerais das sociedades anônimas também abundam exemplos em que mecanismos e teorias econômicos podem ser usados para assegurar estratégias convenientes para os investidores. Lembrando que a assembleia geral pode ser conceituada como um conclave de acionistas na sede da companhia, devidamente convocada e instalada com quórum regulamentar, determinado pelo percentual de ações votantes, para deliberar por maioria absoluta dos votos presentes sobre assunto de sua competência, não importa que tipo de deliberação será tomada. Em qualquer assembleia geral,

---

19. "(…) differences in laws cause capital markets to be organized very differently in Japan, Germany, and the United States, and these differences can contribute to differences in those countries' economic performance." COOTER, Robert. ULEN, Thomas. *Law & economics*. 4ª ed., Boston: Pearson Addison Wesley, 2004, p. 11.

os acionistas deverão traçar estratégias prévias para guiar seus votos. Na economia, a teoria dos jogos permite a aplicação racional dessas estratégias, seja para obter o máximo de ganhos ou simplesmente o equilíbrio no resultado.

Finalmente, no momento de se decidir pela dissolução, incorporação, fusão, cisão ou transformação da companhia, também o caráter econômico deve sobressair e orientar a conduta dos investidores. A propalada função da sociedade anônima perante a sociedade e o mercado, que muitos justificam ser a principal função social da empresa, torna-se aspecto de menor importância ante o interesse pessoal e racional do investidor, quando se depara com algum obstáculo ou oportunidade de negócio no caminho da companhia.

A dissolução da sociedade pode ocorrer por decisão dos acionistas, por decisão judicial ou de autoridade administrativa ou, ainda, de pleno direito. Se por deliberação tomada pelos sócios, a dissolução ocorre independentemente da vontade de terceiros, do governo ou de órgãos fiscalizadores do mercado. Nas operações de fusão (a operação pela qual se unem duas ou mais sociedades para formar sociedade nova, que lhes sucederá em todos os direitos e obrigações), incorporação (operação pela qual uma ou mais sociedades são absorvidas por outra, que lhes sucede em todos os direitos e obrigações), cisão (operação pela qual a companhia transfere parcelas do seu patrimônio para uma ou mais sociedades, constituídas para esse fim ou já existentes, extinguindo-se a companhia cindida, se houver versão de todo o seu patrimônio, ou dividindo-se o seu capital, se parcial a versão) e transformação (operação pela qual a sociedade passa, independentemente de dissolução e liquidação, de um tipo para outro), o comportamento dos acionistas tende ao oportunismo próprio que ilustra a racionalidade econômica pura.

Essas operações são decididas como escolha individual dos acionistas, que decidem pela dissolução, incorporação, fusão, cisão ou transformação com um único propósito: atender a suas expectativas e assegurar o melhor resultado econômico possível a partir do negócio social que chegou a seu final. Essa racionalidade, que comanda a conduta dos acionistas, é determinante da forma de agir ao aprovar ou não uma proposta de dissolução da companhia, sua incorporação, fusão, cisão ou transformação.

5. CONCLUSÃO

Verifica-se, portanto, que a economia permeia profundamente o comportamento do investidor, seja quando faz sua opção pela participação em uma sociedade limitada, seja quando decide investir em valores mobiliários emitidos por sociedades anônimas. Ao mesmo tempo, afigura-se clara a necessidade de se aprofundar no estudo da análise econômica do direito, tendo-se em mente o comportamento econômico dos agentes, a fim de se determinar, estudar e conhecer as regras jurídicas que regulam esses modelos societários.

6. REFERÊNCIAS BIBLIOGRÁFICAS

ASCARELLI, Tullio. *Panorama do Direito Comercial*. São Paulo: Saraiva & Cia. 1947.

AULETTA, Giuseppe. SANALITRO, Niccolò. *Diritto commerciale*. 12. ed. Milão: Giuffrè, 2000.

BAKER, Scott. KRAWIEC, Kimberly D. *Incomplete Contracts in a Complete Contract World*. http//www.ssrn.com. (*site* consultado em 21/11/2006).

COASE, Ronald H. *The Firm, The Market and The Law*. Chicago: The University of Chicago Press, 1990.

COOTER, Robert. ULEN, Thomas. *Law & economics*. 4. ed., Boston: Pearson Addison Wesley, 2004.

EASTERBROOK. Frank H. FISCHEL. Daniel R. *The Corporate Contract*. (in) BEBCHUCK. Lucien Arye. (coord.) *Corporate Law and Economic Analysis*. Cambridge University Press. 2005.

FRIEDMAN, Milton. *The Social Responsibility of Business is to Increase its Profits*, The New York Times Magazine, publicação em 13 de setembro de 1970, disponível em http://www.colorado.edu/studentgroups/libertarians/issues/friedman-soc-resp-business.html, acesso em 27/02/2011.

GOETZ, Charles J. SCOTT, Robert E. Principles of Relational Contracts. *Virginia Law Review*. Vol. 67. n. 6 (Sep. 1981), p. 1089 a 1150.

GOWER, L.C.B. *Gower´s Principles of Modern Company Law*. London: Sweet & Maxwell. 1992, p. 21. ASCARELLI. Tullio. *Problemas das Sociedades Anônimas e Direito Comparado*. Campinas: Bookseller Editora e Distribuidora, 2001.

GOWER. L.C.B. *Principles of Modern Company Law*. 5th ed. London: Sweet & Maxwell. 1992.

MANKIW, N. Gregory. *Introdução à economia*. São Paulo: Cengage Learning, 2009.

POSNER. Richard. *Economic Analysis of Law*. Seventh Edition. Aspen Publishers. New York. 2007.

RIPERT, Georges. *Tratado elemental de derecho comercial*. Trad. Felipe de Solá Cañizares. Buenos Aires: Tipográfica Editora, 1954. v. I.

STIGLER, George *et alii*. Regulação Econômica e Democracia: o debate norte-americano, São Paulo: Editora 34.

WILLIAMSON, Oliver E. *The economic institutions of capitalism*. New York: The Free Press, 1985.

YAZBEK, Otávio. *Regulação do mercado financeiro e de capitais*. São Paulo: Campus Elsevier, 2007.

10
ANÁLISE ECONÔMICA
DO DIREITO DE EMPRESA

Rodrigo Dufloth

Mestre em Direito Comercial pela USP. Professor da Especialização em Direito &
Economia da UNICAMP. Advogado e Consultor em Direito Empresarial.

"A sociedade de responsabilidade limitada é a maior singular descoberta dos tempos modernos. Mesmo o vapor e a eletricidade são muito menos importantes que a sociedade de responsabilidade limitada."

(Nicholas Murray Butler[1])

1. PREMISSAS

Complementando o que já foi visto em capítulos anteriores, é importante recuperarmos algumas premissas em relação ao que consiste, propriamente, uma "análise econômica" (do Direito Societário, no nosso caso), em virtude de compreensões equivocadas a seu respeito, no âmbito do Direito Comercial e Societário. É trivial, por exemplo, a associação da corrente da análise econômica do direito ("AED") a um ideário liberal (notadamente, da Escola de Chicago), e confundi-la com uma "teoria da eficiência", voltada tão somente à "maximização da riqueza"[2], para, com base nesta leitura míope, solapar as suas bases. Trata-se de um reducionismo vil. Resgatamos abaixo algumas premissas relevantes, além do que já foi abordado em outros capítulos da presente obra.

Em *primeiro* lugar, a análise econômica do direito possui uma pluralidade de escolas de pensamento, não se reduzindo apenas à Escola de Chicago (embora esta

---

1. Nobel da Paz em 1931 (juntamente com Jane Addams); ex-Presidente da Universidade de Columbia. Fonte: BAINBRIDGE, Stephen M. *Reflections on Twenty Years of Law Teaching: Remarks at the Rutter Award Ceremony*. UCLA School of Law Research Paper No. 08-16, abril de 2018, p. 8.
2. Nesse sentido, por exemplo: SALOMÃO FILHO, Calixto. *O novo direito societário*. 4. ed. São Paulo: Malheiros, 2011, p. 40 e ss.

tenha sido, e ainda seja, muito importante[3]). Podemos citar, dentre outras, os (neo) institucionalistas[4], a Escola Austríaca[5], a Escola de Yale[6], a Escola da *Public Choice* (Escolha Pública)[7], a Escola da Economia Comportamental (*Behavioral Law & Economics*)[8] e muitas outras.

Em *segundo* lugar, como consequência do ponto acima, a análise econômica do direito não possui uma agenda *política* própria. Na realidade, em suas origens[9], a AED surgiu com o objetivo de conferir maior cientificidade e pragmatismo ao Direito, muitas vezes preso em seus conceitos abstratos e na sua dogmática, sem atentar para os efeitos e consequências de suas regras e decisões judiciais. A corrente de Direito & Economia (ou AED) é audaciosa o suficiente para, valendo-se de métodos consequencialistas[10], procurar tornar as teorias (jurídicas) verificáveis empiricamente, a fim de que correspondam, de fato, à prática (caso contrário, a teoria deverá ser descartada ou revista).

Em *terceiro* lugar, a análise econômica do direito, embora tenha se originado nos Estados Unidos da América (país de *Common Law*), encontra-se em franca expansão para outros países ao redor do globo, desde os anos 1970, inclusive em países com tradição romano-germânica[11]. Seria uma "xenofobia científica"[12] escamotearmos deliberadamente as visíveis convergências entre as famílias de *Civil Law* e *Common Law*.

Em *quarto* lugar, toda a ciência econômica não pode ser reduzida tão somente à ideia de eficiência (ainda que esta seja muito importante). Não se trata de, como preconizam alguns, subverter a lógica da justiça à lógica da eficiência. Esta ideia talvez seja fruto de uma leitura atrasada de Richard Allen Posner, que escreveu, em 1980, *A economia da justiça*, propondo que a eficiência deveria ser um horizonte ético adequado para o direito e a prática institucional de um modo geral. Contudo, o próprio Posner, na obra *Problemas de filosofia do direito* (São Paulo: Martins Fon-

---

3. Seu expoente mais conhecido, em terras tupiniquins, provavelmente é Richard Allen Posner (1939-), autor da paradigmática obra *"Economic Analysis of Law"*, publicada em 1972 e hoje em sua 9ª edição, de 2014.
4. Com destaque para Douglass C. North (1920-2015), prêmio Nobel de Economia em 1993, e Oliver E. Williamson (1932-), prêmio Nobel de Economia em 2009.
5. Com inspiração em Von Mises, Hayek e outros, podemos citar Mario J. Rizzo (1948-), Professor da New York University (NYU).
6. Que pode ser aqui representada por Guido Calabresi.
7. James M. Buchanan Jr. (1919-2013) e Gordon Tullock (1922-2014), coautores da obra *"The Calculus of Consent"*, são seus mais conhecidos expoentes.
8. Ao valer-se de *insights* da Psicologia, é uma escola que vem reoxigenar premissas clássicas da microeconomia. Dentre seus representantes, podemos mencionar Richard H. Thaler (1945-), Nobel de Economia em 2017; e Daniel Kahneman (1934), Nobel de Economia em 2002.
9. Em relação às origens da AED, vale conferir o depoimento autobiográfico de MANNE, Henry G. (1928-2015): How Law and Economics Was Marketed in a Hostile World: A Very Personal History. In: PARISI, Francesco; ROWLEY, Charles K (org.). *The origins of law and economics: essays by the founding fathers*, pp. 309-327, 2005.
10. Vide: PARGENDLER, Mariana; SALAMA, Bruno M. Direito e consequência no Brasil: em busca de um discurso sobre o método. *Revista de Direito Administrativo (RDA)*, v. 262, 2013.
11. Nesse sentido, vide: MACKAAY, Ejan; ROUSSEAU; Stéphane. *Análise econômica do direito*. Trad. Rachel Sztajn. 2ª ed. São Paulo: Atlas, 2015, p. 16-19.
12. Parafraseando o Prof. Fernando Araújo, em prefácio da obra referida imediatamente acima (p. xxiv e xxv).

tes, 2007), revisitou seu posicionamento, concluindo, em linhas gerais, que não há, nem jamais poderia haver, razão científica para justificar a eficiência como um ideal superior aos demais.

Em *quinto* lugar, em decorrência do ponto acima, esclarecemos que a abordagem de Direito & Economia constitui-se em um *instrumental de observação da realidade social* e,

> "[a]o contrário do que o senso comum adota, o objeto de estudo da ciência econômica não é o dinheiro ou a economia (no sentido de mercados de compra e venda), mas as consequências das decisões ou escolha dos indivíduos, sob quaisquer aspectos: escolhas sobre aquisições materiais sim, mas também escolhas de alocação de tempo, de planejamento de carreira, de investimento em escolaridade, de carreira, de constituição de família, e, por que não, de cometer ou não atos ilícitos"[13].

Feita a lembrança destas premissas para alinharmos as expectativas, o leitor poderá, despido de quaisquer preconceitos porventura previamente existentes e com uma mente aberta, refletir verdadeiramente no que consiste o Direito Societário, e como se dá sua inter-relação com a Economia, como será explanado adiante. Esperamos que a análise econômica do Direito Societário contribua para a análise não apenas de cada árvore, mas sim da floresta como um todo[14], ao procurar compreender as relações entre sociedades, sócios, administradores, credores, colaboradores e a comunidade. Ao mergulharmos nos motivos e nos processos decisórios de cada centro de interesses que integram e/ou orbitam uma sociedade, teremos condições de avaliar, fundamentalmente, quais os *efeitos* no arranjo societário pretendido. Antes, contudo, precisaremos melhor definir o real objeto de estudo do Direito Societário.

2. OBJETO DE ESTUDO DO DIREITO SOCIETÁRIO

O Direito Societário, como o nome já diz, preocupa-se com o estudo das sociedades. Mas qual o motivo para que se dê tanta importância e autonomia a este campo do saber jurídico? A resposta jaz na constatação de que *as sociedades organizam a atividade empresarial*. Nas palavras de Rachel Sztajn[15], "talvez porque a empresa, a grande ou a macroempresa, tenha suporte em sociedades, companhias, é comum ver a palavra *empresa* utilizada como sinônimo de *sociedade*"[16], de modo que "a organização socie-

---

13. YEUNG, Luciana Luk-Tai. Análise econômica do direito do trabalho e da reforma trabalhista (Lei nº 13.467/2017). *Revista Estudos Institucionais*, vol. 3, 2, 2017, p. 894. Nesse sentido, vale conferir a obra de Gary Stanley Becker (1930-2014), prêmio Nobel de Economia em 1992.

14. Como disse José Reinaldo de Lima Lopes, "[j]uristas enxergam as ações judiciais, não as atividades. [...] Ele não está treinado para entender o que seja uma estrutura: então, ele está mais capacitado para perceber a árvore do que a floresta." (TIMM, Luciano Benetti. Ainda sobre a função social do direito contratual no Código Civil brasileiro. In: TIMM, Luciano Benetti (org.). *Direito e Economia*. Porto Alegre: Livraria do Advogado, 2008, p. 63.)

15. Teoria jurídica da empresa: atividade empresária e mercados. 2ª ed. São Paulo: Atlas: 2010, p. 162.

16. Cabe aqui um esclarecimento em relação à terminologia utilizada: optamos por utilizar os termos "empresa", "sociedade" e "sociedade empresária" como praticamente sinônimos (uma escolha em prol da fluidez do texto e da eficiência), em que pese saibamos que existam distinções técnicas entre tais termos, do ponto

tária aparece como o melhor tipo contratual para acomodar a empresa"[17]. Ou seja, o Direito Societário possui todo um instrumental que é necessário para a organização da atividade empresarial (se ainda não foi possível compreender a importância de uma análise *econômica* do Direito Societário, desistimos desta empreitada...).

Nas universidades brasileiras, ao se lecionar Direito Societário – após horas-aula tratando da *societas* romana, das corporações de ofício na Idade Média, da Companhia Holandesa das Índias Orientais e da teoria dos atos de comércio –, é comum iniciarmos com o disposto no artigo 981 do Código Civil de 2002 ("CC"), que reza que "[c]elebram contrato de sociedade as pessoas que reciprocamente se obrigam a contribuir, com bens ou serviços, para o exercício de atividade econômica e a partilha, entre si, dos resultados." De pronto, algumas observações importantes quanto a tal dispositivo legal: a sociedade (i) seria um contrato (plurilateral, conforme a doutrina mais aceita[18]); (ii) volta-se ao exercício de atividade *econômica*; e (iii) visa à partilha dos resultados (que é um termo neutro, podendo significar lucros ou prejuízos). Mas o que é propriamente uma atividade econômica, empresária?

Para responder tal pergunta, o professor de Direito Societário recorrerá ao artigo 966 do Código Civil de 2002: "[c]onsidera-se empresário quem exerce profissionalmente atividade econômica organizada para a produção ou a circulação de bens ou de serviços." O arcabouço jurídico nos dirá, assim, que uma empresa precisa (i) ser profissional, (ii) exercer atividade econômica, (iii) ser organizada e (iv) ter o escopo de produção ou circulação de bens ou serviços. Na sequência, a dogmática explicará[19] cada um dos requisitos a fim de que a atividade seja caracterizada como empresária. Ainda assim, aqueles mais inquietos e curiosos não se darão por satisfeitos, e poderão ficar com a sensação de que decoraram tudo, mas compreenderam nada. Ousamos intuir que mesmo os maiores estudiosos de Direito Societário talvez não tenham a coragem de admitir a dificuldade de compreensão desta definição, "importada" do

---

de vista do Direito Societário. Optamos por não utilizar o termo "firma", embora seja recorrente para alguns economistas. Dadas as limitações do presente artigo, não adentraremos nos pormenores atinentes à distinção entre o que é "empresa" para os fins do artigo 966, parágrafo único, do CC. Para tal classificação, recomendamos recorrer ao redator da parte do CC que veio a compor o Livro II, "Do Direito de Empresa": MARCONDES, Sylvio. *Questões de Direito Mercantil*. São Paulo: Saraiva, 1977.

17. Um instituto jurídico que tem ganho destaque para a organização da atividade empresarial é a figura dos fundos de investimento. A indústria de fundos de investimento no Brasil possui mais de R$ 4.134 bilhões sob gestão, em mais de 16 mil fundos, o que faz do Brasil o 10º país em ativos sob gestão no mundo (cf. Anuário da Indústria de Fundos de Investimento de 2018, elaborado por ANBIMA e FGV, disponível em: <https://cef. fgv.br/sites/cef.fgv.br/files/arquivos/anuariofgv-2018-final.pdf>, acesso em 9 de outubro de 2018). Porém, fundos de investimento são condomínios, e não sociedades (cf. art. 50 da Lei nº 4.728/1965; art. 126, § 1º, *in fine*, da Lei nº 6.404/1976; art. 3º da Instrução da CVM nº 555/2014; Processo CVM-RJ 2005/2345), motivo pelo não constituem, conforme a melhor técnica, objeto de estudo do Direito Societário (e sim do Direito do Mercado de Capitais ou do Direito Empresarial *lato sensu*). Para eventual aprofundamento em relação a fundos de investimento, vide: DUFLOTH, Rodrigo. *A proteção do investidor em fundos de investimento*. Rio de Janeiro: Lumen Juris, 2017.

18. Vide, a esse respeito, o clássico: ASCARELLI, Tullio. O contrato plurilateral. In: ASCARELLI, Tullio (Org.). *Problemas das sociedades anônimas e direito comparado*. São Paulo: Saraiva e Cia, 1945, p. 271-332.

19. Vide: WALD, Arnoldo. Comentários ao Novo Código Civil, v. XIV: livro II, do direito de empresa. 2. ed. Rio de Janeiro: Forense, 2010, p. 38-44.

Código Civil Italiano de 1942. E, justamente devido à influência italiana, costuma-se recorrer também a artigo de Alberto Asquini, de 1943[20], que define a "empresa" como um conceito "poliédrico", com 4 perfis: (i) subjetivo (empresário ou sociedade empresária, enquanto sujeito de direito); (ii) funcional (atividade empresarial, como fato jurídico); (iii) objetivo ou patrimonial (estabelecimento, objeto de direito); e (iv) corporativo (instituição). A tendência do jurista a classificações e a estabelecer conceitos pode ser útil às vezes (e quiçá sedutora), mas corremos o risco de nos perder na árvore e não enxergarmos a floresta (recorrendo, novamente, à metáfora do item 1 acima). Porém, o óbvio pode estar diante de nossos olhos, mesmo que não desejemos vê-lo, por apego à dogmática ensimesmada. O fato, na realidade, é muito simples: *o conceito de empresa tem base econômica, e não jurídica!*

Nesse contexto, não há como o estudioso do Direito Societário limitar-se ou restringir suas investigações apenas à sua disciplina (autonomia e independência não significam isolamento científico[21]), uma vez que outras áreas do conhecimento estudam mercados e empresas. É evidente, pois, que pensar em empresa, atividade empresária, sociedade empresária etc. impõe a compreensão da visão *econômica* do instituto. Repetimos: empresas são organizações *econômicas*, que visam ao desenvolvimento das atividades de produção e distribuição de bens e serviços nos mercados. Ora, se o objeto de estudo do Direito Societário são as sociedades, que se propõem a organizar a atividade econômica, na forma de empresas (ora, pois!), no que consistem as empresas, para os economistas?

3.   A EMPRESA PARA RONALD H. COASE

Ronald Harry Coase, ganhador do Nobel de Economia em 1991, é o *founding father* da análise econômica do direito, e sua contribuição para o Direito Societário é enorme. Em pioneiro artigo de 1937, "*The Nature of the Firm*"[22], ele demonstrou que mesmo quando na presença de mercados ativos e eficientes, os agentes econômicos organizam atividades sob forma de empresa, e o fazem para reduzir "custos de transação". Esclarecemos que *transação* é, para economistas[23], qualquer operação econômica que promova a circulação de riqueza na sociedade. E o que são "custos de transação"?

Podemos defini-los, conforme Rachel Sztajn[24], como aqueles custos incorridos na realização de uma transação, representados, *ou não*, por dispêndios financeiros, mas que decorrem do conjunto de ações e medidas adotadas antes, durante e depois

---

20. Perfis da empresa. Trad. Fábio Konder Comparato. *Revista de Direito Mercantil 104/109-126*, out.-dez. 1996.
21. Como aponta muito bem Rachel Sztajn (ob. cit. p. 150).
22. COASE, Ronald H. The nature of the Firm. *Economica*, v. 4, n. 16. Londres: New Series, 1937. Vide, ainda: COASE, Ronald H. *A firma, o mercado e o direito*. Rio de Janeiro: Forense Universitária, 2016.
23. Alertamos que o conceito *jurídico* de transação (arts. 840 e ss. do CC) nada tem a ver com o seu conceito *econômico*, que é muito mais amplo, como explicado acima. Muito embora uma transação jurídica também a seja, do ponto de vista econômico.
24. Ob. cit., p. 110.

de consumada a operação econômica. Tais custos incluem, por exemplo, o esforço na procura de bens em mercados; a análise comparativa de preço e qualidade antes de decisão; o desenho da garantia que incentiva o cumprimento das obrigações pela outra parte; o adimplemento certo, seguro e a tempo; outras garantias que se exija para fazer frente a eventual inadimplemento, pela contraparte; a redação de instrumentos contratuais que reflitam as tratativas entre contratantes e disponham sobre direitos, deveres e obrigações etc.

O grande *insight* de Ronald H. Coase, no artigo acima referido, é que as empresas visam a, de forma eficiente, *reduzir os custos de transação*, mediante a utilização de mecanismos que gerem o máximo de benefícios líquidos. Não por outra razão, Ronald H. Coase vê nas empresas uma forma de desenvolvimento da atividade econômica, em várias situações ou hipóteses, superior aos mercados. A empresa permite centralizar e organizar a produção, reduzindo custos de ir a mercados. Ou, dito de outra forma, *as empresas crescem até que a economia obtida entre o custo de realizar ou organizar qualquer operação internamente seja superior ao custo de realizar a mesma operação via mercados*[25]. Sem que se perceba alguma economia decorrente da organização, não se justificam as empresas![26] (Os empreendedores de *startups* sabem muito bem disso, ao testar várias hipóteses, sendo necessário "pivotar" antes de ganhar tração e lançar-se ao mercado[27]...)

Neste cenário, a empresa é geralmente definida por economistas como um conjunto de relações contratuais (feixe de contratos[28]). Talvez tenhamos uma maior acuracidade se definirmos a empresa como um feixe *para* contratos, no sentido de que a empresa se presta a atuar, fundamentalmente, como contraparte em diversos contratos com fornecedores, empregados e consumidores, coordenando ações de tais múltiplas partes por meio do exercício de direitos contratuais, enquanto opera como uma única parte, distinta dos vários indivíduos que a compõem, detém, administram, ou nela trabalham[29]. O que é a empresa, logo, senão uma ficção legal que serve como núcleo para um conjunto de relações contratuais? A seguir, veremos de maneira mais detalhada cada um dos principais atributos que caracterizam uma sociedade empresária, em uma análise funcional[30] da questão.

---

25. Após Coase, esta ideia foi desenvolvida, ao se verificar que a empresa é um modo de organização da produção em que a coalizão supera o mercado, uma vez que a empresa permite melhor controle dos riscos de oportunismo (cf. ALCHIAN, Armen A.; DEMSETZ, Harold. Production, Information Costs, And Economic Organization, *American Economic Review*, 62, 777-795, 1972).

26. SZTAJN, Rachel. Ob. cit., p. 11.

27. Para maiores detalhes a respeito deste modelo, recomendamos: RIES, Eric. *A Startup Enxuta: Como os empreendedores atuais utilizam inovação contínua para criar empresas extremamente bem-sucedidas*. São Paulo: Leya Editora, 2012.

28. JENSEN, Michael; MECKLING, William. *The theory of the firm: managerial behavior, agency costs and ownership structure*. Journal of Financial Economics, v. 3, 1976.

29. Nesse sentido: ARMOUR, John; ENRIQUES, Luca; et al. *The Anatomy of Corporate Law: A Comparative and Functional Approach*. 3. ed. Oxford University Press, 2017, p. 4-5.

30. Em "*The Anatomy of Corporate Law: A Comparative and Funcional Approach*", os autores admitem que seria mais adequado denominar a abordagem comparativa realizada como "econômica", ao invés de "funcional".

4. SOCIEDADE EMPRESÁRIA: PRINCIPAIS ATRIBUTOS

De antemão, deve-se ressalvar ao leitor que há várias e diferentes formas de sociedades, no Brasil e no mundo. No direito brasileiro, os tipos societários são *numerus clausus* (conforme o artigo 983 do CC[31]), isto é, tecnicamente não há possibilidade de se criar um novo tipo societário, além dos que constam em lei, quais sejam: (i) empresa individual de responsabilidade limitada – EIRELI (art. 980-A, CC); (ii) sociedade em comum (arts. 986-990, CC); (iii) sociedade em conta de participação (arts. 991-996, CC); (iv) sociedade simples (abrangendo cooperativas, cf. art. 982, parágrafo único, CC) (arts. 997-1.038, CC); (v) sociedade em nome coletivo (arts. 1.039-1.044, CC); (vi) sociedade em comandita simples (arts. 1.045-1.051, CC); (vii) sociedade limitada (arts. 1.052-1.087, CC); (viii) sociedade anônima (arts. 982, parágrafo único; 1.088 e 1.089, CC, além da Lei nº 6.404/1976[32]); e (ix) sociedade em comandita por ações (arts. 1.090-1.092, CC, além da Lei nº 6.404/1976). E um mesmo tipo societário pode assumir estruturas diametralmente opostas, como é o caso das sociedades limitadas no Brasil, que podem abrigar desde uma modesta padaria até empresas transnacionais.

Diante das limitações existentes no presente artigo, teremos de realizar um "corte metodológico" e focar nos tipos societários mais importantes para nossa análise. Aqueles com maior prática em Direito Societário saberão que podemos resumi-los a 2 (dois): sociedades limitadas (Ltda.) e sociedades anônimas (S.A.). E não poderia ser diferente: em consulta online à base de dados da Junta Comercial do Estado de São Paulo ("JUCESP")[33], constatamos a existência de (i) 1.677.414 sociedades limitadas ativas e (ii) 19.131 sociedades anônimas ativas, com operações no Estado de São Paulo[34]. Na outra ponta, foram identificadas, por exemplo, 9 (nove) sociedades em comandita simples e 4 (quatro) sociedades em comandita por ações, na mesma base de dados (optamos, assim, por deixar os tipos societários "menores" de lado).

Com as devidas ressalvas acima, procuraremos, neste item 4, traçar os principais atributos que caracterizam uma sociedade empresária (notadamente, seu tipo societário mais "robusto", a sociedade anônima, especialmente se companhia

---

Porém, optaram pelo termo "funcional" por soar mais neutro, enquanto "econômico" poderia ser equivocadamente interpretado, por poder conter alguma carga axiológica, pelo intérprete (ARMOUR, John; ENRIQUES, Luca; et al. Ob. cit., p. 4).

31. "Art. 983. A sociedade empresária deve constituir-se segundo um dos tipos regulados nos arts. 1.039 a 1.092; a sociedade simples pode constituir-se de conformidade com um desses tipos, e, não o fazendo, subordina-se às normas que lhe são próprias. Parágrafo único. Ressalvam-se as disposições concernentes à sociedade em conta de participação e à cooperativa, bem como as constantes de leis especiais que, para o exercício de certas atividades, imponham a constituição da sociedade segundo determinado tipo."

32. Também chamada de Lei das Sociedades por Ações, abrangendo (i) sociedades anônimas e (ii) sociedades em comandita por ações.

33. Fonte: <https://www.jucesponline.sp.gov.br/ResultadoBusca.aspx?IDProduto=>. Acesso em 10 out. 2018.

34. Apenas a título de curiosidade, foram identificadas, por exemplo, 9 (nove) sociedades em comandita simples e 4 (quatro) sociedades em comandita por ações, na mesma base de dados. Neste caso, optamos por deixar os tipos societários "menores" de lado.

aberta), não apenas no Brasil, como também nas principais economias do mundo[35], sob uma análise econômica do fenômeno. Podemos defini-los sucintamente como os seguintes: (i) regras para sua constituição formal; (ii) personalidade jurídica; (iii) responsabilidade limitada; (iv) separação entre a propriedade e o controle; (v) ações transferíveis; e (vi) administração centralizada[36].

Como *primeiro* atributo, temos a existência de *regras para sua criação formal*, isto é, há regras que definem como deve ser constituída uma sociedade empresária, por se tratar de uma pessoa jurídica[37]. Não muito tempo atrás, constituir uma sociedade era um *privilégio* outorgado pelo Estado, como é o caso paradigmático da criação do Banco do Brasil S.A., em 1808, com a vinda da família real portuguesa ao Rio de Janeiro. Na sequência, as exigências foram amenizadas, sendo necessária *autorização* do Governo, como uma espécie de licença administrativa. Somente no fim do século XIX é que passou a viger a fase da *liberdade* de constituição das empresas[38].

O *segundo* atributo central é a personalidade jurídica, uma construção jurídica que demorou séculos para se desenvolver. A grande vantagem deste atributo é possibilitar a separação entre ativos da pessoa jurídica e ativos pessoais de seus sócios, administradores, colaboradores etc. Por decorrência, credores da empresa devem, via de regra[39], recorrer a ativos da pessoa jurídica *antes* de recorrer a ativos de seus sócios. Em termos econômicos, o direito se presta a reduzir os custos de fazer negócios, ao possibilitar que uma pessoa jurídica possa (i) ser capaz de celebrar contratos, (ii) deter imóveis, (iii) delegar autoridade a certos representantes e (iv) ser capaz de processar e ser processada[40].

Como *terceiro* atributo, temos a reponsabilidade limitada, tão "atacada" nos dias de hoje[41]. Em tese, ao se estabelecer que a responsabilidade dos sócios deve limitar-

---

35. Para tanto, nos basearemos em ARMOUR, John; ENRIQUES, Luca; et al. Ob. cit., p. 5-15, conjuntamente com BAINBRIDGE, Stephen M. *Corporate Law*. 2. ed. Foundation Press, 2008, p. 1-8, com pequenas adaptações que, em nosso entendimento, melhor se amoldam à realidade brasileira.

36. Para uma crítica em relação a tais atributos, à luz da realidade societária brasileira, vide: PARGENDLER, Mariana. *How Universal is the Corporate Form? Reflections on the Dwindling of Corporate Attributes in Brazil* (February 20, 2018). Disponível em: <https://ssrn.com/abstract=3126838>. Acesso em 11 out. 2018.

37. Nesse sentido, dispõe o CC: "Art. 45. Começa a existência legal das pessoas jurídicas de direito privado com a inscrição do ato constitutivo no respectivo registro, precedida, quando necessário, de autorização ou aprovação do Poder Executivo, averbando-se no registro todas as alterações por que passar o ato constitutivo."

38. Para uma análise histórica, vide: LAMY FILHO, Alfredo; PEDREIRA, José Luiz Bulhões. A lei das S.A.: *pressupostos, elaboração, aplicação*. 3ª ed. Rio de Janeiro: Renovar, 1997. v. I, p. 111-121.

39. Há hipóteses de desconsideração da pessoa jurídica, conforme a regra geral do CC: "Art. 50. Em caso de abuso da personalidade jurídica, caracterizado pelo desvio de finalidade, ou pela confusão patrimonial, pode o juiz decidir, a requerimento da parte, ou do Ministério Público quando lhe couber intervir no processo, que os efeitos de certas e determinadas relações de obrigações sejam estendidos aos bens particulares dos administradores ou sócios da pessoa jurídica."

40. Cf. ARMOUR, John; ENRIQUES, Luca; et al. Ob. cit., p. 8.

41. Recomendamos, a esse respeito, a obra: SALAMA, Bruno M. O Fim da Responsabilidade Limitada *no Brasil: História, Direito e Economia*. São Paulo: Malheiros, 2014.

se ao valor aportado[42], os sócios tendem a correr mais riscos, empreendendo mais e facilitando a diversificação de seus negócios[43]. Nesse sentido, já se chegou a afirmar que a limitação da responsabilidade constituiu a chave para o capitalismo industrial: se o mundo moderno foi desenvolvido em praticamente 2 séculos de industrialização, grande parte deste desenvolvimento se deve aos consideráveis vultos de capital investido, o que só foi possível pela limitação de reponsabilidade[44].

O *quarto* atributo é a separação entre a propriedade e o controle: deter ações/quotas de uma sociedade não significa, necessariamente, controlá-la. Por isso, é tão importante compreender adequadamente o poder de controle[45] e as diferentes possíveis estruturas. O clássico *"The Modern Corporation and Private Property"*, publicado em 1932 por Adolf A. Berle e Gardiner Means (um advogado e um economista, diga-se de passagem), identificou 3 tipos de companhias, de acordo com a titularidade acionária de cada[46]: (i) controle majoritário, quando há um acionista detentor de mais de 50% das ações votantes em circulação; (ii) controle minoritário, quando há um acionista detentor de menos de 50% das ações votantes em circulação, mas que, ainda assim, capaz de exercer efetivamente o seu voto; (iii) controle gerencial, quando nenhum acionista (ou grupo de acionistas) tem ações suficientes para ter controle efetivo da empresa.

O *quinto* atributo são ações facilmente transferíveis, que permitem a condução praticamente ininterrupta dos negócios pela empresa, independentemente de alterações à identidade dos titulares de ações, evitando complicações com saídas de sócios. Justamente porque as contrapartes da sociedade empresária podem confiar que o "conjunto de contratos" que constitui a empresa será mantido em conjunto, não há necessidade de uma regra que exija expressamente que os sócios continuem participando *ad eternum* da empresa[47].

O *sexto* atributo é a existência de uma administração centralizada, podendo incluir uma estrutura dual, composta por Conselho de Administração + Diretoria (mais comum em S.A.), ou apenas Diretoria/Administração (usual em Ltda). No caso de sua estrutura mais sofisticada, com um Conselho de Administração, este possui geralmente as seguintes características[48]: (i) é separado da administração operacional da companhia; (ii) é eleito pelos acionistas; (iii) embora eleito por

---

42. Lembrando que, no caso de uma sociedade limitada, "a responsabilidade de cada sócio é restrita ao valor de suas quotas, mas todos respondem solidariamente pela integralização do capital social" (art. 1.052, CC). E, no caso das sociedades anônimas, tecnicamente "a responsabilidade dos sócios ou acionistas será limitada ao preço de emissão das ações subscritas ou adquiridas" (art. 1° da Lei nº 6.404/1976).
43. Cf. ARMOUR, John; ENRIQUES, Luca; et al. Ob. cit., p. 9.
44. Fonte: <https://www.economist.com/finance-and-economics/1999/12/23/the-key-to-industrial-capitalism-limited-liability>. Acesso em 10 out. 2018.
45. Por isso, a análise feita por Fábio Konder Comparato, nos anos 1970, foi e é tão relevante para o Direito Societário: *O poder de controle* na sociedade *anônima*. 3ª ed. Rio de Janeiro: Forense, 1983.
46. Cf. BAINBRIDGE, Stephen M. Ob. cit., p. 5
47. Cf. ARMOUR, John; ENRIQUES, Luca; et al. Ob. cit., p. 10.
48. Cf. ARMOUR, John; ENRIQUES, Luca; et al. Ob. cit., p. 12.

acionistas, é totalmente distinto destes; (iv) possui múltiplos membros. Novamente, há variações e especificidades em cada caso, mas podemos dizer que tais atributos são os de praxe.

Uma vez definidas as principais características de sociedades empresárias, que são o objeto de estudo do Direito Societário, temos de explorar o que o direito deve tutelar, nesse contexto. Ou, dito de outra forma, qual o propósito das regras de Direito Societário? Elas devem impor condutas e restrições, exigir a adoção de cláusulas padronizadas, ter aplicação supletiva quando as partes não dispuserem nada a respeito, ou seria melhor simplesmente deixar às partes, por elas mesmas, decidirem como organizar sua atividade empresarial?

5. PARA QUE SERVEM AS REGRAS DE DIREITO SOCIETÁRIO?

Considerando que, como vimos no item 2 acima, a relação entre os participantes de uma sociedade é primariamente *contratual* (mediante figuras como o estatuto/contrato social, acordos de acionistas/quotistas e outros arranjos societários), devemos nos perguntar: se as regras legais não existissem, a relação entre as partes não seguiria se dando simplesmente por meio de contratos? Qual é, então, a função do Direito Societário? Para endereçarmos esta pergunta, devemos fazer uma importante distinção, entre: (i) regras cogentes ou imperativas (i.e., que não podem ser afastadas pela vontade das partes, que devem cumpri-las); e (ii) regras dispositivas ou supletivas (i.e., das quais as partes podem dispor, escolhendo não aplicá-las, ou aplicando-as supletivamente). Em verdade, nesta distinção aparentemente banal reside grande parte dos problemas de interpretação dos textos legais.

Dentre as últimas (regras dispositivas ou supletivas), é comum a existência de regras "modelo" (as "*default rules*"), que, por opção das partes, podem ser adotadas, no todo ou em parte. A vantagem é que elas salvam custos, ao simplificar a contratação entre as partes envolvidas, exigindo delas que apenas especifiquem os termos de suas transações que difiram das regras padrão. *No mundo ideal, regras deste tipo devem ser boas o suficiente para conter aquilo que partes bem-informadas teriam escolhido, por elas mesmas, se tivessem negociado.* Em alguns casos, é visível que se tratam de regras supletivas[49]; em outros, é mais difícil avaliar, por não estar expresso no dispositivo legal[50].

---

49. Exemplos (grifamos): (i) Lei nº 6.404/1976: "Art. 59. [...] § 1º Na companhia aberta, o conselho de administração pode deliberar sobre a emissão de debêntures não conversíveis em ações, *salvo disposição estatutária em contrário*"; (ii) CC: "Art. 1.063. [...] § 1º Tratando-se de sócio nomeado administrador no contrato, sua destituição somente se opera pela aprovação de titulares de quotas correspondentes, no mínimo, a dois terços do capital social, *salvo disposição contratual diversa.*"

50. Exemplo: uma leitura "fria" do art. 109, IV, da Lei nº 6.404/1976, que lista os direitos essenciais dos acionistas ("Art. 109. Nem o estatuto social nem a assembleia geral poderão privar o acionista dos direitos de: [...] IV – preferência para a subscrição de ações [...]"), poderia levar ao entendimento de que o acionista não poderia dispor do seu direito de preferência. Mas sabemos que, na realidade societária, se trata de um direito que pode ser cedido e transacionado.

Por outro lado, disposições cogentes ou imperativas, do ponto de vista da AED, são importantes quando há "falhas na contratação", como no caso de uma parte ser explorada pela outra, por não deter as informações suficientes e razoáveis para a tomada de decisão; ou se a contratação afeta interesses de terceiros, com relevância; ou uma ação coletiva das partes, mesmo se bem intencionadas, poderia levar a disposições ineficientes ou injustas[51]. É preciso levar em consideração, contudo, que regras imperativas engendram custos, e somente deveriam ser empregadas quando os custos por elas criados fossem inferiores aos do problema a ser equacionado[52,53].

Mais especificamente, a existência de regras claras pode mitigar uma grave questão existente em sociedades empresárias, a existência dos chamados "contratos incompletos"[54]: seus atos constitutivos, mesmo que alterados de tempos em tempos, têm a árdua missão de reger relações complexas em um longo período de tempo. No longo prazo, o estatuto/contrato social poderá não ser suficiente para fornecer uma orientação clara, seja porque a situação não era previsível no momento inicial da contratação, seja porque a situação parecia tão impossível de ocorrer que não fazia sentido incorrer em custos de transação de deixar tais hipóteses mais claras. Neste contexto, *o Direito Societário possui a função de preencher lacunas*, simplesmente fornecendo interpretações adequadas em relação a acordos privados.

Por isso, a existência de cortes especializadas em Direito Societário possui uma função essencial na economia e no fomento do ambiente de negócios. A esse respeito, o caso do Estado de Delaware, nos Estados Unidos da América, é emblemático. Lembramos que, por lá, é possível escolher a lei de qual Estado será aplicável para conflitos societários: uma sociedade pode, por exemplo, ter sua sede (*principal place of business*) no Estado de Nova York, mas ser regida pelas leis do Estado de Delaware. Há discussão sobre se a competição gerada entre os Estados é positiva ou negativa[55], mas fato é que o Estado de Delaware é, hoje, a maior fonte de Direito Societário dos Estados Unidos da América, porque mais da metade das companhias listadas na *New York Stock Exchange* e aproximadamente 60% das empresas da Fortune 500

---

51. ARMOUR, John; ENRIQUES, Luca; et al. Ob. cit., p. 19.
52. Cf. MACKAAY, Ejan; ROUSSEAU. Ob. cit., p. 571.
53. Infelizmente, este conceito básico parece não ter sido levado em consideração pelos autores do Projeto de Novo Código Comercial. Vide, a esse respeito: TIMM, Luciano Benetti. *Artigos e ensaios em Direito e Economia*. Rio de Janeiro: Lumen Juris, 2018, p. 135-153.
54. "[...] na redação de contratos de longo prazo (os quais, na visão de Coase, serviriam para reduzir custos de transação impostos por inúmeras e seguidas contratações de curto prazo), é difícil descrever, com precisão, as prestações a que se obrigam as partes ao longo do prazo de duração do contrato que venham a ser atingidas por quaisquer eventos externos; será quase possível prever todas as ações mais convenientes que cada uma delas poderá adotar; é comum que o clausulado dos contratos sejam apresentado de forma mais ou menos genérica, permitindo que, ao longo do tempo, sejam feitas as especificações necessárias, [...] há custos de transação, alguns "ex ante" e outros "ex post" (aqueles relacionados à definição inicial do contrato e das salvaguardas em face de eventos futuros; estes relacionados à renegociação para adequar a relação negocial aos eventos, ao custo de solução de controvérsias e ao custo de garantia do cumprimento das obrigações)" (SZTAJN, Rachel. Sociedades e contratos incompletos. *Revista da Faculdade de Direito*, Universidade de São Paulo, São Paulo, v. 101, p. 171-179, jan. 2006).
55. Vide ARMOUR, John; ENRIQUES, Luca; et al. Ob. cit., p. 21-22.

são constituídas conforme as leis de Delaware. Isto se deve aos seguintes fatores: (i) precedentes testados, que interpretam a *Delaware General Corporation Law* (DGCL); (ii) há um tribunal especializado em Direito Societário (*Court of Chancery*), com (a) *chancelors* especializados em Direito Societário e (b) decisões ágeis[56] (nesse sentido, é louvável, no Brasil, a recente criação de Varas Empresariais pelo TJ-SP[57]).

A função do Direito Societário, assim, é a de preencher lacunas para, no final do dia, servir aos interesses da comunidade, maximizando o bem-estar de todos que são afetados pelos interesses de uma sociedade empresária: sócios, administradores, fornecedores, credores, colaboradores e a comunidade como um todo. Para fazer isso, deveremos buscar por soluções para um problema basilar das sociedades empresárias: os conflitos de agência, que se dão, em grande medida, devido a assimetrias informacionais.

6. OS CONFLITOS DE AGÊNCIA E AS ASSIMETRIAS DE INFORMAÇÃO

Se tivéssemos de explicar todo o Direito Societário por meio de um único conceito, este seria: *conflito de agência*. A maior parte dos problemas existentes no Direito Societário têm relação com 3 (três) principais formas de oportunismo endêmicos em sociedades empresárias: (i) conflitos entre sócios e administradores; (ii) conflitos entre sócios controladores e sócios não controladores; e (iii) conflitos entre sócios e outras contrapartes contratuais (incluindo particularmente credores e empregados). Ao analisar a existência de tais conflitos, os economistas já compreenderam a noção de que as pessoas tendem a ser *oportunistas*, isto é, a buscar seu interesse pessoal, muitas vezes recorrendo à astúcia e à trapaça. O oportunismo se torna possível, na prática, devido à existência de *assimetrias informacionais* entre as partes, podendo ensejar, (i) na fase pré-contratual, a seleção adversa, e (ii) na fase pós-contratual, o risco moral[58].

A *seleção adversa* se dá quando uma das partes está mal informada acerca das características de um produto, serviço ou pessoa. Nesse caso, "vendedores" que tiverem bens de boa qualidade não conseguirão um preço justo por seus produtos e, em consequência, tenderão a sair do mercado. assim, a qualidade *média* dos produtos naquele mercado irá diminuir, até que restem apenas produtos de baixa qualidade[59]. O exemplo prático desta situação seria em relação à análise de crédito efetuada por bancos, que poderia ser um caso de seleção adversa se o risco da carteira de clientes fosse superior ao risco médio da população.

---

56. Cf. BAINBRIDGE. Ob. cit., p. 11.
57. Mas ainda temos um longuíssimo caminho para chegar aos pés de Delaware, em termos de uniformidade de interpretação, *know-how* e agilidade. Na data de elaboração deste artigo, ainda não se chegou a um consenso, por exemplo, se sociedades limitadas de grande porte sediadas no Estado de São Paulo devem publicar, ou não, suas demonstrações financeiras, diante da Deliberação JUCESP nº 02/2015, cujo teor segue sob discussão no Judiciário...
58. Cf. MACKAAY, Ejan; ROUSSEAU. Ob. cit., p. 521.
59. Cf. Akerlof, George A. *The Market for 'Lemons': Quality Uncertainty and the Market Mechanism*. Quarterly Journal of Economics (The MIT Press), Vol. 84(3), 1970, p. 488-500.

Já o risco moral ou *moral hazard* se dá posteriormente à conclusão da negociação, quando há um incentivo para que o agente econômico, por não estar inteiramente afetado pelas consequências de suas ações, possa vir a adotar comportamentos mais "frouxos". Explicamos com 2 exemplos ilustrativos: (i) a pessoa que, tendo seu carro coberto por seguro, toma o risco de estacionar em locais ermos, justamente por estar com a apólice de seguro em dia (quando o esperado seria que fosse mantida a mesma cautela que existiria *se* o carro não estivesse coberto pelo seguro); e (ii) um banco que, sabendo que a autoridade bancária o "resgatará" (*bailout*) em caso de quebra, vem a ser mais agressivo e a tomar mais riscos no mercado (é a ideia de "*too big to fail*", em voga no pós Crise de 2008).

Sob a premissa de que informação produz renda, se os benefícios gerados pela operação não forem suficientes para uma eventual partilha, o comportamento estratégico dos negociadores tenderá a mascarar informações (em seu benefício), levando à existência de assimetrias informacionais. Diz-se que uma informação é assimétrica quando uma das partes sabe mais do que a outra sobre o bem ou outro fator que possa desbalancear a operação em seu favor. Neste cenário, os agentes econômicos acabam buscando soluções de mercado a fim de reduzir a assimetria informacional e aumentar o nível de informação, dando um certo atestado de "regularidade" da constituição do negócio como podem ser os sistemas de proteção de crédito, agências de *rating*, *due diligences* por prestadores de serviços com elevada reputação (como firmas de auditoria e escritórios de advocacia), servindo como *gatekeepers*[60].

Outra forma de reduzir a assimetria informacional é por meio do *disclosure*, isto é, a adequada divulgação de informações. Por meio de regras cogentes, o regulador obriga as empresas emissoras a prestar o maior número de informações (*disclosure*) possível para que o próprio investidor – seja capaz de analisar se deve ou não investir em um determinado valor mobiliário, à luz das informações disponíveis. Conforme comenta Sheila Neder Cerezetti:

> [a] defesa de elevados padrões de *disclosure* segue a crença de que agentes dotados de informação são capazes de tomar decisões mais adequadas, após sopesar riscos e benefícios, e de promover integridade nas relações. O fornecimento de informação funciona, também, como mecanismo de proteção contra abusos e condutas ilegais por parte daqueles sobre os quais recai o dever de informar. Acredita-se, ainda, que a transparência protege a autonomia da vontade e torna mais confiáveis os mecanismos de mercado"[61].

---

60. *Gatekeepers* podem ser definidos como: "terceiros que podem impedir a realização de condutas irregulares mediante a retirada de seu apoio" (KRAAKMAN, Reinier. Gatekeepers – The Anatomy of a Third-Party Enforcement Strategy. *Journal of Law, Economics and Organization*, v. 2., n. 1, Spring 1986, p. 54); ou "intermediários reputacionais que fornecem serviços de verificação e certificação para investidores, fazendo, essencialmente, o que investidores não podem fazer por si mesmos" (COFFEE JR., John C. What went wrong: an initial inquiry into the causes of the 2008 financial crisis. *Journal of Corporate Law Studies*, v. 9, Apr. 2009, p. 1).

61. CODORNIZ, Gabriela; PATELLA, Laura (coord.). *Comentários à Lei do Mercado de Capitais – Lei n° 6.385/76*. São Paulo: Quartier Latin, 2015, p. 128.

Contudo, há que se atentar ao aspecto de que a mera divulgação de incontáveis dados não é garantia de proteção ao investidor, especialmente em casos em que o investidor médio não possui preparo suficiente para compreender as informações colocadas à disposição[62], além de fatores relacionados à racionalidade limitada ou enviesada (*bounded rationality*) e à sobrecarga informativa (*information overload*), todos estes assuntos objeto de estudo da Economia Comportamental, que se vale de *insights* da Psicologia (pode-se falar também em *Behavioral Law & Economics*).

A compreensão da existência de assimetrias informacionais (e suas facetas, seleção adversa e risco moral) – mitigadas pelo *disclosure* – se consubstancia justamente nos conflitos de agência. A relação de agência (ou agente-principal) foi classicamente definida por Michael C. Jensen e William H. Meckling[63] como aquela em que, por um contrato, uma parte (principal) encarrega outra (agente) de desempenhar alguma atividade em favor daquela, delegando-se autoridade de tomada de decisão ao agente; e, embora não necessariamente, a transferência de patrimônio, em caráter fiduciário, do primeiro ao segundo. O problema ocorre na necessidade de se efetivamente motivar o agente para atuar em prol dos interesses do principal, e não simplesmente no próprio interesse do agente.

Em especial, o centro do problema reside no aspecto que o agente geralmente possui melhores informações que o principal sobre fatos relevantes (assimetrias informacionais), de modo que o principal não poderá se assegurar perfeitamente que o agente executará suas atividades exatamente conforme o combinado[64]. E, quanto mais complexas as atividades realizadas pelo agente, mais discricionariedade há de ser dada, resultando em uma maior probabilidade de "custos de agência", que podem ser divididos em custos relativos ao:

(i) monitoramento ou fiscalização do desempenho do agente (*monitoring costs*);

(ii) estabelecimento de vínculos do agente com o resultado de sua performance (*monitoring costs*); e

(iii) perdas residuais (*residual losses*), atinentes ao resultado dos danos que o principal sofre por força de uma certa margem escapável de egoísmo maximizador do agente[65].

A função do regulador, nesse contexto, deverá ser de reduzir os "custos de agência", os quais assumem 3 (três) principais formas, no Direito Societário, que aqui recapitulamos[66]:

(i) conflitos entre sócios (principais) e administradores (agentes);

(ii) conflitos entre sócios majoritários (principais) e sócios minoritários (agentes); e

---

62. Cf. LEÃES, Luiz Gastão Paes de Barros. *Mercado de capitais & insider trading*. São Paulo: RT, 1982, p. 133.
63. Cf. Theory of the firm: managerial behavior, agency costs and ownership structure. Journal of Financial Economics, v. 3, nº 4, out. 1976, pp. 305-360.
64. ARMOUR, John; ENRIQUES, Luca; et al. Ob. cit., p. 35-36.
65. Cf. JENSEN, Michael H.; MECKLING, William H. ob. cit., p. 308.
66. Cf. ARMOUR, John; ENRIQUES, Luca; et al. Ob. cit., 29-30.

(iii) conflitos entre a própria sociedade (e/ou seus sócios/administradores) (agente) e terceiros que com ela contratam (principais).

Para procurar reduzir tais conflitos de agência, podemos mencionar estratégias de 2 (dois) tipos: (i) estratégias regulatórias, que são prescritivas e ditam termos substantivos que devem reger o conteúdo da relação agente-principal, tendendo a restringir o comportamento do agente diretamente – basta pensarmos em todos os deveres dos administradores de uma S.A., listados nos artigos 153 a 157 da Lei nº 6.404/1976 –; e (ii) estratégias de governança, que visam a facilitar o *controle* do principal vis-à-vis o comportamento do agente[67]. Governança corporativa pode ser definida como "o sistema pelo qual as empresas e demais organizações são dirigidas, monitoradas e incentivadas, envolvendo os relacionamentos entre sócios, conselho de administração, diretoria, órgãos de fiscalização e controle e demais partes interessadas", convertendo princípios básicos – quais sejam: transparência, equidade, *accountability* e responsabilidade corporativa – em recomendações objetivas, "*alinhando interesses* com a finalidade de preservar e otimizar o valor econômico de longo prazo da organização, facilitando seu acesso a recursos e contribuindo para a qualidade da gestão da organização, sua longevidade e o bem comum"[68].

Portanto, fala-se tanto no tema da governança corporativa justamente por ser uma relevante estratégia, que tem o objetivo de mitigar os conflitos de agência, as assimetrias informacionais e os custos de transação (que vimos acima), mediante a adoção de estruturas de gerenciamento de riscos, controles internos e sistema de conformidade (*compliance*). A análise econômica do direito explica!

7. CONSIDERAÇÕES FINAIS

O presente artigo teve o audacioso objetivo de *tentar* traçar os principais pontos da análise econômica do Direito Societário em poucas páginas, relacionando-os com as sociedades empresariais brasileiras. Após estabelecermos as premissas de nossa jornada, delimitamos o objeto de estudo do Direito Societário e no que consiste a empresa para economistas, a fim de, ato contínuo, mapear os principais atributos de sociedades empresárias e nos questionarmos em relação à função do Direito Societário para, finalmente, adentrarmos nas discussões centrais atinentes às relações entre aqueles que fazem parte e/ou se relacionam com uma empresa.

Terminamos o esforço com brevíssimas considerações em relação ao futuro. Com o avanço exponencial de tecnologias disruptivas e da inteligência artificial, já se fala na possibilidade de que sociedades sejam dirigidas por algoritmos e robôs[69]. Estamos

---

67. Cf. ARMOUR, John; ENRIQUES, Luca; et al. Ob. cit., 31.
68. Cf. Instituto Brasileiro de Governança Corporativa / *Código das melhores práticas de governança corporativa*. 5.ed. São Paulo: IBGC, 2015, p. 20.
69. É o caso da Deep Knowledge Ventures, empresa de venture capital asiática, conforme noticiado em 2014: <https://www.dailymail.co.uk/sciencetech/article-2632920/Would-orders-ROBOT-Artificial-intelligence--world-s-company-director-Japan.html>. Acesso em 11 out. 2018.

em um *point of no return* em relação a novas tecnologias, e talvez as clássicas noções do Direito Societário (mesmo arejado pelas lentes da AED) não mais deem conta de uma realidade tão complexa. Em um mundo cada vez mais orientado por dados (*big data*, *business analytics*), algoritmos tornam-se infinitamente superior a seres humanos para tomar decisões rapidamente. No mercado financeiro, a inteligência artificial é cada vez mais utilizada[70], e não tardará para robôs-diretores assumirem posições em companhias. Os desafios são enormes!

Mas, para não findarmos imaginando uma realidade distópica futura, fato é que, enquanto as sociedades empresárias, no Brasil, seguirem sendo constituídas por seres humanos, aqueles que trabalham no âmbito do Direito Societário têm muito a contribuir. Os que forem capazes de *look at the bigger picture*, com as lentes da economia, perceberão que há uma função bastante nobre no Direito Societário, se cada um procurar atuar como *engenheiros redutores dos custos de transação*. Nas palavras de Stephen M. Bainbridge[71], se você deseja fazer da sociedade um lugar melhor e eliminar a pobreza, deverá se tornar um advogado societário/corporativo. Com isso, estará ajudando o crescimento dos negócios, para criar empregos e fornecer bens e serviços para tornar a vida das pessoas melhor. Se mais acadêmicos celebrassem os aspectos sociais positivos[72] da prática societária e empresarial, talvez os estudantes fossem melhores *gatekeepers*, assim que atuarem na prática!

8. REFERÊNCIAS BIBLIOGRÁFICAS

Akerlof, George A. *The Market for 'Lemons': Quality Uncertainty and the Market Mechanism*. Quarterly Journal of Economics (The MIT Press), Vol. 84(3), 1970.

ALCHIAN, Armen A.; DEMSETZ, Harold. Production, Information Costs, And Economic Organization, *American Economic Review*, 62, 777-795, 1972.

ARMOUR, John; ENRIQUES, Luca; et al. *The Anatomy of Corporate Law: A Comparative and Functional Approach*. 3. ed. Oxford University Press, 2017.

ASCARELLI, Tullio. O contrato plurilateral. In: ASCARELLI, Tullio (Org.). *Problemas das sociedades anônimas e direito comparado*. São Paulo: Saraiva e Cia, 1945.

BAINBRIDGE, Stephen M. *Reflections on Twenty Years of Law Teaching: Remarks at the Rutter Award Ceremony*. UCLA School of Law Research Paper No. 08-16, abril de 2018.

BAINBRIDGE, Stephen M. *Corporate Law*. 2. ed. Foundation Press, 2008.

COASE, Ronald H. *A firma, o mercado e o direito*. Rio de Janeiro: Forense Universitária, 2016.

---

70. Como na Bridgewater, de Ray Dalio: <https://www.theguardian.com/technology/2016/dec/22/bridgewater--associates-ai-artificial-intelligence-management>. Acesso em 11 out. 2018.

71. Stephen M. Reflections on Twenty Years of Law Teaching: Remarks at the Rutter Award Ceremony. UCLA School of Law Research Paper No. 08-16, abril de 2018, p. 9.

72. Em sentido oposto, renomado comercialista brasileiro (com o qual discordamos): "O nosso trabalho, dos advogados comercialistas, não tem nada de *glamour*. Fazer com que os nossos clientes ganhem mais dinheiro ou percam menos resume toda a nossa função e responsabilidade. Se isso for pouco para gratificar você, enquanto profissional e mesmo sob a perspectiva existencial, mais profunda, não perca tempo e mude de área jurídica." Fonte: <https://www.jota.info/carreira/bilhete-a-um-jovem-comercialista-26082017>. Acesso em 11 out. 2018.

COASE, Ronald H. The nature of the Firm. *Economica*, v. 4, n. 16. Londres: New Series, 1937.

CODORNIZ, Gabriela; PATELLA, Laura (coord.). *Comentários à Lei do Mercado de Capitais – Lei nº 6.385/76*. São Paulo: Quartier Latin, 2015.

COFFEE JR., John C. What went wrong: an initial inquiry into the causes of the 2008 financial crisis. *Journal of Corporate Law Studies*, v. 9, Apr. 2009.

DUFLOTH, Rodrigo. *A proteção do investidor em fundos de investimento*. Rio de Janeiro: Lumen Juris, 2017.

JENSEN, Michael; MECKLING, William. *The theory of the firm: managerial behavior, agency costs and ownership structure*. Journal of Financial Economics, v. 3, 1976.

KRAAKMAN, Reinier. Gatekeepers – The Anatomy of a Third-Party Enforcement Strategy. *Journal of Law, Economics and Organization*, v. 2., n. 1, Spring 1986.

LAMY FILHO, Alfredo; PEDREIRA, José Luiz Bulhões. A lei das S.A.: *pressupostos, elaboração, aplicação*. 3ª ed. Rio de Janeiro: Renovar, 1997. v. I.

LEÃES, Luiz Gastão Paes de Barros. *Mercado de capitais & insider trading*. São Paulo: RT, 1982.

MANNE, Henry G. (1928-2015): How Law and Economics Was Marketed in a Hostile World: A Very Personal History. In: PARISI, Francesco; ROWLEY, Charles K (org.). *The origins of law and economics: essays by the founding fathers*, pp. 309-327, 2005.

MACKAAY, Ejan; ROUSSEAU; Stéphane. *Análise econômica do direito*. Trad. Rachel Sztajn. 2ª ed. São Paulo: Atlas, 2015.

MARCONDES, Sylvio. *Questões de Direito Mercantil*. São Paulo: Saraiva, 1977.

PARGENDLER, Mariana. *How Universal is the Corporate Form? Reflections on the Dwindling of Corporate Attributes in Brazil* (February 20, 2018). Disponível em: <https://ssrn.com/abstract=3126838>. Acesso em 11 out. 2018.

PARGENDLER, Mariana; SALAMA, Bruno M. Direito e consequência no Brasil: em busca de um discurso sobre o método. *Revista de Direito Administrativo (RDA)*, v. 262, 2013.

RIES, Eric. *A Startup Enxuta: Como os empreendedores atuais utilizam inovação contínua para criar empresas extremamente bem-sucedidas*. São Paulo: Leya Editora, 2012.

SALAMA, Bruno M. O Fim da Responsabilidade Limitada *no Brasil: História, Direito e Economia*. São Paulo: Malheiros, 2014.

SALOMÃO FILHO, Calixto. *O novo direito societário*. 4. ed. São Paulo: Malheiros, 2011.

SZTAJN, Rachel. *Teoria jurídica da empresa: atividade empresária e mercados*. 2ª ed. São Paulo: Atlas: 2010.

SZTAJN, Rachel. Sociedades e contratos incompletos. *Revista da Faculdade de Direito*, Universidade de São Paulo, São Paulo, v. 101, p. 171-179, jan. 2006.

TIMM, Luciano Benetti. Ainda sobre a função social do direito contratual no Código Civil brasileiro. In: TIMM, Luciano Benetti (org.). *Direito e Economia*. Porto Alegre: Livraria do Advogado, 2008.

WALD, Arnoldo. Comentários ao Novo Código Civil, v. XIV: livro II, do direito de empresa. 2. ed. Rio de Janeiro: Forense, 2010.

YEUNG, Luciana Luk-Tai. Análise econômica do direito do trabalho e da reforma trabalhista (Lei nº 13.467/2017). *Revista Estudos Institucionais*, vol. 3, 2, 2017.

11
ANÁLISE ECONÔMICA DA TRIBUTAÇÃO

Cristiano Carvalho

Doutor e Mestre em Direito Tributário pela Pontifícia Universidade Católica de São Paulo – PUC-SP. Pós-Doutor em Direito e Economia pela *University of California, Berkeley*. Livre-Docente em Direito Tributário pela USP. Professor convidado do Programa de Pós-Graduação em Direito da Universidade de São Paulo, no Instituto Brasileiro de Estudos Tributários – IBET e no Instituto de Economia da Unicamp. Vice-Chair da *International Tax Law Committee, American Bar Association*. Presidente da Academia Tributária das Américas – ATA. Membro fundador e ex-diretor da Associação Brasileira de Direito e Economia – ABDE. Advogado.

1. INTRODUÇÃO

A aplicação da escola de pensamento e do método interdisciplinar conhecido como Análise Econômica do Direito ou, simplesmente, Direito e Economia à tributação é prática corriqueira entre os acadêmicos e profissionais norte-americanos dedicados ao tema. Todavia, por circunstâncias históricas peculiares, bem como por uma influência própria do *civil law* continental europeu, a ciência econômica quedou-se afastada das correntes doutrinárias mais influentes do Direito Tributário em nosso país.

Várias causas específicas poderiam ser identificadas como responsáveis por isso: o positivismo jurídico que marcou fortemente o direito público latino-americano; uma antiga e perene confusão entre a ciência econômica e a ciência das finanças, por boa parte de nossos tributaristas; ou, como já adiantado acima, a influência da doutrina italiana, alemã e ibérica no Direito Tributário brasileiro, em detrimento de uma aproximação com o direito norte-americano.

Seja qual(is) for(em) a(s) causa(s), o fato é que não há mais razão para afastar as potentes lentes da Análise Econômica dos estudos sobre o fenômeno tributário, em vista de simples, porém irrefutáveis argumentos, como veremos a seguir.

Ocorre que a tributação é uma das mais fortes intrusões que o sistema jurídico tem o condão de fazer na esfera de autonomia privada. Por essa mesma aptidão de afetar a liberdade individual, os tributos são potentes estímulos ao comportamento humano, aptos a alterar escolhas e ações dos cidadãos.

Surpreendentemente, a doutrina jurídica clássica (não apenas a tributária) desenvolvida e ensinada em nossas plagas não se preocupa com a relação entre normas jurídicas e comportamento individual. A Análise Econômica, por outro lado, enfoca precipuamente os incentivos gerados aos indivíduos pelo sistema jurídico, como também as consequências efetivas acarretadas por tais estímulos.

Destarte, as ferramentas do Direito e Economia se prestam tanto para a análise positiva do fenômeno tributário (como a tributação é) quanto para a análise normativa (como a tributação deveria ser), possibilitando a formulação de políticas públicas. Ainda que esta segunda possa ser altamente subjetiva e questionável, a depender dos fins específicos visados pelo Estado, é certo que a Análise Econômica possibilita prever, ainda que de forma limitada e falível, as consequências advindas das normas jurídicas.

Ademais, a Economia, não obstante ser uma ciência humana – sujeita, portanto, aos vieses e limitações decorrentes da subjetividade de seu objeto de estudo, o comportamento humano intersubjetivo – ao menos procura ser epistemologicamente objetiva, propondo hipóteses e buscando comprová-las empiricamente, na melhor tradição do autêntico método científico.

Quanto ao seu uso propositivo, assim como qualquer outra tecnologia disponível ao ser humano, as ferramentas do direito e economia podem servir para tanto para propósitos morais, como imorais ou mesmo amorais. E, da mesma forma que não se pode culpar Max Planck, Albert Einstein ou Niels Bohr pelo uso prático que os governos fizeram e fazem da física nuclear, jamais se poderá debitar do Direito e Economia o uso que dele vierem a fazer. Porém, uma coisa é certa: os fins visados pelo legislador e pelo aplicador do direito seriam muito mais facilmente obtidos com a manipulação eficiente das normas como produtoras de incentivos.

2.   O QUE A ANÁLISE ECONÔMICA APLICADA AO DIREITO TRIBUTÁRIO NÃO É

A confusão mais frequente que se faz entre o Direito e Economia e a sua aplicação no Direito tributário é confundir o método de análise já exposto na presente obra com um raciocínio financeiro do tipo "pró-fisco" ou "pró-contribuinte".

O equívoco advém provavelmente da chamada "interpretação econômica do fato gerador", cuja origem é do sistema tributário alemão da primeira metade do século passado (Código Fiscal alemão de 1919 e depois reafirmada de forma mais forte ainda no período nazista, década dos anos 30[1]). Por essa interpretação, restava

---

1. No Código Tributário alemão de 1919, assim era disposto:
    § 4º – Na interpretação das leis fiscais deve-se ter em conta a sua finalidade, o seu significado econômico e a evolução das circunstâncias.
    § 5º – A obrigação do imposto não pode ser evitada ou diminuída mediante o abuso das formas e das possibilidades de adaptação do direito civil.
    Em 1934, a Lei de Adaptação Tributária do regime nazista assim determinou:

coibido o uso de formas jurídicas com o fim de planejamento tributário e, indo mais longe, a hermenêutica do direito seria sempre orientada aos interesses do Estado.

Ainda que uma interpretação nesse viés seja funcionalista – cumprir com os objetivos financeiros do governo – a mesma não se confunde com a Análise Econômica do Direito. Esta se preocupará não com os interesses do Estado, mas sim em analisar os incentivos criados pelas normas. No exemplo histórico acima, o analista econômico do direito formularia as seguintes indagações: como reagirá o contribuinte em face dessas imposições normativas? Diminuirão elas a evasão e elisão fiscal, ou terão potencialmente o efeito de uma deserção ainda maior do cumprimento das obrigações tributárias?

Pelo mesmo raciocínio, a preponderância do formalismo no direito tributário também pode ser encarada como uma espécie de funcionalismo, qual seja, de garantir a segurança jurídica, através da objetividade e maior previsibilidade no cumprimento estrito e literal da legislação tributária, tanto pelo fisco, como quanto pelo juiz e pelo contribuinte.

Outros raciocínios financeiros também são incorretamente classificados como econômicos. Um bom exemplo é a modulação dos efeitos nas decisões em ações diretas de inconstitucionalidade, instituído pelo artigo 27 da Lei nº 9.968/99. Diriam alguns que a possibilidade de atribuir efeito "ex nunc" às decisões declaratórias de inconstitucionalidade não passa de um raciocínio econômico, cujo objetivo seria preservar as contas do governo. O analista econômico do direito, por outro lado, dirá que provavelmente essa regra, uma vez aplicada frequentemente pelo Supremo Tribunal Federal brasileiro, gerará incentivos para que o legislativo siga criando leis inconstitucionais, pois o seu custo passa a ser mínimo – uma vez que não terá que ressarcir de forma "ex tunc" os contribuintes lesados pelo tributo abusivo.

Sumarizando, não se deve confundir o Direito e Economia aplicada à tributação com formas de interpretação que beneficiem os interesses financeiros do Estado.

3. ALGUMAS APLICAÇÕES NO DIREITO TRIBUTÁRIO

A partir desse ponto, iremos apresentar algumas das diversas aplicações que a Análise Econômica oferece para o Direito tributário.

Devido ao escopo deste artigo, importantes teorias tais como escolha do consumidor, ação coletiva, teoria dos jogos e nova economia institucional serão apresentadas de forma sucinta, sem maiores exposições de suas premissas, hipóteses ou alcance. Os leitores interessados em saber mais sobre os temas poderão recorrer às obras aqui citadas.

---

§ 1º – *Normas Tributárias.*

As leis fiscais devem ser interpretadas segundo as concepções gerais do nacional-socialismo.

Para isto deve-se ter em conta a opinião geral, a finalidade e significado econômico das leis tributárias e a evolução das circunstâncias.

3.1. Por que pagamos tributos?

Os tributos são tão antigos quanto a própria civilização.[2] Pode-se dizer que são umbilicalmente ligados, pois, conforme a frase célebre do Juiz da Suprema Corte norte-americana Oliver Wendell Holmes[3], "tributos são o que pagamos por uma sociedade civilizada".

Se os tributos são o preço que pagamos para viver em sociedade, logicamente conclui-se que não é possível haver civilização sem tributos. E qual seria a razão dessa conexão tão profunda?

De acordo com os filósofos contratualistas clássicos, os ingleses Thomas Hobbes[4] e John Locke[5], e o francês Jean Jacques Rousseau[6], a sociedade (abstraindo as diferenças entre suas teorias) forma-se a partir de um *contrato social*.

Por "contrato social" entende-se o pacto realizado entre os indivíduos, pelo qual ao renunciar parte de sua liberdade individual constituem uma entidade central, dotada de autoridade sobre todos. Esta autoridade, normalmente o Estado, terá a função de proteger e garantir a liberdade dos mesmos indivíduos que abdicaram de parcela dela ao pactuarem o contrato social.

Por mais contraditório que possa parecer, é a renúncia parcial da liberdade que possibilita a manutenção dessa mesma liberdade, pelo monopólio estatal do uso da força. Como exemplos, a segurança contra violência interna (polícia), a segurança contra violência externa (forças armadas) e árbitros para dirimir conflitos de interesses entre os indivíduos (juízes).

Se desejamos ter um ente que nos proteja uns dos outros, é realmente necessário que o tributo seja compulsório? Por que não contribuímos voluntariamente para a manutenção do governo?

Adam Smith[7] nos ensinou, e a experiência de séculos comprova que quase sempre o agir racional e autointeressado (e, sobretudo, razoavelmente livre de intervenção

---

2. Os registros mais antigos sobre tributação datam de mais de 5.000 anos, provenientes da Suméria, antiga civilização localizada entre as margens dos Rios Tigre e Eufrates, região da Mesopotâmia (atual Iraque). O conteúdo, escrito em cuneiforme, trata das leis liberando o povo da opressão dos coletores de tributos. Cf. ADAMS, Charles. For good and evil. The impact of taxes on the course of civilization. 2. ed. Lanham: Madison Books, 2001, p. 2.

3. No original: "taxes are what we pay for a civilized society". A frase está insculpida na entrada do prédio da Receita Federal norte-americana, em Washington, D.C.

4. HOBBES, Thomas. Leviatã. Tradução de João Paulo Monteiro e Maria Beatriz Nizza da Silva. São Paulo: Martins Fontes, 2008.

5. LOCKE, John. *Segundo tratado sobre o governo civil e outros escritos*. Tradução de Magda Lopes e Marisa Lobo da Costa. Petrópolis: Vozes, 1994.

6. ROUSSEAU, Jean Jacques. *O contrato social*. Tradução de Edson Bini. São Paulo: Edipro, 2000.

7. "Não é da bondade do homem do talho, do cervejeiro ou do padeiro que podemos esperar o nosso jantar, mas da consideração em que eles têm pelo seu próprio interesse. Apelamos, não para a sua humanidade, mas para o seu egoísmo, e nunca lhes falamos das nossas necessidades, mas das vantagens deles." In SMITH, Adam. Inquérito sobre a natureza e as causas da riqueza das nações. 2ª ed., Lisboa: Calouste Gulbenkiam, 2 v., 1989. Tradução de Luís Cristóvão de Aguiar, p. 95.

estatal) dos indivíduos num contexto intersubjetivo, ou seja, em um mercado, é eficiente. Outrossim, a busca dos objetivos e interesses próprios pelos indivíduos quase sempre atende aos interesses de toda a sociedade.

Todavia, há exceções a essa máxima. Como bem sintetiza o recente laureado pelo Nobel, Paul Krugman,[8] "às vezes, a busca do interesse próprio do indivíduo, em vez de promover o interesse da sociedade como um todo, pode, na verdade, causar dano à sociedade."

Essas são as chamadas "falhas de mercado", ou seja, situações em que a interação racional e autointeressada dos agentes econômicos não leva a resultados eficientes sob o ponto de vista de ganho social. Dentre tais falhas, encontram-se determinados bens que não obstante necessários e muitas vezes imprescindíveis para o bem-estar de todos, não são produzidos de forma eficiente (ou suficiente) pelo mercado. Esses são os *bens públicos*.[9]

Economicamente falando, o tributo necessita ser compulsório para que se possa evitar uma das anomalias decorrentes dos bens públicos, qual seja, o problema do oportunista (*free rider*). O oportunista é aquele que usufrui do bem sem ter pago por ele. Por exemplo, o indivíduo que se recusa a pagar pela segurança pública, mas, ainda assim, se beneficia dela.[10]

---

8. KRUGMAN, Paul, WELLS, Robin. *Introdução à Economia*. São Paulo: Campus, 2007. Tradução de Helga Hoffman, p. 3.

9. Importante salientar que para a Economia, "bens públicos" têm uma conotação distinta da que guarda para o Direito. Para este, um bem é público se pertence à coletividade, ou mais simplesmente, é de propriedade do Estado (em nosso caso, da União Federal, dos Estados, do Distrito Federal, dos municípios, ou das autarquias destes entes federativos). Para a Economia, no entanto, um bem é "público" quando possui duas características em conjunto: *ser de uso não rival e não excludente*. Uso não rival significa que o uso de um bem por um indivíduo não reduz a sua quantidade, possibilitando o uso por outros. Uso não excludente significa que não se pode impedir o uso do bem pelas pessoas. Os exemplos mais comuns são a segurança pública, o ar puro, a luz solar, a iluminação por postes de luz, a televisão aberta e o rádio, dentre inúmeros outros.

O bem público é uma espécie de externalidade, o que significa custos ou benefícios que atingem a terceiros externos à relação entre produtor e consumidor. Se a externalidade gerar custos a terceiros, ela será negativa. Se gerar benefícios, será positiva. O bem público, portanto, é uma espécie de externalidade positiva.

Quando não se pode impedir o uso de um bem, torna-se difícil cobrar por ele. Consequentemente, não há incentivos suficientes para que o mercado o produza, restando então ao Estado fornecer tais bens à sociedade. Como o Estado não gera riqueza, pois não tem vocação para ser agente econômico no mercado, ele utiliza-se da tributação para adquirir os recursos financeiros necessários e suficientes para produzir e fornecer estes bens públicos. Nesse sentido, tributo é o custo que temos para usufruir dos bens públicos que o mercado não nos fornece adequadamente. Sua função essencial, portanto, é gerar a receita necessária para que o Estado possa produzir e fornecer tais bens. *A regra geral, portanto, é que para haver eficiência econômica, os bens privados devem ser ofertados pelo setor privado e os bens públicos pelo Estado.*

10. Cf. POSNER, Richard. *Economic Analysis of Law*. 5ª ed. New York: Wolters Kluwer Law & Business, 1998, p. 523.

Como exemplo, podemos citar a segurança pública. Suponhamos que determinada rua passe a ser constantemente cenário de roubos e assaltos. Os moradores então decidem juntar esforços e contratar um guarda privado, dividindo o custo do seu salário entre todos. Enquanto alguns realmente contribuirão financeiramente, outros irão optar por "tomar carona" e se beneficiar sem custo algum. Mesmo que os pagantes instruam o guarda a não proteger aqueles que não contribuíram, a sua mera presença no local gera externalidades positivas, i.e., inibe potenciais infratores de cometerem ilícitos inclusive contra os não pagantes.

De acordo com o paradigma econômico, tal situação é inevitável, *pois o oportunismo nessas situações é a decisão racional a ser tomada*. Considerando que os cidadãos são racionais, devem então agir de modo a maximizarem a sua utilidade, sempre reagindo aos incentivos que recebem. *Ocorre que em determinadas situações, tal agir é racional e estratégico.*

Por "estratégico" significa dizer que o indivíduo age levando em conta como outros indivíduos agirão na mesma situação ou contexto. Tal postulado é o ponto de partida da *Teoria dos Jogos*, campo da Economia Matemática que analisa comportamentos em situações estratégicas, onde a escolha de um indivíduo depende da escolha de outrem.[11]

Em termos estratégicos, se não se pode excluir o oportunista do uso do bem, não há incentivos suficientes para que ele pague por ele. Do ponto de vista do oportunista, se os outros não pagam, por que deveria ele pagar? Logo, é racional não contribuir, escolha que individualmente é maximizadora, mas que coletivamente é pior para o grupo. Este resultado é denominado "equilíbrio de Nash",[12] quando a escolha de um indivíduo é a melhor possível frente ao que ele acredita que será a escolha do outro.

No direito tributário brasileiro, uma das espécies tributárias é a taxa, que se divide em duas subespécies: serviços públicos e exercício do poder de polícia. Ao contrário daquela, esta última é instituída como contrapartida a uma atuação estatal que gera externalidades positivas típicas de bem público.[13]

A taxa pela prestação de serviços públicos na verdade significa uma exação em troca de serviços que são prestados de forma muito mais eficiente pelo setor privado.

---

11. A obra clássica de aplicação da Teoria dos Jogos ao Direito chama-se *Game Theory and the Law* (Cambridge: Harvard University Press, 1994), dos professores da Universidade de Chicago, Douglas G Baird, Robert H. Gertner e Randal C. Picker. Ver BAIRD, Douglas G., GERTNER, Robert H., PICKER, Randal C. *Game Theory and the Law.* Cambridge: Harvard University Press, 1994.

12. Desenvolvida pelo matemático norte-americano John Nash em sua tese de doutorado (1950). Posteriormente, esta contribuição lhe daria o Nobel de Economia (1994). O equilíbrio de Nash demonstra que em situações estratégicas nem sempre a melhor situação para o indivíduo é a melhor para o grupo, o que não refuta a tese de Adam Smith, mas a complementa. O resultado final do jogo é subparetiano (devido ao critério de eficiência do economista italiano Vilfredo Pareto, o "ótimo de Pareto", alcançado quando em uma troca econômica é impossível um indivíduo resultar em melhor situação sem que o outro resulte em pior situação) e é demonstrado claramente no clássico jogo "o dilema do prisioneiro": Dois suspeitos, A e B, são presos pela polícia. A polícia tem provas insuficientes para os condenar, mas, separando os prisioneiros, oferece a ambos o mesmo acordo: se um dos prisioneiros, confessando, testemunhar contra o outro e esse outro permanecer em silêncio, o que confessou sai livre enquanto o cúmplice silencioso cumpre 10 anos de sentença. Se ambos ficarem em silêncio, a polícia só pode condená-los a 6 meses de cadeia cada um. Se ambos traírem o comparsa, cada um leva 5 anos de cadeia. Cada prisioneiro faz a sua decisão sem saber que decisão o outro vai tomar, e nenhum tem certeza da decisão do outro. A questão que o dilema propõe é: o que vai acontecer? Como o prisioneiro vai reagir? Pelo equilíbrio de Nash, a melhor ação estratégica a ser tomada é ambos os prisioneiros "desertarem", ou seja, não cooperarem e escolherem confessar, resultando em cinco anos de prisão para cada. É um jogo não cooperativo, uma vez que o equilíbrio aponta nesse sentido e estático, pois ocorre uma vez só e os prisioneiros não têm conhecimento da escolha um do outro. E é subparetiano porque o melhor resultado seria ambos não confessarem e pegarem a menor pena.

13. A fiscalização necessária para a concessão de um alvará a um estabelecimento público (*v.g.* restaurante) é algo que beneficia a toda a sociedade.

Tanto assim é que paulatinamente os referidos serviços foram sendo repassados para a iniciativa privada, e diversas taxas foram sendo suprimidas nos últimos anos.[14]

Por outro lado, a contribuição de melhoria, cobrada quando há valorização de imóveis privados por decorrência de obras públicas, é uma forma de internalização das externalidades positivas, uma vez que sendo a obra custeada pelos impostos pagos geralmente por uma parcela maior de contribuintes, alguns se beneficiaram mais do que os outros. A contribuição deve ser instituída tendo como limite geral o custo total da obra e como limite individual o *quantum* de valorização de que cada bem particular auferir (artigo 81 do Código Tributário brasileiro[15]).

Os impostos, por seu turno, são a regra geral em matéria de tributos. Eles têm a função precípua de gerar receita para o Estado e são destinados, principalmente, à produção de bens públicos.

Outra função menos frequente, mas de grande importância para o Estado, é a utilização de tributos com o fim de alterar a alocação dos recursos. Tal função é a *extrafiscal*, que significa utilizar normas tributárias com o intuito de gerar incentivos para que os contribuintes ajam de determinada forma como, por exemplo, consumindo mais ou menos determinado produto.

3.2.   O tributo "ótimo"

É consenso entre os economistas de formação neoclássica[16] que os tributos, ainda que necessários, distorcem o sistema de preços do mercado. E distorcem pelo

---

14.   Tais como taxa de "luz", pelo fornecimento de energia elétrica, ou pelo uso de telefonia. Algumas ainda teimam em permanecer, como a taxa de água e a taxa de lixo. Há alguns anos, diversos municípios tentaram instituir a chamada taxa de iluminação pública, com o intuito de custear postes de luz. No entanto, a Constituição Federal (artigo 145, § 2º) veda cobrança de taxa por serviço que não seja específico e divisível, o que ensejou o Judiciário a rechaçar tal exação.

15.   Art. 81. A contribuição de melhoria cobrada pela União, pelos Estados, pelo Distrito Federal ou pelos Municípios, no âmbito de suas respectivas atribuições, é instituída para fazer face ao custo de obras públicas de que decorra valorização imobiliária, tendo como limite total a despesa realizada e como limite individual o acréscimo de valor que da obra resultar para cada imóvel beneficiado.

16.   A escola neoclássica ou ortodoxa, ou ainda "mainstream", é, em verdade, o movimento dominante na ciência econômica, principalmente na microeconomia. A teoria da escolha racional, já exposta aqui, é o paradigma basilar dessa linha, ainda que diversas escolas e movimentos distintos formem juntamente o que se denomina de Economia Neoclássica. Mesmo teorias contestadoras em certos momentos históricos, como as que propugnam a racionalidade limitada (*bounded rationality*) e a informação incompleta, postulados contrários aos neoclássicos da racionalidade ilimitada e informação completa, já foram incorporados ao modelo ortodoxo. É essa escola a principal influência, juntamente com a Nova Economia Institucional (também já devidamente incorporada ao *mainstream*), do *Law & Economics*. Cabe ressaltar que a corrente heterodoxa principal nos últimos anos é a Economia Comportamental (*Behavioral Economics*), cuja influencia fez surgir também o *Behavioral Law and Economics*. Esta busca contestar paradigmas caros à Microeconomia, como a escolha racional e a utilidade esperada, principalmente através de testes conduzidos com indivíduos que demonstram que nem sempre as suas escolhas coadunam com o modelo clássico, até mesmo violando-o através de preferências intransitivas, aversão a risco e *sunk costs*, heurísticas e vieses etc. Entretanto, não foi capaz ainda a Economia Comportamental e, tampouco, a sua aplicação à Análise Econômica do Direito, de propor modelos substitutos aos da Escolha Racional. Sobre o *Behavioral Law and Economics*, ver a

fato de incentivarem comportamentos dos produtores e consumidores, alterando o equilíbrio entre oferta e demanda.

Se determinados bens de consumo são tributados e o produtor repassa o seu custo ao preço final, os consumidores podem optar por consumir menos daquele bem ou substituí-lo por outro no mercado, se a sua demanda for elástica.[17] A distorção é causada porque o tributo faz com que o consumidor adquira menos daqueles bens, alterando o equilíbrio entre oferta e demanda, que ocorre quando o produtor oferece a quantidade de bens que os consumidores pretendem adquirir.[18]

Como o produto aumenta de preço, a tendência racional é consumi-lo menos (preferencialmente substituindo-o por outro, mais barato), o que diminui a quantidade vendida, acarretando desequilíbrio entre as curvas de oferta e demanda. Essa distorção causa ineficiência chamada pelos economistas de *peso morto*[19]. Este, por sua vez, afeta o excedente do consumidor (a quantia máxima que o consumidor está disposto a pagar menos o preço que ele realmente paga) e o excedente do produtor (a quantia que ele recebe pelo bem menos o seu custo de produção). A distorção que o tributo causa verifica-se pelo peso morto, diminuidor de ambos excedentes, do produtor (que vende menos) e do consumidor (que gasta mais).

É possível que a tributação seja eficiente a ponto de não causar tais danos? Ou, pelo menos, razoavelmente "menos" ineficiente? Numa proposição normativa (não positiva), como seria esse tributo "ótimo"? Em outras palavras, um tributo que gere receita para o Estado ao mesmo tempo em que distorce minimamente o sistema de preços do mercado e ainda por cima atenda os direitos fundamentais do contribuinte?

Para que o tributo alcance esse predicado, necessita cumprir com cinco requisitos: 1) ter uma base grande de contribuintes; 2) regras simples e objetivas; 3) incidir sobre produtos e serviços de demanda inelástica; 4) é justo (não viola a isonomia); e 5) ter baixo custo administrativo.

De modo a expor um pouco do raciocínio econômico aplicado ao direito tributário, tratarei sucintamente de cada um desses requisitos, conforme a seguir.

---

obra homônima, editada por Cass R. Sunstein e com artigos de vários autores, publicada pela Cambridge University Press, em 2000.

17. Diz-se que um bem tem demanda elástica quando o consumidor é sensível a sua alteração de preço. Havendo substituto para aquele bem, o consumidor racional preferirá substituí-lo pelo mais barato.

18. Em mercados de concorrência perfeita, a oferta e a demanda entram em equilíbrio, pois os produtores maximizam o lucro de suas empresas produzindo até o ponto em que o custo marginal (produzir uma unidade a mais do seu produto) equivale à receita marginal (obtida com a venda de uma unidade a mais). Neste ponto não há como produzir mais, pois o custo marginal ultrapassaria a receita marginal e o produtor teria prejuízo. Outro ponto importante é que num mercado altamente competitivo, nem o produtor e nem o consumidor impõem preços. Como há muitos produtores e muitos consumidores, a ação de cada um não influi no sistema de preços, portanto diz-se que ambos são *tomadores de preços*. O tributo geralmente causa ruído justamente neste equilíbrio, ao afetar o custo de produção e o preço do produto e, consequentemente, a intenção do consumidor em adquiri-lo.

19. Contribuição do economista Frank Ramsey, em seu artigo A Contribution to the Theory of Taxation, The Economic Journal, 37, n. 145, 1927.

1) Base grande de contribuintes.

Como o Estado necessita de recursos financeiros para fornecer serviços aos seus cidadãos, grandes somas são requeridas para esse custeio. Todavia, ainda que os tributos sejam cobrados compulsoriamente, isso não significa que os contribuintes necessariamente irão adimpli-los. A racionalidade maximizadora buscará evitar ao máximo os custos que impliquem em desutilidade para o indivíduo – o que leva inclusive ao problema do carona, como já vimos.

Quando o Estado instituí tributos sobre determinadas classes de indivíduos e, paralelamente, desonera outras classes, através de isenções e benefícios fiscais, está redistribuindo a carga tributária. Muitas vezes isso não só é inevitável, como o próprio legislador almeja utilizar os tributos como expedientes de redistribuição de renda, como é o caso da técnica da progressividade. O imposto sobre a renda progressivo tem o intuito de tributar mais os que têm maiores rendimentos, de forma a repartir essa riqueza – na forma de serviços públicos – com os que auferem menos rendimentos. Trata-se de uma forma de justiça fiscal que implica um *trade off* com a eficiência alocativa de recursos.

Por outro lado, tributos que sejam arcados por um grande número de contribuintes permitem que a carga *per capita* seja relativamente baixa. Não só isso tem o potencial de gerar grandes receitas para o Estado, como também incentiva o adimplemento das obrigações tributárias. A Curva de Laffer, modelo proposto pelo economista homônimo norte-americano[20], demonstra que em certas situações, quanto maior a alíquota de um tributo, maior será a deserção de seu pagamento. O tributo ótimo estaria no ponto de intersecção entre alíquota e a sua arrecadação. Se a alíquota ultrapassa esse ponto, conforme a figura 1, a arrecadação passa a diminuir, pois há incentivos para a deserção do adimplemento do tributo.

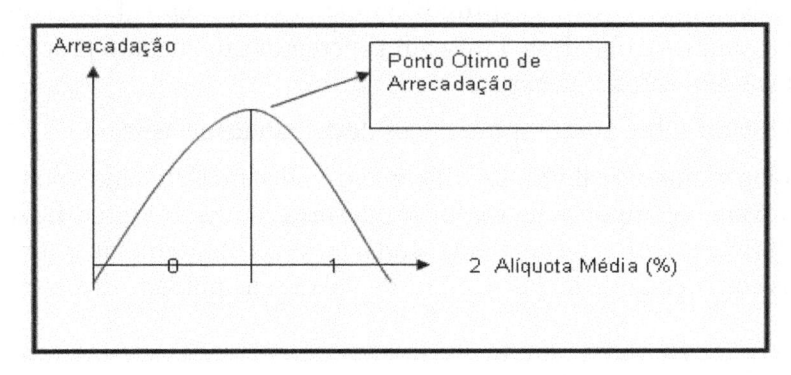

Figura 1: Curva de Laffer

20. LAFFER, Arthur (1940 –)

2) Regras simples e objetivas.

Como muitas outras *commodities* no mundo, a informação também tem custo. Considerando que o sistema jurídico é formado por atos de comunicação que necessitam ser decodificados por seus destinatários, para que possam então cumprir com os comandos ali veiculados, é imprescindível que a legislação seja a mais clara e inteligível possível. Quanto mais obscura, complexa e confusa for, mais custo terá o cidadão para compreendê-la e, consequentemente, cumpri-la.

Ocorre que a legislação fiscal brasileira, como em muitos outros países do mundo, é prolixa, complexa e, muitas vezes, ambígua. A imensa quantidade de atos normativos emanados pelos poderes legislativos e executivos dos entes federativos, acrescidos de normas judiciais estaduais e federais torna o sistema tributário tão intrincado que simplesmente é impossível a um cidadão, mesmo com formação técnica na área, conhecer todas as regras que o perfazem.

A dificuldade na compreensão e cumprimento da legislação fiscal acarreta os chamados *custos de conformidade*[21], que implicam, por sua vez, *custos de transação*. Estes são aqueles custos que as partes incorrem ao efetivar uma negociação[22], e significam custos de procura e de informação do produto ou do negócio (ou da legislação), de barganha e de cumprimento das obrigações nas relações jurídicas. Dizemos que os custos de conformidade aumentam os custos de transação pelo fato das obrigações tributárias principais e acessórias (deveres formais e instrumentais, no léxico de Paulo de Barros Carvalho[23]) serem frequentemente entraves na consecução de negócios. Não apenas a dificuldade de cumprir com essas obrigações é enorme, como a legislação ainda impõe a necessidade de comprovação (*v.g.* certidões negativas, quitações de débitos tributários, livros fiscais etc.) do seu cumprimento para as mais diversas transações que os indivíduos queiram realizar no mercado.

Ainda assim, é possível instituir tributos que sejam regulados por um arcabouço de regras simples e objetivas. Em seguida veremos qual tributo já atendeu a esse e aos demais requisitos aqui expostos.

3) Incidir sobre produtos e serviços de demanda inelástica.

Como vimos, os tributos são distorcivos, pois interferem no sistema de preços e incentivam o comportamento dos produtores e consumidores desequilibrando o equilíbrio entre oferta e demanda. Todavia, se o tributo incidir sobre produtos e serviços com demanda inelástica, *i.e.*, de baixa sensibilidade dos consumidores à

---

21. O Banco Mundial edita anualmente o relatório "Doing Business", que analisa o ambiente de negócios e o grau de desenvolvimento institucional e econômico em praticamente todos os países do mundo. Há vários anos consecutivos o Brasil é apontado como o país onde os contribuintes mais consomem horas (2.600 horas anuais, em média) para cumprir com as obrigações tributárias. O relatório pode ser acessado em: http://www.doingbusiness.org/
22. Conforme MANKIW, N. Gregory, *Princípios de Microeconomia*. São Paulo: Thomson. Tradução de Allan Vidigal Hastings, 2005, p. 211
23. BARROS CARVALHO, Paulo de. *Curso de Direito Tributário*. São Paulo: Saraiva, 2010.

alteração nos preços, não ocorrerá o efeito-substituição e, consequentemente, não haverá ineficiência alocativa (peso-morto). Isso ocorre porque os consumidores continuarão consumindo aquele bem, mesmo com o tributo incorporado ao preço.

4) É justo (não viola a isonomia).

Uma das formas de evitar o efeito-substituição é instituir o tributo fixo (*lump-sum tax*). Este tributo tem sempre o mesmo valor, não importa sobre qual base incida. Por isso, é um tributo neutro, pois não altera o comportamento do agente racional em sua tomada de decisão, uma vez que qualquer alternativa por ele escolhida sofrerá a mesma tributação.

O tributo fixo pode implicar, contudo, *regressividade*. Se o tributo progressivo, como vimos, cumpre a função de tirar dos mais ricos para distribuir aos mais pobres, o tributo regressivo acaba, inevitavelmente, onerando àqueles com menor poder aquisitivo. Sendo assim, ocorre um *trade off* entre eficiência e isonomia. Uma vez que a nosso Constituição alça o valor isonomia ao nível de direito individual, clausula pétrea que não pode ser abolida nem por emenda constitucional, torna-se inviável a instituição do *lump sum tax*.[24]

5) Ter baixo custo administrativo.

A complexidade do sistema tributário não afeta apenas o contribuinte, mas o próprio Estado também. Quanto mais complexo, mais custos são incorridos na administração do tributo (por exemplo, mais fiscais para cobrar), o que leva a um círculo vicioso: se é mais custoso administrar o tributo, mais recursos são necessários para tanto. E de onde virão os recursos? Dos tributos pagos pelos contribuintes, obviamente.

Se o tributo tiver uma forma de cobrança e, sobretudo, de fiscalização simples e eficaz, os seus custos de administração serão reduzidos. A sistemática de responsabilidade tributária e de retenção resolve parcialmente esse problema.

O sistema tributário brasileiro chegou a ter um tributo que atendia a todos esses requisitos, qual seja, a Contribuição Provisória sobre Movimentação Financeira – CPMF, instituída inicialmente pela Lei n. 9.311/96 e extinta no final de 2007. Quanto ao requisito 1, a CPMF era cobrada de todos aqueles que possuíssem contas bancárias e movimentassem os seus recursos. Como é difícil alguém, seja de que classe social for (com exceção daqueles que vivem à margem da sociedade), não ter os seus recursos aplicados em instituições financeiras, a base de contribuintes era enorme. E isso permitia a relativa baixa alíquota (0,38%).

Quanto ao requisito 2, a CPMF tinha regramento extremamente simples, se comparada a tributos com o imposto sobre a renda, as contribuições do PIS e da

---

24. Não obstante os tributos sobre consumo serem regressivos. O rico e o pobre que compram a mesma carteira de cigarros terão a sua capacidade contributiva afetada diferentemente pelos tributos que são repassados ao preço da mercadoria.

COFINS e o ICMS estadual. A incidência era objetiva, havia poucas exceções (*v.g.*, em movimentações entre contas do mesmo titular, desde que fosse o único, não incidia o tributo) a ela.

Quanto ao requisito 3, pela mesma razão que praticamente todos os cidadãos possuem conta em banco, é que a demanda por esse serviço é inelástica. Não há substituto viável ao serviço prestado pelas instituições financeiras, o que o absolutamente imprescindível aos seus tomadores.

Quanto ao requisito 4, que decorre do anterior, pode-se dizer que a CPMF não violava a isonomia e a justiça fiscal, por ser proporcional e não fixa. Quanto maiores os valores movimentados, maior seria a incidência, por conta de sua alíquota *ad valorem*.

Finalmente, a CPMF era um tributo extremamente barato e fácil de administrar. Uma vez que a responsabilidade pela arrecadação era atribuída às instituições financeiras, a quem cabia reter o tributo e repassar à União Federal, não havia necessidade de gastos com fiscalização. Da mesma sorte, a contribuição era de sonegação quase impossível, devido ao sistema bancário de retenção do tributo.

O exposto acima reflete o quão necessário é o raciocínio econômico ao fenômeno jurídico e, de forma mais específica, ao Direito Tributário. Não são poucos os juristas que então protestavam contra a CPMF, mas, por outro lado, pugnam até hoje pela manutenção de um sistema arcaico e ineficiente, com verdadeiras anomalias como o ICMS, o IPI, a PIS e a COFINS, dentre tantos outros, o que demonstra a carência da nossa doutrina em relação aos conhecimentos básicos da Economia aplicada ao Direito.

3.3. O peso morto da tributação

A frequente preocupação com a justiça redistributiva faz com que a doutrina jurídica, assim como o legislador e o judiciário criem e apliquem remédios jurídicos que visam a diminuir a "injustiça social".

Para alguns teóricos do Direito e Economia, a melhor (ou menos pior) solução envolvendo intervenção estatal não é a interferência, *v.g.*, em contratos firmados entre empresas e consumidores, mas, sim, através da tributação. Uma forma clássica de utilizar a tributação para tal fim é o imposto sobre a renda progressivo.[25]

---

25. Em celebrado artigo, Luis Kaplow e Steven Shavell defendem a redistribuição de renda através do imposto de renda progressivo, como forma menos gravosa para a sociedade. Nicholas Georgakopoulos, por outro lado, defende a não redistribuição, pois, segundo ele, tal realocação forçada de recursos incentiva o consumo quando poderia (ou deveria) incentivar o investimento na produção. Louis Kaplow e Steven Shavell: "Should legal rules favor the poor? Clarifying the role of legal rules and the income tax in redistributing income." *Journal of Legal Studies*. University of Chicago, 2000. Nicholas L. Georgakopoulos: *Principles and Methods of Law and Economics. Basic Tools for Normative Reasoning.* Cambridge: Cambridge University Press, 2005, pp. 79-89.

Ainda assim, é quase um axioma na Economia Neoclássica[26]que a tributação frequentemente causa distorção no sistema de preços do mercado e também gera custo social negativo. A distorção causada pela tributação (assim como pelo controle de preços) é chamada de "peso morto".

No gráfico abaixo (figura 1), pode-se ver duas situações. A primeira demonstra uma situação de equilíbrio entre oferta (s) e demanda (d), relativamente a determinado bem de consumo. A reta vertical refere-se ao preço do bem, enquanto a reta horizontal refere-se à quantidade produzida do mesmo bem. Trata-se de um mercado em perfeita competição, pois não se produz mais do que a demanda exige. O equilíbrio se dá na intersecção das retas, em q^0 (quantidade do bem produzido) e p^0 (preço do bem).

Quando o Estado institui algum tributo incidente sobre as trocas econômicas, o sistema de preços do mercado sofre ruído, causando desequilíbrio na oferta e demanda. A segunda situação é ilustrada no gráfico, após a instituição do tributo: o produtor é obrigado a repassar o custo da tributação para o preço do bem (p^c), o que causa a diminuição da quantidade de bens demandada.[27]

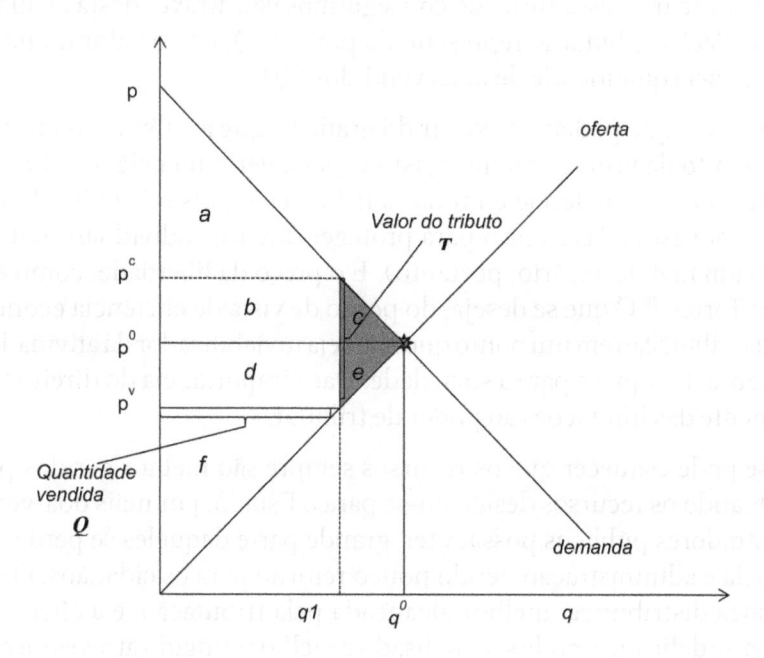

Figura 3: O peso morto da tributação

Antes da tributação, o excedente do consumidor (a quantia que ele está disposto a pagar por um bem menos o que efetivamente paga) é representada pela soma das partes *a, b, c*. Por sua vez, o excedente do produtor (a quantia que os produtores recebem pelo seu bem, menos os custos) é representada pela soma das partes *d, e, f*.

---

26. O paradigma da Ciência Econômica, pano de fundo da Análise Econômica do Direito, juntamente com a Economia Neoinstitucional e, mais recentemente, a linha behaviorista e das *Social Norms*.
27. Não estamos considerando situações de demanda elástica.

Após a tributação (*e.g.*, ICMS sobre venda de mercadorias), há uma queda na quantidade produzida/ofertada, por causa, basicamente, do aumento de preço. No gráfico, passamos de q^0 para $q1$. Assim, o consumidor perde (se deslocando para P^c, que é a quantidade que passa a poder consumir, dada a sua restrição orçamentária) e o produtor também perde (se deslocando para P^v, que é o lucro contábil que recebe, após deduzir o custo do imposto).

O imposto reduz o excedente do consumidor em (b+c) e o do produtor em (d+e). A receita tributária fica em (b+d) e o peso morto (perda de bem-estar total) fica sendo a área (c+e). Economicamente falando, a variação do excedente do consumidor é ΔEC = -b-c, e a variação do excedente do produtor é ΔEP = -d-e, sendo a variação total ΔE= -c-e.[28]

Essa variação do excedente total, como visto acima, é o peso morto, isto é, *o custo que implica a redução do bem-estar social*. Menos produção e menos consumo, resultando em menos riqueza para a sociedade.

Outro ponto interessante é que conseguimos ver, através desta análise, o volume da arrecadação tributária, representada por T X Q, i.e., o valor do imposto (T) multiplicado pela quantidade de bens vendidos (Q).

A conclusão que podemos extrair do gráfico é que a tributação muitas vezes é nociva, do ponto de visto econômico, isto é, pode gerar ineficiência. Por certo que isso não faz com que se deseje eliminar a tributação, pois o Estado não é possível sem ela, e como este é necessário para proteger direitos individuais, também o é a tributação (um mal necessário, portanto). É o preço da liberdade, como ensina Ricardo Lobo Torres.[29] O que se deseja, do ponto de vista de eficiência econômica, é a limitação da tributação em um ponto que não seja inviabilizador da atividade privada, única geradora de riqueza para a sociedade. Daí a importância do direito tributário, principalmente das limitações ao poder de tributar.

Não se pode esquecer que os recursos sempre são melhor geridos pela esfera privada. Quando os recursos deslocam-se para o Estado, por mais boa-vontade que os administradores públicos possam ter, grande parte daqueles se perde em custos de burocracia e administração, tendo pouco retorno para os cidadãos. O equilíbrio entre a justiça distributiva, melhor alcançada pela tributação, e a eficiência é algo extremamente delicado e pode ser analisado e melhor atingido através da conjunção entre as Ciências do Direito Tributário e da Economia.

---

28. A elasticidade da oferta e da demanda tem total importância nessa questão. Não entraremos nesse mérito por falta de espaço, mas podemos adiantar que quando a demanda é elástica, o preço pode ser repassado para o consumidor, pois ele preferirá pagar mais e continuar adquirindo o produto. Quando a oferta é elástica, o custo é arcado pelo produtor,.

29. A ideia de liberdade no Estado patrimonial e no estado fiscal, p. 3.

3.4. Deveres instrumentais e formais, custos de conformidade e o Teorema de Coase

As regras jurídicas que meramente impõem abstenção de conduta ao indivíduo, como é o caso da maioria das regras penais, não geram custos. A exemplo, para que um indivíduo qualquer cumpra com o mandamento implícito na sanção penal do homicídio (artigo 121 do Código Penal), basta não fazer nada. Não há custo algum para abster-se de cumprir com uma conduta tipificada pelo direito penal.[30]

É que o direito penal é formado basicamente por regras secundárias[31], *i.e.*, por sanções que impõem a exequibilidade estatal (*enforcement*) ao cometimento de um ilícito.[32] Já o direito tributário é formado primordialmente de regras primárias, dispositivas de condutas, que impõem obrigações pecuniárias aos seus destinatários.

Para que os contribuintes possam cumprir com as imposições desta natureza, não basta absterem-se de praticar condutas. *Pelo contrário, necessitam realizar uma série de ações para que possam cumprir com suas obrigações tributárias.*

Ainda que o núcleo do sistema tributário seja de fato o instituto "tributo", *i.e.*, as regras tributárias em sentido estrito, apenas estas não bastam. Para o contribuinte poder cumprir as suas obrigações com o fisco tem também de cumprir com determinadas regras concernentes à fiscalização e arrecadação dos tributos, que Paulo de Barros Carvalho[33] denomina de *deveres instrumentais e formais*.[34] Dentre estas regras, encontram-se, *e.g.*, declarações de todo o tipo (declarações de imposto de renda, guias de informação e arrecadação do ICMS etc.), assim como registros nos livros fiscais da empresa e emissão de notas fiscais.

Ocorre que não são apenas os tributos propriamente ditos que geram custos para o contribuinte, ou seja, ferem a sua capacidade contributiva. Os deveres instrumentais, ainda que sejam obrigações de fazer e não obrigações de dar (apesar do seu descumprimento usualmente gerar sanção pecuniária), importam em custos para o seu cumprimento. São os chamados "custos de conformidade"[35].

---

30. Há exceções, como, por exemplo, a obrigatoriedade de prestar socorro, implícita na sanção relativa à omissão de socorro, agravante do homicídio culposo (art. 121, §4º).
31. Hans Kelsen, o famoso juspositivista austríaco ao tempo de sua obra Teoria Pura do Direito, tomava a sanção como norma primária, tal a importância que conferia à coatividade jurídica. Ver KELSEN, Hans. *Teoria Pura do Direito*. São Paulo: Martins Fontes, 1996. Em sua última obra, Teoria Geral das Normas, inverteu a classificação, colocando as disposições de conduta como normas primárias e as sanções como normas secundárias.
32. Cf. BARROS CARVALHO, Paulo de. *Direito Tributário. Fundamentos jurídicos da incidência*. São Paulo: Saraiva, 2010, p. 34.
33. Ver BARROS CARVALHO, Paulo de. *Curso de Direito Tributário*. São Paulo: Saraiva, 2010, p. 153.
34. O que o Código Tributário Nacional (art. 113) denomina de "obrigações acessórias".
35. Aldo Bertolucci foi pioneiro, ao abordar a problemática dos custos de conformidade, em sua tese de mestrado (Uma contribuição ao estudo da incidência dos custos de conformidade às leis e disposições tributárias: um panorama mundial e pesquisa dos custos das companhias de capital aberto no Brasil. FEA, 2003.) defendida na Faculdade de Economia, Administração e Contabilidade da USP. Segundo o autor, são custos de conformidade as obrigações tais como declarações relativas a impostos, informações ao fisco federal, estadual e municipal, inclusões e exclusões realizadas por determinações das normas tributárias, atendimento a

O Brasil, infelizmente, é o campeão mundial no que se refere a estes custos. Segundo o relatório *Doing Business* 2011[36] do Banco Mundial, ainda que o Brasil tenha uma das maiores cargas tributárias dentre os países em desenvolvimento, o que mais preocupa no referido estudo é o grau de burocracia existente no país. Segundo o relatório, nada menos do que 2.600 horas anuais são necessárias, em média, para que uma empresa cumpra com suas obrigações tributárias, colocando o Brasil no topo do pódio. O país é o primeiro lugar no *ranking* dos mais demorados e difíceis de cumprir com as obrigações fiscais, sendo seguido imediatamente por países como Bolívia e Vietnam.

Qual a relação desses custos de conformidade com o Teorema de Coase?

O problema das externalidades, já visto linhas atrás, é uma das chamadas falhas de mercado, ou seja, aquelas situações onde supostamente a homeostase ou "mão invisível" não é o suficiente para corrigir desvios do sistema econômico.

Arthur Pigou, economista inglês, em meados do século passado, identificou a questão do custo social diferenciado do custo privado, ou seja, o custo que a sociedade arca devido às externalidades, muitas vezes não internalizadas nos custos dos agentes ao efetuarem trocas econômicas.

A solução dada por Pigou foi justamente a imposição de tributos, como forma de desincentivar externalidades. Assim, por exemplo, no caso das fábricas, que seriam tributadas pela poluição que causassem, servindo então para internalizar essas externalidades negativas, corrigindo então tais falhas de mercados.

Algumas décadas mais tarde, Ronald Coase escreveu o artigo[37] que viria a originar a moderna Análise Econômica do Direito (bem como, juntamente com sua teoria da firma, lhe conferir o Nobel de Economia): *The Problem of Social Cost* (O Problema do Custo Social). A proposta de Coase para o problema das externalidades foi desviar o foco para os chamados *custos de transação*.

Os custos de transação referem-se não ao custo das mercadorias, bens e serviços em si mesmos, mas sim aos custos que envolvem o próprio processo de troca econômica. Por exemplo, um produto qualquer como um livro raro, pode ter um preço "X". Mas, se para adquiri-lo eu tiver que dar a volta ao mundo ou passar dias convencendo o seu proprietário a vendê-lo, é evidente que o preço real do livro será de "X+Y", sendo "Y" o custo de toda a transação necessária para a compra.

Assim, para Coase, se os custos de transação forem nulos e as partes puderem transacionar no sentido de compensações mútuas, poderão solucionar as externalida-

---

fiscalizações, alterações da legislação, autuações e processos administrativos e judiciais. Ver BERTOLUCCI, Aldo. *Uma contribuição ao estudo da incidência dos custos de conformidade às leis e disposições tributárias: um panorama mundial e pesquisa dos custos das companhias de capital aberto no Brasil.* Dissertação de Mestrado. Faculdade de Economia e Administração da Universidade de São Paulo, 2003.

36. Disponível em http://doingbusiness.org/~/media/FPDKM/Doing%20Business/Documents/Annual-Reports/English/DB11-FullReport.pdf
37. COASE, Ronald. The Problem of Social Cost. *Journal of Law and Economics*, n. 3, 1960.

des geradas, sendo essas não causadas por uma das partes, mas pela escolha de ambas as partes. Nesse sentido, não tem importância como estão distribuídos os direitos de propriedade ou quem tem direito em primeiro lugar (ex. os moradores ou a fábrica), pois não havendo custos de transação, a barganha levará a uma solução eficiente. A fábrica pode adquirir, mediante compensação aos moradores, o seu direito de poluir. Ou os moradores poderão comprar o direito ao ar puro, compensando a fábrica. Em outras palavras, os bens ou recursos tenderão a se alocar com aqueles que os valoram mais. O resultado será eficiente, economicamente.

É certo, todavia, que um cenário de custos nulos de transação é, na melhor das hipóteses, algo raro de se encontrar no mundo real. Coase, como é de hábito entre os economistas, utiliza-se de um modelo para explicar um determinado fenômeno. Poder-se-ia dizer que custo de transação nulo é uma *ficção heurística*, *i.e.*, um expediente que, não obstante não ter correspondência no mundo real, cumpre a função de explicar determinada porção da realidade social, ainda que por uma lógica contrafactual. A partir do modelo, percebem-se as falhas no sistema real, empiricamente verificável.

Ainda assim, é necessário que os custos de transação sejam baixos, o que, infelizmente, não ocorre no Brasil. A burocracia estatal é enorme, implicando efeitos também na relação estado e contribuinte, conforme vimos no tópico anterior. Os custos de conformidade, assim como as recorrentes sanções políticas impostas pelo Estado, têm o efeito de aumentar os custos de transação, enferrujando o mercado.[38] Grande parte do enorme tempo necessário para abrir ou encerrar uma empresa se deve a obrigações tributárias, e isso tem um efeito direto na atividade privada.[39]

A solução de Coase, depois denominada por outros economistas de "Teorema de Coase", pode ser assim enunciada (em uma versão simplificada):

DIREITOS DE PROPRIEDADE DEFINIDOS E OBJETIVOS

+

CUSTOS DE TRANSAÇÃO BAIXOS

=

EFICIÊNCIA ECONÔMICA

---

38. Por exemplo, a dificuldade de obtenção de certidões negativas necessárias para que uma empresa possa concorrer em licitações ou obter financiamentos é enorme.
39. Uma fusão ou aquisição entre empresas pode demorar muito mais do que o necessário, ou muitas vezes até ser inviabilizada por causa disso. Qualquer profissional que já enfrentou uma auditoria legal (*due dilligence*) tributária, sabe disso.

4. CONCLUSÕES

Com esta breve introdução à Análise Econômica aplicada ao Direito Tributário, nossa intenção foi tão somente apresentar um vislumbre da imensa gama de instrumentos analíticos que a ciência econômica oferece para a investigação do fenômeno jurídico.

Seja a teoria da escolha racional e da escolha do consumidor para o problema da ponderação entre princípios[40], seja a teoria dos jogos para questões como elisão e evasão fiscais, bem como os métodos quantitativos da estatística e da econometria para análise de dados empíricos da tributação, dentre tantas outras ferramentas, as possibilidades de aplicação são muitas e os resultados, certamente inovadores e surpreendentes.

5. REFERÊNCIAS BIBLIOGRÁFICAS

ADAMS, Charles. *For good and evil*. The impact of taxes on the course of civilization. 2. ed. Lanham: Madison Books, 2001.

BARROS CARVALHO, Paulo de. *Curso de Direito Tributário*. São Paulo: Saraiva, 2010.

BARROS CARVALHO, Paulo de. *Direito Tributário. Fundamentos jurídicos da incidência*. São Paulo: Saraiva, 2010.

BERTOLUCCI, Aldo. *Uma contribuição ao estudo da incidência dos custos de conformidade às leis e disposições tributárias: um panorama mundial e pesquisa dos custos das companhias de capital aberto no Brasil*. Dissertação de Mestrado. Faculdade de Economia e Administração da Universidade de São Paulo, 2003.

COASE, Ronald. The Problem of Social Cost. *Journal of Law and Economics*, n. 3, 1960.

HOBBES, Thomas. Leviatã. Tradução de João Paulo Monteiro e Maria Beatriz Nizza da Silva. São Paulo: Martins Fontes, 2008.

Game Theory and the Law. Cambridge: Harvard University Press, 1994.

KRUGMAN, Paul, WELLS, Robin. *Introdução à Economia*. São Paulo: Campus, 2007.

LOCKE, John. *Segundo tratado sobre o governo civil e outros escritos*. Tradução de Magda Lopes e Marisa Lobo da Costa. Petrópolis: Vozes, 1994.

MANKIW, N. Gregory, *Princípios de Microeconomia*. São Paulo: Thomson Learning, 2005.

POSNER, Richard. *Economic Analysis of Law*. 5ª ed. New York: Wolters Kluwer Law & Business, 1998

ROUSSEAU, Jean Jacques. *O contrato social*. Tradução de Edson Bini. São Paulo: Edipro, 2000.

SMITH, Adam. *Inquérito sobre a natureza e as causas da riqueza das nações*. 2ª ed., Lisboa: Calouste Gulbenkiam, 2 v., 1989.

---

40. Sobre aplicação de Análise Econômica do Direito aos princípios jurídicos, ver: CARVALHO, Cristiano. Princípios e Consequências. A Teoria da Escolha Racional como critério de ponderação Introdução ao problema. *In* Tributação e Processo. São Paulo : Noeses, 2007; CARVALHO, Cristiano. MATOS, Ely Lopes de. "Entre Princípios e Regras. Uma proposta de Análise Econômica no Direito Tributário". Revista Dialética de Direito Tributário, n. 157, outubro de 2008; KAPLOW, Louis. Rules and standards. An economic analysis. Duke Law Journal, Durham: Duke University School of Law, v. 42, n. 3, 1992.

12
ANÁLISE ECONÔMICA DA DEFESA DA CONCORRÊNCIA[1]

Paulo Furquim de Azevedo

Mestre e Doutor em Economia pela FEA-USP. Graduado em Administração Pública pela FGV. Professor da Escola de Economia de São Paulo da Fundação Getulio Vargas – FGV-EESP. Autor de diversos artigos. Foi *visiting scholar* na *Unversity of California, Berkeley*. Foi Conselheiro do Conselho Administrativo de Defesa Econômica – CADE de 2006 a 2009. Foi Presidente interino do CADE de 08/2008 a 11/2008.

Sumário: 1. Concorrência e sua Defesa – 2. Origens e Funcionamento da Defesa da Concorrência no Brasil – 3. Formas de atuação; 3.1. Atuação Repressiva: punição a condutas anticompetitivas; 3.2. Preventivo: o controle de estruturas – 4. Algumas sugestões para aprofundamento – 5. Referências Bibliográficas.

1. CONCORRÊNCIA E SUA DEFESA

Em maio de 2009, uma grande operação é destaque na primeira página dos principais jornais do Brasil. A notícia tratava da fusão entre Sadia e Perdigão, as duas empresas líderes no ramo de carnes de frango e de suínos. O interesse despertado pela operação é imediato e generalizado, visto que potencialmente implicava transformação profunda na estrutura desses mercados e nas condições de concorrência. Destaque também nas diversas matérias sobre a fusão era o seu trâmite junto ao Conselho Administrativo de Defesa Econômica (Cade), cujos poderes de modificar ou eventualmente bloquear a operação poderiam transformar por completo as condições do negócio e, portanto, a própria notícia.

Pouco tempo depois, no início de 2011, os jornais noticiavam com grande destaque a negociação entre os principais clubes de futebol do Brasil e grupos de comunicação para a aquisição dos direitos de transmissão do Campeonato Brasileiro, um fato aparentemente em nada relacionado com a fusão entre Sadia e Perdigão. Em comum entre as duas notícias está a mesma questão latente: 'será que o Cade vai deixar?'. Em ambos os casos, a base da notícia é um acordo privado – uma fusão, no caso de Sadia e Perdigão, e a aquisição de direitos de imagem, no segundo – em que, presume-se, as partes estão satisfeitas com os termos acordados. Entretanto,

---

1. Dedico este capítulo ao brilhante colega e amigo Luís Fernando Schuartz, com quem compartilhei longos e entusiasmados debates sobre o uso econômico de regras e sobre inúmeras teses de defesa da concorrência. Com ele muito aprendi sobre a riqueza de uma análise racional e positiva do Direito e sobre os limites da Economia na análise de casos concretos.

ainda assim, as partes têm de se submeter ao exame do chamado Sistema Brasileiro de Defesa da Concorrência, cujo principal órgão é o Cade, o qual é responsável pela aplicação das leis e normas que disciplinam a concorrência. Mas por que deveria haver uma norma jurídica para regular esses tipos de acordos privados, se as partes estão satisfeitas com os termos do contrato? Este capítulo responde a esta questão e explora diversas interfaces entre Direito e Economia na Defesa da Concorrência.

Em poucas áreas do conhecimento o entrelaçamento entre Economia e Direito é tão forte quanto na Defesa da Concorrência. Há análises clássicas e extremamente interessantes sobre a Economia do Crime, para citar um exemplo, mas é difícil imaginar um juiz recorrendo a um manual de teoria econômica ao pronunciar sua sentença sobre um homicídio. Na Defesa da Concorrência, ao contrário, é raro observar alguma decisão de mérito sem os fundamentos da mesma teoria econômica ou, ao menos, de regras que foram explícita ou implicitamente desenhadas tendo por base argumentos econômicos.

Essa relação decorre do fato de a concorrência ser, ao mesmo tempo, um direito da sociedade e uma característica econômica fundamental dos mercados. Não se trata de um direito atribuível a qualquer indivíduo em particular, mas de um direito difuso, que se distribui por toda a sociedade. Ainda que seja um direito, seu fundamento é econômico, seja na aplicação da norma, seja no próprio desenho da legislação. Sendo a concorrência um direito, é necessário ao julgador interpretar a relação entre os fatos observados e eventual existência de prejuízo à concorrência. Esta relação é feita pela Economia, cujo corpo de conhecimentos se notabiliza pela capacidade de discernir, a partir do conjunto de fatos observados, qual é o grau de concorrência, bem como de predizer quais seriam as consequências, por exemplo, de alguma fusão, aquisição ou estratégia competitiva. A relação entre Direito e Economia é, portanto, central à defesa da concorrência.

Mas por que, afinal, concorrência é um direito? Ou, de outro modo, por que seria 'justo' punir um grupo de empresas que, ao invés de se digladiarem no mercado, optam por cooperativamente estabelecer os preços de seus produtos? A cooperação entre empresas com o fim de não concorrer recebe denominação nada honrosa na defesa da concorrência: cartel, frequentemente considerado o mais grave dos ilícitos antitruste. A concorrência impõe limites à capacidade de cada empresa unilateralmente aumentar os seus preços. Não concorrer, portanto, é um meio de eliminar essa restrição e permitir pleno exercício de poder de mercado.

O exercício de poder de mercado é, em primeira ordem, um problema de eficiência econômica, com efeitos negativos sobre o consumidor final e, mais genericamente, sobre a sociedade como um todo. Quando uma empresa detém e exerce poder de mercado, ela se apropria de parte da renda dos consumidores, que são obrigados a pagar mais caro pelo que consomem. Este é um problema de transferência de renda, mas que, embora afete diretamente os consumidores, não significa, em si, prejuízos líquidos para a sociedade como um todo. O problema de eficiência econômica ocorre porque as empresas, a fim de viabilizar o aumento de preços, reduzem a produção, o que gera uma perda social. Esta perda decorre de existir valor econômico nesta produção que deixou de ser feita, o que implica que trabalhadores que geram mais valor do que seu salário deixam de ser contratados, que insumos são subutilizados e que os consumidores consumirão menos do que o socialmente desejável. Em outras palavras, o exercício de poder de mercado implica a redução do valor gerado pela sociedade e, por isso, trata-se de um problema de eficiência econômica.

Por tratar dos prejuízos de não se alocar os recursos da sociedade adequadamente, o problema descrito no parágrafo anterior é denominado *ineficiência alocativa*. Entretanto, não se resumem a esta as perdas sociais que podem derivar do exercício de poder de mercado. Talvez o maior dos prejuízos do poder de mercado seja a preguiça dos gerentes e o acúmulo de perdas e custos nas organizações. Premidas pela concorrência, as empresas são levadas a cortar custos desnecessários e a elevar a qualidade de seus produtos, sob pena de perder mercado e, eventualmente, falir. Por implicar uma melhor utilização dos recursos das empresas, esta dimensão da eficiência é denominada *eficiência produtiva*.

Finalmente, um ambiente de maior concorrência tende a apresentar ganhos à sociedade que se acumulam no tempo, seja pelo estímulo à inovação, seja pelo papel da concorrência em selecionar as formas superiores de produção ou de organização. Em outras palavras, a existência de um ambiente concorrencial hoje pode implicar ganhos à sociedade no futuro, por desfrutar de novos produtos ou processos, selecionados pelo ambiente competitivo. Por implicar ganhos que se realizam no tempo, este tipo de ganho de eficiência é denominado *eficiência dinâmica*. Em síntese, a concorrência amplia o valor econômico gerado por uma sociedade, seja por induzir uma melhor alocação e uso eficiente dos recursos, seja por incentivar a inovação e seleção de formas de produção mais eficientes. Esse valor econômico, ademais, não é atribuível a qualquer indivíduo em particular, sendo apropriado de modo difuso por toda a sociedade.

Se a concorrência gera valor à sociedade, práticas que prejudiquem a concorrência podem ter o condão de destruir este valor. Este é o fundamento para a existência de um direito da sociedade à concorrência, materializado na política de Defesa da Concorrência. Este é o fundamento também para que o Cade, órgão responsável pela aplicação das normas de concorrência, examine e intervenha, se considerar necessário, em casos como o da fusão entre Sadia e Perdigão e a aquisição de direitos de transmissão de imagem do campeonato brasileiro, bem como de inúmeras outras operações privadas que possam gerar algum prejuízo, ainda que potencial, à concorrência.

Este capítulo utiliza as lentes da interface entre Direito e Economia para apresentar as instituições e a prática da Defesa da Concorrência, tendo por ênfase a sua aplicação ao Brasil. Para tanto, a próxima seção apresenta, em linhas gerais, o histórico e a estrutura de funcionamento da Defesa da Concorrência no Brasil. Tendo a experiência brasileira como pano de fundo, a seção 3 detalha as formas de atuação da

Defesa da Concorrência, em suas dimensões de controle de estruturas e de repressão a condutas. Finalmente, dado o caráter introdutório do presente texto, o capítulo conclui com algumas sugestões de leitura, com o propósito de incentivar os mais interessados a percorrer a fascinante literatura de Economia e Direito da Concorrência.

2. ORIGENS E FUNCIONAMENTO DA DEFESA DA CONCORRÊNCIA NO BRASIL

A legislação de Defesa da Concorrência não é um fenômeno novo no Brasil. Uma primeira e frustrada tentativa foi implementada em 1945, procurando limitar a atuação dos monopólios e o abuso do poder econômico de um modo geral, mas foi revogada menos de um ano depois. O primeiro passo definitivo rumo a uma legislação brasileira de defesa da concorrência foi dado em 1962, com a promulgação da Lei nº 4.137. Tendo a preocupação de combater a formação de monopólios e impedir atos de abuso do poder econômico, esta lei previa punições para os eventuais infratores e instituía aquele que seria o principal organismo público de defesa da concorrência: o Conselho Administrativo de Defesa Econômica (Cade).

Este movimento legislativo não era original e não parece ter sido derivado de uma demanda da sociedade brasileira à época. É usual associar as origens da legislação antitruste ao *Sherman Act*, em 1890, nos EUA, ou ao Canadá, em 1889, por meio do *Act for the Prevention and Suppression of Combinations formed in Restraint of Trade* .[2] Ambas são peças que compartilhavam o objetivo de impor limites ao poder até então irrestrito das grandes corporações e trustes, que ganharam relevância após o final da Guerra Civil americana, em meio a profundas mudanças institucionais e tecnológicas experimentadas pela sociedade norte-americana.

A este crescimento desmedido da assimetria entre empresas, seguiu-se um movimento da sociedade norte-americana com o propósito de demandar restrições ao exercício unilateral de poder de mercado, movimento este fundado, sobretudo, nas reivindicações do pequeno empresariado.[3] A percepção de que a economia do final do século XIX era marcada por trustes e cartéis era generalizada, conforme narra Chandler.[4] É também digno de nota que havia, nos primeiros anos do *Sherman Act*, grande desconfiança sobre a capacidade de essa peça legal de fato conter as ações anticompetitivas das corporações emergentes, tal era a percepção de seu poder de mercado.[5]

---

2. MOTTA, M. (2004). *Competition Policy: Theory and Practice*. New York: Cambridge University Press, 2004, p.640; OLIVEIRA, G.; Rodas J. G. (2004). *Direito e economia da concorrência*. Rio de Janeiro, Renovar.
3. FREDERICK, D. (2002). Antitrust Status of Farmer Cooperatives: The Story of the Capper-Volstead Act. *United States Department of Agriculture Report*, n. 59.
4. CHANDLER, A. D. (1977). *The Visible Hand:* The Managerial Revolution in American Business. Cambridge: Harvard University Press.
5. KOVACIC W.; Shapiro C. (2000). Antitrust Policy: A Century of Economic and Legal Thinking. *Journal of Economic Perspectives*, vol. 14, n. 1, Winter 2000, p.43-60.

O quadro no Brasil era bastante distinto. A política industrial predominante no pós-guerra era de proteção comercial e de coordenação das ações empresariais sob a tutela do Estado, que interferia em planos de investimento e, em diversos mercados, regulava o tipo de produto, a quantidade produzida e até o preço praticado. Em outras palavras, à época da criação do Cade, a economia brasileira desenvolvia-se tendo por base a proteção e a coordenação, e não a concorrência. O elemento estranho nessa composição de políticas era o Cade, que por aproximadamente três décadas manteve-se quase anônimo, se não uma contradição com o contexto institucional da época.

Dois acontecimentos emblemáticos marcam, a partir de 1994, a mudança do perfil da intervenção do Estado nos mercados e a demanda por instituições de mercado, como é o caso da Defesa da Concorrência. De um lado, a publicação da Lei nº 8.884 deu novo impulso à defesa da concorrência no Brasil. De outro, a extinção da SUNAB, em 1997, último símbolo do controle de preços dos anos 1990, simbolizando mais um passo dessa transformação. Em síntese, a concorrência passou a ser o principal instrumento da busca de eficiência e equidade na economia, em contraposição à intervenção direta sobre as estratégias empresariais.

Com a Lei nº 8.884, de 1994, os órgãos responsáveis pela defesa da concorrência foram dotados de instrumentos para uma ação mais efetiva. Essa lei transformou o Cade em uma autarquia, dando-lhe relativa autonomia para o julgamento de infrações à ordem econômica. Paralelamente, a Secretaria de Direito Econômico (SDE), criada em 1991, assumia, juntamente com a Secretaria de Acompanhamento Econômico (Seae), vinculada ao Ministério da Fazenda, funções complementares no exercício da defesa da concorrência.

Enquanto isso, no mundo empresarial, o processo de reestruturação industrial que se seguiu à abertura de mercado e desregulamentação, na primeira metade dos anos 1990, colocou os problemas de concorrência na ordem do dia, conferindo um papel de destaque ao Cade. Setores empresariais especialmente sensíveis a problemas concorrenciais, como a indústria siderúrgica e a petroquímica, que eram dominadas por empresas públicas, foram objeto de privatização no início dos anos 1990. Posteriormente, na mesma década, setores de utilidade pública, como telecomunicações e energia elétrica, também foram privatizados. Em paralelo a este movimento, diversas indústrias que estavam sujeitas à regulação de qualidade ou estratégias empresariais em geral, foram desregulamentadas, de tal modo que essas estratégias, antes sob o controle direto do Estado, passaram para o controle privado.

Esse conjunto de mudanças teve como importante consequência a transferência de decisões empresariais da esfera pública para o setor privado, em particular em setores que eram mais propensos a problemas concorrenciais, por conta de economias de escala ou de rede, como os setores siderúrgico, petroquímico, de mineração e de serviços de utilidade pública. Nesse ambiente econômico, é maior a demanda pela defesa da concorrência, visto que a ausência de constrição sobre as decisões privadas pode resultar em prejuízos à concorrência e, portanto, às perdas sociais dela derivadas.

Fusões e aquisições proliferam na economia brasileira, especialmente a partir de 1994, e passaram a ser submetidas à apreciação do Cade, conforme o artigo 54 da Lei 8.884, mantendo-se algum controle da política pública sobre a forma de funcionamento dos mercados. De outro lado, as estratégias competitivas de grandes empresas, agora sob o controle privado, presumivelmente voltavam-se à realização do lucro privado, eventualmente em prejuízo da concorrência. Havia, portanto, maior demanda por uma política de defesa da concorrência, a fim de controlar o exercício de poder de mercado dos novos grupos econômicos privados e da onda de fusões e aquisições que se intensificava ao final da década de 1990.

Com todas essas transformações, a política de Defesa da Concorrência passou a ser parte dos planos empresariais, como uma norma que limita e orienta as estratégias empresariais em geral. Essas mudanças são expressas na Figura 1, que traz em sua parte superior as mudanças institucionais, consistentes com a mudança do papel do Estado na atividade econômica, representada na parte inferior da figura, com a privatização de setores mais propensos a problemas concorrenciais, e à transferência ao setor privado de decisões sobre preço e qualidade dos produtos, antes sob o domínio da regulação. Diferentemente do que havia acontecido 30 anos antes, por ocasião da criação do Cade, nos anos 1990 havia demanda por instituições de mercado, em particular pela política de Defesa da Concorrência. Nesse novo quadro, a autarquia saiu do anonimato, ganhando destaque na imprensa econômica, bem como na agenda das estratégias empresariais.

Figura 1

Demanda por Defesa da Concorrência no Brasil

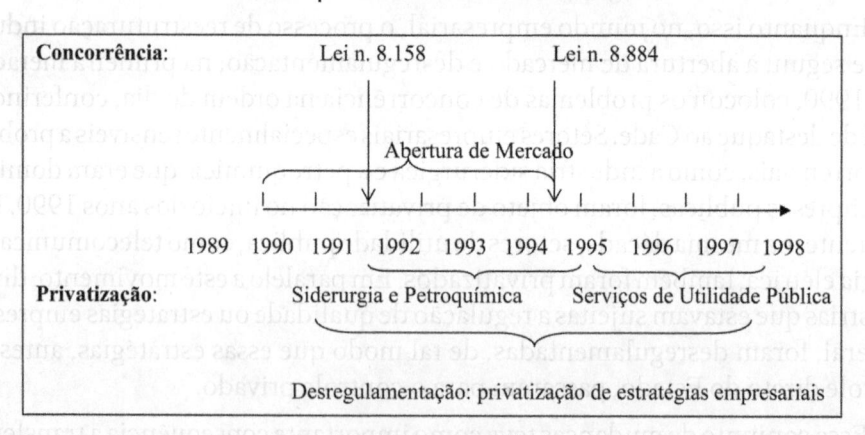

Fonte: Farina e Azevedo[6]

Nova mudança no marco legal, em 2000, aprimorou os instrumentos para o combate a cartéis. Por meio da Lei n.º 10.149, foi instituído o acordo de leniência, uma espécie de delação premiada, por meio do qual participantes de um cartel

---

6. FARINA, E. M. M. & Azevedo, P. F. (2001) Política Industrial e Defesa da Concorrência: Considerações Sobre a Experiência Brasileira nos Anos 90. In: ANPEC – *Economia*. Niterói, v 2, n 2, pp 513-547.

que contribuam efetivamente para as investigações podem ter suas penas reduzidas. Essa possibilidade de acordo modifica os custos e benefícios associados à cooperação entre concorrentes para divisão de mercados ou uniformização de preços, ampliando a capacidade de *enforcement* da lei de defesa da concorrência[7]. Além disso, houve, a partir de 2003, uma mudança profunda nas práticas de investigação, que passam a se apoiar na experiência da Polícia Federal e de outras jurisdições. É a partir desse período que surgem as operações de busca e apreensão e de interceptação telefônica, que permitem a obtenção de prova direta da existência de cartéis. Este processo de consolidação institucional está ainda em curso e deve atingir grau de maturidade com a aprovação do projeto de lei, prevista para a primeira metade da década de 2010, que reúne os avanços recentes, bem como reestrutura o sistema de defesa da concorrência, passando as funções da SDE e Seae para um único órgão, o Cade[8].

3. FORMAS DE ATUAÇÃO

As normas de defesa da concorrência coíbem e orientam comportamentos dos participantes do mercado. Seu princípio é evitar que empresas tomem ações que lhes seriam lucrativas, mas que, por serem prejudiciais à concorrência, causem danos ao consumidor final ou, em uma visão mais abrangente, ao bem-estar da sociedade. Procura-se evitar, por exemplo, a combinação de preços, divisão de mercados, estratégias de bloqueio à entrada ou ao desenvolvimento de concorrentes, entre outras.

Isso pode ser feito através de dois modos principais de atuação: repressivo ou preventivo. Se o objetivo é dissuadir um tipo de comportamento (e.g. combinar preços) – que seria lucrativo à empresa, é interessante impor penalidade a este comportamento. Punir é dissuadir e o tamanho ótimo da punição é aquele exatamente suficiente para tornar tal comportamento indesejável do ponto de vista econômico. A atuação repressiva, portanto, consiste em identificar e punir o exercício anticompetitivo de poder de mercado, como, por exemplo, o uso desse poder para excluir concorrentes. A atuação preventiva, em contraposição, procura reduzir a probabilidade de ocorrência de conduta anticompetitiva no futuro. Isso é feito por meio do controle sobre a estrutura de mercado, de modo a evitar a formação, e não o exercício, de poder de mercado. Por essas características, a atuação repressiva é também denominada controle sobre condutas, enquanto a atuação preventiva recebe o nome de controle de estruturas. As próximas seções detalham cada um desses modos de atuação, enfatizando a análise econômica das normas de concorrência.

---

7. Os incentivos econômicos presentes no acordo de leniência e seu papel na investigação de cartéis são objeto da seção 3.1.2.

8. Com o intuito de evitar sua obsolescência prematura, este capítulo deliberadamente não aprofunda aspectos da estrutura corrente ou prevista da defesa da concorrência no Brasil. Ao contrário, a análise econômica das normas de Defesa da Concorrência é feita, quando possível, de modo mais abstrato, estabelecendo relações aplicáveis a diferentes contextos.

Antes, contudo, do detalhamento de cada um dos modos de atuação, é conveniente expor o mecanismo base da análise econômica de regras e decisões de adjudicação, que orienta a exposição que se segue. O processo de adjudicação ocorre sob o inevitável constrangimento de escassez de recursos, de disponibilidade de evidências e de capacidade de processamento das informações disponíveis e válidas. Esse constrangimento é intrínseco a qualquer processo decisório, mas é agravado quando há maior urgência da adjudicação como tipicamente é o caso de matéria concorrencial e regulatória na qual há intervenção do Estado na dinâmica de mercados cada vez mais complexos e em rápida transformação e desenvolvimento tecnológico.

A esse constrangimento intrínseco do processo decisório associam-se possíveis erros de decisão, definidos pelo Juiz Easterbrook, inspirado na teoria estatística, em erros tipo I (falsos negativos) e tipo II (falsos positivos); Joskow, 2002).[9]

E a esses erros associam-se custos sociais, de punição àqueles que não deveriam ser punidos e da permissão de práticas que deveriam ser dissuadidas. Ao final, o maior prejuízo da ocorrência de erros de decisão é o *enforcement* imperfeito das normas e, consequentemente, sua menor capacidade de orientar comportamentos.

Como há custos associados aos erros de decisão, é desejável reduzi-los, o que pode ser feito por meio do emprego de mais recursos de investigação, cujos custos diretos incluem os custos administrativos, de litígio e de cumprimento das determinações das autoridades de defesa da concorrência. Quanto mais aprofundada a investigação, menores são os custos associados aos erros de decisão, mas, em contrapartida, maiores são os custos de investigação. A decisão ótima é aquela em que o benefício derivado de um ato adicional de investigação (i.e., a redução de erros do tipo I e II e seus correspondentes custos) equivale ao custo social de se realizar tal ato (i.e., o tempo e os recursos empreendidos na investigação)[10]. Esta é a estrutura básica de avaliação das regras de decisão e padrão de prova e investigação, como se verá a seguir.

3.1. Atuação Repressiva: punição a condutas anticompetitivas

3.1.1. O que investigar?

Há custos substanciais envolvidos em uma investigação, incorridos tanto pela autoridade antitruste, na distribuição de seus recursos escassos, quanto pelas partes investigadas, que têm de contratar advogados e alocar o tempo de seus membros, dirigentes ou empregados para sua representação no processo administrativo. Em síntese, é necessário escolher o que investigar. Por esse motivo, requer-se um con-

---

9. HOVENKAMP, H. (2005). *The Antitrust Enterprise: Principle and Execution*. Cambridge-MA: Harvard Univ. Press.; JOSKOW, P. L. (2002). Transaction Cost Economics, Antitrust Rules and Remedies. *Journal of Law, Economics and Organization*. V. 18, N.1, pp. 95-116.
10. Em linguagem microeconômica, pode-se dizer que o nível ótimo de investigação é aquele em que o benefício marginal da investigação equivale ao seu custo marginal.

junto mínimo de evidências para a instauração de processo administrativo, de tal modo que haja, no momento da instauração, probabilidade razoável de que ao final do processo conclua-se pela punição da representada.

Quando há indícios de infração à ordem econômica, não sendo, contudo, esses indícios suficientes para a instauração de processo administrativo, a autoridade antitruste pode instaurar uma averiguação preliminar. Subjacente a esta afirmação – extraída literalmente da Lei nº 8.884/94 – está o custo social de levar a termo as investigações no âmbito de um processo administrativo. A averiguação preliminar tem, portanto, o papel de reunir um conjunto suficiente de evidências de infração à ordem econômica, de modo a reduzir a probabilidade de instauração de processos administrativos que investiguem condutas lícitas.

Este é o princípio que norteia a análise nos inúmeros casos de suspeita de conduta uniforme em revenda de combustíveis. Diversas características da revenda de combustíveis tornam este mercado particularmente suscetível à cartelização. O produto é homogêneo e, por imposição regulatória, o preço praticado deve necessariamente ser visível a qualquer passante. Isso significa que é relativamente fácil acordar sobre um determinado preço e monitorar o cumprimento desse acordo. Além disso, a abrangência geográfica do mercado[11] é definida pelo custo de deslocamento do consumidor, frequentemente circunscrito às fronteiras municipais ou, em cidades de maior porte, aos seus bairros. Isso significa que há potencialmente no Brasil, neste exato momento, mais de cinco mil cartéis de combustíveis. De fato, estima-se que aproximadamente 20% dos casos de conduta investigados pelo SBDC sejam sobre denúncias de cartéis em revenda de combustíveis.[12]

Não se pode, evidentemente, investigar todos eles com profundidade. Em particular, as práticas de investigação de busca e apreensão e interceptação telefônica são muito eficazes, mas de custo social proibitivo, seja pelo uso de recursos públicos, seja pelo grau de intervenção no ordenamento privado. Isso significa que tais práticas somente devem ser utilizadas quando houver grande segurança sobre a probabilidade de ocorrência de ilícito. Diante de um número tão expressivo de casos, vários dos quais motivados apenas pela similaridade de preços de revenda, o Cade utiliza alguns testes com o objetivo de separar os casos em que a probabilidade de ocorrência de cartel é maior – e, portanto, devem ser objeto de investigação mais aprofundada por meio de um processo administrativo – daqueles em que essa probabilidade é menor e, portanto, não merecem aprofundamento da análise.

---

11. Termo conhecido na área antitruste como 'mercado relevante geográfico". O mercado relevante também é definido na dimensão produto, sendo as possibilidades de substituição pelo lado do consumidor ou pelo lado das empresas (por meio de modificação rápida e tempestiva de seu portfolio de produção) os principais elementos observados para a delimitação do mercado.

12. RAGAZZO, Carlos Emmanuel; SILVA, Rutelly Marques. (2006). *Aspectos econômicos e jurídicos sobre cartéis na revenda de combustíveis: uma agenda para investigação*. Brasília: Ministério da Fazenda – Secretaria de Acompanhamento Econômico, Documento de Trabalho nº 40, dezembro de 2006, p. 4.

Esse procedimento atende à análise econômica da política de defesa da concorrência. O aprofundamento de uma investigação – que implica aumento dos custos diretos – justifica-se tão somente se causar reduções dos custos de erros tipo I e tipo II que compensem o acréscimo de gastos na investigação.

Este é também o argumento desenvolvido por Joskow[13], para quem a escolha das regras antitruste e de procedimentos de investigação deve atender a critérios econômicos, particularmente com o intuito de reduzir os custos de transação do *enforcement* das regras. Este é um dos pontos que a análise econômica pode contribuir à defesa da concorrência, com o objetivo de reduzir os custos de sua aplicação.

3.1.2. Detecção de Cartéis e Acordo de Leniência

A concorrência entre as empresas é certamente muito benéfica aos consumidores, induzindo reduções de preços e/ou aumento da qualidade dos produtos. Em contrapartida, a situação mais desejável a uma empresa é a de monopolista, ou seja, reinar soberana no mercado. Nessa situação, a empresa é livre para determinar o preço que lhe convém – em geral, em detrimento do consumidor –, o tipo de produto, sem se preocupar com a perda de clientes para as empresas rivais. Do mesmo modo, a situação mais desejável a um grupo de empresas é agir como um monopolista, dividindo posteriormente os ganhos decorrentes dessa posição. Em outras palavras, as empresas rivais têm o que ganhar fazendo acordos entre si, mesmo porque, na pior das hipóteses, esse acordo pode contemplar a volta à concorrência. A questão que se coloca é: por que muitas vezes não há cartéis? A pergunta subsequente é: nos casos em que há cartel, como fazer para desestabilizá-lo ou, alternativamente, identificá-lo e puni-lo?

A concorrência resulta do comportamento estratégico de cada empresa, cuja ação racional do ponto de vista individual não é de interesse do grupo de empresas. Em resumo, a melhor resposta a ser dada à estratégia alheia algumas vezes conduz a um resultado pior para todos. Este é um resultado clássico em economia, denominado Dilema dos Prisioneiros[14].

O Quadro 1 representa a relação entre duas empresas, por exemplo, Gol e Tam, em que cada uma delas possui duas estratégias: entrar em guerra de preços ou mantê-los inalterados. Os *payoffs* não dependem apenas da ação da própria empresa, mas, por conta da interdependência de ações, dependem também da ação da empresa concorrente. Portanto, a escolha de uma estratégia deve levar em conta as possíveis ações da empresa rival. A situação mais interessante para as empresas é a alternativa em que ambas mantêm os seus preços, dividindo o mercado. Nessa situação, não

---

13. JOSKOW, P. L. (2002). Transaction Cost Economics, Antitrust Rules and Remedies. *Journal of Law, Economics and Organization.* V. 18, N.1, pp. 95-116.
14. A origem deste nome é a situação análoga a que são submetidos dois prisioneiros, acusados de serem coadjuvantes em um crime. Detalhamentos sobre este contexto e sobre os conceitos de estratégia dominante e Equilíbrio de Nash podem ser encontrados em praticamente todos os manuais de microeconomia.

há concorrência por preços e, por este motivo, o lucro conjunto – isto é, a soma de lucros das duas empresas – é o maior possível: R$ 5 milhões para cada uma. Esta seria, portanto, a solução racional se as empresas fossem de um mesmo proprietário (ou seja, um monopólio). Entretanto, será que é esta, de fato, a melhor estratégia para cada uma das empresas individualmente?

Quadro 1
Dilema da Concorrência

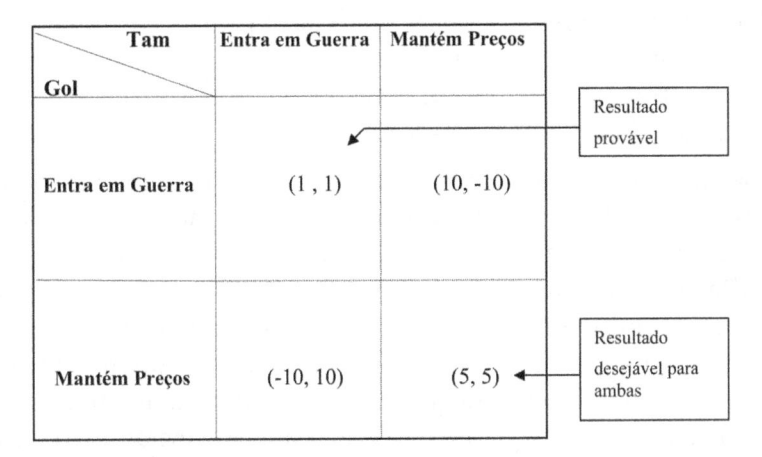

Se nos colocarmos na posição da Gol, a primeira questão a ser respondida é "qual a melhor estratégia no caso de a Tam entrar em guerra de preços?" Para responder esta pergunta, basta comparar, na primeira coluna do Quadro 1, as duas alternativas que dispõe a Gol. Se ela também entrar em guerra de preços, ambas as empresas dividirão o mercado, mas cobrando preços mais baixos, o que resulta em um lucro de R$ 1 milhão para cada empresa. Se a Gol, por outro lado, optar por manter os seus preços, os consumidores migrarão para a Tam, o que resultará em um prejuízo de R$ 10 milhões, dado que a empresa incorreu em custos, mas perde suas vendas. Portanto, se a Tam entrar em guerra de preços, a melhor estratégia da Gol é também reduzir os seus preços.

A segunda questão a ser respondida pela Gol é "qual deve ser a minha estratégia se a Tam mantiver os seus preços?". Neste caso, basta olharmos as alternativas que a Gol possui na segunda coluna do Quadro 1. Se ela reduzir os seus preços, ela se apropriará dos consumidores da Tam, realizando um lucro de R$ 10 milhões. Por outro lado, se ela mantiver preços, ambas as empresas dividem o mercado, obtendo um lucro de R$ 5 milhões cada. Esta última opção é muito boa; mas não é a melhor... Para a Gol, se a Tam mantiver preços, a melhor estratégia é reduzi-los.

Resumo da ópera: é sempre melhor para a Gol reduzir os preços, independentemente da ação da Tam. Em linguagem técnica, a estratégia de reduzir preços é uma *estratégia dominante*, uma vez que é sempre superior às demais estratégias. Como este é um jogo simétrico – ou seja, as estratégias e *payoffs* da Tam são os mesmos da Gol –, a guerra de preços é também a melhor estratégia para a Tam. Desse modo, a concorrência se estabelece a menos que as empresas consigam fechar alguma espécie de acordo – um cartel – para movê-las da guerra de preços (1º quadrante), para uma divisão prévia do mercado (4º quadrante). O cartel é um acordo com o objetivo de suprimir a concorrência, por meio da divisão de áreas de atuação, ou combinação prévia de preços e cotas de produção. Nessa combinação prévia, a intenção das firmas é agir como um monopólio, ou seja, procurar obter o maior lucro conjunto, que, posteriormente, é dividido entre os participantes do cartel. Pode-se notar que cartelizar será lucrativo para as empresas, embora prejudicial para os consumidores finais e para a sociedade em geral. Por se tratar de uma restrição pura à concorrência e por ser, de modo incontroverso, prejudicial aos consumidores, o cartel é considerado na maior parte das jurisdições como o mais grave dos ilícitos antitruste.

Empresas que compartilham um mesmo mercado continuamente confrontam as suas estratégias com as das demais firmas, assim como daquelas dispostas a entrar no mercado. O fato de este relacionamento com empresas rivais prolongar-se no tempo confere uma característica muito importante às estratégias adotadas pelas firmas. Isso ocorre porque uma empresa pode utilizar a promessa ou ameaça de uma ação no futuro como um meio de obter melhores resultados no presente. Em outras palavras, é a ameaça de punição futura que induz um comportamento cooperativo no presente. Como tal, é possível que as empresas cooperem, evitando a concorrência, o que as levaria a um resultado superior, gozando de maiores lucros.

Há características dos mercados que fazem com que seja relativamente mais fácil implementar um acordo entre empresas, porque afetam os custos e benefícios da cooperação. De acordo com seu efeito sobre essa relação de custo e benefício da cooperação, essas características podem ser classificadas em três grupos: a) custo de transação entre as empresas, que indicam a dificuldade de se negociar um acordo; b) o custo de não cooperar (ou benefício de cooperar), dado pelos ganhos decorrentes do acordo e pelos custos de sofrer retaliação em caso de não cooperar; e c) o benefício de não cooperar (ou custo de cooperar), ou seja, os ganhos de uma firma ao desrespeitar o acordo com as demais.

Se os custos de uma firma não cooperar com as demais for mais baixo do que o benefício que elas obtêm com o acordo entre elas, é economicamente interessante para cada firma individualmente buscar o acordo com as demais, havendo clara tendência à cartelização. No caso de uma relação custo-benefício muito elevada para que as firmas cooperem, o resultado esperado é a concorrência entre elas, uma vez que cada firma obtém maior vantagem ao não cooperar, entrando, por exemplo, em uma guerra de preços.

A fim de desestabilizar um cartel, a política pública pode impor custos adicionais à estratégia de cooperação. Isso é feito de modo geral, sobre todas as firmas potencialmente participantes de um cartel, por meio da imposição de multa elevada por participação nesses tipos de acordo claramente lesivos ao consumidor final. Entretanto, apenas a elevação da multa pode ser insuficiente para a dissuasão da conduta se a probabilidade de detecção do ilícito for muito baixa. O que interessa para a empresa é o valor esperado de participação no cartel, frente à punição esperada para a eventualidade de a conduta ser identificada e condenada pela autoridade antitruste. Desse modo, se a probabilidade de detecção for muito baixa, o valor esperado da punição (custo da punição multiplicado pela probabilidade de condenação) será também muito baixo, não sendo provavelmente suficiente para dissuadir a conduta.

Em particular, no caso de cartéis de fixação de preços, estima-se que as empresas utilizem preços cerca de 20% superiores ao que praticariam se concorressem plenamente.[15] Isso significa que uma multa de 30% do faturamento bruto – a mais alta prevista em lei – somente dissuadiria a conduta se o tempo esperado para a identificação e condenação for inferior a um ano e meio. Se houver uma probabilidade razoável de o cartel sequer ser detectado ou que sua identificação apenas ocorra após um ano e meio, será ainda lucrativo fazer o cartel.

Um importante mecanismo para ampliar a probabilidade de detecção de cartéis é o acordo de leniência, que consiste na concessão de imunidade ou redução de pena para participantes de um cartel que tragam provas da existência desse ilícito, confessem culpa e comprometam-se em colaborar com as investigações.

Esse tipo de acordo entre Administração e Administrados afeta a eficácia da política de defesa da concorrência de dois modos, com efeitos contraditórios. De um lado, a punição do beneficiário do acordo de leniência, necessariamente um dos autores do ilícito antitruste, é atenuada, o que, *ceteris paribus,* reduz o efeito de dissuasão da conduta anticompetitiva. No limite, a concessão de leniência a todo participante de cartel equivaleria a uma isenção antitruste, ou seja, ausência de punição e, portanto, efeito nulo sobre a dissuasão de conduta tão nociva à sociedade.

Por outro lado, a concessão de acordo de leniência produz dois efeitos benéficos à investigação. Primeiro, aumenta-se a probabilidade de detecção de condutas ilícitas, o que é especialmente relevante no caso de cartéis, uma vez que, não havendo dúvidas sobre a ilicitude da prática, os infratores procuram acobertar quaisquer evidências do ilícito, tornando mais difícil a obtenção de provas. Segundo, o acordo de leniência, além de aumentar a probabilidade de detecção de cartéis, reduz substancialmente o custo de produção de provas, que poderiam demandar recursos da autoridade antitruste.[16] O simples fato de se eliminar os custos de investigação representa uma economia de recursos que, *ceteris paribus,* se traduz em maior eficiência da política de defesa da concorrência. Com uma maior produtividade na busca de seu objetivo (i.e., maior efeito dissuasório de condutas anticompetitivas por real despendido), a administração pode ampliar o *enforcement* de sua política, fazendo mais com menos.

---

15. CONNOR. J. (2007) Price-fixing overcharges: legal and economic evidence. *Research in Law and Economics*, Volume 22, 59–153.
16. WILLS, W.P.J. (2007). Lenience in Antitrust Enforcement: Theory and Practice. *World Competition* 30(1), 25-64.

Considerando os dois efeitos em conjunto, o acordo de leniência consiste em uma ferramenta essencial de investigação, mas que deve ser utilizada com limites, a fim de evitar subpunição de participantes de um cartel. Na maior parte das jurisdições, como a brasileira, esses limites são estabelecidos na própria lei, que restringe elegibilidade ao acordo de leniência àquele que se apresentar primeiro às autoridades de defesa da concorrência e que não seja líder do cartel.[17] Essas duas condições necessárias asseguram que não ocorrerá subpunição aos demais participantes do cartel, sobretudo àquele que tenha liderado o cartel, e, ao mesmo tempo, mantém o desejável efeito de ampliação da probabilidade de detecção desse tipo de ilícito[18].

O acordo de leniência tem por efeito desestabilizar cartéis porque afeta os incentivos das empresas em não cooperar ou, mais especificamente, em confessar a participação no ilícito. Ao alterar o valor relativo dos custos e benefícios da cartelização, a possibilidade de celebração de acordo de leniência reduz a probabilidade de *ocorrência de cartéis*, um efeito indireto talvez mais importante do que o de aumentar a probabilidade de *detecção de cartéis*.

3.1.3. Investigação e Padrão de Prova

Um pouco mais de 70% das condenações do Cade, até 2006, envolviam cooperativas médicas, seja pelo uso de tabela de preços, seja por utilizarem cláusulas de exclusividade junto aos médicos cooperados, prática denominada unimilitância. Por mais propensas que sejam tais cooperativas a problemas concorrenciais, é inegável que essa proporção de condenações não guarda qualquer relação com a relevância econômica dessa atividade e mesmo com a probabilidade de ocorrência de ilícito antitruste. O que, então, explicaria tamanha desproporção?

Para responder essa pergunta é conveniente reconhecer primeiro que esta não é uma característica da jurisdição brasileira, mas revela um estágio de desenvolvimento da investigação de ilícitos antitruste. Em jurisdições mais novas, que ainda não desenvolveram plenamente a sua expertise de investigação, naturalmente os casos bem-sucedidos são aqueles que não exigem grande esforço investigatório, seja porque as evidências são públicas ou facilmente coletadas, seja porque não se exige análise econômica sofisticada para se concluir que o conjunto de evidências é suficiente para caracterizar um ilícito antitruste.

Cooperativas médicas são assim definidas por reunirem médicos, que prestam serviços por seu intermédio. Em municípios do interior, é comum tais cooperativas congregarem mais de 50% dos médicos, o que é evidência suficiente para se presumir

---

17. AZEVEDO, P. F., Henriksen, A. L. (2010). Cartel Deterrence and Settlements: the Brazilian experience In: *The Development of Competition Law since 1990 and Perspectives*.1 ed. London : Edgard Elgar.

18. É interessante notar que a legislação brasileira ainda reduz o benefício concedido ao signatário do acordo de leniência se a autoridade antitruste já tiver conhecimento da existência de possível cartel, ou seja, se já houver instaurado procedimento administrativo para apuração do possível ilícito. Nesse caso, a punição é reduzida para algo entre um e dois terços da pena aplicável, a critério da autoridade antitruste.

que desfrutam de posição dominante na oferta desses serviços. Além disso, algumas dessas cooperativas estabelecem em seu estatuto, registrado em cartório, que seus cooperados não podem ofertar seus serviços para planos de saúde concorrentes, a chamada cláusula de unimilitância.

Não é necessária grande expertise de investigação para se obter essas duas evidências, situação muito diferente da investigação de coordenação de preços entre grandes empresas de cimento ou gases industriais, que, por terem plena ciência do ilícito de combinação de preços e divisão de mercados, estrategicamente o fazem às escondidas. Este é o problema do custo da evidência, que é bastante variável conforme o caso. É natural, portanto, que jurisdições mais novas tenham uma proporção maior de casos de coordenação entre profissionais liberais, mais comumente médicos, e menos de cartéis entre grandes empresas.

Mas por que haveria mais casos de condenação de cooperativas médicas do que de condutas unilaterais, tais como preço predatório, restrições verticais ou recusa de venda, que podem também constituir ilícitos antitruste? Aí entra um segundo componente relevante do custo de prova de um ilícito, que é o padrão de investigação.

Há duas categorias típicas de investigação no antitruste: a regra *per se* e a regra da razão. Na primeira, para a caracterização do ilícito basta a observação da conduta e, em alguns casos, algum fato adicional. Na segunda, o princípio que orienta a investigação é o aprofundamento da análise dos efeitos negativos da operação, decorrentes de eventual redução da concorrência, e de seus benefícios, decorrentes de ganhos de eficiência, como redução de custos e melhoria da qualidade dos produtos. Pela regra da razão, a caracterização do ilícito é feita por meio do balanço entre ganhos e perdas para a sociedade, avaliados em específico para determinado ato – fusão ou conduta. E é o padrão de investigação um dos elementos que distingue os casos de conduta concertada entre médicos e os casos de conduta unilateral, como restrições verticais. Nos primeiros, a jurisprudência do Cade é uníssona em considerar que a observância de posição dominante (e.g. elevada participação de mercado) em conjunto com a imposição de cláusula de unimilitância é suficiente para se caracterizar o ilícito antitruste. Em contraposição, nos casos de restrições verticais, a investigação deve caracterizar os prejuízos à concorrência e a sua preponderância em relação a eventuais ganhos de eficiência que dela podem decorrer. Por conta do custo de se obter a evidência e do padrão de investigação utilizado em casos de conduta concertada, o custo da prova em casos de unimilitância em cooperativas médicas é relativamente baixo, o que explica a sua preponderância nas condenações de jurisdições ainda pouco desenvolvidas.

Resta explicar por que ocorre este tratamento distinto na investigação de diferentes condutas. Uma primeira e equivocada interpretação é associar as regras *per se* e da razão a dois grupos distintos de ilícitos, como se para a caracterização do primeiro não fosse necessário também se concluir que à conduta se associam prejuízos líquidos ao bem-estar. Como colocou brilhantemente o Conselheiro e Professor Luís Fernando Schuartz:

Per se e *rule of reason* são, a rigor, padrões de *investigação* antitruste. Não se trata, em hipótese alguma, de rótulos aplicáveis a diferentes *categorias de condutas anticompetitivas*. De fato, uma determinada conduta tem natureza anticompetitiva *se e somente se* a ela se associa a produção de efeitos líquidos negativos sobre o bem-estar em termos do exercício de poder de mercado por parte de um ou mais agentes. A presença do "efeito anticompetitivo", nesse sentido, é, *sempre e necessariamente*, elemento *constitutivo* da definição jurídica de ilícito antitruste.[19]

Os padrões de investigação *per se* ou regra da razão são mais propriamente definidos como *tipos ideais*, que classificam os padrões de investigação conduzidos em casos concretos. Nenhuma investigação antitruste utiliza, de fato, a regra da razão em sua plenitude, por meio da mensuração de todos os efeitos negativos e positivos decorrentes de uma conduta ou de uma fusão. E isso ocorre por economia processual, ou seja, porque a sociedade perderia mais com a investigação do que ganharia com o refinamento da análise. É nesse sentido que afirma Hovenkamp: "Na realidade, toda análise legal é '*per se*' em algum grau. A regra *per se* afirma que quando se atinge um determinado nível de conhecimento sobre a prática investigada pode-se passar para o exame de sua legalidade sem necessidade de investigação adicional. A diferença entre os padrões de investigação *per se* e regra da razão está no quanto nós precisamos conhecer antes de tomar esta decisão".[20]

Em casos de conduta unilateral, a mera observação da conduta – por exemplo, uma cláusula de raio em contratos de locação em *shopping centers* – é insuficiente para se concluir que dela decorrem prejuízos líquidos ao bem-estar social. A teoria econômica é pródiga em modelos que indicam haver benefícios substanciais nesse tipo de prática, bem como mostra que o seu emprego pode, em circunstâncias particulares, causar prejuízo à concorrência. Em outras palavras, um contrato com cláusula de raio informa ainda muito pouco sobre a existência de ilícito antitruste ou não. A investigação deve, portanto, prosseguir, com a reunião de evidências adicionais sobre as condições para que ocorra bloqueio à entrada ou exclusão de concorrentes, de um lado, e sobre a magnitude dos ganhos de eficiência associados à prática, de outro.

A situação é bastante distinta dos casos em que um grupo de prestadores de serviços de saúde que estabelece preços comuns e pune aqueles associados que negociam autonomamente. A jurisprudência do Cade considera que este fato, em conjunto com a evidência de existência de poder de mercado, é suficiente para presumir que tal conduta resulta em prejuízos sociais líquidos e, por isso, conclui pela existência de ilícito antitruste[21]. Nos casos de conduta concertada de negociação e fixação de preços, em que a probabilidade de prejuízos líquidos é suficientemente

---

19. SCHUARTZ, L. F. (2001). Ilícito antitruste e acordos entre concorrentes. *Revista de direito mercantil industrial, econômico e financeiro*. Ano XL, n. ° 124. p. 47-71. out-dez. 2001.

20. HOVENKAMP, H., (2005). *Federal Antitrust Policy: the Law of Competition and its Practice*. Thompson/West, 3rd Ed, p. 251.

21. A conclusão poderia distinta se médicos negociarem coletivamente com planos de saúde, que gozem *ex ante* de poder de mercado na aquisição desses serviços. Este exemplo poderia se enquadrar como um caso de poder compensatório, requerendo, ao menos na interpretação deste autor, aprofundamento da análise. A este respeito, ver Azevedo e Almeida (2009).

alta, admite-se um padrão de investigação sumário, em que a observação da prática constitui prova suficiente para a caracterização do ilícito antitruste.

É notória a preocupação das autoridades de defesa da concorrência com o conjunto de evidências que pode constituir prova suficiente para uma decisão, bem como pelo ônus de sua apresentação. Há uma grande diferença entre os extremos de uma condenação *per se*, em que a mera observação de uma dada prática é condição suficiente para caracterizar a sua ilicitude, e uma condenação em que a autoridade antitruste deve avaliar os custos e benefícios sociais, com alguma precisão, para caracterizar a conduta como danosa à concorrência. Mesmo que as provas das eficiências decorrentes da operação sejam de responsabilidade do potencial infrator, à autoridade antitruste cabe provar não somente a existência da estratégia potencialmente anticompetitiva, mas também seus efeitos e sua magnitude. Quanto maiores os custos de mensuração das evidências que podem constituir prova, maiores os benefícios de se adotar uma condenação *per se*, que poupa custos de mensuração, em comparação à regra da razão. Adicionalmente, são também relevantes a variância e o valor médio esperado dos benefícios líquidos associados a uma determinada conduta. Se esses valores forem suficientemente baixos para se presumir, com alguma segurança, que a conduta em análise gera danos à sociedade, i.e., os titulares dos direitos difusos, não há motivos para o aprofundamento da análise. Esse é o caso da conduta de concertação de preços.

Economistas frequentemente não se conformam em abdicar da complexidade e abrangência da teoria econômica, por conta do padrão de investigação sumário conferido a algumas condutas. Pode-se mostrar, por exemplo, situações ímpares em que mesmo um cartel poderia produzir efeitos benéficos à sociedade. Tais casos, entretanto, são pouco plausíveis e não justificam a exigência de mais evidências para a caracterização do ilícito. Se as autoridades antitruste assim o fizessem, tornariam excessivamente onerosa a investigação, o que resultaria na condenação de um menor número de cartéis (elevação do erro tipo I). Em termos estritamente econômicos, o benefício de redução de falsos positivos (erro tipo II) seria negligenciável, sendo mais do que compensada pela substancial elevação de falsos negativos (erro tipo I).

Essa racionalidade econômica do processo decisório é muitas vezes explicitada pelos praticantes do Direito, como se depreende da seguinte passagem da decisão Barry Wright Corporation v. Itt Grinnell Corporation:

"Ainda que a argumentação técnica de cunho econômico sirva de fundamento para as normas de defesa da concorrência, estas normas não podem replicar precisamente as visões (por vezes conflitantes) dos economistas. Isto porque, diferentemente da Economia, o Direito é um sistema administrativo, cujos efeitos dependem do conteúdo das leis e precedentes apenas na medida em que são aplicadas por juízes, jurados, nos tribunais, e por advogados, no aconselhamento de seus clientes. Regras que procurarem abranger toda sorte de complexidade econômica e qualificação podem, por meio dos meandros e caprichos da administração, mostrar-se contraproducente, minando a mesma finalidade econômica que ela deveria servir. Assim, a despeito da possibilidade teórica de circunstâncias em que a coordenação de preços entre concorrentes, ou fixação vertical de preços, sejam economicamente justificáveis, os tribunais continuam as considerando ilegais *per se,* concluindo que as virtudes administrativas da simplicidade mais do que compensam uma perda 'econômica' ocasional."[22]

Enquanto cartéis estão em um extremo do espectro de condutas, em que evidências precárias são já suficientes para a caracterização do ilícito, preços predatórios figuram no outro extremo, requerendo um padrão de prova extremamente exigente. A literatura elenca diversas regras de investigação da ocorrência de preços predatórios, mas todas são exigentes em evidências e a prática antitruste tende a simplificá-las no sentido de descartar a hipótese de ilícito e propor antecipadamente o arquivamento do caso e não a condenação. A motivação para tratamento tão distinto, além dos elementos aqui já desenvolvidos, está em um terceiro importante determinante do padrão de prova: o custo assimétrico associado aos erros tipo I e tipo II. No caso de preços predatórios essa assimetria é marcante e parece ser a motivação para o padrão de prova exigido.

A racionalidade da conduta de preços predatórios é a utilização de preços muito baixos no curto prazo, suficientes para induzir a falência ou saída de concorrentes, para que a empresa que o praticou possa desfrutar de lucro de monopólio no momento subsequente. Embora os consumidores sejam favorecidos pela concorrência predatória no primeiro momento, a sua submissão ao poder de mercado no momento subsequente torna essa conduta prejudicial ao bem-estar social. Para a caracterização do ilícito antitruste é necessário mostrar que o preço praticado no primeiro momento não seria rentável em si, independentemente de seus efeitos de exclusão de concorrentes, e que seria possível recuperar os custos da atividade predatória no futuro, por meio da realização de lucro de monopólio.

Detalhar tais condições extrapola o escopo do presente texto, mas é suficiente aqui identificar quais seriam as consequências de erros de decisão em casos de preço predatório. Um falso negativo significaria deixar de punir uma empresa que, de fato, utiliza a sua estratégia de preços com a finalidade de excluir concorrentes e, em um segundo momento, praticar preços superiores. Há, inegavelmente, um custo social associado ao erro tipo I, custo este semelhante ao de deixar de punir outras condutas anticompetitivas. Um caso de falso positivo, por sua vez, significa punir uma empresa sobre a qual recaia uma suspeita infundada de praticar preços predatórios.

Trata-se, portanto, da condenação de uma empresa cujos preços eram muito baixos, seja por ser mais eficientes do que suas concorrentes, seja por que esta, de fato, concorria intensamente. Este é o comportamento a ser promovido e estimulado pela defesa da concorrência. Puni-lo (i.e., incorrer em um falso positivo) tem por efeito inibir a concorrência; aquelas empresas genuinamente engajadas em concorrer poderiam ser induzidas a não reduzir muito seus preços, com o receio de serem indevidamente condenadas por preço predatório.

Em síntese, o falso positivo em preços predatório apresenta um custo social extremamente alto, ao coibir o comportamento concorrencial, a razão de existência das normas antitruste. Com tal assimetria entre os custos dos erros tipo I e tipo II, é razoável que a autoridade antitruste privilegie a redução de falsos positivos, mesmo que à custa da elevação de falsos negativos. Este é possivelmente o motivo pelo qual raramente há condenação por prática de preços predatórios, não havendo um precedente sequer na jurisprudência brasileira.

3.2. Preventivo: o controle de estruturas

Se a autoridade antitruste tivesse perfeita capacidade de monitoramento e de identificação de ilícitos à concorrência, a atuação repressiva, com punição adequada de cada conduta, seria suficiente para a dissuasão do comportamento anticompetitivo. Este não é, entretanto, o caso. A análise econômica da atuação repressiva, aliás, está quase toda orientada para o uso de recursos escassos, reconhecendo de antemão os custos de decisões equivocadas e os custos de investigação. Quanto mais relevantes esses constrangimentos, mais importante é uma ação preventiva, que mitigue a emergência de poder de mercado e, com isso, reduza a probabilidade de abuso de poder de mercado no futuro.

Por isso, o controle preventivo é essencialmente complementar ao controle repressivo, reduzindo o ônus de atuação do segundo, sobretudo porque o monitoramento e a capacidade de identificação de condutas anticompetitivas é imperfeito. O quanto a autoridade antitruste deve se apoiar em uma ou outra forma de atuação depende essencialmente desse custo de monitoramento, de um lado, e da eficácia do controle de estruturas, de outro. Quanto maior o custo de identificar e punir condutas anticompetitivas, mais a autoridade deve se apoiar na atuação preventiva. Por outro lado, quanto menos eficaz o controle de estruturas (por conta, por exemplo, de elevados erros tipo I e tipo II), maior deve ser a importância da atuação repressiva.

A ação preventiva é feita por meio do controle de atos de concentração, ou seja, fusões e aquisições, bem como de contratos que transfiram, de algum modo, poder de controle sobre ativos relevantes à concorrência. Dessa forma, o chamado 'controle de estruturas' não regula diretamente a estrutura de mercado, mas apenas intervém quando há nexo de causalidade entre um ato de concentração e deterioração das condições de concorrência. Isso significa que mudanças na estrutura de mercado decorrentes de outros eventos, que não atos jurídicos de transferência de controle sobre ativos, não são objeto de restrição na atuação preventiva de defesa da concorrência.

Por exemplo, uma empresa, ao realizar uma bem-sucedida inovação de processo, terá em seu benefício custos mais baixos que os de seus concorrentes, o que, no exercício da concorrência, pode levá-la a ganhar parcela substancial do mercado, eventualmente por meio da exclusão ou destruição de concorrentes. Nesse exemplo, houve mudança na estrutura de mercado, mudança esta associada à criação de poder de mercado, mas que não induz qualquer intervenção antitruste de caráter preventivo. O motivo para este aparente esquecimento por parte da defesa da concorrência é o fato de este poder de mercado ter emergido como resultado da eficiência daquela empresa, de seu mérito na concorrência, sendo, portanto, legítimo. Este também é o caso geral de posições dominantes adquiridas no mercado, por conta de vantagens de custo, maior qualidade de produtos e inovação. Esta é também muitas vezes protegida diretamente por patentes, que conferem ao inovador o *status* de detentor dos direitos exclusivos de produção ou utilização de um determinado produto.

A realização do lucro decorrente de posições alcançadas pelo exercício legítimo das regras de mercado é a base do incentivo para que firmas concorram em redução de custos, aumento de qualidade e inovação. Impedir, por meio da política de defesa da concorrência, a realização de tais ganhos – e.g. regulando o poder de mercado – seria contradizer o fundamento da mesma política. Esta proposição é convergente com aquela constante em um dos principais compêndios de Organização Industrial, conforme citação a seguir.

> Certamente o governo não pode condenar uma firma por aumentar a demanda por seu produto fornecendo informação aos consumidores, por reduzir seus próprios custos investindo em P&D e em capital físico, ou por acumular experiência. O problema é que a maioria das decisões que tornam a firma saudável também melhoram sua posição de mercado em relação aos ingressantes potenciais e efetivos.[23]

Não por outro motivo, o legislador foi cuidadoso ao adicionar o parágrafo 3º do art. 20 da Lei 8.884/94, que afirma que "a conquista de mercado resultante de processo natural fundado na maior eficiência de agente econômico em relação a seus competidores não caracteriza o ilícito previsto no inciso II" (referente à dominação de mercados). O mesmo legislador, entretanto, inclui, entre as condutas anticompetitivas, no Art. 21, inciso XXIV, da mesma lei, a prática de "impor preços excessivos, ou aumentar sem justa causa o preço de bem ou serviço."

A seguir, são apresentados sumariamente três importantes aspectos da atuação preventiva: regras de notificação, a análise econômica de atos de concentração e remédios.

3.2.1. Sobre as regras de notificação

Uma questão fundamental ao controle preventivo é definir o que está sujeito ao controle e como e quando a autoridade de defesa da concorrência terá conhecimento e poderes para escrutinizar os atos de concentração. A primeira e bastante controversa questão é definir que tipo de ato deve ser notificado.

A simples resposta 'um ato que resulte em maior concentração de mercado' não cabe, infelizmente, como um critério para definir a obrigatoriedade de notificação. O motivo é que esta resposta exige um exame detalhado de cada caso, a fim de apurar

---

23. TIROLE, J. (1988). The Theory of Industrial Organization. Cambridge (Mass.): MIT Press, p. 323.

quais são as características da operação, quais são os mercados envolvidos e a sua delimitação, e, finalmente, qual é a estrutura de mercado, o que exige conhecer também o porte dos concorrentes. Em outras palavras, seria necessário analisar com algum detalhe uma operação para se decidir se ela deveria ser analisada ou não! O critério de notificação deve ser, portanto, de fácil verificação *prima facie*, prescindindo de análise econômica prévia.[24]

A definição da linha de demarcação entre o que deve e o que não deve ser notificado também atende a um critério de eficiência econômica, com o objetivo do *enforcement* mais eficaz das normas de concorrência. Há um custo não desprezível da obrigatoriedade de notificação. Não apenas a administração pública tem de se debruçar sobre o caso, alocar seus recursos escassos ao escrutínio das operações notificadas, mas também as empresas têm de contratar advogados, mobilizar seu departamento jurídico e demais áreas da empresa, para informar adequadamente a autoridade antitruste sobre as características do caso. Em cada caso notificado, há, portanto, um custo social associado, que é variável conforme a complexidade do caso[25], mas que é sempre positivo e relevante. Somente vale a pena à sociedade incorrer em tais custos se a eles estiverem associados benefícios que mais do que os compensem.

Os benefícios da obrigatoriedade da notificação, por sua vez, estão na identificação de atos de concentração que tenham algum potencial lesivo à concorrência ou, mais genericamente, ao bem-estar social. Uma vez identificados, esses casos, por conta de seu potencial lesivo, podem ser objeto de alguma intervenção antitruste. Como consequência, o benefício da notificação somente ocorre quando a operação notificada tem *prima facie* alguma probabilidade de gerar perdas sociais líquidas ou prejuízos ao consumidor, a depender do critério que fundamenta a intervenção antitruste, bem como suscitar a aplicação de algum remédio.

Lembrando que a função do controle preventivo decorre das deficiências da identificação e condenação de condutas, o mesmo também poderia ocorrer com o exame de atos de concentração, daí a importância da notificação obrigatória. No caso de jurisdições muito pequenas, em que as operações de fusão e aquisição chegam facilmente ao conhecimento da autoridade antitruste, o benefício da notificação obrigatória é substancialmente menor, podendo ser o direito de avocar uma operação uma solução mais econômica. Entretanto, em grandes jurisdições, como a Brasileira, a notificação obrigatória é elemento essencial do controle de estruturas.

Como há custos envolvidos na notificação de cada caso, a legislação antitruste define um subconjunto de atos de concentração que deve ser obrigatoriamente notifi-

---

24. Nem sempre a lei é suficientemente clara sobre o que deve ser notificado, e algumas vezes isso é uma tarefa quase impossível, visto que o ordenamento constantemente cria formas novas de transações, tornando obsoletas definições específicas sobre o objeto de notificação. O detalhamento dessa discussão, contudo, foge ao escopo de texto introdutório, o qual se limita aqui à análise econômica dos critérios de notificação.

25. Imagine o montante de horas despendido de pessoas altamente qualificadas (e, portanto, de alto custo) na notificação de casos como o da formação da Ambev, Nestlé-Garoto e Sadia-Perdigão.

cado, que deve excluir os casos com probabilidade desprezível de implicarem prejuízo relevante ao bem-estar social. O critério mais usual para definir esse subconjunto é o faturamento do grupo econômico, por ser uma *proxy* para a magnitude do prejuízo social eventualmente causado pelo exercício de posição dominante.

Nos primeiros anos de aplicação da Lei n° 8.884/94, em particular do art. 54, §3°, o faturamento dos participantes da operação era mensurado por meio da contabilização do montante faturado pelas pessoas jurídicas diretamente envolvidas no ato notificado. Essa posição foi revista na segunda metade da década de 1990, quando prevaleceu a interpretação de que a mensuração do faturamento dos participantes deveria ser estendida, a fim de incorporar o faturamento de todas as empresas pertencentes aos grupos econômicos compradores e vendedores. Essa nova interpretação foi absolutamente apropriada no que se refere ao grupo econômico comprador, uma vez que a magnitude do prejuízo social eventualmente causado por exercício de posição dominante é diretamente afetada pelos negócios que, após a operação, serão submetidos a um controle único.

Posteriormente, no início dos anos 2000, diante da grande quantidade de notificações de aquisições internacionais sem qualquer potencial lesivo para a economia brasileira (falsos positivos), a interpretação do critério de notificação foi novamente alterada, a fim de considerar apenas o faturamento obtido pelo grupo econômico no Brasil. Mais uma vez, a interpretação da lei pela autoridade antitruste atendeu a um critério de eficiência e razoabilidade, buscando a redução de falsos positivos (notificações obrigatórias não lesivas), sem o aumento de falsos negativos (isentar de notificação operações potencialmente lesivas).

3.2.2. Análise econômica de atos de concentração

É no exame de atos de concentração que a Economia é mais explicitamente utilizada. Por se tratar de um controle preventivo, não se observa, no momento do julgamento de uma fusão, o eventual prejuízo à concorrência ou danos ao consumidor final. Trata-se de um exercício de predição de variáveis tipicamente econômicas. A partir da observação de características do mercado (como a concentração de mercado, as condições de entrada, a existência de produtos substitutos etc.) e da fusão (quais são as empresas que se reúnem sob o mesmo comando, os ativos envolvidos etc.), o julgador deve predizer quais devem ser os efeitos da fusão, não imediatos, mas persistentes a médio e longo prazo.

Aqui se sobressai a importância da Economia, não apenas como uma lente para interpretar normas jurídicas, mas também como o fundamento central da decisão do julgador. Por esse motivo, o valor do conhecimento econômico na fundamentação de decisões sobre fusões está menos em seu caráter interpretativo de uma dada realidade e mais em sua capacidade de predizer fenômenos econômicos. Não se trata, é claro, de uma tarefa fácil, havendo muitas vezes controvérsias dentro da teoria econômica a respeito de quais são os resultados esperados. E se essas controvérsias aflorassem no exame de cada ato de concentração, haveria grande incerteza sobre qual seria o provável comportamento da autoridade antitruste. Sendo a essência de seu papel induzir comportamentos (e.g. induzir empresas a evitarem fusões que seriam bloqueadas), a boa aplicação da defesa da concorrência necessita um mínimo de previsibilidade. Por esse motivo, é comum a análise econômica se materializar na forma de um conjunto de regras de decisão, mesmo que não vinculativas, cuja maior parte é cristalizada em guias de análise[26].

A questão principal que se busca responder na análise de uma fusão é se dela decorrerá prejuízo ao bem-estar social *por meio da redução da concorrência*. Este adendo ao final da frase cumpre a função de retirar da análise valorações de prejuízos que possam ocorrer por outras falhas de mercado ou de erros de decisão, cuja avaliação escapa à competência e expertise da autoridade antitruste. Por exemplo, se uma fusão na indústria siderúrgica resultar no aumento de produção de aço, ela também deve causar o aumento de emissão de dióxido de carbono, tendo, portanto, efeitos indesejáveis sobre o efeito estufa e aquecimento global. Por meio de uma saudável 'divisão de trabalho' entre políticas públicas, a Defesa da Concorrência se limitará a avaliar o efeito direto da fusão, intervindo apenas se houver prejuízo à concorrência, deixando seus efeitos externos para outras espécies de políticas públicas, como, no caso, a de meio-ambiente. Do mesmo modo, não cabe à autoridade antitruste questionar a decisão empresarial, que se presume lucrativa. Sua missão é identificar se tal lucro decorre de ganhos de eficiência ou do exercício de poder de mercado.

Uma apresentação detalhada da teoria econômica empregada para a avaliação de fusões extrapola o escopo deste capítulo, voltado para a análise econômica das normas de concorrência. Por isso, aqui são descritos alguns princípios que orientam essa decisão nas principais jurisdições, os quais têm por base a existência de custos de investigação e erros de decisão.

Tipicamente a avaliação de fusões segue o padrão de investigação de regra da razão, devendo ser contrapostos os prejuízos à concorrência e benefícios (ganhos de eficiência) decorrentes do ato de concentração em análise. A leitura ingênua desse processo indicaria que deveriam ser estimados os custos e benefícios sociais de cada fusão notificada à autoridade antitruste, de modo a se predizer qual seria o efeito líquido da fusão sobre o bem-estar social. Entretanto, isto raramente é feito; e quando o é, tal estimativa é eivada de inevitável precariedade.

O que se precisa concluir não é qual é o efeito líquido da fusão, *mas se este é negativo*, o que é diferente e tem profundas implicações sobre o custo da decisão. Este princípio explica a ordem dos passos de qualquer análise de atos de concentração nas mais variadas jurisdições. Na medida em que se presume que a operação é lucrativa

---

26. Entre estes, destaca-se o Guia para Análise de Fusões Horizontais, elaboração conjunta do Federal Trade Commission e do U.S. Department of Justice, cuja última revisão é de 2010. Esforço semelhante foi feito por SEAE e SDE, que publicaram o Guia para Análise Econômica de Atos de Concentração Horizontal, que desde 2001 orienta a análise de atos de concentração no Brasil.

para as partes que a realizam, basta mostrar que não ocorrem prejuízos à concorrência para se descartar qualquer análise subsequente e aprovar a operação sem restrições. Não havendo prejuízos à concorrência, fonte possível de perda de bem-estar social, resta apenas o componente positivo dos efeitos da fusão (ganhos de eficiência), os quais não precisam ser estimados porque já se sabe que o efeito líquido é não negativo. Por meio desse procedimento, recursos públicos e das empresas são economizados, permitindo também redução do tempo de resposta da autoridade antitruste.

Os passos para se concluir se há ou não prejuízos à concorrência também obedecem ao mesmo princípio de redução do custo de decisão. Em geral, há um conjunto de condições necessárias para que uma fusão resulte em prejuízos à concorrência. Por exemplo, é necessário que a empresa resultante detenha poder de mercado, o que depende, na maior parte das vezes, de seu tamanho em relação ao mercado ou de alguma posição particularmente privilegiada de diferenciação de produto ou acesso a insumos.

Em seguida, é necessário que estejam presentes condições para o exercício sustentado do poder de mercado, o que somente ocorrerá se eventual elevação de preços não causar entrada de novos concorrentes, aumento substancial de importações ou reação de demais concorrentes, que, isoladamente ou em conjunto, tornariam não lucrativa a elevação de preços. Basta, portanto, identificar com segurança a ausência de uma das condições necessárias para, mais uma vez, descartar a hipótese de prejuízo ao bem-estar social decorrente da operação.

Somente quando identificado que a fusão resulta em prejuízo à concorrência é que será necessário avaliar o outro lado da moeda, ou seja, os ganhos de eficiência. Aqui também recorre-se ao princípio de eficiência no processo de decisão. Basta mostrar que não há eficiências relevantes e derivadas da operação para se concluir que há efeito líquido negativo sobre o bem-estar social. Neste caso, não é necessário quantificar a magnitude das perdas derivadas da concorrência, mas apenas concluir que existem e são relevantes. Não havendo eficiências para contrabalançar tais perdas, a fusão deve ser bloqueada ou sujeita a restrições que mitiguem os efeitos negativos à concorrência.

Apenas quando se conclui que há, ao mesmo tempo, prejuízos à concorrência e eficiências derivadas da operação, será necessário, de fato, mensurar a magnitude de tais efeitos. Há diversos modelos de simulação empregados para tal finalidade que, em sua maior parte, empregam estimações de demanda – que mensuram a pressão competitiva entre marcas – e algum modelo de concorrência, a fim de inferir o comportamento das empresas após a fusão. Ganhos de eficiência, cujo ônus de prova recai sobre as empresas envolvidas na fusão, são incorporados à análise por meio de modificações nos custos de produção. Tais análises se fazem necessárias por conta da complexidade do caso, que não admite tratamento sumário. Entretanto, é forçoso reconhecer que essas simulações invariavelmente deixam algo relevante de fora. Por exemplo, as perdas de eficiência produtiva e dinâmica não são, na maior parte das vezes, quantificáveis, sendo, por esse motivo, tacitamente ignoradas nas simulações de fusões. Por outro lado, ganhos de eficiência que resultem em produtos de maior qualidade também não são considerados, visto que se tratam de produtos novos, sobre os quais não há informações para uma estimação de demanda convencional. Por mais precárias que sejam suas estimações, esses modelos de simulação são, no estado da arte, um dos poucos instrumentos para responder à singela pergunta: 'quais são os efeitos esperados da fusão?', e por isso são cada vez mais utilizados para a análise de casos complexos.

3.2.3. Remédios e Acordos

Avaliação indissociável da análise de mérito de uma fusão são os remédios que lhe cabem. A noção intuitiva de que a intervenção antitruste se resume a aprovar ou a rejeitar atos de concentração não capta o que é a prática do esforço de julgamento e cognição da autoridade antitruste. Na verdade, o que se procura é o melhor desfecho possível para uma realidade dada pelo contrato de fusão. Algumas vezes, há alternativas superiores aos extremos de aceite ou bloqueio da operação, por meio de remédios que mitiguem eventuais efeitos prejudiciais à concorrência, mas que, ao mesmo tempo, preservem as eficiências derivadas da operação. O desenho de remédios é, portanto, essencial à intervenção antitruste.

Há dois tipos de remédios, estruturais e comportamentais, sendo a escolha entre ambos guiada também por condições de eficácia das normas de concorrência ou, em outras palavras, de uso econômico eficiente dos recursos da autoridade antitruste. O remédio estrutural é aquele que diretamente surge do princípio da atuação preventiva por meio do controle de estruturas de mercado. Se, por acaso, a uma determinada fusão estiverem associados prejuízos à concorrência e aos consumidores, um remédio que modifique a estrutura de mercado o suficiente para afastar as preocupações levantadas no julgamento tem o efeito de prevenir a ocorrência de exercício de poder de mercado no futuro. Isso não necessariamente implica a desconstituição da operação, cabendo eventualmente intervenção pontual, restrita ao mercado ou aspecto da operação que gere preocupações concorrenciais. Por exemplo, no caso Marathon-Gatorade, o Cade concluiu que a operação era prejudicial ao bem-estar social, sobretudo pela reunião dos ativos intangíveis de marca, em mercado cujas barreiras à entrada eram, sobretudo, as de diferenciação de produto. Embora a aquisição envolvesse vários outros ativos, o conselho optou por apenas impor a alienação de uma das marcas, dado que estaria em seu controle conjunto o fundamento do problema concorrencial. Se um concorrente pudesse adquirir uma das marcas, haveria entrada possível, de modo a restabelecer a concorrência.

Algumas vezes, entretanto, os ganhos de eficiência não podem ser preservados por meio de uma intervenção estrutural. Este é o caso de ganhos de eficiência decorrente do controle dos mesmos ativos que geraram a preocupação concorrencial. Neste caso, não há como proceder a uma intervenção cirúrgica estrutural, que elimine o prejuízo e preserve eficiências. Nessas situações, é frequente o emprego de remédios comportamentais, ou seja, restrições à conduta das empresas, com o intuito de preservar a concorrência, seja por facilitar a entrada, seja por impedir o abuso direto de poder de mercado.

Na fusão que reuniu as operações de Sky-DirecTV houve grande preocupação com a concorrência no setor de televisão por assinatura. As duas empresas eram praticamente as únicas a oferecer o serviço por meio da tecnologia DTH, enquanto os demais concorrentes utilizavam-se das plataformas de cabo ou MMDS como a NET, a TVA e inúmeras operadoras locais. O problema é que há diversos municípios que não contavam com redes de cabo ou MMDS à disposição e tampouco densidade populacional que justificasse tal investimento. Em outras palavras, em alguns poucos municípios, a única alternativa disponível de televisão por assinatura era o DTH, que passaria a ser um quase-monopólio.

Havia eficiências derivadas da operação, em particular, do uso mais eficiente de satélites; mas estas eficiências somente poderiam ser obtidas se houvesse reunião das operações de Sky e DirecTV para todo o território nacional, incluindo os municípios sem acesso às demais plataformas de transmissão de televisão por assinatura. Entre as mais de uma dezena de restrições à operação, algumas de natureza estrutural, o Cade optou por restringir o preço que poderia ser praticado naqueles municípios. Para tanto, utilizou-se de mecanismo conhecido como *yardstick competition*, em que o preço máximo a ser praticado em um mercado sem concorrência é balizado pelo preço observado em mercado análogo, mas concorrencial.

No caso concreto, a Sky foi impedida de vender os seus serviços nos municípios servidos apenas por DTH por um preço superior ao praticado nas áreas em que havia concorrência. Desta forma, as eficiências foram preservadas e a oportunidade de exercício de poder de mercado foi mitigada. O grande problema associado às medidas comportamentais é a dificuldade de monitoramento, visto que a autoridade de concorrência não é dotada de expertise para monitoramento constante, e o fato de a restrição muitas vezes ser limitada no tempo. Por esses motivos, as restrições comportamentais devem ser utilizadas com maior parcimônia.

Finalmente, as autoridades de defesa da concorrência também levam em consideração o custo social do próprio remédio, que, em alguns casos, pode ser superior ao prejuízo decorrente da redução da concorrência. Neste caso, a escolha volta a ser a 'simples' decisão entre aceitar ou não a fusão. Este princípio foi utilizado no caso World Minerals/Perfiltra[27], em que se observou que poderia haver prejuízos à concorrência no mercado de perlita expandida. Este é um mercado muito pequeno, com faturamento estimado de apenas R$ 275.000 por ano. Assim, os benefícios de uma eventual restrição à operação seriam muito pequenos, uma vez que guardam relação direta com o tamanho do mercado. Em contrapartida, uma intervenção ocasionaria custos de movimentação da máquina pública, o que inclui custos administrativos e de acompanhamento e monitoramento de decisões, bem como custos privados relacionados ao cumprimento de obrigações constantes em eventual intervenção antitruste. O princípio de não intervir quando os

---

27. Ato de Concentração nº 08012.002471/2007-18

prejuízos ao bem-estar social são presumivelmente irrelevantes é denominado regra *de minimis*[28], mais um conceito jurídico fundamentado economicamente.

4. ALGUMAS SUGESTÕES PARA APROFUNDAMENTO

Este capítulo, por seu caráter introdutório e dimensão, deliberadamente abdicou do aprofundamento de questões de grande interesse da interface entre Direito e Economia na análise da Defesa da Concorrência. Esta última seção procura atenuar essa limitação, apresentando alguns caminhos para que o leitor mais interessado possa percorrer e suprir as lacunas que desejar.

Não há muitos trabalhos dedicados à análise econômica de normas de defesa da concorrência, sendo Joskow[29] e Farrel e Katz[30] notáveis exceções. Há, contudo, algumas referências essenciais ao assunto, por explorarem com sabedoria econômica a política de defesa da concorrência ou por apresentarem a teoria econômica aplicada a problemas concorrenciais e de defesa da concorrência. Finalmente, um grande número de trabalhos dedica-se à reconstrução histórica das instituições de defesa da concorrência, passando pela avaliação dessas normas e pela influência das tendências da academia econômica.

Alguns autores, como Bork[31], Posner[32] e, mais recentemente, Hovenkamp[33] e Kovacic[34] se notabilizaram por interpretar a política de defesa da concorrência com os olhos pragmáticos do *enforcer*, sempre apoiados na lógica econômica. Enquanto os dois primeiros foram porta-voz da Escola de Chicago, em uma retórica de transformação da política antitruste de sua época, os dois últimos apresentam um discurso mais pragmático e abrangente da política antitruste. A discussão sobre a economia das normas antitruste, explicitada em Joskow, é brilhantemente desnudada em Hovenkamp[35], que explora com raro equilíbrio as diferenças entre a Economia a serviço do antitruste e a Economia enquanto ciência.

28. O detalhamento e aplicação da regra *de minimis* é observada no voto do Conselheiro Luis Fernando Schuartz ao AC n° 08012.007113/2005-21.

29. JOSKOW, P. L. (2002). Transaction Cost Economics, Antitrust Rules and Remedies. *Journal of Law, Economics and Organization*. V. 18, N.1, pp. 95-116.

30. FARREL, J. and Katz, M. (2006). The Economics of Welfare Standards in Antitrust. *Competition Policy International*, October 2006.

31. BORK, R. (1978), *Antitrust Paradox*, New York: Basic Books.

32. POSNER, R. (1976), *Antitrust Law*, Chicago: University of Chicago Press.

33. HOVENKAMP, H. (2005). *Federal Antitrust Policy: the Law of Competition and its Practice*. Thompson/West, 3rd Ed.

34. KOVACIC. W. (2005). Achieving better practices in the design of competition policy institutions. *The Antitrust Bulletin*. vol. 50, n° 3, New York: Fall 2005.

35. HOVENKAMP, H. (2005). *The Antitrust Enterprise: Principle and Execution*. Cambridge-MA: Harvard Univ. Press.

No conjunto dos trabalhos de teoria econômica aplicada à defesa da concorrência, destacam-se as contribuições de Motta[36] e Buccirossi[37], que reúnem o conhecimento em Organização Industrial aplicada ao antitruste. Para uma visão da defesa da concorrência no Brasil, Oliveira e Rodas[38] e Carvalho e Schapiro[39] tratam o tema de modo abrangente, nas perspectivas da Economia e do Direito.

Na linha dos trabalhos de reconstrução histórica, Kovacic e Shapiro apresentam uma ampla narrativa da secular experiência americana na defesa da concorrência[40]. A experiência brasileira, sintetizada na seção 2 deste capítulo, pode ser aprofundada nas leituras de Farina e Azevedo[41] e Considera[42], ambos enfocando o contraste entre a intervenção até o início dos anos 1990 e a que conferiu maior destaque à defesa da concorrência no leque de políticas públicas. Obviamente os caminhos do conhecimento são muito mais amplos e livres do que as modestas sugestões aqui contidas, e o leitor verdadeiramente interessado vai se deliciar com o trabalho de desenhar o seu próprio caminho.

5. REFERÊNCIAS BIBLIOGRÁFICAS

AZEVEDO, P. F., Henriksen, A. L. (2010). Cartel Deterrence and Settlements: the Brazilian experience In: *The Development of Competition Law since 1990 and Perspectives*.1 ed. London : Edgard Elgar.

BORK, R. (1978), *Antitrust Paradox*, New York: Basic Books.

BUCCIROSSI, P. (Org.) (2008), *Handbook of Antitrust Economics*, MIT Press: Cambridge, Mass.

CARVALHO, V.M. e Schapiro, M.G. (2011). (Org.) *Direito Econômico Concorrencial*. São Paulo: Saraiva.

CHANDLER, A. D. (1977). *The Visible Hand:* The Managerial Revolution in American Business. Cambridge: Harvard University Press.

CONNOR. J. (2007) Price-fixing overcharges: legal and economic evidence. *Research in Law and Economics*, Volume 22, 59–153.

CONSIDERA, C.M. (2002). *Uma breve história da economia política da Defesa da Concorrência*. 14–15. Disponível em www.seae.fazenda.gov.br/central_documentos/documento_trabalho/2002-1/doctrab22.pdf.

FARINA, E. M. M. & Azevedo, P. F. (2001) Política Industrial e Defesa da Concorrência: Considerações Sobre a Experiência Brasileira nos Anos 90. In: ANPEC – *Economia*. Niterói, v 2, n 2, pp 513-547.

---

36. MOTTA, M. (2004). *Competition Policy: Theory and Practice*. New York: Cambridge University Press, 2004. 640 p.
37. BUCCIROSSI, P. (Org.) (2008), *Handbook of Antitrust Economics*, MIT Press: Cambridge, Mass.
38. OLIVEIRA, G.; Rodas J. G. (2004). *Direito e economia da concorrência*. Rio de Janeiro, Renovar.
39. CARVALHO, V.M. e Schapiro, M.G. (2011). (Org.) *Direito Econômico Concorrencial*. São Paulo: Saraiva.
40. KOVACIC W.; Shapiro C. (2000). Antitrust Policy: A Century of Economic and Legal Thinking. *Journal of Economic Perspectives*, vol. 14, n. 1, Winter 2000, p.43-60.
41. FARINA, E. M. M. & Azevedo, P. F. (2001) Política Industrial e Defesa da Concorrência: Considerações Sobre a Experiência Brasileira nos Anos 90. In: ANPEC – *Economia*. Niterói, v 2, n 2, pp 513-547.
42. CONSIDERA, C.M. (2002). *Uma breve história da economia política da Defesa da Concorrência*. 14–15. Disponível em www.seae.fazenda.gov.br/central_documentos/documento_trabalho/2002-1/doctrab22.pdf.

FARREL, J. and Katz, M. (2006). The Economics of Welfare Standards in Antitrust. *Competition Policy International*, October 2006.

FREDERICK, D. (2002). Antitrust Status of Farmer Cooperatives: The Story of the Capper-Volstead Act. *United States Department of Agriculture Report*, n. 59.

HOVENKAMP, H. (2005). *The Antitrust Enterprise: Principle and Execution*. Cambridge-MA: Harvard Univ. Press.

JOSKOW, P. L. (2002). Transaction Cost Economics, Antitrust Rules and Remedies. *Journal of Law, Economics and Organization*. V. 18, N.1, pp. 95-116.

KOVACIC. W. (2005). Achieving better practices in the design of competition policy institutions. *The Antitrust Bulletin*. vol. 50, nº 3, New York: Fall 2005.

KOVACIC W.; Shapiro C. (2000). Antitrust Policy: A Century of Economic and Legal Thinking. *Journal of Economic Perspectives*, vol. 14, n. 1, Winter 2000, p.43-60.

MOTTA, M. (2004). *Competition Policy: Theory and Practice*. New York: Cambridge University Press, 2004, p.640; OLIVEIRA, G.; Rodas J. G. (2004). *Direito e economia da concorrência*. Rio de Janeiro, Renovar.

OLIVEIRA, G.; Rodas J. G. (2004). *Direito e economia da concorrência*. Rio de Janeiro, Renovar.

POSNER, R. (1976), *Antitrust Law*, Chicago: University of Chicago Press.

RAGAZZO, Carlos Emmanuel; SILVA, Rutelly Marques. (2006). *Aspectos econômicos e jurídicos sobre cartéis na revenda de combustíveis: uma agenda para investigação*. Brasília: Ministério da Fazenda – Secretaria de Acompanhamento Econômico, Documento de Trabalho nº 40, dezembro de 2006, p. 4.

SCHUARTZ, L. F. (2001). Ilícito antitruste e acordos entre concorrentes. *Revista de direito mercantil industrial, econômico e financeiro*. Ano XL, n. º 124. p. 47-71. out-dez. 2001.

TIROLE, J. (1988). The Theory of Industrial Organization. Cambridge (Mass.): MIT Press, p. 323.

WILLS, W.P.J. (2007). Lenience in Antitrust Enforcement: Theory and Practice. *World Competition* 30(1), 25-64.

13
ANÁLISE ECONÔMICA DO CRIME

Pery Francisco Assis Shikida

Pós-Doutor em Economia pela Fundação Getulio Vargas/SP. Doutor em Economia Aplicada pela ESALQ/USP. Mestre em Economia Agrária (ESALQ/USP). Professor dos Programas de Pós-Graduação de Desenvolvimento Regional e Agronegócio da Unioeste/PR e Economia Regional da UEL/PR. Economista. Foi *Visiting Scholar* na *Kaiserslautern Universität* (Alemanha) e na *University of Wisconsin*, Estados Unidos. e-mail: peryshikida@hotmail.com

Thiago Bottino do Amaral

Doutor e Mestre em Direito Constitucional pela PUC-Rio. Professor Adjunto de Direito Penal Econômico. Professor Adjunto de Direito e Processo Penal da Universidade Federal do Estado do Rio de Janeiro – UniRio. Coordenador do Curso de Graduação da FGV-Rio. Membro da Comissão Permanente de Direito Penal do Instituto dos Advogados Brasileiros – IAB. e-mail: thiago.bottino@fgv.br

Sumário: 1. Introdução – 2. Conceitos de Dogmática Jurídica – 3. Contribuição da Análise Econômica para o Direito Penal – 4. Análise socioeconômica da prática criminosa; 4.1. Procedimentos Metodológicos; 4.2. Principais publicações e resultados – 5. Referências Bibliográficas.

1. INTRODUÇÃO

O objetivo deste texto é fazer um estudo introdutório de Análise Econômica do Direito (AED) aplicada ao Direito Penal. Para tanto, o trabalho foi dividido em três partes: na primeira, são apresentados temas como "crime", "pena" e "seletividade penal" a partir de uma visão da dogmática jurídica; a segunda parte trata da contribuição que a teoria da análise econômica trouxe ao estudo específico do Direito Penal; e, por fim, na terceira parte, é apresentada uma visão de como abordar pesquisas sobre economia do crime a partir de pesquisas de campo conduzidas por um dos autores deste artigo.

Em face do aumento generalizado da criminalidade em todo o Brasil, estudiosos e pesquisadores vêm procurando perscrutar este fenômeno social, no intuito de identificar as suas principais causas e propor medidas eficientes que possam melhorar o nível de segurança pública. Para Ib Teixeira, pesquisador da Fundação Getúlio Vargas (RJ), o Brasil gasta cerca de R$ 37 bilhões por ano para se proteger de crimes e perde muito dinheiro com a fama de inseguro. Como exemplo, o País perde com a atrofia do setor turístico, seriamente afetado pela questão da segurança. Outrossim, em dias de parco crescimento do PIB, o faturamento de empresas de segurança privada e vigilância eletrônica pode chegar a R$ 8 bilhões e a perspectiva é cada vez melhor, com taxas de crescimento de 10% ao ano.[1]

Embora Becker tenha colocado que "[...] 'crime' is an economically important activity or 'industry', notwithstanding the almost total neglect by economists"[2], atualmente alguns economistas e demais profissionais ligados ao tema da economia do crime têm demonstrado interesse por este problema, posto que o aumento da criminalidade pode arrefecer o nível de atividade econômica de uma região à medida que desestimula novos investimentos, os preços dos produtos são majorados com a incorporação dos custos com a segurança, entre outros. Isto sem considerar que parcela dos recursos e agentes produtivos atuantes no crime poderia estar sendo alocado no setor produtivo lícito da economia, gerando benefícios para a sociedade como um todo.

Mas, o que vem a ser crime econômico ou lucrativo? Os crimes são agrupados de acordo com o bem jurídico que pretendem proteger, sejam eles individuais ou coletivos. Há crimes que atentam contra a vida, o patrimônio, a honra, a administração pública, a administração da justiça, a fé pública, o meio ambiente, o sistema financeiro, a ordem tributária, a ordem econômica e a segurança pública, dentre vários outros. No sentido econômico, o crime pode ser classificado em dois grupos: o lucrativo (furto, roubo ou extorsão, usurpação, estelionato, receptação etc.) e o não lucrativo (estupro, abuso de poder, tortura etc.).[3] A raiz principal dessa divisão está no fato do primeiro grupo visar, em última análise, a obtenção do dinheiro ou de coisa alheia (que tenha valor pecuniário) por meios ilícitos (usando ou não o atributo da violência); enquanto o segundo grupo não apresenta esta relação aparente.

Neste sentido, o criminoso econômico pode ser encarado como um "empresário", o qual é descrito por Schaefer[4] como um agente que irá organizar a sua produção, reunindo os fatores de produção disponíveis, assumindo os riscos inerentes à atividade criminal. As expectativas do "empresário" criminoso também são de auferir lucro ou prejuízo. No caso de malogro de uma operação ilegal, o prejuízo pode significar punições previstas no Código Penal.

Se o crime lucrativo faz parte da questão econômica, as questões nucleares que emergem desta contextualização resumem-se em: quais as circunstâncias socioeconômicas da escolha ocupacional entre o setor legal e ilegal da economia, e por que os indivíduos decidem praticar crimes econômicos? Analisar esses aspectos para uma

---

1. Goldberg, S. *O alarmante custo da violência*. 2004. Disponível em <http://www.terra.com.br/dinheiro-naweb/139/entrevista/ent139_01.htm > Acesso em: 18/01/2005.
2. BECKER, G. S. Crime and punishment: an economic approach. *Journal of political economy*. v. 76, n. 01. 1968, p.170.
3. BECKER, G. S. Crime and punishment: an economic approach. *Journal of political economy*. v. 76, n. 01. 1968, p.169-217.
4. SCHAEFER, G. J. *Economia do crime: elementos teóricos e evidências empíricas*. Toledo, 2000. Monografia (Ciências Econômicas) – Unioeste.

amostra de réus – julgados e condenados –, oriundos de estabelecimentos carcerários paranaenses, a partir de dados primários obtidos via aplicação de questionário seguido de entrevista, poderá contribuir para elucidar questões que outros delineamentos metodológicos não permitem inferir. Reconhece-se, portanto, a importância e a necessidade do estudo científico como ferramenta para a elaboração e implementação de políticas de prevenção e combate à criminalidade, com um aspecto diferente, as causas e imbricações da criminalidade lucrativa são explicitadas e discutidas pelo próprio criminoso.

2. CONCEITOS DE DOGMÁTICA JURÍDICA

O sistema penal compreende o conjunto das regras relativas à definição das condutas criminosas, identificação, persecução e julgamento de seus autores e, ainda, a execução das penas eventualmente impostas em decorrência de uma decisão judicial.[5] Trata-se da institucionalização do controle social[6] em sua forma mais intensa, já que as normas jurídicas são aquelas às quais o grupo social recorre após frustradas as regras de convivência não formalizadas. Na visão da criminologia crítica, o controle social tem como finalidade a manutenção de um determinado sistema de valores, sendo certo que as instâncias formais de controle (agências administrativas, polícia e judiciário) desempenham um papel fundamental nessa estrutura, sobrepondo-se em larga escala às instâncias informais (família, igreja, comunidade).

É possível, entretanto, analisar o conceito de crime como comportamento socialmente danoso, a partir de considerações relacionadas à eficiência econômica. Nesse diapasão, determinados comportamentos que geram danos sociais poderiam ser considerados socialmente úteis, por exemplo, quando os benefícios dos ganhadores pudesse superar as perdas dos prejudicados[7], de forma que aqueles pudessem indenizar estes[8]. Nesse contexto, o crime poderia ser definido como um fato socialmente ineficiente.

O sistema penal é composto por três ramos do direito, distintos, mas inter-relacionados: Direito Penal, Direito Processual Penal e Direito da Execução Penal. O Direito Penal compreende as regras que definem quais as condutas proibidas, tratam de sua vigência, validade, estrutura e aplicação. São essas regras que diferenciam

---

5. BATISTA, N. Introdução Crítica ao Direito Penal Brasileiro. Rio de Janeiro: Revan, 1990.
6. CASTILHO, E. W. V. de O Controle Penal nos Crimes contra o Sistema Financeiro Nacional. Belo Horizonte: Del Rey, 1998.
7. O crime de sonegação fiscal (Art. 1º e 2º, da Lei 8.137/90) traz um exemplo dessa visão no âmbito criminal. O indivíduo que pratica uma fraude para reduzir ou suprimir o imposto devido está sujeito a uma pena que pode chegar a 5 anos de prisão. No entanto, uma vez descoberto o crime, se o seu autor pagar o imposto devido a punibilidade é extinta (Art. 9º, da Lei 10.684/2003). A justificativa desse dispositivo é que a necessidade do Estado de arrecadar recursos é socialmente mais importante do que a necessidade de impor penas aos autores desse tipo de crime.
8. Trata-se do teorema de Kaldor-Hicks, que define como correta uma medida como a descrita acima (SÁNCHEZ, 2004).

comportamentos injustos (assim considerados a partir de perspectivas morais subjetivas) dos comportamentos criminosos (assim considerados porque a lei dispôs de forma objetiva).

As leis que criam crimes devem descrever taxativamente as ações que podem ser imputadas ao acusado, excluindo-se qualquer componente extralegal na construção do tipo penal, de maneira que a relevância penal não seja determinada pela natureza, pela moral ou por qualquer outra espécie de autoridade que não a lei[9]. Esse conceito chama-se tipicidade.

A tipicidade compreende a conduta realizada pelo sujeito, o resultado decorrente dessa ação, o nexo de causalidade[10] entre conduta e resultado, além da relevância material da conduta. Essa conduta só é considerada típica se houver dolo (atividade consciente e querida acerca do fim específico a que se destina) ou culpa (quando o agente atua sem observância do dever de cuidado; são os casos de imprudência, imperícia ou negligência).

Mas o crime não é apenas o descumprimento (doloso ou culposo) da norma que descreve a conduta. Há situações em que a própria lei autoriza que o indivíduo realize uma ação proibida. Um exemplo é a legítima defesa, quando se mata para salvar a própria vida de uma agressão injusta: o agente realiza a conduta proibida (no caso, o art. 121, do Código Penal: "Matar alguém"), mas a conduta não é criminosa porque outra regra autorizava aquela ação (no caso, o art. 25, do mesmo Código Penal). Logo, para que haja crime, a conduta não pode ser autorizada por nenhuma outra lei (deve ser uma conduta antijurídica).

Por fim, além de típica e antijurídica, a conduta deve ser culpável. A culpabilidade é o juízo de reprovação pessoal que se faz da conduta do agente e pressupõe imputabilidade (capacidade de entender o caráter ilícito do fato ou de determinar-se de acordo com esse entendimento), a potencial consciência da ilicitude[11] e a exigibilidade de conduta diversa. A culpabilidade é responsável pela conexão entre a ordem jurídico--penal e a justiça, permitindo que a conduta não seja punida naquelas situações em que não se poderia exigir do sujeito, diante das circunstâncias concretas em que se encontrava o sujeito no momento da ação, um comportamento conforme o direito.

---

9. "Somente por convenção jurídica, e não por imoralidade intrínseca ou por anormalidade, é que um determinado comportamento constitui delito; e a condenação de quem se tenha provado ser responsável não é um juízo moral nem um diagnóstico sobre a natureza anormal ou patológica do réu". FERRAJOLI, L. *Direito e Razão:* Teoria do garantismo penal. São Paulo: RT, 2002, p. 33.

10. Essa é uma conceituação que se aplica aos crimes comissivos. Nos crimes omissivos não há ação do agente que provoque o resultado, mas sim a inação diante de uma situação em que havia a obrigação de impedir um resultado. A diferença entre os crimes omissivos próprio e impróprio é que no primeiro a obrigação de agir decorre da norma, ao passo que no segundo a obrigação é resultado de um especial dever jurídico de agir.

11. Suponhamos uma enfermeira que, seguindo as determinações do médico, ministra uma substância ao doente, pensando ser remédio, quando na verdade é um veneno destinado a matar o doente, desafeto do médico. A enfermeira não responderá pelo crime porque foi induzida em erro e agiu sem o conhecimento da ilicitude; apenas o médico responderá pelo crime de homicídio doloso.

O segundo ramo do Sistema Penal é o Direito Processual Penal, cuja finalidade é orientar e estabelecer limites à atuação do Estado de investigar e perseguir os suspeitos. As regras de direito processual penal estão relacionadas ao conceito de julgamento justo (*fair trial*), tornando a disputa judicial penal uma espécie *sui generis* de litígio, pois, ao mesmo tempo que visa a punir o autor de uma conduta criminosa, o Estado também deve proteger os direitos do indigitado autor do crime.[12]

Se o sistema repressivo puder ser entendido como destinado a definir, individualizar e reprimir o desvio penal, o conjunto de restrições à liberdade individual constituirá um "custo" cuja justificação deve ser racionalmente fundamentada.[13] Essa justificação é especialmente importante na medida em que o "custo" do sistema repressivo pesa sobre todos e não apenas sobre os culpados[14]. Por conseguinte, o Direito Processual Penal pode ser entendido como o conjunto de normas (regras e princípios) que regem e conformam o processo criminal, a fim de que se permita a apuração da responsabilidade penal, desde que garantido ao réu um julgamento justo.

O terceiro ramo do sistema penal é o Direito Penitenciário, concentrado na Lei de Execução Penal, que trata da pena e da sua execução. Há várias teorias sobre a finalidade da pena, sendo necessário citar ao menos cinco delas:

1) a "teoria da retribuição" não reconhece à pena a busca de nenhuma finalidade socialmente útil. Segundo essa teoria, a pena imposta ao indivíduo tem por finalidade única e exclusivamente punir o autor do crime como forma retribuir, compensar, fazer expiar, de forma justa, o crime praticado. É considerada uma "teoria absoluta" porque o sentido da pena é independente de seu efeito social. Em outras palavras, embora o fundamento da pena seja promover uma "compensação de males", essa "compensação" não depende de nenhuma verificação real. A maior crítica a essa teoria está no fato de que o sistema penal tem por objetivo a proteção de bens jurídicos; logo, se a pena não possuir alguma finalidade social, não terá legitimidade no cenário de tutela dos bens jurídicos e da coletividade.

2) a "teoria da prevenção especial" estabelece que a pena tem como finalidade prevenir que o indivíduo que praticou um crime volte a delinquir. Uma vez aplicada a pena, o condenado deixará de praticar crimes. É por meio da pena que o sujeito será "readaptado" para a vida em sociedade. Fala-se, portanto, em prevenção do crime (uma finalidade social) de maneira especial (pois incide apenas sobre o agente que praticou um crime). A teoria da prevenção especial não é absoluta, mas relativa, já

---

12. TOURINHO FILHO, F. da C. *Processo penal.* V. I, São Paulo: Saraiva, 2005.
13. GOMES, L. F. Norma e bem jurídico no direito penal. São Paulo: RT, 2002
14. "A falta de correspondência entre culpados, processados e condenados, e, em particular, a 'cifra de injustiça', formada pelas, ainda que involuntárias, punições de inocentes, cria, de outra parte, complicações gravíssimas e normalmente ignoradas ao problema da justificação da pena e do direito penal. Se, com efeito, os custos da justiça e aqueles opostos da ineficiência podem ser, respectivamente, justificados em modo positivo, ou tolerados com base em doutrinas e ideologias de justiça, os custos da injustiça, por seu turno, são, neste diapasão, injustificáveis, consentindo ao direito penal que os produz apenas uma justificativa eventual e negativa, ancorada nos custos maiores que, hipoteticamente, a falta de um direito penal e das suas garantias acarretaria." FERRAJOLI, L. *Direito e Razão*: Teoria do garantismo penal. São Paulo: RT, 2002, p. 89.

que se relaciona com a finalidade social de impedir novos delitos. A crítica formulada a essa teoria está na inexistência de uma medida de proporcionalidade intrínseca, já que se a finalidade é a ressocialização, seria possível manter uma pessoa encarcerada indefinidamente até que se julgasse que a pessoa foi ressocializada.

3) a "teoria da prevenção geral" também possui uma finalidade social, mas derivada da teoria psicológica da coação. De acordo com essa teoria, deve-se ensinar a população sobre as proibições legais por meio de ameaças penais e de imposição de penas. Portanto, o fundamento da pena consiste não na retribuição, nem na atuação sobre o indivíduo que já delinquiu, mas na influência que a imposição de uma pena terá sobre toda a coletividade. A vantagem dessa teoria reside na chamada "psicologia profunda" segundo a qual determinadas pessoas somente freiam seus desejos quando veem que as consequências decorrentes da violação da lei seriam piores do que a satisfação de seus desejos. A crítica que se faz a essa teoria decorre do fato de que nem todos os criminosos fazem uma reflexão sobre o "custo-benefício" de sua ação (caso dos crimes passionais), não sendo, portanto, afetados pela teoria da prevenção geral.

4) a "teoria da integração-prevenção", desenvolvida a partir da teoria sistêmica de Niklas Luhman, sustenta que a pena constitui uma reação imprescindível para o restabelecimento da ordem social, quebrada pelo cometimento de um delito. Nessa teoria, o fundamento da pena consiste na confirmação da validade da norma, esta entendida como modelo de orientação social. As críticas são numerosas. A mais relevante talvez seja a que se opõe ao uso do indivíduo pelo Estado como meio para reafirmar, perante o resto da sociedade, a ideia de fidelidade ao direito. Se a finalidade é restaurar a ordem quebrada pela violação da norma, isso significa que o direito penal deixa de proteger bens jurídicos para proteger a norma jurídica em si.

5) por fim, a "teoria agnóstica da pena" parte da concepção de que em toda a sociedade existem relações de poder que interferem na solução de conflitos e que a cultura social tolera que esse poder interfira na solução dos conflitos. Afirma que há diferentes modelos decisórios – reparador, conciliador, corretivo, terapêutico e punitivo – e que este último é o menos capaz de solucionar conflitos, pois quando encarcera o indivíduo ele não resolve o conflito, apenas o suspende. Tampouco permite à vítima participar da solução, pois a exclui. Essa teoria leva em consideração para negar a pena o fato de o sistema penal ser tremendamente afetado pela lentidão judiciária, pelo processo de estigmatização, pela seletividade do processo penal e pela cifra negra da criminalidade, o que gera a deslegitimação do sistema penal.

Os conceitos acima são fundamentais para que se conheça os instrumentos utilizados para se formular a política criminal brasileira. Ao se identificar determinadas condutas consideradas danosas à coletividade, o Congresso decide transformá-las em crime; para aumentar a eficiência na repressão do crime, esse mesmo Congresso pode decidir autorizar novas medidas investigativas; e, por fim, para desestimular o cometimento de determinado crime, pode-se aumentar a pena prevista para sua prática. Claramente, tais opções devem ser utilizadas levando-se em consideração outros fatores, sobretudo o fenômeno da seletividade do sistema penal.

Com efeito, o conceito de seletividade está relacionado à ineficiência do sistema penal (e, sobretudo, das agências formais de controle) de identificar condutas criminosas, processar seus autores e aplicar as penas correspondentes. Essa ineficiência é denominada de "cifra negra" e pode ser definida como a diferença entre a criminalidade real – todos os delitos praticados em um determinado espaço de tempo e em determinado local – e a criminalidade aparente – considerada o número de casos que são efetivamente levados ao conhecimento das agências formais de controle.[15] Inobstante essa ineficiência ser inerente ao sistema penal, os meios de comunicação e a sociedade em geral têm a percepção de que o sistema penal opera de forma que essa ineficiência seja seletiva, privilegiando os autores de crimes econômicos e atuando de forma mais grave e intensa sobre a população sem recursos econômicos.

De acordo com os dados do Departamento Penitenciário Nacional – DEPEN[16], em 2009, a população carcerária do Brasil era composta por 80,1% de pessoas com escolaridade até o ensino fundamental; 18,7% com até o ensino médio; e 1,2% com superior incompleto, completo e pós-graduação (considerando o universo dos que informaram a escolaridade). Logicamente que não são apenas as pessoas sem escolaridade que praticam crimes.

Sutherland explicava que a aplicação diferenciada da lei poderia ser debitada a diversos fatores, como o *status* (o poder imuniza os "homens de negócio" em relação aos crimes, já que incriminá-los poderá trazer problemas para o incriminador no futuro), a *homogeneidade cultural* (juízes, administradores, legisladores e homens de negócios possuem a mesma formação cultural, muitas vezes partilham as mesmas origens sociais e essa homogeneidade faz com que não seja uma tarefa fácil caracterizar os criminosos econômicos dentro do estereótipo do criminoso comum), *a relativa desorganização na reação aos crimes econômicos* (cujas atividades delitivas são de difícil percepção, pois raramente atingem diretamente uma vítima concreta, como ocorre nos delitos contra o meio ambiente) e a *baixa reprovação social dessas condutas* (pessoas adotam comportamentos semelhantes em suas práticas cotidianas, como não pagar impostos, comprar produtos contrabandeados ou piratas etc).[17] As estatísticas indicam que a seletividade do sistema penal é especialmente atuante nas camadas sociais de maior escolaridade e especialmente alta nos crimes econômicos (situação em que a "cifra negra" se transforma em "cifra dourada").

Mas a política criminal não deve estar limitada ao estudo jurídico do fenômeno criminal. Além da contribuição da sociologia, da antropologia e da criminologia, destaca-se a contribuição da economia, como se passa a demonstrar.

15. CERVINI, R. *Os processos de descriminalização.* 2ª ed. São Paulo: RT, 2002.
16. Dados disponíveis em http://portal.mj.gov.br/data/Pages/MJC4D50EDBPTBRNN.htm. Acesso em 01 de fevereiro de 2011.
17. SUTHERLAND, E. H. *White collar crime – the uncut version.* New Haven: Yale University Press, 1983.

3. CONTRIBUIÇÃO DA ANÁLISE ECONÔMICA PARA O DIREITO PENAL

O crescimento do número de crimes e a insatisfação com as tradicionais explicações da participação dos indivíduos em atividades ilícitas têm motivado os economistas a estudarem com mais afinco a criminalidade.[18] Isso, no entanto, não é recente. Para Araujo Jr.[19], talvez tenha sido Fleisher[20] o primeiro autor a relacionar a importância de fatores econômicos na determinação da variação das taxas de criminalidade. Mas, foi Becker,[21] com forte suporte em teoria econômica, que fez o clássico trabalho que veio preencher a lacuna existente entre a economia e o crime, e que apresentou "um modelo microeconômico no qual os indivíduos decidem cometer ou não crimes, ou seja, fazem uma escolha ocupacional entre o setor legal e o setor ilegal da economia".[22] A hipótese mor de Becker[23] é que os agentes criminosos são racionais, calculando o seu benefício de atuar ou não no setor ilícito da economia.[24] No tocante à concepção de Becker,[25] Balbinotto Neto[26] expõe que:

> O argumento básico da abordagem econômica do crime é que os infratores reagem aos incentivos, tanto positivos como negativos e que o número de infrações cometidas é influenciada pela alocação de recursos públicos e privados para fazer frente ao cumprimento da lei e de outros meios de preveni-los ou para dissuadir os indivíduos a cometê-los. Para os economistas, o comportamento criminoso não é visto como uma atitude simplesmente emotiva, irracional ou antissocial, mas sim como uma atividade eminentemente racional.

A hipótese de que os criminosos econômicos são, *per se*, doentes mentais, coitados excluídos pela família e/ou sociedade, sem condições de competir pelas alterna-

18. BALBINOTTO NETO, G. A teoria econômica do crime. *Revista Leader*, Edição n.35. Fev./2003. Disponível em <http://www.iee.com.br/leader/edicao_35/index.asp> Acesso em: 16/01/2005.
19. ARAUJO JR., A. F. de. Raízes econômicas da criminalidade violenta no Brasil: um estudo usando micro dados e pseudopainel – 1981/1996. *Revista de Economia e Administração*. v. 1, n. 3. jul/set. 2002, p.1-34.
20. FLEISHER, B. M. The effect of unemployment on juvenile delinquency. *Journal of Political Economy*, v.71, 1963, p.543-555.
21. BECKER, G. S. Crime and punishment: an economic approach. *Journal of political economy*. v. 76, n. 01. 1968, p.169-217.
22. ARAUJO JR., A. F. de. Raízes econômicas da criminalidade violenta no Brasil: um estudo usando micro dados e pseudopainel – 1981/1996. *Revista de Economia e Administração*. v. 1, n. 3. jul/set. 2002, p. 3.
23. BECKER, G. S. Crime and punishment: an economic approach. *Journal of political economy*. v. 76, n. 01. 1968, p.169-217.
24. Competentes revisões de literatura sobre economia do crime, nacional e internacional, foram feitas por ARAUJO JR., A. F. de. Raízes econômicas da criminalidade violenta no Brasil: um estudo usando micro dados e pseudopainel – 1981/1996. *Revista de Economia e Administração*. v. 1, n. 3. jul/set. 2002, p.1-34, CERQUEIRA, D., LOBÃO, W. Determinantes da criminalidade: uma resenha dos modelos teóricos e resultados empíricos. *Texto para Discussão*. IPEA: Rio de Janeiro. Junho de 2003. 31 p., BRENNER, G. *Entendendo o comportamento criminoso*. Porto Alegre: AGE, 2009; MARIANO, R. S. Fatores socioeconômicos da criminalidade no Estado de São Paulo: um enfoque da economia do crime. São Paulo, PUC-SP, 2010. (Dissertação de Mestrado), dentre outros. Maiores considerações sobre tais revisões, além de trabalhos empíricos sobre esta temática, ver os autores supracitados.
25. BECKER, G. S. Crime and punishment: an economic approach. *Journal of political economy*. v. 76, n. 01. 1968, p.169-217.
26. BALBINOTTO NETO, G. A teoria econômica do crime. *Revista Leader*, Edição n.35. Fev./2003. Disponível em <http://www.iee.com.br/leader/edicao_35/index.asp> Acesso em: 16/01/2005.

tivas legais do mercado de trabalho, não encontram sustentação na teoria econômica do crime. Estes indivíduos são comumente racionais e impetuosos, oportunistas diante de um ambiente propício e factível, e sem nenhuma preocupação com o lado moral do negócio ou com o bem-estar social.[27]

Especificamente nos crimes econômicos, Coleman relata que as principais causas são a motivação e a oportunidade[28]. A primeira está relacionada tanto à personalidade do indivíduo[29] como à cultura da competição que caracteriza a sociedade capitalista. Jogam um papel importante nesse "efeito criminógeno" o fato de que o conceito de sucesso esteja diretamente atrelado à riqueza e à manutenção de um alto padrão de vida (aqueles que não alcançam tais padrões são vistos como incompetentes ou preguiçosos), fazendo com que haja um sopesamento entre moral e compensação financeira. A motivação para o crime é a crença de que, violando a lei, o indivíduo terá mais prazer e menos dificuldade do que se utilizasse os meios lícitos existentes para ficar rico.

Por sua vez, a segunda causa é a oportunidade, entendida como um sopesamento entre quão grande poderá ser o lucro e quão ruim poderá ser a punição. Nesse ponto, são fatores importantes a regulação de determinado setor de indústria ou comércio (quando não há normas de fiscalização e transparência, aumentam as oportunidades de crimes econômicos), as práticas de concorrência predatória de determinado segmento econômico (setores com margem de lucro pequena veem na sonegação um diferencial competitivo) e a função que o criminoso ocupa na empresa (contadores, diretores e administradores têm mais e melhores oportunidades de praticarem os crimes econômicos).

Este *insight* da racionalidade do criminoso também está evidente na relação de risco verificada na estrutura de mercado do crime, porquanto numa atividade criminal está implícito o princípio hedonístico do máximo ganho com o mínimo de esforço, isto para variados graus de risco.[30] "Criminalistas poderiam também descrever alguns criminosos como apreciadores do risco, especialmente quando cometem assaltos com grandes possibilidades de apreensão e punição".[31]

---

27. BRENNER, G. *Entendendo o comportamento criminoso*. Porto Alegre: AGE, 2009.
28. COLEMAN, J. W. Motivation and Opprtunity: Understanding the causes of White-Collar Crime. In: GEIS, Gilbert, MEIER, Robert e SALINGER, Lawrence: *White-Collar Crime – Classic and Contemporary Views*. 3a ed. Nova Iorque: The Free Press, 1995.
29. Embora até hoje seja comum associar o crime à pobreza e o criminoso com alguém marginal à sociedade, foi o estudo pioneiro de Sutherland, apresentado em 1939 durante uma conferência conjunta da Sociedade Americana de Sociologia e da Associação Americana de Economia, que afirmou que há pessoas absolutamente saudáveis e bem criadas que praticam crimes. Ainda segundo Sutherland, as práticas negligentes adotadas por grandes empresas ocorriam com a mesma frequência e de forma tão profissional como crimes praticados por quadrilhas de assaltantes. A pesquisa de Sutherland constatou que das 70 maiores corporações dos EUA, 100% delas já havia sido condenada pela prática de infrações relacionadas a fraudes fiscais, violações à livre concorrência ou venda de produtos defeituosos. A pesquisa constatou ainda a média de 14 condenações por corporação e um índice de 91,7% de reincidência.
30. FERNANDEZ, J. C. A economia do crime revisitada. *Economia & Tecnologia*. Campinas, v. 1, n. 03, jul./set. 1998, p.36-44.
31. PINDYCK, R. S.; RUBINFELD, D. L. *Microeconomia*. São Paulo: MakronBooks, 1994, p. 189.

Neste contexto, a análise econômica do crime baseia-se fortemente na relação delito-punição como determinante da taxa criminal, em que a eficácia policial e judicial relaciona-se com a possibilidade dos benefícios da atividade criminosa suplantarem seus custos e compensarem o risco estipulado.[32] Por isso, o objetivo da sociedade é tornar nulo o retorno lucrativo médio do empresário criminoso e/ou aumentar o risco desta atividade – neste caso, "a ausência de crime pode ser definida como segurança".[33] Ou seja, a sociedade não criminosa procura maximizar os custos da atividade infratora e/ou minimizar seus lucros. A conclusão de que o crime não deve compensar é a solução ótima a ser perseguida.[34] Para tanto, a sociedade deve estar atenta aos elementos coibidores do crime, como melhoria dos aparatos policiais, formação educacional, oferta de trabalho, urbanização planejada, distribuição de renda etc.[35]

Por outro lado, é preciso analisar o custo da penalização em relação ao custo da tolerância do delito, pois a criminalização/punição podem se tornar fatos ineficientes. Determinados crimes podem apresentar penas superiores ao custo da tolerância, como parecia ser o caso do crime de adultério (que vigorou até 2005, mas há muito tempo já havia "caído em desuso"), e determinadas penas podem apresentar vantagens inferiores para a sociedade no que tange à "readaptação" do criminoso, como é o caso do usuário de drogas (que não é mais punido com pena de prisão desde 2006).

Outro dado importante que merece ser considerado é o custo das penas, sendo preferível a aplicação de penas que gerem a mesma eficiência com menor custo, o qual é mais reduzido nas penas pecuniárias e extremamente elevado nas penas de prisão[36], muito embora o grau de intimidação destas últimas seja maior que o das primeiras.

Assim como outra atividade econômica qualquer, os ganhos na atividade empresarial do crime são incertos e dependem da probabilidade de sucesso de suas operações. Não existem dados que estimem a probabilidade de detenção de um indivíduo no Brasil, mas supõe-se ser menor que verificada nos Estados Unidos, que é de apenas 5%. Isto implicaria dizer que no Brasil a probabilidade de sucesso no setor do crime pode ser maior do que 95%.[37] Para Adorno, "não são poucos os estudos que reconhecem a incapacidade do sistema de justiça criminal, no Brasil – agências

---

32. FERNANDEZ, J. C. A economia do crime revisitada. *Economia & Tecnologia*. Campinas, v. 1, n. 03, jul./set. 1998, p.36-44; BALBINOTTO NETO, G. A teoria econômica do crime. *Revista Leader*, Edição n.35. Fev./2003. Disponível em <http://www.iee.com.br/leader/edicao_35/index.asp> Acesso em: 16/01/2005.

33. JONES, R. *A oferta nas economias de mercado*. Rio de Janeiro: ZAHAR, 1977, p. 163.

34. BRENNER, G. *Entendendo o comportamento criminoso*. Porto Alegre: AGE, 2009.

35. FERNANDEZ, J. C. A economia do crime revisitada. *Economia & Tecnologia*. Campinas, v. 1, n. 03, jul./set. 1998, p.36-44.

36. "Não é à toa assinalava Bentham que 'a pena mais econômica será aquela que não cause nem uma partícula de mal que não seja convertido em proveito; as penas pecuniárias têm esta qualidade em grau acentuado, pois todo mal que sente o sujeito que a paga converte-se em proveito para o sujeito que a recebe'" (*apud* SANCHEZ, J. M. S. *Eficiência e Direito Penal*. Barueri (SP): Manole, 2004).

37. FERNANDEZ, J. C. A economia do crime revisitada. *Economia & Tecnologia*. Campinas, v. 1, n. 03, jul./set. 1998, p.36-44.

policiais, ministério público, tribunais de justiça e sistema penitenciário –, em conter o crime e a violência respeitados os marcos do Estado democrático de Direito."[38]

Diante do crescimento quantitativo e qualitativo do negócio ilícito no mundo, a monta que esta economia específica movimenta é significativa, conforme descreve Fernandez e Maldonado: "para a surpresa de muitos especialistas, o tráfico de drogas, que movimenta anualmente algo em torno de US$ 750 bilhões, passou a ser considerado um dos grandes negócios no ranking mundial, perdendo apenas para o setor de petróleo e para a indústria automobilística".[39]

O crime econômico está tomando veemência e atingindo toda a sociedade. O fito de investigar suas causas enquanto ato exclusivo da espécie humana perpassa por psicólogos, sociólogos, filósofos, advogados, economistas, dentre outros profissionais dos diversos ramos da ciência. Dentre as correntes de pensamento econômico que discutem a economia do crime podem ser destacadas três, segundo compilação de Engel[40]:

> Uma corrente de origem marxista, que acredita que o aumento da criminalidade, principalmente aquela ligada à prática de crimes lucrativos, está relacionada às características do processo capitalista e é resultado direto das alterações do comportamento empresarial no período pós-industrial [...]. Os cientistas enquadrados nessa corrente de pensamento acreditam que devido o processo empresarial centralizador de capital e os avanços tecnológicos resultantes, os ambientes sociais tornaram-se mais propensos às atividades criminosas. Segundo essa linha de pensamento, o convívio social do capitalismo pós-industrial incentivou a chamada degeneração moral e assim permitiu o crescimento da atividade criminosa.[41]

> Outra corrente, mais ampla, associa o aumento da criminalidade a problemas estruturais e conjunturais, tais como índices de desemprego, analfabetismo, e baixos níveis de renda bem como a desigualdade social. Pode-se ainda relacionar a esta corrente as ineficiências policiais e judiciais, que contribuem para a manutenção e crescimento das organizações criminosas. Fernandez e Maldonado, em seus trabalhos, apontaram para razões dessa natureza.[42]

> E uma terceira e importante corrente de pensamento da economia do crime analisa a prática de crimes lucrativos como atividade ou setor da economia como qualquer outra atividade econômica tradicional.[43]

A economia do crime assume que uma pessoa age racionalmente com base nos custos e benefícios inerentes às oportunidades legais e ilegais. Grande parte dessa ideia advém do modelo de escolha ocupacional de trabalho. Na realidade, essa teoria

---

38. ADORNO, S. Crise no sistema de justiça criminal. *Ciência e Cultura*. Ano 54, n. 1. jul./ago./set., 2002, p. 50
39. FERNANDEZ, J. C.; MALDONADO, G. E. C. A economia do narcotráfico: uma abordagem a partir da experiência boliviana. *Nova Economia*. Belo Horizonte: v. 9, n. 02, dez. 1999, p.137-173.
40. ENGEL, L. E. F. A economia do crime no Paraná: um estudo de caso na Penitenciária Industrial de Cascavel. Toledo, 2003. Monografia (Ciências Econômicas) – Unioeste, p. 9-10
41. FERNANDEZ, J. C.; PEREIRA, R. A criminalidade na região policial da grande São Paulo sob a ótica da economia do crime. *Revista Econômica do Nordeste*, v. 31, número especial, nov. 2000, p.898-918.
42. FERNANDEZ, J. C.; MALDONADO, G. E. C. A economia do narcotráfico: uma abordagem a partir da experiência boliviana. *Nova Economia*. Belo Horizonte: v. 9, n. 02, dez. 1999, p.137-173.
43. BECKER, G. S. Crime and punishment: an economic approach. *Journal of political economy*. v. 76, n. 01. 1968, p.169-217.

do comportamento criminal baseia-se na suposição de escolha racional proposta por Beccaria e Bentham.[44]

Outrossim, fundamentada na sua maioria em modelagens matemáticas, a teoria econômica do crime experimentou mais recentemente alguns avanços no estudo da criminalidade. A partir de citação de Borilli e Shikida[45], esses modelos podem ser classificados em:

modelo de alocação ótima do tempo – postula que o indivíduo escolhe quanto do seu tempo ele deverá alocar em uma atividade econômica, seja legal ou ilegal, procurando maximizar sua função de utilidade esperada, que depende, fundamentalmente, dos rendimentos das atividades legal e ilegal – a atuação no setor ilegal ocorrerá se os custos de operação nessa atividade forem menores que os seus benefícios[46];

modelo comportamental – procura explicar a atividade criminal através das interações sociais[47] - segundo Glaeser[48] citado por Araujo Jr. e Fajnzylber[49] *"if one person's criminal activities increases the benefits (or decreases the costs) of his neighbor engaging in crime then we should expect to find a high variance of crime rates over space"*;

modelo de migração – os indivíduos irão avaliar as oportunidades disponíveis nos setores legal e ilegal e poderão migrar para a atividade criminal se os ganhos esperados superarem os custos de migração, no qual estão inclusos os custos financeiros e não financeiros[50] – este modelo é, na realidade, derivado do clássico trabalho de Becker[51];

modelo de portfólio – a decisão individual em participar do crime ocorrerá mediante escolha de quanto da riqueza deve ser alocada no mercado legal e ilegal, sendo o envolvimento numa atividade de cunho ilegal uma operação considerada mais arriscada.[52]

Jones[53] e Schaefer,[54] por intermédio de uma exposição gráfica, corroboram importantes pontos da teoria econômica do crime. De acordo com o gráfico 1, no

44. Eide, E. *Economics of criminal behavior*. 1999. Disponível em <http://encyclo.findlaw.com/8100book.pdf> Acesso em: 17/01/2005; MARIANO, R. S. Fatores socioeconômicos da criminalidade no Estado de São Paulo: um enfoque da economia do crime. São Paulo, PUC-SP, 2010. (Dissertação de Mestrado).
45. BORILLI, S. P.; SHIKIDA, P. F. A. Apontamentos acerca das organizações criminosas a partir de um estudo exploratório na Penitenciária Industrial de Guarapuava e Cadeia Pública de Foz do Iguaçu (Paraná). In: ENCONTRO PARANAENSE DE ECONOMIA. Maringá, 2002. *Anais*. Maringá: UEM, 2002 (versão na íntegra em CD ROM), p. 198.
46. BECKER, G. S. Crime and punishment: an economic approach. *Journal of political economy*. v. 76, n. 01. 1968, p.169-217.
47. GLAESER, E. L.; SACERDOTE, J. SCHEINKMAN, J. Crime and social interactions. *The Quarterly Journal of Economics*. v. 61, n. 2. 1996, p. 507- 548.
48. GLAESER, E. L. *An overview of crime and punishment*. Washington, D.C.: World Bank, 1999. (Mimeogr.)
49. ARAUJO JR., A. F. de; FAZNZYLBER, P. Crime e economia: um estudo das microrregiões mineiras. *Revista Econômica do Nordeste*. v. 31, número especial, nov. 2000, p.632.
50. FERNANDEZ, J. C.; MALDONADO, G. E. C. A economia do narcotráfico: uma abordagem a partir da experiência boliviana. *Nova Economia*. Belo Horizonte: v. 9, n. 02, dez. 1999, p.137-173.
51. BECKER, G. S. Crime and punishment: an economic approach. *Journal of political economy*. v. 76, n. 01. 1968, p.169-217.
52. Ver FERNANDEZ, J. C.; PEREIRA, R. A criminalidade na região policial da grande São Paulo sob a ótica da economia do crime. *Revista Econômica do Nordeste*, v. 31, número especial, nov. 2000, p.898-918.
53. JONES, R. *A oferta nas economias de mercado*. Rio de Janeiro: ZAHAR, 1977.
54. SCHAEFER, G. J. *Economia do crime: elementos teóricos e evidências empíricas*. Toledo, 2000. Monografia (Ciências Econômicas) – Unioeste.

eixo da abscissa observa-se o volume de crime e no eixo da ordenada observa-se o retorno líquido médio do crime. O crime, nesta exposição, é um bem negativo, haja vista a suposição da não existência de demanda para este tipo de produto. Ao revés, a sociedade pagará e/ou terá um determinado custo para que o crime não vigore. Desse modo, a curva de demanda negativa **D** evidencia o preço que a sociedade terá de pagar para coibir/eliminar o crime. A curva **D** não inicia em zero porque numa sociedade normal existe sempre algum nível de crime "tolerável" (uma sociedade com segurança total seria utópica; sempre existirão pessoas amantes ao risco no que diz respeito às atividades ilegais).[55]

GRÁFICO 1 – Oferta do crime e a curva de demanda negativa para o combate ao crime

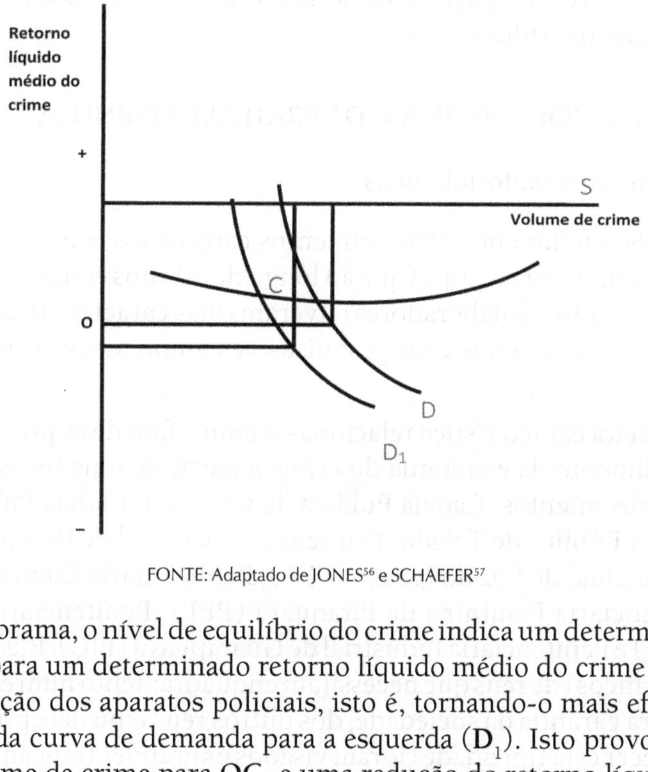

FONTE: Adaptado de JONES[56] e SCHAEFER[57]

Neste panorama, o nível de equilíbrio do crime indica um determinado volume de crime **OA**, para um determinado retorno líquido médio do crime **OB**. Supondo uma reformulação dos aparatos policiais, isto é, tornando-o mais eficaz, têm-se o deslocamento da curva de demanda para a esquerda (D_1). Isto provoca uma diminuição no volume de crime para **OC**, e uma redução do retorno líquido médio do crime para **OE**. Uma situação oposta seria o caso de uma hipotética desestruturação dos aparatos policiais, ou seja, a curva de demanda numa situação inicial D_1 seria deslocada para a direita (**D**). Haveria, portanto, um crescimento do retorno líquido médio do crime de **OE** para **OB**, enquanto o volume de crime cresceria de **OC** para

55. RODRIGUES, V. *Análise económica do Direito*: uma introdução. Coimbra (PO): Almedina, 2007.
56. JONES, R. *A oferta nas economias de mercado*. Rio de Janeiro: ZAHAR, 1977.
57. SCHAEFER, G. J. *Economia do crime: elementos teóricos e evidências empíricas*. Toledo, 2000. Monografia (Ciências Econômicas) – Unioeste.

OA. A cursa S representa a oferta do crime (quando o retorno líquido médio do crime se eleva, o volume de crime aumenta).

A escolha pela corrente da economia do crime para nortear 10 anos de estudo[58] reside no fato de se analisar a criminalidade, de cunho lucrativo, sem perder de vista a associação deste fenômeno com problemas estruturais e conjunturais do contexto socioeconômico em que o indivíduo criminoso se insere, e admitindo que o comportamento criminoso não é visto como uma atitude irracional, emotiva ou antissocial, mas sim como uma atividade racional em que o criminoso, notadamente o econômico, é considerado um agente que assume riscos. A próxima seção tem caráter ilustrativo e visa a exemplificar, a partir de pesquisas empíricas conduzidas por um dos autores deste artigo, como a análise econômica pode lançar luzes sobre o debate dogmático jurídico.

4. ANÁLISE SOCIOECONÔMICA DA PRÁTICA CRIMINOSA

4.1 Procedimentos Metodológicos

As pesquisas feitas em estabelecimentos carcerários conduzidas por um dos autores deste artigo e sua equipe (que ao longo de 10 anos compreendeu alunos de graduação, mestrado e colaboradores) tiveram duas características básicas: trata-se de estudos de casos feitos com pesquisas de campo; e teve caráter de estudos qualitativos.

Esta primeira característica relaciona-se com o fato de se procurar contribuir para o entendimento da economia do crime a partir de uma investigação nos seguintes estabelecimentos: Cadeia Pública de Cascavel, Cadeia Pública de Foz do Iguaçu, Cadeia Pública de Toledo, Penitenciária Central de Piraquara (PCP), Penitenciária Estadual de Foz do Iguaçu (PEF), Penitenciária Estadual de Piraquara (PEP), Penitenciária Feminina de Piraquara (PFP), Penitenciária Industrial de Cascavel (PIC) e Penitenciária Industrial de Guarapuava (PIG). Buscou-se a análise de casos específicos (de réus que necessitam enquadramento num estabelecimento penal, seja para garantia da sociedade, dos outros réus e/ou dele próprio), buscando-se reconhecer esta tipicidade (foram visados os grandes traficantes, assaltantes, sequestradores etc.).

O outro caráter das pesquisas compiladas diz respeito à sua natureza qualitativa, isto porque a obtenção de dados explicativos sobre a economia do crime ocorreu mediante contato direto e interativo do pesquisador com o objeto de estudo, ou seja, com os réus de crimes econômicos dos estabelecimentos supracitados que se dispuseram a contribuir com este trabalho. Esta integração empática com o objeto

---

58. BECKER, G. S. Crime and punishment: an economic approach. *Journal of political economy*. v. 76, n. 01. 1968, p.169-217.

de estudo possibilitou, segundo Godoy[59] e Neves[60], uma melhor compreensão do fenômeno/variável pesquisada, visto traduzir um perfil mais completo e real dos fatos que tendem a caracterizar a problemática trabalhada. "Nas pesquisas qualitativas é frequente que o pesquisador procure entender os fenômenos, segundo as perspectivas dos participantes da situação estudada e, a partir daí, situe sua interpretação dos fenômenos estudados".[61] Segundo Gil, este "[...] é o mais completo de todos os delineamentos, pois vale tanto de 'dados de gente' quanto de 'dados de papel'".[62]

As pesquisas de campo foram utilizadas porquanto a obtenção das informações deu-se via dados primários. Mas, isto não descartou a análise de informações dos réus contidas nos seus respectivos prontuários, ou seja, via dados secundários. Embora algumas perguntas do questionário estivessem nos prontuários, as mesmas serviram para verificação da confiabilidade das respostas. Mesmo sendo dada garantia de anonimato, e sendo o pesquisado um réu já julgado e condenado, na área criminal vale a máxima: *"tudo o que você disser poderá ser usado contra você"*.

Como os resultados dos estudos de caso dependiam fortemente do poder de integração do pesquisador com o objeto de trabalho, a técnica de aplicação de questionário seguido de entrevista teve uma particularidade. Primeiramente foi conseguida autorização das pesquisas nos estabelecimentos carcerários mencionados. A rotina do questionário esteve alicerçada na fundamentação teórica sobre a economia do crime citada na revisão de literatura, e balizada em Becker.[63] Com efeito, esses indivíduos têm uma particularidade: embora a mentira numa pergunta que não o reconhecerá como respondente seja difícil, para o criminoso o famoso "171" (Art. 171, do Código Penal: Obter, para si ou para outrem, vantagem ilícita, em prejuízo alheio, induzindo ou mantendo alguém em erro, mediante artifício, ardil, ou qualquer outro meio fraudulento) faz parte do seu *modus operandis*, de modo que quanto mais bem preparado para questionamentos dessa amostra específica, melhores serão os resultados. A "ritualística" dessa pesquisa de campo, frisa-se, não pode ser retratada em manuscritos, posto o teor de resguardo das instituições envolvidas. Contudo, em diversas palestras feitas por este pesquisador são retratadas peculiaridades do dia-a-dia dessas pesquisas que envolveram forte interação com este mundo.

Destarte, elaborou-se um questionário (que foi evoluindo com o passar dos nos anos – vide a seguir um modelo) ressaltando aspectos como: as características socioeconômicas dos entrevistados; a análise dos riscos e/ou incertezas inerentes às atividades criminosas lucrativas; os resultados da atividade criminosa quanto ao

59. GODOY, A. S. Pesquisa qualitativa e sua utilização em administração de empresas. *Revista Administração de Empresas*, v.35, n. 4, p. 65-71, jul./ago. 1995.
60. NEVES, J. L. Pesquisa qualitativa, características, usos e possibilidades. *Cadernos de Pesquisa em Administração*. São Paulo, v.1, n.3, 2º semestre de 1996.
61. NEVES, J. L. Pesquisa qualitativa, características, usos e possibilidades. *Cadernos de Pesquisa em Administração*. São Paulo, v.1, n.3, 2º semestre de 1996, p. 1
62. GIL, A. C. Técnicas de pesquisa em economia e elaboração de monografias. São Paulo: Atlas, 2000, p. 127.
63. BECKER, H. S. Estudo de praticantes de crimes de delitos. In: *Métodos de pesquisa em ciências sociais*. 4. ed. São Paulo: HUCITEC, 1999, p.153-178.

retorno econômico; os motivos que levaram ao ilícito etc. As datas das pesquisas nos estabelecimentos prisionais remontam de 2000 a 2009 (seus meses serão mantidos em sigilo) e mobilizou, nos dias previstos, boa parte da segurança dos estabelecimentos prisionais.

Questionário

01 Dados gerais:

1.1 Sexo – masculino ( )   feminino ( )

1.2 Cor – branco ( )   negro ( )   mestiço ( )   amarelo ( )   mulato ( )

1.3 Idade (na época da prática do crime):

18 anos ( )   19 a 23 anos ( )   4 a 28 anos ( )   29 a 33 anos ( )

34 a 38 anos ( )   39 a 43 anos ( )   44 a 48 anos ( )   >49 anos ( )

1.4 Estado onde nasceu – PR ( )   Outro (_) _____

Origem: Meio urbano ( )   Meio rural ( )

1.4.1 Onde morava na época do crime? Cidade: _____ Estado: _____

1.5 Acredita em Deus? ( ) sim   ( ) não

1.5.1 Qual a sua religião (na época da prática do crime)?

católica ( )   evangélica ( )   protestante ( )   espírita ( )   afro-brasileira ( )

outra (____)

1.5.2 Era praticante? ( ) sim ( ) não

1.5.3 Mudou de religião pós a reclusão: ( ) sim ( ) não.

1.6 Nível de escolaridade (na época da prática do crime):

Sem instrução ( )   Ensino fundamental – 1° grau ( )   Ensino médio – 2° grau ( )

Ensino superior ( )

1.6.1 Motivos para a paralisação do estudo:

nunca teve acesso ( )   necessidade de contribuição à renda familiar ( )

proibição do companheiro ( )

descaso/falta de apoio ( )   envolvimento com crime/drogas/delinquência ( )

casamento/concubinato ( )

desagregação familiar ( )   falta de estrutura educacional ( )

influência de terceiros ( )

inadaptação escolar/falta de afinidade ( )   outro (____)

1.7 Estado civil (na época da prática do crime):

( ) Solteiro   ( ) Casado   ( ) Divorciado   ( ) Separado   ( ) Viúvo

( ) Amasiado/em concubinato

1.7.1 Teve outras uniões desfeitas? ( ) sim   ( ) não

1.8 Como era composta a sua família (na época da prática do crime):

( ) Pai, mãe e irmãos   ( ) Pai e mãe   ( ) Mãe   ( ) Pai

( ) Irmãos   ( ) Pai e irmãos   ( ) Mãe e irmãos   ( ) Esposa   ( ) Esposa e filhos

( ) Filhos ( ) Sozinho – por quê (___)   ( ) outros (___)

1.8.1 Ocupação do pai: _____   Ocupação da mãe: _____

1.8.2 Os pais (um ou os dois) estavam trabalhando na época do crime? ( ) sim   ( ) não

1.8.3 Nível de escolaridade dos pais: Sem Instrução ( ) Ens. fundamental ( ) Ens. médio ( )

Ens. Superior ( )

1.8.4 Os pais estavam casados até a ocorrência do crime? ( ) sim   ( ) não

1.8.5 Possuía antecedente criminal na família? ( ) não   ( ) sim – de quem: _____

1.9 Fazia uso de bebida alcoólica? ( ) não   ( ) sim

1.10 É fumante? ( ) não   ( ) sim

1.11 Fazia uso de drogas? ( ) não   ( ) sim

1.12 Atualmente faz uso de drogas? ( ) sim   ( ) não

2 Tipologia e aspectos econômicos do crime (somente os lucrativos):

2.1 Qual tipo de crime cometido?

( ) roubo-157   ( ) furto-155   ( ) tráfico de drogas-12   ( ) latrocínio-157

( ) sequestro-148   ( ) extorsão-158   ( ) estelionato-171   ( ) fraude (art.__)

( ) receptação-181   ( ) extorsão mediante sequestro-159   ( ) outro (_____)

2.1.1 Possuía arma de fogo? ( ) não   ( ) sim

2.1.2 Fez uso dela na atividade criminosa? ( ) não   ( ) sim

2.1.3 Crime realizado com parceiro(s)? ( ) sim   ( ) não

2.2 Houve reincidência? ( ) sim   ( ) não

2.2.1 No caso de reincidência, quantas vezes e qual(is) o(s) tipo(s) de crime(s)?_____

2.3 Conhecia a vítima? ( ) sim   ( ) não De onde: _____

2.4 Qual(is) o(s) motivo(s) que te levou(levaram) a praticar a(s) atividade(s) criminosa(s)?

( ) ajudar no orçamento familiar, pois estava desempregado	( ) ajudar no orçamento familiar, pois o dinheiro não dava para as despesas – neste caso estava empregado
( ) dificuldade financeira (endividado, por exemplo)	( ) falta de estrutura e orientação familiar – despreparo para a vida
( ) manter o sustento e vício – qual(is)?	( ) manter o sustento e outra atividade – qual(is)?
( ) manter o *status*	( ) indução de amigos (influência negativa de grupos e/ou terceiros)
( ) cobiça/ambição/ganância	( ) ideia de ganho fácil
( ) inveja	( ) inconsequência e desejo de aventura
( ) outro(s):	( ) motivos fúteis (embriaguez, falta de perspectiva etc.)

2.5 Qual a sua ocupação profissional na época da prática do crime?_____

2.5.1 Tinha carteira assinada (registro na CTPS)? ( ) Sim ( ) Não

2.5.2 Você estava trabalhando na época da prática do crime?   ( ) sim   ( ) não

2.5.3 Sua renda era suficiente para cobrir as despesas básicas?   ( ) sim   ( ) não

2.5.4 Se sua renda era suficiente para cobrir as despesas básicas, qual era o valor (aproximado) dela S/M : _____

2.6 Possuía bens imóveis? ( ) sim ( ) não

2.7 De 0 a 9 qual era o risco de sucesso da prática criminosa? _____

2.7.1 Quais os fatores que levaram ao insucesso de sua atividade criminosa?

( ) traição	( ) dedo-duro ("alcaguete")	( ) falha própria/pessoal
( ) falha do parceiro	( ) ação da polícia	( ) sistema de proteção eficiente
( ) reação bem-sucedida da(s) vítima(s) com uso de arma	( ) reação bem-sucedida da(s) vítima(s) sem uso de arma	( ) outro:

2.7.2 Já tentou Fuga? ( ) sim ( ) não

2.8 Afora a questão da sua condição prisional, de 0 a 9 qual foi o retorno econômico de sua atividade criminosa : ____

2.9 Acredita na capacidade do sistema judiciário ? ( ) não ( ) sim

2.10 O que você acha que poderia ser feito para diminuir os crimes, seja de qualquer natureza econômica? _____

2.11 Você é a favor da pena de morte? ( ) Sim ( ) Não.

2.12 Afora o motivo que levou você a prática criminosa, que outras causas, na sua opinião levam as pessoas a migrarem para o crime? _____

Por fim, tais pesquisas basearam-se em um tipo de amostragem não probabilística, rotulada como amostragem possível ou por acessibilidade.[64] Não é um método considerado rigoroso (do ponto de vista estatístico), porém, neste tipo de estudo é o entrevistado que decide responder ou não às perguntas a ele dirigidas; particularmente, sempre têm criminosos não dispostos a colaborar, por diversas razões (receio de que a pesquisa possa comprometer suas futuras ações e parceiros, de que a pesquisa seja um instrumento do Estado para prejudicá-lo etc.). Não obstante, a técnica utilizada para a obtenção dos dados permitiu maior flexibilidade por possibilitar o ajustamento aos mais diversos tipos de problemas, aprofundando-se, caso fosse necessário, em dúvidas pontuais, permitindo ao pesquisador detectar informações que estavam além das respostas dadas. Dessa forma, o contato direto do pesquisador com o seu objeto possibilitou explorar ao máximo a temática estudada, de modo a obter não só os dados inerentes à aplicação do questionário, mas, o *feeling* do entrevistado. O tempo médio de cada entrevista foi de 30 minutos e foram mais de 500 pesquisados nesses 10 anos de estudos.

4.2. Principais publicações e resultados

A tabela 1 sintetiza a cronologia dos artigos publicados sobre este tipo de pesquisa.

Tabela 1 – A economia do crime a partir de evidências empíricas:
artigos que resultaram de pesquisas feitas pelo autor e equipe em estabelecimentos carcerários paranaenses

Artigo, revista e ano de publicação	Autores	Estabelecimento pesquisado	Amostra para estudo
Economia do crime: elementos teóricos e evidências empíricas. **Análise Econômica**, setembro, **2001**.	SCHAEFER, G. J.; SHIKIDA, P. F. A.	Cadeia Pública de Toledo	21
Apontamentos acerca das organizações criminosas a partir de um estudo exploratório na Penitenciária Industrial de Guarapuava e Cadeia Pública de Foz do Iguaçu (Paraná). **Revista de Ciências Empresariais da UNIPAR**, jul./dez., **2002**.	BORILLI, S.; SHIKIDA, P. F. A.	PIG e Cadeia Pública de Foz do Iguaçu	76 (PIG) 35 (Cadeia Pública de Foz do Iguaçu)
Economia e crime: um estudo exploratório na Penitenciária Industrial de Guarapuava e Cadeia Pública de Foz do Iguaçu (PR). **Revista Econômica do Nordeste**, abr./jun. **2003**.	BORILLI, S.; SHIKIDA, P. F. A.	PIG e Cadeia Pública de Foz do Iguaçu	76 (PIG) 35 (Cadeia Pública de Foz do Iguaçu)

---

64. GIL, A. C. Técnicas de pesquisa em economia e elaboração de monografias. São Paulo: Atlas, 2000.

Um estudo de caso sobre o perfil socioeconômico de migrantes rurais que praticaram crimes de natureza econômica. **Cadernos de Economia**, jul./dez. **2003**.	ENGEL, L. E. F.; SHIKIDA, P. F. A.	PIC	17
Economia do crime: teoria e evidências empíricas a partir de um estudo de caso na Penitenciária Estadual de Piraquara (PR). Revista de Economia e Administração, jul./set. **2005**.*	SHIKIDA, P. F. A.	**PEP**	65
A moral importa? **Revista de Economia e Administração**, out./dez. **2005**.	SHIKIDA, C. D.; ARAUJO JR., A. F. de; SHIKIDA, P. F. A.	PCP, PEP e PFP	144 (PCP), 65 (PEP) e 53 (PFP)
Economia do crime: uma análise de gênero a partir de um estudo de caso na Penitenciária Feminina de Piraquara (PR). **Revista de Estudos Sociais, 2005**.	SIMON, D. C.; SHIKIDA, P. F. A.; BORILLI, S. P.	PFP	53
Crime econômico no Paraná: um estudo de caso. **Análise Econômica, 2006**.	BORILLI, S.; SHIKIDA, P. F. A.	PCP, PEP e PFP	144 (PCP), 65 (PEP) e 53 (PFP)
Determinantes do comportamento criminoso: um estudo econométrico nas Penitenciárias Central, Estadual e Feminina de Piraquara (Paraná). **Pesquisa & Debate, 2006**.	SHIKIDA, P. F. A.; ARAUJO JR., A. F.; SHIKIDA, C. D.; BORILLI, S. P.	PCP, PEP e PFP	144 (PCP), 65 (PEP) e 53 (PFP)
O trabalho atrás das grades: um estudo de caso na Penitenciária Estadual de Foz do Iguaçu - PR. **Revista Brasileira de Gestão e Desenvolvimento Regional**, jan./abr. **2008**.	SHIKIDA, P. F. A.; BROGLIATTO, S. R. M.	PEF	67
Breves notas sobre a criminalidade: custo, papel das organizações e a questão feminina. **Revista Desafio**, jan./abr., **2009**.	BORILLI, S.; SHIKIDA, P. F. A.	PCP, PEP e PFP	144 (PCP), 65 (PEP) e 53 (PFP)
Economia do crime e o encarceramento feminino: uma análise para o Estado do Paraná. No prelo na **Revista da Associação Mineira de Direito e Economia, 2010**.	SHIKIDA, P. F. A.	PFP e Cadeia Pública de Cascavel	53 (PFP) e 26 (Cadeia Pública de Cascavel)

Fonte: Referências citadas na primeira coluna
* = neste trabalho encontra-se, na íntegra, o questionário aplicado nas pesquisas cuja temática foi economia do crime.

Em linhas gerais[65], como corolário da compilação de 10 anos de pesquisas em estabelecimentos carcerários paranaenses, de onde se extraiu uma gama de dados

---

65. Isto é, sem se preocupar com minudências e outros detalhes que melhor se colocam nas fontes originais ora mencionadas; os estudos econométricos, bem como seus resultados, podem ser observados em SHIKIDA, C. D.; ARAUJO JR., A. F. de; SHIKIDA, P. F. A. A moral importa? *Revista de Economia e Administração*, São Paulo

primários que vieram expor evidências empíricas acerca do problema da criminalidade econômica, evidenciou-se o fato de que os criminosos migraram para as atividades ilegais na esperança de que os ganhos esperados superassem os riscos da atividade. Neste sentido, a opção pela prática do crime de natureza econômica foi uma decisão individual tomada racionalmente, com ou sem influências de terceiros, em face da percepção de custos e benefícios, assim como os indivíduos fazem em relação a outras decisões de natureza econômica.

A relação risco e benefício esperado foi bem explícita pelos pesquisados, ou seja, para a maioria dos pesquisados os retornos econômicos foram maiores que os riscos de migração para o crime, o que significa dizer que o crime está compensando! Nesse panorama, remonta-se ao que Brenner[66] referendou: a conclusão de que o crime NÃO deve compensar é a solução ótima a ser perseguida (grifo nosso). Assim, o objetivo da sociedade deve ser o de tornar nulo o retorno lucrativo médio do empresário criminoso e/ou aumentar o risco desta atividade; para tanto essa sociedade precisa melhorar suas ações coibidoras do crime, como melhorar a formação educacional do povo, expandir a oferta de trabalho – com remuneração digna –, estruturar os aparatos policiais e judiciais, distribuir melhor a renda etc. Este é um dos *insights* desses estudos que procuraram abordar a teoria econômica do crime a partir de evidências empíricas extraídas em estabelecimentos carcerários do Estado do Paraná.

Tais confirmações, no entanto, devem ser relativizadas porquanto nesses estudos existe o problema de viés de seleção da amostra, que considera pessoas que praticaram crimes e que foram presas. É possível que muitas pessoas que praticam(ram) crimes e que não são presas tenham características socioeconômicas próprias devido a possíveis problemas institucionais, como corrupção. Logo, tais estudos estão retratando as características dos criminosos que são presos e não dos criminosos em geral. De toda sorte, é inequívoco que estas investigações empíricas acabam trazendo esclarecimentos contraintuitivos para juristas afeitos à dogmática penal e que deverão, por este motivo, serem incluídos no debate acadêmico e na práxis jurídica.

5. REFERÊNCIAS BIBLIOGRÁFICAS

ADORNO, S. Crise no sistema de justiça criminal. *Ciência e Cultura*. Ano 54, n. 1. jul./ago./set., 2002.

ARAUJO JR., A. F. de. Raízes econômicas da criminalidade violenta no Brasil: um estudo usando micro dados e pseudopainel – 1981/1996. *Revista de Economia e Administração*. v. 1, n. 3. jul/set. 2002.

(SP), v.4, n.4, p.415-426, out./dez. 2005.; SHIKIDA, P. F. A.; ARAUJO JR., A. F.; SHIKIDA, C. D.; BORILLI, S. P. Determinantes do comportamento criminoso: um estudo econométrico nas Penitenciárias Central, Estadual e Feminina de Piraquara (PR). *Pesquisa & Debate*, São Paulo, v.17, n.1(29), p.125-148, 2006; e SHIKIDA, P. F. A. Crimes violentos e desenvolvimento socioeconômico: um estudo para o Estado do Paraná. *Direitos Fundamentais & Justiça*, ano 2, n.5, p.144-161, out./dez, 2008. Um sumário desses resultados está compilado em SHIKIDA, P. F. A. Considerações sobre a Economia do Crime no Brasil: um sumário de 10 anos de pesquisa. *Revista de Análise Econômica do Direito*, v.1, nº 2, p. 324-344, Jul./Dez., 2010.

66. BRENNER, G. *Entendendo o comportamento criminoso*. Porto Alegre: AGE, 2009.

ARAUJO JR., A. F. de; FAZNZYLBER, P. Crime e economia: um estudo das microrregiões mineiras. *Revista Econômica do Nordeste*. v. 31, número especial, nov. 2000.

BATISTA, N. Introdução Crítica ao Direito Penal Brasileiro. Rio de Janeiro: Revan, 1990.

BALBINOTTO NETO, G. A teoria econômica do crime. *Revista Leader*, Edição n.35. Fev./2003. Disponível em <http://www.iee.com.br/leader/edicao_35/index.asp> Acesso em: 16/01/2005.

BECKER, G. S. Crime and punishment: an economic approach. *Journal of political economy*. v. 76, n. 01. 1968.

BECKER, H. S. Estudo de praticantes de crimes de delitos. In: *Métodos de pesquisa em ciências sociais*. 4. ed. São Paulo: HUCITEC, 1999.

BRENNER, G. *Entendendo o comportamento criminoso*. Porto Alegre: AGE, 2009; MARIANO, R. S. Fatores socioeconômicos da criminalidade no Estado de São Paulo: um enfoque da economia do crime. São Paulo, PUC-SP, 2010. (Dissertação de Mestrado).

BORILLI, S. P.; SHIKIDA, P. F. A. Apontamentos acerca das organizações criminosas a partir de um estudo exploratório na Penitenciária Industrial de Guarapuava e Cadeia Pública de Foz do Iguaçu (Paraná). In: ENCONTRO PARANAENSE DE ECONOMIA. Maringá, 2002. *Anais*. Maringá: UEM, 2002 (versão na íntegra em CD ROM).

CASTILHO, E. W. V. de O Controle Penal nos Crimes contra o Sistema Financeiro Nacional. Belo Horizonte: Del Rey, 1998.

CERQUEIRA, D., LOBÃO, W. Determinantes da criminalidade: uma resenha dos modelos teóricos e resultados empíricos. *Texto para Discussão*. IPEA: Rio de Janeiro. Junho de 2003.

CERVINI, R. *Os processos de descriminalização*. 2ª ed. São Paulo: RT, 2002.

COLEMAN, J. W. Motivation and Opprtunity: Understanding the causes of White-Collar Crime. In: GEIS, Gilbert, MEIER, Robert e SALINGER, Lawrence: *White-Collar Crime – Classic and Contemporary Views*. 3a ed. Nova Iorque: The Free Press, 1995.

EIDE, E. *Economics of criminal behavior*. 1999. Disponível em <http://encyclo.findlaw.com/8100book.pdf> Acesso em: 17/01/2005; MARIANO, R. S. Fatores socioeconômicos da criminalidade no Estado de São Paulo: um enfoque da economia do crime. São Paulo, PUC-SP, 2010. (Dissertação de Mestrado).

ENGEL, L. E. F. A economia do crime no Paraná: um estudo de caso na Penitenciária Industrial de Cascavel. Toledo, 2003. Monografia (Ciências Econômicas) – Unioeste.

FERNANDEZ, J. C. A economia do crime revisitada. *Economia & Tecnologia*. Campinas, v. 1, n. 03, jul./set. 1998.

FERNANDEZ, J. C.; MALDONADO, G. E. C. A economia do narcotráfico: uma abordagem a partir da experiência boliviana. *Nova Economia*. Belo Horizonte: v. 9, n. 02, dez. 1999.

FERNANDEZ, J. C.; PEREIRA, R. A criminalidade na região policial da grande São Paulo sob a ótica da economia do crime. *Revista Econômica do Nordeste*, v. 31, número especial, nov. 2000.

FERRAJOLI, L. *Direito e Razão*: Teoria do garantismo penal. São Paulo: RT, 2002.

FLEISHER, B. M. The effect of unemployment on juvenile delinquency. *Journal of Political Economy*, v.71, 1963.

GLAESER, E. L.; SACERDOTE, J. SCHEINKMAN, J. Crime and social interactions. *The Quarterly Journal of Economics*. v. 61, n. 2. 1996.

GLAESER, E. L. *An overview of crime and punishment*. Washington, D.C.: World Bank, 1999.

GIL, A. C. Técnicas de pesquisa em economia e elaboração de monografias. São Paulo: Atlas, 2000.

GODOY, A. S. Pesquisa qualitativa e sua utilização em administração de empresas. *Revista Administração de Empresas*, v.35, n. 4, p. 65-71, jul./ago. 1995.

GOLDBERG, S. *O alarmante custo da violência*. 2004. Disponível em <http://www.terra.com.br/dinheironaweb/139/entrevista/ent139_01.htm > Acesso em: 18/01/2005.

GOMES, L. F. Norma e bem jurídico no direito penal. São Paulo: RT, 2002.

JONES, R. *A oferta nas economias de mercado*. Rio de Janeiro: ZAHAR, 1977.

NEVES, J. L. Pesquisa qualitativa, características, usos e possibilidades. *Cadernos de Pesquisa em Administração*. São Paulo, v.1, n.3, 2° semestre de 1996.

PINDYCK, R. S.; RUBINFELD, D. L. *Microeconomia*. São Paulo: MakronBooks, 1994.

RODRIGUES, V. *Análise económica do Direito*: uma introdução. Coimbra (PO): Almedina, 2007.

SCHAEFER, G. J. *Economia do crime: elementos teóricos e evidências empíricas*. Toledo, 2000. Monografia (Ciências Econômicas) – Unioeste.

SHIKIDA, C. D.; ARAUJO JR., A. F. de; SHIKIDA, P. F. A. A moral importa? *Revista de Economia e Administração*, São Paulo (SP), v.4, n.4, p.415-426, out./dez. 2005.

SHIKIDA, P. F. A.; ARAUJO JR., A. F.; SHIKIDA, C. D.; BORILLI, S. P. Determinantes do comportamento criminoso: um estudo econométrico nas Penitenciárias Central, Estadual e Feminina de Piraquara (PR). *Pesquisa & Debate*, São Paulo, v.17, n.1(29), p.125-148, 2006.

SHIKIDA, P. F. A. Crimes violentos e desenvolvimento socioeconômico: um estudo para o Estado do Paraná. *Direitos Fundamentais & Justiça*, ano 2, n.5, p.144-161, out./dez, 2008.

SHIKIDA, P. F. A. Considerações sobre a Economia do Crime no Brasil: um sumário de 10 anos de pesquisa. *Revista de Análise Econômica do Direito*, v.1, n° 2, p. 324-344, Jul./Dez., 2010.

SUTHERLAND, E. H. *White collar crime – the uncut version*. New Haven: Yale University Press, 1983.

TOURINHO FILHO, F. da C. *Processo penal*. V. I, São Paulo: Saraiva, 2005.

14
ANÁLISE ECONÔMICA DO DIREITO DO TRABALHO

Luciana Luk-Tai Yeung

Doutora em Economia pela Fundação Getulio Vargas – EESP-FGV. Mestre em Economia Aplicada e em Relações Industriais pela *University of Wisconsin, Madison*. Graduada em Economia pela Universidade de São Paulo. Professora e coordenadora do Curso de Graduação em Economia no Insper (2011-2013). Membro fundadora da Associação Brasileira de Direito e Economia – ABDE e Vice-Presidente do Instituto Brasileiro de Relações de Emprego e Trabalho – IBRET.

1. SITUAÇÃO ATUAL DO DIREITO DO TRABALHO E DAS RELAÇÕES DO TRABALHO NO BRASIL

Quase setenta anos depois de sua criação, a Consolidação das Leis do Trabalho (CLT) continua sendo o principal conjunto de leis regendo o trabalho privado formal no Brasil. As mudanças que ocorreram no mundo e no país ao longo destes anos forçaram a criação de emendas, adicionadas por quase todos os presidentes da Republica que passaram pelo poder Executivo. De 1943 (ano em que a CLT foi criada) até 2010 o país foi governado por 17 Presidentes, dos quais, 14 incluíram emendas à CLT. Além disso, Ministros do Trabalho, Presidentes do Congresso Nacional e da Suprema Corte também incluíram suas próprias emendas às leis trabalhistas do país. Isso é uma clara indicação de que: (i) a legislação trabalhista original está ultrapassada e inadequada para as realidades econômicas, políticas e sociais do Brasil de hoje, (ii) a lei continua excessivamente regulada e excessivamente detalhada. Por trás disso está a manutenção da base sobre a qual se fundamenta o direito do trabalho brasileiro: *o Estado considera os atores do cenário trabalhista como incapazes de negociarem por si próprios, de alcançarem resultados positivos de forma conjunta.*

A pergunta que deriva é: o objetivo inicial, que era de "proteger" a classe trabalhadora, foi alcançado? Os incentivos dos empregadores de "explorar" os trabalhadores foram eliminados? As leis, tão cuidadosamente desenhadas, foram capazes de criar ambientes cooperativos de trabalho? Ou o contrário aconteceu? Talvez seja mais adequado deixar os números responderem por si sós. Lamounier, Sadek e Castelar Pinheiro fizeram uma pesquisa baseada num questionário enviado a diversas empresas brasileiras[1]. O objetivo da pesquisa era coletar a avaliação dos empresários acerca do funcionamento das cortes judiciais brasileiras. O resultado da pesquisa mostrou um cenário surpreendente.

Tabela 1 – Total de Ações em que as Empresas Fizeram Parte, em 10 Anos

Área	Concluídas	Em Andamento
Trabalhista	67.822	39.835
Tributária Federal	2.886	4.924
Tributária Estadual	913	1.821
Tributária Municipal	185	692
Comercial / Econômica	7.423	6.744
Propriedade Industrial	98	124
Direito do Consumidor	467	490
Meio Ambiente	38	42

Fonte: Lamounier, Sadek e Castelar Pinheiro (2000, adaptado)

Mais de 600 empresas responderam ao questionário. Nos dez anos anteriores à pesquisa, estas empresas enfrentaram mais de 100 mil processos trabalhistas, como ré ou como autora. Este número é mais de 6,5 vezes maior do que o número do segundo tipo de processo judicial mais enfrentado pelas empresas – o da área comercial, relacionado a dívidas, quebra contratuais, problemas com fornecedores, entre outros.

Outro trabalho, bastante recente, mostra a mesma realidade através de outra perspectiva. O Índice de Confiança do Judiciário (ICJ Brasil) é medido trimestralmente pela Fundação Getúlio Vargas de São Paulo, e faz levantamento a partir de uma amostra de aproximadamente 1.500 indivíduos em 7 unidades da federação brasileiras (São Paulo, Rio de Janeiro, Rio Grande do Sul, Minas Gerais, Distrito Federal, Bahia e Pernambuco)[2]. O relatório do 2º trimestre de 2010 encontrou que, das pessoas que já tiveram experiência utilizando o Judiciário, 28% usaram para a questão trabalhista; em segundo lugar, com 24%, vieram aqueles que usaram para questões relacionadas à família (divórcio, pensão, guarda de filhos, inventário etc.). Somente 19% utilizaram o Judiciário para questões comerciais, relacionadas a direito do consumidor.

Os números destas duas pesquisas – a primeira realizada junto a empresas e a segunda realizada junto a indivíduos – indicam claramente que a legislação trabalhista no Brasil tem causado sérias distorções na relação entre os seus principais atores. Os dados da primeira pesquisa demonstram que a relação entre firmas e

---

1. LAMOUNIER, Bolívar; SADEK, Maria T.; e CASTELAR PINHEIRO, Armando (2000), "O Judiciário Brasileiro: A Avaliação das Empresas", in CASTELAR PINHEIRO, A. (org), *Judiciário e Economia no Brasil*. São Paulo: Sumaré, pp. 75-95.
2. Os relatórios do ICJ podem ser acessados pelo *site* da FGVLaw: http://www.direitogv.com.br/

Estado (em assuntos tributários, principalmente), entre firmas e fornecedores (em assuntos comerciais/contratuais, principalmente), e entre firmas e consumidores (em assuntos de defesa do consumidor, principalmente), são muito mais harmoniosos do que aquela entre firmas e seus trabalhadores. A segunda pesquisa mostra que os indivíduos sentem muito mais incentivados a brigar por questões trabalhistas do que por questões familiares (o que é compreensível), e também do que por questões de lesão aos direitos do consumidor e lesão aos direitos previdenciários, por exemplo[3]. Ou seja, o nível de conflito "empregado x empregador" é muito maior do que nível de conflito "consumidor x empresa" e "cidadão x Estado previdenciário". Se Getúlio Vargas e seus seguidores acreditavam que a CLT era um meio de se alcançar um ambiente mais cooperativo de relações trabalhistas no Brasil, eles teriam que admitir – ao olhar para a realidade atual – que o resultado alcançado foi bem diferente do que eles tinham inicialmente em mente. A CLT e todo o conjunto de legislação trabalhista em vigor no Brasil criaram um ambiente propício ao litígio judicial no local de trabalho.

Além disso, a legislação trabalhista brasileira criou um peso financeiro excessivo aos empregadores. Sabe-se que o trabalhador formal custa ao empregador mais de duas vezes o valor efetivamente recebido pelo empregado[4]. Isso significa que, se o empregador decidir empregara legalmente um trabalhador de baixíssima qualificação, ele(a) deverá gastar mais do que R$1.020 com este trabalhador (já que o salário mínimo atual no Brasil é de R$510). É quase certo que um trabalhador semianalfabeto não valha R$1.000 a um empregador. O resultado disso é claro e a teoria econômica já prevê: trabalhadores de baixa qualificação têm grandes dificuldades em encontrar uma posição no mercado de trabalho formal. Se relacionarmos isto a outro problema crônico da economia brasileira – a baixa escolaridade média de parcela significativa dos trabalhadores – podemos compreender melhor as origens da grande informalidade da economia brasileira.

2. COASE, TEORIA ECONÔMICA DOS CONTRATOS E INTERFERÊNCIA DO ESTADO

Se usarmos a Análise Econômica do Direito (AED, ou *Law and Economics*), qual seria a interpretação que faríamos da legislação trabalhista brasileira? Alguns instrumentos da AED podem ser úteis neste exercício.

Primeiramente, o Teorema de Coase. No artigo de 1960, "The Problem of Social Cost", Ronald Coase mostra que, em situações onde os custos de transação são baixos, a barganha livre e cooperativa entre os agentes tende, automaticamente,

---

3. O resultado completo com relação a este item do ICJ-Brasil (2º trimestre de 2010) mostra que os motivos para ter utilizado o Judiciário, de acordo com a amostra de indivíduos entrevistada foram, na ordem: Trabalhista = 28%, Família = 24%, Consumidor = 19%, Previdência Social = 8%, Criminal = 6%, Trânsito = 3%, e Outros = 12%.

4. O professor José Pastore, da FEA-USP, renomado especialista em relações do trabalho, tem diversos trabalhos cujos cálculos chegam a este resultado: http://www.josepastore.com.br/.

a um resultado de maximização de ganhos, ou seja, a um resultado de eficiência. Entretanto, quando, por algum motivo (e no mundo real os motivos são vários) os custos de transação são significativos, a determinação legal – definida por uma decisão judicial ou por uma lei criada no legislativo, por exemplo – definirá o resultado final, que pode gerar resultados ineficientes. As "livres forças do mercado", neste caso, não são capazes de garantir a eficiência do sistema, diferentemente do que a teoria econômica tradicional (neoclássica) conclui. Por outro lado, às instituições legais – cortes judiciais, leis, Poder Executivo etc. – cabem parcela da responsabilidade pelo alcance de maximização do bem-estar social. É por isso que Coase afirma que "na verdade, são as instituições que governam o desempenho de uma economia" (1998, p. 73, tradução nossa). Pode-se, então, dizer que as instituições legais agem de duas formas sobre o resultado econômico final: *ex-ante,* elas determinam o nível dos custos de transação daquela economia. *Ex post,* elas tem o potencial de "correção" de resultados ineficientes.

Ora, basta aplicar o conceito do Teorema de Coase para as relações trabalhistas no país. Existem algumas situações nas relações trabalhistas onde os custos de transação podem ser menores[5]. Nestes casos, uma intervenção legal não somente é desnecessária como é inútil, dado que o resultado será determinado pelas partes que negociam entre si. A restrição legal é inócua[6]. Por outro lado, é verdade que, muitas vezes, as relações trabalhistas são marcadas por situações de significativos custos de transação. E é justamente nestes casos que a legislação poderia e deveria atuar no sentido de criar um ambiente mais propício à barganha cooperativa, aumentando a confiança das partes para reduzir os custos de transação das negociações trabalhistas. Isso seria uma forma *ex-ante* de minimizar os obstáculos à negociação e, portanto, de maximizar os ganhos resultantes para as partes. *Ex post,* assim como em outras áreas da economia, a aplicação da legislação trabalhista deveria seguir uma regra de correção de ineficiências, ou seja, de redução das perdas da sociedade como um todo. Decisões legais e judiciais que no curto prazo objetivam melhorar a situação dos trabalhadores muitas vezes acabam, no longo prazo, gerando grandes danos porque criam fortes desincentivos para a criação de empregos ou para a criação de empregos de boa qualidade (por exemplo, empregos formais com benefícios trabalhistas). Isso é exatamente o que acontece com o direito do trabalho no Brasil: o objetivo inicial de se beneficiar a classe trabalhadora acabou por causar um enorme dano pago por um grupo significativo de indivíduos, e o benefício esperado desta legislação está

---

5. Algumas das condições para que os custos de transação sejam baixos, segundo a AED: 1) Bens e serviços barganhados são padronizados; 2) Poucas partes envolvidas na negociação; 3) As partes têm relação amigável entre si; 4) As partes têm comportamento razoável e querem chegar a um resultado cooperativo; 5) Há baixos custos de monitoramento; 6) Há mecanismos baratos de punição contra desrespeito às regras. Ver COOTER, Robert & ULEN, Thomas (2004), *Law and Economics.* 4ª ed. Pearson Education, Inc. Se o ambiente de trabalho tem estas características, as relações entre empregador e empregado podem ter baixos custos de transação.

6. Isso ocorre porque, na maioria das vezes, a lei manifesta-se através da criação de *direitos* de propriedade. Como o próprio termo indica, o direito não é uma *obrigação,* e o indivíduo que legalmente o detém pode transferi-lo para outro, independente de quem a lei originalmente concede o direito.

concentrada em somente alguns poucos. O resultado final é uma grande dicotomia no mercado de trabalho, como veremos no tópico seguinte.

Outro instrumento da AED útil para a análise do direito trabalhista brasileiro é a teoria econômica dos contratos. Tendo como fundamento o próprio Teorema de Coase, a teoria dos contratos mostra que, um contrato surge para se minimizar as perdas e os danos derivados das incertezas existentes em uma relação de longo prazo entre dois ou mais indivíduos. Ao incluir mecanismos de punição para as partes que não honram seus compromissos assumidos previamente, os contratos tornam possíveis investimentos produtivos que só ocorreriam se houvessem garantias de um retorno esperado. E para alcançar este fim, o contrato deve ser eficiente, o que quer dizer que deve apresentar algumas características[7]:

i. Gerar níveis ótimos de cooperação e comprometimento;

ii. Gerar níveis ótimos de informação;

iii. Gerar níveis ótimos de desempenho;

iv. Gerar níveis ótimos de confiança entre as partes;

v. Gerar regras padrão que minimizam custos de transação;

vi. Gerar soluções para falhas de mercado;

vii. Gerar relações de longo prazo.

Ora, toda relação de trabalho é regida por um contrato de trabalho. Se o trabalho é informal, o contrato é informal, ou seja, baseado na confiança e/ou reputação entre as partes. Se não existe nem confiança e nem reputação, então este contrato além de informal, tem altíssimo nível de insegurança e risco. Se o trabalho é formal, o contrato de trabalho deve seguir as regras impostas pela CLT (exceto para funcionários públicos, que têm seu próprio estatuto). Assim sendo, vale a pergunta: a CLT, que governa todos os contratos formais de trabalho no país, está gerando contratos eficientes? A resposta claramente é negativa. A justificativa é simples: por ser extremamente paternalista e protetora (o motivo deve-se ao contexto histórico em que ela foi criada, como veremos adiante), o objetivo da CLT não é de criar cooperação e confiança, mas dependência, no lado dos trabalhadores, e "medo", no lado dos empregadores. Os trabalhadores dependem integralmente da legislação trabalhista e da Justiça do Trabalho para manter seus benefícios; os empregadores tomam suas decisões relacionadas aos trabalhadores baseados no medo de infringir a lei e serem punidos. Desta forma, é pouco crível que o ambiente das relações de trabalho seja marcado por níveis significativos de cooperação, confiança, desempenho, baixos custos de transação e relações duradouras. Os típicos problemas de assimetria de informação entre as partes, que reduzem a eficiência e impedem o alcance de ganhos, é mantido e até mesmo agravado.

---

7. COOTER, Robert & ULEN, Thomas (2004), *Law and Economics*. *4ª ed*. Pearson Education, Inc.

Assim, se levarmos em consideração um típico contrato de trabalho regido legalmente pela CLT é pouco provável que ele seja um contrato eficiente, que maximize os benefícios das partes envolvidas, ou seja, empregador e empregados.

Desta forma, percebemos como a forte interferência estatal nas relações de trabalho, que ocorre através de uma legislação excessivamente detalhada, é capaz de impedir a eficiência, entendida como o máximo de benefícios para as partes envolvidas. Nos próximos itens, analisaremos outras consequências econômicas geradas pela CLT.

3. CLT COMO GERADOR DE UM SINDICATO INVISÍVEL

Vamos lembrar o contexto em que a CLT foi criada: a indústria nascente, o operariado emergente, a necessidade da estabilidade social nas cidades, o populismo de Getúlio Vargas, o seu desejo de garantir o apoio dos trabalhadores e de controlar o movimento trabalhista incipiente. Todos estes elementos foram determinantes na forma em que o direito trabalhista brasileiro tomou: paternalista, corporativista, com forte interferência estatal.[8] Afora a análise política e sociológica, pode-se ainda dizer que, em termos econômicos, o conjunto de leis trabalhistas criadas por Vargas e seus sucessores teve como consequência econômica a criação, de fato, de um sindicato invisível e monopolista. Este sindicato engloba os trabalhadores amparados pelas regras legais de trabalho, ou seja, os trabalhadores formais, mas exclui todos os outros. Ou seja, é possível olhar para a força de trabalho no Brasil como segmentada em dois grandes grupos: os trabalhadores "sindicalizados", ou seja, os protegidos pela legislação trabalhista, e os trabalhadores não sindicalizados, ou seja, aqueles não legalmente protegidos pelo sindicato invisível da legislação trabalhista. Mesmo com as recentes notícias muito comemoradas pela imprensa e pelo governo de aumento do número de trabalhadores formais, a parcela de informais continua muito alta: as estimativas da PNAD 2009 estão entre 50% e 60% de toda a força de trabalho nacional. Esta é a parcela da população trabalhadora que está fora de qualquer proteção legal estipulada pela CLT e das outras leis criadas por Vargas e todos os seus sucessores.

3.1. Trabalhadores sindicalizados, dispersão de salários e nível de renda

As evidências indicam que a dispersão dos salários tende a ser menor em mercados sindicalizados do que em não sindicalizados.[9] Além disso, existe uma vasta

---

8. PROJETO RELASUR e OIT (1996), *Las Relaciones Laborales em Brasil*. Madrid: Ministério de Trabajo y Seguridad Social de España.

9. KUHN, Peter (1998), "Unions and the Economy: What We Know; What We Should Know", *The Canadian Journal of Economics*, Vol. 31, No. 5 (November), pp. 1033-56; BELMAN, Dale & HEYWOOD, John S. (1990), "Union Membership, Union Organization and the Dispersion of Wages", *The Review of Economics and Statistics*, Vol. 72, No. 1 (February), pp. 148-153; FREEMAN, Richard B. (1980), "Unionism and the Dispersion of Wages", *Industrial and Labor Relations Review*, Vol. 34, No. 1 (October), pp. 3-23.

literatura mostrando os impactos positivos do sindicalismo nos níveis de salário.[10] Infelizmente, não existem ainda, segundo nosso conhecimento, trabalhos mostrando a diferença da dispersão de salários entre o setor formal *versus* o informal no Brasil. Entretanto, dado o fato de o salário mínimo estipulado por lei não ser garantido no setor informal, pode-se acreditar que lá, por não existir um "piso", a dispersão dos valores salariais seja maior, principalmente na cauda inferior. Por outro lado, não é tão difícil comparar o rendimento médio dos trabalhos "sindicalizados pela CLT" (ou seja, os trabalhadores formais) com o dos "não sindicalizados pela CLT" (ou seja, os trabalhadores informais). De acordo com a Pesquisa Nacional por Amostra de Domicílios (PNAD) do IBGE, referente ao ano de 2008, o rendimento mensal médio dos trabalhadores com carteira assinada (setor privado), ou seja, dos trabalhadores formais, era de R$ 1.034,00. Isto corresponde a mais do que 71% do que o rendimento médio dos trabalhadores informais, sem carteira assinada, que foi de somente R$ 604,00. Interessante observar que esta diferença vem caindo desde o início do governo Lula. Especialistas explicam que isso se deve à expansão da economia brasileira, que tem um impacto mais rápido sobre o setor informal do que o formal (isso é observado empiricamente em vários outros cenários). Este fato corrobora com o que a teoria prevê que acontece em ambientes sindicalizados: durante as fases de expansão econômica a diferença do salário entre sindicalizados e não sindicalizados reduz-se; durante as fases de recessão, a diferença aumenta.

Por tudo isso, pode-se argumentar que os trabalhadores formais no Brasil são "sindicalizados pela CLT", opondo-se aos trabalhadores que não tem nenhuma proteção legal.

3.2. Trabalhadores sindicalizados e produtividade

Na literatura, não existe consenso acerca dos impactos do sindicalismo sobre a produtividade dos trabalhadores.[11] Os estudos que mostram efeitos positivos da sindicalização sobre a produtividade argumentam que isso decorre da menor rotatividade em ambientes sindicalizados, da maior qualificação dos trabalhadores sindicalizados (por serem estes, normalmente, trabalhadores com maior experiência), do

10. KUHN, Peter (1998), "Unions and the Economy: What We Know; What We Should Know", *The Canadian Journal of Economics,* Vol. 31, No. 5 (November), pp. 1033-56; FRIESEN, Jane (1996), "The Response of Wages to Protective Labor Legislation: Evidence from Canada", *Industrial and Labor Relations Review,* Vol. 49, No. 2 (January), pp. 243-55; KAHN, Lawrence M. (1979), "Unionism and Relative Wages: Direct and Indirect Effects", *Industrial and Labor Relations Review,* Vol. 32, No. 4 (July), pp. 520-32; PENCAVEL, John e HARTSOG, Catherine E. (1984), "A Reconsideration of the Effects of Unionism on Relative Wages and Employment in the United States, 1920-1980", *Journal of Labor Economics,* Vol. 2, No. 2, (April), pp, 193-232.

11. Ver KUHN, Peter (1998), "Unions and the Economy: What We Know; What We Should Know", *The Canadian Journal of Economics,* Vol. 31, No. 5 (November), pp. 1033-56; ADDISON, John T., e HIRSH, Barry T. (1989), "Union Effects on Productivity, Profits, and Growth: Has the Long Run Arrived?", *Journal of Labor Economics,* Vol. 7, No. 1 (January), pp. 72-105.

maior compartilhamento de conhecimento técnico relevante entre os trabalhadores sindicalizados (dado que a sindicalização gera menor concorrência entre eles).[12]

Dada a natureza do mercado de trabalho formal e do informal no Brasil, não há dúvidas de que o primeiro tem maiores níveis de produtividade. Os trabalhadores permanecem na informalidade, se e somente se, não conseguem encontrar oportunidades no setor formal. Por esta mesma razão, a rotatividade do trabalho tende a ser muito mais alta no setor informal (ou o que seria o setor "não sindicalizado pela CLT"). Alem disso, o setor informal nunca é a primeira escolha dos trabalhadores: na primeira oportunidade, eles passarão para o setor formal. A consequência direta disso é que é pouco provável encontrar trabalhadores com grande experiência no setor informal, eles estarão totalmente concentrados no setor formalizado. Finalmente, por causa desta grande rotatividade dos trabalhadores no setor informal, há pouca chance de que conhecimento técnico seja compartilhado entre eles, fato que contribui para a manutenção dos baixos níveis de produtividade do trabalho no setor informal.

Seria bastante útil se estudos futuros focassem na comparação empírica dos resultados entre os trabalhadores celetistas e os não celetistas. Da brevíssima discussão acima, há fortes evidências de que os resultados devem ser semelhantes àqueles encontrados nas comparações entre o setor sindicalizado e não sindicalizado.

4. INEFICIÊNCIAS DA CLT

De acordo com um relatório publicado pela OIT, a Organização Internacional do Trabalho,

> a Consolidação [das Leis do Trabalho] está impregnada das ideias corporativistas, da *Carta Del Lavoro* fascista, sobretudo na parte que alude ao direito coletivo do trabalho. No que concerne ao direito individual do trabalho, a fonte de inspiração da CLT é a encíclica *Rerum Novarum*. Mas o objetivo oculta da concessão desse grande conjunto de direitos individuais não é senão o enfraquecimento da negociação coletiva. Por que dispensar forças em um desgastante exercício de busca de consenso se a lei supre, de sobra, as carências que o processo de negociação deve atender?[13] (tradução nossa).

A CLT é constituída por nada menos que 922 artigos, agrupados em 11 grandes títulos:

Título I – Introdução (artigos 1 ao 12)

Título II – Das Normas Gerais de Tutela do Trabalho (artigos 13 ao 223)

Título III – Das Normas Especiais de Tutela do Trabalho (artigos 224 ao 441)

Título IV – Do Contrato Individual de Trabalho (artigos 442 ao 510)

Título V – Da Organização Sindical (artigos 511 ao 610)

---

12. FOSSUM, John A. (1995), *Labor Relations, 6h edition*. Boston: Irwin McGraw-Hill.

13. PROJETO RELASUR e OIT (1996), *Las Relaciones Laborales em Brasil*. Madrid: Ministério de Trabajo y Seguridad Social de España, p. 43.

Certamente seria impossível num trabalho como este examinar todos os 922 artigos ou mesmo todos os 11 títulos da CLT. Portanto, selecionamos alguns artigos e faremos, a seguir, uma análise econômica destes. A seleção não foi aleatória: alguns deles formam umas das mais controversas leis trabalhistas no país, enquanto os outros são muito representativos da própria legislação trabalhista brasileira. Os artigos selecionados foram agrupados em dois grupos, baseados na nossa análise econômica: aqueles que inibem a eficiência microeconômica e aqueles que inibem a eficiência macroeconômica, pela inibição a poupança e crescimento.

4.1 Inibidores da eficiência microeconômica

O parágrafo 2º do artigo 443 da CLT assim afirma:

"O contrato [de trabalho] por prazo determinado só será válido em se tratando:

a) de serviço cuja natureza ou transitoriedade justifique a predeterminação do prazo;

b) de atividades empresariais de caráter transitório;

c) de contrato de experiência".

Logo em seguida o artigo 445 complementa:

"O contrato de trabalho por prazo determinado não poderá ser estipulado por mais de dois anos [...]"

A impossibilidade de se contratar trabalhadores temporários é um obstáculo à flexibilidade na contratação em momentos em que ela for desejada. Sabe-se que a atividade econômica tem ciclos ao longo dos meses de ano, e até mesmo ao longo dos anos. Somem-se a isso os altos custos de contratação e demissão que existem em todos os países, mas que são particularmente onerosos no Brasil. O resultado disso é que, mesmo defrontados a uma expansão da atividade econômica, os empregadores hesitarão em aumentar as contratações num primeiro momento se não estiverem certos sobre a duração desta expansão. Se contratos de trabalho temporário fossem permitidos legalmente (em um número maior de situações além daquelas identificadas pela CLT), mais trabalhadores poderiam ser contratados durante os períodos de expansão econômica, mesmo que os empregadores não tenham informação clara sobre a duração do *boom* inicial. Vale ainda ressaltar que leis como esta prejudicam, sobretudo, os mais jovens, que poderiam encontrar ocupações para seus períodos de férias escolares. Não é difícil de entender o porquê do conceito de estágio e trabalho de férias para os estudantes universitários ainda ser tão pouco conhecidos no Brasil, enquanto é regra para os estudantes de países europeus e norte-americanos. Se os contratos temporários fossem permitidos, mais oportunidades de trabalho poderiam ser oferecidas pelos empregadores, e os jovens trabalhadores poderiam ganhar experiência de trabalho.

4.2 Inibidores da eficiência macroeconômica (poupança e crescimento)

Há ainda outro conjunto de artigos da CLT que, complementados com legislações de cunho trabalhista retirados da Constituição Federal e Leis Complementares, geram o que chamamos de inibição da eficiência macroeconômica. Eles podem ser parcialmente responsáveis por algumas das deficiências macroeconômicas de longo prazo, tais como os baixos níveis de poupança doméstica (num país onde as taxas de juros estão entre as mais altas do mundo) e baixos níveis de crescimento (ou crescimento menor do que o potencial nos últimos anos). Vejamos a seguir.

A Constituição Federal de 1988 instituiu formalmente o décimo terceiro salário, e tornou-o direito a todos os trabalhadores da área urbana e rural, incluindo os trabalhadores domésticos. De acordo com alguns especialistas, o pagamento do décimo terceiro salário é uma tradição que "não podia mais ser ignorada".[14] O racional social e cultural para a existência deste é o período de férias e de festas de fim de ano. Este salário adicional seria (e é!) usado para os gastos adicionais que os trabalhadores normalmente incorrem durante os meses de Dezembro e Janeiro.

Os artigos 129 a 153, que formam o capítulo 4 do Título II da CLT, referem-se às férias anuais. Especificamente, os artigos 142 a 145 referem-se à remuneração de férias. Estes quatro artigos, somados a outros da Constituição Federal, formam o que, aos olhos de estrangeiros, constitui uma das mais peculiares regras da legislação trabalhista brasileira: o direito a um salário mais um terço durante o período das férias, quando o trabalhador não está ativo. O racional social para esta regra é que se deve garantir que todos os trabalhadores sejam capazes de usufruir suas férias sem comprometimento de seu salário regular, que deve ser direcionado para os gastos das atividades regulares.[15] Ou seja, há um pagamento extra para um aproveitamento extra da vida.

Finalmente, outra regra que também é uma peculiaridade da legislação brasileira é a estipulação do Fundo de Garantia por Tempo de Serviço, o FGTS. Cada trabalhador legalmente registrado tem uma conta num banco público (para evitar a possibilidade de falência), a Caixa Econômica Federal, onde o empregador deposita, periodicamente, um valor proporcional ao seu salário. O depósito é compulsório e feito enquanto o trabalhador estiver com um emprego formal remunerado, mesmo que ele(a) mude de emprego e de empregador inúmeras vezes. Apesar dos recursos

---

14. ALMEIDA, Amador P. (2004), CLT comentada: legislação, doutrina, jurisprudência.São Paulo: Saraiva.
15. ALMEIDA, Amador P. (2004), CLT comentada: legislação, doutrina, jurisprudência.São Paulo: Saraiva.

contidos nesta conta serem integralmente de sua propriedade, de maneira geral, a lei prevê apenas três circunstâncias (e alguns casos excepcionais) em que o trabalhador poderá sacar seu dinheiro do fundo: (i) aposentadoria, (ii) demissão sem justa causa, (iii) aquisição de casa própria. Portanto, o FGTS nada mais é do que uma poupança forçada para usos específicos e sua existência é mais uma evidência de que o Estado brasileiro olha para seus cidadãos (no caso, os trabalhadores) como um ser irracional, incapaz de tomar decisões adequadas para si próprios, que precisam que a lei os proteja e os diga quando e quanto poupar, e quando gastar.

Estes três elementos – o décimo terceiro salário, a remuneração adicional de férias e o FGTS – são, talvez, as características mais marcantes da legislação brasileira. É pouco provável acreditar que elas possam ser eliminadas sem que haja uma convulsão nacional. Entretanto, pode-se acreditar que eles sejam parte da explicação dos baixos índices de poupança doméstica no país. Ora, em qualquer lugar, em qualquer momento da história, festas de fim de ano, férias, aposentadoria e aquisição da casa própria são as principais razões para que os trabalhadores poupem parte de suas rendas regulares. Futuros trabalhos empíricos poderiam confirmar esta hipótese, mas por ora, ela não parece ser inverossímil. Se assim for, pode-se dizer que, apesar de existirem fortes incentivos econômicos para a poupança doméstica – através das altas taxas de juros, por exemplo –, inexistem incentivos *institucionais* para que tal poupança aconteça em níveis significativos. Este pode ser o "elo perdido" que explicaria este paradoxo macroeconômico.

Os impactos dos baixos níveis de poupança doméstica estão fora do escopo deste trabalho, mas os economistas têm poucas dúvidas de que este seja um dos maiores obstáculos ao crescimento econômico. Não surpreende o fato de que países que observaram acelerados processos de industrialização também observaram elevadas taxas de poupança doméstica. Os Tigres Asiáticos, por exemplo, alcançavam a marca dos 35% durante os anos 1990s[16], enquanto o Brasil, mesmo nos seus melhores anos, nunca ultrapassou os 23%, observando-se inclusive uma queda para abaixo dos 20% nos últimos anos da mesma década.[17]

Dados os limites impostos por este trabalho, não será possível analisar outros impactos econômicos da legislação trabalhista brasileira. Contudo, existem vários outros exemplos de como a CLT e outras leis trabalhistas podem inibir a eficiência microeconômica e o crescimento macroeconômico. Da mesma forma, regras paternalistas como estas impedem o amadurecimento das relações entre empregadores e empregados, perpetuam a dependência dos trabalhadores e o medo de punição dos empregadores. Com isso, os altos custos de transação entre estas partes são mantidos, dado que não existem incentivos para a barganha cooperativa.

16. BANCO MUNDIAL (1993), *The East Asian Miracle – Economic Growth and Public Policy*. New York: Oxford University Press.
17. AMADEO, Edward, e MONTEIRO, Fernando (2005), "Crescimento Econômico e a Restrição de Poupança", *in* GIAMBIAGI, F.; VILLELA, A.; BARROS DE CATRO, L.; e HERMANN, J. (org)., *Economia Brasileira Contemporânea*, Rio de Janeiro: Elsevier, pp. 284-306.

5. MEDIDA DE EFICIÊNCIA DOS TRT'S

Além de a legislação trabalhista ser um impedimento ao alcance da eficiência, a própria interpretação desta legislação também é deficiente. O nível do funcionamento do Judiciário brasileiro é reconhecidamente muito inferior ao desejado. Esta avaliação é compartilhada não somente pelos estudiosos especialistas na área, mas também pelos operadores e pela população a quem o sistema judicial serve. As estatísticas descritivas sobre o funcionamento do Judiciário variam bastante, mas há ampla concordância sobre a avaliação negativa de uma ou de outra forma. As estimativas para a duração do processo no país variam de 1.000 a 1.500 dias (ou seja, de 3 a 4 anos)[18]. Outras estatísticas indicam que a celeridade brasileira está bem abaixo da média mundial. A morosidade pode ser explicada pelo volume de processos encontrados nos tribunais: um juiz brasileiro é, em média, responsável por 10.000 casos em qualquer dado momento de tempo[19].

O objetivo desta seção é apresentar um exercício empírico de medição da eficiência da Justiça Trabalhista brasileira. O que faremos a seguir é empregar a metodologia da Análise Envoltória de Dados (conhecida como DEA, sigla do nome em inglês) para criar um *ranking* de eficiência dos tribunais regionais do trabalho (TRT's). Portanto, a medida de eficiência será relativa, comparando-se as diversas unidades de tribunais trabalhistas do país. O primeiro passo, então, é entender um pouco a metodologia a ser empregada.

5.1 A Análise Envoltória de Dados (DEA)[20]

A Análise Envoltória de Dados (DEA) é uma das metodologias de análise baseadas em cálculos de fronteiras de produção, firmemente embasados na teoria microeconômica tradicional. No entanto, diferentemente de alguns modelos mais usualmente empregados pelos economistas, a DEA não assume um conhecimento *a priori* da função de produção em questão. O que ela faz é identificar o(s) melhor(es) desempenho(s) dentre todas as unidades observadas, gerar uma fronteira com base nos melhores, e avaliar o desempenho das outras unidades através da comparação

---

18. BALLARD, Megan (1999), "The Clash Between Local Courts and Global Economics: The Politics of Judicial Reform in Brazil", *Berkeley Journal of International Law*, Vol. 17, pp. 230-276; SHERWOOD, Robert M. (2007), "The Unseen elephant: What Blocks Judicial System Improvement?", *Berkeley Program in Law & Economics, Latin American and Caribbean Law and Economics Association (ALACDE) Annual Papers, Paper 050207'11; eBANCO MUNDIAL (2004), *Fazendo com que a Justiça Conte – Medindo e Aprimorando o Desempenho do Judiciário no Brasil. Relatório No. 32789-BR, Unidade de Redução de Pobreza e Gestão Econômica, América Latina e Caribe*, Washington D.C.: The World Bank, 30 de Dezembro.

19. SHERWOOD, Robert M. (2007), "The Unseen elephant: What Blocks Judicial System Improvement?", Berkeley Program in Law & Economics, Latin American and Caribbean Law and Economics Association (ALACDE) Annual Papers, Paper 050207'11..

20. Para uma análise mais detalhada e formalizada da metodologia da Análise Envoltória de Dados (DEA), ver YEUNG (Luk Tai), Luciana (2010), *Além dos "Achismos", do Senso Comum e das Evidências Anedóticas: Uma Análise Econômica do Judiciário Brasileiro*, Tese de Doutorado, Escola de Economia de São Paulo da Fundação Getúlio Vargas, São Paulo, Brasil.

dos desvios com relação à fronteira gerada. Isso é muito diferente do que fazem os modelos de regressão estatística, que calculam um comportamento médio, ou uma tendência central, de todas as unidades observadas. Especificamente, a DEA destacará o desempenho das melhores unidades e os gestores das demais unidades poderão usar as melhores como *benchmarking*, ou seja, modelos a serem seguidos pelas demais.

A ineficiência de uma unidade medida pela DEA é *relativa*, ou seja, é analisada comparando-a com outra unidade, normalmente uma que seja relativamente a mais eficiente de todo o grupo de unidades analisado. Além disso, a comparação de eficiência baseia-se na quantidade de *outputs* produzidos e *inputs* empregados no processo de produção. Para cada unidade será medida uma distância D até a fronteira de produção construída a partir das unidades mais eficientes. D mostra o máximo aumento possível na quantidade de *outputs*, mantendo-se x, a quantidade de *inputs*, constante. Assim, as unidades eficientes terão "medida de eficiência" = D = 1, o que significa que elas estarão sobre a fronteira de produção. Por outro lado, todas as outras unidades que são ineficientes, terão "medida de eficiência" = D < 1.

O modelo adotado terá orientação ao *output*. Em outras palavras, os resultados da DEA indicarão o quanto uma unidade – no nosso caso, uma corte judicial – poderia aumentar a quantidade de *outputs* produzidos (decisões julgadas), mantendo-se o seu nível de *inputs* (recursos materiais e humanos das cortes) inalterados. O foco aqui é na quantidade de *outputs*.

• Dados e Variáveis

O foco de nossa análise será, sem surpresas, a Justiça do Trabalho brasileira. Os dados utilizados foram extraídos do relatório anual "Justiça em Números" publicado pelo Conselho Nacional de Justiça, o CNJ. Utilizaremos os dados referentes ao último ano disponível, 2008.

Não há na literatura da DEA muitas dúvidas sobre o que sejam os *outputs* das cortes judiciais: o número de processos julgados é o mais amplamente utilizado. Entretanto, o Brasil é um país altamente concentrado em quase todos os seus aspectos. Não somente a renda é concentrada (social e geograficamente), mas também a distribuição da população, a atividade econômica e, em consequência disso, também a atividade judicial. Dada a metodologia da DEA, que compara valores de *inputs* e *outputs* entre as diferentes unidades, o emprego do simples número de processos julgados por tribunal estadual poderia enviesar os resultados. Tribunais com maior carga de trabalho poderiam ser identificados, quase que automaticamente, como eficientes simplesmente por gerarem maior quantidade absoluta de *outputs*. Por este motivo, ponderamos as variáveis de *inputs* e *output* pela quantidade de novos processos que entram nos tribunais, somado à quantidade de processos do ano anterior aguardando por decisão (aqueles que já se encontram na "fila"). À soma destes dois termos chamamos de "carga de trabalho".

A escolha dos *inputs* também não gera muitas controvérsias. Foram utilizados o número de juízes e o número de pessoal auxiliar. Estes são os recursos que têm impacto mais direto na operação das cortes e são tradicionalmente usados na literatura. Eles também foram utilizados na forma ponderada, divididos pela carga de trabalho. O relatório "Justiça em Números" oferece números de pessoal auxiliar efetivo e total, este segundo envolvendo também os funcionários sem vínculo efetivo, conciliadores, juízes leigos, pessoal terceirizado e estagiários. Apesar de estes indivíduos terem importância inquestionável na atividade judicial, não se sabe a magnitude em que foram empregados ao longo do ano; ou seja, este número pode incluir pessoal empregado apenas de forma temporária, não representando um dado estável. Por isso, optamos por usar o número de *pessoal auxiliar efetivo*.

• Resultados

A tabela abaixo mostra as medidas de eficiência calculadas pela DEA, dos Tribunais Regionais do Trabalho no ano 2008. A ordem da tabela é decrescente em relação à medida de eficiência calculada[21].

Tabela 2: Ranking de Eficiência DEA – TRT's 2008

Tribunal Regional do Trabalho	Medida de Eficiência
2a região – São Paulo	1,000
15a região – Campinas	1,000
17a região – Espírito Santo	0,998
9a região – Paraná	0,971
18a região – Goiás	0,916
21a região – Rio Grande do Norte	0,863
4a região – Rio Grande do Sul	0,774
11a região – Amazonas e Roraima	0,770
1a região – Rio de Janeiro	0,750
3a região – Minas Gerais	0,708
7a região – Ceará	0,637
12a região – Santa Catarina	0,601
5a região – Bahia	0,597
24a região – Mato Grosso do Sul	0,589
20a região – Sergipe	0,587
22a região – Piauí	0,586
16a região – Maranhão	0,579

---

21. Por derivação do modelo matemático, as unidades mais eficientes, que estão sobre a fronteira de produção, têm eficiência = 1,000, como já discutido acima.

Tribunal Regional do Trabalho	Medida de Eficiência
10a região – DF e Tocantins	0,555
6a região – Pernambuco	0,531
8a região – Amapá e Pará	0,525
23a região – Mato Grosso	0,515
19a região – Alagoas	0,452
14a região – Acre e Rondônia	0,272
13a região – Paraíba	0,126
Média	*0,686**

*Desconsiderando a medida para o TRT da 13ª região, por dados deficientes.

Fonte: Justiça em Números (2008) e dados trabalhados pela autora.

Quais interpretações podem ser feitas a partir destes resultados? Primeiramente, precisamos ignorar o resultado do TRT 13ª região (Paraíba), dado que este tribunal falhou em fornecer um importante dado referente à quantidade de processos julgados no primeiro grau. Como a DEA exige poucos dados de cada unidade para fazer a análise (para este exercício usamos apenas 8 dados de cada unidade), a falta de um valor pode enviesar demasiadamente o resultado. Com isso, a média de eficiência das 23 unidades efetivamente analisadas é 0,686.

Yeung e Azevedo empregam a mesma metodologia da Análise Envoltória de Dados para os Tribunais de Justiça Estadual.[22] A comparação com aquele trabalho mostra que a média dos tribunais trabalhistas é bastante semelhante à dos estaduais (que foi de 0,676). No entanto, é preciso relembrar que os resultados da DEA são de eficiência *relativa,* e, portanto não se pode concluir que a Justiça do Trabalho seja tão eficiente quanto a Justiça Estadual em termos absolutos. Tudo o que se pode dizer é que, em comparação com os tribunais mais eficientes, o desempenho dos ineficientes é semelhante nas duas Justiças.

Além disso, e isso talvez seja o mais importante, é que existe uma variação bastante grande com relação ao desempenho dos tribunais. Alguns tribunais conseguem desempenhar de forma muito mais eficiente do que outros. O que é mais interessante, é que a metodologia da DEA mostra que a eficiência das unidades que estão sobre a fronteira é alcançada não pelo emprego de maior quantidade de recursos materiais e humanos; *pelo contrário,* o critério de eficiência DEA é justamente a capacidade de produzir mais *outputs* mantendo-se um nível relativamente semelhante de recursos. Esta análise mostra que todos os tribunais considerados não 100% eficientes pode-

---

22. YEUNG, Luciana L. e AZEVEDO, Paulo F. (2009), "Measuring the Efficiency of Brazilian Courts from 2006 to 2008: What Do the Numbers Tell Us?", Trabalho apresentado ao 31o Encontro Brasileiro de Econometria, Foz do Iguaçu, 2009.

riam vir a sê-lo se administrassem de forma mais eficaz os seus recursos – neste caso, magistrados e pessoal[23].

Entretanto, vale lembrar que o resultado DEA avalia somente a *eficiência*, entendida como quantidade de resultados produzidos (ou *output*) com relação aos recursos empregados. Yeung discute os motivos que fazem com que a eficiência seja um importante (se não o mais importante) objetivo a ser seguido pelos sistemas judiciais, e porquê ela seria parte componente da *qualidade* dos serviços judiciais com a qual muitos juristas – avessos à discussão de eficiência – estariam unicamente preocupados[24]. Mas, de uma maneira bastante simples, facilitados pelo trabalho do CNJ na divulgação dos relatórios "Justiça em Números", podemos fazer um contraponto da eficiência DEA dos TRT's com relação a um dado que pode ser uma *proxy* (variável aproximada) da qualidade de cada um dos tribunais. O relatório do CNJ apresenta dados sobre a taxa de reforma das decisões no 1° e no 2° grau, ou seja, uma vez que o tribunal faça o julgamento e tome uma decisão, qual é a porcentagem destas que serão reformadas por instâncias superiores? Pode ser que tribunais bastante eficientes, que julguem uma quantidade significativa de processos, tenham uma percentagem grande de decisões reformadas pelos tribunais superiores. Por outro lado, pode ser que tribunais que sejam relativamente pouco eficientes, que julgam quantidades bem modestas de processos tenham a quase totalidade das decisões mantidas pelos tribunais superiores. Se isso de fato for observado, então, o *trade off* entre qualidade e eficiência das cortes deve ser um fenômeno certo e não poder-se-ia dizer que não há como aumentar a eficiência sem comprometer a qualidade. O que os números mostram? As duas tabelas seguintes mostram os TRT's em ordem crescente de porcentagem de reforma das decisões pelos tribunais superiores.

Tabela 3: Taxa de Reforma da Decisão no 1° Grau (2008)

Tribunal Regional do Trabalho	Taxa de Reforma nas Decisões de 1° Grau (%)
2a região – São Paulo	29,4
21a região – Rio Grande do Norte	29,4
5a região – Bahia	36,7
19a região – Alagoas	40,0
3a região – Minas Gerais	40,2
20a região – Sergipe	40,4

23. Maiores detalhes dos resultados numéricos com relação a este ponto, ou com relação a outros deste artigo, podem ser obtidos junto à autora.
24. YEUNG (Luk Tai), Luciana (2010), *Além dos "Achismos", do Senso Comum e das Evidências Anedóticas: Uma Análise Econômica do Judiciário Brasileiro*, Tese de Doutorado, Escola de Economia de São Paulo da Fundação Getúlio Vargas, São Paulo, Brasil, Capítulo 2, Seção 2.5.

Tribunal Regional do Trabalho	Taxa de Reforma nas Decisões de 1° Grau (%)
12a região – Santa Catarina	41,7
14a região – Acre e Rondônia	42,1
6a região – Pernambuco	42,4
15a região – Campinas	43,2
8a região – Amapá e Pará	43,6
7a região – Ceará	44,5
1a região – Rio de Janeiro	45,4
22a região – Piauí	45,4
11a região – Amazonas e Roraima	45,5
16a região – Maranhão	48,5
4a região – Rio Grande do Sul	50,1
17a região – Espírito Santo	50,2
9a região – Paraná	50,3
18a região – Goiás	50,6
24a região – Mato Grosso do Sul	51,4
10a região – DF e Tocantins	54,4
23a região – Mato Grosso	66,4
13a região – Paraíba	*
Média	*42,2*

*Dados não disponíveis no relatório.

Fonte: Justiça em Números (2008)

Tabela 4: Taxa de Reforma da Decisão no

2° Grau (2008)

Tribunal Regional do Trabalho	Taxa de Reforma nas Decisões de 2° Grau (%)
16a região – Maranhão	2,6
23a região – Mato Grosso	7,6
19a região – Alagoas	8,3
24a região – Mato Grosso do Sul	8,8
18a região – Goiás	9,0
3a região – Minas Gerais	10,2
14a região – Acre e Rondônia	10,5
5a região – Bahia	14,7

Tribunal Regional do Trabalho	Taxa de Reforma nas Decisões de 2º Grau (%)
10a região – DF e Tocantins	14,7
6a região – Pernambuco	14,9
20a região – Sergipe	15,0
1a região – Rio de Janeiro	15,9
8a região – Amapá e Pará	16,9
21a região – Rio Grande do Norte	16,9
15a região – Campinas	21,6
2a região – São Paulo	22,4
4a região – Rio Grande do Sul	24,9
9a região – Paraná	25,1
12a região – Santa Catarina	26,0
7a região – Ceará	29,1
17a região – Espírito Santo	34,5
22a região – Piauí	44,6
11a região – Amazonas e Roraima	54,7
13a região – Paraíba	*
Média	*20,5*

*Dados não disponíveis no relatório.

Fonte: Justiça em Números (2008)

Os dados contidos nas tabelas 3 e 4, a comparação entre si e com a tabela 2 é um exercício bastante interessante. Primeiramente, pode-se perceber a alta taxa de reforma das decisões feitas pelos Tribunais Trabalhistas, fato igualmente observado em outros tribunais[25]. Segundo, que esta taxa é grande sobretudo para as decisões de 1º grau, cuja média é mais do que o dobro observado nas decisões de 2º grau.

Com relação à comparação com os resultados de eficiência, pode-se observar que o argumento do *tradeoff* entre qualidade e eficiência não é observado, se usarmos a medida de reforma como uma *proxy* de qualidade. Alguns exemplos podem ser citados. O TRT da 2ª região (São Paulo) foi um dos mais eficientes, de acordo com os cálculos do DEA. Teve também o mais baixo índice de reforma nas suas decisões de 1º grau. Já as decisões de 2º grau tiveram, relativamente aos outros tribunais, uma das maiores taxas de reforma. O TRT da 19ª região (Alagoas) teve uma taxa de reforma relativamente baixa, tanto para as decisões de 1º quanto de 2º graus. Entretanto, seu

---

25. YEUNG (Luk Tai), Luciana (2010), *Além dos "Achismos", do Senso Comum e das Evidências Anedóticas: Uma Análise Econômica do Judiciário Brasileiro*, Tese de Doutorado, Escola de Economia de São Paulo da Fundação Getúlio Vargas, São Paulo, Brasil, Capítulo 5.

índice de eficiência DEA foi um dos mais baixos do *ranking*. O TRT da 15ª região (Campinas) teve taxa de reforma em nível intermediário, tanto para as decisões de 1º quanto de 2º graus. O TRT da 23ª região (Mato Grosso) teve desempenho de eficiência baixo (o antepenúltimo colocado, excluindo-se o resultado do TRT 13ª região, que não apresentou dados completos). Ao mesmo tempo teve também a mais alta taxa de reforma nas decisões de 1º grau. Curiosamente, para as decisões de 2º grau, este tribunal apresentou a segunda mais baixa taxa de reforma pelos tribunais superiores.

Portanto, o que se percebe é que, aparentemente, os resultados de eficiência dos tribunais não estão relacionados com a qualidade das decisões feitas por eles. Trabalhos futuros poderiam averiguar melhor a relação entre eficiência e qualidade. Mais ainda, são desconhecidas até o momento as razões determinantes que fazem com que alguns tribunais sejam mais eficientes do que outros. Esta deve ser uma das questões-chave para as pesquisas na área de funcionamento do Judiciário brasileiro. Dado o objetivo inicial e o escopo deste presente trabalho, não avançaremos nesta direção, apesar da importância crucial deste tema.

6. CONCLUSÕES

A legislação trabalhista brasileira está ultrapassada e inadequada para a realidade do Brasil em que vivemos. Os objetivos dos formuladores originais da CLT – proteção ao trabalhador brasileiro, redução da exploração pelos empregadores – não estão sendo alcançados, pois mais da metade da população trabalhadora é excluída do mercado de trabalho formal, único ambiente em que os detalhados direitos da CLT são respeitados (às vezes, de forma apenas parcial). Além disso, os benefícios trabalhistas garantidos pela CLT e demais leis estão criando distorções macroeconômicas e microeconômicas talvez inicialmente não previstos. Por todos estes motivos, usando a linguagem da Análise Econômica do Direito, pode-se dizer que o Direito do Trabalho brasileiro não é uma instituição de boa qualidade, já que desperdiça oportunidades de se alcançar ganhos possíveis. Ou seja, as leis trabalhistas não são eficientes.

Além disso, a própria Justiça do Trabalho também não funciona de forma eficiente, no sentido de produzir mais resultados com a mesma ou menor quantidade de recursos empregados. Muitos tribunais apresentam baixos resultados de eficiência, mesmo de forma relativa, comparando-os com as unidades mais eficientes do grupo. Trabalhos futuros deveriam averiguar as razões determinantes de alguns TRT's serem mais eficientes do que outros e em que medida a eficiência está relacionada com a qualidade das decisões, se é que tal relação existe de fato.

7. REFERÊNCIAS BIBLIOGRÁFICAS

ADDISON, John T., e HIRSH, Barry T. (1989), "Union Effects on Productivity, Profits, and Growth: Has the Long Run Arrived?", *Journal of Labor Economics*, Vol. 7, No. 1 (January).

ALMEIDA, Amador P. (2004), CLT comentada: legislação, doutrina, jurisprudência.São Paulo: Saraiva.

AMADEO, Edward, e MONTEIRO, Fernando (2005), "Crescimento Econômico e a Restrição de Poupança", *in* GIAMBIAGI, F.; VILLELA, A.; BARROS DE CATRO, L.; e HERMANN, J. (org)., *Economia Brasileira Contemporânea*, Rio de Janeiro: Elsevier.

BALLARD, Megan (1999), "The Clash Between Local Courts and Global Economics: The Politics of Judicial Reform in Brazil", *Berkeley Journal of International Law*, Vol. 17.

BANCO MUNDIAL (2004), Fazendo com que a Justiça Conte – Medindo e Aprimorando o Desempenho do Judiciário no Brasil. Relatório No. 32789-BR, Unidade de Redução de Pobreza e Gestão Econômica, América Latina e Caribe, Washington D.C.: The World Bank, 30 de Dezembro.

BANCO MUNDIAL (1993), The East Asian Miracle – Economic Growth and Public Policy. New York: Oxford University Press.

BELMAN, Dale & HEYWOOD, John S. (1990), "Union Membership, Union Organization and the Dispersion of Wages", *The Review of Economics and Statistics*, Vol. 72, No. 1 (February).

COOTER, Robert & ULEN, Thomas (2004), *Law and Economics*. 4ª ed. Pearson Education, Inc.

FREEMAN, Richard B. (1980), "Unionism and the Dispersion of Wages", *Industrial and Labor Relations Review*, Vol. 34, No. 1 (October).

FRIESEN, Jane (1996), "The Response of Wages to Protective Labor Legislation: Evidence from Canada", *Industrial and Labor Relations Review*, Vol. 49, No. 2 (January).

FOSSUM, John A. (1995), *Labor Relations, 6h edition*. Boston: Irwin McGraw-Hill.

KAHN, Lawrence M. (1979), "Unionism and Relative Wages: Direct and Indirect Effects", *Industrial and Labor Relations Review*, Vol. 32, No. 4 (July).

KUHN, Peter (1998), "Unions and the Economy: What We Know; What We Should Know", *The Canadian Journal of Economics*, Vol. 31, No. 5 (November).

LAMOUNIER, Bolívar; SADEK, Maria T.; e CASTELAR PINHEIRO, Armando (2000), "O Judiciário Brasileiro: A Avaliação das Empresas", *in* CASTELAR PINHEIRO, A. (org), *Judiciário e Economia no Brasil*. São Paulo: Sumaré.

PENCAVEL, John e HARTSOG, Catherine E. (1984), "A Reconsideration of the Effects of Unionism on Relative Wages and Employment in the United States, 1920-1980", *Journal of Labor Economics*, Vol. 2, No. 2, (April).

PROJETO RELASUR e OIT (1996), *Las Relaciones Laborales em Brasil*. Madrid: Ministério de Trabajo y Seguridad Social de España.

SHERWOOD, Robert M. (2007), "The Unseen elephant: What Blocks Judicial System Improvement?", Berkeley Program in Law & Economics, Latin American and Caribbean Law and Economics Association (ALACDE) Annual Papers, Paper 050207'11.

YEUNG (Luk Tai), Luciana (2010), *Além dos "Achismos", do Senso Comum e das Evidências Anedóticas: Uma Análise Econômica do Judiciário Brasileiro*, Tese de Doutorado, Escola de Economia de São Paulo da Fundação Getúlio Vargas, São Paulo, Brasil.

YEUNG, Luciana L. e AZEVEDO, Paulo F. (2009), "Measuring the Efficiency of Brazilian Courts from 2006 to 2008: What Do the Numbers Tell Us?", Trabalho apresentado ao 31o Encontro Brasileiro de Econometria, Foz do Iguaçu, 2009.

15
ANÁLISE ECONÔMICA DA FALÊNCIA

Jairo Saddi

Pós-Doutor pela Universidade de *Oxford*. Doutor em Direito Econômico pela USP.
Bacharel em Direito pela USP. Professor de Regulação Bancária no Insper Direito.
Administrador de Empresas pela FGV-SP. Presidente do Conselho Deliberativo do
Insper Direito (ex-Ibmec São Paulo).

Quando a economia vai bem, todos esperam ter sucesso. Quando vai mal, é preciso pensar em como resolver problemas de insolvência, ou falência. Para tratarmos da falência, é preciso, primeiro, pensar e entender o conceito de custos de transação. A expressão "custos de transação" popularizou-se ao longo dos anos, mas tem um sentido próprio em Direito & Economia: na exata definição de Kenneth Arrow, são "os custos de administrar o sistema econômico", ou seja, aqueles associados à transferência, captura e proteção de direitos, e esta noção é muito importante em matéria falimentar. Quando os indivíduos intercambiam direitos de propriedade por ativos econômicos, incorrem em certos custos de informação, negociação e execução dos seus contratos. Se algo der errado, se tais direitos não forem adequadamente satisfeitos – o que invariavelmente ocorre na falência, é preciso um sistema ordenado de solução de conflitos.

Este artigo pretende olhar a nova lei falimentar primeiro pelo prisma tradicional e depois avançar numa análise sob a égide da análise econômica do Direito. Para isto, vamos tratar primeiro dos custos de transação e depois de um breve resumo dos institutos, analisar a assembleia de credores (e o comitê de credores) sob este novo olhar.

Primeiro, os custos de transação. Não é à toa que esses custos ocupam posição central na análise jurídica e na análise econômica do Direito. Se os agentes econômicos são racionais, se seus recursos são escassos e se o objetivo individual consiste na maximização de tais recursos para obter o maior bem-estar possível na execução dos contratos, é importante compreender, em uma economia, quais são os custos de negociar e os de transacionar.

De acordo com a maior parte da doutrina, cinco elementos compõem os custos de transação. Em primeiro lugar, a atividade da busca pela informação sobre regras de distribuição de preço e a qualidade das mercadorias ou serviços, sobre insumos de trabalho e a busca por potenciais compradores e vendedores; ainda, a busca por informação relevante sobre o comportamento desses agentes e as condições em que operam. Informação, neste sentido, é um bem escasso que tem valor e a que nem todos têm acesso igual. Segundo, a atividade da negociação, necessária ao estabelecimento das verdadeiras intenções e dos limites de compradores e vendedores na hipótese de a determinação dos preços ser endógena, vale dizer, independente de outras variáveis além da vontade das partes – por exemplo, as variáveis e intempéries de mercado. Em terceiro lugar, a realização e a formalização dos contratos, atividade fundamental do ponto de vista do direito privado, já que é a responsável por revestir o ato das garantias legais, prevendo os riscos em que possam incorrer as partes. Quarto, a atividade de monitoramento dos parceiros contratuais, com o intuito de verificar se aquelas formas contratuais estão sendo devidamente cumpridas e, se existem obstáculos ao seu cumprimento, identificá-los. Finalmente, a quinta atividade, que consiste na correta aplicação do contrato, bem como na cobrança de indenização por prejuízos às partes faltantes ou que não estiverem seguindo corretamente as obrigações contratuais. E isso é particularmente importante em matéria falimentar.

Quando um agente econômico não incorre em todos os seus custos e tampouco os incorpora, afirma-se que existem externalidades econômicas. Por exemplo, um fabricante de materiais plásticos despeja os detritos do processo de produção num rio local. Esse ato gera uma externalidade econômica: a sociedade é que assumirá os custos demandados para despoluir o rio por meio do pagamento de impostos municipais. Faz-se possível, portanto, a aplicação do conceito de externalidade negativa e de externalidade positiva. O exemplo acima é claramente de uma externalidade negativa. Em oposição, quando um acadêmico se gradua por uma universidade pública, há para o sistema econômico uma externalidade positiva: o custo da educação daquele graduado foi incorporado por todos os contribuintes da sociedade. Externalidades assim constituem os chamados "custos de transação", porque participam da composição de seus elementos — mesmo que, muitas vezes, o façam de forma oculta. Em falência, ocorre a mesma coisa – na maior parte das vezes, há externalidades negativas. Por exemplo, na recente crise norte-americana, com a quebra do Banco Lehman, o auxílio financeiro estatal via TARP representa recursos públicos para sanear o sistema – sendo que nem todos os contribuintes norte-americanos são devedores de hipoteca. (Claro, sempre se pode observar que preservar o sistema financeiro é um bem público maior e isso não seria uma externalidade...)

O Direito – mais especificamente mediante a regulação estatal – pode remediar o fato de que a sociedade usuária do rio poluído deve pagar por algo pelo qual não é responsável, isto é, a poluição: um sistema de incentivos, que são as multas, em tese, evita esse comportamento. Se tanto o Direito Contratual como o Direito de Propriedade existem apenas para reduzir os custos de transação, a proteção às externalidades é assunto de maior complexidade, por ser uma espécie de anomalia, em que a responsabilidade pelo ajuste do sistema cabe, em tese, aos mecanismos judiciais.

Fábio Nusdeo afirma que as externalidades, do ponto de vista da composição dos custos de transação, "representam um sério entrave ao funcionamento do sistema, pois, se assim é, boa parte de todo o cálculo econômico realizado pelos centros decisórios descentralizados passa a ser viciado por não poder incorporar todas as informações relevantes, transmitidas via sistema de preços [...] as externalidades representam, pois, uma falha de sinal".

O conceito, como se disse, é importante em matéria falimentar, já que a falência é um custo de transação adicional imposto ao credor, que espera receber sem ingressar no processo. Mas como surgiram as falências?

A expressão falência – insolvência, ruína, quebra – originalmente vem de *banca rotta*, literalmente o banco em que os comerciantes negociavam (*banca*) que não podia honrar os seus compromissos por estarem "quebrados" (*rotta*). O estudo da falência vem desde os primórdios do comércio e muito se avançou tanto na mudança de seus princípios ordenadores quanto de seus objetivos. Por exemplo, em Portugal, em 1521, nas Ordenações Manuelinas, previa-se que, ocorrendo a falência, o devedor seria preso até pagar o que devia aos credores: "retendo na cadeia até que pague o em que for condenado" e pelo Alvará de 13 de novembro de 1756, promulgado pelo Marquês de Pombal, havia a previsão da pena de morte para os condenados em razão de uma falência caracterizada como fraudulenta, medida que vigorou quase sem alterações no Brasil Colônia. Hoje não se imagina esquartejar o devedor falido, nem prender o devedor, mas, de resto, criar um sistema ordenado e eficiente para lidar com as crises empresariais.

Com a edição da Lei de Falências, Lei n.º 11.101, de 09 de fevereiro de 2005, mais uma vez, verifica-se uma tentativa de minimizar o impacto da inadimplência e das incertezas de recebimentos de créditos legítimos nos custos de produção e juros dos agentes econômicos. Além disso, a lei anterior, Decreto-Lei n.º 7.661, de 1945, foi instituída num período em que o parque industrial no Brasil ainda era incipiente e a economia era predominantemente agrária; em resumo, nossa lei falimentar estava completamente obsoleta e superada. A reforma foi importante e vamos tratá-la do ponto de vista de Direito & Economia nesta coletânea, organizada pelo eminente jurista Luciano Timm. Se o Brasil de 1945 era muito diferente daquele que existe hoje, como se afirmou (o que por si só justificaria uma ampla reforma legal), onde o pequeno comerciante era o principal destinatário da norma, é preciso entender, com base nos princípios de Direito e Economia, o que inspira uma eficiente lei falimentar. E sempre nos lembrar, como fizemos neste preâmbulo, que a falência é modo de solução, mas é também imposição de um custo de transação.

Há três institutos previstos na nova lei: a recuperação extrajudicial, a judicial e a própria falência.

A recuperação extrajudicial é um acordo celebrado entre o devedor e seus credores no âmbito privado, que deve ser homologado judicialmente quando da adesão de todos os credores ao plano, mediante certos critérios aprovados na assembleia de credores. No entanto, não podem ser objeto de negociação os créditos de natureza tributária, trabalhista, de contratos de adiantamento de crédito, de alienação fiduciária, de arrendamento mercantil, ou de contrato de venda com reserva de domínio. Isso é questão polêmica e há muitas críticas. De um lado, estão os que argumentam que houve a descaracterização do instituto, cujo objetivo seria reunir todos os credores. De outro, os que defendem a necessidade de haver certeza na recuperação do crédito. De toda sorte, o fato é que, na Nova Lei de Falências, os créditos com garantias reais, na falência, terão prioridade sobre os tributários e poderão não se submeter à recuperação judicial, estando excluídos da recuperação extrajudicial. Entretanto, será possível haver negociação direta com os credores, já que, na prática, é exatamente o que ocorre atualmente nas concordatas, quando se negocia com esses credores, embora, legalmente eles não se submetam à moratória, como lembra Renato Mange.[1]

A lei estabelece o prazo de 180 dias, durante o qual se suspendem as ações e execuções contra a empresa devedora que tiver requerido a recuperação judicial. Durante esse período, também conhecido como período de *stay*, só será possível haver negociações com os credores que, em tese, não irão se sujeitar ao processo; porém eles estão impedidos de ajuizar ou executar qualquer de seus créditos.

Se não for possível a homologação do plano de recuperação extrajudicial, só resta ao devedor a opção de propor sua recuperação judicial. O instituto da recuperação judicial (que num certo sentido substitui a concordata, já que parte do pressuposto de que os credores querem um "acordo" com o devedor) objetiva a viabilização da superação da crise, permitindo sua reestruturação por meio de mecanismos previstos de forma exemplificativa no art. 51 da lei, tais como dilação de prazo e condições de pagamento, operações societárias e mesmo a redução salarial e redução da jornada, mediante acordo ou convenção coletiva.

O instituto da recuperação judicial consiste na apresentação de um plano de reestruturação da empresa pelo devedor, devendo ele mostrar os meios que serão utilizados para pagamento de seus credores e os documentos que comprovem sua viabilidade econômica. Se tiver os requisitos mínimos, o juiz suspenderá as ações e execuções existentes contra o devedor por 180 dias (*stay period*), período em que a empresa estará "blindada" de uma enxurrada de cobranças, possibilitando que a empresa mantenha um certo fôlego para sobrevivência. As execuções fiscais não se sujeitam a essa suspensão, havendo previsão de que as Fazendas Públicas e o INSS possam deferir o parcelamento de seus créditos em sede de recuperação judicial. Havendo ou não objeção de credor ao plano apresentado, o juiz deve convocar uma assembleia geral de credores, que será responsável pela deliberação e aprovação do plano de recuperação.

O terceiro e último instituto é o da falência. A falência é a morte da empresa, portanto, medida definitiva e grave. O próprio Código Civil afirma que a sociedade se dissolve de pleno direito por qualquer das causas enumeradas no art. 1.033 e, se empresária, também pela declaração da falência. Assim, declarada a falência da sociedade, há a liquidação dos passivos (para honrar os ativos) e só se encerra a falência ocorrendo qualquer das hipóteses de que trata o artigo 158 da Lei n.º 11.101, de

---

1. MANGE, Renato. Editorial. *Valor Econômico*, 7 jan. 2005, p. E2.

09/02/2005, que cuida da extinção de obrigações, quando o falido paga a todos, por exemplo, momento em que ele pode requerer em juízo que todas as suas obrigações sejam declaradas extintas por sentença.

Vamos voltar à assembleia. Esta conta com a participação de todos os credores sujeitos ao plano, divididos em três classes: os de natureza trabalhista; os com garantia real; e os quirografários, com privilégio especial, com privilégio geral ou subordinados. A regra para a aprovação do plano de recuperação judicial envolve quóruns específicos de cada uma dessas classes, assim como mecanismos relativamente complexos para votação e deliberação. Há, neste sentido, muito espaço para reforma.

Em rápidas pinceladas, vamos tratar da assembleia, já que é central na Lei de Falências e depois do mesmo instituto sobre o olhar da análise econômica do Direito.

Assembleia, em sua concepção mais ampla, é a denominação de um grupo que delibera sobre determinado assunto, seja qual for sua natureza: comercial, estudantil, seja mesmo de sociedades recreativas.

A Lei de Falências não define o conceito de assembleia de credores por suas funções, contudo, partindo de sua natureza, de suas funções e da análise sistemática da lei, podemos conceituá-la como o órgão colegiado deliberativo máximo dentre aqueles que possuem crédito perante a empresa em recuperação judicial ou em processo de execução concursal de falência.

Partindo da natureza essencialmente deliberativa da assembleia de credores, faz-se necessário o desdobramento do conceito de deliberação na legislação brasileira. O signo *deliberar* deriva do latim *libra* (balança), designando ponderar, sopesar, equilibrar. Assim, pode-se concluir que a palavra deliberação traz a ideia de escolha ponderada tendo em vista todas as opções postas em discussão.[2]

Essa não é a primeira oportunidade em que o legislador cria a possibilidade de o credor atuar nas empresas devedoras. Mecanismos similares já existiam no antigo Decreto-Lei n.º 7.661/45, em seus artigos 122 e 123. Entretanto, tratava-se de recurso muito pouco utilizado e que, em geral, deixou muito a desejar. Na verdade, na lei antiga, o eixo deixou de ser consensual – daí a baixa utilização do conceito de assembleia.

A existência da assembleia geral de credores sempre foi muito discutida, a esse respeito, Jorge Lobo discorre:

---

2. O processo deliberativo é dividido em três momentos: a) deliberação; b) concepção; e c) resolução. No que se refere a essas fases, o Brasil adota a corrente francesa de conceituação da palavra deliberação, englobando apenas o ato final do processo deliberativo, ou seja, a resolução. Por conseguinte, a terminologia brasileira tem a palavra deliberação determinando somente a manifestação da vontade coletiva resultante de todo um processo; ou, metaforicamente, como a fala de um sujeito coletivo. Na necessidade de conceituação das demais fases, a exemplo da transação em si, fala-se em processo deliberativo, pressupostos ou estruturas deliberativas. Em contrapartida, a doutrina espanhola divide o conceito de deliberação em "deliberación e acuerdo"; este designando a decisão, o resultado final, enquanto aquele revela seu processo formativo.

"A assembleia geral de credores sempre foi um órgão contestado, em virtude: a) da inconcussa autotutela, inspirada no Direito Romano, dos próprios direitos e interesses; b) das dificuldades práticas de reunir expressivo número de credores, sobretudo quando têm domicílio e sede fora do juízo da falência e da concordata; c) da indiferença da maioria dos credores, o que leva a um absenteísmo crônico; d) da incapacidade dos credores de exercer uma eficiente verificação dos atos dos administradores da falida e da concordatária e até mesmo do cumprimento, pelo síndico e pelo comissário, de suas relevantes funções e atribuições; e) das vultosas despesas de convocação, instalação e realização; f) dos pífios resultados dos conclaves etc."[3]

A despeito das dificuldades que porventura venhamos a enfrentar, a assembleia de credores pode ser considerada uma das maiores inovações da Nova Lei de Falências devendo, portanto, ser tratada como tal. Adiante, vamos esquematizar a estrutura da assembleia de credores, bem como o quórum e demais formas de deliberação.

Tendo em vista a necessidade da aprovação de medidas indispensáveis ao bom andamento do processo e partindo do pressuposto de que credores de mesma natureza possuem interesses convergentes, o legislador, com o fito de facilitar a aprovação de medidas, estabelece que a assembleia geral é composta por três classes de credores descritos na tabela a seguir:

1ª Classe	Titulares de créditos derivados da legislação do trabalho ou decorrentes de acidentes de trabalho
2ª Classe	Titulares de créditos com garantia real
3ª Classe	Titulares de créditos quirografários, com privilégio especial, com privilégio geral ou subordinados

A composição da primeira classe da assembleia de credores vem de forma expressa no artigo 41, I, da lei: "titulares de créditos derivados da legislação do trabalho ou decorrentes de acidentes de trabalho". Nesse sentido, a Reforma do Judiciário, introduzida pela Emenda Constitucional n. 45, à medida que amplia a competência da Justiça do Trabalho em detrimento da Justiça Estadual, possibilita também a interpretação extensiva de créditos derivados da legislação do trabalho. Dessa maneira, integrarão a primeira classe não somente os credores provenientes de relações de emprego, mas também toda e qualquer outra relação de trabalho.

É nesse ponto que recai umas das maiores controvérsias na classificação dos credores na assembleia. Ao se utilizar da expressão "créditos derivados da legislação do trabalho", o legislador abre espaço para que um sem-número de credores sejam aí qualificados. Isso abrange inclusive os trabalhadores que não estão mais empregados na empresa, ou mesmo aqueles que ajuizaram reclamação trabalhista e obtiveram sentença transitada em julgado.

Desse modo, partindo do pressuposto de que pessoas que não mais trabalham ou mesmo que nunca tiveram vínculo empregatício com a empresa devedora não têm real interesse em sua recuperação, podemos concluir que a tomada de decisões

3. LOBO, Jorge. *Comentários à assembleia de credores*. São Paulo: Saraiva, 2005, p. 84.

dentro dessa classe de credores pode apresentar alguns obstáculos, principalmente no tocante ao eventual conflito de interesses entre aqueles que visam somente liquidar os ativos e os que objetivam a reestruturação da empresa em dificuldades. Por serem os primeiros a ter seu crédito recuperado no caso de falência e por votarem com base no número de cabeças, não no crédito envolvido, muitos dos credores terão privilégios se forem qualificados na classe trabalhista.

Um ponto a ser discutido sobre a classe de credores derivados da legislação trabalhista é o disposto no artigo 41, §1º: "Os titulares de créditos derivados da legislação do trabalho votam com a classe prevista no inciso I do caput deste artigo com o total de seu crédito, independentemente do valor".

Com o intuito de evitar incorretas interpretações da lei, o legislador determina que os credores trabalhistas votem na primeira classe com todo o valor de seu crédito. Isso porque, ao estabelecer a ordem de recebimento dos créditos na falência, a despeito de colocar os trabalhistas em primeiro lugar na lista, o legislador faz a seguinte ressalva: "os créditos derivados da legislação do trabalho, limitados a 150 (cento e cinquenta) salários-mínimos por credor, e os decorrentes de acidentes de trabalho" (artigo 83, I). Assim, para que tal restrição não fosse transferida também às deliberações da assembleia de credores – na qual, nesse caso, os trabalhistas votariam na primeira classe no limite de 150 salários-mínimos – a lei estabelece que titulares de créditos derivados da legislação do trabalho votem com a classe dos trabalhadores, independentemente do valor.

Uma última questão sobre a participação dos trabalhadores deve ser discutida: a representação desses credores na assembleia. Tendo em vista que, em muitos dos casos, os sindicatos, além de não serem verdadeiramente representativos, não conhecem de perto o problema vivenciado pelos trabalhadores, melhor seria a representação por meio de uma comissão eleita pelos próprios empregados da empresa e não através dos sindicatos.

A segunda classe de credores é composta por titulares de créditos com garantia real. Garantia é, em sentido amplo, "a proteção ou segurança que se dispensa a alguém que é titular de um direito subjetivo ou de um poder jurídico, no sentido de que possa, efetivamente, exercitá-lo, ou de que, ocorrendo falha ou omissão de uma vantagem ou possibilidade jurídicas ordinariamente devidas, possam ser essas falhas ou omissões supridas mediante o acionamento de uma situação substitutiva da primeira".[4] Trata-se, portanto, da garantia de um meio pelo qual não somente se pode resguardar uma obrigação, como também reforçar a relação principal.

A garantia pode se dar sob duas formas: garantia real ou garantia pessoal. Enquanto aquela fica atrelada a uma coisa (móveis, imóveis ou semoventes), essa se vincula a uma terceira pessoa, ou seja, não é presa diretamente a coisas ou bens.

---

4. DIREITO, Enciclopédia Saraiva do. Edição comemorativa do Sesquicentenário da Fundação dos Cursos Jurídicos no Brasil. São Paulo: Saraiva, 1977. v. 39. p. 317.

As garantias pessoais pressupõem a existência de certa relação de confiança entre as partes, por isso, via de regra, a forma utilizada nas operações de grande vulto é a real. Dentre suas principais espécies, destacam-se: a hipoteca, o penhor mercantil, a caução de títulos de crédito e a alienação fiduciária em garantia.[5]

Nos processos de recuperação judicial, no entanto, ao vislumbrar a composição da classe de credores detentores de garantia real, devemos observar o disposto no artigo 49, § 3º, sobre as pessoas não sujeitas à recuperação judicial:

"Tratando-se de credor titular da posição de proprietário fiduciário de bens móveis ou imóveis, de arrendador mercantil, de proprietário ou promitente vendedor de imóvel cujos respectivos contratos contenham cláusula de irrevogabilidade ou irretratabilidade, inclusive em incorporações imobiliárias, ou de proprietário em contrato de venda com reserva de domínio, seu crédito não se submeterá aos efeitos da recuperação judicial e prevalecerão os direitos de propriedade sobre a coisa e as condições contratuais, observada a legislação respectiva, não se permitindo, contudo, durante o prazo de suspensão a que se refere o § 4º do art. 6º desta Lei, a venda ou a retirada do estabelecimento do devedor dos bens de capital essenciais a sua atividade empresarial."

Desse modo, fica excluído das deliberações e, consequentemente, da segunda classe de credores, o proprietário fiduciário de bens móveis e imóveis. Bons investidores nunca colocam dinheiro em empreendimentos cuja expectativa seja improdutividade ou mesmo prejuízo. Apesar da transferência do poder de decisão aos credores da empresa devedora por meio de formas de governança corporativa, bem como da caracterização de créditos extraconcursais na falência, muito se discute do verdadeiro interesse dos credores com garantia real na participação tanto da recuperação quanto da execução concursal.

A qualidade e a proteção oferecida pela legislação aos credores é um dos mais importantes fatores não só na determinação da taxa de juros, como também do tamanho e da composição do mercado de crédito. Para que se configure um cenário ideal, o certo é procurar um equilíbrio entre os incentivos oferecidos ao devedor para que busque recursos, e estimular o credor a emprestar, de forma que haja empréstimos disponíveis em quantidade e condições apropriadas. Evidências empíricas provam que a boa proteção legal aos credores leva a taxas de juros mais baixas e a um mercado de crédito mais ativo. Há estudos que mostram, por exemplo, que a taxa de juros é mais alta nos estados americanos cuja legislação protege mais os devedores; que estados brasileiros em que o judiciário funciona melhor têm maior razão crédito/PIB; e que o mesmo se observa na comparação entre países. Também há indicações de que o fato de a Lei de Falência americana favorecer os acionistas em relação aos credores, comparado ao que se observa na Europa, ajuda a explicar por que nos EUA os *spreads* de risco são mais altos do que na Europa. Daí é incorreto entender que a Lei cria incentivos para "favorecer" o banqueiro (ou o credor, já que a atividade bancária é, via de regra, atividade de intermediação de recursos de terceiros). Juros caem se

---

5. DIREITO, Enciclopédia Saraiva do. Edição comemorativa do Sesquicentenário da Fundação dos Cursos Jurídicos no Brasil. São Paulo: Saraiva, 1977. v. 39.

a certeza do recebimento do crédito for maior – e não é outro sentido o conceito de precificação da garantia que está implícito no custo do dinheiro.

Sobre os credores bancários, há de se observar ainda o artigo 41, § 2º. Por essa disposição, os titulares de créditos com garantia real votam na segunda classe de credores somente até o limite do valor do bem gravado; aquilo que superar a garantia passa a valer na classe dos credores quirografários. Ou seja, o restante do crédito que não estiver assegurado por garantia real dá direito a voto na terceira classe de credores, não na segunda.

Como é que a Análise Econômica do Direito enxerga os temas relativos à Assembleia?

Mais adiante vamos cuidar do conceito de eficiência e do Equilíbrio no processo falimentar. O que pretendo cuidar agora é da ideia da cooperação. Cooperar implica em ajudar, em colaborar. Quando se trata de votar uma proposta na Assembleia no fundo, o que há em jogo do lado dos credores, é a perspectiva de receber o seu crédito. Logo, se vota a favor ou contra de acordo com o próprio interesse. Há espaço para cooperação efetiva?

A aplicação do conhecido dilema dos prisioneiros é imensa e pode ser colocada no contexto mais geral do dilema de cooperar ou não cooperar. Tome-se, por exemplo, o conceito de um cassino, onde o lucro de cada jogador depende de cooperar com o seu parceiro ou não. Vemos que no caso de um jogo de cassino, onde as remunerações dependem de risco, e o objetivo é ganhar o máximo possível, a aplicabilidade do dilema dos prisioneiros fica ainda mais evidente. Se os dois cooperarem, eles podem duplicar seus ganhos, comparado à situação em que os dois não cooperam. Mas o prêmio é atrativo o suficiente para que nenhum dos dois coopere. De fato, outra vez que não cooperar é a melhor alternativa para cada jogador, independentemente do que o outro faz. Por simetria, os dois acabam não cooperando e obtendo um ganho conjunto que é o menor de todos na tabela de recompensas.

No entanto, como indicaram R. Duncan Luce e Howard Raiffa, no livro sobre teoria dos jogos, de 1957, *Games and Decisions*, "a falta de ação que se sente em cada um destes jogos não pode ser expressa pelas expressões 'racionais' ou 'irracionais'; simplesmente é inerente à cada situação, o resultado do jogo." Para ilustrar como o dilema dos prisioneiros está presente na vida das pessoas, é só observar o ensinamento bíblico da regra áurea (Matheus, 7: 12) – *tudo o que quiserdes que os homens vos façam, fazei-vos também a eles, pois esta é a lei e os profetas.* Ou mesmo a lição de Kant (*Crítica da Razão* – 1788) onde o filósofo conclui que todo o comportamento ético pode ser universalizado pela indagação "e se todos fizerem igual?".

Mas o melhor exemplo na literatura sobre o dilema do prisioneiro que vem à nossa memória está na ópera Tosca, de Giacomo Puccini. Baseado no romance de Victorien Sardou (1887), o enredo passa na Itália, durante a época da Inquisição, onde o chefe de polícia local, o corrupto Scarpia, Ministro da Polícia Pontifica, condena o amante de Tosca, Mário Cavaradossi, à morte, por ter dado refúgio a um prisioneiro político (sem que tenha informado o fato à bela prima, Floria Tosca, sua amante ciumenta). Scarpia, que deseja Tosca apaixonadamente, lhe propõe o seguinte acordo: faça amor comigo e instruirei os meus homens a usarem cartuchos vazios na hora de atirar em Cavaradossi. Tosca aceita o acordo em nome do seu amor a Cavaradossi, apesar de desprezar o vil Scarpia profundamente. O acordo é simultâneo, Tosca não dorme com Scarpia até que ele tenha dado ordens irrevogáveis aos seus homens. Como toda ópera dramática, a história acaba em pura tragédia. Tosca esfaqueia Scarpia quando este a abraça, mas Scarpia já havia mandado atirar com balas de verdade, e Cavaradossi já está morto. Tosca então se joga de um parapeito enquanto a polícia vem prendê-la. Ou seja, um típico exemplo de não cooperação.

Muitas vezes, o que se vê em Assembleia é exatamente a não cooperação. Ou seja, busca-se apenas o autointeresse de receber os seus créditos e com isto, ninguém recebe nada...

Finalmente, a Nova Lei de Falências, a despeito de separar os credores em três agrupamentos tanto no comitê quanto na assembleia, prevê de forma distinta a composição das classes existentes na assembleia de credores e a representação dos credores no comitê. O quadro abaixo resume as diferenças:

Assembleia geral	Comitê de credores
Credores derivados da legislação trabalhista	Credores trabalhistas
Classe de credores com garantia Real	Credores com direitos reais de garantia ou privilégios especiais
Credores quirografários, com privilégio especial ou com privilégios gerais	Credores quirografários e com privilégios gerais

Além da assembleia, outro ponto relevante levantado pela nova legislação é que os créditos decorrentes de obrigações contraídas durante a recuperação judicial serão considerados extraconcursais no caso de a empresa falir. Isso estimula a injeção de capital nas empresas em dificuldade e é fundamental para que a empresa em crise possa continuar operando. Ademais, os credores que continuarem a fornecer seus bens ou serviços após o pedido de recuperação judicial terão uma promoção no concurso de credores: passarão da qualidade de credores quirografários para credores com privilégio geral de recebimento no caso de decretação da falência.

O modelo estabelecido pelo Decreto-Lei n.º 7.661 se revelou caro, moroso (com prazos de até 20 anos para se resolver uma falência) e genuinamente perverso, pois ao castigar a empresa (e, muitas vezes, não o empresário) conduzia ao fechamento da maioria das companhias em dificuldades, impedindo que aquele foco empresarial mantivesse emprego, recolhesse impostos, enfim, continuasse a gerar riqueza. Ademais, a lei falimentar de 1945 dava pouca proteção aos credores, como resultado de uma visão equivocada da crise, transformando a moratória num favor legal, ou seja, preenchidos certos requisitos legais, o juiz era obrigado a conceder a concordata, impondo aos credores certas obrigações de receber, com dilação de prazo, os seus créditos. Poucas concordatas tiverem sucesso, como era se de esperar. De nada adianta o Estado determinar o que é melhor para o credor se o processo inteiro não contempla os corretos incentivos para que ocorram. Por exemplo, a natureza contratual da lei falimentar por meio da assembleia é óbvia, especialmente em relação ao favor legal anterior da concordata, em que simplesmente, preenchidos os requisitos legais, era imposta aos credores. Simplesmente não funcionou, pela boa razão de que em não havendo qualquer espaço para a cooperação, provocava-se revolta e conflito. É aí que melhor a tentativa de afastar medidas compulsórias (por exemplo, nos casos em que o Juiz pode desconsiderar as decisões da Assembleia) acabam sempre oferecendo menor chance de eficiência do que as decisões onde há consenso e cooperação.

Como se afirmou, a Lei n.º 11.101 altera o eixo dos instrumentos legais vigentes e cria outros que possam permitir a recuperação da empresa e impedir seu fechamento, representando uma tentativa para melhorar o ambiente de crédito entre nós. Como principal novidade, a Lei inova ao criar o instituto da recuperação judicial da empresa, que procura garantir a manutenção dos postos de trabalho, substituindo a atual concordata e diminuindo a importância da falência. Busca, assim, evitar a liquidação de empresas viáveis e o agravamento da crise econômica e social no país. O objetivo da nova Lei é dar às empresas uma chance a mais de continuar no mercado, sempre que sua manutenção for economicamente viável.

A eficiência do sistema deve ser o objetivo que norteia qualquer processo em que se pretenda um mecanismo justo, célere e que preserve, na medida do possível, a entidade econômica, sem prejuízo aos credores legítimos da massa. No entanto, qualquer lei desse tipo, além de considerar outros fatores institucionais e legais que influenciam sua aplicação, deve refletir o estágio de maturidade social de uma dada economia e dos institutos que ela pretende proteger. A reforma de qualquer processo falimentar, portanto, deve vir acompanhada e associada a outros fatores, como bem indicou La Porta, por exemplo, o treinamento dos juízes, a implantação de mecanismos de governança corporativa depois da escolha do regime do falido, o fortalecimento dos direitos de propriedade ao longo do processo, entre tantas outras prioridades. Em resumo, a norma falimentar por si só não é capaz de mudar o sistema. É preciso a conjunção de outros fatores institucionais.

O assunto é muito relevante para a economia (especialmente em épocas de crise). As companhias precisam falir porque, em muitos momentos, sofrem da incapacidade crônica de honrar seus compromissos financeiros e isso, naturalmente, é parte do sistema capitalista. Esse processo acontece por qualquer razão: pela tomada de decisões equivocadas, por razões conjunturais da economia, e mesmo por fraude. Por um lado, o pedido de falência não pode ser mera forma de pressão por cobrança de uma única dívida vencida nem tampouco instrumento de execução de dívidas isoladas e de pequeno valor, já que tal ação pode precipitar uma verdadeira avalanche sobre aqueles que realmente passam por situação passageira de iliquidez (e não insolvência). Por outro lado, repetidos protestos (ou meios de fraude) devem ensejar a falência como forma efetiva de liquidar empresas inviáveis.

Nas situações de falência, classicamente, somente duas hipóteses de solução se apresentam, do ponto de vista macroscópico: os credores podem executar suas respectivas garantias, quando há a hipótese de empréstimos colaterizados, ou pode haver a venda de todos os ativos para pagamento proporcional ao passivo. É nesta hipótese que a nossa atual Lei se concentra, daí porque requer um ordenamento específico, uma sistematização de prioridades, para que o procedimento falimentar seja o mais ordenado possível.

Quando se define falência (ou recuperação de empresas), é comum nos ater-mos a definições jurídicas: trata-se de um processo de execução coletiva, meio de realização de direitos do credor. No entanto, precisamos nos lembrar também de que o substrato que permeia o tema tem natureza econômica: como lembra Thomas Felsberg, empresas insolventes são unidades produtivas exatamente iguais às solventes, com a exceção de que seus passivos se encontram desestruturados; fora isso, geram empregos, compram e transformam matérias-primas, vendem produtos acabados – enfim, produzem riquezas.[6] Portanto, além da visão tradicional da execução coletiva, há de se considerar o assunto por uma perspectiva mais voltada à análise econômica do direito.

Primeiro, um procedimento falimentar deveria produzir um resultado eficiente *ex post*. Isso significa que o valor total dos ativos da massa falida deveria ser sempre maximizado para produzir a maior quantidade de dinheiro possível para os credores, aqui entendidos como todos aqueles que têm algo a prêmio na empresa (não apenas bancos e fornecedores, mas empregados, fisco etc.). Ou seja, qualquer decisão de venda ou reestruturação deve obedecer à simples regra de que o procedimento será mais eficiente se o resultado aos credores for maior. É evidente que isso conduz a um estado de eficiência *ex ante*: quanto maiores as garantias dadas aos credores antes da insolvência ou da iliquidez, menores os custos de transação relacionados ao curso de suas atividades da empresa (taxa de juros, por exemplo).

Segundo, um bom procedimento falimentar deve castigar igualmente os devedores: o simples concurso de credores é uma forma de punir os acionistas, já que eles receberão alguma coisa somente no final – se houver sobras. Isso é importante porque incentiva um sistema de maior crédito (visto que o credor terá prioridade no recebimento), e, ao mesmo tempo, todas as obrigações contratuais fora do sistema de garantias passam a ser respeitadas por um mecanismo estatal cogente. Mais do que isso, o sistema de incentivo é criar um modelo de comportamento a todos os agentes econômicos. Se quebrar não representasse qualquer ônus, todo empresário deixaria de pagar suas contas.

---

6. Thomas Felsberg, mimeo.

Terceiro, apesar de termos um sistema que deve punir o devedor, são necessários também incentivos para que ele colabore, isto é, para que seu comportamento não seja prejudicial à massa. Por exemplo, um devedor sem incentivo nenhum para colaborar no processo pode engajar-se em tumulto, pode querer procrastinar toda e qualquer decisão judicial; em fase de recuperação, quando não for afastado, pode tomar decisões desastrosas. Portanto, o devedor também deve ter alguma participação residual no processo.

Há um segundo foco de problemas de eficiência nos procedimentos falimentares ou de recuperação e diz respeito à liquidação dos ativos. É o que se refere à avaliação dos ativos da massa: uma vez que a maior parte deles não é ativo líquido e financeiro, como transformá-los em dinheiro? Oliver Hart sugere que, em países onde o mercado de capitais for eficiente, pode-se vender a empresa (ou partes dela) a investidores, com o preço a ser pago em dinheiro correspondendo ao seu valor real. Esse tipo de leilão, conhecido como *cash-auction*, é atraente porque o credor recebe seu quinhão em dinheiro. Porém, como a maior parte dos mercados de capitais não tem estrutura suficiente para transformar empresas em crise em capital líquido, tem-se uma negociação estruturada mais complexa e difícil, método pelo qual nossa nova lei avança.

O conceito de equlíbrio implica no uso da expressão 'eficiência' – extensivamente usada neste artigo – e que tem duas conotações importantes, também discutidas adiante: a eficiência de Pareto, aquela na qual a posição de A melhora sem prejuízo da de B, e a chamada eficiência de Kaldor-Hicks, na qual o produto da vitória de A excede os prejuízos da derrota de B. Como se pode valer desta interpretação no caso das Assembleias?

Primeiro, é fundamental listar três das premissas que norteiam o movimento da Análise Econômica do Direito:

1. existe maximização racional das necessidades humanas;

2. os indivíduos obedecem a incentivos de preços para conseguir balizar o seu comportamento racional;

3. regras legais podem ser avaliadas com base na eficiência de sua aplicação, com a consequente máxima de que prescrições normativas devem promover a eficiência do sistema social.

Ora, o processo falimentar, como se viu, implica no pressuposto que agentes econômicos são maximizadores racionais de satisfação — ou seja, para suas escolhas, sempre irão se basear na adequação racional e eficiente dos fins aos meios e votarão em Assembleias de acordo com tal premissa; ou seja, só se engajarão conscientemente em unidades adicionais de atividade (seja de consumo, de produção, de oferta de trabalho ou qualquer outra natureza) se o benefício auferido por aquele mesmo indivíduo for maior que o custo despendido para obtê-lo. Isso significa que, aplicada ao universo do Direito, a decisão de aprovar um plano precisa de, racionalmente, comparar benefícios com custos marginais para optar-se por aquela ação. Ou em outras palavras, apenas com o Princípio de Kaldor-Hicks, na qual o produto da vitória de A excede os prejuízos da derrota de B é que se pode buscar uma solução na falência.

O processo de recuperação se baseia num período em que nenhum ativo pode ser vendido ou nenhuma ação pode ser intentada contra o devedor; na falência, há uma arrecadação de ativos para posterior venda. Os credores se reúnem e decidem o destino da empresa e dos ativos. O grande problema de eficiência aqui é que existem duas decisões a serem tomadas simultaneamente: o que fazer com o negócio e, no evento da reestruturação, quem deve receber o que e em que ordem. Na maior parte das vezes, não se trata de algo simples nem tarefa menor, tanto por causa do sistema de voto na assembleia de credores, como devido ao fato de os objetivos de cada classe de credores variarem (e muito). Por exemplo, um credor trabalhista pode desejar uma reorganização mais lenta, a fim de preservar os empregos, enquanto outro com garantia real pode desejar uma solução mais rápida para reaver seus créditos.

Aqui, duas mudanças pautaram a reforma da Lei e passaram a fazer parte de nosso sistema falimentar. Primeiro, o concurso de credores. Não faz muito sentido, por exemplo, o Estado ter preferência sobre os demais credores, se a interrupção da atividade econômica da empresa em crise for muito mais prejudicial ao interesse público do que a habilitação de seu crédito tributário. Depois, foi relevante permitir maior participação dos credores – os verdadeiros interessados no processo – de modo a garantir que eles possam definir o destino daquilo que passou agora a ser seu, já que estão incorporando custos de transação.

Enfim, como se faz uma boa lei falimentar? Uma boa definição é dada por Aghion: "A good bankruptcy law should maximize the ex post value of the firm, with an appropriate distribution of this value across claimants, one that respects the priority of claims among the various classes of creditors".[7] (Uma boa lei falimentar deve maximizar o valor *ex post* da firma com uma distribuição apropriada de valor entre os credores, uma que respeite a prioridade entre as várias classes de credores.)

Um dos objetivos já exaustivamente discutido na seção de garantias é criar o correto incentivo *ex ante*, ou seja, a norma como forma de induzir condutas, que ficou clara com o sistema de garantias e juros. Não há um sem o outro, ou seja, não se consegue uma alocação eficiente de recursos sem que existam normas corretas que induzam a conduta para aquele fim. Mas, como já se afirmou, o objetivo é realocar ativos entre os vários agentes econômicos, ação igualmente importante. Como se sabe, a realocação de ativos tem custos. Segundo Cabrillo, há três tipos de custos envolvidos nesse processo:

a) o processo falimentar é aquele no qual o valor social dos ativos específicos, físicos ou humanos se deteriora rapidamente enquanto se busca uma realocação que não seja pelo mercado, mas forçada e compulsória;

b) os recursos produtivos permanecem inutilizados ou subutilizados durante os procedimentos da falência, já que todos esperam uma solução durante o processo legal;

---

7. Philippe Aghion et alli. The economics of bankrucpy reform. Journal of Law, Economics and Organization. p. 523-546.

c) um procedimento falimentar, em geral, tem certos custos associados ao seu processamento (custas judiciais, perícias, administrador legal, advogados etc.) que podem se tornar expressivos.[8]

Voltamos ao ponto de partida quando discutimos o conceito de custos de transação. Procedimentos falimentares são custos de transação porque reduzem o valor da firma. Pode-se afirmar, portanto, que a insolvência causa externalidades negativas, ou seja, a falência é um processo de sacrifício que é arcado por alguém que não a causou. Evidente, se o credor soubesse que o devedor não lhe pagaria, não teria entrado naquela relação.

O comportamento e a expectativa dos credores é fator fundamental para que se tenha um processo falimentar eficiente. Mas isso nem sempre é possível. Primeiro, ninguém discute que o melhor é vender o negócio do devedor como um todo (que sabidamente vale mais) do que fazê-lo por partes. No entanto, à medida que os credores sofreram a referida externalidade negativa e lutam para absorvê-la, geralmente, agem de uma única maneira, rompendo o princípio da ação coletiva e do interesse comum: eles não pretendem preservar o negócio, a não ser para receber aquilo que lhes é devido e, habitualmente, há muita ansiedade – e pressa – na pressuposição de que, se não receberem logo – e os demais receberem – muito pouco (de ativos) restará para ser honrado. Daí porque pode-se considerar que uma segunda externalidade é o ato da realização de ativos aos pedaços, que reduz o valor do negócio porque o desfaz numa "liquidação de ativos" às partes, às pressas, e quase sempre com concorrentes (que não são credores) ávidos pela quebra da empresa ou para adquirir em leilão os seus "restos mortais".

Mesmo que pudesse haver um dos meios de recuperação sugerido no art. 51, a dação em pagamento ou mesmo a substituição de dívida por ações, tem-se dois problemas: primeiro, o do credor não querer assumir qualquer outro tipo de risco empresarial além do seu próprio e, segundo, há um problema crônico de avaliação, ou seja, de quanto efetivamente vale o negócio e quanto se quer pagar por ele.

Nossa Lei avança? Acreditamos que sim. Primeiro, no conjunto de medidas *ex ante*, que implicou a mudança da sucessão trabalhista e tributária. Ou seja, quem adquirir uma empresa em estado de falência não assumirá a responsabilidade por ações judiciais ou créditos não honrados pelo valor pago pela companhia, o que vai facilitar também a compra de empresas com problemas.

A sucessão resolve um problema sério no Brasil por um mecanismo *ex ante* legal e institucional de maior relevância. Isso pode ser classificado como a "blindagem" das empresas na fase de falência, ou seja, um mecanismo de proteção. Essa blindagem, no caso da falência, é desejável a fim de permitir que haja certa segregação do risco da sucessão de obrigações, sequência de pessoas jurídicas que se substituem, umas às outras, ininterruptamente ou com pequenos intervalos nos casos de alienação, cisão

---

8. CABRILLO, Francisco. *Quiebra y liqudiacion de empresas*. Madrid: Fundacion Juan Marsh.

ou incorporação. Corretamente, o termo é emprestado do direito de família, como "herdeiro" de direitos ou obrigações, e é assim que a doutrina o entende. Mesmo que tais atos sejam realizados na mais absoluta boa-fé, há o risco de o comprador de tais ativos se defrontar com a obrigação de assumir os compromissos que foram celebrados pelo falido (ou pelo vendedor), ou até mesmo de perder todo o seu investimento em função das ações revocatórias iniciadas na falência.

Outro ponto previsto *ex ante* trata do *drop down* dos ativos de algum valor econômico do falido (devedor) por meio da transferência legal desses ativos para uma nova empresa isenta, imune a tais riscos, como prevista na atual legislação.[9] A venda de ativos, como se sabe, é fundamental para o processo de falimentar, podendo sê-lo também na fase da recuperação judicial. O rápido processo de degeneração dos ativos, seja por meio da obsolescência física dos bens de capitais, da evaporação dos bens intangíveis, seja pelo desaparecimento de marcas e clientes, aumenta a correta percepção de que, nesta matéria, é vital que se consiga realizar ativos com eficiência e rapidez, obtendo-se o maior valor possível por aqueles bens.

Quanto ao sistema *ex post*, é difícil afirmar que nossa atual Lei aumenta a eficiência e o valor gerado na insolvência, mas dá alguns passos importantes para isso. Na realização do ativo imediatamente após a quebra; primeiro, se apura o passivo (que pode durar muitos anos), para depois se realizarem os leilões dos bens.

A ideia de eficiência nos procedimentos falimentares e de recuperação de empresas é importante e deveria ser incentivada no Brasil por dois motivos: porque é desejável que o mínimo de valor e de custo seja dissipado ao longo do processo, e porque é saudável, ao fim, os ativos serem alocados ao seu maior valor de uso, o que significa dizer que o negócio pode continuar a funcionar se o seu valor exceder o valor de liquidação; caso contrário é melhor ser vendido a quem dele possa fazer melhor uso.

REFERÊNCIAS BIBLIOGRÁFICAS

CABRILLO, Francisco. *Quiebra y liquidacion de empresas*. Madrid: Fundacion Juan Marsh.

DIREITO, Enciclopédia Saraiva do. Edição comemorativa do Sesquicentenário da Fundação dos Cursos Jurídicos no Brasil. São Paulo: Saraiva, 1977. v. 39.

LOBO, Jorge. *Comentários à assembleia de credores*. São Paulo: Saraiva, 2005.

MANGE, Renato. Editorial. *Valor Econômico*, 7 jan. 2005.

AGHION, Philippe et alli. The economics of bankcrupcy reform. *Journal of Law, Economics and Organization*. p. 523-546.

---

9. A expressão *drop down* significa a separação (ou afetação) de certos ativos do devedor para o prosseguimento dos negócios ou da atividade econômica.

16
ANÁLISE ECONÔMICA DA PROPRIEDADE INTELECTUAL

Fabiano Teodoro de Rezende Lara

Bacharel, Mestre e Doutor em Direito (UFMG). Bacharel em Comunicação Social (PUC-MG). Professor Adjunto do IBMEC-MG. Professor Adjunto da Faculdade de Direito da UFMG.

1. INTRODUÇÃO

A propriedade intelectual é um direito sobre um bem imaterial, um ativo intangível, submetido a regras que disciplinam o exercício desse direito no tempo e no espaço. Em função da evolução jurídica, os objetos tutelados pela propriedade intelectual recebem proteção com *status* de propriedade.

A forma de proteção da propriedade intelectual no ordenamento brasileiro se dá por meio da proteção da propriedade industrial e da proteção dos direitos do autor.

Para a análise que se propõe este trabalho, foi afastado o interesse pelos regulamentos de outros países sobre o direito da propriedade intelectual[1].

Conforme Gama Cerqueira, Coelho Rodrigues, Medeiros e Albuquerque, Philipon etc, entendem que a propriedade intelectual poderia ser vista como simples privilégio concedido pelas leis ao criador da obra intelectual, a título de recompensa, animação ou compensação[2]. Gama Cerqueira afirma que há aqueles, como Stolfi, que entendem ser a propriedade intelectual um contrato; e que há os que entendem que a propriedade intelectual é um direito pessoal (*individualrecht*), como Kohler e Wachtel, e também Isay, Mayr, Robolsky, Ramella e outros. O mesmo tratadista brasileiro afirma que há os que a veem como um direito da personalidade (Kant, Bluntschli, Neustetel, Gierke). Outros, como Piola Caselli, segundo Gama Cerqueira,

---

1. Dos quais se pode citar a lei britânica de 14/04/1710, de autoria da Rainha Ana; o Decreto dinamarquês de 07/01/1741, o *Patent Act* norte-americano de 1790; e a lei francesa de 1791.
2. CERQUEIRA, João da Gama. *Tratado da propriedade industrial*. São Paulo: Revista dos Tribunais, 1982. v. 1 e 2.

afirmam que é um instituto de origem pessoal que adquire caráter misto de instituto patrimonial e pessoal. Haveria, ainda, os que, como Edmond Picard, entendem ser aquele um direito especial[3].

Entretanto, para o próprio Gama Cerqueira,

[...] o direito do autor é um direito natural de propriedade, e que o trabalho constitui a via de acesso a essa propriedade, o título legítimo de sua aquisição, e não o seu fundamento. O estado deve, pois, reconhecer e proteger o direito de autor, como uma exigência do Direito Natural, bem como regular a sua aquisição e exercício, de acordo com essa exigência e com as do bem comum.[4]

Para Gama Cerqueira, portanto, é "direito natural de propriedade", uma exigência do "Direito Natural". Todavia, há evidências contrárias ao que afirma o tratadista.

De fato, há similitudes entre o direito de propriedade intelectual e o direito de propriedade.

A propriedade intelectual guarda relações substanciais com o direito de propriedade. Entretanto, é necessário estabelecer, na perspectiva da Análise Econômica do Direito, as distinções entre o direito de propriedade e a propriedade intelectual, em especial no tocante aos objetivos do instituto jurídico.

2. OBJETIVOS DA PROTEÇÃO INTELECTUAL: ESTÍMULO À PRODUÇÃO DE INOVAÇÕES

Na perspectiva da Análise Econômica do Direito, o direito de propriedade de bens corpóreos e o direito de propriedade intelectual têm fundamentos e objetivos absolutamente distintos. Ainda que os contornos jurídicos sejam similares, os objetivos das tutelas são diferentes. É certo que se busca maior proteção, similar à propriedade de bens corpóreos, quando se afirma ser propriedade o direito sobre a obra intelectual. Entretanto, não há identidade de justificativas econômicas para tais tutelas.

A propriedade de bens corpóreos tem como fundamento a racionalidade e a eficiência da exploração econômica.

A indefinição ou a inexistência do direito de propriedade, pública ou privada, de bens corpóreos, normalmente leva à ineficiência na exploração do objeto. A propriedade corpórea normalmente tem como objeto bens escassos. Não há, ordinariamente, um estoque infinito de coisas materiais economicamente exploráveis. A escassez dos bens corpóreos impõe uma lógica de atribuição de poderes de gerenciamento a um ente (público ou privado) que serve como centralizador e racionalizador da exploração dos bens.

---

3. CERQUEIRA, João da Gama. *Tratado da propriedade industrial*. São Paulo: Revista dos Tribunais, 1982. v. 1 e 2.
4. CERQUEIRA, João da Gama. *Tratado da propriedade industrial*. São Paulo: Revista dos Tribunais, 1982. v. 1 e 2, p. 147

Num regime econômico em que não exista direito de propriedade, em que as propriedades sejam comuns, não há espaço para a exploração racional, para a formação de estoques futuros, para a gestão de potencialidades.

Recorre-se ao exemplo do uso das pastagens para a criação de gado, conhecido como a "tragédia dos comuns".[5] A "tragédia dos comuns" é um termo cunhado por Garret Hardin em um artigo intitulado *"The Tragedy of the commons"*, publicado na revista Science, em dezembro de 1968. Na realidade, o fenômeno descrito por Hardin como "tragédia" foi observado por William Forster Lloyd em seu *"Two Lectures on the Checks to Population"*.[6] Consiste a "tragédia" na constatação de que sendo comum o direito de exploração de uma área de pastagens, o comportamento racional dos donos de gado seria o de colocar o número máximo possível de reses naquele espaço, ainda que isso implicasse a destruição do espaço de pastagem, ou a inutilização do espaço como área de pastagem a curto ou médio prazo. Não haveria motivo racional para a preservação futura do campo. A conduta de preservação do campo por um proprietário de gado não implicaria limitação dos demais donos de gado. Se um dos potenciais exploradores do campo deixasse de colocar gado naquela pastagem com o objetivo de preservá-la para o futuro, outro explorador poderia acrescentar outra cabeça de gado. Haveria superlotação da área por cabeças de gado até que o campo fosse destruído.

O exemplo poderia sofrer objeção, porque pressupõe a propriedade do gado. Mas o problema fundamental ocorre, mesmo que seja comum o gado. A existência de animais comuns, sem propriedade pública ou privada, levaria a um comportamento similar no tocante às utilidades dos animais. Cada indivíduo, tendencialmente, destruiria maior quantidade de gado para satisfação de suas necessidades presentes. Não haveria lógica de preservação de matrizes para o futuro, porque não haveria certeza da existência do novilho.

Referindo-se ao problema, David Schmidtz cita o caso dos recifes de corais das Filipinas e das Ilhas Tonga na Nova Zelândia[7]. Naquelas localidades, o hábito de pesca com anzóis foi substituído pela pesca com produtos químicos ou explosivos, destruindo os corais como local de concentração de peixes e, por consequência, inviabilizando a pesca. Os pescadores, em tal situação, não têm qualquer estímulo para a preservação do coral para seus filhos. Obviamente, têm a opção, no campo das possibilidades de comportamento, de não destruir o coral. Mas o coral estaria, no caso, à mercê da próxima linha de pescadores, que poderiam optar por coletar todos os peixes, destruindo o coral. Se pretenderem, verdadeiramente, dar algo a seus filhos, os pescadores devem atuar rapidamente, apropriando-se da maior quantidade possível de peixes comuns, mesmo que isto implique destruir o coral. A lógica é a

---

5. HARDIN, Garret. The Tragedy of the commons, *Science,* vol. 162, n. 3859, December 13, 1968, pp. 1243-1248.
6. LLOYD, William Forster. *Two lectures on the checks to population.* Oxford: Oxford Univ. Press, 1833.
7. SCHMIDTZ, David. El derecho de la propiedad. In: SPECTOR, Horácio (Comp.). *Elementos de análisis económico del derecho.* Santa Fé: Rubinzal-Culzoni, p. 27-56, 2004.

de consumo presente do que é certo. Não há certeza quanto à existência de peixes no futuro. O comportamento de destruição é apenas racional. Apesar da liberdade individual de exploração, não há restrição de outras liberdades. Se pretenderem salvar o coral, devem ter um método de restrição da liberdade do outro, restringindo o acesso ou proibindo o uso de métodos destrutivos.

O jogo decorrente da exploração de bens corpóreos não apropriados não é de soma zero, mas de soma negativa, porque gera destruição desnecessária do recurso escasso. A resultante da exploração racional por cada indivíduo será a de ineficiência no uso dos bens se considerados os valores totais dos ganhos individuais e das perdas sociais. Não há poupança ou planejamento possível.

Ora, a limitação do uso das pastagens, do gado ou da pesca, nos exemplos usados, se dá por meio da atribuição de poderes de gestão sobre tais objetos a um sujeito (apropriação privada) ou a uma coletividade (apropriação coletiva ou pública).

De fato, ainda que se entenda que o objeto não pode ser apropriado privadamente, isto é, gerido segundo os interesses econômicos de um indivíduo apenas, a solução para a extinção do jogo de soma negativa seria a apropriação pública do bem. A atribuição de direito de propriedade implica concessão de poderes de gestão que direcionem o uso da propriedade ao seu fim mais eficiente. Mesmo que a propriedade de uma área ou de um bem corpóreo seja pública, havendo um regime de propriedade, haverá atribuição de poderes de gestão cujo efeito principal será o de racionalização da exploração.

A propriedade, que corresponde, economicamente, não só ao direito de apropriação dos frutos da coisa, mas também à atribuição de responsabilidade pelo gerenciamento do bem, é o instituto capaz de inverter a lógica do jogo de soma negativa, tornando-o jogo de soma positiva.

Como bem demonstrou Coase, quanto aos bens corpóreos, não havendo custos de transação não haveria influência da atribuição inicial de direitos de propriedade na distribuição final, porque o bem seria deslocado para o seu melhor uso. Não havendo custos no deslocamento jurídico do bem, basta que se possibilite o exercício de poderes de gestão sobre um bem para que a sua exploração ocorra da forma mais eficiente.[8]

Superada a questão relativa ao método da atribuição inicial dos direitos de propriedade de bens corpóreos, em um sistema em que não existam custos de transação, a utilização do bem corpóreo tenderá a ser feita da forma mais eficiente. Não havendo custos de transação, a questão de saber se uma área rural será usada como área de pastagens ou área de cultivo, na forma do Teorema de Coase, não depende da atribuição inicial do direito, mas de sua eficiência para a pastagem ou cultivo. Imaginando que a área seja originariamente de propriedade de um pecuarista, que conseguiria produzir o valor de $10 por ano, o deslocamento do uso da propriedade

---

8. COASE, Ronald H. The Problem of Social Cost. *The Journal of Law and Economics*, v. 3, p. 1-44, Oct. 1960.

para a agricultura dependeria apenas da capacidade de produção superior àquele valor. Também a utilização de uma área urbana para a construção de um edifício de apartamentos ou de um estacionamento para veículos depende da melhor capacidade produtiva daquele imóvel, nas circunstâncias em que se insere, se não houver custos de transação. Igualmente ocorre com bens móveis: uma cadeira será utilizada em um restaurante ou em uma escola segundo sua melhor utilidade, sua maior eficiência, em cada uma de suas circunstâncias, conforme suas características.

Há de se considerar, ainda, que, entre os bens corpóreos, normalmente há elevado grau de substituibilidade funcional. Se, para abastecer uma cidade, for necessária uma área rural para agricultura e outra para pecuária, a questão de se saber se a área a ser usada será aquela mais próxima ou a mais distante da cidade depende, além da capacidade produtiva do terreno, dos custos que envolvem a operação. Mas o fato é que, havendo demanda por áreas rurais, ela será satisfeita segundo um padrão de eficiência econômica. Um terreno que não é eficiente na pecuária pode ser substituído por outro que seja. E se a produção de carne passa a ser desvalor social, o terreno que antes era usado para a pecuária pode ser utilizado para agricultura.

Da mesma forma, se há necessidade de moradia urbana e de áreas de estacionamento, a utilização de um determinado terreno será conforme seu valor circunstancial. Mas se determinado terreno foi utilizado como área de estacionamento, não há impedimento (pelo contrário, há estímulo) para que outro seja utilizado para construção de moradias. Se, decorrido o tempo, a exploração de área de estacionamento passa a ser menos vantajosa, aquele terreno, que inicialmente era estacionamento, poderá se converter em área de moradias.

Inexistindo custos de transação, o elevado grau de substituibilidade das propriedades corpóreas afasta a possibilidade de exercício de poderes monopolistas. A exclusividade do titular da propriedade não se converte em poder de preços monopolistas porque, não obstante a escassez de bens, os bens são substituíveis. E, sendo substituível, o preço da utilização de uma determinada área ou de um determinado objeto tenderá a se aproximar do valor de sua utilidade.

Entretanto, os custos de transação existem e normalmente são altos. Ao Direito incumbe a função de reduzir os custos de transação, criando estímulos à eficiência. Daí a necessidade de normas jurídicas que impeçam o uso ineficiente da propriedade, estabelecendo conteúdos para o exercício da propriedade e determinando que a propriedade cumpra suas funções de eficiência.

Assim é que o direito de propriedade sobre os bens corpóreos tem por objeto e por consequência a eficiência econômica na exploração dos bens.

No entanto, não é essa a realidade, nem é esse o sentido da atribuição da propriedade intelectual.

O direito de propriedade intelectual não tem a mesma lógica que o direito de propriedade de bens corpóreos.

A propriedade intelectual tem por objetivo a criação de mecanismos de estímulo à produção de inovações e de ideias produtivas e, em última análise, a promoção de um ambiente de desenvolvimento econômico. A obra intelectual é elemento central do desenvolvimento e do crescimento econômico. O direito de propriedade intelectual, ao servir de estímulo à produção de inovações, funciona como importante ferramenta de desenvolvimento econômico[9].

É com a perspectiva de obtenção de vantagens, porque pode se apropriar dos frutos de seu trabalho, que o agente realiza os investimentos necessários para a produção de uma nova tecnologia ou de uma nova obra intelectual.

Os institutos da propriedade intelectual não têm objetivo de eficiência na exploração da obra intelectual, mas incentivo à sua produção, por meio da proteção aos investimentos do agente inovador. A obra intelectual, ou melhor, a divulgação da obra intelectual só ocorre se o agente tem perspectiva de obter lucros.

A proteção não se dá antes da criação do objeto. Mas o objeto é criado, em grande parte, por causa dos benefícios que a proteção do investimento traz para que ocorra a exploração pelo seu titular. O agente verifica as possibilidades de sucesso de seu empreendimento na pesquisa e desenvolvimento da obra e as perspectivas de ganho de seu produto. A incerteza do investimento em pesquisa e desenvolvimento deve ser superada pela expectativa de ganhos com a obra intelectual.

A inexistência de um regime de proteção à produção intelectual poderia levar a uma situação em que os gastos com pesquisa e desenvolvimento não compensassem a riqueza produzida pela produção intelectual. Se qualquer um pudesse se apropriar dos esforços e investimentos do agente inovador, não haveria motivo para fazer o arriscado investimento em inovações. Nessa situação, não haveria estímulo eficiente à produção de inovações, e, como foi analisado, não haveria desenvolvimento.

Mas, ao mesmo tempo em que se reconhece a necessidade da proteção, é imperioso reconhecer que a proteção à propriedade intelectual não segue a mesma lógica da propriedade corpórea.

A propriedade intelectual não se dá sobre um objeto, mas sobre uma ideia ou série de ideias cuja utilização não a desgasta. Não há desgaste ou ineficiência da patente ou do direito autoral porque foram produzidas muitas engenhocas ou livros.

Diferentemente da maximização decorrente da gestão da propriedade corpórea, a propriedade intelectual sobre uma inovação ou uma obra não significa maior eficiência da obra ou da inovação.

A propriedade intelectual não é um campo de pastagem. A utilização em excesso, decorrente de um regime em que não exista propriedade, por si só não gera inefici-

---

9. A respeito, confira LARA, Fabiano Teodoro de Rezende. *Direito, desenvolvimento e a propriedade intelectual*. São Paulo: Editorama, 2010.

ência econômica. Pelo contrário, uma vez criada a obra intelectual, o mais eficiente é a sua ampla divulgação.

Divulgada amplamente, sem custos de transação, a obra intelectual promoverá amplo desenvolvimento porque tenderá a ser utilizada nas circunstâncias de maior eficiência econômica. Obviamente, a destruição do regime da propriedade intelectual garantiria a eficiência na distribuição do conhecimento já produzido, mas inviabilizaria a produção de novos conhecimentos, ou pelo menos a sua divulgação.

Sem proteção à propriedade intelectual, o comportamento racional do agente seria o de usar apenas inovações produzidas por outros ou, investindo em inovações, manter sua obra em segredo. Em última análise, pode-se inferir que haveria redução relevante no volume de inovações e, por consequência, na taxa de desenvolvimento.

Com efeito, o segredo industrial é um dos métodos de proteção usado quando o agente percebe a ineficácia da proteção intelectual. Os processos não patenteáveis, os conhecimentos não amparados por meio dos institutos do direito autoral ou da propriedade industrial são eficazmente protegidos pelo segredo. Há, também, eficácia do segredo nos casos em que se percebe que o prazo de proteção legal da obra é inferior ao tempo necessário para que os competidores descubram como fazê-la.

No entanto, a manutenção do segredo não traduz a forma mais eficiente de proteção, porque é capaz de manter um monopólio por prazo indefinido. Sobre a ineficiência de um regime de segredos, Landes e Posner apontam aspectos que são relevantes: 1º – tendência à pesquisa apenas para inovações que possam ser mantidas em segredo; 2º – impossibilidade ou elevada dificuldade de cessão do inventor a terceiro, que poderia ser melhor produtor; 3º – potencial ignorância de outras eventuais aplicações de seu invento; 4º – tendência à organização de mercados em linhas monopolistas, decorrente da concentração para a manutenção do segredo para os competidores[10]. Além dos argumentos de Landes e Posner, haveria outro fundamento da ineficiência causada pelo segredo: a duplicação desnecessária de esforços para a obtenção da mesma obra intelectual.

Percebe-se, pois, que uma das principais vantagens do regime de proteção, com os institutos de propriedade intelectual presentes no ordenamento brasileiro, é a publicidade da informação.

Não se pode afirmar que o Teorema de Coase – a ideia de que inexistindo custo de transação haveria deslocamento dos bens para seu uso mais eficiente – seja aplicável à propriedade intelectual. O pensamento de Coase, no *"The Problem of Social Cost"* (1960), pressupõe a exclusividade e a irreprodutibilidade do objeto ou do direito. Os conflitos narrados por Coase naquele artigo pressupõem a exclusão de um direito por outro. O terreno presta-se ao gado ou à agricultura, mas nunca aos dois.

---

10. LANDES, William M.; POSNER, Richard A. *The economic structure of intellectual property law.* Cambridge: The Belknap Press of Harvad University Press, 2003, p. 328-331.

A propriedade intelectual não encontra a limitação da exclusividade e irreprodutibilidade, que são pressupostos no pensamento de Coase.

O objeto da proteção da propriedade intelectual pode ser reproduzido sem diminuição do estoque. Enquanto a destinação da propriedade física extingue a quantidade disponível daquela propriedade, a destinação da propriedade intelectual não dissipa o seu estoque disponível. Não há conflito entre usar o objeto em uma ou outra circunstância. Ele pode ser usado ao mesmo tempo em vários lugares. Independentemente de quantas vezes for utilizado, o proprietário continuará com seu estoque inalterado.

Uma vez criada, a obra intelectual não encontra limites de escassez em si. Pode-se cogitar a escassez do meio físico em que se consolida o objeto da proteção. Mas o objeto da proteçãoi, uma vez divulgado (que é pressuposto da proteção), não é escasso. É diferente do ar, que é bem de estoque limitado, mas que, em função da sua alta quantidade, afasta a necessidade de regulação. A capacidade de repetição ou reprodução da obra intelectual é infinita.

A respeito, é interessante salientar o pensamento de Eduardo da Motta e Albuquerque[11] que, referindo-se a Arrow[12], destaca que a informação, matéria-prima da obra intelectual, "possui algumas propriedades desconfortáveis". Primeiramente, porque é indivisível, com possibilidade de retornos crescentes. Em segundo lugar, porque, sendo intangível, "o fato de um agente possuí-la não impede um segundo agente de utilizá-la".[13] Em terceiro lugar, há o chamado "paradoxo fundamental na definição de valor da informação", porque o comprador potencial da informação não sabe o seu valor já que não a conhece e, se a conhece, não está disposto a pagar qualquer quantia por ela. Aponta, ainda, que, não sendo perfeitamente previsível a mercadoria final (informação) a partir de seus insumos (informação), havendo necessárias incertezas, há tendência de mercado ao subinvestimento na produção. É, ainda, insumo para produção de novas informações, o que potencializa os problemas relativos ao seu valor e à incerteza na produção. Por fim, uma vez produzida, a informação (ou a obra intelectual) pode ser usada de forma infinita.

O deslocamento do bem jurídico nessa circunstância não se dá para onde seja mais eficiente, independentemente do que dispuser o Direito. Em outras palavras, a eficiência alocativa nestas circunstâncias depende da estrutura normativa.

Outro aspecto relevante é a relativa inelasticidade da demanda. A propriedade intelectual recai sobre um objeto cuja demanda é de relativa inelasticidade em função

---

11. ALBUQUERQUE, Eduardo M. Informação, Conhecimento e Apropriação: notas sobre o significado econômico das patentes e os impactos da emergência de uma economia baseada no conhecimento. *Perspectivas em Ciência da Informação,* Belo Horizonte, v. 5, n. 2, 2000, p. 247.

12. ARROW, Kenneth. Economic welfare and the allocation of resources for innovation. In: Nelson, R. (Ed.). *The rate and direction of inventive activity.* Princeton: Princeton University Press, 1962, p. 609-625.

13. ALBUQUERQUE, Eduardo M. Informação, Conhecimento e Apropriação: notas sobre o significado econômico das patentes e os impactos da emergência de uma economia baseada no conhecimento. *Perspectivas em Ciência da Informação,* Belo Horizonte, v. 5, n. 2, 2000, p. 247.

do baixo grau de substituibilidade. A propriedade intelectual tem por objeto uma obra do intelecto que, por definição, tem baixo grau de substituibilidade. A originalidade e a não obviedade são pressupostos da propriedade industrial e do direito autoral. Como regra geral, pode-se afirmar que uma obra original e não óbvia tem menos substitutos disponíveis, ou ao menos, menos substitutos eficientes disponíveis.

O encontro de abundância e inelasticidade da demanda ordinariamente levaria à impossibilidade de apropriação. O ar, que é insubstituível e abundante, é também um bom exemplo disso.

Entretanto, ao contrário do que afirmou Coase de forma genérica, a atribuição inicial dos direitos de propriedade intelectual é capaz de afetar o resultado final da distribuição dos direitos, mesmo que se suponha ausência de custos de transação.

Uma norma que estabeleça que toda obra intelectual produzida em determinado Estado é de propriedade pública, devendo o criador receber indenização pelo que gastou na descoberta, acrescida de algum outro valor de estímulo, produz no mercado efeito diferente de uma norma que permita a exploração privada pelo criador, restringindo o acesso público aos benefícios decorrentes da ideia.

Ou, ainda, para que a reflexão não fuja do pressuposto da economia de mercado presente no pensamento de Coase, a atribuição da titularidade da exploração comercial da obra intelectual ao criador ou ao que primeiro usar industrialmente a inovação independentemente de tê-la criado, altera substancialmente o produto social final. É claro que haveria forças de mercados tendentes a deslocar a obra para seu melhor uso, mais eficiente.

Mas, em função da "destruição criadora" da inovação a que se referia Schumpeter[14], o detentor da titularidade poderia, simplesmente, optar racionalmente por não admitir a exploração do objeto. Por causa do que Schumpeter chamou de "destruição criadora" da inovação – que significa a criação momentânea de um monopólio, com a consequente destruição das estruturas presentes –, dependendo da atribuição inicial do direito sobre a propriedade intelectual, mesmo que não exista custo de transação, poderá haver ineficiência econômica.

Considere-se, para tanto, que, se a patente é de titularidade de um agente de determinado segmento econômico que tendencialmente desaparecerá com a publicação da descoberta, muito provavelmente não haverá exploração do objeto. Imagine-se um setor em que tenham ocorrido, no passado, altos investimentos em tecnologia cujos retornos ainda não ocorreram. Caso um agente desse setor descubra nova tecnologia que simplesmente destrua o setor, estará destruindo os investimentos que fez até aquele momento. Seu comportamento racional será o de aguardar o retorno dos investimentos que fez no passado para que, então, insira no mercado a nova descoberta.

---

14. SCHUMPETER, Joseph A. *Teoria do desenvolvimento econômico*: uma investigação sobre lucros, capital, crédito, juro e o ciclo econômico. Tradução Maria Sílvia Possas. São Paulo: Abril Cultural, 1982.

O fenômeno, aliás, pode ser observado em regimes que admitem as "patentes protetivas", que têm por objetivo apenas bloquear o desenvolvimento tecnológico de concorrentes, sem que representem absorção da nova tecnologia pelo mercado. O detentor da "patente protetiva" não usa a tecnologia patenteada, apenas impede o uso eficiente daquela tecnologia pelo concorrente.

Ao contrário do que afirmava Coase, com relação à propriedade intelectual, a atribuição inicial do direito influi no resultado final. Mesmo porque o resultado final mais eficiente, no que diz respeito à propriedade intelectual, é a sua ampla divulgação, isto é, a ausência de direito de propriedade.

Uma vez criada a obra intelectual, o resultado final eficiente é a ampla divulgação, o livre acesso por todos os agentes de mercado. Mas a solução do livre acesso não é compatível com a realidade, porque não resolve o problema da criação da obra intelectual.

A proteção à obra intelectual não se presta a outro objetivo senão o de preservar os investimentos que foram necessários para a sua produção. Não há nenhum indício de que a atribuição de propriedade à obra intelectual possa ser capaz de gerar, por si só, eficiência alocativa. A proteção tem por finalidade um ato do passado, que é o investimento. Portanto, é necessário pensar o regime de propriedade intelectual segundo reflexos de eficiência para o futuro, sem afastar sua função primordial de proteção aos investimentos.

Para o estudo das condicionantes da proteção, é necessário perceber que há diferenças substanciais entre a proteção promovida pelo regime de propriedade industrial e pelo regime de direitos autorais, na perspectiva da Análise Econômica do Direito.

A natureza e os objetivos dos investimentos, aliados às particularidades dos objetos da proteção, impõem um exame em separado de cada um dos institutos.

É importante salientar a necessidade da análise econômica das patentes, dos modelos de utilidade, das marcas, das indicações geográficas e do direito autoral, para a correta identificação das estruturas de eficiência das normas de proteção.

2.1. Análise econômica da propriedade industrial: objeto, pressupostos e limites

A propriedade industrial difere do direito autoral quanto aos limites, pressupostos e objeto. Há, ainda, diferenças significativas entre o sistema das patentes e modelos de utilidade e o sistema das marcas e indicações geográficas, também quanto aos limites, pressupostos e objeto.

Por causa da distinção identificada, separaram-se as análises de cada um dos institutos.

2.1.1. Patentes e modelos de utilidade: objeto, pressupostos e limites

A proteção à inovação por meio da patente tem a finalidade de recompensar o esforço inventivo produtivo. O investimento é direcionado a um fim produtivo. Os gastos do agente de mercado desenvolvem-se com objetivo específico. A proteção deve ter o objeto específico descrito no pedido de patente.

É comum ao Acordo sobre Aspectos dos Direitos de Propriedade Intelectual Relacionados ao Comércio (TRIPS) e à lei brasileira a regra de que são patenteáveis quaisquer invenções desde que sejam novas, contenham atividade inventiva e tenham aplicação industrial. Dispõe o art. 27, do TRIPS, que

> as patentes devem ser disponíveis para qualquer invenção, sejam produtos ou processos, em todos os campos da tecnologia, desde que sejam novas, envolvam uma atividade inventiva e tenham aplicação industrial.[15]

Ressalva-se, no texto do Tratado, que atividade inventiva corresponde à característica de "não obviedade", e "aplicação industrial", à característica da utilidade. No mesmo sentido dispõe o art. 8°, da Lei n° 9.279/96: "é patenteável a invenção que atenda aos requisitos de novidade, atividade inventiva e aplicação industrial".

A exigência da novidade, na perspectiva da análise econômica, diz respeito à ineficiência econômica da possibilidade de apropriação dos métodos ou produtos já conhecidos.

A possibilidade de apropriação de um produto ou método já conhecido não traduz, em nenhuma medida, estímulo à produção de novos produtos ou métodos. Não há produção de valor social, porque não há criação da inovação e, portanto, não há capacidade de provocação do desenvolvimento econômico. O fato foi constatado por Landes e Posner, em estudo do ordenamento que examinam[16].

De outro lado, permitir a apropriação de produto ou método já conhecido reduz a quantidade de estoque de bens públicos, ou de saberes públicos disponíveis, reduzindo a quantidade de insumos livres (informações) para a produção de novos conhecimentos.

Há, ainda, um terceiro aspecto com relação à apropriação de métodos ou produtos já conhecidos: a desnecessária elevação dos custos de investigação de algo que seja realmente novo e, portanto, objeto preferencial da proteção.

Se houvesse a possibilidade de se obter patente sobre uma invenção ou modelo de utilidade que não fosse realmente novo, os criadores de invenções ou modelos

---

15. "Article 27. [...] patents shall be available for any inventions, whether products or processes, in all fields of technology, provided that they are new, involve an inventive step and are capable of industrial application. [...]".

16. LANDES, William M.; POSNER, Richard A. *The economic structure of intellectual property law*. Cambridge: The Belknap Press of Harvad University Press, 2003.

novos deveriam licenciar partes de seus inventos, em função da cumulatividade da inovação.

Com efeito, se a inovação é cumulativa, como entendem Mokyr[17], Nelson[18] e Rosenberg[19], a inovação só é possível se utilizados conceitos de invenções velhas. É claro que não se pode afirmar que a lâmpada seja uma evolução da vela. Mas a invenção da lâmpada elétrica só foi possível com a utilização de conceitos já anteriormente sabidos sobre a transmissão de energia, o comportamento de gases, entre outros.

Se admitida a patente da inovação já conhecida, surgiria a necessidade de obtenção de licença de um detentor de uma patente sobre um produto ou método já conhecido para a produção de um produto ou método verdadeiramente novo. Obviamente, a necessidade de tal licença seria um fator de elevação de custos, porque mesmo que ocorresse licenciamento gratuito, haveria custo da transação, como observam Landes e Posner.[20]

Tem também o sentido econômico de eficiência a exigência de que contenha, em si, uma atividade inventiva, ou, segundo o Tratado, não seja óbvia a descoberta. Aliás, a ressalva de que atividade inventiva e não obviedade são sinônimos foi objeto de dispositivo próprio no ordenamento brasileiro, como posto no art. 13, da Lei n° 9.279/96.

A descoberta óbvia, ou que não envolve atividade inventiva, é aquela que exige pequeno investimento para sua obtenção. Tomando como pressuposto que o objetivo da proteção patentária é o de proteger aos investimentos com fim de induzir a produção da inovação, não há sentido na proteção às descobertas óbvias, ou que não envolvam atividade inventiva, porque os benefícios decorrentes delas são capazes de suprir seus custos. Apesar de não haver exata correspondência entre a não obviedade e a novidade, a lógica econômica da vedação é a mesma. Ressalta Posner, com relação a esse aspecto, que "quanto menor o custo da descoberta, [...] maior o perigo de investimentos desnecessários se a proteção patentária for admitida"[21]. De fato, o pequeno valor do investimento aliado à possibilidade de grande retorno pode induzir um comportamento de buscas de vários agentes por esses tipos de patentes, cujos custos excederiam, em muito, os seus valores de mercado. Na perspectiva do inventor, uma descoberta óbvia que tenha valor econômico muito superior a seu custo já é satisfatoriamente recompensada pela sua simples exploração.

---

17. MOKYR, Joel. *The lever of the riches*: technological creativity and economic progress. Oxford: Oxford University Press, 1990

18. NELSON, Richard R. *As fontes do crescimento econômico*. Tradução Adriana Gomes de Freitas. São Paulo: Ed. Unicamp, 2006.

19. ROSENBERG, Nathan. *Por dentro da caixa-preta*: tecnologia e economia. Tradução José Emílio Maiorino. São Paulo: Ed. Unicamp, 2006.

20. LANDES, William M.; POSNER, Richard A. *The economic structure of intellectual property law*. Cambridge: The Belknap Press of Harvad University Press, 2003.

21. "The lower the cost of discovery [...] the greater is the danger of overinvestment if patent protection is allowed". Ver POSNER, Richard A. *Economic analysis of law*. Toronto: Little, Brown and Co., 1992, p. 39.

A exigência de que a invenção tenha utilidade industrial também é medida de eficiência normativa. O custo da proteção a algo que, apesar de novo, não tenha aplicação industrial ou comercial imediata excede os benefícios diretos da proteção. Proteger o invento não comercializável custa mais que o benefício obtido pelo próprio produtor do invento.

De igual forma, a norma limita a possibilidade do patenteamento estratégico usado apenas para bloquear outras invenções. Se não se exigisse a demonstração da utilidade concreta e comercial da invenção ou do modelo de utilidade, poderia ser admitido o patenteamento apenas com a intenção de forçar a obtenção de prévia licença por aqueles que descobrirem, posteriormente, os benefícios econômicos decorrentes da invenção.

Um sistema assim, além de fugir aos objetivos concretos de incentivo ao desenvolvimento, tornaria muito cara a concessão de patentes que representassem algum benefício econômico e social, isto é, que apresentassem possibilidade de provocar o desenvolvimento. Seria necessária uma investigação extensa sobre cada aspecto do invento para se determinar cada parcela de patente não comercial utilizada. Além disso, estimularia o comportamento parasitário (*free riding*) de quem não desenvolveu, completamente, ao ponto de utilidade comercial, uma invenção.

Ora, se não descoberta a utilidade industrial do invento, este invento não é capaz de provocar desenvolvimento econômico, sendo até mesmo ilógico que o regime jurídico-institucional do desenvolvimento o proteja.

Pelo mesmo motivo, o art. 10 da Lei n° 9.279/96, exclui a patenteabilidade de ideias básicas ou de pesquisas básicas, as teorias científicas, métodos matemáticos, concepções puramente abstratas, entre outros. A limitação é procedimental e substancial. Seria possível argumentar que os problemas relativos à patenteabilidade de teorias ou descobertas científicas ainda não comercializáveis não se liga ao alto custo de exploração em si, mas ao longo tempo de duração das patentes. De fato, num sistema em que as pesquisas científicas básicas fossem patenteáveis, ainda que sem aplicação comercial imediata, haveria estímulo para a produção de pesquisas básicas, que são a matéria-prima da tecnologia aplicada, da inovação tecnológica[22]. Portanto, haveria estímulo à formação de estoques de matéria-prima – o conhecimento básico. Mas, a alta quantidade de estoque de patentes em pesquisas básicas poderia fazer procedimentalmente impossível, devido aos custos de transação, a concessão de uma patente que efetivamente resolvesse um problema concreto e que, por consequência, provocasse o desenvolvimento. O agente inovador que descobrisse algo comercialmente relevante deveria buscar muitos licenciamentos perante os detentores dessas supostas patentes básicas.

---

22. A respeito, são interessantes as ideias de Donald Stokes. Ver STOKES, Donald E. *O quadrante de Pasteur*: a ciência básica e a inovação tecnológica. Tradução José Emílio Maiorino. São Paulo: Ed. Unicamp, 2005.

A solução poderia ser de limitação temporal menor para as patentes de conhecimento de pesquisas básicas e descobertas científicas puras. Mas o sistema posto não leva em consideração as particularidades de cada invento para determinação do tempo e da amplitude da patente. Esse problema do sistema objetivo de patenteamento é muito bem tratado por Suzanne Scotchmer, em seu *Innovation and Incentives*, no qual trata do método que chama de *"one size fits all"* (um tamanho se encaixa em todos, em tradução literal), que premia, desproporcionalmente, as inovações relevantes e irrelevantes. Scotchmer propõe a adoção de um sistema que leve em conta as particularidades de cada inovação e a sua relevância econômica, para a fixação dos prazos e escopos de proteção[23].

Além da limitação temporal para a concessão da patente, estabelece-se uma condição limitativa, que é a publicidade da invenção "de maneira suficientemente clara e completa para que as pessoas capacitadas tecnicamente possam reproduzi-la", nos termos do art. 29, do TRIPS.

A lei brasileira estabeleceu uma proteção a mais do que a exigida pelo Tratado internacional, possibilitando um período de 18 meses, contados da data do depósito ou da prioridade mais antiga, para que ocorra a publicação do pedido.

Para Landes e Posner, a regra da publicação estimula a manutenção do segredo industrial, posto que haveria o risco da negação da patente e perda do segredo ao mesmo tempo.[24]

Em que pese a perspectiva de Posner, entende-se que a medida nacional de criação de um prazo de 18 meses de segredo não tem o sentido de eficiência buscado pelo instituto da patente. Nesse período, haveria gastos desnecessários de outros competidores com o desenvolvimento de uma invenção cujo pedido já se encontraria depositado. Ora, um dos benefícios do regime de proteção patentária é evitar os custos de duplicação de investimentos para a invenção.

Havendo proteção imediata à invenção, ou seja, havendo proteção aos investimentos em pesquisa e desenvolvimento a partir do depósito de pedido, é ineficiente possibilitar qualquer outro gasto de outro agente na obtenção do mesmo fim. A publicação da patente desde o pedido possibilita a eventuais investigadores da mesma área direcionar os gastos já despendidos em outra invenção que não seja igual àquela publicada. Desestimula a duplicação desnecessária de gastos e possibilita o aproveitamento útil das pesquisas que ainda não tenham sido concluídas. De outro lado, possibilita que os competidores daquele que usará a patente se preparem para o impacto dos poderes monopolistas do detentor da patente, investindo em redução de custo e aumento de eficiências na sua produção.

---

23. SCOTCHMER, Suzanne. *Innovation and incentives*. Cambridge: The MIT Press, 2006, p. 117-9.
24. LANDES, William M.; POSNER, Richard A. *The economic structure of intellectual property law*. Cambridge: The Belknap Press of Harvad University Press, 2003, p. 362.

Pode-se concluir que as normas postas para a concessão das patentes têm evidente sentido de eficiência econômica. De uma forma geral, essas normas são capazes de estabelecer, com eficiência, institutos que funcionam como mecanismos de estímulo ao desenvolvimento de novas tecnologias, que, por sua vez, são elementos importantíssimos do desenvolvimento econômico. No entanto, são ineficientes e devem ser objeto de preocupação das políticas públicas institucionais econômicas as normas de uniformidade dos prazos de duração, bem como as de limitação da publicidade após o depósito.

De outro lado, cumpriria estabelecer reflexões aprofundadas sobre a propriedade garantida nos termos do art. 6°, da Lei n° 9.279/96, nomeadamente no que diz respeito às suas funções econômica e social.

2.1.2. Marcas e indicações geográficas: objeto, pressupostos e limites

O investimento em marcas e indicações geográficas se dá na correspondência entre marca/denominação e produto, não na ideia ou expressão. Quando se investe em uma marca, investe-se na correspondência significante-significado (marca-qualidade). O investimento em marcas e indicações geográficas tem como objetivo a identificação, no mercado, de determinado produto ou categoria de produto como de determinada qualidade. Por esse motivo, a proteção deve ser à correspondência significado-significante. Não se deve proteger o significante apenas.

A marca e a indicação geográfica são formas de identificação de um produto por meio da sua correlação com um determinado produtor ou com uma determinada região de produção.

A marca não se confunde com nome do produtor. Não são raros os casos em que ela inspira-se no nome do produtor, como, por exemplo, "The Coca-Cola Company" e a sua marca mais famosa "Coca-Cola". Entretanto, a marca "Coca-Cola" não se refere ao nome do produtor, mas à forma gráfica pela qual se identifica o produto. É o sinal distintivo dos bens ou serviços de um agente de mercado. Nos exatos termos do art. 15, 1, do TRIPS, "qualquer signo, ou combinação de signos, capaz de distinguir os bens ou serviços de um produtor daqueles de outro produtor, poderá constituir uma marca". Nos termos do art. 122, da Lei n° 9.279/96, são registráveis como marca "os sinais distintivos visualmente perceptíveis".

A marca, assim como a indicação geográfica, tem função de identificação. Sua principal função econômica é a redução de custos de transação, na medida em que possibilita ao comprador a distinção de um produto dentre outros, como bem observado por Landes e Posner.[25]

---

25. LANDES, William M.; POSNER, Richard A. *The economic structure of intellectual property law.* Cambridge: The Belknap Press of Harvad University Press, 2003.

Em um segmento de mercado no qual vários produtores competem, havendo pequenas variações de qualidade entre os produtos, a marca possibilita ao comprador a correlação entre produtor e qualidade do produto, para avaliação da adequação às suas necessidades. O comprador pesquisará por tanto tempo quanto necessário, até encontrar a correspondência entre a qualidade pretendida e o preço pago. Esse processo de pesquisa e a identificação da melhor marca para a satisfação de suas necessidades custa tempo e dinheiro. Uma vez identificado pela marca, o produto que é capaz de satisfazer as suas necessidades, os custos de pesquisa de qualidade de cada um dos produtos daquele segmento de mercado desaparecem, porque já foi encontrado o produtor mais adequado.

A função de identificação pressupõe uniformidade da qualidade de um mesmo produtor. Se há grandes variações de qualidade dos produtos de mesma marca de um mesmo produtor, não há utilidade na identificação do produto. Um comprador de café pode perder muito tempo na identificação de qual café melhor satisfaz suas necessidades de preço e qualidade. Consumirá vários quilos de café de vários produtores até encontrar uma marca que seja a melhor para a satisfação de suas necessidades. Entretanto, se o produtor daquela marca escolhida é incapaz de manter o mesmo nível de qualidade e preço relativo, torna-se inútil a identificação do seu produto por meio de uma marca. O pressuposto da eficiência da marca é, portanto, a uniformidade de produtos de um mesmo produtor.

A proteção à marca, na perspectiva da análise econômica, deve estabelecer duplo sentido: a proteção interna, contra a incorreta identificação por um mesmo produtor, de um produto de qualidade inferior como se fosse de qualidade superior; e a proteção externa, contra competidores que pretendem se aproveitar dos investimentos em divulgação de qualidades associadas a uma determinada marca.

A proteção que chamamos de interna, correspondente à defraudação de qualidade pelo próprio produtor, não exige muita intervenção do direito. A proteção é, em grande parte, dada pelo próprio sistema de competição do mercado. A incorreta identificação de qualidade destrói o significado atribuído ao significante pelo comprador. Qualquer benefício extraído pelo produtor com a redução da qualidade de seu produto decorrerá de correspondente depreciação de sua marca até o ponto de sua absoluta anulação como significante de alguma qualidade[26].

É diferente a situação da proteção externa, contra comportamento de outros produtores, que exige intervenção do direito. Se não houvesse um regime de proteção às marcas, haveria sempre incerteza quanto à qualidade do produto ou do serviço, implicando maiores custos de transação. Qualquer investimento em identificação seria apropriável pelos demais competidores. O comportamento racional dos produ-

---

26. Haveria alguma necessidade de intervenção do direito em mercados desonestos. A questão da incerteza de qualidade e o mecanismo de mercado são muito bem estudadas por George Akerlof, em seu The Market for "Lemons": Quality, Uncertainty and the Market Mechanism. *Quarterly Journal of Economics,* Cambridge, v. 84, n. 3, p. 488-500, Aug. 1970., que lhe rendeu o Nobel de Economia de 2001.

tores seria o de não investir em marcas e diminuir os custos de produção, mesmo que isso significasse redução da qualidade, até o ponto de qualidade mínima do produto com identidade de preços.

O desenvolvimento qualitativo é importante para a criação de um ambiente favorável ao surgimento de inovações, como foi visto.

A proteção à marca tem por consequência não apenas a proteção ao competidor, mas a proteção à competição por qualidade e, por consequência, o desenvolvimento do mercado por meio do estabelecimento de padrões mais altos de qualidade.

Essa proteção à competição por qualidade por meio da proteção à marca não se limita no espaço aos territórios nacionais. Como anotam Landes e Posner "consumidores não estão acorrentados a um lugar"[27]. Com efeito, é inviável admitir limitações territoriais à proteção das marcas quando não há idêntica limitação ao trânsito de pessoas ou informações. Daí a proteção às marcas notórias em seus ramos, independentemente de depósito ou registro no Brasil (art. nº 126, da Lei nº 9.279/96), bem como os requerimentos de registro feitos em outro país com qual o Brasil tenha acordo (art. 127, da Lei nº 9.279/96).

A identificação de um produto com determinado nível de qualidade, isto é, a correlação significante-significado, não encontra barreiras físicas capazes de impedi-la. O comprador de um veículo Citroën produzido no Brasil espera a mesma qualidade do produtor da Citroën em todo o mundo. Há, ainda, eficiência na proteção aos investimentos em marca, em economia de escala. A garantia de uso de uma marca pelo mesmo produtor em vários territórios nacionais implica redução de custos do produtor na formação de níveis internacionais de correlação entre o produto e a marca. A proteção internacional à marca tem sentido de eficiência no custo de construção da vinculação entre o significante (marca) e o significado (qualidade).

É ineficiente, portanto, qualquer limitação territorial às marcas. No entanto, não há eficiência por si só na proteção à marca, devendo ser observado o mercado em que se insere o produto e a capacidade de indução do comprador em erro.

Também é ressalvada, no ordenamento brasileiro, a proteção no tempo, ainda que sem o registro de marca. Apesar de se instituir na lei que a proteção ocorre a partir do pedido de registro no Brasil ou no exterior, o art. 129, §2º, da Lei nº 9.279/96, garante precedência àquele que, de boa-fé, pelo menos 6 (seis) meses antes da data da prioridade ou do depósito, use no país, marca idêntica ou semelhante para distinguir seus produtos. A norma tem objetivo de proteção aos investimentos já realizados pelo produtor na correlação entre o seu produto e a marca, impedindo o comportamento parasitário daquele competidor que quer apenas aproveitar-se de seus esforços mercadológicos.

---

27. *"consumers are not chained to one location"*. LANDES, William M.; POSNER, Richard A. *The economic structure of intellectual property law.* Cambridge: The Belknap Press of Harvad University Press, 2003, p. 183

Sendo forma de proteção que busca eficiência na competição por qualidade, a proteção à marca deve encontrar seus limites na correspondência produtor-produto-qualidade.

Essa limitação deve ter como consequência, com relação ao tempo de vigência, a proteção à exploração da marca enquanto durar a correspondência significante-significado. Enquanto houver o produto correspondente àquela qualidade, deve-se proteger a marca. Por esse motivo, a lei brasileira estabelece o tempo de proteção pelo período de 10 (dez) anos, prorrogável por períodos iguais e sucessivos indefinidamente. Não há sentido de eficiência em limitações temporais enquanto existir efetivo uso da marca. De outro lado, também é eficiente a norma que exige a manifestação de vontade do titular a cada período de 10 (dez) anos, com recolhimento de retribuições (art. 133, da Lei n° 9.279/96), bem como a sua exploração com intervalo máximo de 5 (cinco) anos (art. 143, da Lei n° 9.279/96). Caso não houvesse tais exigências, ocorreria estímulo à formação de "bancos de marcas", com a formação de significantes sem correspondentes significados. A formação de tais "bancos de marcas" teria como efeito principal a diminuição do estoque de formas eficazes de comunicação e identificação de produtos, sem correspondente produto a ser comunicado. Equivaleria, nesse sentido, a imposição de custo social sem a criação de qualquer valor[28].

Outra limitação decorrente do regime de proteção às marcas é o critério da capacidade de distinção. A marca, como sinal distintivo de um produtor, só tem sentido econômico e, por consequência, só merece proteção contra o uso indevido se for capaz de induzir à falsa expectativa de qualidade. Sendo método de diferenciação cuja utilidade é a redução dos custos de transação, possibilitando a pronta identificação de um bem produzido por um determinado produtor conforme determinado padrão de qualidade, a proteção contra outras marcas deve ocorrer se há efetiva capacidade de induzir o comprador ao erro. Quanto a este último aspecto, é importante notar que não se trata de uma proteção por si só, independente do contexto em que está a marca. Somente examinando o produto no contexto do mercado é que se pode verificar se uma marca é capaz de induzir expectativa de qualidade e, portanto, merece proteção contra outra, que, por sua similitude, gere falsas expectativas nos consumidores. Deve-se destacar que a proteção à marca é instituto importante para o desenvolvimento de qualidade dos mercados, sendo este seu sentido econômico. No ordenamento brasileiro, há normas eficientes para a exploração de marcas, podendo-se afirmar que há institutos necessários à proteção da propriedade intelectual para o desenvolvimento da qualidade dos mercados.

---

28. Situação equivalente foi verificada no início do desenvolvimento do sistema de nomes de domínio (DNS) na internet, em que se noticiou o comportamento de indivíduos que realizavam o registro de domínio com um nome similar ao de uma marca (ou nome comercial), com o único propósito de vendê-lo ao titular da marca. Não havia criação do valor, mas mero comportamento oportunista.

2.2. Análise econômica do direito autoral: objeto, pressupostos e limites

O objetivo do direito autoral é a proteção ao investimento realizado pelo autor na expressão da ideia. Para obtenção da obra intelectual, o do autor investe na expressão de uma ideia. Não investe na ideia em si. Por consequência, a proteção deve ser à expressão, não à ideia representada.

O art. 9, 2, do TRIPS, dispõe que a proteção dada pelo direito autoral "deve se estender a expressões e não a ideias, procedimentos, métodos de operação ou conceitos matemáticos em si"[29].

No ordenamento brasileiro, a norma do art. 7º da Lei nº 9.610/98, dispõe que "são obras intelectuais protegidas as criações do espírito, expressas por qualquer meio ou fixadas em qualquer suporte, tangível ou intangível, conhecido ou que se invente no futuro [...]". Não obstante a possibilidade de interpretação daquele texto normativo no sentido de que seria o objeto da proteção a criação do espírito, a ideia em si, é claro que o objeto da proteção é a expressão da ideia. De acordo com a norma, não são protegidas todas as "criações do espírito", mas apenas aquelas "expressas por qualquer meio". Ora, o que distingue a ideia expressa da ideia não expressa é a expressão, a exteriorização. Por mero exercício de lógica, portanto, conclui-se que o objeto da proteção não pode ser a "criação do espírito" em si, mas a expressão da ideia, tal como bem enunciado no art. 9, 2, do TRIPS.

Há fundamentos econômicos para a proteção da expressão da ideia, mas não da ideia em si.

A esse respeito, são interessantes as posições de Landes e Posner[30] e Posner.[31]. Se houvesse a proteção à ideia em si, e não apenas à sua expressão, os custos de criação de novas obras seriam elevadíssimos, porque seria necessário que o autor investisse tempo e dinheiro para saber quais ideias já teriam sido usadas, a fim de, então, licenciar seu trabalho junto aos detentores dos direitos sobre as ideias que precisaria usar. Também não existiria eficiência em um regime de proteção às ideias porque haveria estímulo ao comportamento de busca de renda pura. Ocorreria estímulo à produção de ideias originais não expressas ou com o mínimo de expressão, visando à proteção normativa. Dar-se-ia um estímulo à formação de "bancos de ideias" de mínima expressão, fundados apenas na perspectiva de licenciamento futuro da ideia. Apesar do estímulo à produção de ideias novas, o resultado seria o de restrição à divulgação das ideias, além do já tratado aumento dos custos para a livre circulação de ideias.

---

29. "Copyright protection shall extend to expressions and not to ideas, procedures, methods of operation or mathematical concepts as such".
30. LANDES, William M.; POSNER, Richard A. *The economic structure of intellectual property law.* Cambridge: The Belknap Press of Harvad University Press, 2003, p. 67. LANDES, William M.; POSNER, Richard A. An Economic Analysis of Copyright Law, *Journal of Legal Studies,* University of Chicago Press, vol. 18, p. 325-363, June 1989, p. 344-353.
31. POSNER, Richard A. *The little book of plagiarism.* New York: Pantheon Books, 2007.

Justifica a proteção à expressão, mas não à ideia em si, o fato de que a obra intelectual protegida deva envolver atividade criativa e transformadora, ainda que use, parcialmente, uma ideia anteriormente divulgada. Com efeito, afastando-se das questões filosóficas da possibilidade da preexistência da ideia ao homem ou da atividade criativa do leitor, como queria Barthes[32], em perspectiva mais pragmática, percebe-se que, se a ideia é capaz de ser expressa por algum modo, é porque depende de conceitos anteriores, que, certamente, foram manipulados de uma forma criativa dentro de nova expressão. Ora, ocorrendo manifestação criativa da mesma ideia por intermédio de outra forma de expressão da ideia, há atividade inventiva sem substituição da primeira ideia expressa.

Imagine-se, como exemplo, que seja de Monteiro Lobato a ideia original de uma boneca falante, sendo ele (ou seus sucessores) o titular do direito à ideia da boneca falante. Qualquer outro criador de histórias infantis, ainda que não tenha lido ou sofrido qualquer influência da obra desse autor, deveria licenciar o uso da ideia da boneca falante, mesmo que o contexto em que inserisse sua personagem fosse diverso daquele pensado por Monteiro Lobato. E mais, as fábricas de brinquedos que resolvessem produzir bonecas que falam, com características absolutamente distintas daquelas descritas por Monteiro Lobato, estariam apropriando-se da ideia de boneca falante do consagrado escritor e, portanto, antes de produzir tais bonecas, deveriam licenciar o produto.

O retorno obtido pelo primeiro a manifestar a ideia com mínimo de expressão seria muito superior ao trabalho necessário para obtê-la.

Ora, o uso da ideia não descaracteriza ou desvaloriza a expressão da ideia contida em obras intelectuais protegidas pelo direito autoral. A proteção apenas à expressão da ideia é capaz de proteger os esforços do autor da obra, propiciando sua remuneração, sem retirar aquele bem (ideia) do estoque de matéria-prima. Há, nessa perspectiva, uma regra que leva ao ótimo de Pareto, em que um dos agentes de mercado está melhor e nenhum piora, como anotam Landes e Posner.[33]

De outro lado, os custos de manutenção de um regime jurídico de proteção às ideias seriam altíssimos. Haveria enorme dificuldade de identificação da origem da ideia e da delimitação de seu escopo, bem como sua diferenciação de alguma outra que já estivesse em domínio público, ou estivesse enraizada nas culturas orais dos povos.

Os custos totais de um regime de proteção às ideias – com a redução do estoque de matéria-prima, o estímulo à criação de ideias com mínima expressão, o aumento dos custos de transação para a expressão de novas obras, bem como o aumento de custos para a aplicação do direito – levam à conclusão de que não há, num exame de custo e benefício, eficiência na proteção das ideias.

---

32. BARTHES, Roland. A morte do autor. In: BARTHES, Roland. *O rumor da língua*. Lisboa: Edições 70, 1987, p. 49-53.
33. LANDES, William M.; POSNER, Richard A. An Economic Analysis of Copyright Law, *Journal of Legal Studies*, University of Chicago Press, vol. 18, p. 325-363, June 1989, p. 340.

Por esse motivo, é dotado de eficiência o regime normativo dos direitos autorais que protege a expressão da ideia e não a ideia em si, ou as criações do espírito em si.

A expressão da ideia não se liga apenas ao meio físico pelo qual a atividade inventiva foi veiculada. A manifestação do pensamento por meio escrito, por exemplo, deve impedir a manifestação oral do mesmo pensamento, desde que haja similaridade suficiente. A lógica econômica da vedação é a de desestímulo ao comportamento parasitário de um agente que não cria valor, mas apenas aproveita valor criado pela expressão da ideia anterior. Tendo por pressuposto que o objetivo da proteção é o estímulo à criação de obras do pensamento, não se deve estimular a mera tradução de meio, porque não contém atividade inventiva. Assim é que, com base no art. 29, da Lei nº 9.610/98, o titular do direito autoral sobre um livro pode se opor àquele que pretende lucrar com a venda da gravação da leitura do livro em meio fonográfico.

A proteção da expressão, portanto, não implica proteção apenas da forma física na qual se expressou.

Também não se pode fazer uma correlação direta entre o objeto do direito autoral e a originalidade. É difícil a tarefa de se determinar qual é a linha que separa uma cópia de uma reconstrução criativa. Sabe-se que a cópia de palavra por palavra é violação do direito autoral. Igualmente, é sabido que a mera troca das palavras por sinônimos não representa qualquer atividade inventiva, sendo comportamento parasitário que merece repressão. Entretanto, existem situações em que a reconstrução, ainda que com uso de elementos de uma história original, envolve atividade inventiva e criação de valor, caso em que merecerá, ela mesma, proteção.

Posner, em seu *"The Little Book of Plagiarism"*[34] e em seu livro em coautoria com Landes *"The Economic Structure of Intellectual Property Law"*[35] (2003), toma como exemplo a descrição de Cleópatra sentada em sua barca, feita por Shakespeare em Antônio e Cleópatra, e aquela feita por Thomas North, traduzindo a narração da vida de Marco Antônio, feita por Plutarco. A cena descrita por ambos, North e Shakespeare, as cores e as formas, são as mesmas, de igual beleza, assim como as formas de prosa (North) e verso (Shakespeare) são igualmente interessantes. Apesar de serem evidentes a base de North em Plutarco e a de Shakespeare em North, não se pode afirmar, por causa da clara atividade criativa de Shakespeare, que a proteção autoral proibiria aquela reconstrução. Cita-se, ainda no exemplo de Posner, a recriação de T. S. Elliot[36] do texto de Shakespeare, que se fundou no texto de North, que traduziu Plutarco.

---

34. POSNER, Richard A. *The little book of plagiarism*. New York: Pantheon Books, 2007.
35. LANDES, William M.; POSNER, Richard A. *The economic structure of intellectual property law.* Cambridge: The Belknap Press of Harvad University Press, 2003.
36. Aliás, é atribuída a T. S. Elliot a frase *"immature poets imitate; mature poets steal"* ("poetas imaturos imitam, poetas maduros roubam"). Ver POSNER, Richard A. *The little book of plagiarism.* New York: Pantheon Books, 2007, p. 56.

A questão toma proporções sérias se levado em consideração o conceito de arte na pós-modernidade. Em nosso meio, recentemente, teve-se notícia de que a família de Elizeth Cardoso buscava amparo judicial por causa do uso de um trecho distorcido da voz da cantora falecida em uma composição do *rapper* Marcelo D2[37]. É óbvio que há evidente atividade criativa no trabalho realizado pelo *rapper*, com criação de valor e desenvolvimento do mercado de arte (da qual podemos ou não, gostar). Eventual vedação do uso da voz da cantora pelo *rapper*, no que evidentemente pode ser classificado como citação, não implica qualquer diminuição do valor para os detentores dos direitos sobre as gravações da voz, porque os consumidores daquele tipo de música ordinariamente não compram música *rap*. De outro lado, o uso provoca criação de novo valor. A situação remete ao conceito de eficiência paretiana, em que há melhoria da posição de um dos agentes de mercado sem diminuição dos demais[38].

A reconstrução criativa nem sempre implica inexistência de valor a ser protegido pelo instituto do direito autoral. Não obstante possa ocorrer alguma similaridade substancial, a reconstrução criativa produz novo valor a partir do valor já expresso.

Não se pode estabelecer limite no que diz respeito ao conteúdo expresso, porque uma ideia pode ser divulgada em variações originais com o mesmo conteúdo, havendo criação de valor na segunda forma de expressão. Nesse sentido, recorde-se de livros didáticos, por exemplo, em que há similares conteúdos com formas de expressão diferentes. A variação da forma é que atribui o valor: quanto mais didática a expressão, quanto mais compreensível o mesmo conteúdo, mais valor se lhe atribui. Não obstante sejam os conteúdos similares, são distintos os valores e, portanto, são igualmente protegidos.

Além disso, não se podem fixar limitações quanto à forma. A transformação de uma expressão escrita para uma obra fonográfica, por exemplo, pode conter mera reprodução do conteúdo pela leitura, sem criação de valor; mas, por outro lado, a transformação para obra audiovisual pode conter valor criativo. Considerando-se a gravação da leitura de "O Guarani" de José de Alencar, para venda do livro em meio fonográfico, constata-se que não há criação de valor substancial pelo narrador do audiolivro com a simples transformação de meio. Entretanto, a ópera "O Guarani", de Carlos Gomes, baseada na obra de José de Alencar, contém, em si, valor autônomo. A transformação do meio, no segundo caso, encerra valor em si.

A proteção da expressão não pode se referir ao conteúdo ou à forma, mas ao contexto criativo do conteúdo e da forma. Se o objeto da proteção é expressão da ideia criativa, seus limites não estão apenas na forma ou no conteúdo expresso.

---

37. A notícia foi publicada no canal de notícias "GloboOnline": FAMÍLIA de Elizeth Cardoso processa Marcelo D2. *Globoonline*, Rio de Janeiro, 08 maio 2007. Disponível em: <http://oglobo.globo.com/cultura/mat/2007/05/07/295652877.asp>. Acesso em: 08 maio 2007.

38. A respeito, merece menção o estudo aprofundado sobre o conflito da reconstrução criativa na música *rap* e outras formas de expressão da arte pós-moderna feito por Siva Vaidhyanathan (2003), em seu "*Copyrights and copywrongs: the rise of intellectual property and how it threatens creativity*".

Pode-se propor como critério objetivo de limitação da proteção o critério econômico de substituibilidade funcional perfeita, isto é, o de substituição funcional do conteúdo expresso. Voltando ao exemplo, o imaginado audiolivro "O Guarani" substitui perfeitamente a função, dispensa a leitura do livro "O Guarani". Mas a ópera de Carlos Gomes, ao contrário, convida à leitura da obra de José de Alencar. Reconstrói, recria, mas não a substitui.

Esse seria o sentido normativo da regra do inciso XI, do art. 7°, da Lei n° 9.610/98, que fez incluir, dentre os bens protegidos, além das obras originais, "as adaptações, traduções e outras transformações das obras originais, apresentadas como criação intelectual nova", bem como a norma do art. 14, que determina a proteção a adaptações, traduções, rearranjos ou orquestrações de obra caída no domínio público.

No ordenamento brasileiro, não há exigência de registro para a proteção, que é facultativa, nos termos dos arts. 18 e 19, da Lei n° 9.610/98. A falta de exigência decorre do elevadíssimo custo, cuja eficácia seria incerta, posto que, não havendo fixação da ideia à expressão, haveria alto grau de falibilidade na apreciação da originalidade da ideia levada a registro. Pensar, portanto, na exigência de registro para a proteção, nos moldes da proteção patentária, não tornaria eficiente ou eficaz a proteção à ideia em si. Além disso, como anotam Landes e Posner[39], haveria transferência de altíssimos custos de pesquisa do autor para outro órgão.

3. CONCLUSÃO

É fundamental perceber que a propriedade intelectual não decorre de desígnios da natureza, como afirmava Gama Cerqueira. Também não decorre da própria estrutura da exploração da ideia como modelos de eficiência. Na verdade, decorre da estrutura de estímulo às criações de obras do pensamento. Por consequência, são institutos relevantes na criação de um ambiente de mercado favorável ao desenvolvimento econômico.

Deve-se atentar, então, para a proteção aos investimentos na criação de valor como objetivo daquelas propriedades. A constatação é relevante, porque indica, inclusive, a possibilidade de afirmação da função social da propriedade intelectual, com implicações de valor econômico, desde que não sejam capazes de contrariar o próprio objetivo da tutela, que é a proteção aos investimentos[40].

---

39. LANDES, William M.; POSNER, Richard A. *The economic structure of intellectual property law.* Cambridge: The Belknap Press of Harvad University Press, 2003.
40. Para aprofundamento, recomenda-se a leitura do nosso. *Propriedade intelectual: uma abordagem pela análise econômica do direito.* Belo Horizonte: Del Rey, 2010.

4. REFERÊNCIAS BIBLIOGRÁFICAS

ALBUQUERQUE, Eduardo M. Informação, Conhecimento e Apropriação: notas sobre o significado econômico das patentes e os impactos da emergência de uma economia baseada no conhecimento. *Perspectivas em Ciência da Informação*, Belo Horizonte, v. 5, n. 2, 2000.

ARROW, Kenneth. Economic welfare and the allocation of resources for innovation. In: Nelson, R. (Ed.). *The rate and direction of inventive activity*. Princeton: Princeton University Press, 1962.

BARTHES, Roland. A morte do autor. In: BARTHES, Roland. *O rumor da língua*. Lisboa: Edições 70, 1987.

CERQUEIRA, João da Gama. *Tratado da propriedade industrial*. São Paulo: Revista dos Tribunais, 1982. v. 1 e 2.

COASE, Ronald H. The Problem of Social Cost. *The Journal of Law and Economics*, v. 3, p. 1-44, Oct. 1960.

HARDIN, Garret. The Tragedy of the commons, *Science*, vol. 162, n. 3859, December 13, 1968.

LANDES, William M.; POSNER, Richard A. *The economic structure of intellectual property law*. Cambridge: The Belknap Press of Harvad University Press, 2003.

LARA, Fabiano Teodoro de Rezende. *Direito, desenvolvimento e a propriedade intelectual*. São Paulo: Editorama, 2010.

LLOYD, William Forster. *Two lectures on the checks to population*. Oxford: Oxford Univ. Press, 1833.

MOKYR, Joel. *The lever of the riches*: technological creativity and economic progress. Oxford: Oxford University Press, 1990.

NELSON, Richard R. *As fontes do crescimento econômico*. Tradução Adriana Gomes de Freitas. São Paulo: Ed. Unicamp, 2006.

POSNER, Richard A. *The little book of plagiarism*. New York: Pantheon Books, 2007.

POSNER, Richard A. *Economic analysis of law*. Toronto: Little, Brown and Co., 1992.

ROSENBERG, Nathan. *Por dentro da caixa-preta*: tecnologia e economia. Tradução José Emílio Maiorino. São Paulo: Ed. Unicamp, 2006.

SCHMIDTZ, David. El derecho de la propiedad. In: SPECTOR, Horácio (Comp.). *Elementos de análisis económico del derecho*. Santa Fé: Rubinzal-Culzoni, p. 27-56, 2004.

SCHUMPETER, Joseph A. *Teoria do desenvolvimento econômico*: uma investigação sobre lucros, capital, crédito, juro e o ciclo econômico. Tradução Maria Sílvia Possas. São Paulo: Abril Cultural, 1982.

SCOTCHMER, Suzanne. *Innovation and incentives*. Cambridge: The MIT Press, 2006.

STOKES, Donald E. *O quadrante de Pasteur*: a ciência básica e a inovação tecnológica. Tradução José Emílio Maiorino. São Paulo: Ed. Unicamp, 2005.

17
ANÁLISE ECONÔMICA DA ARBITRAGEM

Bruno Meyerhof Salama

Mestre e Doutor em Direito pela *University of California, Berkeley*. Graduado em Direito pela Universidade de São Paulo. Professor de Direito da Fundação Getúlio Vargas. Advogado no Brasil e em *New York*.

Este artigo examina dois temas relacionados à arbitragem.[1] O primeiro diz respeito aos motivos pelos quais indivíduos e empresas decidem, em alguns casos, voluntariamente submeterem-se ao procedimento arbitral. Em síntese, aqui argumento que essa decisão está relacionada, a duas considerações. Em primeiro lugar, à busca pela redução dos custos de transação especificamente associados à resolução das disputas. Em segundo lugar, à busca pela melhoria do ambiente jurídico em que prospectivamente se dará a relação contratual. Disso trato na seção 1.

O segundo tema, mais exploratório, diz respeito à relação entre fortalecimento da arbitragem no Brasil e desenvolvimento jurídico-institucional do país. Aqui apresento o argumento de que, no Brasil, uma certa competição que se estabeleceu em certos casos entre as cortes estatais de um lado, e os árbitros e câmaras arbitrais de outro, faz parte de um processo histórico de redução dos custos de transação relacionados à prestação jurisdicional estatal. Esta visão otimista é o objeto da seção 2.

1. POR QUE ARBITRAR?

A literatura jurídico-econômica comparada ressalta duas principais razões pelas quais, em alguns casos, partes em conflito, ou potencialmente em conflito, podem optar por recorrer a um procedimento arbitral.[2] Em primeiro lugar, a arbitragem po-

---

1. O presente artigo é uma adaptação e ampliação de outro que publiquei recentemente com um colega. Vide PUGLIESE, Antonio Celso e SALAMA, Bruno Meyerhof. A Economia da Arbitragem: Escolha Racional e Geração de Valor. *Revista da Direito GV* 7 (2008).
2. As principais referências estrangeiras sobre o tema são as seguintes: SHAVELL, Steven. Alternative Dispute Resolution: An Economic Analysis. *Journal of Legal Studies*, v. 24, 1995; LANDES, William M.; POSNER, Richard A. Adjudication as a Private Good. *Journal of Legal Studies*, v. 8, 1979; SHAVELL, Steven. Suit, Settlement, and Trial: A Theoretical Analysis under Alternative Methods for the Allocation of Legal Costs. *Journal of Legal Studies*, v. 11, 1982; BERNSTEIN, Lisa. Opting Out of the Legal System: Extralegal Contractual Relations in the

derá reduzir os custos de transação diretamente relacionados à resolução de disputas. Em segundo lugar, a arbitragem pode favorecer o estabelecimento de um sistema de incentivos mais adequado para o cumprimento de contratos, maximizando os ganhos na relação comercial entre as partes. Vejamos separadamente cada um desses aspectos.

1.1. Redução de Custos de Transação

Custos de transação são os custos para a realização de intercâmbios econômicos.[3] Todos os custos que o indivíduo incorre em função dos relacionamentos que deve manter com os demais integrantes do sistema produtivo podem ser chamados de custos de transação. Os custos de transação compreendem, assim, os custos associados à procura, negociação e monitoramento do intercâmbio econômico (inclusive os custos de oportunidade).

Um exemplo clássico de custos de transação diz respeito aos custos relacionados à solução de eventuais conflitos decorrentes de uma relação contratual. Quando analisa a conveniência e oportunidade de celebração de um contrato, o indivíduo leva em consideração, entre outros fatores, os custos de monitoramento do cumprimento do contrato pela outra parte (*e.g.*, confirmação de pagamento das parcelas, ou aferição da qualidade do produto prometido) e a eficácia dos remédios oferecidos pela lei e pelo contrato para o caso de inadimplemento das obrigações assumidas. Quanto maiores os custos, menor o interesse do indivíduo em tomar parte no negócio.

Se comparada à prestação jurisdicional estatal, a arbitragem pode reduzir os custos de transação da prestação jurisdicional. Em primeiro lugar, em razão da *agilidade* com que é concluída. O procedimento arbitral não está sujeito à rigidez dos processos judiciais, não se submete ao regime dos infindáveis recursos a instâncias superiores, e os árbitros, não raro, contam com a infraestrutura necessária para que suas decisões sejam tomadas com grande rapidez.

Na prestação jurisdicional estatal, o tempo de espera por uma decisão definitiva gera alto custo para as partes, que ficam privadas dos bens ou direitos litigiosos

---

Diamond Industry. *Journal of Legal Studies*, v. 21, 1992, p. 115-157; BERNSTEIN, Lisa. Private Commercial Law in the Cotton Industry: Creating Cooperation through Rules, Norms, and Institutions. *Michigan Law Review*, v. 99, n. 7, p. 1724-1790, 2001; ASHENFELTER, Orley; BLOOM, David E. Models of Arbitrator Behavior: Theory and Evidence. *The American Economic Review*, v. 74, n. 1, 1984; BLOOM, David E. Empirical Models of Arbitrator Behavior under Conventional Arbitration. *The Review of Economics and Statistics*, v. 68, n. 4, 1986. Sobre a análise econômica da arbitragem no Brasil, vide TIMM, Luciano B. *Arbitragem nos Contratos: Empresariais, Internacionais e Governamentais*. Livraria do Advogado, 2009, cap. 1.

3. O conceito de custos de transação foi introduzido por Ronald Coase em 1937 com o famoso artigo, *The Nature of the Firm* (Economica 4 (16), pp. 386–405, 1937). Coase se referiu aos custos de transação como os "custos para a utilização dos mecanismos de preço". Essa conceituação reflete o fato de que qualquer interação econômica requer o uso (em maior ou menor grau) de recursos pelas partes. Kenneth Arrow definiu os custos de transação como "os custos para conduzir o sistema econômico" (ARROW, Kenneth. The Organization of Economic Activity: Issues Pertinent to the Choice of Market versus Non-Market Allocation. *The Analysis and Evaluation of Public Expenditures*: The PBB-System, Joint Economic Committee, 91st Congress, 1st session, v. 1. Government Printing Office: Washington, D.C., 1969).

durante todos os anos que precedem o efetivo cumprimento da decisão transitada em julgado. Neste caso, as partes arcam com o custo de oportunidade decorrente da privação dos bens e direitos disputados em Juízo. O custo de oportunidade indica o valor do benefício abandonado ao se escolher uma alternativa em vez de outra. É, portanto, o custo de algo em termos de uma oportunidade renunciada ou impedida. Quanto mais longo o processo, maior o custo de oportunidade.

Em segundo lugar, a possibilidade de melhora na qualidade das decisões, decorrente da *especialização* dos árbitros, também pode representar economia para as partes. Uma das vantagens da arbitragem é a possibilidade de utilização de árbitros que tenham familiaridade com a matéria objeto da controvérsia. Ao contrário do juiz estatal, o árbitro pode ter formação específica em área técnica que interessa diretamente ao objeto da arbitragem. É razoável supor, por exemplo, que o árbitro com anos de experiência na indústria petrolífera possa aferir com maior precisão os termos técnicos da contratação para exploração ou transporte de petróleo, além dos usos e costumes nos negócios da indústria petrolífera. A expectativa de que os contratos sejam interpretados por especialistas diminui os custos das partes relativos à negociação de contratos.

A especialização permite, assim, a redução dos *erros* nas decisões arbitrais. Em tese, apesar de todos os procedimentos estarem sujeitos a erros, a probabilidade de o árbitro especializado decidir de forma equivocada, por não conhecer a matéria discutida, é menor. A redução da probabilidade de erro na decisão reduz o risco da relação contratual, tornando o contrato mais atrativo para as partes e todo o mercado.

Em terceiro lugar, a diminuição de custos de transação também pode refletir a expectativa de um maior grau de imparcialidade do árbitro. Este tema é particularmente sensível em relações comerciais internacionais, já que nestas frequentemente existe um temor de que as cortes estatais favoreçam a parte nacional em detrimento da parte estrangeira. A possibilidade de se determinar contratualmente que a arbitragem ocorra em jurisdição estranha às partes faz com que cada uma delas "retire" de seus custos a parcela correspondente ao risco de litigar em ambiente jurídico desfavorável.[4]

Finalmente, em quarto lugar, a diminuição de custos de transação pode ser reflexo do sigilo com que os procedimentos arbitrais são conduzidos. O sigilo é uma circunstância importante em diversas disputas, especialmente naquelas envolvendo operações comerciais confidenciais, temas que criam suscetibilidades para a reputação das partes, e segredos comerciais.

---

4.   Entrevistas com 68 árbitros e advogados de diversos países com "grande experiência em disputas comerciais internacionais" indicou que as duas maiores vantagens do procedimento arbitral são "a neutralidade do foro arbitral" e a "possibilidade de adjudicação dos laudos arbitrais internacionais" (BÜHRING-UHLE, Christian. A Survey on Arbitration and Settlement in International Business Disputes, parcialmente reproduzido in DRAHOZAL, Christopher; NAIMARK, Richard. *Towards a Science of International Arbitration*: Collected Empirical Research, The Hague: Kluwer Law International, 2005, p. 25).

Nada disso quer dizer, naturalmente, que na comparação com o litígio perante o Poder Judiciário os custos de transação dos procedimentos arbitrais sejam sempre e necessariamente menores. Em primeiro lugar, é preciso lembrar que, no Brasil, a comparação somente faz sentido naqueles casos em que a controvérsia gire em torno de direitos patrimoniais disponíveis.[5] Ficam afastados, portanto, temas ligados a cobrança de tributos, aplicação de penas, voto em eleições, dentre muitos outros. Além disso, há ramos em que a arbitragem é questionável ainda que o tema esteja cingido a direitos patrimoniais disponíveis. O exemplo clássico são as controvérsias entre consumidores e fornecedores, abarcadas pelo Código de Defesa do Consumidor. O mesmo se aplica a diversos tipos de contratos administrativos.

Em segundo lugar, os custos diretos com taxas administrativas das câmaras de arbitragem e honorários de árbitros são em muitos casos bastante elevados, e às vezes proibitivos. Já as custas processuais para litígios no Poder Judiciário são, frequentemente, mais modestas. No Brasil, este quadro é particularmente agudo, já que o acesso às cortes estatais é fortemente subsidiado pelo Estado.[6]

Em terceiro lugar, o procedimento arbitral é convencional, ou seja, depende de um acordo entre as partes no tocante à sua adoção. Nem sempre, contudo, as partes conseguirão chegar a um acordo a respeito da escolha da arbitragem. Isso ocorre principalmente por três motivos. Primeiro, porque a negociação deste acordo envolve um conjunto amplo de pontos, inclusive quanto à nomeação dos árbitros e a escolha da câmara arbitral. Segundo, porque este acordo, como qualquer outro, está sujeito aos problemas típicos associados à formação de contratos, inclusive no tocante à ocorrência de comportamentos negociais estratégicos e barreiras culturais. Terceiro, porque no Brasil a relativa insegurança jurídica quando a eficácia das convenções arbitrais pode gerar expectativas divergentes entre os contratantes e potenciais contratantes.

1.2. A Arbitragem como Moldura Institucional

Existem dois momentos em que os indivíduos podem convencionar a realização de procedimento arbitral: antes ou depois do surgimento da disputa. Ao acordo para realização de arbitragem celebrado *antes* do surgimento da disputa (notadamente, a negociação de cláusula arbitral) darei aqui o nome de arbitragem *ex ante facto*.[7] Ao acordo para realização de arbitragem celebrado após o surgimento de controvérsias darei aqui o nome de arbitragem *ex post facto*.

---

5. Conforme Lei 9.307/96, art. 1º: "As pessoas capazes de contratar poderão valer-se da arbitragem para dirimir litígios relativos a direitos patrimoniais disponíveis."

6. Vide "Judiciário e Economia", estudo elaborado pela Secretaria de Reforma do Judiciário do Ministério da Justiça (2004), p. 10 (notando que o Brasil gasta 3,66% de seu orçamento com a manutenção do sistema judicial, custo mais alto em comparação a outros 35 países analisados pelo Banco Mundial).

7. Vide BOND, Stephen. How to Draft an Arbitration Clause (Revisited). *ICC International Court of Arbitration Bulletin*, v. 1, 1990 (demonstrando que a imensa maioria das arbitragens internacionais decorre de acordos *ex ante facto*).

As arbitragens *ex ante facto* moldam o ambiente jurídico em que as partes se relacionam no curso de todas suas interações comerciais usuais, quanto no curso da resolução das disputas já surgidas. Já as arbitragens *ex post facto* moldam apenas o ambiente jurídico em que ocorrerá a resolução de sua disputa. Essa distinção importa porque as arbitragens *ex ante facto* possuem, então, um benefício qualitativo que não está disponível nas arbitragens *ex post facto*.

Para entender por que, note, em primeiro lugar, que a adoção *ex ante facto* de arbitragem pode alterar radicalmente os incentivos para inadimplemento ou a má-fé contratual. Quando as partes acordam *ex ante facto* sobre a realização de arbitragem, cada uma delas sabe, desde logo, que a quebra do contrato ou atuação de má-fé poderá ensejar uma disputa a ser resolvida por um árbitro. Há assim uma mudança nas expectativas de cada uma das partes sobre o tempo de disputa, incidência de erros, custos diretos, sigilo etc.

Concretamente, isso quer dizer o seguinte. Caso os custos de transação associados à resolução de disputas pela via arbitral sejam menores do que os custos de transação associados à resolução de disputas pela via das cortes estatais, a convenção sobre arbitragem *ex ante facto* estará, também, incentivando o bom comportamento contratual. Dito de forma simples: se a parte sabe que arcará com os ônus da sua má-fé contratual, a tendência é que se comporte de boa-fé. É por isso que a adoção da arbitragem *ex ante facto* pode, potencialmente, melhorar a moldura jurídico-institucional em que transcorre a relação comercial.

Esta dinâmica, contudo, não se aplica nas arbitragens *ex post facto*. Se o acordo sobre a adoção de procedimento arbitral surge depois de já ter surgido a disputa, as partes já estão em desacordo. Nesses casos, já não é mais possível melhorar o ambiente jurídico em que transcorrerá a relação comercial. Afinal, o surgimento da disputa pressupõe que pelo menos uma parte não esteja satisfeita com a prestação da outra parte. A relação comercial, em regra, já se esgotou e só resta a resolução da disputa.

Daí por que, como dissemos, a arbitragem *ex ante facto* traz potencialmente um benefício qualitativo adicional àqueles que se apresentam para a arbitragem *ex post facto*. A possibilidade de inclusão de cláusula arbitral em contrato confere às partes a possibilidade de determinarem, em parte, o ambiente normativo a que se submeterão em caso de disputas. As partes podem optar pela arbitragem para reduzir os custos de disputas e coibir comportamentos oportunistas durante o curso do contrato. Após o surgimento da disputa, contudo, já não é possível alterar os incentivos postos pelo ambiente normativo.

2.   TOLERÂNCIA À ARBITRAGEM E EVOLUÇÃO JURÍDICO-INSTITUCIONAL

A possibilidade de arbitrar conflitos acerca de direito patrimoniais disponíveis abre aos indivíduos a possibilidade de escolherem, em alguns casos, entre duas opções para a resolução de controvérsias: o processo judicial e o procedimento arbitral.

Diante disso, a arbitragem pode ser entendida, do ponto de vista econômico, como um modelo de solução de controvérsias que, ofertado a seus potenciais usuários, *compete* com o modelo estatal.

É claro que esta competição não é absoluta: afinal, o respaldo pelo Poder Judiciário – particularmente a possibilidade de executar em juízo laudos arbitrais e de obter medidas cautelares – amparam e dão sentido prático aos procedimentos arbitrais. Contudo, pelo menos do que toca a discussão do mérito e o conhecimento das causas em disputa, de fato se abre ao indivíduo uma opção quanto ao regime de solução de disputas. Daí falar-se em um regime de competição pela atividade de resolução de controvérsias.

Essa competição se estabelece em dois níveis. Num primeiro nível, a competição se dá *intra-modelo*. Em particular, no âmbito do modelo privado de solução de disputas, árbitros e câmaras competem entre si pelos serviços de resolução de controvérsias. Num segundo nível, a competição se dá *inter-modelos*. Isto é, a competição opõe, de um lado, o modelo público (cortes estatais) e, de outro, o modelo privado (árbitros e câmaras arbitrais). É desta competição entre os dois modelos que tratarei adiante.

A hipótese básica que trago aqui é a de que a dinâmica da relação de oferta e procura pelos serviços de resolução de disputas tenha contornos semelhantes àqueles da oferta e procura por produtos e serviços nos mercados.[8] A teoria microeconômica sugere que, nos mercados, a competição geralmente induz a redução dos preços. Da mesma forma, argumentarei que a competição entre o modelo estatal e o modelo privado pode reduzir os custos de transação da prestação do serviço de resolução de disputas.

Concretamente, sugiro que a competição das cortes estatais com os árbitros e câmaras arbitrais seja parte de um contexto histórico de progressiva redução dos custos de transação associados à prestação jurisdicional pelo Estado brasileiro. Embora otimista, a hipótese é contraintuitiva. Por isso, é preciso expor o argumento com cautela.

O Estado brasileiro tem a ambição de afirmar-se na sociedade como instância máxima para resolução de disputas. Isso se dá tanto por causa do seu desenho e vocação constitucionais, quanto por causa das ambições dos integrantes dos diversos órgãos da máquina pública, inclusive do Poder Judiciário. É bem verdade o fortalecimento da arbitragem esteve recentemente associado à ideia de "desafogar" o Poder Judiciário (o que, por sinal, não ocorreu). Mas este quadro em nada alterou o interesse do Estado em constituir-se como a principal instância jurisdicional no Brasil.

---

8. Para uma discussão abrangente do tema, vide SALAMA, Bruno Meyerhof. O que é Pesquisa em Direito e Economia?, *Caderno Direito GV* No. 22 (2008); Sete enigmas do desenvolvimento em Douglass North. In: VIEIRA, Oscar Vilhena (org.). *Desenvolvimento e estado de direito*. São Paulo: Saraiva (2010); e A História do Declínio e Queda do Eficientismo na Obra de Richard Posner. In: LIMA, Maria Lúcia L. M. Pádua (Coord.). *Trinta Anos de Brasil: Diálogos entre Direito e Economia*. São Paulo: Saraiva (2010). Todos disponíveis em http://works.bepress.com/bruno_meyerhof_salama.

De fato, no curso das discussões sobre a constitucionalidade da Lei da Arbitragem, muito se falou de suposta usurpação do poder jurisdicional do Estado. De modo geral, os defensores dessa tese acreditavam que, na impossibilidade de arbitrarem seus conflitos, os indivíduos seriam compelidos a recorrer aos tribunais estatais para solução de seus litígios. A ideia, portanto, seria enfraquecer o instituto da arbitragem para preservar a demanda pela jurisdição do Estado.

A respeito dessa tese, dois pontos devem ser ressaltados. Em primeiro lugar, aqueles que se opuseram, exemplificativamente, à constitucionalidade da Lei de Arbitragem imaginavam que a eliminação do instituto potencialmente mais eficiente (arbitragem) garantiria a demanda pelo instituto menos eficiente (processo judicial). Esta visão, contudo, é estática: ela enxerga apenas o momento da escolha do foro para proposição de uma ação.

Dessa ótica, contudo, desconsidera-se o aspecto dinâmico – vale dizer, os incentivos – postos pela ausência da opção de arbitrar. É que nos casos em que o indivíduo não possui incentivos para utilizar a arbitragem na solução de controvérsias, sua escolha pela jurisdição estatal dependerá da eficiência das instituições judiciais. A ineficiência das cortes estatais será um incentivo para que o indivíduo resolva suas disputas alterando seus padrões negociais, de forma a evitar ou tornar desnecessária a disputa judicial. Potencialmente, esse processo envolve, inclusive, a redução da atividade econômica como um todo.

Em segundo lugar, é preciso notar que a competição das cortes estatais com os prestadores privados do serviço de resolução de controvérsias foi parte de um movimento amplo que vem mobilizando o Estado brasileiro a modernizar e dinamizar seu aparato de prestação jurisdicional. Tanto é assim, que diversas iniciativas importantes, inclusive por parte do Conselho Nacional de Justiça, vêm sendo implementadas para aumentar a agilidade e a informalidade dos procedimentos judiciais (características típicas da arbitragem).

Concretamente, isso quer dizer que no Brasil o movimento de fortalecimento da arbitragem foi acompanhado por seguidos esforços de recuperação da jurisdição estatal. Apesar de os dois movimentos serem, em certa medida, uma reação conjunta às falhas do sistema judicial, a evolução de um tem levado em alguns casos à emulação pelo outro.[9] Ao final, o aumento da eficiência de um é (em parte pelo menos) copiado pelo outro, tal qual ocorre entre competidores nos mercados.

A possibilidade histórica dessa hipótese que aqui apresento é demonstrada pela absorção da *Lex Mercatoria* pelas diversas legislações comerciais dos Estados modernos. A *Lex Mercatoria* pode ser definida como um corpo de normas criado por comerciantes na Idade Média a fim de atender às necessidades do renascimento

---

9.   COOTER, Robert. *The Strategic Constitution*. Princeton: University Press, 2000, p. 137 (notando que "a competição enseja a evolução legal, (...) a inovação diferencia e a emulação harmoniza").

comercial europeu.[10] Esse sistema de normas surgiu como alternativa aos sistemas jurídicos que criavam entraves (ou elevados custos de transação) às relações comerciais da época, oferecendo aos agentes econômicos um sistema de solução de conflitos independente do Estado.[11] Durante o movimento de codificação ocorrido na Europa continental no curso do século XIX os principais conceitos da *Lex Mercatoria* foram incorporados às leis estatais e se tornaram importantes fatores para o sucesso dos movimentos de afirmação do Estado como eixo central de poder.[12]

Em síntese, a competição entre a prestação jurisdicional pública e privada vem contribuindo para a melhora do ambiente jurídico e institucional no Brasil. Dentro de certos limites, a competição tem incentivado os sistemas de prestação jurisdicional mais eficientes a inovarem e os sistemas menos eficientes a emularem. Assim, pouco a pouco, o aumento da competição entre a prestação jurisdicional pública e privada tem ensejado um relativo alinhamento entre as políticas judiciais e as necessidades dos cidadãos.

3. REFERÊNCIAS BIBLIOGRÁFICAS

ARROW, Kenneth. The Organization of Economic Activity: Issues Pertinent to the Choice of Market versus Non-Market Allocation. *The Analysis and Evaluation of Public Expenditures*: The PBB-System, Joint Economic Committee, 91st Congress, 1st session, v. 1. Government Printing Office: Washington, D.C., 1969.

ASHENFELTER, Orley; BLOOM, David E. Models of Arbitrator Behavior: Theory and Evidence. *The American Economic Review*, v. 74, n. 1, 1984.

BERNSTEIN, Lisa. Opting Out of the Legal System: Extralegal Contractual Relations in the Diamond Industry. *Journal of Legal Studies*, v. 21, 1992.

BERNSTEIN, Lisa. Private Commercial Law in the Cotton Industry: Creating Cooperation through Rules, Norms, and Institutions. *Michigan Law Review*, v. 99, n. 7, p. 1724-1790, 2001.

BLOOM, David E. Empirical Models of Arbitrator Behavior under Conventional Arbitration. *The Review of Economics and Statistics*, v. 68, n. 4, 1986.

BOND, Stephen. How to Draft an Arbitration Clause (Revisited). *ICC International Court of Arbitration Bulletin*, v. 1, 1990.

BÜHRING-UHLE, Christian. A Survey on Arbitration and Settlement in International Business Disputes, parcialmente reproduzido in DRAHOZAL, Christopher; NAIMARK, Richard. *Towards a Science of International Arbitration*: Collected Empirical Research, The Hague: Kluwer Law International, 2005.

COOTER, Robert. *The Strategic Constitution*. Princeton: University Press, 2000.

---

10.   Algumas características marcantes da *lex mercatoria* incluíam (a) caráter transnacional, (b) fundada nos usos e costumes do comércio, (c) aplicada por árbitros comerciantes, (d) informalidade e presteza, e (e) realçada importância do princípio da boa-fé no desempenho da atividade mercantil.

11.   GOLDMAN, Berthold. Frontières du Droit et Lex Mercatoria. *Archives de Philosophie du Droit*, v. 9, 1964. Sobre o surgimento a partir da segunda metade do século XX do que supostamente seria uma "nova lex mercatoria", vide CARBONNEAU, Thomas E. *Lex Mercatoria and Arbitration*. Nova Iorque: Transnational Juris Publications, Dobbs Ferry.

12.   Exemplos clássicos incluem o *Code de Commerce* francês de 1807 e o *Handelsgesetzbuch* alemão de 1897.

GOLDMAN, Berthold. Frontières du Droit et Lex Mercatoria. *Archives de Philosophie du Droit*, v. 9, 1964.

LANDES, William M.; POSNER, Richard A. Adjudication as a Private Good. *Journal of Legal Studies*, v. 8, 1979.

PUGLIESE, Antonio Celso e SALAMA, Bruno Meyerhof. A Economia da Arbitragem: Escolha Racional e Geração de Valor. *Revista da Direito GV 7* (2008).

SALAMA, Bruno Meyerhof. O que é Pesquisa em Direito e Economia?, *Caderno Direito GV* No. 22 (2008); Sete enigmas do desenvolvimento em Douglass North. In: VIEIRA, Oscar Vilhena (org.). *Desenvolvimento e estado de direito*. São Paulo: Saraiva (2010).

SHAVELL, Steven. Alternative Dispute Resolution: An Economic Analysis. *Journal of Legal Studies*, v. 24, 1995.

SHAVELL, Steven. Suit, Settlement, and Trial: A Theoretical Analysis under Alternative Methods for the Allocation of Legal Costs. *Journal of Legal Studies*, v. 11, 1982.

18
ANÁLISE ECONÔMICA DO PROCESSO

Rafael Bicca Machado

Mestre e Doutorando em Ciências Sociais pela PUC-RGS. Professor do Curso de Especialização em Direito e Economia da UFRGS. Presidente do Instituto de Direito e Economia do Rio Grande do Sul – IDERS. Membro fundador da Associação Brasileira de Direito e Economia. Advogado. e-mail: rmachado@cmted.com.br

Jean Carlos Dias

Doutor em Direitos Fundamentais e Relações Sociais e Mestre em Instituições Jurídico--Políticas pela Universidade Federal do Pará – UFPa. Pós-Graduado em Direito Civil e Processual Civil pela UNESA-RJ. Membro do Grupo Docente Estruturante e Professor de Graduação e Pós-Graduação do Centro Universitário do Pará – CESUPA, onde também coordena o Programa de Pós-Graduação em Direito. Professor convidado das Escolas de Magistratura dos Estados do Pará e do Amapá. Advogado.

1. INTRODUÇÃO

Este capítulo tem, resumidamente, dois objetivos.

O primeiro deles é oferecer ao leitor uma suma dos principais argumentos e apontamentos trazidos pela análise econômica do direito, para o estudo do processo civil. Nesse sentido, não se propõe aqui a apresentação de novas teses ou abordagens, mas sim uma tentativa de apresentar ao leitor de língua portuguesa uma breve sistematização das referências constantes sobre o tema nas principais obras e manuais, usualmente escritos em língua inglesa.

O segundo é tentar, sempre que possível, entrelaçar os argumentos da análise econômica do processo civil à realidade brasileira, tanto no campo legislativo quanto na praxe forense. Portanto, alguns apontamentos serão feitos com esta finalidade, de tentar aproximar o operador do direito brasileiro às premissas fixadas pela análise econômica do processo.

2. A ANÁLISE ECONÔMICA DO PROCESSO CIVIL

Como consta nos demais capítulos desta obra coletiva, sendo a análise econômica do Direito um potente conjunto de ferramentas para "iluminar problemas jurídicos e para apontar implicações das diversas escolhas normativas"[1], no que compete a este texto seu instrumental será utilizado com a finalidade de analisar alguns dos principais atos de um processo civil, aleatoriamente escolhidos pelos autores, quais sejam: *(i)* o ingresso de uma nova ação judicial; *(ii)* a realização de um acordo; e *(iii)* a interposição de um recurso.

2.1. O ingresso de uma nova ação

Diante de um conflito, a análise econômica procura examinar que tipo de conduta as partes tomariam considerando as várias informações que um litigante deve levar em consideração para decidir pela propositura da ação. A decisão pela apresentação de uma demanda depende de alguns fatores decisivos, que examinaremos nesta seção.

O primeiro elemento dessa equação racional é a definição das expectativas de ganho, frente aos custos imediatos do processo. Um agente racional dificilmente proporia uma ação cujos custos imediatos fossem superiores ao que espera receber com o julgamento final da ação.

Nosso sistema impõe uma série de custos imediatos que serão contabilizados pelo autor na formulação de sua intenção de ajuizamento da ação perante o Poder Judiciário. Estão nesse rol: a contratação do advogado, as taxas judiciárias e as despesas para a produção de provas.

Esse modelo faz com que o ajuizamento da ação pressuponha um investimento inicial que deverá ser ponderado pelo autor, à luz do resultado final esperado do processo. Assim, se um litigante avalia que os custos iniciais de um processo serão superiores ao resultado final, ele provavelmente não submeterá o conflito ao Judiciário.

É nesse sentido que COOTER e ULEN apontam que sendo negativo o cálculo, isto é, sendo o resultado esperado inferior aos custos iniciais do processo, o litigante certamente não proporá a ação.[2] Logo, se os custos iniciais de uma ação foram avaliados em dez mil reais e o resultado esperado for de cinco mil reais, muito provavelmente não haverá o ajuizamento da ação.[3]

Quando os custos forem inferiores ao valor esperado do processo, nesse primeiro nível de análise, podemos esperar que a ação seja ajuizada. Contudo, precisamos ter em vista que o ganho líquido de uma ação deve refletir seu resultado ponderado pelos custos iniciais. Desse modo, se o resultado esperado de uma ação for onze mil reais e o custo de proposição for de dez mil e quinhentos reais, embora a equação seja positiva, este resultado líquido pode não representar um incentivo adequado. Isto porque o ganho líquido no caso do exemplo acima seria de apenas quinhentos reais, e este valor eventualmente não será suficiente para fazer a parte decidir pelo litígio, face inclusive a outros custos não financeiros envolvidos nesta decisão.

---

1. SALAMA, Bruno. *O que é "Direito e Economia"?, in* TIMM Luciano Benetti (org.). *Direito e Economia.* 2ª ed. Porto Alegre: Livraria do Advogado, 2008, p. 50.
2. COOTER, Robert e ULEN, Thomas. *Law and Economics.* 5ª ed. São Paulo: Addison-Wesley, 2008, p. 414.
3. Isso explica porque a busca pelos Juizados Especiais foi muito maior que o esperado. É que a redução dos custos de apresentação da demanda inverteu a equação que existia antes de sua criação.

Esse ponto mostra a importância do modelo de atribuição dos custos do processo. No nosso caso, a legislação brasileira inclui os custos do processo como parcela final da condenação, sob a roupagem da sucumbência, conforme artigo 20 do Código de Processo Civil. A compensação feita pelo perdedor (que não tinha direito) ao vencedor (que teve que investir para ver seu direito reconhecido) é claramente representativa de um sistema de responsabilização calcado na busca da eficiência, uma vez que atribui ao causador da lesão jurídica os ônus da atividade processual. Esse método[4] traduz, como regra, uma inibição à pratica das condutas lesivas, uma vez que antecipa que os custos do processo deverão ser arcados pela parte culpada, sendo, assim, um incentivo contra a conduta reprovada[5].

Desse modo, a atribuição de custos é fator decisivo na concepção do incentivo para o ajuizamento (ou não) da demanda, levando em consideração os custos iniciais do processo. Em resumo, quanto maiores forem os custos do processo, menor será a taxa de apresentação de demandas em um sistema judicial de atribuição; em sentido inverso, quanto menores as despesas, maior será a taxa de apresentação.

Esta constatação importa no reconhecimento de que as partes em litígio de fato realizam cálculos de natureza econômica na avaliação da procedibilidade de uma ação. Essa constatação tem produzidos estudos para minimizar os custos de acesso ao Judiciário, sobretudo em comunidades menos dotadas de recursos econômicos. O celebre estudo de Capeletti[6] mostra bastante claramente as iniciativas no direito comparado.

Conquanto o acesso à Justiça seja consagrado em nosso ambiente constitucional, as repercussões quanto ao custo de ajuizamento são relevantes ao ponto de a Constituição vigente também impor ao Estado brasileiro o dever de oferta de assistência judiciária aos menos favorecidos. Uma das questões a ser considerada, nesse sentir, é que a redução dos custos pode levar também a um estimulo pelo ingresso de demandas frívolas. A esse respeito, um dos autores do presente capítulo expôs:

> "Uma solução imediata para a contenção da apresentação dessas demandas pode ser dada mediante o simples aumento dos custos de interposição. Essa solução, porém, não pode ser admitida, pois importaria em um desestímulo geral à propositura de demandas sem penalizar efetivamente aquele que provoca desnecessariamente a atividade judiciária. O aumento excessivo dos custos de interposição, por sua vez, levaria à inabilitação do acesso à Justiça consagrado constitucionalmente o que inquinaria a norma que o fizesse de evidente inconstitucionalidade. Uma conclusão, porém, é irretocável a criação de ambientes processuais sem a fixação de custos de proposição estimulam a interposição de demandas frívolas, uma vez que as expectativas tornam-se sempre positivas."[7]

Portanto, de um modo geral, os custos do processo são relevantes na análise da iniciativa de ajuizamento da demanda; entretanto, esse não é o único fator con-

---

4. Isso não quer dizer que esse pano de fundo exclua outras possíveis abordagens a respeito, inclusive de matiz ética. Ver a respeito o artigo de Richard Posner in Readings in the Philosophy of Law. John Arthur e Willliam Shaw (Ed.) New Jersey: Prentice Hall. 1993. P. 173.
5. Sobre o tema, e inclusive tratando de problemas decorrentes deste sistema, ver COOTER, Robert e ULEN, Thomas, ob. cit.,, p. 455 e 456.
6. CAPELETTI, Mario. *Acesso à Justiça*. Porto Alegre: Fabriz. 1988.
7. DIAS, Jean Carlos. *Analise Econômica do Processo Civil Brasileiro*. São Paulo: Método. 2009.p. 61.

siderado.[8] A expectativa de reconhecimento da pretensão também é decisiva. Este aspecto foi examinado na seção seguinte.

2.2. A realização de um acordo

No tocante à ocorrência ou não de acordos, o primeiro ponto a ser examinado é a força relativa dos argumentos que cada parte alega possuir. Por exemplo, quando uma determinada empresa procura uma consumidora propondo um acordo, admite, de imediato, que houve um dano e que, portanto, a gama de argumentos defensivos que pode construir são limitados.

Aquela margem limitada de argumentação defensiva, contudo, não implica na aceitação de quaisquer termos impostos pela consumidora. Os termos do acordo proposto tenderão a ser menores que a expectativa de condenação judicial da empresa, pois do contrário não há qualquer incentivo para que a transação seja buscada.

Ambas as partes, tomada essa hipótese, procurarão maximizar seus próprios interesses. A consumidora receber o máximo valor possível de indenização e a empresa, por sua vez, pagar o mínimo possível. E é exatamente porque os interesses são conflitantes que precisamos da análise econômica.

No nosso caso hipotético, uma reflexão jurídica tradicional tenderia apenas a avaliar o peso argumentativo das alegações de cada parte, mas nada teria a dizer sobre a possibilidade de composição. A análise econômica nos auxilia a ponderar os interesses conflitantes e aí buscar um nível mais realista de resolução de conflitos.

O ponto de partida, assim, é definir como a empresa elaborou sua expectativa de condenação. Normalmente, esse tipo de cálculo é feito mediante o recurso à jurisprudência, à literatura especializada, à legislação, entre outras fontes.

Vamos admitir que a empresa no nosso caso fez uma ampla pesquisa e descobriu que nos últimos cem casos similares ao seu, as empresas foram sempre condenadas e que a indenização média foi da ordem de R$ 10.000,00 (dez mil reais).[9] Esses dados levarão a empresa a certamente buscar um acordo; porém, desde que a indenização negociada seja inferior àquele valor da perda estimada, de dez mil reais. A primeira afirmativa deriva do simples fato de que a decisão judicial tem uma imensa probabilidade de condená-la, e, de outro lado, a possibilidade de condenação em valor superior à média recomenda a busca por uma solução compositiva.

Observe-se, porém, que a expectativa foi construída tomando como referência um valor médio que servirá de suporte secundário na medição dos incentivos rela-

---

8. Nesse sentido, portanto, se nas últimas décadas tem havido um considerável aumento no número de processos em nosso país, uma possível alternativa a ser pensada passa pelo aumento proporcional dos custos de acesso ao Judiciário (aqui entendido de forma ampla, e não com o puro e simples aumento da taxa judiciária), resguardando-se uma justiça de amplo acesso apenas àqueles casos de pessoas realmente necessitadas ou de demandas de notório interesse social.

9. Estamos radicalizando as probabilidades para possibilitar uma exposição mais didática. Para situações mais complexas consultar a bibliografia indicada ao final.

tivos à realização da transação. Isso importa em reconhecer, assim, que a empresa somente irá transacionar caso o valor em questão seja inferior à média.

E do ponto de vista da consumidora o exercício analítico é o mesmo?

A consumidora, por sua vez, diante do fato lesivo construirá também as suas expectativas. Vamos admitir que ela não tenha acesso as mesmas informações que a empresa quanto à possibilidade de condenação e valor médio. Numa situação desta, a avaliação do dano estará sujeita a uma grande margem de subjetividade. Esse fator pode levar tanto a uma superestimação do valor do dano, e, por conseguinte da indenização, como, ao contrário, a uma subestimação.

Esses aspectos serão decisivos para a nossa análise.

Vamos admitir que a consumidora estime o valor do dano em dez por cento da média obtida pela empresa. Isso implica em afirmarmos que certamente a conciliação acontecerá, pois temos um encontro positivo de expectativas; o valor pretendido pela consumidora se encontra no intervalo de expectativas da empresa. Vamos supor, agora, que a consumidora decida propor como reparação o valor de R$ 20.000,00 (vinte mil reais). Esse valor encontra-se fora do intervalo de expectativas da empresa; por isso, podemos afirmar que a conciliação, nesses termos, certamente não ocorrerá.

O que sustentamos até agora reflete bastante bem o tipo de ferramenta teórica que a análise econômica oferece aos juristas. O raciocínio antes exposto está sustentado em um sujeito metodológico racional[10], cujas expectativas de maximizar seu próprio interesse justificam uma predição de sua conduta. As afirmativas quanto à possibilidade de composição não estão sustentadas em termos de validade absoluta, como por exemplo, poderia exigir uma análise de cunho moral, mas levando em consideração dados que poderiam muito proximamente refletir a realidade.

Nossa primeira aproximação aponta que somente podemos confiar na possibilidade de um acordo quanto ao objeto do conflito quando a expectativa da consumidora for menor que a expectativa da empresa, relacionada à média das indenizações pesquisada. Essa afirmação, contudo, pode ser modulada quando consideramos os custos do processo judicial.

Já sabemos de antemão que o retrospecto é claramente adverso a empresa, mas sabemos também que o valor da indenização média (R$ 10.000,00) fixada em juízo não afeta a expectativa de desencaixe pela empresa, pois esse valor foi o teto considerado para a proposta de transação. Vamos supor, então, que o sistema judiciário esteja autorizado a acrescentar ao valor das indenizações um percentual de 50% (cinquenta por cento) do valor, correspondente às despesas judiciárias e honorários de sucumbência.

Esse novo dado altera completamente os patamares de nossa análise nos parágrafos anteriores. Isso porque a empresa na concepção de suas expectativas não deve levar em consideração apenas o valor médio líquido das indenizações em casos similares. Deve, em verdade, computar todas as variáveis que possam afetar os possíveis incentivos na realização da composição.

---

10. Ainda que sempre limitadamente racional.

Desse modo, tendo em vista que sabemos que os precedentes são amplamente adversos à empresa de nosso exemplo, podemos sustentar que os custos derivados do processo devem ser contabilizados pela empresa na construção de sua expectativa. Logo, ao valor médio das indenizações (R$10.000,00) a empresa deve acrescer 50% (cinquenta por cento) decorrente dos custos judiciários, passando, assim, o valor de referência para um patamar de R$15.000,00 (quinze mil reais).

Esse valor, contudo, não reflete, ainda uma expectativa consistente levando em consideração o caso apresentado. Nos sistemas jurídicos contemporâneos, em geral, a defesa implica também em custos. Isso quer dizer que qualquer pessoa levada a um tribunal deve estar preparada para suportar o ônus de sua defesa. Mesmo quando há oferta de defesa por órgãos do Estado ou por entidades privadas, não estamos diante da inexistência de custos e sim que estes foram arcados por outras pessoas que não o demandado (Estado e mantenedores, respectivamente).

Isso implica que, no nosso caso, a defesa da empresa em juízo importaria em custos que não podem deixar de ser contabilizados. Imaginando que a atuação de um advogado nessa situação até o final do processo produzisse custos da ordem de 50% (cinquenta por cento) sobre o valor médio das indenizações, também teríamos uma nova correção da expectativa. Contabilizado esse novo dado em nosso exemplo, o risco líquido da empresa não é mais a média das indenizações pesquisadas em juízo (R$10.000,00), mas sim a expectativa corrigida que corresponde agora a um valor de R$ 20.000,00.

Ora, antes expusemos que a pretensão de indenização da consumidora era de R$20.000,00 (vinte mil reais). Apontamos que mantidos aqueles dados a possibilidade de composição era negativa, uma vez que os intervalos das expectativas eram incompatíveis. Como demonstramos nessa seção, a construção das expectativas pode ser sensivelmente alterada se os custos processuais como a proposição e a defesa da demanda são relevantes; no nosso caso, como isto de fato ocorre, vemos que a margem de interseção entre as expectativas foi ampliada.

Isso deriva do fato de que o ajuste das expectativas da empresa, incluindo os custos do processo, expande o valor limitador da transação ideal ampliando a possibilidade de propostas capazes de maximizar seu interesse, considerando os custos adequadamente relevantes no caso em questão.

O resultado dessa ampliação é que nossa afirmação anterior de que a conciliação não ocorreria, precisa ser ajustada em função desses dados. A expectativa da consumidora, que antes se inseria fora do campo negocial da empresa, agora foi aí inserido, de modo a gerar uma ponderação distinta da equação original baseada em dados incompletos. Desse modo, poderíamos, agora, fazer afirmação distinta: é provável – com base nesses novos termos, isto é, contabilizando-se os custos processuais em sua integralidade, que a conciliação de fato ocorresse.

Mas há mais a ser considerado.

Nosso caso parte de uma pretensão, da consumidora, de um valor obtido subjetivamente, ou seja, ela estipulou o seu dano em uma determinada quantia (R$20.000,00) cuja aferição não pode ser verificada, pois está sustentada por motivações relacionadas aos dados efetivos do processo. Usualmente, porém, não é isso que ocorre. Normalmente as pessoas lesadas são capazes de demonstrar a extensão de seus danos, mesmo aqueles que não têm valor econômico imediato e dependem de algum procedimento de liquidação pelo juízo, aí incluídos os danos morais.

Admitamos agora que a consumidora tivesse formulado uma proposta de R$ 5.000,00 (cinco mil reais). Mesmo com todas as variáveis que examinamos nas seções anteriores, responderíamos positivamente à pergunta quanto à possibilidade de conciliação entre a empresa e a consumidora. Isso ocorre porque a consumidora subestimou a potencialidade indenizatória do dano. Quando a parte lesada adota esse tipo de expectativa, a composição sempre ocorrerá porque possibilitará à outra parte envolvida a redução dos custos, que é seu interesse a ser maximizado.

Podemos questionar: por que uma vítima subestimará os danos experimentados? Essa pergunta pode ser respondida em duas direções distintas.

A primeira, que chamaremos de voluntária, está relacionada a motivações estranhas aos dados do processo. Por exemplo, se uma vítima precisa de um exato valor para completar os recursos necessários à aquisição de um bem mais desejado, pode ser levada a admitir um valor menor em prol desse investimento. Assim, se nossa consumidora está precisando de R$ 5.000,00 para completar o pagamento pendente de um bem antes adquirido, pode, voluntariamente aceitar um valor menor que o devido.[11]

A segunda direção, no entanto, que designamos aqui por involuntária, sugere que uma vítima pode ser levada a aceitar um valor de indenização inferior ao que poderia ser considerado como efetivamente devido, por desconhecer as bases sobre os quais os parâmetros foram construídos. No nosso caso, se a vítima aceitasse o valor de R$5.000,00, estaria recebendo quantia inferior à média para condenações similares.

O que mais importa, entretanto, é que a questão central entre as duas vertentes de possíveis respostas é a informação. Quanto mais informadas as partes a respeito dos dados constitutivos dos elementos que referenciam a construção das expectativas recíprocas, maior é a tendência que as conciliações alcancem um patamar que reflita efetivamente a compensação devida dos danos sofridos.

Em outras palavras, quando as partes estão simetricamente informadas a tendência é uma negociação muito próxima da compensação ideal, considerando a ponderação das expectativas de ambas as partes. De outro lado, quanto mais assimétrica a informação, maior é a tendência de que a parte que detém os melhores dados consiga alcançar seu interesse. O compartilhamento de informações, por isso, é um fator importante não tanto para uma análise da possibilidade de concretização de uma transação, mas para verificar o quanto esse mesmo ajuste se aproxima dos valores cogitados por ambas as partes envolvidas.

Muitos sistemas jurídicos têm construído diversas estratégias processuais e materiais para permitir uma maior simetria de informações.

O modelo americano, por exemplo, estabelece em vários casos uma audiência preliminar (extrajudicial ou não) onde as partes apresentarão as provas que possuem.

---

11. Trata-se aqui do conceito de custo de oportunidade.

A finalidade é óbvia: à medida que as partes corrigem as assimetrias pela recíproca demonstração de seus elementos de convencimento, torna-se possível imediatamente identificar a correspondência entre as expectativas e os dados efetivos; e isso, usualmente, possibilita uma maior taxa de conciliação. No Brasil, em última instância, essa é a finalidade da audiência preliminar do artigo 331 do CPC, que, contudo, acabou sendo desvirtuada, e da própria regra de que as provas documentais devem ser anexadas pelo autor com a sua inicial, e pelo réu em sua resposta.

Do ponto de vista material, a adoção de posturas protetivas corretoras de assimetrias também é comum. Nosso Código de Defesa do Consumidor adota várias modalidades de correção por meio de presunções, técnicas de interpretação ou mesmo compensação. Assim, quando estabelece que o contrato de adesão deverá ser interpretado contra o autor, está adotando uma técnica de correção de assimetria informativa; o mesmo ocorre com a configuração da hipossuficiência jurídica e mesmo no tratamento dos vícios dos produtos e serviços.

Voltemos agora ao nosso exemplo. Usando o nosso caso como referência é possível que o ambiente jurídico levasse as partes a uma composição em patamares diferentes. Vamos supor que a empresa efetuou estudos privados no produto ou serviço que causou o dano à consumidora, e verificou que a despeito das indenizações no âmbito judicial orbitarem em torna de R$ 10.000,00 (dez mil reais), os danos efetivos causados aos seus consumidores são, em média, de R$ 25.000,00 (vinte e cinco mil reais).

Caso esse estudo se mantenha privado, os valores de referência obtidos mencionados anteriormente podem, sem dúvida, ser mantidos; isto é, nossas conclusões a respeito da possibilidade de composição e as quantias envolvidas poderiam certamente ser confirmadas. Essa alegação muda inteiramente se inserirmos uma nova variável: imaginemos que há norma de direito material determinando que em caso de acidentes de consumo a empresa deve divulgar seus estudos privados a respeito da verdadeira extensão dos danos.[12] Se isso ocorresse, ao tornar-se pública a informação os patamares negociais seriam influenciados diretamente por essa nova informação.

Assim, as conclusões a que chegamos anteriormente deveriam agora ser atualizadas, tanto em relação às expectativas da empresa quanto à da própria consumidora, novamente aproximando a transação dos valores realisticamente retrativos das lesões.

Desse modo, o papel dos patamares informativos é muito importante na análise da possibilidade de transação em situações como a que construímos no presente texto.

2.3. A interposição de um recurso

A análise econômica tradicionalmente se debruça sobre a precisão dos julgamentos realizados pelo Poder Judiciário. Isso ocorre porque quando se busca entender as repercussões de uma decisão, normalmente pensamos nos efeitos em relação às partes envolvidas. Frequentemente, contudo, um julgamento pode influenciar terceiros na

---

12. Descarto, naturalmente, a possibilidade de manipulação.

avaliação para a proposição de uma outra demanda, alterando o que expusemos na seção 2.1. anterior.

Isso é ainda mais importante quando se tem em vista a possibilidade de que julgamentos equivocados possam acabar produzindo esse efeito. O sistema recursal, portanto, visto a partir da análise econômica, se justifica também como um sistema de correção para evitar que as decisões imprecisas promovam expectativas indesejadas.

Naturalmente, a teoria não propõe uma teoria dos julgamentos corretos, mas sustenta de modo pragmático que se uma decisão se afasta sensivelmente dos precedentes, das normas, da literatura especializada, pode, com propriedade, ser criticada.

Shavell[13] supõe que a capacidade de precisão dos julgamentos deriva diretamente do modelo estruturado para a produção de decisões judiciais. Logo, quanto mais perfeito o modelo, mais acuradas as decisões. Isso é especialmente importante porque o controle das decisões imprecisas tem evidente repercussão social. Nesse sentido, quando se impõe a revisão das decisões produzidas por um órgão judiciário busca-se alguns objetivos que extrapolam o litígio em si mesmo.

O primeiro objetivo é garantir parâmetros claros e estáveis para a conduta dos cidadãos, considerando a incidência das normas jurídicas. Quanto mais precisa a decisão, mais evidente será a conduta admitida e a vedada, e isso possibilita um incremento nas relações jurídicas entre os indivíduos. O segundo objetivo é desestimular demandas fundadas em decisões imprecisas, e com isso minimizar os custos da sociedade com o processamento e julgamento de pretensões que não possam ser entendidas como compatíveis com o sistema jurídico. Um terceiro objetivo é reduzir os riscos nas relações sociais, pois quanto mais precisas as decisões menores são as variáveis não cogitadas capazes de influenciar as operações entre agentes jurídicos.

Ora, esses objetivos por si só são suficientes para justificar a estruturação de um sistema de controle com a finalidade de garantir maior precisão das decisões judiciais. E para tanto, de um modo geral, a organização judiciária dos países contém a previsão de que a parte que se insurgir contra uma decisão judicial de uma instância inferior, pode tentar levar o seu caso à apreciação de uma instância superior, por intermédio de um recurso. No direito brasileiro, os recursos cíveis estão previstos basicamente nos artigos 496 a 546 do Código de Processo Civil, embora existam ainda regras estabelecidas na Constituição Federal e em leis e regimentos apartados.

Para a análise econômica do processo[14], em resumo, a existência de um sistema recursal justifica-se basicamente por dois motivos: (i) pela possibilidade de que os tribunais possam corrigir os eventuais equívocos proferidos nas decisões das instâncias inferiores e (ii) pela orientação à comunidade jurídica que é proporcionada a partir da jurisprudência que se forma nos tribunais, em decorrência dos recursos julgados.

O sistema recursal é um bom mecanismo para se tentar reduzir equívocos nas sentenças, na medida em que, por intermédio dele, cria-se um sistema de fiscalização

13. SHAVELL, STEVEN. Foundations of Economic Analysis of Law. Cambridge: Harvard University Press, 2004, p. 451.
14. COOTER, Robert e ULEN, Thomas. *Law and Economics*. 5ª ed. São Paulo: Addison-Wesley, 2008, p. 467.

eficiente do desempenho dos juízes de primeira instância. Tal se dá porque "o sistema de recurso permite que os juízes das instâncias superiores utilizem as informações privadas dos litigantes sobre o cometimento de erros por parte dos juízes das inferiores"[15].

Em outras palavras, como as partes são, cada qual à sua maneira, os maiores interessados em uma decisão correta, os tribunais são automaticamente informados – por intermédio dos recursos – daquelas decisões potencialmente equivocadas. Logo, não existe a necessidade de que os tribunais incorram em custos administrativos adicionais para investigar em todos os casos, quais as possíveis decisões equivocadas; o sistema recursal fornece aos tribunais automaticamente estas informações, a um custo comparativamente inferior, na medida em que não precisam ser revisadas todas as decisões, mas apenas aquelas que são objeto de um recurso.[16]

Ensina a análise econômica, ainda, que como os indivíduos são racionais, em princípio a parte somente irá recorrer quando acreditar que existam boas chances de reversão pelo tribunal da decisão proferida, porque crê a parte esteja a decisão da instância inferior equivocada. Logo, isto gera como consequência um efeito positivo: os recursos que mais deveriam chegar aos tribunais são justamente aqueles potencialmente com mais chance de ser acolhidos; o que proporciona, com isso, um bom sistema de eliminação das decisões equivocadas, a um custo administrativo comparativamente mais baixo.

A existência de um sistema recursal se justifica, ainda, pela necessidade de que haja um conjunto de decisões proferidas pelos tribunais, que possa servir de guia para a comunidade jurídica daquele determinado local. Ou seja, os recursos existiram porque é por meio deles que se forma a *jurisprudência*, que deve servir como um fundamental sistema de orientação aos jurisdicionados, acerca da correta interpretação do Direito nos mais variados casos.

Nesse sentido, portanto, a análise econômica do processo nos mostra que, além da garantia às partes diretamente envolvidas da correção da decisão proferida, a existência dos recursos cumpre uma importante função social, qual seja, a criação de um corpo de precedentes para casos análogos, que servirão como guia de comportamento também àqueles que não estão envolvidos no litígio.

Aliás, é a existência desta externalidade positiva dos recursos que faz com que, como ensinam Cooter e Ulen[17], sejam usualmente subsidiadas as custas recursais (no sentido de que nem todo o custo do trâmite recursal é transferido às partes), na medida em que existe um interesse social em que um certo número de recursos sejam interpostos e julgados, para que se viabilize a formação da jurisprudência.

Fixadas estas noções básicas sobre os recursos, derivadas da análise econômica do processo civil, nos parece importante agora tecermos algumas sucintas considerações sobre o sistema recursal brasileiro.

---

15. COOTER Robert e ULEN, Thomas. *Direito e Economia*. 5ª ed. Porto Alegre: Bookman, 2010, p. 450.
16. POSNER, Richard. *Economic analysis of law*. 7ª ed. Alphen: Wolters Kluwer, 2007, p. 631.
17. COOTER e ULEN, *Law and Economics*., p. 468.

Dos comentários antes feitos percebe-se claramente que, quando a análise econômica do processo trata dos recursos[18], o faz tendo por base uma importantíssima premissa: a de que as partes envolvidas no litígio, como regra, possuem uma considerável capacidade de antever qual a decisão que será tomada pelo Tribunal. Ou seja, influenciada fortemente pela regra de vinculação de precedentes que caracteriza os sistemas jurídicos de língua inglesa, a análise econômica do processo pressupõe que os litigantes consigam, com boa margem de acerto, *calcular* o resultado de seu recurso.

Entretanto, esta não é a realidade do sistema judicial brasileiro.

O sistema judicial brasileiro está longe de ofertar aos jurisdicionados litigantes uma adequada capacidade de calcular o resultado de suas ações e/ou de seus recursos. Ao contrário, é indiscutível que se tem um elevado grau de divergência jurisprudencial, não sendo incomum ocorrer de uma idêntica questão fática e jurídica ser decidida de modo diverso pelo mesmo tribunal, situação que ocorre inclusive nos tribunais superiores. E este cenário brasileiro traz consequências importantes, quando analisado à luz da análise econômica do processo.

Veja-se que, em um sistema que se caracteriza pela demasiada divergência jurisprudencial – como é o brasileiro – a própria função de "guia" aos jurisdicionados, que legitima a existência do sistema recursal à luz da análise econômica do processo, deixa de existir. Tal se dá porque os litigantes (e os potencial litigantes) não podem se servir da jurisprudência como um norte seguro para a sua tomada de decisões, já que a consulta aos julgados não oferece respostas claras e confiáveis. Em outras palavras, um dos elementos-chave para uma decisão racional nos litígios, que é a *calculabilidade*, fica severamente prejudicada em um sistema como o brasileiro.

Além disto, em uma espécie de círculo vicioso, não se pode esquecer que, se não existem em nosso país precedentes razoavelmente uniformes, cria-se um forte incentivo a que as partes recorram contra praticamente todas as decisões de instâncias inferiores, já que a chance de êxito em seu recurso poucas vezes será desprezível. Aí possivelmente está, inclusive, uma das explicações para o elevado número de recursos no Brasil, quando comparado com alguns outros sistemas jurídicos, especialmente nos países de common law: se o potencial recorrente consulta a jurisprudência e ela não fornece respostas seguras quanto ao provável resultado do julgamento, logicamente irá a parte recorrer, já que apreciáveis as suas chances de êxito.

Merece registro, ainda, que estes recursos (incentivados pela divergência jurisprudencial) poderiam em tese serem desestimulados pelo valor das custas recursais, já que a decisão do litigante em recorrer é resultado da combinação dos elementos "valor envolvido", "chance de êxito" e "custas processuais"[19].

Entretanto, sabe-se que, no Brasil, o valor da taxa judiciária a ser paga quando do recurso não é, via de regra[20], substancialmente elevada a ponto de evitar a inter-

---

18. O mesmo tipo de raciocínio aplica-se na decisão de iniciar ou não um litígio, como visto anteriormente.
19. BONE, Robert. *Civil procedure: the economics of civil procedure*. Foundation Press, 2003, p. 20.
20. Na medida em que o valor das custas é fixado pelos respectivos tribunais, pode existir diferenças regionais nominalmente importantes, mas que a nosso ver não afetam o contexto geral de nosso argumento.

posição do recurso – sem falar no grande número de casos em que a parte nada paga ao recorrer[21].

Logo, àquele quadro de elevada divergência jurisprudencial agrega-se o baixo valor das custas, numa combinação altamente incentivadora à interposição de recursos.

3. CONCLUSÕES

Em termos de notas conclusivas, podemos apontar o seguinte:

a) A análise econômica do Direito oferece ferramentas teóricas importantes para a compreensão do fenômeno processual, sobretudo levando em consideração as múltiplas possibilidades de conduta dos agentes em um ambiente juridicamente complexo;

b) A opção por demandar implica na racionalidade da análise de um conjunto de fatores, em que os custos do processo e as expectativas de aceitação da pretensão apresentada

c) A celebração de acordos para solução de litígios, longe de derivar de uma propensão psicológica das partes, deriva de um conjunto de elementos que são relacionados diretamente à busca de maximização dos interesses das partes;

d) O sistema recursal como método de aperfeiçoamento e controle das decisões judiciais é plenamente justificável considerando os custos sociais agregados decorrentes da imprecisão;

O atual sistema recursal brasileiro estimula de forma importante o número de recursos, na medida em que existe uma demasiada divergência jurisprudencial.

4. REFERÊNCIAS

BONE, Robert. *Civil procedure: the economics of civil procedure*. Foundation Press, 2003.

CAPELETTIi, Mario. GARTH, Brian. *Acesso à Justiça*. Porto Alegre: Fabriz. 1988.

COOTER, Robert e ULEN, Thomas. *Law and Economics*. 5ª ed. São Paulo: Addison-Wesley, 2008.

DIAS, Jean Carlos. *Analise Econômica do Processo Civil Brasileiro*. São Paulo: Método. 2009.

POSNER, Richard. *Economic analysis of law*. 7ª ed. Alphen: Wolters Kluwer, 2007.

_____. *"The economic approach to Law"* in Readings in the Philosophy of Law. John Arthur e Willliam Shaw (ed.) New Jersey: Prentice Hall. 1993

SALAMA, Bruno. *O que é "Direito e Economia"?*, in. TIMM, Luciano Benetti (org.) Direito e Economia. 2ª ed. Porto Alegre: Livraria do Advogado, 2008.

SHAVELL, STEVEN. *Foundations of Economic Analysis of Law*. Cambridge: Harvard University Press, 2004.

---

21. Caso por exemplo do benefício da assistência judiciária gratuita, da Lei 1.060/50, que isenta aqueles que se autodeclaram pobres, de pagar as despesas processuais (custas iniciais, recursais, honorários de perito e sucumbenciais).

19
ANÁLISE ECONÔMICA
DO DIREITO ADMINISTRATIVO

Marcos Nóbrega

Mestre e Doutor em Direito pela UFPE. Graduado em Administração de Empresas pela UFPE. Professor Adjunto da Universidade Federal de Pernambuco – Faculdade de Direito do Recife e da Fundação Getulio Vargas-GVLaw. Conselheiro substituto do Tribunal de Contas de Pernambuco. Foi Pesquisador de Pós-Doutorado na Universidade de *Havard Law School* e *Havard Kennedy School of Government* – Havard. Vice-Presidente da Associação Brasileira de Direito e Economia.

1. INTRODUÇÃO

Muitos importantes pontos envolvendo as contratações efetuadas pelo serviço público no Brasil advêm da má compreensão, da inadequação e da ineficiência implícita estabelecida pela nossa legislação de compras em geral (a lei 8666/93) e, em especial, a lei 11.074/04, que trata das Parcerias Público Privadas no país. Desvendar essas incoerências à luz de ferramentas analíticas como custos de transação e assimetrias de informação parece tarefa premente na doutrina brasileira.

Há um permanente *tradeoff* entre eficiência e legalidade e o quanto o sistema jurídico está preparado para lidar com esse dilema também é tema de grande repercussão prática. Nesse contexto, temas como Moral Hazard, Seleção Adversa e Hold up ganham importante dimensão e tentam desvendar os incentivos do governo e dos licitantes em procedimentos de grande porte no Brasil, principalmente quando dois megaeventos se aproximam: a Copa de Mundo de 2014 e as Olimpíadas de 2016 no Rio de Janeiro. Além disso, devemos observar as particularidades dos projetos de PPP que envolvem renegociações permanentes, gerando insegurança e elevados custos de transação.

Dessa forma, a sessão 1 apresentará uma visão geral do sistema de compras governamentais no Brasil, traçando um paralelo entre a lei geral de licitações – lei 8.666/93 – e a lei de Parcerias Público Privadas – lei 11.074/04. Os parâmetros básicos da licitação serão tratados no item 2, ao passo que sequencialmente temas como Seleção Adversa, Moral hazard e Hold up serão analisados nas sessões seguintes. A parte 7, tratará com mais acuidade das causas e repercussões das renegociações de contratos de infraestrutura à luz do framework apresentado, sendo seguida das conclusões do texto.

2. LICITAÇÃO E PARCERIAS PÚBLICO PRIVADAS NO BRASIL

Um relevante ponto na modelagem de Parceiras Público Privadas é a escolha do parceiro privado mediante licitação pública, cabendo ao poder concedente formatar o procedimento licitatório, fazendo exigências adequadas quanto à qualificação econômica e financeira para a escolha de um parceiro que possa prestar o serviço de forma satisfatória.

Exatamente por conta da existência dos custos de transação e considerando aspectos atinentes à eficiência econômica, nem sempre a licitação é a melhor opção, muito embora estejamos muito presos à busca de outros valores como a legalidade e a indisponibilidade do interesse público. Assim, embora tenhamos que assumir alguma ineficiência intrínseca, a regra constitucional é clara ao obrigar todos os entes federados a elaborar procedimento licitatório. Dessa forma, resta o imenso desafio de formatar editais de licitação e consequentes contratos administrativos que sejam os mais eficientes possíveis. Assim, aspectos como a partilha de riscos; assimetrias de informação; regras de renegociação contratual e instrumentos de controle são de extrema importância.[1] As licitações elaboradas no Brasil são regradas pelas normas gerais estabelecidas pela lei 8.666/93 e ainda apresentam um forte viés para o processo e não para os resultados, culminando em um certame caro, complexo e de pouca flexibilidade e que, não raramente, escolhe propostas que não atendem às necessidades da Administração. Isso ocorre por uma incapacidade de perceber os custos intrínsecos dos procedimentos licitatórios. Para os licitantes, por exemplo, pessoal envolvido, viagens, certidões, amostras, recursos administrativos e judiciais. Para a administração, o enorme custo com treinamento, pessoal, equipamentos e horas para elaboração de editais e discussão das cláusulas contratuais.

Assim, tanto mais custoso será o processo quanto mais custos de transação existirem. Logo, esses custos serão absorvidos de alguma forma e, na maior parte das vezes, serão repassados para as propostas. Não se sabe ao certo qual o montante desses custos, no entanto, no caso de obras para PPPs, os valores podem ser muito consideráveis. Logo, quanto maiores os trâmites burocráticos, quanto maior a incerteza quanto ao término do certame, maiores os custos de transação envolvidos. Como definir e diminuir esses custos? Esse é um grande desafio àqueles envolvidos em compras governamentais.

Alguns autores advogam que, para obras de elevado grau de complexidade, a licitação poderia ser abolida, desde que empresas experientes fossem contratadas, mediante negociação transparente e intensa para atingimento de melhores preços. Essa medida, embora possa parecer mais pró-eficiência – e certamente é – resvala no óbice constitucional da obrigatoriedade de certame licitatório, bem como nos riscos de corrupção e favorecimento inerentes a tal prática.

---

1. SALANIÉ, B. *The Economics of Contracts*. Cambridge: MIT Press. 2005.

3. LICITAÇÃO: PRINCÍPIOS BÁSICOS

A lei 8.666/93 estabelece sete princípios básicos que devem ser seguidos pela licitação no Brasil, a saber, legalidade, impessoalidade, moralidade, publicidade, julgamento objetivo, probidade administrativa e vinculação ao instrumento convocatório. Os quatro primeiros são definidos pela Constituição Federal (art. 37) quando escaneia os princípios basilares da administração pública.

Os demais princípios são setoriais porquanto estabelecidos pelo art. 3º da lei 8666/93. O princípio da probidade administrativa, de contornos amplos, demonstra a necessidade de a Administração agir com correção e justiça. Veremos, em adição, que as ineficiências e incoerências do nosso sistema de compras criam incentivos perversos que culminam com comportamentos ímprobos. O princípio do julgamento objetivo aponta para a necessidade de regras claras que mitiguem a discricionariedade do julgador, apontando para a proposta que, de fato, seja a mais tecnicamente viável. Quanto ao esse ponto, infelizmente nem sempre a licitação aponta para um julgamento exclusivamente técnico, abrindo margem para elevado grau de discricionariedade. É o que ocorre muitas vezes nas licitações do tipo técnica e preço. Por fim, o princípio da vinculação ao instrumento convocatório sinaliza a necessidade de seguir adequadamente o que foi estipulado *ex ante* pela administração. Nesse caso, já adiantamos que a incompletude e deficiência dos editais culminam com contratos mal elaborados, gerando graves problemas para o bom termo das licitações.

Além desses princípios setoriais, temos o princípio da vantajosidade (art. 37, XXI da Constituição Federal) que determina que a administração deverá buscar a proposta mais adequada. Ocorre que, na busca da proposta mais vantajosa, não podemos nos cingir apenas ao aspecto do preço ou de qualquer combinação com a técnica. Fatores como os aspectos organizacionais da empresa fornecedora do bem, sua estrutura de custos e mecanismos de controle e qualidade dos processos da empresa devem ser observados. Assim, os requisitos exigidos, como qualificação técnica e econômica segundo a lei 8666/93, restam insuficientes para revelar a verdadeira capacidade de empresa para prestar o serviço ou prover o bem contratado. Surge então um enorme problema de assimetria de informação *ex ante* que certamente resvalará na má execução contratual.

Dessa forma, o modelo clássico de contratos e contratações para o setor público não evidencia a existência de relevantes custos de transação que, em linhas gerais são determinados pela: a) racionalidade limitada; b) complexidade e incerteza; c) oportunismo e especificidade do ativo.[2]

A racionalidade limitada determina que existem limites para a capacidade humana de processar informações, bem como empecilhos de linguagem para transmiti-las. Trata-se de uma visão alternativa à racionalidade substantiva da teoria neoclássica. Evidente que, em um ambiente onde todas as decisões dos atores fossem absolutamente previsíveis, não

---

2. KUPFER, David e HASENCLEVER, Lia. *Economia Industrial: Fundamentos Teóricos e Práticos no Brasil*. São Paulo: Campus, 2002, p. 269.

haveria qualquer preocupação específica com a questão da racionalidade. No entanto, na vida real, onde temos ambientes complexos, isso não ocorre e a tomada de decisões passa a ser tarefa extremamente difícil. Assim, fica difícil fazer uma correta avaliação do cenário econômico e estimar corretamente as probabilidades da ocorrência dos eventos.

Além da racionalidade, o oportunismo e a especificidade do ativo são componentes fundamentais para definir a dimensão dos custos de transação. O oportunismo leva à transmissão de informação distorcida[3] e promessas que os contratantes sabem, de antemão, que não serão cumpridas. Nesse caso, conforme o postulado neoclássico, as partes são movidas pelo autointeresse, mas também buscam auferir renda das suas vantagens informacionais, levando, inclusive, à ruptura contratual. Esse oportunismo surge exatamente diante das assimetrias de informação existentes entre contratante e contratado. No caso de licitações, por exemplo, o poder contratante não tem informação adequada sobre a capacidade operacional ou mesmo a estrutura de custos da empresa vencedora do certame. Apenas tem uma sinalização advinda dos requisitos exigidos na lei 8666/93 para qualificação técnica e econômica. Ocorre, no entanto, que a administração não tem condições claras de avaliar esses requisitos, ou melhor, muitas vezes esses critérios são insuficientes para sinalizar para a administração a real capacidade da empresa de executar o objeto ou mesmo sua capacidade operacional. Em licitações de obras, isso é comum acontecer. A empresa vencedora coloca um preço abaixo daquele que terá condições de executar o objeto e tão logo os problemas começam, a empresa solicita revisão do contrato com base no equilíbrio econômico-financeiro, alegando caso fortuito ou força maior, configurando o conhecido "jogo de planilha" que será visto adiante.

Essas características implícitas dos processos licitatórios serão vistas na sequência, quando Seleção Adversa, Moral Hazard e Hold Up serão analisados.

4. SELEÇÃO ADVERSA

Antes de adentrar o tema, cumpre definir o conceito de superfaturamento, que, segundo a Instrução Técnica do DITEC – 04/06,[4] pode ser considerado como um dano ao Erário caracterizado por:

a) medição de quantidades superiores às efetivamente executadas ou fornecidas;

b) má qualidade na execução de obras e serviços de engenharia que resulte em redução na qualidade, vida útil ou segurança;

c) pagamento de obras, bens e serviços por preços manifestamente superiores à média praticada pelo mercado ou incompatíveis com os fixados pelos órgãos oficiais competentes, bem como pela prática de preços unitários acima dessa tendência central de mercado;

---

3. KUPFER, David e HASENCLEVER, Lia. *Economia Industrial: Fundamentos Teóricos e Práticos no Brasil.* São Paulo: Campus, 2002, p. 270.
4. SILVA FILHO, Laércio de Oliveira. Perícias e Superfaturamento de Obras Públicas: O Que não vai para o papel. *XII Simpósio Nacional de Auditoria de Obras Públicas* – Brasília – DF, novembro, 2008.

d) não manutenção do equilíbrio econômico-financeiro inicial do contrato em desfavor da Administração, por meio da alteração de quantitativos (jogo de planilha) e/ou preços (alterações de cláusulas financeiras) durante a execução da obra;

e) alteração de cláusulas financeiras, gerando recebimentos contratuais antecipados, distorção do cronograma físico-financeiro, prorrogação injustificada do prazo contratual ou reajustamentos irregulares.

Há um ponto fundamental na questão: por que há superfaturamento? Quem é o culpado: custos de transação, assimetria de informação, mudanças no projeto, seleção adversa? Qual a saída?

A moderna teoria de licitações (TIROLE, 1993) usa mecanismos para desenhar modelos partindo da premissa de que há uma assimetria informacional *ex ante*, ou seja, os licitantes possuem muito mais informação sobre o desenrolar de um eventual contrato do que o Governo. Em linhas gerais, o vendedor tem informações sobre os custos de produção (governança também) que o comprador não tem.

Esse comportamento oportunista pode se dar tanto antes quanto depois de celebração do contrato. Se ocorrer antes, estamos diante de uma situação de seleção adversa, quando o agente possui informação privilegiada antes da assinatura do contrato e o contratante sabe disso. No entanto, como esse contratante não tem condições de avaliar essa assimetria informacional, oferece então um menu de contratos para que o contratado espontaneamente a revele. É o exemplo de seguro de automóveis. É muito caro (e às vezes impossível) para a seguradora conhecer o tipo e característica de cada consumidor. Nesse caso, oferece uma série de opções e será racional para o consumidor anuir com aquele contrato que mais o convém.

Esse fenômeno ocorre em muitas licitações, sobretudo quando o objeto é bastante complexo. Como dissemos, a administração não tem de antemão condições de saber as reais possibilidades do contratante de executar o objeto do contrato. Os critérios de qualificação técnica e econômica restam insuficientes para revelar informações seguras para o poder concedente das reais capacidades e/ou interesse em executar adequadamente o objeto. Na licitação, a situação resta mais complexa porque não há a possibilidade da oferta de um menu de contratos que forçaria o contratante a espontaneamente revelar seu tipo, sua informação. Como sabemos, o contrato administrativo assinado tem uma natureza de contrato de adesão, tendo sua minuta já consignada no edital do certame. Assim, não há opção de barganha, mas sim um contrato do tipo "pegar ou largar".

Nesse caso, por conta da seleção adversa, muitos problemas surgem em licitações. Em obras, por exemplo, não é incomum o licitante vencedor assinar um contrato já de antemão sabendo que não irá cumpri-lo, executar uma parte da obra e interromper a execução alegando desequilíbrio econômico-financeiro diante da existência de caso fortuito e força maior. Assim, a administração fica diante de um impasse, que poderá, muitas vezes, levar à paralisação da obra. Se isso ocorrer, poderá, como base no art. 24 da lei 8666/93, contratar o segundo colocado com dispensa de licitação com base no remanescente de obra. Ocorre que o segundo colocado será chamado para executar o contrato pelo preço ofertado pelo primeiro, o que resta certamente inviável.

Assim, parece claro que em muitos casos de contratos de concessão de serviço público e PPPs esse problema de seleção adversa será encontrado e mecanismos reveladores de informação dos contratados deverão ser estabelecidos.

Um muito comum problema de assimetria informacional *ex ante* é o chamado "jogo de planilha" que se caracteriza pela apresentação de propostas com base em planilhas de custos aparentemente vantajosas por apresentarem um preço final abaixo dos demais competidores. No entanto, o licitante consegue esse resultado subestimando ou até omitindo custos de outros insumos. Depois, durante a fase de execução contratual, com base no permissivo contido na lei 8666 alegam que situações excepcionais ocorreram, gerando a impossibilidade de executar o contrato e, com base do reequilíbrio econômico-financeiro, requerem a atualização do contrato.

Isso é bem comum, muito embora a lei de licitações apresente mecanismos que visam a evitar essa prática. Assim, a definição prévia de projetos executivos bem elaborados além da aceitação de preços globais com a utilização dos preços unitários como medida subsidiária são medidas importantes (lei 8666/93, art. 40). No caso da aceitação dos preços unitários, estes não devem superar os preços praticados no mercado. Além disso, a referida lei determina que a planilha orçamentária dos licitantes deverá conter todos os custos unitários e que esses devem fazer referência tanto ao projeto executivo quanto ao projeto básico (inciso II do § 2º e o § 4º do art. 7º). Muitas vezes, no entanto, as dificuldades *ex ante* advém da própria administração que não define adequadamente o objeto ou serviço.

A colocação de preços inferiores aos praticados no mercado parte da estratégia da empresa licitante de conseguir bons resultados mediante renegociação, como base no reequilíbrio econômico-financeiro, tão logo o contrato comece a ser executado. Esse é um jogo estratégico onde a empresa aposta que conseguirá extrair alguma renda mais adiante.

Se o governo ceder facilmente ou, pelo menos, tiver uma reputação de que assim o fará, a recomposição de preços via renegociação certamente dissipará os ganhos competitivos auferidos durante do procedimento licitatório. Dados de contratos de concessão celebrados na América Latina apontam para um elevado grau de renegociação (73%) nos dois primeiros anos do contrato.[5]

Se houver uma ação eficiente do controle, como por exemplo, nas decisões do TCU que combatem o "jogo de planilha", certamente a estratégia da empresa licitante será outra, evitando omitir sua verdadeira planilha de custos.

Quanto à incompletude contratual, ela pode se fazer sentir em diferentes fases de execução do contrato de infraestrutura. No mais das vezes, aparece na fase de funcionamento do empreendimento, no entanto não é incomum aparecer na fase de construção do objeto. Isso ocorre porque muitas vezes os projetos básico e executivo são mal elaborados, com imperfeições e ambiguidades. Assim, podemos definir duas

---

5. GUASCH, J. Luis. Granting and Renegotiating in Infrastructure Concessions: Doing it Right. *WorldBank*. *WBI Development Studies*. Washington DC, 2004, p. 12

formas comuns de incompletude: intrínseca e extrínseca. No primeiro caso, surge da incapacidade do Governo de definir adequadamente o objeto contratado, ao passo que as incompletudes extrínsecas advêm das hipóteses clássicas de racionalidade limitada, problemas cognitivos ou mesmo custos para a elaboração do contrato.

Quanto ao problema da incompletude intrínseca, o controle pouco pode fazer porque, embora tenha a prerrogativa de analisar o edital, muito do que ali está posto advém do poder discricionário da administração conferido pelo sistema jurídico administrativo brasileiro. Aliás, a ação do controle *ex ante*, que alguns entendem como burocrática, é na verdade um grande instrumento "poupador" de custos de transação durante a fase de execução contratual.

Todas essas ineficiências aparecem com mais proeminência nos contratos de grande vulto, sobremodo na fase de construção, principalmente em contratos do tipo Build-Operate-Transfer (BOT), onde os riscos são maiores. Daí, uma combinação deletéria se mostra nessa fase, a saber, incompletude intrínseca, riscos elevados e custos de transação. Nesse último caso, esses custos são consideráveis quando as demandas são judicializadas. Aliás, essa é uma fundamental diferença entre o sistema judicial brasileiro e o Norte Americano, por exemplo. No Brasil, a grande maioria dos conflitos é jurisdicizada. A inoperância e corrupção do judiciário elevam os custos de transação do sistema de forma exponencial. Há, sem dúvida, uma expectativa racional dos atores durante a elaboração do contrato de que esse problema ocorrerá e parte desses custos de transação serão "desovados" para a má execução contratual pela troca de material por produtos de má qualidade.

É importante lembrar que a literatura atual vislumbra como grande problema da licitação as assimetrias incidentes depois da assinatura do contrato (Moral Hazard), ao passo que reputam as distorções *ex ante* basicamente ao problema da incompletude contratual. Essa equivocada análise deriva do parcial entendimento do ambiente institucional em que os procedimentos licitatórios vicejam. Para a visão neoclássica, esse ambiente é um fator *ad hoc*. Ocorre, no entanto, que um entendimento dos incentivos dos atores envolvidos – Governo, licitantes, controle e Judiciário –, é fator fundamental para dirimir as distorções do sistema.

5. MORAL HAZARD

Outro problema que assola as contratações do governo para grandes obras é a questão do Moral Hazard (risco moral). Nesse caso, a vantagem informacional surge após a assinatura do contrato. Seria o caso, por exemplo, de uma empresa começar a executar um contrato e ir baixando a qualidade do insumo utilizado, com o fito de reduzir seus custos. A exemplo do que vimos na seleção adversa, o moral hazard é um exemplo claro da presença de assimetrias de informação em procedimentos licitatórios.

No Moral Hazard, é importante centrar atenção nas mudanças do projeto original, depois da assinatura do contrato, e os custos daí derivados, que é um recente e importante ponto de investigação para a doutrina moderna. Dessa forma, o maior problema que surge é qualitativo, ou seja, a empresa executa o serviço com uma qualidade inferior ou simplesmente não o executa.

Isso reflete um grande problema que atinge as concessões de serviço público na América Latina, que é a constante renegociação. Se isso ocorre logo no início da execução contratual, os ganhos competitivos da licitação são mitigados. O Moral Hazard também ocorre em boa medida pelo acúmulo de custos de transação na fase pré-contratual que culminam com o "alívio" desses custos pela má execução.

Uma solução para resolver esses custos seriam as regras privadas de resolução de conflitos, digo, arbitragem. Embora a questão já tenha sido contemplada na lei brasileira de PPPs, há ainda grande preconceito em relação ao uso do instituto, sob o argumento da ofensa ao princípio da "indisponibilidade do interesse público". As partes envolvidas, em adição, tendem a rechaçar a arbitragem porque acham caro fazê-lo, muito embora deixem de considerar os custos de transação envolvidos quando os conflitos são resolvidos via Poder Judiciário.

Em termos de tipos de contratos, aqueles de grande vulto no Brasil são geralmente de Preço Fixo (PF) ou do tipo Cost Plus (C+). No primeiro caso, o preço a ser pago já está definido quando da assinatura do contrato, ao passo que no contrato Cost Plus os pagamentos derivariam da compensação dos custos incorridos. No nosso caso brasileiro prepondera os contratos de Preço Fixo onde há fortes incentivos para reduzir custos durante a execução contratual. Logo, quanto mais incompleto for o contrato, maiores serão os custos de renegociação. Se mudarmos o critério para C+ em alguns específicos tipos de objeto, diminuirá a probabilidade de renegociação. No entanto, será necessário um controle mais eficaz para evitar abusos.

Ainda quanto à licitação, percebe-se que os licitantes respondem estrategicamente à incompletude contratual, preparando-se para os "custos adaptativos", que são os custos da renegociação e/ou judiciário. Assim, o modelo clássico de licitação funciona adequadamente para bens e serviços comuns (o Pregão, por exemplo). No entanto, para bens sob encomenda, únicos e específicos, parece difícil o modelo funcionar adequadamente, devido à especificidade do ativo e à incompletude contratual.

O procedimento licitatório é complexo e muitos objetivos nem sempre são alcançados. Quando as propostas dos licitantes são enviadas, deve haver modos de clarificá-las sem possibilidade de alteração. É importante que a administração possa manter contato com os licitantes sem possibilidade de revelação dessas informações para os demais participantes. Isso tem sido feito na União Europeia sob título de "diálogo participativo", que, no caso brasileiro, certamente exigiria elevado grau de transparência e *accountability*. Algumas legislações de outros países permitem que os licitantes modifiquem suas propostas, o que não é de todo ruim, melhorando o resultado final.

Os exemplos vindos da América Latina mostram grande parte dos problemas dos contratos de PPP ocorrem durante a fase de execução contratual. Os contratados comumente falham em atender suas obrigações, derivando uma alta incidência de renegociação contratual ou mesmo abandono das concessões. Dentre esses problemas, podemos citar uma deficiente formatação do contrato, procedimentos licitatórios que incentivam a indiscriminada busca pelo "menor preço" e dificuldades de *enforcement* pelo governo, além de fraco controle na avaliação dos resultados alcançados. Todos esses problemas são potencializados pela insegurança jurídica advinda da dificuldade do sistema jurídico de entender a natureza e peculiaridades dos contratos de infraestrutura, assim como da carente estabilidade regulatória. Também os contratos de infraestrutura via concessões ou PPPs exigirão que o parceiro privado informe permanentemente sobre a *performance* do programa e o governo e o controle têm que estar aptos a aferir esses resultados.

Um bom contrato deve deliberadamente apontar para mudanças e renegociações periódicas. Na nossa lei, a repactuação via reequilíbrio econômico-financeiro do contrato é vista como uma anomalia e não como uma decorrência normal das mudanças, inclusive do mercado e da legislação. É necessário estabelecer contratos que vislumbrem essas negociações. Em adição, um controle que atuasse mais pró-eficiência com a utilização de métodos de Perfomance Audit certamente seria peça-chave para a maximização dos resultados desses contratos.

6. HOLD UP

Um ponto que também merece destaque é a especificidade do ativo. Quanto maior for a especificidade, a peculiaridade do ativo empregado, maior a possibilidade do surgimento de quase-renda, ou seja, a diferença de retorno da aplicação do ativo naquela atividade ou em qualquer outra atividade alternativa. Da mesma forma, quanto maior for essa especificidade, mais o contrato e o contratante se relacionarão de forma exclusiva ou quase exclusiva. Existem vários tipos de especificidade de ativos que precisam ser considerados.[6] A primeira delas trata da especificidade referente à localização do ativo (*site specificity*), ou seja, alguns ativos devem ser alocados em áreas preestabelecidas, considerando as facilidades de transporte, comunicação e custo dos insumos. Outra forma seria a especificidade de tempo que caracterizaria a sincronia do processo produtivo para a economia de custos. Outras especificidades importantes seriam os ativos fixos específicos e os ativos dedicados (complementares). O primeiro caso ocorreria quando, diante de características próprias das transações realizadas, os ativos não encontrassem usos alternativos ou viáveis, enquanto que os ativos dedicados representam todos os insumos (não necessariamente ativos fixos) que são utilizados de forma única para aquela relação contratual e que possuem pouco ou nenhum uso alternativo. Por fim, temos também a especificidade que surge do processo contínuo de uso e aprendizado (*human-asset specificity*).

Esse é o caso de contratos de grande vulto, sobremodo em concessões de serviço público e PPPs. Essa especificidade de grandes obras leva o que a literatura trata como o "problema do refém" ou *hold up*, possibilitando que uma parte explore a fragilidade da outra parte em renegociações após a assinatura do contrato. Isso aparece de forma clara em contratos de infraestrutura, porque há *sunk costs*, ou seja, os investimentos são muito específicos e não há utilização alternativa para eles. Isso, repetimos, recobre

---

6. WILLIANSON, Oliver. *The economic institutions of capitalism*. Sussex: Harvester press1986, p. 43.

os contratos de elevado grau de dependência e grande possibilidade de comportamentos oportunistas. Dessa forma, as partes terão incentivos para se apropriar de qualquer ganho adicional durante a execução contratual.

O grande desafio é encontrar um uso alternativo para o ativo envolvido (*second Best*) de forma a diminuir a apropriação de renda, o que chamamos de *salvage value*, ou seja, o seu valor residual. De qualquer forma, uma solução para resolver o problema do *hold up* seria, por óbvio, a diminuição do grau de especificidade do ativo. No entanto, na maioria dos casos, isso não é possível. Uma saída seria maior acuidade na formatação contratual. Logo, se o contrato for excessivamente complexo ou mesmo muito incompleto, o problema pode subsistir. Para tanto, seria fundamental encontrar mecanismos de revelação de informações durante a execução contratual para que os ganhos oportunistas sejam mitigados. Um bom argumento seria a imposição de mecanismos efetivos de controle, como, por exemplo, a análise elaborada pelos TCU sobre obras públicas.

Dessa forma, quanto mais efetivo for o controle, maior a possibilidade de diminuição do *hold up* e menores as possibilidades de baixa performance. Sob esse aspecto, analisando-se a performance das obras públicas federais fiscalizadas pelo TCU no ano de 2005 constatou que, quanto mais se fiscaliza uma obra, menor a probabilidade de baixa performance e consequentemente menor o risco de *hold up*.[7] Aliás, o papel de controle na diminuição das assimetrias de informação é ferramenta poderosa para maximizar os efeitos dos gastos públicos.[8]

Assim, seria necessário encontrar mecanismos de governança que mitiguem essa possibilidade de extração de renda *ex post*. Um controle mais efetivo para analisar a qualidade e completude/incompletude dos contratos pode ser um instrumento útil, além de revelar as informações necessárias durante a execução do contrato para diminuir as assimetrias informacionais e minimizar os efeitos dos *hold up*. Logo, a correta sistemática da licitação e posterior contratação devem considerar a escolha do melhor tipo de contrato, considerando seu grau de completude/incompletude; a incorporação de mecanismos de partilha da "quase-renda" do contrato e instrumentos que busquem viabilizar a eficiência na avença.

7. RENEGOCIAÇÃO

Todos os problemas de Seleção Adversa, Moral Hazard e Hold Up acabam culminando com a precoce necessidade de renegociar o contrato.[9] Muitos fatores devem ser considerados. Em primeiro lugar, temos uma inadequada atenção a aspectos po-

7. ANGELO, Dorival Izidoro. Coordenação de obras públicas federais: a performance dos contratos fiscalizados em função dos custos de mensuração dos serviços e a probabilidade de existência de Hold Up. *Fucape Business School*. Disponível endereço eletrônico.www.fucape.br, obtido em 24.04.09.

8. NÓBREGA, MARCOS. Fiscal Decentralization And The Control Of Public Expenditure: Improvement In The Performance Of Governmental Programs By Principal-Agent Model: The Bolsa Família Case. *Harvard Law School*, 2008, mimeo.

9. GUASCH, J. Luis. Granting and Renegotiating in Infrastructure Concessions: Doing it Right. *WorldBank. WBI Development Studies*. Washington DC, 2004, p. 43.

líticos e institucionais. Muitas vezes há um sentimento tamanho de euforia de que o país está entrando em um ciclo virtuoso que pouca atenção tem se dado a problemas estruturais. Além disso, a deficiência das instituições no Brasil, cito, governo, judiciário, controle, ONGs, ainda é tamanha que não podem garantir um elevado grau de *accountability* e transparência. Se isso não bastasse, há aspectos fiscais que precisam ser considerados para não pressionar em demasia as contas públicas do país. Todos esses fatores forçam a uma renegociação do contrato logo após a sua celebração.

Outro ponto que força a renegociação precoce do contrato é a tolerância do governo a propostas agressivas dos licitantes. Entendemos por propostas agressivas aquelas que colocam preços abaixo do esperado com o objetivo de ganhar a licitação e forçar a renegociação (isso é muitas vezes visto no jogo de planilhas, como sabemos). O comportamento estratégico do licitante será moldado pela probabilidade de o Governo rechaçar a sua proposta e/ou ceder aos pedidos de renegociação. Também deverá a empresa considerar as chances de obter sucesso via judiciário e os custos de transação que daí advêm. Percebe-se que, quanto mais específico for o ativo, mais chances de o contratado extrair renda extra do Governo.

Também favorece a renegociação a dificuldade de escrever adequadamente os contratos, sobremodo pelo fato, no caso brasileiro, do contrato já estar anexado ao edital licitatório, o que o dá uma natureza de contrato de adesão.

Um fraco poder de *enforcement*, tanto do governo, como do Judiciário, além de deficiente participação do controle em todo o processo também são pontos sensíveis que forçam a contínua repactuação contratual. Esse é um grande problema que incentiva renegociação. O governo tem poucos instrumentos para forçar uma boa execução do serviço e é reticente em utilizá-los. Mais apropriada é a utilização das garantias contratuais e a imposição de penalidades. No entanto, dependendo do grau de Hold Up, isso pouco ou nada adiantará. Além disso, o judiciário é lento, pouco efetivo e impõe elevados custos de transação. O controle, por fim, ainda tem dificuldade de impor suas decisões, bem como encontrar sua melhor forma de atuação. Quanto mais fracas forem essas instituições, maior será a probabilidade de renegociação contratual.

8. CONCLUSÕES

Há no procedimento licitatório brasileiro uma ineficiência intrínseca, pautada por diversos aspectos. Em primeiro lugar, uma *tradeoff* entre legalidade e eficiência. O nosso sistema jurídico, pouco afeito a novas abordagens, exige que o procedimento licitatório seja realizado, o que implica em ineficiência e dificuldade de escolha do melhor parceiro.

Partindo dessa premissa de inadequação sistêmica, uma série de distorções são postas e o desafio é encontrar uma situação de *second best*, minimizando as ineficiências. Essas ineficiências são devidas a vários aspectos, como racionalidade limitada, custos de transação, assimetrias de informação, Seleção Adversa, Moral Hazard e Hold Up. Esses três últimos temas são consentâneos dos primeiros e variam em intensidade de acordo com o grau de incompletude intrínseca e extrínseca do contrato administrativo celebrado pelo Poder Público e o licitante vencedor.

A Seleção Adversa e do Moral Hazard se diferenciam basicamente pelo fato da assimetria informacional se dar antes ou depois da assinatura do contrato, respectivamente. O problema da Seleção Adversa é potencializado no caso brasileiro pela prática do chamado "jogo de planilha", muito embora os órgãos de controle tenham sido bastante efetivos em dirimir essa prática. De qualquer forma, a assimetria *ex ante* ainda tem como grande foco a incompletude contratual. Cabe então melhor formatar os contratos e estabelecer melhorias na legislação de licitação para prover melhores condições de competividade, determinando realmente a proposta mais capaz de atender aos ditames de vantajosidade e eficiência.

No caso do Moral Hazard, a situação da incompletude contratual e assimetria informacional torna-se mais evidente e conduz ao uso de produtos aquém da especificação, má execução e constantes renegociações contratuais, impondo absurdos custos de transação nas licitações de obras públicas no Brasil. Esses custos são ainda mais potencializados quando as demandas são jurisdicionalizadas, colocando em xeque a eficiência do sistema.

Fica claro que uma série de problemas, assimetrias de informações subsistem em nosso sistema de seleção para parceiros em projetos de infraestrutura, seja pelo anacronismo da lei geral de licitações (lei 8.666/93) ou mesmo pela incapacidade da legislação específica (leis 8.987/95 e 11.074/04) de discernir aspectos como custos de transação, assimetrias de informação e incompletude contratual.

9. REFERÊNCIAS BIBLIOGRÁFICAS

ANGELO, Dorival Izidoro. Coordenação de obras públicas federais: a performance dos contratos fiscalizados em função dos custos de mensuração dos serviços e a probabilidade de existência de Hold Up. *Fucape Business School*. Disponível endereço eletrônico.www.fucape.br, obtido em 24.04.09.

GUASCH, J. Luis. Granting and Renegotiating in Infrastructure Concessions: Doing it Right. *WorldBank*. *WBI Development Studies*. Washington DC, 2004.

KUPFER, David e HASENCLEVER, Lia. *Economia Industrial: Fundamentos Teóricos e Práticos no Brasil*. São Paulo: Campus, 2002.

NÓBREGA, MARCOS. Fiscal Decentralization And The Control Of Public Expenditure: Improvement In The Performance Of Governmental Programs By Principal-Agent Model: The Bolsa Família Case. *Harvard Law School*, 2008, mimeo.

SALANIÉ, B. *The Economics of Contracts*. Cambridge: MIT Press. 2005.

SILVA FILHO, Laércio de Oliveira. Perícias e Superfaturamento de Obras Públicas: O Que não vai para o papel. *XII Simpósio Nacional de Auditoria de Obras Públicas* – Brasília – DF, novembro, 2008.

WILLIANSON, Oliver. *The economic institutions of capitalism*. Sussex: Harvester press, 1986.

20
UMA VISÃO ECONÔMICA DO DIREITO INTERNACIONAL PRIVADO: CONTRATOS INTERNACIONAIS E AUTONOMIA DA VONTADE

Nadia de Araujo

Doutora em Direito Internacional pela Universidade de São Paulo. Mestre em Direito Comparado pela George Washington University. Sócia de Nadia de Araujo Advogados. Professora Associada de Direito Internacional Privado na Pontifícia Universidade Católica do Rio de Janeiro. Foi assessora-Chefe da Assessoria de Recursos Constitucionais do Ministério Público do Estado do Rio de Janeiro. Foi procuradora de Justiça no Ministério Público do Estado do Rio de Janeiro (1997-2006) e promotora de Justiça do Ministério Público do Estado do Rio de Janeiro (1983-1997).

1. INTRODUÇÃO

O Direito Internacional Privado ("DIPr") é uma disciplina que, geralmente, assusta tanto os alunos quanto os demais operadores jurídicos, como advogados e magistrados. É vista, por muitos, como complexa e exige, de quem a ela se dedica, não só um conhecimento do direito interno, como também de outros ordenamentos jurídicos e suas diferentes culturas. A sua aplicação se dá sempre que, em um referido caso, estiverem presentes determinados elementos de internacionalidade, que remetem às leis de outros países. Nessas situações "multiconectadas", o DIPr se utilizará de uma técnica específica: o método conflitual, que determina, dentre as leis em conflito, aquela que deve ser aplicada.

Acontece que, em determinados casos, principalmente aqueles ligados às obrigações contratuais, discute-se se é possível que as partes, de antemão e de forma expressa, escolham antecipadamente a lei que regerá o seu contrato. Nessa oportunidade, por conta da autonomia da vontade das partes, o julgador não precisará recorrer, em eventual litígio, ao método conflitual. A possibilidade de escolha da lei previamente tem um impacto relevante na negociação, uma vez que diminui eventuais incertezas jurídicas e, por conseguinte, custos na contratação. Este trabalho quer demonstrar que a possibilidade, em cada sistema jurídico, de exercício da autonomia da vontade na escolha de lei aplicável traz relevantes resultados de ordem econômica.

Para isso, dividiu-se o artigo em 4 (quatro) partes. Nas duas primeiras, analisa-se, respectivamente, noções gerais da disciplina do DIPr e o histórico por detrás das regras de conexão para as obrigações contratuais. Na terceira parte, verifica-se o desenvolvimento do princípio da autonomia da vontade, tanto no plano interno quanto no internacional. Por fim, realiza-se um estudo dos impactos econômicos gerados pela possibilidade de escolha de lei.

2. O DIREITO INTERNACIONAL PRIVADO E O MÉTODO CONFLITUAL: BREVES NOTAS

No Brasil, a maioria das regras de Direito Internacional Privado se encontra na Lei de Introdução às Normas do Direito Brasileiro ("LINDB")[1]. Nos seus artigos 7º a 17, encontram-se previstas diversas regras de conexão, aplicáveis aos mais variados temas do direito, como o direito de família, o sucessório, o das obrigações – contratuais e extracontratuais –, dentre outros. Há, também, outras normas que regulam questões de DIPr e que se encontram dispersas em outros diplomas legais, como, por exemplo, o Código de Processo Civil, que regula os limites da jurisdição nacional (arts. 21 a 25), dispõe sobre regrais gerais para a Cooperação Jurídica Internacional (arts. 26 a 41), além de tratar sobre o procedimento de reconhecimento e execução de decisões estrangeiras e concessão de *exequatur* às cartas rogatórias (arts. 960 a 965).[2]

Uma das características do DIPr é possuir regras nascidas do labor de foros internacionais, que depois são internalizadas no ordenamento jurídico brasileiro. São tratados e convenções, na sua maioria multilaterais, oriundos de organizações internacionais como a Conferência da Haia para o Direito Internacional Privado ("HCCH"), a Organização dos Estados Americanos ("OEA"), e a Comissão das Nações Unidas para o Comércio Internacional ("UNCITRAL").

A disciplina poderia ser refletida a partir da resposta a três perguntas, que bem demonstram as situações mais correntes em relação à existência de uma conexão internacional ao caso concreto: (i) onde acionar; (ii) que lei aplicar e, (iii) como cumprir atos e medidas judiciais em outras jurisdições. Estudadas essas três questões, é possível alinhar a maioria dos grandes problemas do DIPr. No que diz respeito às áreas especializadas, mais propriamente atinentes à escolha da lei, poderíamos dividir os problemas entre aqueles que cuidam das questões atinentes à pessoa, como o

---

1. Decreto-Lei 4.657, de 4 de setembro de 1942, com a redação dada pela Lei 12.376, de 2010 e dispositivos incluídos pela Lei 13.655, de 2018.
2. Veja-se que também são relevantes no tema os dispositivos do Regimento Interno do Superior Tribunal de Justiça ("STJ"), arts. 216-A a 216-X e as convenções internacionais, multilaterais, regionais e/ou bilaterais, internalizadas ao ordenamento jurídico nacional.

direito de família internacional, e aqueles relativos aos negócios, como os contratos internacionais.

A primeira pergunta diz respeito à jurisdição e seus limites, e, muitas vezes, resolvido o problema quanto à competência do juiz nacional, pouco resta de internacional ao problema em discussão, passando o mérito da controvérsia a ser resolvido pelo direito interno, ou pelo estrangeiro, se a regra de conexão assim indicar.

A segunda pergunta, sobre a lei aplicável, poderia ser identificada como o coração do DIPr. Depois da determinação da jurisdição, e sendo o juiz nacional competente, o próximo passo é identificar qual a lei aplicável ao problema que está conectado a mais de um sistema. Esta tarefa, que deverá ser exercida pelo juiz encarregado do julgamento da lide, exige a utilização do método conflitual. Exemplifica-se: se houver um litígio no Brasil a respeito de um contrato que fora celebrado com partes situadas em mais de um país, é preciso saber qual a lei a ele aplicável, se do país A ou do país B. Para responder a essa questão, recorre-se à regra de conexão elencada no artigo 9º da LINDB, que tem como regra para as obrigações a lei do local de sua celebração. Assim, se o contrato foi assinado no Brasil, será aplicável a lei brasileira, mas se, ao contrário, fora ele assinado em Nova Iorque, o juiz brasileiro deverá utilizar a lei nova iorquina correspondente. Além disso, a LINDB deve ser aplicada pelo juiz de ofício, o que significa dizer que é obrigatória a aplicação do direito estrangeiro, se a norma de conexão assim o determinar.

Para cada situação jurídica, há uma norma própria, indireta, denominada de "regra de conexão", que indica o direito aplicável. Para as questões de capacidade e de direito de família, a regra é a aplicação da lei do domicílio; para os bens, a do local onde os mesmos estão situados; para a responsabilidade civil, a do local onde o dano ocorreu; para os contratos, a do local de sua celebração; e para a sucessão, a do último domicílio do *de cujus*.

A terceira e última indagação diz respeito a uma situação em que, no curso de um processo judicial, há necessidade de se recorrer ao juiz estrangeiro, ou vice versa, para o cumprimento de alguma medida. Há regras para que esses procedimentos possam ser levados a cabo. Além disso, decisões proferidas no exterior podem ser aqui reconhecidas, por meio da ação de homologação das sentenças estrangeiras. No caso de pedidos e decisões provenientes do exterior, é imperioso que, antes de seu cumprimento, haja um procedimento preliminar, que, segundo a Constituição Federal, é de competência originária do STJ, desde o advento da EC 45/04.[3]

Feita essa resumida apresentação da disciplina de DIPr, e considerando a proposta deste livro de ser um guia introdutório da análise econômica do direito, o que se pretende fazer a seguir é aplicar essa metodologia apenas à uma área específica: a dos negócios jurídicos internacionais.

---

3. Veja-se art. 105, inc. I, *i* da Constituição Federal.

3. BREVE HISTÓRICO DA REGRA DE CONEXÃO DO LOCAL DE CELEBRAÇÃO DO CONTRATO

Os contratos internacionais no sentido que hoje conhecemos,[4] ou seja, na qualidade de principais instrumentos para viabilizar o fluxo comercial expressivo e constante existente entre os países, só tomou esse formato em meados do século XIX. Isso porque, até então, *internacional* era somente o transporte e a viagem das mercadorias. Naquela época, o produtor trazia sua mercadoria para o porto, e ali era realizada a transação com o comprador, que em geral exercia tanto as funções de dono do navio (armador) como o papel de comerciante. Ou seja, postava-se ao lado de seu navio, e ali comprava as mercadorias que lhe apresentavam os comerciantes locais ou vindos de outras localidades. Em seguida, transportava-as ao novo mundo e as vendia, fazendo o mesmo na volta. Somente com o advento do transporte marítimo a vapor, que exigiu um grande investimento dos armadores e profissionalizou o transporte de carga, surgiu a possibilidade de que compra e venda entre comerciantes de países diversos se desse diretamente, com a posterior contratação do transporte. Nesse momento, começaram a surgir as situações práticas que puseram em relevo a questão jurídica específica do contrato internacional, obrigando-os a uma análise da lei aplicável.

Um exemplo marcante dessa situação é o caso *Vita Food Products, Inc. v. Unus Shipping Co. Ltd.*, do *Judicial Committee of the Privy Council* do Reino Unido (1939 UKPC 7), no qual se discutia a validade de uma cláusula dispondo sobre a lei aplicável.[5] A escolha das partes pela lei inglesa foi respeitada pelo tribunal, afastando a regra local da Nova Escócia.[6] Esta, oriunda da Idade Média, indicava a *lex contractus*, ou seja, a ideia de que o local da celebração era o fator preponderante na definição da lei aplicável à relação jurídica. Naquela época, tal escolha possuía como substrato um fato econômico: o local da celebração era também o local em que a parte com maior poder de barganha estava localizada. Assim, se o vendedor estava em uma posição de força, o comprador ia até ele. E, no caso contrário, o vendedor é que se

---

4. "O que caracteriza a internacionalidade de um contrato é a presença de um elemento que o ligue a dois ou mais ordenamentos jurídicos. Basta que uma das partes seja domiciliada em um país estrangeiro ou que um contrato seja celebrado em um país, para ser cumprido em outro". ARAUJO, Nadia de. *Direito internacional privado*: teoria e prática brasileira. 9. ed. São Paulo: Ed. RT, 2020, p. 375.

5. A decisão judicial determinou que uma escolha expressa de lei aplicável a um contrato deveria ser obedecida, se o contrato fosse celebrado de boa-fé e suas disposições não se mostrassem violadoras da ordem pública. Foi uma decisão pioneira no DIPr, que privilegiou o primado da autonomia da vontade das partes na seleção da lei aplicável.

6. "(...) The inconveniences that would follow from holding bills of lading illegal in such cases as that in question are very serious. A foreign Merchant or banker could not be assumed to know or to enquire what the Newfoundland law is, at any rate when the bill of lading is not expressed to be governed by Newfoundland law and still less when it provides that it is governed by English law, and it would seriously impair business dealings with bills of lading if they could not be taken at their face value, and as expressing all the relevant conditions of the contract. (...) It would be a grave matter if business men when dealing with a bill of lading had in a case like the present to enquire into the foreign law ruling at the port of shipment". 1939 UKPC 7. Disponível em: https://www.bailii.org/uk/cases/UKPC/1939/1939_7.html. Acesso em: 02.09.2020.

movimentava. Note-se que, nessa época, os contratos à distância eram praticamente desconhecidos. Por seu turno, foi a partir da formulação de Savigny, que a nova regra da sede da relação jurídica surgiu, passando-se a considerar mais importante para os contratantes o local da execução do contrato, ao invés do de sua celebração.

No *Vita Foods*, o contrato de transporte se executaria entre a Nova Escócia (separada do Canadá até 1949) e os Estados Unidos da América e o Canadá, mas, como na época o *Judicial Committee of the Privy Council* era a Corte de última instância do Judiciário da Nova Escócia, o julgamento ocorreu em Londres. Havia uma cláusula no contrato exonerando o transportador de responsabilidade pelas consequências da arribada forçada da nave, o que era permitido pela lei inglesa, mas proibido pela lei da Nova Escócia. O *bill of lading* se referiu expressamente a outra lei, para escapar da que proibia a exoneração de responsabilidade desejada. A Corte Inglesa decidiu por aplicar a lei inglesa e impedir qualquer mudança nas regras do contrato, preservando a segurança jurídica, e o fez com base na autonomia da vontade.

4. SITUAÇÃO GLOBAL NO SÉCULO XX – PLANO INTERNO E INTERNACIONAL E A CONSAGRAÇÃO DO PRINCÍPIO DA AUTONOMIA DA VONTADE

A partir dessas duas ideias, da lei do local da celebração da Idade Média e da lei do local da execução de Savigny, delinearam-se as regras de DIPr para contratos internacionais, que se desenvolveram no século XX. Nos Estados Unidos, o *First Restatement of Conflicts of Law* adotava a regra da lei do local da celebração. Somente em 1971, com a publicação do *Second Restatement*, é que se adotou a teoria da autonomia da vontade de forma ampla. O *Second Restatement* também introduziu importante modificação nas regras de conexão para a lei aplicável aos contratos internacionais, em caráter subsidiário na ausência de escolha pelas partes: estabeleceu como norma de conexão os vínculos mais estreitos, hoje conhecido como princípio da proximidade. Na mesma época, na Europa, a regra oscilava entre países que adotavam o sistema de Savigny e os que adotavam a lei do local da celebração. Isso mudou na década de oitenta do século XX, com o advento da Convenção de Roma (Convenção de 1980 sobre a lei aplicável às obrigações contratuais), posteriormente transformada no Regulamento 593/2009 da União Europeia. O novo diploma internacional regional adotou como regra principal a autonomia da vontade, permitindo às partes escolher livremente a norma regente de seus contratos. Em caráter subsidiário, adotou a regra dos vínculos mais estreitos.

A expressiva mudança das regras seculares para essa nova fórmula, dos vínculos mais estreitos, na ausência de escolha, sempre fora criticada na Europa por seu caráter flexível, e por tender à aplicação da lei local. Mas uma das razões para o seu sucesso e consequente adoção se deve ao seu caráter econômico: abandona-se um critério aleatório para se perquirir os verdadeiros vínculos entre os contratantes. Na maior parte das vezes, esse vínculo é determinado por circunstâncias de caráter econômico, como o local das tratativas, o da execução do contrato e mesmo da sua celebração.

Interessante constatar que embora as regras de DIPr aplicáveis aos indivíduos nos Estados Unidos e na Europa Continental sejam muitas vezes divergentes, havendo mesmo um cisma entre os dois sistemas, na área contratual ocorre uma convergência entre os fatores adotados para determinar a lei aplicável aos contratos internacionais. Pode-se dizer que a *american revolution*[7] e as regras dali advindas foram importadas pelos negociadores da Convenção de Roma ao adotarem a norma dos vínculos mais estreitos.[8] Parece-nos que essa convergência teve, entre outras razões, as de cunho econômico, já que a possiblidade de escolher a lei aplicável é uma decisão comercial que traz ganhos substanciais às partes envolvidas na transação, como se verá a seguir.

Enquanto novas ideias se desenvolviam nos Estados Unidos e na Europa, na maioria dos países da América Latina consolidou-se a regra da lei do local da celebração dos contratos, e nos países do Prata (Argentina, Paraguai e Uruguai) priorizou-se a lei do local da execução.[9] O princípio da autonomia da vontade foi muito criticado pela doutrina latino-americana: desde a codificação dos Tratados de Montevidéu (1889-90/1939-40) houve manifestações contrárias à liberdade das partes de escolher livremente a lei aplicável.

Novamente vislumbram-se razões de cunho econômico para essa desaprovação: é que os países do cone sul, em especial o Uruguai, recebiam muitas importações de mercadorias. Nessas situações, era comum a tentativa dos transportadores de incluir em seus contratos cláusulas de exclusão da responsabilidade por danos. Tal prática muito prejudicava os importadores, considerando os inúmeros acidentes que ocorriam no porto, no momento do desembarque. A lei local era contrária a essas cláusulas, despertando o interesse de sua aplicação por aqueles que recebiam as mercadorias. Assim, os países do Prata, principalmente o Uruguai, sentiam-se em desvantagem com relação aos transportadores, pois adotar a autonomia da vontade implicava em adotar a lei do transportador e não do local de execução, que seria no Uruguai.

Tal situação repete-se nos dias de hoje com relação ao consumidor, considerado como a parte mais fraca em uma contratação com um fornecedor, razão pela qual as principais codificações e convenções internacionais sobre o tema excepcionam essa categoria da norma que permite o exercício da autonomia da vontade.[10]

---

7. Para maiores informações, veja-se ARAUJO, Nadia de. *Direito Internacional Privado:* Teoria e Prática Brasileira. Cit., p. 373 e ss.

8. RUHL, Giesela. Methods and Approaches in Choice of Law: An Economic Perspective. *Berkeley Journal of International Law*, v. 24, 2006, p. 29.

9. Para uma análise do princípio da autonomia da vontade nos sistemas jurídicos da Argentina, Paraguai e Uruguai, v. ARAUJO, Nadia de. *Contratos internacionais:* autonomia da vontade, Mercosul e convenções internacionais. 4. ed. Rio de Janeiro: Renovar, 2009, p. 79-92.

10. Veja-se, v.g., Artigos 6(1) e 6(2) do Regulamento (CE) 593/2008 do Parlamento Europeu e do Conselho Europeu: "1. Sem prejuízo do disposto nos artigos 5 e 7, os contratos celebrados por uma pessoa singular, para uma finalidade que possa considerar-se estranha à sua actividade comercial ou profissional («o consumidor»), com outra pessoa que aja no quadro das suas actividades comerciais ou profissionais

Somente nos anos noventa do século XX, por meio da OEA, que promoveu a V Conferência Interamericana sobre Direito Internacional Privado, a CIDIP V,[11] houve consenso entre os países latino-americanos de que a situação fática se modificara e que agora era necessário também mudar a regulamentação. E entre os motivos estavam novamente as razões econômicas, já que os países da região queriam inserir-se no mercado internacional em igualdade de condições, e se deram conta da necessidade de ter regras de conexão em que a autonomia da vontade fosse plenamente contemplada, pois na legislação dos países parceiros essa possibilidade já era uma realidade. A Convenção Interamericana sobre Direito Aplicável aos Contratos Internacionais ("Convenção Interamericana" ou "Convenção do México"), além de estabelecer a faculdade de escolha da lei aplicável como principal regra de conexão no Artigo 7,[12] também inovou ao incluir como norma subsidiária, a regra dos vínculos mais estreitos, segundo o Artigo 9.[13]

No entanto, apesar de seu sucesso entre os doutrinadores, a Convenção Interamericana não obteve o número de ratificações desejável e encontra-se hoje em vigor apenas no México e na Venezuela, aguardando que os países a adotem no plano interno. Não obstante isto, é possível verificar uma tendência pró-autonomia após a Convenção em diversos sistemas jurídicos da América Latina, como no caso da Argentina, Paraguai e Uruguai.[14]

(«o profissional»), são regulados pela lei do país em que o consumidor tem a sua residência habitual desde que o profissional: a) Exerça as suas actividades comerciais ou profissionais no país em que o consumidor tem a sua residência habitual, ou b) Por qualquer meio, dirija essas actividades para este ou vários países, incluindo aquele país, e o contrato seja abrangido pelo âmbito dessas actividades. 2. Sem prejuízo do n. 1, as partes podem escolher a lei aplicável a um contrato que observe os requisitos do n. 1, nos termos do artigo 3. Esta escolha não pode, porém, ter como consequência privar o consumidor da protecção que lhe proporcionam as disposições não derrogáveis por acordo da lei que, na falta de escolha, seria aplicável com base no n. 1".

11. Como resultado dessa CIDIP, foram finalizadas a Convenção Interamericana sobre Tráfico Internacional de Menores e a Convenção Interamericana sobre Direito Aplicável aos Contratos Internacionais.

12. Artigo. 7. "O contrato rege-se pelo direito escolhido pelas partes. O acordo das partes sobre esta escolha deve ser expresso ou, em caso de inexistência de acordo expresso, depreender-se de forma evidente da conduta das partes e das cláusulas contratuais, consideradas em seu conjunto. Essa escolha poderá referir-se à totalidade do contrato ou a uma parte do mesmo. A eleição de determinado foro pelas partes não implica necessariamente a escolha do direito aplicável".

13. Artigo. 9. "Não tendo as partes escolhido o direito aplicável, ou se a escolha do mesmo resultar ineficaz, o contrato reger-se-á pelo direito do Estado com o qual mantenha os vínculos mais estreitos. O tribunal levará em consideração todos os elementos objetivos e subjetivos que se depreendam do contrato, para determinar o direito do Estado com o qual mantém os vínculos mais estreitos. Levar-se-ão também em conta os princípios gerais do direito comercial internacional aceitos por organismos internacionais. Não obstante, se uma parte do contrato for separável do restante do contrato e mantiver conexão mais estreita com outro Estado, poder-se-á aplicar a esta parte do contrato, a título excepcional, a lei desse outro Estado".

14. ALBORNOZ, María Mercedes. Choice of Law in International Contracts in Latin American Legal Systems. *Journal of Private International Law*, v. 6, n. 1, april/2010, p. 23-58. Veja-se o art. 2.651 do Código Civil e Comercial Argentino, em que se encontra prevista expressamente a autonomia da vontade e a escolha de lei pelos contratantes. O mesmo se repete com o Paraguai, a partir do art. 3º da *Ley* 5393, de 2015 e a Venezuela, no art. 29 da *Ley de Derecho Internacional Privado*.

A situação é especialmente crítica no Brasil, pois o país ainda utiliza o critério medieval da lei do local da celebração.[15] Tem havido tímidas mudanças no campo jurisprudencial e legislativo.[16] Neste último, o melhor exemplo é a adoção plena do princípio da autonomia da vontade na Lei de Arbitragem (Lei 9.307/96), art. 2º, §§ 1º e 2º.[17] Essa situação que distancia a legislação interna brasileira das regras adotadas pelos parceiros comerciais do país, em especial Estados Unidos e países europeus, adicionam elementos negativos ao chamado "custo Brasil", que representa o dispêndio adicional que as operações com o país suportam, em face da dificuldade de optar pela legislação mais adequada ao desejo das partes contratantes.

Entretanto, não se pode deixar de destacar a louvável iniciativa de reforma do art. 9º da LINDB. Ainda no ano de 2020, o PLS 1.038/2020[18] prevê a possibilidade de exercício da autonomia da vontade na escolha de lei aplicável à contrato internacional.[19] A alteração é acompanhada ainda da adição de dois novos artigos, o art.

---

15. Art. 9º da LINDB. "Para qualificar e reger as obrigações, aplicar-se-á a lei do país em que se constituírem. §1º. Destinando-se a obrigação a ser executada no Brasil e dependendo de forma essencial, será esta observada, admitidas as peculiaridades da lei estrangeira quanto aos requisitos extrínsecos do ato. §2º. A obrigação resultante do contrato reputa-se constituída no lugar em que residir o proponente".

16. Recentemente, veja-se Superior Tribunal de Justiça, REsp 1.343.290/SP, Rel. Min. Luis Felipe Salomão, *DJe* 02.05.2019, em que o STJ expressamente afirmou a possibilidade de exercício da autonomia da vontade na escolha da lei aplicável a um contrato de mútuo, alegadamente celebrado nas Ilhas Cayman: "A partir das mudanças institucionais da Ordem Constitucional de 1988, também no âmbito do Superior Tribunal de Justiça a questão já foi apreciada em algumas oportunidades, tendo esta Corte Superior assentado o entendimento de incidir a lei estrangeira no caso concreto, haja vista a escolha das partes pela sua regência do caso, seja por expressa disposição contratual, seja, ainda, pelo local da celebração do ato" (fls. 582-583, e-STJ). Também mais adiante, "tem-se como regra geral o cumprimento do contrato de acordo com seus termos e com a legislação escolhida para regência do pacto negocial ou pelo local de sua celebração" (grifo original, fls. 585, e-STJ).

17. Art. 2º. "A arbitragem poderá ser de direito ou de equidade, a critério das partes. §1º Poderão as partes escolher, livremente, as regras de direito que serão aplicadas na arbitragem, desde que não haja violação aos bons costumes e à ordem pública. §2º Poderão, também, as partes convencionar que a arbitragem se realize com base nos princípios gerais de direito, nos usos e costumes e nas regras internacionais de comércio".

18. Para acompanhamento do Projeto de Lei, acesse: [https://www25.senado.leg.br/web/atividade/materias/-/materia/141234]. Acesso em: 6nov.2020.

19. "Art. 9º. O contrato internacional entre profissionais, empresários e comerciantes rege-se pela lei escolhida pelas partes. § 1º. A escolha da lei aplicável deve ser expressa. Na ausência de cláusula específica, a escolha das partes deve aparecer de forma clara das disposições contratuais ou das circunstâncias do contrato. § 2º. O contrato será considerado internacional quando uma das partes tiver seu estabelecimento em outro país, ou quando houver elementos relacionados ao contrato em mais de um país. § 3º. A escolha pode referir-se à totalidade do contrato ou a parte dele. § 4º. Não é necessário haver conexão entre a lei escolhida e as partes ou a transação. § 5º. A escolha poderá ser modificada a qualquer tempo, e não prejudicará sua validade ou o direito de terceiros. § 6º. Na escolha a que se refere o caput, a referência à lei inclui também a indicação como aplicável ao contrato de um conjunto de regras jurídicas de caráter internacional, aceitas no plano internacional, supranacional ou regional como neutras e equilibradas, desde que não contrárias à ordem pública. § 7º. Na ausência ou invalidade da escolha, o contrato será regido pelo direito do Estado com o qual mantenha os vínculos mais estreitos. § 8º. Não obstante o disposto neste artigo, em se tratando de contrato standard ou de adesão, celebrado no Brasil ou que aqui tiver de ser executado, aplicar-se-ão necessariamente as disposições do direito brasileiro quanto revestirem caráter imperativo. § 9º. A lei escolhida pelas partes deve governar todos os aspectos do contrato, inclusive no que diz respeito à sua interpretação, direitos e obrigações dele decorrentes, questões relativas à extinção da obrigação, prescrição e decadência, validade e invalidade do contrato, ônus da prova, e obrigações pré-contratuais. Se houver mais de uma lei aplicável ao contrato por escolha das partes, cada uma governará a parcela relativa ao seu âmbito de aplicação. (NR)".

9-A e 9-B, que regulam, respectivamente, os contratos internacionais de consumo e as obrigações extracontratuais.

Além disso, a alteração é bem-vinda pois incorpora uma série de regras que foram adotadas pela Conferência da Haia de Direito Internacional Privado ("HCCH") no seu primeiro instrumento de *soft law*, os Princípios sobre a lei aplicável aos contratos internacionais ("Princípios da Haia").[20]

Relembre-se que, em 2014, o Senado conclui o processo de internalização da Convenção de Viena sobre a Compra e Venda Internacional ("CISG"),[21] convenção esta calcada inteiramente no respeito ao princípio da autonomia da vontade. Entretanto, seu objetivo não é uniformizar normas de DIPr, mas atingir a uniformidade de regras materiais de um determinado tema, o da compra e venda internacional. Desta forma, quando adotada pelo Brasil, este passou a ter, como parte de seu direito positivo, as mesmas regras para a compra e venda internacional que os demais países contratantes, o que aos poucos elimina o problema relativo à lei aplicável, já que a sua determinação será irrelevante nas situações em que a convenção for utilizada.[22]

5. POR QUE A POSSIBILIDADE DE ESCOLHA DA LEI APLICÁVEL AOS CONTRATOS INTERNACIONAIS POSSUI REPERCUSSÃO ECONÔMICA RELEVANTE

A determinação da lei aplicável aos contratos internacionais é da alçada das partes contratantes e tem grande relevância econômica. No momento em que as partes decidem que lei regerá o contrato, sua análise tem por objetivo, dentre outros, a diminuição dos custos das transações internacionais.[23]

Isso porque, ao negociar um contrato internacional, é preciso avaliar o custo resultante da possibilidade de um futuro litígio ser instaurado em mais de um Estado e de uma lei estrangeira ser aplicada. Assim, se as partes decidirem que o foro, para um futuro litígio, será o do Brasil, é preciso ter em mente o teor do art. 9º da LINDB. Se o contrato foi assinado no Brasil, esta será a lei aplicada. Se, no entanto, foi constituído em outro país, haverá um custo para que, no curso do litígio, seja comprovada a lei estrangeira, sem considerar ainda as dificuldades de sua aplicação pelo juiz nacional. Se, ao contrário, o foro for, por exemplo, o da Inglaterra, certamente será preciso saber de antemão as regras de DIPr local, ou

---

20. HCCH, Principles on Choice of Law in International Commercial Contracts, 2015. Disponível em: https://www.hcch.net/en/instruments/conventions/full-text/?cid=135. Acesso em: 06.11.2020.

21. Decreto 8.327/2014. Disponível em: http://www.planalto.gov.br/ccivil_03/_ato2011-2014/2014/decreto/d8327.htm. Acesso em: 06.11.2020.

22. BASEDOW, Jürgen. Towards a Universal Doctrine of Breach of Contract: The Impact of the CISG. *International Review of Law and Economics*, v. 25, 2005, p. 487-500.

23. TIMM, Luciano Benetti; GUARISSE, João Francisco Menegol. Análise Econômica dos Contratos. *In:* TIMM, Luciano Benetti (Org.). *Direito e Economia no Brasil*. São Paulo: Atlas, 2012, p. 167-168.

prever uma cláusula em que a lei desejada pelas partes está expressa.[24] Também nesta jurisdição, será necessário considerar os custos para comprovar a lei estrangeira perante o tribunal inglês. Essas considerações envolvem cálculos relativos à prova e a análise jurídica do direito estrangeiro, elementos que podem impor modificações expressivas ao resultado do litígio. Feita essa análise, escolhe-se a lei considerada por todos como a mais apropriada, não ficando as partes à mercê das regras de conexão de cada foro, o que pode diminuir os custos transacionais e evitar a incerteza quanto ao resultado.

No momento de fazer essa escolha, as partes podem levar em consideração também características especiais de um determinado direito. Se este for mais flexível, ou mesmo mais adequado às transações comerciais, chega-se a uma solução mais eficiente em caso de litígio. Por exemplo, nos Estados Unidos, onde essas regras são de caráter estadual, a maioria dos contratos de financiamento contém cláusula de lei aplicável de Nova Iorque, já que a legislação desse Estado sempre teve a preocupação de adequar-se às necessidades do comércio e transformar Nova Iorque na capital dos negócios, com uma adequada legislação.[25]

Uma nova possibilidade nos últimos anos tem sido a utilização da chamada *lex mercatoria*. Ou seja, ao invés de escolher um determinado sistema jurídico, as partes elegem determinadas regras, que não fazem parte de nenhum sistema, como por exemplo, os *Princípios do UNIDROIT para os contratos comerciais internacionais* ("Princípios").[26] Os *Princípios* são um corpo jurídico que se adequa melhor do que normas nacionais ao comércio internacional. Aqui poder-se-ia dizer que o teorema de Coase se aplica: facilitam-se soluções mais eficientes e afastadas do direito estatal.[27]

Não surpreende que o princípio da autonomia da vontade tenha sido adotado na Europa e nos Estados Unidos e que sua utilização tenha gerado inúmeros ganhos em eficiência econômica para as partes envolvidas nas transações internacionais.[28] As

---

24. Veja-se STJ, SEC 3.932, Rel. Min Felix Fischer, *DJe* 11.04.2011. Tratava-se de uma ação de homologação de sentença estrangeira, em que uma das requeridas apresentou impugnação, afirmando que a referida decisão inglesa violava a ordem pública brasileira, já que, supostamente, "teria vedado a possibilidade de compensação e estipulado o princípio *solve et repete* (...)" (fls. 15). A defesa apresentada, em verdade, possuía o claro propósito de rediscutir o mérito da questão julgada, sob o ponto de vista do ordenamento jurídico brasileiro. O caso, curiosamente, também envolve questões referentes à eleição do foro inglês e a possibilidade de ajuizamento de demanda paralela no Brasil, ilustrando, assim, como, pelo menos uma das partes, não considerou, por completo, os efeitos e riscos da escolha do foro inglês e da lei inglesa, para regência do contrato. Em resposta, o STJ seguiu sua jurisprudência pacífica no assunto, determinando que o juízo de delibação, típico deste tipo de ação, não possibilitava a rediscussão do mérito da demanda e que as questões levantadas não violavam a ordem pública brasileira.
25. Para um estudo que alinha essas questões, veja-se EISENBERG, Theodore; MILLER, Geoffrey P. The Flight to New York: An Empirical Study of Choice of Law and Choice of Forum Clauses in Publicly-Held Companies' Contracts. *Cornell Law Faculty Publications*, Paper 124, 2009.
26. GAMA JR, Lauro. Os princípios do UNIDROIT relativos aos contratos do comércio internacional 2004 e o direito brasileiro: convergências e possibilidades. *Revista de Arbitragem e Mediação*, v. 8, 2006, p. 48.
27. COASE, Ronald. The problem of social cost. *Journal of Law and Economic*, v. 3, 1960, p. 1-44.
28. RUHL, Giesela. Party Autonomy in the Private International Law of Contracts: Transatlantic Convergence and Economic Efficiency. CLPE Research Paper No. 4/2007. *In*: GOTTSCHALK, Eckhart; MICHAELS,

partes contratantes adotam uma cláusula de lei aplicável porque isso lhes parece mais vantajoso por inúmeras razões: a lei escolhida pode ter dispositivos mais adequados a sua situação jurídica; há o desejo de escolher uma lei que pareça às partes mais neutra e, portanto, que não traga vantagens excessivas a qualquer dos contratantes, dentre outros.[29]

Ressalte-se, ainda, que a autonomia da vontade não é princípio sem limites da lei local. É comum excluir essa possibilidade nos contratos com consumidores, além dos de trabalho e de seguro, para evitar o aprofundamento de situações de desigualdade e a utilização oportunista da faculdade de escolher a lei, bem como a garantia de que todos terão acesso às informações imprescindíveis à realização do negócio. No entanto, mesmo nos contratos de consumo, há os que acreditam que a autonomia da vontade não deve ser restringida de forma absoluta, mas exercida em estreitos limites e com um balizamento que dê a proteção adequada à parte em desvantagem.

A comprovação de que os contratos internacionais realizados com partes localizadas no Brasil estão em situação de desvantagem do ponto de vista do conflito de leis, tendo em vista a ausência de norma expressa nesse sentido na LINDB, é a observação de que as partes têm adotado cada vez mais a arbitragem como meio de solução de suas controvérsias, já que a Lei 9307/96 expressamente permite a escolha da lei aplicável.

Outro expediente utilizado por partes cautelosas na sua contratação internacional é o de concomitantemente à inclusão de uma cláusula de lei aplicável no contrato, celebrá-lo no local indicado como da lei aplicável. Isso ocorre amiúde com contratos celebrados com cláusula de lei aplicável americana, mormente a de Nova Iorque, em que o mesmo é lá assinado ou, se entre ausentes, consta comprovação de que o proponente é residente no local da lei escolhida.

A situação no Brasil é desconfortável e a reforma da LINDB, na parte dos contratos internacionais, tem sido objeto de grande discussão entre os doutrinadores e operadores jurídicos. Espera-se que desta vez o Projeto 1038/2020 seja exitoso e a modificação tão esperada, com a inclusão da autonomia da vontade de forma expressa na lei, seja afinal efetuada.

Adiciona-se, neste momento, a todos os motivos que ensejam a sua reforma, os de cunho econômico, porque a adoção da autonomia da vontade significaria um ganho de eficiência nada desprezível para as partes contratantes aqui estabelecidas e atuantes no comércio internacional.

Ralf; RUHL, Giesela; VON HEIN, Jan (Ed.). *Conflicts of Law in a Globalized World*. Cambridge: Cambridge University Press, 2007, p. 32.

29. Veja-se um estudo aprofundado por CUNIBERTI, Gilles. The International Market for Contracts: The Most Attractive Contract Laws. *Northwestern Journal of International Law & Business*, v. 34, n. 3, 2014, p. 455-517.

6. CONCLUSÃO

O princípio da autonomia da vontade já foi incorporado pela legislação interna de países como Estados Unidos e Canadá, por tratados multilaterais de caráter regional, como na União Europeia, e iniciativas de regulamentação de contratos internacionais, como a Convenção da UNCITRAL sobre a compra e venda internacional (CISG). Também representa o vetor do instrumento de *soft law* da HCCH, os *Princípios sobre a lei aplicável aos contratos internacionais*. Tudo isso demonstra a sua grande penetração na regulamentação dos contratos internacionais, em nível nacional e mundial.

No entanto, as razões para a sua adoção transcendem a motivação de cunho eminentemente jurídica, calcada na proteção ao princípio da liberdade do indivíduo. A ela se agregam o princípio da eficiência econômica, já que, além do respeito à sua liberdade de contratar, as partes também buscam realizar o melhor negócio possível, o que inclui fazê-lo com o menor custo possível para viabilizar suas transações comerciais, sempre procurando preservar a igualdade de condições.

De todo o exposto, constata-se com facilidade que o princípio de eficiência econômica, tão caro aos economistas na formulação de suas hipóteses, tem lugar cativo também no direito internacional privado, quando se analisam as razões pelas quais é desejável deixar às partes a liberdade de escolher a lei aplicável aos seus contratos internacionais.

7. REFERÊNCIAS BIBLIOGRÁFICAS

ALBORNOZ, María Mercedes. Choice of Law in International Contracts in Latin American Legal Systems. *Journal of Private International Law*, v. 6, n. 1, April / 2010.

ARAUJO, Nadia de. *Contratos internacionais*: autonomia da vontade, Mercosul e convenções internacionais. 4. ed. Rio de Janeiro: Renovar, 2009.

ARAUJO, Nadia de. *Direito internacional privado*: teoria e prática brasileira. 9. ed. São Paulo: Ed. RT, 2020.

ARAUJO, Nadia de; GAMA JR., Lauro; VARGAS, Daniela Trejos. Temas de Direito Internacional Privado no Projeto de Novo Código de Processo Civil. *Revista de Arbitragem e Mediação*, v. 28, 2011.

ARAUJO, Nadia de; GAMA JR., Lauro. A escolha da lei aplicável aos contratos do comércio internacional: os futuros Princípios da Haia e perspectivas para o brasil. *Revista de Arbitragem e Mediação*, v. 34, Julho / 2012.

BASEDOW, Jürgen. Towards a Universal Doctrine of Breach of Contract: The Impact of the CISG. *International Review of Law and Economics*, v. 25, 2005.

BASEDOW, Jürgen; KONO, Toshiyuki. *An Economic Analysis of Private International Law*. Mohr Siebeck: Tübingen, 2006.

COASE, Ronald. The problem of social cost. *Journal of Law and Economic*, v. 3, 1960.

CUNIBERTI, Gilles. The International Market for Contracts: The Most Attractive Contract Laws. *Northwestern Journal of International Law & Business*, v. 34, n. 3, 2014.

EISENBERG, Theodore; MILLER, Geoffrey P. The Flight to New York: An Empirical Study of Choice of Law and Choice of Forum Clauses in Publicly-Held Companies' Contracts. *Cornell Law Faculty Publications*, Paper 124, 2009.

GAMA JR, Lauro. Os princípios do UNIDROIT relativos aos contratos do comércio internacional 2004 e o direito brasileiro: convergências e possibilidades. *Revista de Arbitragem e Mediação*, v. 8, 2006.

GRECHENIG, Kristoffel R.; GELTER, Martin. The Transatlantic Divergence in Legal Thought: American Law and Economics vs. German Doctrinalism. *Hastings International and Comparative Law Review*, v. 31, n. 1, 2008.

RUHL, Giesela, Methods and Approaches in Choice of Law: An Economic Perspective. *Berkeley Journal of International Law*, v. 24, 2006.

RUHL, Giesela. Party Autonomy in the Private International Law of Contracts: Transatlantic Convergence and Economic Efficiency. CLPE Research Paper 4/2007. In: GOTTSCHALK, Eckhart; MICHAELS, Ralf; RUHL, Giesela; VON HEIN, Jan (Ed.). *Conflicts of Law in a Globalized World*. Cambridge: Cambridge University Press, 2007.

SNYDER, David V. Contract Regulation, With and Without the State: Ruminations on Rules and Their Sources. *American Journal of Comparative Law*, v. 56, n. 3, 2008.

TIMM, Luciano Benetti. Common law e contract law: introdução ao direito contratual norte-americano. *Revista dos Tribunais*, v. 97, 2008.

TIMM, Luciano Benetti. Função social do direito contratual no Código Civil brasileiro: justiça distributiva vs. eficiência econômica. *Revista dos Tribunais*, v. 876, 2008.

TIMM, Luciano Benetti; GUARISSE, João Francisco Menegol. Análise Econômica dos Contratos. *In:* TIMM, Luciano Benetti (Org.). *Direito e Economia no Brasil*. São Paulo: Atlas, 2012.

21
ANÁLISE ECONÔMICA DO DIREITO REGULATÓRIO

Fernando B. Meneguin

Pós-Doutorado em Análise Econômica do Direito pela Law School da Universidade da California/Berkeley. Doutor em Economia pela Universidade de Brasília. Professor Titular do Instituto Brasileiro de Ensino, Desenvolvimento e Pesquisa (IDP) e da Ambra University. Líder-docente do Grupo de Estudos em Direito e Economia – GEDE/UnB/IDP e pesquisador do Economics and Politics Research Group – EPRG, CNPq/UnB. Consultor Legislativo do Senado na área de Políticas Microeconômicas. Consultor Sênior da Charles River Associates.

Luciano Póvoa

Pós-doutorado na Peter Allard School of Law da University of British Columbia, Canadá. Doutor em Economia pela Universidade Federal de Minas Gerais. Consultor Legislativo do Senado na área de Políticas Microeconômicas. Professor do Instituto Brasileiro de Ensino, Desenvolvimento e Pesquisa (IDP).

1. REGULAÇÃO E ANÁLISE ECONÔMICA DO DIREITO

Você acorda, acende a luz, lava o rosto e toma um remédio para dor de cabeça. Depois, bebe um café, utiliza seu smartphone para pedir um transporte e vai para o trabalho. Você pode não se dar conta, mas todas essas atividades cotidianas são permeadas por um grande conjunto de regras estabelecidas pelo Estado. Geração, transmissão e distribuição de energia elétrica, saneamento, medicamentos, comercialização de bebidas, telecomunicações, transporte e relações de trabalho são interações entre empresas e indivíduos altamente reguladas. Mas, por quê?

O estudo da regulação abarca as diversas formas utilizadas pelo Estado para intervir na atividade econômica. Envolve tanto medidas legislativas quanto administrativas por meio das quais o Estado pode determinar, controlar ou influenciar o comportamento dos agentes econômicos, orientando-os para o atingimento de interesses sociais, tais como controle de preços, concorrência, estabelecimento de padrões de qualidade e segurança.[1]

Segundo a teoria econômica clássica, o Estado intervém como regulador para corrigir falhas de mercado. O mercado de medicamentos, por exemplo, é caracterizado pela existência de poder de monopólio em virtude da concessão de patentes. Como o acesso à saúde é de elevado interesse social, para contrabalançar o poder de mercado, o Estado estabelece regras para o reajuste de preços dos medicamentos e para a entrada de empresas competidoras após a expiração do prazo de vigência das patentes, criando um mercado de medicamentos genéricos. Além disso, o Estado regula quais medicamentos podem ser comercializados.

Por muito tempo, a detecção de falhas de mercado orientou governos de diversos países na decisão de quais mercados deveriam ser regulados e como deveriam ser as regras. Entretanto, nas últimas décadas, novos desafios mostraram que as falhas de mercado, embora importantes, não são capazes de explicar a prevalência de regulação nos mercados e na vida das pessoas. Litígios, limitações dos governos, corrupção, escolhas públicas e novas tecnologias precisam ser levados em conta para se entender o papel do governo como regulador. Aqui entra a contribuição da Análise Econômica do Direito (AED).

Este capítulo explora como a Análise Econômica do Direito se relaciona com a regulação econômica de forma a permitir um melhor entendimento da existência da infinitude de regras para o comportamento dos mercados e dos agentes econômicos e o que determina a eficiência dessas regras.

Sabe-se que, por meio da Análise Econômica do Direito, pode-se tratar a norma como uma estrutura de incentivos. Sobre o tema, Roemer (2001) afirma que a Análise Econômica do Direito introduziu uma teoria segundo a qual as normas jurídicas são visualizadas como incentivos para a consecução de ações e as respostas dependem e variam em função dos tipos de incentivos envolvidos.

No bojo das regulações, encontram-se variados incentivos que, ao moldarem o comportamento humano, de maneira positiva ou negativa, irão alavancar ou atrapalhar o desenvolvimento econômico.

Os estudiosos da AED entendem "que existe um amplo espaço dentro da metodologia jurídica atual para técnicas que auxiliem o jurista a melhor identificar, prever e explicar as consequências sociais de escolhas políticas imbuídas em legislações (*ex ante*) e decisões judiciais (*ex post*)".[2]

Segundo Cooter e Gilbert (2022), a Análise Econômica do Direito atua sob três perspectivas: positiva, normativa e interpretativa. A teoria positiva tenta prever os efeitos das leis e antecipar como as pessoas reagem a elas. A teoria normativa avalia as leis sob o prisma da eficiência e propõe reformas ao direito vigente visando incre-

---

1. Aragão, 2003.
2. Gico Jr., 2012.

mentos de bem-estar social. A teoria interpretativa procura entender a racionalidade, compreender o raciocínio por trás dos mandamentos legais.

Nesse sentido, o Direito Econômico e as normas regulatórias podem se beneficiar da abordagem consequencialista da Análise Econômica do Direito, que disponibiliza embasamento teórico para colaborar com a elaboração de dispositivos regulatórios mais bem desenhados, que forneçam incentivos adequados, gerando um uso mais eficiente dos escassos recursos produtivos.

2. POR QUE REGULAR?

Pode-se questionar a existência de regulação estatal, realizando intervenções na atividade econômica, em contraposição à ordem econômica brasileira, que tem como um de seus fundamentos a livre iniciativa. Conforme disposto no art. 170 da Constituição Federal, os diversos agentes na sociedade devem ter liberdade para participar do mercado, empreendendo, produzindo ou vendendo bens e serviços, de maneira livre e sem a interferência do Estado. Como a regulação limita as decisões econômicas dos agentes, até que ponto a livre iniciativa é, de fato, "livre"? Se um estudante de química inventa um novo repelente de mosquitos, ele não pode simplesmente fabricar em casa e vender pela internet. Por quê?

Essa seção mostra que, mesmo considerando a importância da liberdade econômica, não há como prescindir da regulação, pois há uma série de situações que não podem ser deixadas ao livre arbítrio do mercado, sendo necessário o uso da regulação para controlar preços, quantidade, qualidade e números de empresas em um determinado mercado. Conforme introduzido na seção 1, os economistas geralmente chamam essas situações e suas consequências de "falhas de mercado".

2.1 Falhas de mercado

Um dos teoremas mais importantes da economia é o chamado Primeiro Teorema do Bem-Estar Social. Ele estabelece que sempre que houver um mercado competitivo, isto é, uma concorrência perfeita, o livre mercado propiciará uma alocação de recursos eficiente do ponto de vista econômico. Trata-se de uma espécie de demonstração matemática da ideia de Adam Smith acerca da "mão invisível" do mercado. Se cada um puder buscar livremente seu interesse próprio, os recursos (tempo, capital e terra) serão alocados para os seus usos mais eficientes e a sociedade como um todo será beneficiada.

Contudo, essa é uma possibilidade teórica que pressupõe a ausência de falhas de mercado. No mundo real essas falhas existem na forma de monopólios naturais, externalidades e informações assimétricas, entre outras. As falhas de mercado merecem atenção porque tendem a gerar alocações ineficientes dos recursos, prejudicando toda a sociedade.

No caso dos monopólios, trata-se de uma falha de mercado por ser uma situação em que uma empresa detém poder econômico suficiente para produzir menos do que o socialmente desejado e praticar um preço mais elevado do que em concorrência perfeita, incrementando, assim, seus lucros, além de restringir ou eliminar uma possível concorrência e praticar a discriminação de preços. O resultado é uma ineficiência alocativa com redução do bem-estar social. Em particular, o Estado busca regular os chamados monopólios naturais, que são aqueles em que uma única empresa atende ao mercado a um custo inferior do que o de duas ou mais empresas. Ou seja, o monopolista apresenta elevadas economias de escala de produção, tornando os custos de infraestrutura elevados ao ponto de constituírem uma barreira à entrada de concorrentes. Empresas de saneamento e de fornecimento de energia elétrica são exemplos de setores onde prevalecem monopólios naturais.

Já as externalidades são um conceito utilizado na ciência econômica para se referir aos efeitos exercidos pela produção de uma empresa, ou o consumo de um indivíduo, sobre terceiros de forma positiva ou negativa. Um dos problemas da externalidade é que a firma que gera um efeito negativo, como poluição, exporta um custo para outros agentes da economia e isso acarreta distorções na alocação dos recursos produtivos.

Por fim, temos as assimetrias informacionais. São situações em que existe um desequilíbrio de informações entre as partes envolvidas, como no mercado de planos de saúde, impedindo negócios de acontecerem ou gerando decisões viesadas.

Nessas situações em que estão presentes as falhas de mercado é que surge a necessidade do citado Estado Regulador criando regras para tentar corrigir as falhas e aumentar o bem-estar social.

Portanto, o preceito da liberdade econômica não é, em nenhum aspecto, incompatível com as finalidades públicas que ensejam a regulação estatal. Cabe enfatizar, porém, que é essencial que a norma seja bem construída.

2.2 Limitações da abordagem das falhas de mercado

A hipótese de que a regulação ocorre em indústrias afetadas por falhas de mercado formou a base da chamada "teoria do interesse público" e teve uma grande influência na criação de leis e de agências de regulação nos Estados Unidos até a década de 1960. As primeiras indústrias reguladas foram as ferrovias e setores ligados à eletricidade e telefonia no início do século XX.[3] A teoria do interesse público também se apoiava na hipótese de que os governos atuavam de forma benigna e eram capazes de corrigir as falhas de mercado. Entretanto, as evidências empíricas que foram surgindo não eram compatíveis com essas hipóteses. Muitas das indústrias reguladas não apresentavam falhas de mercado que justificassem sua regulação. Além disso, os governos não estavam sendo capazes de "corrigir" as falhas, pois setores regulados estavam acumulando poder econômico, e havia problemas de ineficiência em diversos outros setores.

---

3. Viscusi et al., 2000.

Shleifer (2005) aponta que as principais críticas à teoria do interesse público estão associadas à Escola de Direito e Economia de Chicago, que deu origem à Análise Econômica do Direito. Segundo o autor, essas críticas podem ser entendidas em três etapas.

Em primeiro lugar, os agentes privados podem resolver a maioria das falhas de mercado sem nenhuma regulação por parte do governo. Assim, além de a teoria do interesse público dar uma atenção exagerada à questão das falhas de mercado, ela também não reconhecia a capacidade dos mercados de resolver muitos dos alegados problemas sem a intervenção do governo, como, por exemplo, empresas que investem na qualidade e no marketing de seus produtos (reputação) como forma de reduzir a assimetria de informação para ganhar mercado e obter lucros.

Em segundo lugar, quando os mercados não funcionam perfeitamente, as partes interessadas podem recorrer à justiça. Essa crítica teve origem no trabalho de Coase (1960) sobre custos de transação. Assim, o litígio privado resolveria os conflitos entre os participantes do mercado, bastando que esses agentes estabelecessem regras contratuais de antemão. Tribunais imparciais fariam valer os contratos celebrados entre agentes privados, os direitos de propriedade, ou as leis de responsabilidade civil, minimizando a necessidade de intervenção regulatória do governo.

Em terceiro lugar, a benevolência do governo para resolver as falhas de mercado é uma hipótese irreal. Ou seja, "mesmo que os mercados e os tribunais não possam resolver todos os problemas perfeitamente, os reguladores do governo são incompetentes, corruptos e capturados, então a regulamentação tornaria as coisas ainda piores".[4] Essa crítica tem como base a teoria da captura, que segundo Peltzman (1989) *apud* Shleifer (2005), baseia-se em duas proposições: (i) o processo político de regulação é geralmente capturado pela indústria a ser regulada e; (ii) mesmo quando reguladores tentam promover o bem-estar social, eles raramente conseguem. As críticas da Escola de Chicago revelaram-se muito influentes, não só pela sólida base teórica, mas também porque suas previsões foram confirmadas por diversas evidências empíricas. Sua principal conclusão é que a regulação, quando justificável, deve ser mínima.

Contudo, as críticas da Escola de Chicago também possuem limitações. Uma delas é a sua excessiva confiança na imparcialidade dos tribunais e na capacidade dos agentes privados em solucionar eventuais conflitos sem a intervenção do governo. Os próprios tribunais podem ser viesados, corruptos e suscetíveis a falhas de avaliação devido às assimetrias de informação.

2.3 Por que a regulação é onipresente?

A regulação está presente nas mais diversas atividades cotidianas, desde as relações de trabalho (horas de trabalho, relações com sindicatos, contratação e

---

4. Shleifer, 2005, p. 440.

demissão) à construção de imóveis (padrões e zoneamento urbano), produção e comercialização de alimentos e medicamentos (segurança e preços), uso seguro de fertilizantes, transporte (coletivo e individual) e, até mesmo, que tipo de bebida pode ser classificada e comercializada como cerveja.

Por que a regulação é onipresente? Além disso, o que explica as economias dos Estados Unidos e da Europa serem mais ricas e mais reguladas do que há um século? Shleifer (2010) argumenta que as teorias apresentadas anteriormente não conseguem explicar esses fatos de maneira satisfatória. Para a teoria do interesse público, com foco nas falhas de mercado, como falta de concorrência, assimetria de informação e externalidades, a regulação é ubíqua porque as falhas de mercado também são. Como visto, essa explicação não é satisfatória, pois existem diversas atividades econômicas que são reguladas sem apresentarem falhas de mercado relevantes que justifiquem a intervenção do governo, como o mercado de trabalho. Já para Coase, a competição leva a maior eficiência e os contratos eliminam boa parte do problema de informação. Na visão de Coase, os contratos são um substituto para a regulação. Mas, do ponto de vista da eficiência dos mercados, a existência de tanta regulação permanece um enigma. Ao contrário, observa-se a regulação até dos contratos.

Para Shleifer (2010), a regulação é onipresente na economia não por causa das falhas de mercado, mas por causa da falha dos tribunais em resolver as disputas contratuais e de danos de forma barata, previsível e imparcial. O bom funcionamento da justiça é crucial para que a correção de falhas de mercado possa ocorrer por meio de mecanismos privados, sejam eles contratos ou processos judiciais por danos. Assim, se os tribunais funcionassem bem, não haveria a necessidade de regulação para se buscar maior eficiência na maioria dos casos. Dado que os tribunais são falíveis, diversas atividades econômicas são reguladas (inclusive contratos) para proporcionar parâmetros objetivos em caso de disputas judiciais, reduzindo a discricionaridade dos juízes.

Dessa forma, segundo Shleifer, a justificativa para a regulação eficiente está na falha dos tribunais. Se esse argumento estiver correto, então, a onipresença e o crescimento da quantidade de atividades reguladas refletem uma adaptação institucional eficiente a um mundo mais complexo.

Trata-se de uma conclusão com importantes implicações políticas. Em primeiro lugar, reforça a necessidade da elaboração de mecanismos de regulação objetivos. Além disso, mostra como o volume de processos judiciais acumulados nos tribunais prejudica a eficiência e gera a necessidade de mais regulação, ou seja, aumenta os custos de transação para a sociedade. Por fim, a regulação seria mais comum em contextos de desigualdade entre as partes litigantes.

3. EVOLUÇÃO DA REGULAÇÃO ECONÔMICA

A regulação econômica vem evoluindo e não é mais possível trabalhar apenas com os mecanismos de comando e controle. Os ensinamentos da AED, ao trazerem à reflexão o papel dos incentivos e a preocupação com os efeitos das normas, robustecem o arcabouço instrumental para se conseguir melhores intervenções estatais.

Antes de prosseguir no desenvolvimento do tema sobre regulação estatal no domínio econômico, é interessante fazer uma breve digressão, apresentando uma contextualização de sua evolução. Para tanto, apresenta-se excerto constante de Meneguin e Dantas (2020).

A primeira onda de reforma regulatória ocorreu como resposta à crise de 1929. Enfraqueceu-se, por conta da recessão da época, o liberalismo de Adam Smith, o qual apregoava a não intervenção do Estado na economia e que reconhecia a "mão invisível do mercado" como a ferramenta econômica capaz de promover o bem-estar.[5]

Surge assim uma reforma regulatória na qual se defendia a figura de um Estado interventor, responsável por atender diretamente às necessidades da população e promover o bem-estar social, inclusive por meio do fornecimento direto de bens e serviços por empresas estatais.[6]

Posteriormente, a partir da década de 1970, o modelo de Estado interventor se mostrou insustentável do ponto de vista econômico e social. Os governos estavam endividados e havia um cenário de alta inflação, denotando uma limitada capacidade de coordenação e atuação do Estado. Surgiu então uma onda de legislações, agora visando a desregulação de diversos setores da economia, como o de transporte aéreo, em especial nos Estados Unidos. Segundo Viscusi et al. (2000), a contribuição para o Produto Nacional Bruto dos setores amplamente regulados caiu de 17% em 1977, para apenas 6,6% em 1988. No Brasil, o setor de transporte aéreo também passou por um processo de desregulação. Passou-se de um regime em que o governo fixava os preços das passagens aéreas (até 1989), para outro de bandas tarifárias (1989 a 2001), até chegar ao regime de liberdade tarifária atualmente em vigor. A livre concorrência permitiu a expansão da malha aérea, redução do preço médio das passagens em cerca de 50% entre 2002 e 2013, e ampliação do acesso da população ao transporte aéreo.[7]

Diante desse panorama, tornou-se necessário repensar o papel do Estado e redesenhar as suas funções. Iniciou-se, portanto, um período de transição que envolveu: o estabelecimento de políticas de austeridade, a incorporação de práticas gerenciais do setor privado na administração pública e a privatização de empresas estatais. Todavia, não era possível, simplesmente, o retorno ao livre mercado amplo e irrestrito que já havia apresentado problemas décadas antes.

Tem-se então o surgimento da figura do Estado Regulador (Jordana e Levi-Faur, 2004), cujas características, nas palavras de Marçal Justen Filho, são as seguintes:

> transferência para a iniciativa privada de atividades desenvolvidas pelo Estado, desde que dotadas de forte cunho de racionalidade econômica; liberalização de atividades até então monopolizadas

---

5. Fiani, 2004.
6. Bento, 2003.
7. Duarte, 2015.

pelo Estado a fim de propiciar a disputa pelos particulares em regime de mercado; a presença do Estado no domínio econômico privilegia a competência regulatória; a atuação regulatória do Estado se norteia não apenas para atenuar ou eliminar os defeitos do mercado, mas também para realizar certos valores de natureza política ou social; e institucionalização de mecanismos de disciplina permanente das atividades reguladas.[8]

Com isso, uma série de reflexões passaram a ser feitas sobre a capacidade desse novo modelo em equilibrar o livre mercado e o interesse público, especialmente diante do processo político e dos diversos grupos de interesse que influenciam as decisões dos agentes reguladores.[9]

Constatou-se que a concepção de um Estado Regulador era muito mais complexa de se implementar que os modelos anteriores (Estado Mínimo e o Estado Interventor), uma vez que a intervenção estatal não deve ser máxima, nem mínima, mas sim adequada; o que exige, na estrutura regulatória dos países, instâncias decisórias e procedimentos que permitam a correta tomada de decisão. Além do mais, a crise financeira mundial de 2008, potencializada pela falta de regulamentação do mercado financeiro americano, tornou evidente as falhas em governança regulatória nas instituições públicas e privadas.[10]

Dessa maneira, a política regulatória está em constante evolução para dar conta dos desafios trazidos pelo surgimento de novos setores industriais e pelo fim do ciclo de outros setores. A questão que surge nos tempos atuais acerca da regulação estatal consiste em discutir quais são seus limites de atuação, bem como se ater à qualidade dos atos normativos, verificando se estão direcionados adequadamente para incentivar o desenvolvimento econômico.

4. QUALIDADE DAS NORMAS REGULATÓRIAS

Acerca da qualidade normativa, é fundamental a atenção sobre pontos como a pertinência e a adequação das normas regulatórias. Será que o desenho da norma consegue gerar efeitos que eram realmente os esperados? Será que os custos impostos pela regulação superam os benefícios gerados para a sociedade?

Um exemplo clássico de regulação malfeita é encontrado na história recente do Brasil: o Plano Cruzado, ao promover o congelamento de preços para combater uma hiperinflação, não permitiu o ajuste dos valores de mercadorias sujeitas à sazonalidade, gerando um desequilíbrio de preços. Isso agravou o desabastecimento de bens (ninguém se dispunha a vender com prejuízo ou perder oportunidades de lucro) e fomentou o surgimento de ágio para compra de produtos escassos, principalmente os que se encontravam na entressafra, como carne e leite.

---

8. Justen Filho, 2009, p. 565.
9. Stigler, 1971.
10. OCDE, 2012.

Então, como evitar situações reguladas em que as consequências da atuação do Estado são negativas? Como evitar que uma intervenção estatal que objetiva minimizar uma falha de mercado produza mais danos do que benefícios?

A resposta a essa pergunta, conforme Meneguin (2020), direciona a presente discussão para um instrumento que recebeu bastante atenção nos países associados à Organização para a Cooperação e Desenvolvimento Econômico (OCDE) e que agora está institucionalizado no Brasil. Trata-se da chamada Regulatory Impact Assessment – Análise de Impacto Regulatório (AIR), que se constitui em uma ferramenta aplicada com a finalidade de subsidiar a elaboração das normas regulatórias e a formulação de políticas públicas, contribuindo para o aumento da racionalidade do processo decisório acerca das potenciais intervenções governamentais.

A base para a AIR está no trabalho de Douglass North, laureado com o Prêmio Nobel de Economia em 1993, cujas pesquisas são estruturais para a AED. Nos seus estudos, há a defesa de que as normas alteram a maneira como as pessoas vivem em sociedade, uma vez que se constituem em regras formais que afetam a todos, compondo o que na literatura econômica chama-se de instituições.

Douglass North explicita o significado das instituições e ratifica sua importância:

> as instituições são as regras do jogo em uma sociedade ou, mais formalmente, são as restrições elaboradas pelos homens que dão forma à interação humana. Em consequência, elas estruturam incentivos no intercâmbio entre os homens, seja ele político, social ou econômico.[11]

Assim, a matriz institucional precisa funcionar adequadamente de forma a contribuir com uma eficiente coordenação do sistema econômico e promover o desenvolvimento econômico. A AIR contribui para a melhoria da matriz institucional.

4.1   Análise de Impacto Regulatório: exemplos

O consumo de cigarros ocasiona problemas de saúde para os indivíduos e impacta negativamente o bem-estar da sociedade (mortes prematuras, doenças, afastamentos do trabalho e aumento dos gastos com saúde). Trata-se de uma ineficiência de mercado causada pela chamada internalidade, definida como uma externalidade negativa restrita ao próprio consumidor, que não possui informações adequadas sobre os custos associados ao consumo do cigarro. Isso ocorre porque os preços de mercado não refletem os custos do consumo de cigarro para a saúde, nem os efeitos de longo prazo, levando a uma utilidade presente e uma subestimação dos custos futuros. Essa internalidade representa uma falha de mercado, pois o consumidor adquire uma quantidade de cigarros acima do que seria o socialmente desejado caso os preços refletissem os custos.

Governos de diversos países têm adotado políticas regulatórias para restringir o consumo de cigarros, tais como proibição de venda para menores de idade e o

---

11. North, 1990.

consumo em determinados locais. Apesar de o percentual de jovens fumantes estar em queda nas últimas décadas, o governo dos Estados Unidos passou a se preocupar com a comercialização de cigarros com adição de sabores, como menta, pois seriam mais atrativos para os jovens e de fácil consumo. Em 2020, mais de meio milhão de jovens consumiam cigarros saborizados nos Estados Unidos.

Em resposta a uma demanda do governo, a agência responsável pela regulação de alimentos e medicamentos no Estados Unidos (*Food and Drug Administration* – FDA), avaliou a questão e propôs a proibição de produtos à base de tabaco com adição de sabores em todos os cigarros e seus componentes.[12] Proibir gera custos para diversos agentes e restringe a opções de escolha. Assim, foi preciso avaliar criteriosamente se tais custos realmente iriam gerar os efeitos desejados de reduzir o consumo de cigarros, e se os benefícios superariam os custos. Para se chegar a essa conclusão, a agência realizou uma avaliação de impacto econômico de uma eventual proibição. A avaliação partiu da identificação do aumento do potencial de vício como problema público a ser resolvido. Em seguida, constatou-se que a adição de sabores induz os jovens ao consumo de cigarros (causa do problema).

Os benefícios da regulação foram medidos em termos de redução da mortalidade e dos custos de saúde associados ao consumo de cigarros, além da melhoria da qualidade de vida. O valor presente dos benefícios foi estimado entre cerca U$ 112 milhões e R$ 286 milhões em um horizonte temporal de 40 anos, a uma taxa de desconto de 3%.

Os custos de se implementar a regulação recaem em vários agentes. As empresas da cadeia de produção e distribuição incorreriam em custos para se adequar à regra (cerca de U$ 240 milhões); os produtores teriam um custo de realocação da produção (U$ 21 milhões) e perdas anuais (R$ 88 milhões); os consumidores teriam um custo de busca por produtos alternativos à base de tabaco (U$ 62 milhões). Além disso, haveria perda de arrecadação com impostos por parte do governo. A avaliação conclui que os benefícios associados à regulação proposta superam os custos ao alterar a utilidade dos consumidores.

A regulação também pode ser utilizada para acelerar a difusão de uma tecnologia. Anualmente, ocorrem milhares de mortes relacionadas a erros médicos evitáveis, como erros na administração de medicamentos (ou doses) a pacientes em hospitais. Como abordar esse problema ao menor custo regulatório? Em 2004, a FDA avaliou a possibilidade de se exigir dos fabricantes de medicamentos a inclusão de códigos de barras nos seus produtos (custo estimado em U$ 5,4 milhões anuais), ou deixar a tecnologia difundir livremente. Essa pequena alteração no rótulo dos medicamentos permitiria aos hospitais usar a tecnologia do escaneamento para reduzir os erros de medicação colocando uma pulseira com código de barras em cada paciente e estabele-

---

12. O relatório completo elaborado pela FDA contém todos os detalhes da avaliação: Product Standard for Characterizing Flavors in Cigars. Docket No. FDA-2021-N-1309. Department of Health and Human Services, Food and Drug Administration. Disponível em: https://www.fda.gov/media/158013/download.

cendo protocolos de verificação a cada administração de medicações para o paciente certo, no momento e na dose corretas. Os benefícios líquidos foram estimados em cerca de U$ 5 bilhões para 2015. Embora a difusão dessa tecnologia nos hospitais tenha sido um pouco mais lenta do que o previsto, a regulação foi eficiente e cerca de 90% dos hospitais já haviam adotado a verificação por códigos de barras em 2015.[13]

4.2 Análise de Impacto Regulatório no Brasil

Em 2019, a Análise de Impacto Regulatório passa a ter status de norma legal no Brasil. Primeiramente houve a aprovação da Lei 13.848, de 25 de junho de 2019, destinada às agências reguladoras, cujo art. 6º dispõe que:

> A adoção e as propostas de alteração de atos normativos de interesse geral dos agentes econômicos, consumidores ou usuários dos serviços prestados serão, nos termos de regulamento, precedidas da realização de Análise de Impacto Regulatório (AIR), que conterá informações e dados sobre os possíveis efeitos do ato normativo.

Em seguida, houve a publicação de outra norma, a Lei 13.874, de 20 de setembro de 2019, que institui a "Declaração de Direitos da Liberdade Econômica". Novamente a AIR ganha destaque, dessa vez, passando a ser obrigatória não somente para as agências reguladoras, mas para toda a administração pública federal:

> Art. 5º As propostas de edição e de alteração de atos normativos de interesse geral de agentes econômicos ou de usuários dos serviços prestados, editadas por órgão ou entidade da administração pública federal, incluídas as autarquias e as fundações públicas, serão precedidas da realização de análise de impacto regulatório, que conterá informações e dados sobre os possíveis efeitos do ato normativo para verificar a razoabilidade do seu impacto econômico.

A referida Lei foi regulamentada pelo Decreto 10.411, de 30 de junho de 2020, que regulamenta a AIR no Brasil e a define como:

> procedimento, a partir da definição de problema regulatório, de avaliação prévia à edição dos atos normativos de que trata este Decreto, que conterá informações e dados sobre os seus prováveis efeitos, para verificar a razoabilidade do impacto e subsidiar a tomada de decisão. (inciso I, do art. 2º)

Iniciados os efeitos do Decreto 10.411, de 2020, o Governo Federal lançou, em abril de 2021, o novo Guia para Elaboração de Análise de Impacto Regulatório (AIR) (Brasil, 2021), detalhando a operacionalização da AIR.

Segundo a Organização para a Cooperação e Desenvolvimento Econômico (OCDE), em seu relatório intitulado "OECD Regulatory Policy Outlook 2015", uma boa regulação deve:

- Servir claramente aos objetivos definidos na política governamental;
- Ser clara, simples e de fácil cumprimento pelos cidadãos;

---

13. Kearsley et al., 2018.

- Ter base legal e empírica;
- Ser consistente com outras regulações e políticas governamentais;
- Produzir benefícios que compensem os custos, considerando os efeitos econômicos, sociais e ambientais disseminados por toda a sociedade;
- Ser implementada de maneira justa, transparente e de forma proporcional;
- Minimizar os custos e as distorções de mercado;
- Promover inovação por meio de incentivos de mercado; e
- Ser compatível com os princípios que promovam o comércio e o investimento, tanto em nível nacional quanto internacional.

A AIR ganhou destaque nos países associados à OCDE por fomentar essa regulação, que atenda aos critérios de economicidade, eficiência, eficácia e efetividade e que realmente promova o desenvolvimento econômico e o aumento do bem-estar social.

Em consonância com o disposto no Manual de Auditoria Operacional do Tribunal de Contas de União, esses critérios são definidos conforme se segue:

- A economicidade tem por objetivo a minimização dos custos dos recursos utilizados na consecução de uma atividade, sem comprometimento dos padrões de qualidade.
- A efetividade diz respeito ao alcance dos resultados pretendidos, a médio e longo prazo. Refere-se à relação entre os resultados de uma intervenção ou programa, em termos de efeitos sobre a população alvo (impactos observados), e os objetivos pretendidos (impactos esperados), traduzidos pelos objetivos finalísticos da intervenção.
- A eficácia retrata o grau de alcance das metas programadas (bens e serviços) em um determinado período de tempo, independentemente dos custos implicados. O conceito de eficácia diz respeito à "capacidade de entrega" da gestão pública, para cumprir objetivos imediatos.
- Por fim, a eficiência é definida como a relação entre os produtos (bens e serviços) gerados por uma atividade e os custos dos insumos empregados para produzi-los, em um determinado período de tempo. Fazer "mais com menos", por exemplo, é ideia que reflete o conceito de eficiência.

Uma boa regulação, ao zelar por essas quatro dimensões de desempenho da ação governamental, contribui para o crescimento e o desenvolvimento econômico, bem como para elevar o bem-estar social.

Toda regulação traz efeitos colaterais ou *trade offs* (em toda escolha, algo está sendo preterido, ou seja, existe custo de oportunidade). No entanto, a boa regulação potencializa os ganhos esperados e diminui a extensão dos efeitos indesejados. Com essa perspectiva é que se demonstra a utilidade da AIR. Essa ferramenta é um instrumento de tomada de decisão que ajuda os formuladores de políticas públicas a desenhar as ações governamentais com base em critérios sólidos, fundamentados em evidências concretas (*evidence-based*[14]), voltadas para o atingimento de seus objetivos.

No caso de uma análise focada no problema a ser atacado, as metodologias mais comuns para avaliar o impacto utilizadas pelas administrações públicas são as seguintes, conforme Garoupa (2006):

- Análise de menor custo – verifica e compara somente os custos para escolher a melhor alternativa. Esse método é mais indicado quando os benefícios são fixos e o agente público deve apenas decidir como atingir esses benefícios;

- Análise de custo-efetividade – mensura quanto do resultado (e não o seu valor) é alcançado para cada unidade monetária alocada ao projeto. Usualmente vem traduzida na forma de uma razão (benefício/custo). Um exemplo típico para utilizar essa metodologia é a avaliação de programas de criação de empregos, em que o indicador seria a quantidade de postos de trabalho por unidade monetária alocada no programa. Outra indicação para essa metodologia é quando se trabalha com vidas (inviável de se quantificar em dinheiro), de forma que a razão para fins de comparação seria, por exemplo, o número de vidas salvas por unidade monetária investida; e

- Análise de custo-benefício: nesse caso, a comparação é em termos monetários tanto do lado dos custos quanto dos benefícios da política. Na maior parte dos casos, a análise de custo-benefício não capta nada sobre como ocorrerá a distribuição de recursos entre as classes da sociedade, de forma que é importante uma análise complementar para verificar o grau de concentração dos custos e benefícios, em particular se os custos são disseminados e os benefícios concentrados.

Acrescentando aos métodos difundidos na doutrina, o Decreto 10.411, de 2020, regulamentador da AIR, define em seu art. 7º que "na elaboração da AIR, será adotada uma das seguintes metodologias específicas para aferição da razoabilidade do impacto econômico: análise multicritério, análise de custo-benefício, análise de custo-efetividade, análise de risco, ou análise de risco-risco". Mas destaca que, além dessas, "o órgão ou a entidade competente poderá escolher outra metodologia, desde que justifique tratar-se da metodologia mais adequada para a resolução do caso concreto".

Note como toda a preocupação com a qualidade das regulações está permeada pelos ensinamentos da Análise Econômica do Direito, no qual se defende a utilização do instrumental econômico para avaliar o impacto e as consequências das normas regulatórias.

Isso não significa, no entanto, que a AED deva ser o único instrumental. A complexidade de determinados temas exige uma avaliação holística. Esse é o caso da regulação do uso de drones e de veículos autônomos. Questões éticas, como a definição

---

14. A formulação de políticas públicas baseadas em evidências tem sido recorrentemente preconizada no âmbito da OCDE.

de regras sobre a responsabilidade civil em caso de acidentes, são difíceis de serem definidas considerando apenas a economia. Por exemplo, em caso de uma situação de risco de acidente, um veículo autônomo deve ser programado para salvar a vida dos passageiros ou de terceiros, como os pedestres? Ainda assim, a teoria econômica ajuda no debate sobre as regras de uma eventual regulação, mostrando as consequências para a sociedade ao se utilizar uma solução utilitarista para tais problemas.

5. PARA ALÉM DA REGULAÇÃO TRADICIONAL

Conforme Giambiagi e Além (1999), "os instrumentos regulatórios são as tarifas, as quantidades, as restrições à entrada e à saída e os padrões de desempenho". Os autores ainda destacam que os objetivos da regulação são: o bem-estar do consumidor; a melhoria da eficiência alocativa; a universalização e a qualidade dos serviços; a interconexão entre os diferentes provedores; e a segurança e a proteção ambiental.

Em que pese a importância dos instrumentos regulatórios tradicionais, será que estes são a única maneira de o governo promover, por meio da regulação, eficiência e bem-estar social?

Nesse ponto, importante trazer para este texto discussão atual sobre alternativas à regulação econômica tradicional.

Senden (2005) esclareceu que o uso de alternativas à regulação tradicional tem sido discutido desde 1990 no âmbito da União Europeia em todos os eventos que tratam de simplificação e melhoria do ambiente regulatório. Novas políticas e culturas regulatórias começaram a ser temas de debate desde então e permanecem na agenda mundial como prioridade.

A realidade e a complexidade da sociedade contemporânea apontam para uma insuficiência da atuação estatal cogente para a solução das questões que se arvoram.

Nesse cenário é que surge, por exemplo, o debate sobre *soft regulation*, como possibilidade para uma redução da carga administrativa do setor público, com regras mais simplificadas, ou até menos regras, e para o estímulo à inovação e à competitividade do setor produtivo, por meio de indução à mudança de comportamento dos agentes.[15]

Os autores fornecem, como exemplo de *soft regulation*, o *Guia Programas de Compliance*, publicado pelo Conselho Administrativo de Defesa Econômica (Cade) em 2016. Tal iniciativa pretendeu estabelecer definições, sugestões e diretrizes não vinculantes para as empresas no âmbito da defesa da concorrência. O objetivo foi auxiliar as empresas a adotarem programa de *compliance* para evitar condutas anticompetitivas. O estímulo é feito por meio da demonstração das vantagens da adoção do programa de forma adaptável à realidade de cada organização. Assim, o Cade, guiado

---

15. Meneguin e Melo, 2022.

pelas práticas que estão sujeitas à sua função repressiva, trouxe, de forma inovadora, opções educativas e preventivas que visam impedir que as empresas violem a Lei de Defesa da Concorrência[16] e sofram penalidades.[17]

Perceba que, mesmo quando se trata de alternativas à regulação tradicional, a Análise Econômica do Direito continua presente em decorrência de um de seus pressupostos – o de que existe uma estrutura de incentivos que molda o comportamento dos agentes. Seja pelos instrumentos tradicionais ou não, a intervenção estatal sempre está trabalhando com incentivos.

Também relacionado a novas formas regulatórias, há diferentes abordagens de intervenção estatal quanto se trata da supervisão dos serviços de utilidade pública como a provisão de energia, saneamento básico, transporte e telecomunicações, por exemplo. Vários dos serviços públicos estão delegados à iniciativa privada e, nesses casos, cabe à administração pública a regulação das atividades.

No Brasil, após a definição de quem será o provedor, o meio jurídico usual para começar a exploração é a concessão pública, que se trata de contrato firmado entre a administração pública e uma empresa privada, para que esta execute e explore economicamente um serviço público.

Há que se procurar uma harmonia entre o contrato de concessão e a atividade regulatória desempenhada pelo Estado. É notória a ocorrência de desequilíbrios em contratos concessionais em virtude de alterações no cenário macroeconômico, bem como dificuldades impostas por determinados marcos microeconômicos que deturpam os incentivos.

Para a regulação dos serviços públicos, há alternativas à regulação tradicional alicerçadas nos benefícios gerados em face de um cenário competitivo. Ao estimular a concorrência, o governo pode conseguir endereçar possíveis ineficiências nos serviços de utilidade pública. Decker (2015) apresenta várias possibilidades para além da regulação econômica tradicional, sendo que várias delas se apoiam nos efeitos positivos da competitividade.

O autor primeiramente trata da competição pelo mercado como forma de conseguir o alcance dos objetivos sociais buscados com a regulação econômica. Nesse caso, o governo cria um mecanismo para selecionar, entre os potenciais ofertantes do serviço, o que apresentar melhor proposta. Os potenciais provedores disputam quem ganhará o direito de prover o serviço de utilidade pública. Normalmente esse mecanismo é um leilão em que considera a oferta que trouxer o melhor preço. O papel do governo seria organizar o processo de escolha e as regras desse processo. A definição dessas regras é de suma importância para criar os corretos incentivos e selecionar o ofertante que garanta incrementos de bem-estar social no provimento do serviço.

---

16. Lei 12.529, de 30 de novembro de 2011.
17. Meneguin e Melo, 2022.

Outra maneira de influenciar e controlar as condutas dos provedores de serviços públicos é por meio de uma atuação *ex post*. Em oposição à regulação *ex ante*, em que pode haver imposição a priori de limites aos preços cobrados ou de parâmetros aos serviços prestados; na abordagem *ex post*, o controle da atividade é feito com base em danos passados que aconteceram ou danos presentes que estão acontecendo. Nessas circunstâncias, a ameaça da intervenção regulatória *ex post* serve como incentivo para que o prestador do serviço não promova condutas anticompetitivas ou exploratórias de seu poder de mercado.[18]

Uma terceira alternativa são as chamadas políticas de desregulamentação. Essa abordagem pode ser usada para setores já regulados em relação ao preço e à entrada de novos provedores. Amparando-se no efeito positivo da competição, algumas restrições são relaxadas de maneira que possa haver a entrada de novos competidores. A maior competitividade teria o condão de provocar alteração na estrutura do provimento do serviço de utilidade pública de maneira que se incremente bem-estar social.[19]

Por fim, uma última alternativa à regulação econômica tradicional é a instituição de uma abordagem que incentive a negociação de acordos entre os provedores de serviços públicos e grupos ou associações de consumidores. Os órgãos regulatórios apenas concordariam ou não com o acordo, sem haver a necessidade de se percorrer todos os passos de um ciclo regulatório.[20]

Uma vantagem dessa abordagem é o atingimento de resultados com mais eficiência em virtude da diminuição dos custos de transação advindos da negociação direta entre as partes. Esse resultado está lastreado na obra de um dos principais autores da Análise Econômica do Direito: Ronald Coase, ganhador do Prêmio Nobel de Economia em 1991.

Ribeiro e Klein (2019) explicam que Coase definiu custos de transação, no seu artigo *The Problem of Social Cost*, como os custos de funcionamento do sistema de mercado, englobando gastos relacionados com a negociação, ou com os contratos que irão instrumentalizar o negócio. Nesse texto, Coase expressa sua percepção de que há uma prevalência da barganha sobre a imposição normativa, pois a barganha é mais eficiente mediante algumas condições como custos de transação nulos.

Em síntese, a regulação econômica utilizada pelo Estado pode acontecer por meio de vários instrumentos e maneiras. Além das ferramentas tradicionais, o Poder Público pode atacar ineficiências por meio de programas de incentivos, guias orientativos ou estímulos à competitividade. Não necessariamente é obrigatória a força cogente na intervenção, o essencial é que as ações sejam editadas pelo Estado de maneira a envolver os interessados na construção de um desenho regulatório mais adaptável à realidade, com a promoção dos incentivos adequados.

---

18. Decker, 2015.
19. Decker, 2015.
20. Decker, 2015.

6. ABUSOS REGULATÓRIOS

Em artigo no qual se discute Análise Econômica do Direito e impacto regulatório, Meneguin (2020) aborda as falhas de governo. Trata-se de intervenções governamentais incorretas que geram distorções maiores do que os problemas a que elas se propunham resolver. Esse efeito adverso é conhecido na literatura como "Efeito Peltzman", situação em que a regulação tende a criar condutas não previstas para os regulados, anulando os benefícios almejados.[21]

De acordo com Resende (1997), as falhas de governo na implementação da política regulatória se devem a três tipos de restrições:

- Restrições informacionais que refletem o fato de o regulador estar menos informado que a firma regulada, o que gera incertezas;

- Restrições transacionais, isto é, existem custos de transação não desprezíveis quando da implementação e monitoramento dos contratos pactuados com concessionárias de serviços públicos; e

- Restrições administrativas e políticas, que abarcam características legais e institucionais limitantes da ação do regulador, como rigidez dos procedimentos administrativos, dificuldades de coordenação governamental e até mesmo ingerências de caráter político.

Há um outro conceito, chamado abuso regulatório, que foi destacado no ordenamento jurídico brasileiro por meio da Lei 13.874, de 20 de setembro de 2019, que institui a "Declaração de Direitos da Liberdade Econômica". O abuso regulatório tem uma relação direta com as falhas de governo. Em Meneguin (2021), discute-se esse paralelo entre falhas de governo e abusos regulatórios.

A Lei da Liberdade Econômica traz expresso em seu art. 4º um elenco de situações enquadradas como abuso do poder regulatório e que, como tais, devem ser evitadas pela administração pública:

Art. 4º É dever da administração pública e das demais entidades que se vinculam a esta Lei, no exercício de regulamentação de norma pública pertencente à legislação sobre a qual esta Lei versa, exceto se em estrito cumprimento a previsão explícita em lei, evitar o abuso do poder regulatório de maneira a, indevidamente:

I – criar reserva de mercado ao favorecer, na regulação, grupo econômico, ou profissional, em prejuízo dos demais concorrentes;

II – redigir enunciados que impeçam a entrada de novos competidores nacionais ou estrangeiros no mercado;

III – exigir especificação técnica que não seja necessária para atingir o fim desejado;

IV – redigir enunciados que impeçam ou retardem a inovação e a adoção de novas tecnologias, processos ou modelos de negócios, ressalvadas as situações consideradas em regulamento como de alto risco;

---

21. Peltzman, 2007.

V – aumentar os custos de transação sem demonstração de benefícios;

VI – criar demanda artificial ou compulsória de produto, serviço ou atividade profissional, inclusive de uso de cartórios, registros ou cadastros;

VII – introduzir limites à livre formação de sociedades empresariais ou de atividades econômicas;

VIII – restringir o uso e o exercício da publicidade e propaganda sobre um setor econômico, ressalvadas as hipóteses expressamente vedadas em lei federal; e

IX – exigir, sob o pretexto de inscrição tributária, requerimentos de outra natureza de maneira a mitigar os efeitos do inciso I do *caput* do art. 3° desta Lei.

Esse rol é importante para lembrar que a norma existe para aumentar o bem-estar social. Forçar a regulação para além do necessário pode gerar ineficiências contrárias aos objetivos pretendidos.

Situações como essas, caracterizadas como abusos regulatórios, criam barreiras ao empreendedorismo, ao comércio, à inovação ou à concorrência. Em síntese, os abusos regulatórios criam obstáculos a um ambiente de eficiência econômica. Ora, considerando que essas situações surgem em consequência de decisões equivocadas ou exageradas do setor público, considerando que elas atrapalham o ambiente negocial, pode-se perfeitamente classificá-las, se chegarem a ser implementadas, como falhas de governo.

A Análise Econômica do Direito, ao se ocupar de avaliar os resultados e efeitos, possíveis e concretos, de uma norma, pode colaborar para se atingir uma regulação que reduza o descompasso entre os efeitos pretendidos e os obtidos, mitigando as chances de se incorrer em um abuso regulatório.

7.   CONCLUSÃO

O presente texto mostrou a existência de uma interface salutar entre a Análise Econômica do Direito e a regulação econômica, discutindo algumas aplicações da AED no processo regulatório.

O Estado deve buscar a realização do interesse público e o aumento de bem-estar da sociedade na maior extensão possível. Nesse sentido, deve-se trabalhar para evitar a elaboração e a imposição de regras que gerem desperdícios e para conseguir uma melhor alocação dos escassos recursos públicos.

Estando atento aos incentivos impostos pelas regulações e à eficiência das intervenções estatais no domínio econômico, certamente dá-se um largo passo em direção ao interesse público e à justiça social.

8.   REFERÊNCIAS BIBLIOGRÁFICAS

ARAGÃO, A. S. *Agências reguladoras e a evolução do direito administrativo econômico*. 2. ed. Rio de Janeiro: Editora Forense, 2003.

BENTO, L. V. *Governança e governabilidade na reforma do Estado*: entre eficiência e democratização. Barueri, SP: Manole, 2003.

BRASIL. Ministério da Economia. Guia orientativo para elaboração de Análise de Impacto Regulatório (AIR). Brasília: Presidência da República, 2021.

COOTER, R.; GILBERT, M. *Public Law and Economics*. Oxford University Press, 2022.

CRUZ, V. Estado e regulação: fundamentos teóricos. PIS, Ramalho (Org.). *Regulação e agências reguladoras: governança e análise do impacto regulatório*. Brasília: Anvisa, 2009.

DECKER, C. *Modern Economic Regulation*: An Introduction to Theory and Practice. Cambridge University Press, 2015.

DUARTE, A. C. *Os preços das passagens aéreas são altos no Brasil? O governo deveria intervir?* Brasília: Núcleo de Estudos e Pesquisas/CONLEG/Senado, 2015 (Boletim Legislativo 35).

FIANI, R. Afinal, a quais interesses serve a regulação? *Economia e Sociedade*, v. 13, n. 2 (23), p. 81-105, Campinas, jul./dez. 2004.

GAROUPA, N. Limites ideológicos e morais à avaliação econômica da legislação. *Cadernos de Ciência de Legislação*, n. 42/43, jan./jun./2006. Oeiras/ Portugal: Instituto Nacional de Administração, 2006.

GIAMBIAGI, F.; ALÉM, A. C. D. *Finanças públicas*: teoria e prática no Brasil. Rio de Janeiro: Editora Campus, 1999.

GICO JR., I. Introdução ao direito e economia. In: Timm, L. B. *Direito e economia no Brasil*. São Paulo, SP: Editora Atlas, 2012.

JORDANA, J. e LEVI-FAUR, D. The politics of regulation in the age of governance. *The Politics of Regulation*: Institutions and Regulatory Reforms for the Age of Governance. Edward Elgar, Massachusetts, USA, 2004.

JUSTEN FILHO, M. *Curso de Direito Administrativo*. 4. ed. rev. atual., São Paulo: Saraiva, 2009.

KEARSLEY, A., Lew, N., & Nardinelli, C. A Retrospective and Commentary on FDA's Bar Code Rule. *Journal of Benefit-Cost Analysis*, 9(3), 496-518, 2018.

MENEGUIN, F. B. A Análise de impacto regulatório e o aprimoramento das normas. In YEUNG, L. (Org.). *Análise econômica do direito* – Temas contemporâneos. São Paulo: Actual, 2020.

MENEGUIN, F. B.; DANTAS, G. B. *Como aprimorar a qualidade regulatória* – modelos de maturidade. Brasília: Núcleo de Estudos e Pesquisas/CONLEG/Senado, junho/2020 (Texto para Discussão 279).

MENEGUIN, F. B. Abusos regulatórios e falhas de governo. In: OLIVEIRA, A. F.; ROLIM, M. J. (Org.). *Abuso de poder regulatório*. Rio de Janeiro: Synergia, 2021.

MENEGUIN, F. B.; Melo, A. P. A. Uma nova abordagem para a regulação econômica: soft regulation. *Revista Do Serviço Público*, 73(2), 199-218, 2022.

NORTH, D. C. *Institutions, institutional change and economic performance*. Cambridge: Cambridge University Press, 1990.

ORGANIZAÇÃO PARA A COOPERAÇÃO E O DESENVOLVIMENTO ECONÔMICO (OCDE). Recomendação do Conselho sobre Política Regulatória e Governança. Paris: OECD Publishing, 2012.

OECD. OECD Regulatory Policy Outlook 2015. Paris: OECD Publishing, 2015.

PELTZMAN, S. The economic theory of regulation after a decade of deregulation. *Brookings Papers on Economic Activity*, Special Issue, p. 1-41, 1989.

PELTZMAN, S. Regulation and the Wealth of Nations: The Connection between Government Regulation and Economic Progress. *New Perspectives on Political Economy*, v. 3, n. 3, p. 185-204, 2007.

RESENDE, M. *Regimes regulatórios*: possibilidades e limites. Pesquisa e Planejamento Econômico, v.27, n.3, 1997.

RIBEIRO, m. c. p.; klein, V. Ronald Coase: o fim da caixa preta. In: klein, V.; BECUE, s. m. f. (Org.). *Análise econômica do direito* – principais autores e estudos de caso. Curitiba: CRV, 2019.

ROEMER, A. *Introducción al análisis económico del derecho*. 3. ed. México: Fondo de Cultura Económica, 2001.

SENDEN, L. Soft law, self-regulation and co-regulation in European law: where do they meet? *Electronic Journal of Comparative Law*, v. 9, n. 1, p. 1-27, jan. 2005.

SHLEIFER, A. *Understanding regulation*. European Financial Management, v. 11, n. 4, 2005.

SHLEIFER, A. Efficient regulation. *NBER Working Paper Series*, WP n. 15651, 2010.

STIGLER, G. J. The theory of economic regulation. *The Bell journal of economics and management science*, 1971.

VISCUSI, W.K; VERNON, J. M.; HARRINGTON, J. P. *Economics of Regulation and Antitrust*. 3. ed. MIT Press, 2000.

ANOTAÇÕES